THE SMITHS

THE SMITHS
A LIGHT THAT NEVER GOES OUT
A BIOGRAFIA

TONY FLETCHER

Tradução
Rodrigo Abreu

1ª edição

Rio de Janeiro | 2014

CIP-BRASIL. CATALOGAÇÃO NA PUBLICAÇÃO
SINDICATO NACIONAL DOS EDITORES DE LIVROS, RJ

Tony Fletcher

S649 The Smiths: a light that never goes out / tradução Rodrigo Abreu. – 1. ed. – Rio de Janeiro: Best Seller, 2014.
il.

Tradução de: A light that never goes out
ISBN 978-85-7684-758-8

1. The Smiths (Conjunto musical). 2. Cantores – Inglaterra – História. I. Abreu, Rodrigo.

13-07431

CDD: 782.421640942
CDU: 784.001.26(420)

Texto revisado segundo o novo Acordo Ortográfico da Língua Portuguesa.

Título original
A LIGHT THAT NEVER GOES OUT: The Enduring Saga of The Smiths
Copyright © 2012 by Tony Fletcher
Copyright da tradução © 2013 by Editora Best Seller Ltda.

Editoração eletrônica: Abreu's System

Todos os direitos reservados. Proibida a reprodução,
no todo ou em parte, sem autorização prévia por escrito da editora,
sejam quais forem os meios empregados.

Direitos exclusivos de publicação em língua portuguesa para o Brasil
adquiridos pela
EDITORA BEST SELLER LTDA.
Rua Argentina, 171, parte, São Cristóvão
Rio de Janeiro, RJ – 20921-380
que se reserva a propriedade literária desta tradução

Impresso no Brasil

ISBN 978-85-7684-758-8

Seja um leitor preferencial Record.
Cadastre-se e receba informações sobre nossos lançamentos e nossas promoções.

Atendimento e venda direta ao leitor
mdireto@record.com.br ou (21) 2585-2002

A todos que sobreviveram aos anos 1980

INTRODUÇÃO

A LIGHT THAT NEVER GOES OUT

É *necessária* uma confiança muito peculiar para um músico desconhecido declarar a outro que o primeiro encontro entre eles é lendário. Mas Johnny Marr, com 18 anos quando chegou sem ser convidado à casa de Steven Patrick Morrissey, em Stretford, numa tarde de maio de 1982, tinha confiança de sobra; o que ele não tinha – e essa foi a razão para ter ido bater à porta da indistinta casa geminada no número 384 da Kings Road – era um parceiro para seu excepcional talento na guitarra.

Steven Morrissey, um escritor de suposto mérito, mas cuja reputação como cantor era nenhuma, tinha apenas arroubos esporádicos de autoconfiança. Apesar de ser conhecido na cidade desde que o punk rock tinha explodido em Manchester, com um vigor especial em 1976, e de ser respeitado – e até mesmo admirado – por sua sagacidade e seu intelecto, ele frequentemente se recolhia numa timidez que, como mais tarde escreveria com uma certeza devastadora, era "criminalmente vulgar". Ao contrário de Marr, que parecia tratar quase todos os envolvidos na cultura popular de Manchester pelo primeiro nome, Morrissey podia contar seus amigos nos dedos de uma das mãos. Ele vivia na Kings Road com sua mãe divorciada. Estava desempregado – por opção, é certo, mas, mesmo assim, desempregado. Completaria 23 anos naquele mês. Qualquer um pensaria que o tempo o estava deixando para trás.

Ciente da timidez de Morrissey, Marr não apareceu sozinho. Ele foi acompanhado em sua missão por Stephen Pomfret, um guitarrista conhecido de ambos, cuja presença talvez tenha se justificado pelo tempo dolorosamente longo que Morrissey levou para descer de seu quarto até a porta da frente. Mas, assim que Pomfret apresentou os dois, Marr, que não era conhecido por perder tempo com trivialidades, anunciou que estava em busca de um cantor e letrista, e Morrissey, que não era conhecido por aceitar estranhos em sua vida à primeira vista, prontamente convidou os visitantes a entrar.

O trio subiu para o quarto de Morrissey onde, entre um James Dean de papelão em tamanho real e estantes repletas de livros sobre feminismo, crítica cinematográfica e crime, estava presente a indispensável vitrola e uma coleção de bem-organizados compactos de 45 RPM. Marr, cujo conhecimento enciclopédico sobre música popular era possivelmente insuperável entre os jovens de sua idade em Manchester, foi imediatamente atraído pelos discos, e Morrissey, cujas opiniões sinceras tinham acompanhado sua ascensão de escritor de cartas a crítico de shows para os semanários musicais ao longo dos anos, convidou-o a colocar algo para tocar. Se aquilo era um teste de bom gosto, Marr estava empolgado em participar: os singles eram, em sua maioria, de pop feminino dos anos 1960, com que o próprio Marr tinha se ocupado em acumular em recentes idas a lojas de discos usados, o tipo de música que ele não tinha ousado supor que alguém em sua vizinhança gostasse com tanta paixão. Deixando passar Sandie Shaw e The Shangri-Las, muito embora gostasse da estrela pop britânica e especialmente do grupo de meninas de Nova York, Marr tirou o single fracassado de 1966 das Marvelettes pela gravadora Tamla Motown. Era uma cópia americana para jukebox, com o furo central alargado, e não especificava qual era o lado A. Então, em vez de escolher "Paper Boy", que tinha a tradicional levada vivaz da Motown, Marr colocou para tocar a música do outro lado, "You're The One", uma composição mais lenta de Smokey Robinson, e então cantou junto para provar que conhecia a música, que aquilo era mais do que um gesto apelativo. Morrissey ficou impressionado; Marr disse mais tarde ter sentido que aquele foi o momento em que a amizade entre eles começou.

A dupla conversou animadamente durante as duas horas seguintes, Pomfret deixado para segundo plano, ciente de que, apesar de todo o papo sobre ser o segundo guitarrista na futura banda, ele já era supérfluo. Morrissey e Marr, tão diferentes na idade, no modo de se vestir, na capacidade de socialização e em vários outros interesses, rapidamente se aproximaram graças ao que tinham em comum: a música – uma jornada que os levou do que se produzia na época até Patti Smith e New York Dolls, depois a David Bowie e T. Rex, aos Stooges e ao Velvet Underground, passando pelo pop feminino dos anos 1960 e por um amor pelo rockabilly anunciado pelos seus topetes, que combinavam. Sentados no quarto de Morrissey, falaram sobre ver seus nomes numa capa de disco – não apenas como artistas, mas como compositores. O fato de Morrissey ter apenas algumas letras inacabadas em seus arquivos ou de Marr nunca ter completado uma canção que o satisfizesse pouco importava; eles podiam perceber um no outro um sentimento de determinação e dedicação, de habilidade e intelecto. Para pegar emprestada uma expressão de mais uma de suas influências – Lou Reed, descrevendo a ética de trabalho dele e de Andy Warhol no Velvet Underground –, nenhum dos dois estava para brincadeira.

Johnny Marr teve um ponto de referência muito particular para o encontro com Morrissey. Tinha assistido havia pouco a um documentário que detalhava como, nos idos de 1950, um letrista de 16 anos tinha batido à porta de um pianista também adolescente com a intenção de formar uma parceria de composição; a dupla tinha se tornado uma das mais famosas da música popular. Foi o relato desse encontro improvisado que tinha dado a Marr inspiração para visitar o misterioso Morrissey. Então, ele não conseguiu se segurar. "Ei, foi exatamente assim que Leiber e Stoller se conheceram!", disse Johnny.

LEIBER E STOLLER. Não Lennon e McCartney ou Jagger e Richards, embora, no futuro, os nomes Morrissey e Marr viessem a ser mencionados com o mesmo tom reverente – assim como a banda que eles formaram a partir de seu encontro naquele dia, The Smiths, viria a ser saudada como a melhor da Grã-Bretanha desde os Beatles e os Rolling Stones. Não, em vez disso, quando se encontraram pela primeira vez, Morrissey e Marr olharam para os Estados Unidos em busca de inspiração, onde Leiber e Stoller, compositores e/ou produtores de "Hound Dog", "Jailhouse Rock", "Stand by Me" e tantos outros sucessos, ajudaram a converter uma nação de adolescentes brancos ao rhythm & blues dos negros, tendo um papel crucial na explosão do rock 'n' roll e do fenômeno que foi Elvis Presley. Três décadas depois daquele fatídico primeiro encontro, Leiber e Stoller ainda eram almas gêmeas confessas. O desejo de Marr de apresentar-se a Morrissey da mesma forma era completamente compreensível.

Infelizmente, sua relação com o parceiro não chegaria nem perto de durar tanto. Apenas cinco anos mais tarde a camaradagem se dissolveria sob o peso de provocações sutis, exaustão mútua e diferenças musicais implacáveis. Mas, durante o tempo que passaram juntos liderando os Smiths, Morrissey e Marr provaram de todas as formas ser os rivais contemporâneos de Leiber e Stoller, afetando seus próprios seguidores de forma tão significativa quanto Elvis Presley tinha afetado os dele. Juntos, conseguiram um espaço singular na música popular, bem no centro de tudo o que era bacana em meados dos anos 1980, de onde seguiram para desafiar as expectativas do que era considerado um vocal aceitável, um título de música reconhecível, uma sequência de acordes típica, uma letra tradicional, uma capa de disco comum, uma entrevista padrão, ou – considerando que era difícil que sequer os fizessem – um videoclipe normal.

Nesse caminho, Morrissey saiu de seu casulo para se tornar um dos símbolos sexuais mais improváveis do fim do século XX, e um de seus melhores letristas/poetas. A seu lado, Johnny Marr passou a ser reverenciado como provavelmente o guitarrista mais talentoso de sua geração e, certamente, um de seus melhores arranjadores, assim como um ícone da moda na liderança de uma banda à sua própria maneira. E com Andy Rourke e Mike Joyce os Smiths completaram um time de pesos-pesados que não apenas tinham a aparência certa - a descrição deles como "garotos" era usada como um elogio –, mas que podia deixar os melhores daquela época no chinelo. "A sensação de poder no palco", refletiu Morrissey depois da separação da banda, com uma escolha de palavras caracteristicamente direta, "era como ter um aspirador de pó enfiado no seu... blazer!"

E mesmo assim, com todos esses atributos, o sucesso dos Smiths – e sua duradoura popularidade – no fim das contas se resume àquela parte intangível que fica no cerne da atração que a cultura pop exerce sobre nós: a relação com o público. Em termos mais claros, os Smiths expressavam as esperanças – de forma tão relevante quanto os *medos* – de uma geração de forma que nenhuma outra banda da época conseguiu. O fato de eles terem feito isso com uma combinação tão notável de ambiguidade sexual, petulância política, confiança coletiva e, especialmente, humor selvagem, não apenas garantiu à banda a imortalidade entre seus contemporâneos, mas os ajudou a ganhar gerações futuras de fãs igualmente leais, para os quais os Smiths, há muito extintos, existem num pedestal em geral reservado a santos e deuses.

Felizmente, os Smiths deixaram uma obra musical suficientemente gloriosa para justificar essa devoção quase religiosa: quatro álbuns de estúdio, o mesmo número de coletâneas e 17 singles, chegando a um total de 70 composições originais gravadas no período de apenas 52 meses, uma produção apenas comparada ao auge da criatividade em meados dos anos 1960 e um catálogo que criou uma longa sombra cultural sobre o quarto de século seguinte.[1] Os rebuscados títulos das músicas de Morrissey, por exemplo, foram usados como títulos de romances (*Girlfriend in a Coma*, de Douglas Coupland, *This Charming Man*, lançado no Brasil como *Cheio de charme*, de Marian Keyes), memórias (*Heaven Knows I'm Miserable Now*, de Andrew Collins), peças do circuito off-Broadway (uma produção de 2009 intitulada *How Soon Is ⌐ow?*), quadrinhos (*Heaven Knows I'm Miserable Now*, de André Jordan) e uma coleção de contos (*Paint a Vulgar Picture*). As canções dos Smiths foram regravadas por grupos de dance, rock, folk e pop, algumas delas (mais notavelmente "Please, Please, Please Let Me Get What I Want") diversas vezes. Os Smiths, inclusive, forneceram o momento chave de um filme de Hollywood: na comédia romântica americana de 2009, *(500) dias com ela*, os jovens protagonistas do filme iniciam seu romance no elevador de um prédio comercial, quando a moça, ao escutar o que estava tocando no fone de ouvido de seu colega de trabalho, reconhece "There

Is A Light That Never Goes Out" e declara: "Eu *amo* os Smiths!", e então acompanha prontamente o refrão: "To die by your side, is such a heavenly way to die". [Morrer ao seu lado é uma forma tão divina de morrer].

Esse breve contato – o qual acaba inspirando a relação amorosa que conduz o restante do filme – confirma o apelo contínuo da banda com um público que não era nascido no auge de seu sucesso, enquanto, simultaneamente, admite a natureza cult de seus seguidores. Quanto à escolha da canção, "There Is A Light That Never Goes Out", não está apenas entre as músicas mais populares dos Smiths, mas está também (como os produtores de Hollywood entenderam) entre as mais românticas: apesar do celibato autoproclamado de Morrissey, um atributo que o distinguia de quase todos os outros ídolos pop ou astros do rock, essa é uma canção de amor de uma devoção tão perfeita que só poderia ter sido escrita por alguém que tivesse sentido na pele os anseios sem limites de um coração humano por outro.[2] Curiosamente, ela nunca foi single. Assim como, aliás, nunca o foi (pelo menos não original ou intencionalmente) "How Soon Is Now?" – a outra candidata fundamental a canção mais memorável ou identificável dos Smiths, em que Morrissey, mais de acordo com a percepção pública de sua personalidade, expressava a dor dos não amados (e não amáveis?) com uma precisão que tornava a música um imediato e permanente hino para qualquer pessoa que já foi a uma boate sozinha, saiu sozinha, voltou para casa, chorou e quis morrer.

Mas apenas palavras não garantem um clássico. "There Is A Light That Never Goes Out" e "How Soon Is Now?" foram ambas impecavelmente arranjadas no estúdio por Johnny Marr – uma com cordas sampleadas no refrão que falavam de forma chorosa diretamente ao coração, assim como as melhores produções de Leiber e Stoller para os Drifters; a outra expressando sua declaração de alienação insuspeitadamente simples sobre uma parede de guitarras construída de forma meticulosa. Embora as duas músicas sejam perceptivelmente diferentes em intenção, estilo e sonoridade, o resultado final em cada caso é impecável e sem dúvida o som dos Smiths: assim como acontece com a maioria dos ícones musicais duradouros, essas canções são imediatamente reconhecíveis – mesmo quando ouvidas pelos fones de ouvido de outra pessoa num elevador.

Isso não quer dizer que o público em geral compartilhe do amor e respeito mútuos pelos Smiths. Alguns motivos incluem a voz sem treinamento e o alcance vocal limitado de Morrissey, que ele compensava, no começo da carreira, cantando como tirolês, uivando e grunhindo ocasionalmente além da posição política pessoal de suas letras, que buscavam provocar, entreter, confortar e confrontar (apesar de terem sido muitas vezes rejeitadas por críticos mal-informados como simples autoajuda) auxiliados por uma recusa coletiva tão determinada a não ceder que fez com que a banda fosse mal-interpretada como inconveniente ou arrogante, o que se confirmava pela maneira como se posicionavam musical e visualmente contra a trilha sonora convencional dos anos 1980, contra todos aqueles sons de tarol hoje em dia considerados dolorosamente anacrônicos e estrondosos, os teclados digitais baratos, a moda caricata imortalizada em videoclipes ambiciosos (e, ainda assim, analisando *a posteriori*, embaraçosamente primitivos)... Por todas essas razões, os Smiths eram amados ou odiados. Não havia espaço para meio-termo.

Dessa forma, os Smiths podem ser considerados um arquétipo, talvez mesmo a apoteose, da banda "cult". Esse termo parece relevante nos Estados Unidos, onde eles encararam plateias histéricas em suas duas turnês, com ingressos esgotados, algo maior do que tudo que viveram na Grã-Bretanha, mas, mesmo assim, mal chegaram às paradas de sucessos. Enquanto trabalhava nesta biografia nos Estados Unidos, para onde me mudei logo após a separação dos Smiths, ficava ocasionalmente surpreso por tão poucos vizinhos meus, no que é considerada uma comunidade musical, já terem ouvido falar da banda. Mas isso era apenas entre as pessoas mais velhas. Os da minha idade, muitos de nós já com filhos adolescentes e cheios de angústias, em sua maioria recebiam uma menção aos Smiths como se eu estivesse falando sobre um antigo amante. E isso é verdade: os Smiths ajudaram muitos jovens norte-americanos dos anos 1980 a suportar as crescentes dores do ensino médio e da faculdade substituindo – ou, para aqueles casais sortudos que se aproximaram por causa da banda, na companhia de – namorados e namoradas. Crucialmente, a banda continua assim. Não há uma pista de dança "retrô" ou "alternativa" nos Estados Unidos que não toque aproximadamente uma vez por hora uma música dos Smiths; espera-se que a ironia de "How Soon Is Now?" ter se tornado um hino das discotecas não se apague nas pessoas que se perdem na canção.

No Reino Unido, por sua vez, o legado é um assunto muito mais público. Os Smiths eram gigantes na época. São gigantes ainda hoje. Em 2002, a *New Musical Express* (NME) declarou-os os Artistas Mais Influentes de todos os tempos. Em 2006, Morrissey foi eleito pelos espectadores do programa *The Culture Show*, da BBC2, o segundo maior ícone vivo, atrás de Sir David Attenborough, mas à frente de Sir Paul McCartney, David Bowie e Michael Caine. E, em 2011, rumores de que tanto Marr quanto Morrissey estavam escrevendo suas autobiografias foram considerados dignos de nota a ponto de aparecer na imprensa nacional. Ainda assim, talvez o exemplo mais extremo da herança cultural dos Smiths em sua terra natal tenha sido a batalha política pelo seu afeto. O reinado de quatro anos dos Smiths nas paradas – 1983-1987 – coincidiu com o segundo dos três mandatos consecutivos de Margareth Thatcher como a primeira-ministra de punho de ferro do Partido Conservador Britânico, um período que chegou a 11 anos, marcado por greves, motins, guerras, desemprego em massa, repressão governamental e confrontos frequentemente violentos, mais bem-exemplificados por uma greve de mineiros com um ano de duração, ao longo de 1984-1985, greve essa que mais parecia uma guerra civil regional. Além das letras políticas revoltadas de Morrissey (tanto de um ponto de vista pessoal quanto coletivo), os Smiths agiam de acordo com suas crenças, fazendo shows em prol das prefeituras engajadas do Partido Trabalhista em Londres e Liverpool, além de fazer parte da turnê Red Wedge, que apoiava o Partido Trabalhista, em 1986. E, numa carreira cheia de citações escandalosas frequentemente utilizadas para inflamar primeiro e responder à pergunta do entrevistador depois, poucas foram menos infames do que Morrissey opinando que "a tristeza do atentado à bomba em Brighton [pelo IRA] é que Margaret Thatcher tenha escapado ilesa".

Então, quando em 2006 um futuro líder do Partido Conservador, David Cameron, escolheu o single *This Charming Man* como um dos discos que levaria para uma ilha deserta no programa de rádio *Desert Island Discs*, da BBC, aquilo levantou não apenas suspeitas, mas questionamentos. Estaria Cameron, cujo partido fazia oposição – àquela altura havia mais de uma década – a um governo trabalhista liderado pelo primeiro-ministro Tony Blair, procurando credibilidade com os esquerdistas hesitantes de maneira calculista? Ou, por conta da idade – 17 anos quando "This Charming Man" foi hit –, estaria ele apenas fazendo uma homenagem sincera à sua lealdade juvenil? Cameron alegou a segunda opção e, quando o pêndulo voltou à direita e ele se tornou primeiro-ministro, no ano de 2010, continuou a atiçar a mídia com seu amor declarado pelos Smiths. A mídia logo fisgou a isca, especialmente quando a sua proposta inicial de governo, triplicar o custo das mensalidades escolares, foi recebida com protestos furiosos, com cerca de 50 mil pessoas chegando a Londres em novembro de 2010 e invadindo e revirando o quartel-general da campanha do Partido Conservador no processo. Colunistas de esquerda instantaneamente ressuscitaram as músicas dos Smiths, especialmente "The Queen Is Dead", como uma trilha sonora adequada para o que parecia ser uma volta imediata à luta de classes do thatcherismo.

À medida que os protestos (e a violência de seus participantes) continuavam, Johnny Marr usou sua conta no Twitter para exigir do primeiro-ministro: "David Cameron, pare de dizer que você gosta dos Smiths... Eu o proíbo." Na época instantaneamente inflamável da internet, o tuíte irreverente se tornou um convite à mobilização, com o resultado inesperado, alguns dias depois, de o próprio Morrissey publicar uma carta em que apoiava e explicava mais detalhadamente o ponto de vista de seu ex-parceiro – um raro sinal de afeição pública no que até então tinha se tornado um relacionamento tenso. O fato de as divagações on-line dos fundadores dos Smiths se tornarem notícia mais de duas décadas depois de sua separação era um marco da importância da banda. No entanto, um marco de ainda maior status (e oportunismo) foi quando, às vésperas da votação parlamentar sobre o aumento do valor das mensalidades, um membro do Parlamento do Partido Trabalhista questionou Cameron a respeito de seu gosto musical durante uma sessão do plenário, levando a uma conversa sem dúvida surreal, com diversos títulos de canções dos Smiths ecoando por toda a Câmara dos Comuns.

No dia seguinte, estudantes se dirigiram até a cena da votação iminente, na praça do Parlamento. Lá, uma manifestante que parecia jovem demais para já ser nascida quando os Smiths estavam na ativa, escalou as barricadas, com seu cabelo curto tingido de louro, num corte estilo anos 1980, suas botas Dr. Martens e uma calça jeans cargo, como tinha sido a moda naquela época para certo segmento do público feminino. Um fotógrafo na linha de frente a registrou naquele instante, se agigantando sobre uma fila de policiais nervosos do batalhão de choque, o símbolo fálico do Big Ben instantaneamente reconhecível e enorme ao fundo; o escritor Jon Savage mais tarde comparou a imagem à pintura *A liberdade guiando o povo*, de Delacroix.

Era mesmo uma imagem comovente. Mas a razão pela qual a foto acabou sendo discutida por críticos de rock, usada para a capa de um CD de coletânea da revista *Mojo* que tinha o mesmo nome do single dos Smiths, "Panic", e servindo como a imagem de abertura do site de Johnny Marr foi a escolha da indumentária gloriosa da jovem: uma camiseta com a capa do disco *Hatful of Hollow*, dos Smiths. Nos anos 1980, a camiseta dos Smiths servia como algo mais poderoso do que a lembrança de um show ou um dispositivo de promoção: ela se tornou o denominador comum entre os fãs, sua marca de afiliação com outros rebeldes declarados. Na praça do Parlamento, naquele dia de dezembro de 2010, sobretudo graças à intensa circulação que teve a fotografia, os Smiths posicionaram-se, mais uma vez, como rebeldes – ou, pelo menos, à semelhança dos manifestantes, como alguém que não faz parte do sistema. O primeiro-ministro teve cuidado de não elogiá-los novamente.[3]

EU ME RECORDO dessa história com tantos detalhes não apenas porque ela demonstra a imensa influência de um grupo que existiu por tão pouco tempo, mas porque parte da minha responsabilidade com essa biografia é dispor a saga dos Smiths em um contexto social. Essa é uma das razões pelas quais, como se verá, em vez de começar o livro diretamente pela formação da banda e então fazer repetidas incursões ao passado para explicar suas influências musicais e poéticas, adoto a abordagem inversa. Começo com uma jornada histórica por Manchester e não me apresso em detalhar a infância dos integrantes do grupo, passada na cidade ao longo dos anos 1960 e 1970, falo especialmente dos desenvolvimentos musicais que transformaram Manchester na segunda (alguns dirão primeira) maior cidade da Inglaterra no quesito música – para explicar por que os Smiths chegaram à cena totalmente formados, tão completos em seu processo de pensamento, já tão talentosos musical e poeticamente, que se tornaram a melhor banda da Grã-Bretanha poucos meses após seu primeiro show.

Afinal, já existe uma bibliografia bastante extensa a respeito da mais literária das bandas. Muitos desses livros cumprem seus objetivos de forma admirável. O meticulosamente pesquisado *The Smiths: Songs That Saved Your Life*, de Simon Goddard, explora o processo de composição e os detalhes de gravação por trás de cada canção dos Smiths com uma exatidão quase impecável; é parcialmente por conta dessa obra que não analiso individualmente canções e sessões de gravação em minha biografia com a mesma ferocidade, mas, em vez disso, foco na narrativa maior que as cerca. *Saint Morrissey*, de Mark Simpson, apesar da grandiosidade do título, é uma concisa e espirituosa, embora constantemente racional, psicanálise sobre o cantor, escrita por um obsessivo confesso. *Why Pamper Life's Complexities: Essays on the Smiths*, o resultado de um simpósio acadêmico (o que não denota pouco respeito), é pesado para aqueles entre nós que não são fãs de teses, mas, apesar de tudo, revela duras verdades no meio de sua escrita rebuscada. Na ponta oposta do espectro, *All Men Have Secrets* permitiu que fãs oferecessem memórias pessoais das músicas dos Smiths que os afetaram mais profundamente. No vasto espaço entre esses extremos o leitor pode decifrar a história dos Smiths através de livros sobre a história da cena musical de Manchester ou da gravadora da banda, Rough Trade; pode juntar trechos de memórias de cantores diversos, como Sandie Shaw e James Maker; pode ler cronologias visuais e enormes tributos em revistas, cultivar ainda mais obras de ficção e memórias inspiradas ou relacionadas ao grupo e até fazer uma visita autoguiada pelas raízes da Manchester dos Smiths.

Ainda assim, apesar dessa pequena indústria, existiu apenas uma biografia sólida dos Smiths até agora: a escrita por Johnny Rogan, vinte anos mais velha que a minha. Foi em parte a falta de um estudo subsequente, de extensão e profundidade similares, o que me inspirou a assumir a tarefa por conta própria. (Isso e o meu próprio amor, minha empatia e minha experiência contemporânea com a obra da banda, o que espero que se mostre evidente ao longo do livro e que é explicado casualmente em algumas notas ao fim.) O trabalho de investigação de Rogan a respeito das relações familiares e da adolescência de Morrissey foi impressionante, e ele escreveu com confortável perícia sobre a indústria fonográfica. Mas ele só podia escrever sobre o que sabia e, na época em que preparou seu livro, a poeira da separação dos Smiths ainda não tinha baixado o bastante para proporcionar uma visão clara sobre a reputação que a banda teria a longo prazo. Espero que o decorrer de duas décadas me garanta essa perspectiva.[4]

Há muitas outras razões para eu escolher este assunto. Todos os livros mencionados (e outros não mencionados) têm em comum o fato de terem sido escritos na Grã-Bretanha e terem sido publicados inicialmente ou exclusivamente na Grã-Bretanha e, como resultado, há muitas vezes uma sensação provinciana de que eles estão atolados em análises da posição dos Smiths nas paradas de sucesso britânicas, em críticas sobre os álbuns e na exposição na BBC (ou na falta dela), como se todos os atos do breve drama da banda tivessem se desenrolado apenas em palco britânico. (Curiosamente, as exceções *How Soon Is Never?*, de Marc Spitz, e a contribuição de Joe Pernice à série 33 1/3 sobre álbuns clássicos *Meat Is Murder*, ambas capturando o apelo dos Smiths à juventude rebelde dos Estados Unidos nos anos 1980, são obras de ficção.) Existe, dessa forma, uma percepção dos Smiths como arquetipicamente britânicos.

Para ser justo, os Smiths encarnavam uma visão definitiva de seu Reino (des)Unido. Lançaram um álbum, intitulado (talvez) para a família real, com o refrão de uma canção patriótica da Primeira Guerra Mundial, *Take Me Back to Dear Old Blighty* [Leve-me de volta à minha querida Inglaterra]; nomearam outro inspirados na prisão Strangeways, em Manchester. Cantaram sobre como "England is mine, it owes me a living" [a Inglaterra é minha, ela me deve um sustento], e parte do que tornou o single "Panic" tão triunfante foi como ele cedeu uma importância temporária às cidades provincianas de Dundee e Humberside. Mas, em cada caso, Morrissey estava apenas exercitando seus músculos literários, demonstrando a importância dos detalhes a uma boa história. (Bruce Springsteen faz o mesmo com frequência.) Isso explica por que os fãs dos Smiths que não conseguiam encontrar os locais num mapa de Manchester ainda assim compreendiam instantaneamente as conotações do "rented room in Whalley Range" [quarto alugado em Whalley Range], como mencionado na canção do início da carreira dos Smiths, "Miserable Lie". Morrissey pode ter escrito, na maioria das vezes, sobre o que conhecia –a Inglaterra –, mas o grupo que ele liderava era totalmente internacional.

Finalmente, quase todos os livros publicados sobre os Smiths tenderam ao culto a Morrissey. *Saint Morrissey*, de Simpson, *Meetings with Morrissey*, de Len Brown, e *Morrissey: The Pageant of His Bleeding Heart*, de Gavin Hopp, não têm vergonha de fazê-lo e, levando seus títulos em consideração, não deveriam mesmo. Mas mesmo a biografia de Rogan, *Morrissey and Marr: The Severed Alliance*, deixou de mencionar o nome da banda em seu título e retratava apenas o cantor em sua capa. Apenas a análise de estúdio de Goddard poderia alegar neutralidade nesse aspecto e, mesmo assim, ele mais tarde usou muito de sua pesquisa, que, de toda a equipe de estúdio dos Smiths, só não contou com a cooperação do cantor, na autoexplicativa *Mozipédia*.

É fácil compreender. Em qualquer biografia dedicada puramente a Johnny Marr, como revela muito prontamente *The Smiths and The Art of Gun-Slinging*, de Richard Carman, é perceptível a falta que fazem o drama, as intrigas sexuais, as declarações escandalosas e a devastadora (na verdade, dominadora) força de caráter que constitui tanto da história de vida de Morrissey. Mas, como foi mencionado no início desta introdução, aquela vida não estava indo a lugar algum (e também não tinha pressa) até o dia em que Johnny Marr foi bater à sua porta. A beleza dos Smiths, algo que a maioria dos verdadeiros fãs aprecia, e que espero que fique aparente para os leitores casuais ao longo das páginas a seguir, é que cada um dos dois gênios – e não uso o termo de forma leviana – precisava do outro para se completar, para alcançar seu potencial. Pela devoção que eles concederam um ao outro durante seus anos prolíficos, pela dimensão com que inspiraram um ao outro a fazer coisas brilhantes, pela solidariedade que mutuamente se proporcionaram diante de considerável polêmica e pressão extrema, a história dos dois é uma das mais incríveis histórias de amor de nossa era musical. E é aí que as referências a Lennon e McCartney e, especialmente, a Jagger e Richards voltam à tona. Morrissey e Marr existem no mesmo plano em que figuram os maiores compositores e líderes de bandas britânicos, e este livro tenta demonstrar como isso aconteceu e, no processo, por que não poderia durar.

E o que dizer, então, de Andy Rourke e Mike Joyce? É uma pena para os Smiths que, num grupo que continuamente se apresentava como uma banda, uma turma, um grupo de "companheiros" e "parceiros", alguns membros tenham se tornado mais "iguais" do que outros. É ainda mais decepcionante se levarmos em consideração que Rourke e Marr eram melhores amigos desde o ensino fundamental e que sua camaradagem, musical e pessoal, formava o coração e a alma dos Smiths. É claro que poucos grupos de peso sobrevivem à história sem algum tipo de ação judicial por conta da propriedade ou da distribuição de seu valioso repertório, mas normalmente esperamos que a(s) figura(s) acusada(s) seja(m) o empresário corrupto, o contador fraudulento ou a gravadora inescrupulosa, não os próprios integrantes da banda. Como nunca foi minha intenção escrever muito sobre o tempo posterior à separação do grupo, os detalhes do julgamento que envergonhou os Smiths, tanto coletiva quanto individualmente, em 1996, não serão examinados com mais minúcia do que nos próximos parágrafos, mas, ao contar a história da banda, tento expor as provas (ou, mais precisamente, a falta de provas) que levou Joyce a processar Morrissey e Marr. (Rourke, sem dinheiro e disposição na época para enfrentar seu antigo melhor amigo do outro lado do púlpito, fez um acordo fora do tribunal.) Também tento fornecer um contexto dos motivos pelos quais um discípulo tão versado na queda de Oscar Wilde quanto Morrissey tenha tentado confrontar verbalmente o juiz da Suprema Corte, como se fosse um repórter iniciante de um jornal regional. O resultado final foi não apenas a descrição irreparável do depoimento de Morrissey pelo juiz como "desonesto, truculento e suspeito nos pontos em que seus próprios interesses estavam em jogo", mas também uma decisão a favor de Joyce (que valeu mais de um milhão de libras na época e com consideráveis royalties adicionais nas décadas seguintes), que o cantor ainda se recusa a reconhecer publicamente. Não é nenhuma coincidência que os dois integrantes dos Smiths que ofereceram sua cooperação a este livro tenham sido aqueles que fizeram as pazes com o declínio financeiro do grupo. (Uma lista completa de todos os que participaram de entrevistas e ajudaram imensamente com a pesquisa pode ser encontrada nos Agradecimentos.)

A incapacidade dos Smiths de se justificar no quesito monetário pode ser explicada principalmente pela sua falta de representação. Após a partida de seu mentor e empresário original, Joe Moss, Morrissey e Marr provaram ser incapazes de concordar entre si, nomear e, então, acima de tudo, *confiar* num empresário. Assim, num ato quase sem precedentes entre grupos de seu porte, os Smiths foram (in)efetivamente autoempresariados bem no auge de sua popularidade, em 1986 – num ponto em que, não por coincidência, assinaram com a EMI, gravadora mais antiga da Grã-Bretanha, apesar de ainda estarem atrelados por contrato à Rough Trade, principal gravadora independente do pós-punk britânico.

A batalha pelos direitos das músicas dos Smiths fornece uma trama secundária intrigante, um olhar fascinante tanto para os artifícios utilizados pela indústria fonográfica quanto para as motivações de seus artistas. Pessoalmente, duvido muito de que os Smiths teriam gozado de liberdade criativa igual – enquanto simultaneamente experimentavam aclamação da crítica e sucesso comercial ininterruptos – em qualquer outra gravadora que não a Rough Trade, a qual se tornou uma espécie de sobrenome como resultado do sucesso na descoberta dos Smiths. E, ainda assim, Morrissey enxergava tudo de forma diferente: acreditava terem sido os Smiths a alavancarem a Rough Trade, achava que a gravadora não teria sobrevivido sem eles e que, por sua vez, o grupo teria sido ainda muito "maior" nas mãos de uma empresa mais tradicional. Talvez seja um debate hipotético, mas a verdade continua sendo que, pelo fato de a Rough Trade ser conhecida como uma loja de discos pioneira e um grande centro de distribuição, além de um selo, a saga dos Smiths se tornou algo como um mistério para a cena independente maior que os criou e nutriu. De fato, há forte discussão no sentido de que o conceito de "música indie" como um som e um estilo (não como mera descrição da forma de distribuição) começou com o sucesso dos Smiths. E também de que o sucesso do Britpop da era da Manchester pós-Smiths – quando artistas como Blur e Oasis, estes últimos também naturais da cidade, venderam milhões de discos (em gravadoras de peso) – não teria ocorrido sem a ajuda dos Smiths ao prepararem o terreno na Rough Trade. O fato, então, de a banda ter se separado antes de a EMI conseguir levá-la ao estúdio oferece um ferroada cruel na história de inquietação do grupo.

Por isso, enquanto esses fatos me eram contados, houve momentos em que histórias de manipulações (des)organizacionais ameaçaram ofuscar o brilho musical, a ponto de eu me sentir tentado a dar ao livro o subtítulo de *Como não ter sucesso na indústria fonográfica...* No entanto, obviamente, os Smiths tiveram. E como. De todo caos, confusão e drama que faziam parte da normalidade diária dos Smiths, saiu um dos legados musicais mais mágicos e duradouros de sua geração. Em outras palavras, se os Smiths tivessem cuidado melhor de seus negócios, com um empresário experiente no comando, talvez numa gravadora estabelecida, seguindo valores tradicionais da indústria no que dizia respeito à qualidade de suas gravações, o tempo de seus lançamentos e os métodos de promoção, então a parte musical da história provavelmente teria sido muito, muito diferente. E, com isso, o impacto cultural possivelmente não teria sido o mesmo. Teria sido uma pena para eles. E para nós, certamente.

CAPÍTULO

UM

Não sinto qualquer afinidade com o local. É apenas um lugar onde calhei de morar. Não significa muita coisa para mim. E tenho certeza de que vou embora logo – quando for rico.

– Morrissey, *The David Jensen Show*, julho de 1983

Nós tínhamos a sensação de que cada cidadezinha era nossa casa. E acho que as pessoas em Inverness, Brighton, Saint Austell e Norwich tinham a mesma sensação quando saíam de casa para nos ver.

– Johnny Marr, maio de 2011

A história dos Smiths está entrelaçada com a história de Manchester. E ainda assim o grupo se mostrou curiosamente conflitante com relação à lealdade que nutria por sua cidade natal – a qual, mais tarde, declarou-o um de seus artigos de exportação mais bem-sucedidos e uma de suas maiores atrações turísticas. Não é só porque os Smiths concluíram seu primeiro álbum com o refrão depreciativo "Manchester, so much to answer for" [Manchester, tantas coisas pelas quais responder] ou porque abriram o segundo com o verso igualmente negativo "Belligerent ghouls run Manchester schools" [Espíritos bélicos dirigem as escolas de Manchester]. Não é só porque eles fizeram as malas e se mudaram para a capital britânica mais ou menos ao primeiro sinal de sucesso (embora seu retorno, um ano depois, sugira que possam ter descoberto uma nova forma de apreciar sua cidade natal enquanto estavam afastados). É também o fato de os Smiths terem tocado em Manchester com menos frequência durante *todos os quatro anos* de sua carreira do que tocaram em Londres apenas nos primeiros 12 meses.

Tal ambivalência pode ser parcialmente perdoada e justificada como ambição, uma determinação de escapar do relativo confinamento de seus arredores semiurbanos de casas geminadas e abrir suas asas sobre um plano nacional e, depois, internacional. Desde o começo, os Smiths sabiam o que era grandeza, e alcançá-la significava não aceitar um lugar à margem. Nunca se contentariam em ser algo tão insignificante quanto uma *banda de Manchester*.

E, ainda assim, sentimentos mais profundamente conflitantes sobre suas origens são compreensíveis. Na infância, Steven Morrissey e Johnny Marr foram expulsos de seus lares no centro da cidade, no bairro que ocupava parte de Hulme, Moss Side, e Ardwick, respectivamente, como parte de um amplo programa de "eliminação de cortiços" que lhes proporcionou moradias melhores, mas com o custo de reviravoltas na comunidade. Todos os quatro integrantes da banda foram sujeitados ao sistema escolar arcano e draconiano (no caso deles, católico), que fracassou em lhes proporcionar uma educação de qualidade e, mais ainda, em lhes dar condições de seguir seus talentos artísticos. E eles se juntaram num momento em que Manchester estava decaindo mais vertiginosamente do que qualquer outra cidade britânica, sob o peso da pobreza, do desemprego e dos problemas sociais que os acompanhavam – e mesmo assim, durante os primeiros dias da aclamação unânime dos Smiths pela mídia musical de Londres, sempre parecia que eles tinham que lutar por cada gota de respeito cívico local. O que, afinal, havia naquela cidade que valesse sua lealdade?

Esse, num sentido mais amplo, é há muito tempo o dilema de Manchester. Uma cidade que iniciou a Revolução Industrial, que contribuiu tão enormemente para a riqueza da Grã-Bretanha, que, de certa forma, financiou e abasteceu o império vitoriano, fez tudo isso apoiada nas costas de seus trabalhadores malpagos, mal-alimentados e maltratados. Seus habitantes, portanto, misturam um orgulho instintivo pelas abundantes realizações da cidade (incluindo os sucessos esportivo e cultural atuais) com um preconceito necessário contra seus próprios patrões e líderes municipais, que muitas vezes os trapacearam sem pensar duas vezes. O resultado é um cinismo de certa forma alegre; o povo de Manchester permanece entre os mais expansivos e acolhedores da Grã-Bretanha, apesar de sua história de dificuldades. Tirando as ocasionais provocações cordiais, raramente é exibido qualquer antagonismo genuíno contra os habitantes do "sul moleza".

Quanto aos Smiths, no entanto, talvez a razão principal para eles nunca terem agitado uma bandeira de Manchester tenha sido o fato de que, para pelo menos três deles, suas histórias familiares recentes não estavam no condado de Lancashire, mas na Irlanda. "Com tanta influência irlandesa ao nosso redor, minha irmã e eu crescemos sem nunca realmente nos sentirmos de Manchester", disse Morrissey em 1999, cinco anos antes de lançar uma canção solo se descrevendo como de sangue irlandês e coração inglês ["Irish Blood, English Heart"]. Johnny Marr falou de outra forma: "Não penso em mim como inglês e não penso em mim como irlandês. Penso em mim como um irlandês de Manchester." Assim como pelo menos um desses pontos de vista era verdadeiro para os outros Smiths, também o era para muitos nascidos em Manchester ao longo da história, pois parcela significativa da riqueza da cidade – ou pelo menos da riqueza de seus industriais, que não estavam dispostos a dividi-la – foi construída sobre sangue irlandês.

* * *

Antes de sua transformação, no século XVIII, Manchester servia como respeitável centro de agricultura, com uma reputação adicional para a produção têxtil graças ao influxo de tecelões flamengos exilados ali durante o século XII; era Liverpool, 50 quilômetros para o oeste ao longo do rio Mersey, que figurava radiante como a "Porta de entrada do Império Britânico". As fortunas de Liverpool foram construídas, em parte, com a exportação de tecidos de Manchester e armas de Birmingham, mas foram especialmente aumentadas com a troca de tais produtos por carga humana na costa oeste da África, carga essa que era então transportada para ser vendida como mão de obra escrava nas Índias Ocidentais ou ao longo da costa americana do Atlântico antes que se voltasse do Novo Mundo com navios carregados de matéria-prima. Na virada do ano de 1800, Liverpool era considerada a segunda cidade mais rica de toda a Europa.

A essa altura, no entanto, o aproveitamento das máquinas a vapor e as sucessivas invenções, em sua maioria no centro e no nordeste da Grã-Bretanha, de uma série de fiadeiras, teares, lançadeiras volantes e máquinas de fiação movidas a água, que aumentaram exponencialmente a capacidade de produção da indústria algodoeira, já estavam servindo para mudar de mãos o poder regional. Manchester se beneficiou dessas invenções, em parte, por conta de sua posição estabelecida na indústria têxtil, mas também porque tinha os atributos exigidos pelas novas indústrias de larga escala: alta umidade natural, muita precipitação atmosférica, enorme suprimento de água potável e, graças ao pioneiro Bridgewater Canal, que conectava uma mina de carvão privada da região ao depósito do dono, em Manchester, fácil acesso a carvão e um crescente sistema de mais canais arteriais. O primeiro moinho de água do mundo foi construído em Royton, a leste da moderna Manchester, em 1764; o primeiro moinho a vapor da cidade foi inaugurado em Shudehill, no coração da moderna Manchester, em 1782. A partir dali, os moinhos se expandiram às dúzias, muitos deles construídos às margens do canal Rochdale, em Ancoats, no limite do bonito e moderno Northern Quarter de Manchester. Moinhos também foram construídos na margem norte de Chorlton-on-Medlock, ao longo da qual passava a Oxford Road, ao sul da cidade, e onde foi mais tarde construída a Universidade de Manchester, instituição de ensino superior mais populosa da cidade que, estudos frequentemente mostram, agora atrai alunos tanto pela reputação musical quanto pela acadêmica.

A Grã-Bretanha aboliu a escravidão em 1807, e a posição de Liverpool no núcleo de seu comércio global sofreu com isso; com a eliminação da "Passagem Atlântica", os navios chegavam ao porto de Mersey cada vez mais cheios de algodão bruto das Índias ou das Américas e partiam com tecidos de algodão acabados de Manchester para vender ao redor do globo. Em 1830, quando foi inaugurada a primeira linha ferroviária para transporte de passageiros do mundo, conectando as duas grandes cidades do noroeste da Inglaterra, havia poucas dúvidas sobre qual delas tinha a chave para a prosperidade futura da Grã-Bretanha: "Cottonopolis", como Manchester tinha passado a ser conhecida, a casa das máquinas da Revolução Industrial.

A essa altura, um quinto da população de Manchester era formado por irlandeses.[1] Haviam mudado para lá, em parte, por causa da pobreza de sua pátria, onde, especialmente desde os Atos da União, no início do século XIX, tinham sido subjugados por proprietários britânicos absentistas a ponto de a maior parte de sua produção alimentícia acabar em mesas inglesas. Os irlandeses foram para Manchester especialmente pela promessa de empregos nos novos e enormes moinhos de algodão, bem como nas fundições de ferro, fábricas de máquinas e de vidro que foram construídas, em grande parte, para servir a essa indústria. Ainda assim, quando chegaram, viram-se marginalizados pelos ingleses, que os viam não apenas com o preconceito religioso de uma nação protestante, não apenas como uma ameaça aos seus empregos, mas também, com sua língua estrangeira (pois muitos dos imigrantes falavam gaélico) e modos igualmente diferentes, como uma raça inteiramente diferente e inferior.

Como resultado, os irlandeses foram segregados em guetos, onde viviam nas piores condições testemunhadas na sociedade (então) moderna. Detalhes de suas adversidades foram publicados pelo Dr. James Phillips Kay em seu estudo de 1832, intitulado *The Moral and Physical Condition of the Working Classes Employed in the Cotton Manufacture in Manchester* [A condição moral e física das classes trabalhadoras empregadas na manufatura de algodão em Manchester]. Kay serviu como médico no dispensário de Ardwick e Ancoats, bairros que, ao lado de New

Town (ou Irish Town), serviam como as principais áreas residenciais para os imigrantes irlandeses e eram, não por coincidência, o centro da imundície da cidade. Nessas áreas, famílias inteiras, de 16 pessoas ou mais, podiam ser encontradas vivendo num único quarto subterrâneo, úmido e pestilento, que mal possuía 10 metros quadrados, dividindo o espaço com porcos e outros animais. A falta de saneamento era tão grande que na Parliament Street cerca de 380 pessoas compartilhavam um único "lavatório", de onde os dejetos humanos não surpreendentemente se espalhavam pelas casas adjacentes. (Em faixas inteiras do centro de Manchester havia um número maior de cervejarias, tabernas e bares de gim do que banheiros.) Permitindo-se também que os rios da cidade fossem envenenados com todo tipo de cores fétidas por dejetos químicos e que o ar ficasse espesso com fuligem de poluição a ponto de formar uma camada preta nas casas, não era nenhuma surpresa que epidemias de cólera muitas vezes varressem a cidade – e que metade das crianças morresse antes de completar 5 anos.

As crianças que sobreviviam eram convocadas a trabalhar nas fábricas e nos moinhos; eram a tal nível escravas de tais instalações que em 1819 o Ato de Regulação de Fábricas de Algodão foi exigido para restringir seu trabalho, mesmo que a 12 horas diárias. Ainda assim, parcialmente porque essas leis não foram aplicadas até um novo ato do Parlamento, em 1833, crianças de até 5 anos – muitas delas órfãs fornecidas às fábricas por autoridades paroquiais locais – continuaram a ser livremente espancadas, feridas e maltratadas, enfim, de todas as formas torturadas e disciplinadas violentamente, muitas vezes tendo suas cabeças mergulhadas em cisternas quando inevitavelmente ficavam sonolentas pela carga de trabalho excessiva. Homens, mulheres e crianças trabalhavam igualmente em meio ao barulho das máquinas, num volume tal que o filósofo francês Alexis de Tocqueville escreveu sobre a Manchester de sua época que ele ouviu antes de ver, usando uma linguagem apropriadamente rítmica para lastimar as "rodas esmagadoras das máquinas, o guincho do vapor das caldeiras, a batida regular dos teares".

Da mesma forma, em seu relato pioneiro, o Dr. Kay comparou adequadamente "a rotina maçante da labuta incessante" nos moinhos ao "trabalho de Sísifo – a labuta, como a pedra, cai perpetuamente sobre o funcionário cansado". Ainda assim, Kay não conseguia esconder um desprezo implícito pelos irlandeses inábeis entre esses trabalhadores. Com o livre uso do termo "selvagem", ele citava o "contagioso exemplo de ignorância e um desprezo bárbaro pela prudência e pela economia" por parte desses trabalhadores, e concluía que "tal raça é útil apenas como uma massa de organização animal, que consome o menor volume de remuneração".

No fim da década de 1830, o algodão representava metade dos ganhos com exportação da Grã-Bretanha, mas poucas mudanças tinham ocorrido nos padrões de vida. Quando o alemão Friedrich Engels foi a Manchester, em 1842, enviado por seu pai para supervisionar o moinho de algodão da família com a esperança de que a experiência domasse as crenças radicais do jovem, sua exposição aos efeitos da indústria de larga escala o encorajou a formular sua própria visão da sociedade ao lado de seu parceiro político, Karl Marx, com quem se encontrava para devorar teorias econômicas na biblioteca pública de Chetham (a mais antiga da Grã-Bretanha) durante as visitas de Marx a Manchester. Engels e Marx mais tarde escreveriam *O manifesto comunista*, mas antes, em 1845, Engels estava prestes a publicar *A situação da classe trabalhadora na Inglaterra*, quando tinha apenas 24 anos. Nele, Engels – suspeitando que era mais proposital do que acidental – astutamente percebeu como o centro de Manchester era repleto de escritórios e armazéns impressionantes e as estradas principais fora da cidade eram cercadas por lojas bem-cuidadas. Dessa forma, um homem de negócios, "viajando a negócios" de seu vilarejo suburbano, ou um visitante que ele pudesse querer impressionar, poderia entrar e sair da cidade sem ser exposto à destituição dos habitantes da classe baixa que jaziam escondidos atrás das estradas principais, numa vasta e não mapeada configuração de vielas, alamedas e casinhas construídas de forma provisória – longe dos olhos e, para muitos, longe do coração.

Comparando as condições das pessoas dos cortiços e das fábricas que as empregavam a um barril de pólvora prestes a explodir, Engels moldou seu estudo não apenas como uma denúncia à Revolução Industrial, mas como uma advertência sobre a inevitável Revolução dos *Operários*. "O proletariado guerreiro *há de se unir*", acreditava ele. Ainda assim, Engels, como Kay antes dele, parecia, simultaneamente, acreditar que autoemancipação estava além dos irlandeses. Em uma seção especial de seu *A situação da classe trabalhadora na Inglaterra* dedicada à imigração irlandesa, ele se inclinava a todos os estereótipos com que tal nacionalidade era taxada:

"As piores habitações são boas o suficiente para eles; suas roupas não lhes causam muita preocupação, contanto que ainda estejam unidas por um fio; sapatos, eles desconhecem; sua comida consiste apenas em batata e mais batata; o que quer que ganhem além de suas necessidades é gasto com bebida. O que uma raça como essa quer com salários elevados?"

Algumas vezes foi sugerido por defensores de Engels que esses comentários eram uma forma de sarcasmo amargo, talvez com a intenção de refletir a visão dos barões industriais, mas suas conclusões também representavam uma leitura desconfortável: "Mesmo se os irlandeses, que se forçaram para encontrar outras ocupações, pudessem se tornar mais civilizados, muitos dos velhos hábitos se prenderiam a eles e teriam forte influência degradante sobre seus colegas de trabalho ingleses, como efeito de serem cercados pelos irlandeses." A teoria de Engels seria posta à prova imediatamente, quando plantações de batata fracassaram repetidamente por toda a Irlanda na década de 1840, levando à fome e à emigração em massa de até um milhão de jovens irlandeses em menos de uma década, muitos dos quais seguiram uma jornada agora familiar – aos moinhos, oficinas e cortiços do centro de Manchester.

Manchester ganhou renome não apenas como o local de nascimento do capitalismo moderno *e* do socialismo. Em 1801, as escolas dominicais da Church of England, em Manchester, orgulhosas de seu papel na ajuda em educar as crianças mais pobres das fábricas, puseram-nas a desfilar até a Collegiate Church na segunda-feira após o domingo de Pentecostes para ouvir um sermão especial do feriado. A prática logo se espalhou pelo país e se popularizou em Manchester, até que, no meio do século, um mínimo de 10 mil "alunos" podia ser visto marchando atrás de bandeiras de igrejas; na época, as crianças esperavam pelas caminhadas de Pentecostes como um Natal alternativo, um dia para roupas novas e presentes em dinheiro de parentes e amigos. Outros acontecimentos carregaram maior peso histórico. Em 1819, anos de agitação trabalhista após as guerras napoleônicas culminaram numa multidão surpreendente de 60 mil pessoas se juntando no Saint Peter's Field, vindas de todos os cantos do condado de Lancashire, para ouvir os melhores oradores da época pedindo uma reforma parlamentar. (Apesar de seu tamanho e de sua importância econômica, Manchester ainda não tinha uma representação no Parlamento.) Embora a multidão tivesse sido estimulada a participar pacificamente, magistrados locais temeram o pior, enviando proprietários de terra e a cavalaria de sabres em punho para prender os oradores. O resultado foi 15 mortos, incluindo mulheres e crianças, e centenas de feridos. Entre os detidos no púlpito estava o repórter do *Times* (de Londres); o clamor subsequente da mídia com relação ao tratamento dado tanto aos oradores quanto a jornalistas e civis desarmados levou rapidamente à criação do *Guardian* (de Manchester), até hoje considerado o jornal liberal mais consistente e informativo do mundo. Ainda assim, o massacre de "Peterloo" foi uma mancha tão grande na reputação de Manchester que foi varrido para debaixo do tapete da história; apenas em 2010 uma placa no local admitiu a morte de civis. A placa está afixada no antigo Free Trade Hall, mais conhecido entre os fãs de música clássica como o lar da Orquestra Hallé; amplamente reverenciado por alguns historiadores do rock como a casa de shows onde Bob Dylan foi declarado um Judas por tocar guitarra elétrica em 1966 e conhecido por muitos como o local onde os Sex Pistols tocaram duas vezes, num curto espaço de tempo, em 1976, dando início à agora venerada cena punk local. Steven Patrick Morrissey estava num grupo muito seleto de moradores de Manchester presentes nos dois shows.

O Free Trade Hall foi construído em prol da Anti-Corn Law League, estabelecida em Manchester em 1838 por industrialistas que acreditavam que o comércio sem restrições resultaria em mais riqueza para todos. Reformadores que tomaram uma posição mais próxima à situação dos trabalhadores, se alinharam com o movimento cartista, também criado em 1838, que exigia eleições anuais e sufrágio universal, e ganhou crédito entre a população com um comício nos morros, ao norte de Manchester, que atraiu 200 mil pessoas naquele mesmo ano. No verão de 1842 um movimento de trabalhadores furiosos, influenciados pelos cartistas, respondeu a uma depressão econômica de longa duração recusando a já conhecida imposição de grandes reduções salariais e entrando em greve, desligando os motores a vapor das fábricas por toda a Inglaterra industrial. No começo de agosto daquele ano, enquanto a agitação se espalhava para o centro de Manchester, uma multidão exaltada de aproximadamente 15 mil pessoas foi vista em Ancoats, lutando contra a polícia, saqueando lojas e ateando fogo em fábricas. Quando as autoridades, assustadas, leram o Ato de Motim, os manifestantes acabaram sendo dispersados, com a ajuda de canhões e quinhentos policiais especiais que haviam acabado de tomar posse. No fim do mês, com a cavalaria patrulhando as ruas, a cidade parecia um território ocupado – e a gerência do Moinho de Algodão Ermen & Engels, apenas semanas antes de o jovem Friedrich chegar, publicou um anúncio na capa do *Guardian* para agradecer à polícia por dar um jeito nos grevistas, conhecidos como "Plug Riots".

Nem todos os industriais estavam interessados em reprimir seus funcionários com força bruta. Correndo em paralelo com os protestos da era cartista em Manchester estava um revigorante movimento cooperativo, influenciado pela filosofia de Robert Owen, um ex-proprietário de moinho da cidade e um reformador que tinha levado seus negócios à Escócia para estabelecer um ambiente mais liberal na fábrica, incluindo uma escola gratuita na vila. Em 1840, ele devolveu parte de seus lucros a Manchester substituindo o superpovoado Instituto Social em Salford, cidade vizinha, por um Centro de Ciências junto à Deansgate, no coração da imundície de Manchester. Engels, que frequentava o Centro de Ciências como parte de seus giros desdenhosos entre as várias raças e classes da cidade, observou que seus membros de classe baixa devoravam não apenas as teorias políticas de Voltaire e Paine, mas também os poetas românticos britânicos. E era melhor mesmo, pois os poetas pelo menos diziam algo à sua existência. Depois de viajar por Manchester em 1807, por exemplo, Robert Southey concluíra que "um lugar mais necessitado do que Manchester não é fácil de conceber". E Percy Shelley escreveu "A máscara da anarquia" – poema que conclamava os ingleses a "se erguerem como leões depois do sono com um contingente imbatível" – depois de ficar sabendo do massacre de Peterloo. Quase 150 anos depois da publicação britânica atrasada daquele poema, um ascendente músico de Manchester, Pete McNeish, mudaria seu sobrenome para Shelley e, como vocalista e compositor do Buzzcocks, passaria a escrever alguns dos mais duradouros – ainda que curtos – poemas românticos do cânone britânico moderno. E assim a roda gira.

Ao longo do século XIX, a situação difícil da classe baixa trabalhadora de Manchester melhorou lenta e gradualmente. Uma série de Atos das Fábricas restringiu o trabalho infantil, impôs educação obrigatória e reduziu os turnos dos adultos a um ponto em que os trabalhadores poderiam desenvolver (e aproveitar) seu horário de lazer. O recém-criado Conselho Municipal de Manchester aprovou seus primeiros regulamentos de construção em 1868, no mesmo ano em que o Trades Union Congress (TUC), sindicato nacional central, foi formado a convite dos Conselhos de Comércio de Manchester e Salford. Ainda havia explosões de tempos em tempos, enquanto os novos mercados globais aprendiam a lidar com as consequências das quebras de bancos e guerras; a falta de algodão bruto importado durante a Guerra Civil americana levou à fome e a motins mesmo enquanto os trabalhadores de Manchester apoiavam oficialmente a União Americana em sua oposição à escravidão (o que explica a estátua de Abraham Lincoln na Lincoln Square, em Manchester). Em tais momentos de dificuldades, os irlandeses, muitas vezes, se tornaram alvo fácil de ressentimentos e preconceito; o fracassado Movimento Feniano no final da década de 1860, em particular, inspirou explosões regionais de violência organizada contra os irlandeses. Mas como minoria de número mais expressivo da cidade os irlandeses em Manchester estavam cada vez mais motivados a expressar sua herança cultural por meio de braços da Associação Atlética Gaélica, da Liga Gaélica, das celebrações do Dia de São Patrício, de desfiles católicos na sexta-feira da semana de Pentecostes, de clubes literários e debates – e, claro, por meio da música. Acima de tudo, no entanto, nada declarava a origem irlandesa tanto quanto a fé; não apenas um grande número de igrejas católicas foi construído em Manchester no século XIX, como também, significativamente para a história futura dos Smiths, um número igualmente grande de escolas católicas.

Em 1914, a dominância comercial de Manchester parecia incontestável: a abertura do canal de Navegação de Manchester, vinte anos antes, tinha aberto rota direta para o mar da Irlanda, evitando inteiramente

Liverpool e ajudando Manchester a reivindicar o direito de processamento de assustadores dois terços do algodão do mundo. Mas um subsequente declínio na manufatura ocorreu durante a Primeira Guerra Mundial, quando o acesso da Grã-Bretanha a seus mercados estrangeiros ficou muito restrito; a manufatura, porém, voltou a acelerar-se quando a guerra acabou, embora outras nações logo tivessem começado a produzir produtos equivalentes a um preço mais baixo (muitas vezes, de forma irônica, com máquinas feitas em Manchester). A Grande Depressão atingiu a cidade de forma especialmente forte, com moinhos caindo como dominós, o que forçou um declínio permanente na população do auge de 766 mil, em 1931, e embora a Segunda Guerra Mundial tenha visto muito da força de trabalho ser empregada lucrativamente na manufatura de armamentos, foram os Estados Unidos, não a Grã-Bretanha, que emergiram da batalha global como o império econômico predominante. A concentração do poder, que havia mudado no século XIX de Liverpool para Manchester, tinha agora emigrado completamente.

Mas nenhuma cidade com algum mérito aceita a derrota de braços cruzados, e Manchester, logo após o término da Segunda Guerra, tinha razões para ainda acreditar em si mesma. Fora poupada dos excessivos bombardeios da Luftwaffe nazista, que haviam arrasado bairros inteiros de Liverpool, e, graças ao canal Marítimo de Manchester, seu porto ainda era o terceiro maior do país. A cidade tinha dois dos melhores e mais populares times de futebol da Inglaterra (Manchester United e Manchester City), reputação para música e vida noturna, e um declarado amor por jazz e blues. E o Partido Trabalhista, nascido de uma conferência do TUC ocorrida em 1900, tinha chegado ao poder no final da guerra e embarcado num programa imediato e exaustivo de reformas da previdência social e nacionalização de indústrias, programa esse que prometia uma distribuição mais justa da riqueza industrial. Não apenas a visão de Engels de uma revolução do proletariado tinha acontecido exatamente da forma como ele considerara impossível – em pequenos passos, sem insurreição armada –, como seus medos de selvagens irlandeses corromperem os ingleses tinham se provado desesperadamente mal-informados: a "civilização" dos irlandeses em Manchester, na verdade, ajudou a melhorar as condições para todos.

CAPÍTULO

DOIS

Eu tinha consciência de ser irlandês e nos diziam que éramos muito distintos dos garotos imundos à nossa volta – éramos diferentes deles. De muitas formas, no entanto, acho que recebi o melhor dos dois lugares e o melhor dos dois países. Sou "um de nós" nos dois lados.

– Morrissey, *Irish Times*, novembro de 1999

Uma de minhas primeiras memórias é ver duas jovens mulheres irlandesas que tinham chegado aqui havia pouco tempo de um pequeno vilarejo irlandês. Pobres, mas melhores do que estavam em sua terra natal, totalmente libertadas por aquela nova vida. Precisando viver a poucos metros uma da outra, como um sistema de apoio.

– Johnny Marr, março de 2011

A nova onda de imigrantes irlandeses não era composta de fugitivos famintos, nem vivia sob domínio britânico. A Irlanda tinha conquistado a independência em 1922 e se tornado oficialmente uma república – o Éire – em 1948, embora a decisão dos seis condados do norte, majoritariamente protestante, de continuar a fazer parte do Reino Unido significasse que a questão de uma unidade e uma independência completas da Irlanda permaneceria não resolvida. Mas, por enquanto, reinava a paz. Na verdade, sob a liderança do presidente Éamon de Valera, a Irlanda tinha conseguido ficar totalmente de fora da Segunda Guerra Mundial – referindo-se a ela como "A Emergência". E, numa mudança da (falta de) sorte da metade do século XIX, uma política protecionista tinha garantido que os irlandeses tivessem carne suficiente em seus pratos durante os anos de guerra e os posteriores, enquanto os britânicos passavam por um racionamento contínuo. Mas o isolamento teve um preço: foi recusada ao Éire uma posição como membro das Nações Unidas até 1955, como resultado de sua neutralidade, e por isso a economia seguia em frente com dificuldade, sua base agrícola não fazendo frente ao boom de (re)construção que ocorria por toda a Europa destruída pela guerra. A Grã-Bretanha, embarcando num plano ambicioso de construir um milhão de novos lares, tinha até chegado a fazer propaganda para trabalhadores imigrantes em suas colônias. Era tentador demais para a juventude do Éire cruzar o mar da Irlanda e ocupar alguns daqueles empregos nas grandes cidades britânicas. Ao longo da primeira metade dos anos 1950, cerca de 200 mil deixaram a Irlanda e, mais uma vez, uma percentagem significativa se estabeleceu em Manchester.

Entre eles, estavam sete irmãos Morrissey que tinham sido criados num prédio do centro de Dublin até serem movidos para as novas zonas residenciais de Crumlin, no sul da cidade, num processo de "eliminação de cortiços" que se tornaria uma constante na vida do segundo mais novo, Peter Aloysius Morrissey, com menos de uma semana de vida na época da realocação da família, em novembro de 1935. A nação irlandesa, sob o comando de De Valera, seria aplaudida por lidar com as necessidades de moradia de sua população pobre, mas tratava superficialmente o conforto social necessário para que fossem estabelecidos laços comunitários: com a falta de boas escolas, parques e empregos, Crumlin não conseguia conter as ambições do pós-guerra de sua nova geração.

Mary Bridget Morrissey migrou primeiro, abrindo uma loja de animais na parte solidamente irlandesa do bairro de Moss Side, em Manchester, com seu marido Leo Corrigan. Cathryn Patricia foi a próxima, casando-se em Londres no ano de 1952 e se realocando com o marido, Richard Corrigan – irmão de Leo –, na Stockton Street, em Moss Side, uma das muitas ruas construídas num padrão norte-sul desde a Moss Lane, na direção do Alexandra Park. As casas de dois e três andares dessa área residencial restrita se abriam para a rua, como era típico para a classe trabalhadora britânica, mas várias das maiores tinham porões, gabletes com janelas e pequenos jardins frontais; não eram, de forma alguma, como os cortiços de imigrantes irlandeses do século XIX. Diferente da nova comunidade caribenha de Moss Side, que ficava a leste dos clubes de jazz da Princess Street, o bairro proporcionava uma base para o número cada vez maior de Morrissey em Manchester. Por volta da mesma época em que outra irmã, Ellen, se casou por lá, em 1955, Peter Morrissey, ainda adolescente, foi seduzido a se juntar a eles, ficando com Richard e Patricia Corrigan na Stockton Street enquanto procurava emprego e fazia planos para sua namorada seguir seu exemplo.

A moça, Elizabeth Ann Dwyer, conhecida por todos como Betty, era a segunda mais velha de uma família que, como os Morrissey, consistia em cinco moças e dois rapazes, e tinha também morado bem no coração de Dublin, na Pearse Street, até ser transferida para conjuntos residenciais de Crumlin. Indo mais longe na genealogia da família Dwyer, dizia-se que haviam sido muito ricos – um considerável volume de terras perto do vilarejo turístico de Cashel –, mas aquilo mal se notava quando Betty Dwyer abandonou, com 14 anos, a escola para assumir um emprego numa das fábricas de Crumlin, costurando botões. Lá, conheceu Peter Morrissey, que confeccionava cinzeiros e abajures; eles começaram a namorar, e na época em que os dois tinham feito suas respectivas mudanças para Manchester, onde Betty se estabeleceu na vizinhança da Stockton Street com um casal idoso que cuidava dela como filha, tinham um relacionamento sério.

Formavam um casal muito bonito. Betty era linda quando jovem, fotografada com a mãe de Peter do lado de fora da casa na Stockton Street, usando um cardigã comum, suas evidentes feições irlandesas acentuadas pelo largo sorriso, ou vestindo suas melhores roupas, igualmente brilhando para a câmera, durante um passeio no Alexandra Park. Peter tinha ombros largos, um corpo relativamente forte e normalmente encarava a câmera com um ar de determinação e complacência silenciosas; tornou-se rapidamente conhecido em Manchester por sua atitude positiva, sua confiabilidade como amigo e funcionário, seu comportamento alegre e, especialmente, seu amor pelo futebol, um esporte que era oficialmente desaprovado no Éire, onde, em vez do esporte original, era promovida a versão gaélica do jogo. Peter tinha sido um dos muitos jovens de sua cidade natal a fazer um voto de temperança durante sua crisma e chegou à vida adulta sem desenvolver o gosto por álcool. Quando chegou a Manchester, estava mais interessado na liberdade para jogar futebol do que na oportunidade de encher a cara; ao longo dos anos seguintes ele desenvolveu uma reputação paralela como jogador amador dedicado e de talento excepcional, além de ser relutante e amador também na bebida.

Peter Morrissey rapidamente conseguiu um emprego como motorista de empilhadeira no armazém de Trafford Park da respeitável companhia de Manchester, Richard Johnson, Clapham and Morris (JCM); Betty arranjou emprego como empacotadora em uma empresa produtora de cobertores. À primeira vista, nenhum dos dois empregos parecia muito mais atraente do que aqueles que o casal havia deixado para trás em Crumlin e, evidentemente, os novos imigrantes irlandeses ainda sofriam sua cota de discriminação. Mas, àquela altura, estavam muito bem-estabelecidos em Manchester e as condições da classe trabalhadora como um todo tinham melhorado o bastante para que os imigrantes aceitassem ser tidos como bodes expiatórios ou fossem manipulados como fura-greves. Havia empregos para todos, em construções e estradas, em hospitais e fábricas, em lojas e escolas, com um salário justo para qualquer um que pudesse se comprometer a um dia de trabalho duro. E, quando o trabalho terminava, havia pubs irlandeses e clubes sociais onde poderiam se reunir, igrejas católicas para frequentar aos domingos e escolas católicas para as crianças, quando elas chegassem.

Havia uma *vida* e, tudo somado, era uma vida boa. No dia 16 de março de 1957, Peter Morrissey e Betty Dwyer, com 21 e 19 anos respectivamente, casaram-se na Church of Our Lady of Perpetual Succour, em Moss Side. A cerimônia foi seguida de uma festa na Stockton Street pela noite toda e todo o dia seguinte, em que se comemorava o dia de São Patrício, com vários dos irmãos de Betty vindos de Dublin – assim como seus pais – se divertindo tanto que eles imediatamente traçaram seus próprios planos de se mudar para Manchester.

Menos de seis meses depois, Betty deu à luz uma menina, Jacqueline Mary. A filha chegou em meio a uma transição tão vívida para os britânicos que muitos dos que passaram por aquilo consideraram que o mundo à sua frente tinha mudado de preto e branco para colorido. A chegada do rock 'n' roll dos Estados Unidos e a explosão simultânea de seu irmão britânico, o skiffle, chegou na época em que o racionamento de comida tinha finalmente acabado e a abolição do serviço militar se agigantava sedutoramente no horizonte, convidando a juventude da nação a se redescobrir como algo totalmente novo: adolescentes. Os jovens viveram isso numa economia crescente, com uma receita que lhes possibilitava comprar os singles de 45 RPM das recentemente populares paradas de sucesso, bem como se entregar a novas modas, que estavam num auge realçado pelos tabloides, com as longas jaquetas cheias de bolsos internos dos "teddy boys", modas que eram geralmente mais apreciadas por proporcionarem aos jovens uma liberdade nova de se expressarem como algo diferente de meros trabalhadores. Para os que tinham ambições musicais, o conceito de *leasing* – pagamento em planos a prazo – apresentava a oportunidade de possuir guitarras e baterias para formar bandas de rock ou skiffle e explorar oportunidades de carreira que iam além do familiar aprendizado nos escritórios ou dos empregos em fábricas. Acelerando esse processo de sonhos em Londres, um empreendedor bastante britânico chamado Larry Parnes montou uma linha de montagem pessoal com a qual ele transformava jovens adolescentes de físico irrepreensível e talento duvidoso em sensações da música com nomes artísticos vagamente maliciosos: Tommy Steele, Marty Wilde, Billy Fury e assim por diante. Nenhum passava perto de Elvis Presley, Little Richard ou mesmo Buddy Holly, mas, dado que no fim dos anos 1950 os três tinham, respectivamente, entrado para o Exército, seguido uma religião e morrido num acidente de avião, os britânicos aceitavam o que Parnes e sua laia eram capazes de produzir – e ficavam felizes.

Peter e Betty Morrissey tinham ficado por pouco do lado errado da linha da adolescência recém-determinada para aproveitar tudo aquilo; não seriam eles, mas seus filhos, que se beneficiariam da nova sociedade. Logo após a chegada de Jacqueline, a família se mudou de uma moradia temporária alugada na Henrietta Street, em Moss Side, para um lar mais permanente no número 17 da Harper Street, no mesmo bairro, mas crucialmente a leste dos limites da cidade de Manchester e dentro do distrito municipal de Stretford. Peter Morrissey conseguiu um emprego melhor na fábrica da JCM e continuou a jogar futebol religiosamente. Houve, diz-se, oportunidades para que ele trocasse uma profissão pela outra, especialmente depois de fevereiro de 1958, quando oito jogadores do time principal do Manchester United, o qual havia acabado de ganhar a liga inglesa pelo segundo ano consecutivo, morreram na queda do avião fretado durante a decolagem, após um jogo das quartas de final da Taça dos Clubes Campeões Europeus, em Munique. Por ser astro e artilheiro tanto do time líder da liga dos pubs quanto do time do trabalho, Peter Morrissey era rotineiramente incentivado por seus companheiros de futebol amador a fazer testes para o United, cujo campo, em Old Trafford, ficava próximo do armazém da JCM; acreditavam que ele poderia, pelo menos, conseguir uma vaga no agora reduzido time de reservas. Mas Morrissey já passara por aquilo antes, fora aprovado num teste no vizinho Bury mas recusara os convites subsequentes por conta de um choque com seu horário sobrecarregado. Morrissey só se arriscava no campo de futebol; quando se tratava de trabalho e família, optava pela cautela. A chegada de um filho, na primavera de 1959, acabou com quaisquer esperanças que ainda pudessem existir – agora mais por parte de seus amigos do que dele mesmo – de encontrar uma vocação profissional fora da fábrica.

O menino nasceu no Park Hospital, em Davyhulme, no dia 22 de maio, segunda-feira após Pentecostes – o que fez com que os Morrissey ficassem entre os poucos irlandeses de Manchester a não passar o dia ao lado de 50 mil de seus irmãos católicos romanos, alguns marchando pelas ruas da cidade ao som de flautas, pífaros, tambores e metais, outros dos quais rompendo barreiras para se aproximar do arcebispo Gerald Patrick O'Hara, nascido nos Estados Unidos. Era o tipo de histeria religiosa que mais tarde recairia sobre o recém-nascido Morrissey toda noite – não que alguém tivesse grandes expectativas quanto a tal adoração quando ele estava deitado naquela cama de hospital.

Quando chegou o momento de dar nome ao menino, Peter e Betty voltaram-se para a tradição. Como não era incomum no centro de Dublin na década de 1930, Peter Morrissey tinha visto dois irmãos morrerem ainda crianças, um deles chamado Patrick Steven; escrito de forma levemente diferente, Patrick Stephen, esse também tinha sido o nome do pai de Betty. Patrick, no entanto, era um nome irlandês *demais* para ficar na frente; já era suficientemente ruim saber que seu filho poderia ser chamado de Paddy por conta de suas raízes irlandesas mesmo sem ter o nome Patrick. De sua parte, o garoto mais tarde alegaria que tinha recebido o nome como homenagem ao ator americano Steve Cochran, um antigo valentão das telas e um Romeu fora delas, o qual, na época do nascimento do pequeno Morrissey, estava prestes a alcançar seu ponto mais baixo como protagonista de um filme trash que prometia fazer revelações espetaculares sobre "o mundo esquisito e selvagem dos beatniks!". O filme, *A noite dos malditos*, estreou em julho de 1959, no mesmo mês em que Peter e Betty registraram oficialmente o nome de seu filho – como Steven Patrick Morrissey.

Se *A noite dos malditos* representava o fundo do poço de Hollywood, o cinema britânico estava passando por um período muito mais fértil no ano do nascimento de Steven Morrissey. Janeiro viu o lançamento do filme *Almas em leilão*, baseado num recente romance de John Braine em que o narrador se muda para uma próspera cidade de comerciantes do oeste de Yorkshire vindo de sua desesperada cidade de moinhos em Lancashire, perto de Manchester; em setembro, estreou uma adaptação da aclamadíssima peça de John Osborne, *Look Back in Anger*, ambientado em grande parte no sótão de um apartamento numa cidade esfumaçada da região central da Inglaterra. Os dois filmes anunciaram uma "nova onda" do cinema britânico: filmes poderosos e sérios, que retratavam, com a austeridade do preto e branco e uma linguagem igualmente simples, mesmo vulgar, as vidas travadas, difíceis e claustrofóbicas da classe trabalhadora contemporânea, além de suas tentativas, muitas vezes frustradas, de ascensão social.

O movimento literário e teatral que culminou nesses filmes tinha inicialmente sido anunciado como um movimento de "Angry Young Men" [jovens furiosos], como na peça de Osborne, mas o título foi declarado quase instantaneamente obsoleto quando, em 1958, *A Taste of Honey* apresentou uma nova e perturbadora versão da feminilidade aos palcos de Londres. Um conto perversamente hilário e brutalmente amoral de uma garota adolescente da classe trabalhadora do norte da Inglaterra, Jo; com sua gravidez de um soldado negro que desaparece de sua vida; sua subsequente amizade com um estudante gay protetor; a relação conturbada da jovem com a mãe, Helen, quase uma prostituta, e o mais recente parceiro playboy e alcoólatra dela, *A Taste of Honey* conseguiu quebrar quase todos os tabus que existiam nos costumes sociais britânicos. (Como a homossexualidade era ilegal, a orientação sexual do personagem nunca foi realmente declarada, embora estivesse implícita nos insultos familiares e floreados atirados sobre ele pelo amante de Helen.) O avanço foi considerado ainda mais surpreendente pelo fato de a autora de *A Taste of Honey*, Shelagh Delaney, ter apenas 17 anos quando escreveu a peça e não fazer parte de nenhum "grupo" teatral; uma garota da classe trabalhadora determinada a mostrar que o teatro deveria sem um lugar "em que a plateia tem contato com pessoas de verdade, que estão vivas", ela ambientou a peça na sua cidade natal, Salford.

Num perfil da BBC sobre Delaney, transmitido em 1960, na época em que sua segunda peça, *A Lion in Love*, tinha acabado de ser lançada e uma versão cinematográfica soberba de *A Taste of Honey* estava em produção, Salford foi descrita, no inglês curto e grosso da rainha, como uma "cidade industrial cinzenta perto de Manchester". Essa era a típica ignorância condescendente do sul, pois Salford era uma cidade independente. Separada de Manchester a leste (e de Stretford ao sul) apenas pelo sinuoso fluxo do rio Irwell, Salford tinha representado um papel crucial na Revolução Industrial. Era o lar dos atracadouros e dos armazéns do canal Marítimo de Manchester e a base para muitas fábricas e moinhos – incluindo os da Ermen & Engels. O movimento cooperativo tinha nascido ali nos anos 1830, quando a população de Salford atingira 50 mil pessoas; o Salford Working Men's College fora fundado havia tempo, em 1858; o Salford Lads Club fora inaugurado em 1903 para oferecer mais oportunidades aos jovens trabalhadores da cidade. L. S. Lowry, apesar de nascido e criado em Stretford, a uma rua de distância da Stockton Street, tinha estudado na Salford School of Art por dez anos e ambientou muitas de suas pinturas mais famosas lá. Salford era o lar da primeira biblioteca pública britânica totalmente gratuita e de sua primeira rua iluminada a gás; as próprias usinas de gás foram imortalizadas pelo compositor, nativo de Salford, Ewan MacColl em sua canção de 1949, "Dirty Old Town".[1]

Salford alcançaria maior proeminência nos meses após o breve perfil da BBC sobre Delaney, por causa, em grande parte, da adaptação cinematográfica da peça *A Taste of Honey, Um gosto de mel*, embora também não tivesse passado despercebido que a cidade tinha dado à luz Albert Finney – cujo papel principal na adaptação de 1961 para o cinema do romance *Tudo começou num sábado* talvez fosse a melhor de todas as atuações da classe trabalhadora naquela época. A contribuição mais famosa para a cultura popular britânica estava, no entanto, prestes a se apresentar não nos cinemas, mas numa tela menor, bem no final de 1960, quando a emissora de televisão independente de Manchester, Granada, lançou uma nova série dramática, que era exibida duas vezes na semana. *Coronation Street* era oficialmente ambientada em uma cidade ficcional chamada Weatherfield, mas o programa recebeu o nome de uma rua de Salford onde ficava o Lads Club e a maioria dos telespectadores nunca imaginou que se tratasse de outra coisa. *Coronation Street* mostrava personagens reconhecíveis na classe trabalhadora falando em dialeto regional, e focava em ruas de casas geminadas com pubs nas esquinas, na fofoca social, nos romances fracassados e nos sonhos frustrados que representavam exatamente a vida da maior parte do povo britânico – e, como em *A Taste of Honey*, focava menos nos "jovens furiosos" do que na dominadora mulher do norte. Rapidamente desafiando seus primeiros críticos e se tornando a novela mais popular (além de a mais longa) da televisão britânica, *Coronation Street* representava nada menos do que um abalo sísmico nos valores britânicos.

Esse realismo de costumes, também chamado de *kitchen sink*, para usar o termo geral mais apropriado para as peças, romances, filmes e programas de TV inovadores do fim dos anos 1950 e começo dos anos 1960, viria a ter um vigoroso efeito em Steven Morrissey. Em 1986, ele declarou: "Nunca escondi o fato de que pelo menos cinquenta por cento de minha razão para escrever pode ser atribuída a Shelagh Delaney", um comentário apenas parcialmente incitado pelo fato de em tantas de suas primeiras letras terem sido encontradas frases específicas de *A Taste of Honey*. Como letrista dos Smiths, certamente, Morrissey começou a incorporar e reviver as imagens, as tramas e, muitas vezes, palavras exatas de Delaney e dos outros dramaturgos e roteiristas de sua época, vendo sua contribuição cultural como algo tão importante quanto a revolução que ocorreu na música popular da época: "Pela primeira vez na história, as pessoas tinham direito a utilizar os dialetos regionais, tinham direito de ser verdadeiras e honestas sobre sua situação", explicava ele. "E, independente de qual seja a cor da verdade, é sempre gratificante tê-la."

Como diretor artístico dos Smiths, Morrissey celebrava as estrelas dessas peças, programas de TV e filmes como o faziam outros artistas do meio musical e celebridades que haviam chegado à fama bem no começo de sua infância (ou antes dela), ao colocá-los na capa dos discos dos Smiths, no lugar da tradicional foto da banda. Delaney, obviamente, recebeu a honra. Assim como Rita Tushingham, que fez o papel de Jo na adaptação cinematográfica *Um gosto de mel* com fenomenal vigor para uma desconhecida de 17 anos; o também de Liverpool, tal qual Tushingham, Ronald Wycherley, ele mesmo com apenas 18 anos quando Larry Parnes o transformou em Billy Fury; Pat Phoenix, que ficou famosa como Elsie Tanner de *Coronation Street*; e, duas vezes, Viv Nicholson, que não era mais do que a jovem esposa de um mineiro de Yorkshire quando ganhou na loteria esportiva de 1961 e, numa declaração famosa, afirmou sua intenção de "gastar, gastar, gastar", tristemente obtendo sucesso em tempo recorde e confirmando a crença firme – de algumas pessoas – de que a riqueza era desperdiçada nas classes trabalhadoras.[2] E embora Albert Finney nunca tenha aparecido numa capa de disco, não foi por falta de tentativa; o grupo acabou se contentando com uma sessão de fotos do lado de fora da casa de apostas fundada por seu pai, também chamado Albert. Morrissey tempos depois disse que ficou "completamente algemado a *Tudo começou num sábado*", citando, em particular, o papel de Finney como Arthur Seaton, o promíscuo, violento e autodestrutivo operador de torno. "Não sou capaz de descrever a poesia que o filme tem para mim."

"Era parte de nossa estética", confirmou o futuro parceiro de Morrissey, Johnny Marr, anos depois, sobre esse período glorioso do cinema britânico. "Eu gostava das tomadas das câmeras, das roupas e dos diálogos. Eu amava tudo aquilo. Mas, para mim, apenas como entretenimento e arte. Tendo vivido aquilo, eu não queria que a vida voltasse a ser daquela forma. Eu *realmente* não queria voltar para lá. Aquele era um mundo do qual eu e minha família tínhamos conseguido sair."

OS PAIS DE Johnny Marr, John Joseph Maher e Frances Patricia Doyle, não eram da grande cidade de Dublin ou de suas novas cidades-satélites, mas de Athy, uma pequena cidade no condado de Kildare conhecida por sua fortaleza britânica, setenta quilômetros a sudoeste da capital do Éire. (Na adolescência, Johnny Marr mudou a grafia de seu sobrenome para evitar confusão com o baterista dos Buzzcocks, John Maher, também de Manchester. Para manter a consistência, o guitarrista dos Smiths é chamado de Marr durante todo o livro.) John era um entre cinco filhos; Frances, uma entre 14, e, como os Morrissey e os Dwyer, quando sentiram o chamado da migração, suas famílias atenderam tal qual um clã, todos os Maher e muitos dos Doyle se estabelecendo de uma vez no que tinha sobrado de Ardwick, cerca de um quilômetro a sudeste do centro da cidade de Manchester e ao sul de Ancoats – área bem no coração dos relatos deprimentes do Dr. Kay sobre as condições de vida e trabalho dos irlandeses em 1830.

John e Frances se casaram quando chegaram a Manchester, em 1962, e estabeleceram seu primeiro lar no número 12 da Hayfield Street, uma de muitas fileiras estreitas firmemente entrelaçadas de casas geminadas separadas apenas por vielas escuras, ao norte da via principal da Hyde Road. À sua volta estavam os fantasmas sombrios e os legados da Revolução Industrial: a oeste, uma oficina mecânica e um depósito de ônibus; a nordeste, uma subestação elétrica e a Fábrica de Ardwick; a leste, entrando em Gorton, uma antiga usina siderúrgica; ao norte, o que tinha restado da fábrica de motores a vapor de Galloway; e, espalhando-se por toda a paisagem do norte e do oeste, as linhas ferroviárias que saíam da estação de Piccadilly, em Manchester, e uma extensa rede de trilhos entrelaçados que formavam o pátio ferroviário.

Perto desse pátio havia sido fundado o Manchester City Football Club, a partir do mais popular Ardwick AFC, no Hyde Road Hotel, em 1894. O estádio na Hyde Road tinha crescido, pouco a pouco, para acomodar públicos de mais de 40 mil pessoas, mas pouco depois de um incêndio destruir a arquibancada principal, em 1923, o clube se mudou para um novo estádio, construído especialmente para ele, na Maine Road, em Moss Side. Tudo aquilo havia sido deixado para trás no fim dos anos 1960. Ainda assim, a proximidade do estádio original ajudava a explicar a lealdade da família Maher ao time que eles consideravam o "verdadeiro" clube de Manchester. (O United, como os torcedores do City aprendem desde cedo, nascera mais longe, em Newton Heath, e só adotou o prefixo Manchester em 1904.)

Descendo mais a Hyde Road, onde a linha do trem a cruzava, ficava o Fenian Arch, que recebeu esse nome por conta da enorme emboscada a uma viatura da polícia, que levava dois líderes nacionalistas irlandeses presos logo após o fracassado Movimento Feniano, em 1867. A morte a tiros de um policial de Manchester na emboscada (o primeiro a morrer em serviço) levou ao rápido julgamento e à morte de três irlandeses de Manchester cujo papel nos ataques nunca tinha sido identificado; até hoje o arco serve como ponto de encontro para intermitentes "Marchas de Mártires", uma lembrança de que a imigração irlandesa em Manchester é muitas vezes inseparável do maior e mais potente assunto: o nacionalismo irlandês.

Entre os imigrantes de Athy, os homens assumiram trabalhos manuais, alegremente trocando a perspectiva de trabalhar para fazendeiros, nos campos, pela de abrir estradas para a prefeitura, como no caso de John Maher, ou de trabalhar em construções para construtores irlandeses. A última geração a usar ternos tinha esse tipo de trabalho, dinheiro no bolso e sabia como gastar. Divertimento de curto prazo na vida da cidade tinha prioridade sobre qualquer planejamento a longo prazo: as famílias usavam uma política de portas abertas que se estendia pelas noites, cheias de risadas, conversas e o tilintar de copos ao som de música.

Da mesma forma que as famílias tinham migrado em conjunto, também tiveram filhos em massa – um grande número de primos Maher e Doyle nasceu mais ou menos na mesma época. John Martin Maher chegou no dia 31 de outubro de 1963, no fim de um mês em que um novo fenômeno tinha estampado as manchetes britânicas. A história ganhou força ao longo do ano: um grupo beat de Liverpool, composto por descendentes, em sua maior parte, de irlandeses (protestantes) e formado na curta explosão do skiffle e do rock do final dos anos 1950, fortalecido por múltiplas residências no bairro da luz vermelha de Hamburg, popularizado em sessões no Cavern, em Liverpool, e shows nos salões de dança do Mersey e, ainda assim, tão improvável de ser bem-sucedido que assinou, como última alternativa, com o que era a divisão cômica (Parlophone) da mais estimada gravadora (EMI). O grupo, os Beatles, quebrou as convenções em quase todos os sentidos: uma banda com guitarras numa época que aquilo era considerado ultrapassado, cujo nome não representava um cantor e sua banda de apoio, mas uma unidade inviolável. Todos os quatro integrantes cantavam, todos tocavam um instrumento e cada um tinha uma personalidade distinta, pelo menos no que dizia respeito aos fãs. Mais importante, os Beatles compunham suas próprias músicas e, na época do nascimento de Johnny Marr, muitas tinham chegado ao primeiro lugar das paradas – a mais recente delas, "She Loves You", como o disco britânico vendido mais rapidamente de todos os tempos. Quando eles apareceram no *Sunday Night at the London Palladium*, no dia 13 de outubro de 1963, a reação histérica dos jovens e devotados fãs nas ruas próximas do centro de Londres inspirou a mídia a cunhar uma nova palavra: Beatlemania. Aquilo pegou.

Não foi surpresa que o sucesso dos Beatles tivesse trazido consigo uma febre pelo som da cidade natal da banda: o Merseybeat. De agosto de 1963 até o começo do ano seguinte, apenas um dos sete singles do topo das paradas britânicas não era de um artista de Liverpool (além de o serem também os dois álbuns número um); na semana do nascimento de Maher, foi a vez de Gerry and the Pacemakers, pela terceira vez em seus três singles, com a canção que seria adotada pelos torcedores do Liverpool Football Club como seu hino oficial, "You'll Never Walk Alone".

Manchester seguiu Liverpool de perto no boom do beat. Como sua rival, tinha hospedado milhares de militares americanos durante a guerra, desenvolvido seu próprio sistema de importação de discos dos Estados Unidos, lançado seus próprios clubes de jazz noturnos, suas próprias bandas de skiffle e rock, tinha suas próprias cafeterias e uma reputação única por seu conhecimento e seu amor pelo blues. E havia áreas em que havia tomado a liderança cultural. Em 1957, o Plaza Ballroom, no centro de Manchester, tinha lançado um "baile" na hora do almoço, ao som não de música ao vivo (como no Cavern Club, em Liverpool), mas com um disc jockey – o desavergonhadamente exuberante e nativo de Yorkshire, Jimmy Savile, que servia de Flautista de Hamelin para milhares de estudantes que deveriam estar em aula. Ainda assim, dizia muito sobre a antiquada indústria fonográfica, baseada nos moldes de Londres, que a primeira banda "beat" de Manchester a fazer sucesso após os Beatles fosse Freddie and the Dreamers, cujo vocalista, Freddie Garrity, era menos um músico de rock 'n' roll e mais ator e comediante, mais bem-lembrado por sua dança característica, uma agitação lateral das pernas e dos braços muitas vezes copiada pela banda de apoio. A cena beat de Manchester era mais autenticamente representada por Wayne Fontana and the Mindbenders, que viriam a ter alguns hits memoráveis (apesar de nenhum de sua própria autoria), mas foi, talvez injustamente, mais bem-lembrada pelos Herman's Hermits, um grupo de adolescentes de Davyhulme que tomaria as paradas com canções tão simplistas e uma imagem tão saudável que, comparados, Freddie and the Dreamers pareciam maduros e maliciosos.

A única banda beat de Manchester que verdadeiramente refletiu a influência dos Beatles, desde o tipo de nome até a aclamação por suas composições, foram os Hollies. Em outubro de 1963, mês de nascimento de Johnny Marr, os Hollies estavam desfrutando de sua primeira aparição no top 20, com o cover de um hit de R&B americano mais antigo. A música era chamada "Searchin" e tinha sido composta em uma parceria entre Jerry Leiber e Mike Stoller. O cartão de visitas dos Hollies, a essa altura, não era tanto a levada de guitarra pela qual eles ficariam famosos mais tarde (e com a qual a dos Smiths seria comparada), mas sim a profundidade, o alcance e a pura doçura de suas harmonias. Nesse sentido, sempre foi dito, eles eram como os Everly Brothers e, por essa razão, os Hollies prontamente atraíram John e Frances Maher, que simplesmente *idolatravam* os Everly. Pois, mais do que os Morrissey e os Dwyer, os Maher e os Doyle eram obcecados por música. E não o som tradicional gaélico da Kildare rural. "Porque eles eram jovens, eles estavam se rebelando contra aquilo", observou Johnny Marr mais tarde. "Como muitos irlandeses, eles eram apaixonados pela cultura americana." Os Everly Brothers representavam a cultura mais americana de todas – o rock –, mas com uma cadência country que tinha claros antecedentes na ilha Esmeraldina, e abusavam dos tons menores que viriam a ser usados nas futuras baladas de Johnny Marr. Na verdade, música country estava sempre presente no lar dos Maher: seu primogênito se recordaria de crescer escutando artistas como Jim Reeves, Eddie Arnold e "o ocasional Hank Williams".

O entusiasmo irlandês pelo rock e a música country americanos tinha, nos anos entre a partida das famílias Morrissey e Dwyer e a dos Maher e Doyle para Manchester, levado ao desenvolvimento de sua própria cultura musical, as *showbands*. Uma contração da grande orquestra de baile (como o skiffle, que surgiu na Grã-Bretanha vindo das bandas maiores de jazz tradicional), a *showband*, cuja principal intenção era fazer uma nova geração de jovens dançarem até cair, era ainda grande o bastante para incluir bateria, guitarras, teclados, alguns vocalistas e talvez o básico de um conjunto de metais. Depois de ganhar força na Irlanda, a cultura das *showbands* atravessou o mar da Irlanda e virou moda entre os emigrantes. Então, enquanto os cafés e salões de dança do centro de Manchester reverberavam as bandas beat, os pubs irlandeses e clubes particulares sacudiam com uma interpretação muito celta do rock e do country americanos: "Joe Dolan tocando Del Shannon", como Johnny Marr mais tarde descreveu. O futuro Smith até suspeitava de que seu apelido era Johnny por causa do famoso cantor irlandês Johnny McEvoy.

Frances, por outro lado, era louca por toda forma de música pop. Era jovem – tinha apenas 19 anos quando sua segunda filha, Claire, nasceu, em 1965 – e exibia o que seu filho chamava de "exuberante idealismo", que ele indubitavelmente veio a herdar. Frances amava os Beatles e os Hollies em particular e tinha orgulho da crescente reputação de Manchester como capital cultural. No primeiro dia de 1964, a cidade aumentou ainda mais sua fama musical, quando Jimmy Savile apresentou a primeira transmissão do programa de televisão das paradas de sucessos, *Top of the Pops*, de uma igreja reformada pela BBC em Rusholme. Claro que a primeira de todas as apresentações foi de uma banda de Londres, que se tornaria uma das preferidas de Johnny Marr: os Rolling Stones. Vinte anos depois, numa época em que o *Top of the Pops* tinha se tornado totalmente ultrapassado (mas permanecia popular e, portanto, poderoso), os Smiths fizeram questão de aparecer no programa sempre que possível. Naquela época, o programa havia passado a ser filmado em Londres.

O lar dos Maher em Ardwick era repleto de recordações do catolicismo: "fotos do Sagrado Coração de Jesus, harpas, ornamentos por todo lado, crucifixos, pequenas imagens de santos, toda a iconografia do catolicismo irlandês e da cultura irlandesa", lembrou seu filho mais velho. Destacado entre eles estava um retrato do 35º presidente dos Estados Unidos da América, John F. Kennedy, cujas juventude e beleza não significavam nada para os irlandeses na Grã-Bretanha se comparadas ao fato de ele ser católico. Anos de preconceito e discriminação na Grã-Bretanha e nos Estados Unidos não tinham sido capazes de impedir que um católico se tornasse o líder do mundo livre. Nos Estados Unidos, então, era verdade: qualquer um podia se tornar presidente.

Johnny Marr tinha apenas três semanas de vida quando JFK foi assassinado em Dallas. Logo após a morte do presidente, uma jovem nação americana, de luto, procurava alguma forma de distração positiva e mergulhou na moda britânica da Beatlemania – e o grupo de Liverpool respondeu ao desafio da história, levando a música popular a águas inexploradas e estabelecendo no processo a profunda devoção pela música britânica entre americanos, devoção com a qual os Smiths se conectariam com sucesso cerca de duas décadas mais tarde. Ainda assim, a primeira "Invasão Britânica" nos Estados Unidos ainda demoraria meses para acontecer, e as circunstâncias profundamente discutidas por trás do assassinato de JFK ainda tomavam conta tanto das primeiras páginas locais quanto das internacionais quando outra história aconteceu em Manchester.

Exatamente no dia seguinte ao assassinato de JFK, um sábado, um garoto de 12 anos, John Kilbride, desapareceu em Ashton-Under-Lyne quando voltava do cinema. Crimes, tanto os insignificantes quanto os mais violentos, eram comuns em Manchester, mas o sequestro de uma criança era algo impensável. Dessa forma, o dedo foi sutilmente apontado para aqueles que não se encaixavam, o *Manchester Evening News* notando, em seu primeiro relato sobre a busca, que Kilbride "foi visto ajudando barraqueiros de cor na manhã daquele dia". Mas aquela pista não levou a lugar algum e, no fim da semana, policiais chegaram para vasculhar as charnecas locais, homens-rã para procurar nos reservatórios e canais. Nenhum corpo foi achado e a história acabou desaparecendo das manchetes.

Oito meses depois, outro garoto de 12 anos, Keith Bennett, desapareceu a caminho da casa de sua avó; foi visto pela última vez atravessando a Stockport Road, a uma rua principal da Hyde Road. Seu padrasto foi considerado o principal suspeito e uma busca mais ampla não foi feita; o corpo nunca foi achado (nem o padrasto foi denunciado). Apenas com o desaparecimento, no dia seguinte ao Natal, em 1964, da menina de 10 anos Lesley Ann Downey, quando voltava a seu apartamento num conjunto habitacional de Ancoats depois de passar a tarde na feira local, tanto os habitantes quanto a polícia perceberam que um assassino de crianças poderia estar vivendo entre eles. A busca pela menina desaparecida dominou os jornais de Manchester até a virada do ano. E, então, assim como ocorrera antes com Kilbride e Bennett, o desaparecimento de Downey sumiu das primeiras páginas. Ela havia desaparecido sem deixar rastros e, depois de algum tempo, aquilo deixou de ser novidade.

Sabemos agora que Kilbride, Bennett e Downey, assim como Pauline Reade, de 16 anos, antes deles, foram abordados nas ruas da cidade por Ian Brady e sua namorada, Myra Hindley; foram violentados sexualmente e brutalmente assassinados, os corpos enterrados em covas rasas no pântano de Saddleworth. Sabemos porque, em outubro de 1965, Edward Evans, de 17 anos, que vivia próximo à Oxford Road, foi pego do lado de fora da Central Station depois de uma noite de muita cerveja, foi convidado a ir à casa de Hindley no populoso subúrbio de Hattersley e, lá, na frente de David Smith, cunhado dela, foi espancado com um machado e então estrangulado com um fio elétrico. Brady pretendia que Smith, também com apenas 17 anos, se tornasse cúmplice, mas o adolescente contou o que viu à esposa igualmente jovem e, na manhã seguinte, o casal chamou a polícia. Em poucos dias, foram reputadas a Brady e Hindley os crimes e uma nova identidade: The Moors Murderers [Os Assassinos dos Morros].

No julgamento, em Chester, no mês de abril de 1966, Brady e Hindley foram declarados culpados por matar Kilbride, Downey e Evans; como a pena de morte tinha acabado de ser abolida, foram condenados à prisão perpétua. (Duas décadas depois – num momento em que os Smiths estavam em seu auge e não eram estranhos à polêmica que cercava os assassinos –, Brady confessou as mortes de Reade e Bennett; embora o corpo do primeiro tenha sido encontrado no pântano de Saddleworth, o do segundo nunca foi recuperado.) Essa terrível história jogou sobre Manchester uma mortalha possivelmente mais prejudicial do que o Massacre de Peterloo, do que os batalhões de crianças que adoeciam e morriam nos cortiços da cidade no século XIX, ou o desastre aéreo de Munique. Brady, nascido em Glasgow, era um criminoso reincidente e por certo um psicopata, e os moradores de Manchester podiam prontamente rejeitá-lo. Mas Hindley era nascida e criada em Gorton, bairro próximo ao de Ardwick, onde moravam os Maher; o sequestro de Pauline Reade ocorreu numa típica rua secundária de Gorton. Os habitantes de Manchester queriam tão desesperadamente acreditar que o fato de Brady e Hindley terem se desviado tão terrivelmente da decência básica de um ser humano que suas traições nauseantes à confiança infantil, o aterrorizante abuso sexual e a violência que eles cultivavam eram verdadeiras aberrações do comportamento normal e, dessa forma, que aquilo poderia ter acontecido em qualquer lugar. Mas o fato era que aquilo tinha acontecido ali, no coração de Manchester, e, independente do quanto eles tentassem ignorar a terrível verdade, a cidade tinha que responder por aquilo.

CAPÍTULO

TRÊS

Estávamos bastante satisfeitos por nos esconder em guetos como a comunidade irlandesa em Manchester; os irlandeses ficavam juntos e sempre havia um parente vivendo a duas portas de você, nos fundos ou no corredor. Sempre considerei esquisito que pessoas que tinham vivido durante vinte ou trinta anos em Manchester ainda falassem com o mais amplo e afiado sotaque da Pearse Street.

– Morrissey, *Hot Press*, maio de 1984

Foi uma criação muito amorosa, mas muito pesada e opressiva. Havia muitas conversas estranhas, comportamentos selvagens e muita bebedeira. Mas, ao mesmo tempo que éramos intimidados por rapazes irlandeses baderneiros, era muito animado para mim e minha irmã.

– Johnny Marr, março de 2011

No começo dos anos 1960, os Morrissey se mudaram da Harper Street para uma casa geminada na Queen's Square, extremo leste de Stretford.[1] Essa foi uma mudança de nível social significativa: as casas de dois andares eram dispostas de forma razoavelmente grandiosa atrás de arcos de tijolos e se abriam para pequenos pátios frontais, alguns dos quais ostentavam jardins simples. Melhor ainda, a "rua" em frente a tais jardins era secundária, onde o tráfego de veículos fora obstruído por fradinhos de concreto. No lado leste da rua, onde se chegava à cidade de Manchester propriamente dita, ficava a famosa Loreto College, fundada em 1851 por freiras do Blessed Institute of the Virgin Mary para educar os então carentes católicos irlandeses. Ela ainda está lá, agora orgulhosamente multiétnica, como cabe à Manchester moderna, mas sua missão não está menos fundada nos firmes valores católicos.

Foi na Queen's Square que os Morrissey – ou, para ser mais exato, os Dwyer – se aproximaram uns dos outros mais do que em qualquer momento, desde que estavam crescendo em Crumlin. Os pais de Betty viviam de um lado, a família de sua irmã Mary, no outro. Uma grande quantidade de outros tios e tias de Steven Morrissey estava espalhada nas proximidades, por Stretford e Trafford, Hulme e Moss Side. A escola primária – Saint Wilfrid's, firmemente católica e apreciada afetuosamente por todos que a frequentaram – ficava a uma pequena caminhada de distância pela Stretford Road. Não foi surpresa, então, que Morrissey mais tarde refletisse como "aquela era uma comunidade muito forte e muito unida. Muito sólida. E também bem feliz".

O uso da palavra "bem" soa como se Morrissey estivesse caracteristicamente subestimando a situação – como se, Deus o livre, ele pudesse admitir ter sido um dia *muito* feliz. Mas havia boas razões para o Morrissey adulto ser moderado em relação à sua infância na Queen's Square: em 1965, quando completou 6 anos, sua família foi repetidamente acometida por tragédias. A primeira veio em março, quando seu avô paterno, também chamado Peter Morrissey, morreu repentinamente, aos 63 anos, em Dublin. A segunda veio em novembro, quando seu avô materno, Patrick Stephen Dwyer, cujo nome o rapaz recebera e que vivia na casa ao lado, faleceu por conta de um ataque cardíaco, com apenas 52 anos. E então, no mês seguinte, apenas um dia depois de sua avó enlutada quebrar a perna em casa e ser internada num hospital, seu tio, Ernie, um dos irmãos de Betty que a tinha acompanhado até Manchester, foi declarado morto ao chegar ao hospital de Ancoats. Uma autópsia revelou atrofia do fígado. A maldição da bebida, algo com que os irlandeses estavam associados tão de perto e que, ainda assim, o pai de Steven Morrissey evitara tão assiduamente, tinha levado um dos Dwyer ainda com 24 anos.

Meninos de 6 anos sentem a tristeza da morte, mas não registram sua permanência tão rapidamente; é parte de nossos instintos de sobrevivência darwinianos que, com tão pouca idade, consideremos relativamente simples desmerecer a morte dos mais velhos e continuemos a seguir alegremente o que supomos serem nossos futuros brilhantes pessoais. Mas a atmosfera mórbida que pairou sobre os lares dos Morrissey e dos Dwyer naquele Natal coincidiu com as prisões de Brady e Hindley e a escavação, literalmente, de seus atos horrendos; quando o julgamento começou no tribunal, na primavera seguinte, dominando os noticiários nacionais e as emoções locais, Steven Morrissey também veio a se imaginar como uma "vítima em potencial". Na verdade, ele era muito mais novo do que as vítimas de Brady e Hindley (6 anos na época em que o casal foi preso por matar um rapaz de 17), e os sequestros ocorridos nas ruas do sul de Manchester estavam muito mais próximos do bairro dos Maher que do bairro dos Morrissey. Mesmo assim, ele levou a perspectiva de sua própria morte dolorosamente a sério, adotando o caso como uma espécie de causa pessoal. Ao fazer isso, encontrou uma forma de indiretamente compartilhar o sofrimento pelas mortes na família.

Em nível muito básico, a série de partidas prematuras anunciava uma mudança significativa na dinâmica da família. "Vim de uma família enorme que era fervorosamente católica", explicou Morrissey à revista musical irlandesa *Hot Press*, em 1984, mas "quando eu tinha 6 anos, aconteceram duas tragédias muito sérias na família que fizeram com que todos se afastassem da igreja, com razão, e a partir daquele momento houve apenas um total desprezo por algo que era realmente sagrado antes".

O desprezo estava, na realidade, longe de ser total: Steven Morrissey ainda fez sua primeira comunhão na igreja de Saint Wilfrid logo nos primeiros meses de 1966, seria preparado para sua crisma mais tarde, durante seu tempo por ali, e frequentaria uma rígida escola de ensino médio católica. Mas as sementes do desencanto tinham sido lançadas, a exigência da presença na missa de domingo foi gradualmente relaxada e o Morrissey adulto se tornaria um dos mais articulados e ressentidos críticos do catolicismo no pop britânico, criticando em particular a acusação do pecado original. "É provavelmente a pior coisa que você pode fazer a uma criança, fazê-la se sentir culpada", observou ele no *Guardian*, em 1997. "E a culpa está espantosamente incorporada às crianças católicas sem que elas saibam por quê. É um fardo muito pesado para se carregar. Quão diabólicas podem ser as crianças?"

O fato de Peter e Betty terem perdido seus pais teve, no entanto, um resultado mais profundo do que provocar meras dúvidas em sua fé. Aquilo também expôs problemas em seu casamento. Quando se mudaram para Manchester, eram não muito mais do que crianças; já estavam bem mais velhos agora e bem diferentes do que eram em Crumlin. A contínua preferência de Peter pelo turno da noite o tornou um personagem distante para seu filho, e embora ele tentasse transmitir seu amor por futebol e levar o menino a jogos em Old Trafford – o Manchester United reconstruiu seu time com sucesso para conquistar a Liga de Futebol novamente em 1967, com a sensação adolescente George Best à frente –, Steven nunca desenvolveu a devoção pelo esporte que era inata entre garotos britânicos das classes trabalhadoras. Preferia, em vez disso, os livros que sua mãe compartilhava com ele, pois ela – que tinha abandonado a escola aos 14 anos, sem nenhuma qualificação adequada, sem expectativas de carreira e num momento em que a liberação das mulheres ainda não tinha propriamente decolado – estava determinada a conseguir mais de sua vida adulta do que a caricatura da dona de casa irlandesa intelectualmente ignorante.

As diferenças domésticas entre seus pais seriam varridas para baixo do tapete com sucesso por enquanto; nos seus anos de escola de ensino médio, os amigos de Steven Morrissey comentariam, com certa inveja, que seus pais formavam um casal moderno e bonito, sem saber o quanto o casamento deles estava complicado. Assim que ficou famoso, Morrissey se tornou menos defensivo em relação à sua infância, dizendo à *Sounds* que, "quando tinha 8 anos, me tornei muito recluso – tínhamos muitos problemas de família naquela época –, e isso tende a definir uma vida".

A introspecção de Morrissey foi notada tanto por amigos de escola como por parentes. Perfeitamente agradável, claramente inteligente e habilmente espirituoso quando queria ser, ele, no entanto, começou a se fechar. Começou, principalmente, a se fixar em sua própria instabilidade. A maior parte das crianças tem dificuldades para se acostumar à ideia de que vão morrer; Morrissey não conseguia lidar com a promessa católica de uma alternativa: "ficava impresso em nós que iríamos para o céu e viveríamos para todo o sempre, e eu lembro sempre que apenas a ideia de viver para sempre me aterrorizava, porque eu não conseguia imaginar a *vida sem-fim!*"

Ele começou, então, a cogitar uma alternativa. O fato de seus comentários sobre esse aspecto de sua vida virem da perspectiva de um jovem e (finalmente!) bem-sucedido adulto não deve ser usado para diminuir os detalhes de sua infância, que sempre permaneceram excepcionalmente consistentes. "Eu me lembro de ser obcecado (pela morte) desde os 8 anos", disse ele, "e muitas vezes me perguntava se essa era uma emoção inata normal em pessoas destinadas a tirar a própria vida, que elas reconheçam a morte, comecem a considerá-la." Em outra ocasião, ele falou ainda mais diretamente: "A descoberta de que o suicídio era bastante atraente e interessante aconteceu quando eu tinha 8 anos."

Esse tópico Morrissey levou além da potencialmente enaltecedora citação em entrevistas para ser tratado em músicas mais de uma vez; entre as muitas características poéticas únicas dos Smiths, estava um proeminente desejo de tratar o suicídio como uma opção plausível, não um ato de covardia. Nunca houve nenhuma dúvida de que Steven Morrissey foi "salvo" de seguir seus desejos mais sombrios não pela religião, mas pela música pop. Foi Sandie Shaw, em particular, no *Top of the Pops*, cantando o clássico de Bacharach e David "(There's) Always Something There to Remind Me", que Morrissey citou como sua primeira experiência musical, com apenas 5 anos. Poucos meses depois, na loja de discos na vizinha Alexandra Road, ele teve seu noivado obrigatório com o mundo do vinil quando comprou seu primeiro single de 7 polegadas, "Come and Stay with Me", de outra cantora da época, Marianne Faithful.

Aquela escolha poderia ter sido uma exceção, uma fase passageira, um mergulho hesitante nas águas frias da maré baixa comercial antes de migrar para águas mais profundas e inebriantes. Mas, quando o assunto era música pop, o primeiro amor de Morrissey acabou se tornando seu amor verdadeiro. As garotas cantoras dos anos 1960, especialmente as britânicas, diziam tudo que o jovem rapaz precisava escutar numa música. E elas diziam – em estrofe, refrão, ponte e, muito provavelmente, também modulações – em menos de dois minutos. Morrissey parecia instintivamente compreender que essa era uma forma artística não menos digna do que a grande literatura ou o cinema e começou a colecionar aquilo com uma paixão que nunca acabaria. Foi ajudado nessa obsessão pelo fato de que, ao contrário de muitos dos grupos femininos americanos – mesmo aqueles que veio a apreciar no catálogo da Motown –, as cantoras britânicas tinham, cada uma delas, uma história individual e um visual único. Faithful era uma beleza de jeito desamparado da altasociedade londrina descoberta por Andrew Loog Oldham (futuro herói de Marr) e arrastada para ligações perigosas com os Rolling Stones; Cilla Black era o tipo de garota comum de Liverpool, a futura artista popular encontrada na chapelaria do Cavern Club e municiada com canções de Lennon e McCartney. Lulu era a menina extravagante de Glasgow, cuja atordoante versão de "Shout" a transformou, aos 15 anos, em estrela pop e sonho de todo garoto de sua idade; Twinkle, a menina de classe alta do subúrbio, filha de um vereador conservador, tornou-se compositora de uma canção sobre a morte, "Terry". Quanto a Sandie Shaw, era mais difícil de definir: era uma garota de Essex atipicamente casual, adoravelmente progressista, melancolicamente diferente e, ainda assim, distante, cuja interpretação de "(There's) Always Something There to Remind Me" soava, como Morrissey a descreveu de forma encantadora anos depois, "como se ela tivesse acabado de sair na rua, começado a cantar, e depois tivesse caminhado de volta para casa e comprado batatas fritas".

E elas não eram as únicas. Helen Shapiro, Petula Clark, Dusty Springfield... A lista algumas vezes ameaçava ser interminável e, se era importante para a personalidade crítica de Morrissey que ele não as amasse todas igualmente (ele venerava a música vencedora do concurso de canções Eurovision, "Puppet on a String", apesar de a cantora rejeitar a canção, mas não conseguia entender o aclamado passeio de Dusty

Springfield pelo soul de Memphis com "Son of a Preacher Man"), era vital, no entanto, que ele amasse o gênero como um todo: "elas tinham coração e alma, e estavam dispostas a ser mais abertas do que, digamos, os grupos." Essa pode ter parecido uma justificativa inicialmente esquisita, dado que muitos dos "grupos" dos anos 1960 estavam compondo suas próprias canções e as meninas cantoras não estavam, e é até um pouco desleal, considerando-se que, bem quando ele estava se apegando a Marianne Faithful, as bandas de Manchester, Freddie and the Dreamers, Hermans's Hermits e Wayne Fontana and the Mindbenders estavam liderando as paradas de singles americanas. Mas Morrissey compreendia como as cantoras – retiradas de várias classes sociais num momento em que a despudorada fábrica de sucessos dos anos 1960 estava trabalhando em dobro e não havia escassez de substitutas ávidas enfileiradas do lado de fora dos portões das gravadoras – abordavam o material que lhes era dado com uma paixão singular, jogando-se em cada canção com a total consciência de que suas carreiras dependiam daquilo. É justo dizer que seus sucessos individuais e suas personalidades igualmente únicas passaram no teste do tempo melhor do que os das bandas de Manchester que brevemente ameaçaram substituir o Merseybeat.

Mais adiante Morrissey chegou a uma compreensão mais ampla sobre o que tornava essas cantoras – de cujas músicas ele faria cover com os Smiths e, num caso especial, cuja carreira ele ajudaria a reavivar – tão atraentes: elas eram parte da mesma revolução social que tinha trazido Shelagh Delaney e Elsie Tanner. "Os gestos grandiosos das damas do fim dos anos 1950 não existiam mais", escreveu ele numa matéria sobre o assunto para a *Sounds* logo depois de ter finalmente "alcançado o sucesso", "o exagerado sentimento de nojo não existia mais e, em seu lugar, surgiram a audácia e a coragem: garotas com juventude extrema e espíritos elevados, que reivindicariam de maneira corajosa seu espaço numa indústria dominada pelos homens". É claro que, como sua futura admiração por Billy Fury, os Righteous Brothers e Elvis Presley serviu para confirmar, o jovem Morrissey não era devotado tão exclusivamente a vozes femininas, mas a "qualquer cantor pop que cantava e não tinha um instrumento, apenas ficava ali, em frente à câmera, sem nenhum músico, ninguém no caminho, apenas você, sua voz, e a plateia". Nesse sentido, ele já havia visto sua vocação na tela de TV. "Eu levava a música pop muito a sério. Achava que ela era o coração de tudo. Achava que ela afetava a todos e comovia a todos. Ela me transformou numa pessoa. Quando eu era criança, cantava todas as noites – e os vizinhos reclamavam –, porque eu tinha um desejo insano de cantar."

O gosto musical de Steven Morrissey mudou pouco ao longo de seus anos de escola primária. Durante seu último ano em Saint Wilfrid's, quando os alunos da quarta série foram recompensados com um baile diurno da escola, seus colegas trouxeram Motown e Stax, ska e reggae – essencialmente, a música da época. Morrissey não era imune a tais ritmos (diversos sucessos de música negra dançante da época apareceriam em suas futuras listas de preferidos), mas para o baile da escola ele levou seus amados singles de Sandie Shaw e Twinkle, inclusive um sucesso isolado de 1962 de Susan Maughan, a sexualmente submissa "Bobby's Girl".

Ele devia estar esperando, pacientemente, pelo aparecimento do conjunto exato de circunstâncias que criassem uma música que pudesse (novamente) chamar de sua. Se era esse o caso, não teve que esperar muito. Cerca de apenas um ano depois, surgiu um rock britânico vigoroso, combinado com a grande tradição do pop britânico para se reinventar de forma dramaticamente exagerada, adornado com o glitter e as bugigangas das divas, mas tocado quase exclusivamente por homens de cabelos compridos e com guitarras elétricas. O primeiro defensor do novo som foi o T. Rex de Marc Bolan, que no período de apenas 16 meses, a partir do começo de 1971, teve quatro singles em primeiro lugar, uma sucessão incomparável desde os Beatles. O último desses singles, "Metal Guru", tinha acabado de ser desalojado do topo das paradas quando Steven Morrissey, pouco depois de completar 13 anos, viu T. Rex tocar ao vivo no Kings Hall, no Belle Vue, Hyde Road, em 16 de julho de 1972. A memória que ele tinha de seu primeiro show sugeria outra comparação aos Beatles: ele não conseguia ouvir a música por causa dos gritos. Isso foi suficiente para convencê-lo (ainda mais) de que aquilo – a música pop, o arrebatamento, a adulação, a adrenalina – era tudo o que importava.

Por uma coincidência tão perfeita que poderia ser proposital, Johnny Marr começou sua obsessão musical pelo mesmo grupo. Aconteceu apenas alguns meses antes de Steven Morrissey ver um show do

T. Rex, e a apenas um quilômetro e meio de distância ao longo da Hyde Road, para onde a família de Jonnhy se mudara no início da vida do rapaz, saindo da Hayfield Street para a Brierley Avenue, uma pequena rua sem saída com duas dúzias de pequenas casas velhas e estreitas perto de Higher Ardwick. No começo do século XIX, o vizinho Ardwick Green tinha sido a área residencial mais desejada de Manchester. Ela servia de moradia para gente como o "príncipe mercante" John Ryland, considerado o primeiro multimilionário da cidade, e George Wilson, presidente da Ferrovia de Lancashire e Yorkshire, além de presidente da Anti-Corn Law League, parcialmente responsável pela construção do Free Trade Hall, local para reuniões públicas, discursos e apresentações. A própria área verde tinha se tornado o primeiro parque público da cidade, em 1867, adornado com lagos, fontes e um coreto, mas, àquela altura, enquanto fileiras de casas geminadas se estendiam na direção sul a partir do centro de Manchester para acomodar o cada vez maior número de empregados das fábricas, os ricos já haviam começado a se mover para ainda mais longe ao sul, buscando fugir dos operários. A população de Ardwick chegara a seu auge na virada do século e vinha em constante declínio desde então. A área ao redor do parque se tornou um centro de entretenimento, com quatro cinemas (o enorme Apollo entre eles), salas de bilhar, salas de música e piscinas atraindo os baderneiros do outro lado da cidade. As velhas mansões estavam abandonadas ou demolidas, e as ruas secundárias, cheias de casas geminadas, como a Bierley Avenue, muitas vezes ainda não tinham, mesmo no final dos anos 1960, banheiros internos e muito menos telefones. Mas aquilo era, de muitas formas, um avanço em relação à Hayfield Street, especialmente porque, como fora o caso dos Morrissey na Queen's Square, os Maher e os Doyle estavam agora vivendo mais ou menos próximos uns dos outros.

Marr tinha 8 anos quando recebeu permissão – e dinheiro – para comprar seu primeiro single de 7 polegadas. Tendo crescido cercado de música – quando não estava escutando junto com o filho, sua mãe o colocava em frente ao rádio e ia fazer a limpeza –, já sabia quais sucessos estavam tocando. Então, quando encontrou, junto aos discos pela metade do preço na loja local, uma cópia do mais recente sucesso do T. Rex, "Jeepster", Marr não sentiu necessidade de escutá-lo, porque já conhecia a música: ele não conseguia parar de *olhar* para aquilo. Singles geralmente vinham em capas simples de papel, embora ocasionalmente fossem considerados dignos de uma embalagem colorida. As capas quase sempre eram genéricas. Mas não essa. Um lado da capa era habilmente feito à mão, com uma enorme mosca desenhada no alto – Fly [mosca] era o nome do selo de Bolan dentro da EMI –, e aquilo já era suficientemente incomum. O outro lado era ocupado por uma foto a cores levemente borrada de Bolan e seu parceiro musical, Mickey Finn, quase afeminados com seus cabelos longos e esvoaçantes, com o braço e o corpo de uma guitarra (uma Gibson Les Paul) que mal podia ser vista na parte de baixo. Johnny estava convencido. Ele saiu da loja com aquela cópia de "Jeepster" na mão, sabendo que não ficaria, não poderia ficar, desapontado.

Como aconteceu com seu futuro parceiro, Morrissey, Marr imediatamente se jogou no campo de Marc Bolan. Era inútil fazer qualquer outra coisa; Bolan era onipotente na época, tão popular com os garotos quanto com as garotas, exalando sexualidade de uma forma que mesmo um menino de 8 anos era de alguma forma capaz de sentir. Seu boogie elétrico era quase simples demais – essencialmente apenas um riff de dois ou três acordes repetido infinitamente –, e ainda assim não necessariamente simplista; ele mirava em algum lugar um pouco acima da superfície da maior parte da música pop e, quando chegou lá, continuou subindo. Isso explicaria por que, quando "Metal Guru" saiu, na primavera de 1972, foi, para Marr, a coisa mais incrível que ele já havia escutado. Sem exceção. "Foi uma sensação que nunca vou esquecer", disse ele a Martin Roach, "uma sensação nova. Subi na minha bicicleta e pedalei sem parar, cantando essa música. Era uma elevação espiritual, um dos melhores momentos da minha vida."

Em 1986, quando Marr e Morrissey decidiram recontratar seu primeiro produtor de verdade para um novo single dos Smiths, "Panic", ele perguntou se eles tinham algum ponto de referência em mente. "'Metal Guru'", disseram. Na primavera de 1972, aquela música tinha dito a eles tudo sobre suas vidas.

É IMPRESSIONANTE A quantidade de semelhanças entre as criações de Morrissey e Marr. Já conhecemos as experiências compartilhadas da geração de seus pais. Mas também é digno de nota como suas famílias católicas irlandesas tipicamente grandes (Morrissey tinha uma dúzia de tios e tias de sangue; Marr, 17) encolheram para um tamanho mais "protestante" quando chegaram a Manchester: os Morrissey tiveram apenas dois filhos; os Maher, um exorbitante total de três, o irmão de Johnny, Ian, nascido sete anos depois de Claire. Tanto Steven Morrissey quanto Johnny Marr, então, cresceram na companhia de uma irmã com apenas dois anos de diferença, e ambos admiravam suas respectivas jovens mães de forma semelhante, tanto como amiga, mentora e irmã mais velha substituta quanto como matriarca. Ao mesmo tempo, os meninos eram, de certa maneira, afastados de seus pais, cujos trabalhos e vidas sociais impediam tais envolvimentos constantes.

Os dois meninos foram obrigados a usar uniformes para suas escolas primárias católicas, Johnny entrando para a St. Aloysius, perto da Bierley Avenue, cinco anos depois de Steven começar a frequentar St. Wilfrid's, em Hulme. Apesar – ou talvez por causa – do isolamento de suas famílias, de seus bairros e dos ambientes de ensino, os dois recordaram ser alvos de insultos raciais. "Fui chamado de Paddy desde muito cedo", disse Morrissey; "no começo dos anos 1970, fomos muitas vezes chamados de porcos irlandeses", falou Marr.

E os dois desfrutaram de frequentes e prazerosas férias no país onde seus pais passaram a infância. "Íamos para Crumlin, e é claro que eu olhava para aquilo com a visão de uma criança, mas as pessoas pareciam mais felizes e mais despreocupadas, e Crumlin parecia tão aberta – certamente mais aberta do que os confins de Hulme", disse Morrissey. As viagens de Marr a Kildare, que algumas vezes ocupavam todo o período das férias de verão, envolviam maior exposição ao ar do campo, à musica ao vivo (ele falava de "um tio muito bacana que usava botas de camurça como as dos Beatles e tocava um violão Gibson"), à bebida e ao comportamento selvagem que era um subproduto natural de tudo isso. Ele se recordava de como, uma vez, "muito, muito tarde, depois de uma festa, alguns dos homens entraram em dois carros e saíram apostando corrida pelas estradas de terra com as luzes apagadas. Aqueles eram os adultos!". (Em 1903, parcialmente porque tinha as estradas retas e lisas para isso, Kildare recebeu a primeira corrida internacional de carros no que era, na época, ainda parte do Reino Unido; os Maher estavam meramente dando continuidade a uma bela tradição.)

Os dois, não surpreendentemente, se adaptaram às suas raízes. "Minha ascendência irlandesa nunca foi algo que eu escondi ou camuflei", Morrissey contou ao *Irish Times*. Embora isso fosse igualmente verdade para as crianças Maher, eles também foram encorajados a abraçar sua terra natal. "Sempre era irritante para meus pais quando eles saíam uma noite e voltavam reclamando que algum bêbado ficara lá, sentado, denegrindo a Inglaterra", recordou Marr. "E o que minha mãe pensava era: 'Se é tão maravilhoso lá, por que vocês simplesmente não voltam para casa?' A mensagem que eu recebia era: 'É ótimo estar aqui. Esta é a melhor cidade do mundo.'"

Mas aquela cidade, mesmo enquanto se expandia geograficamente para incorporar um grande número do que eram anteriormente cidades-satélites de moinhos e modernos subúrbios, estava passando por uma enorme mudança durante a infância de Morrissey e Marr, uma mudança que afetaria cada um deles diretamente, transformando suas vidas antes paralelas. As moradias que haviam sido construídas para as classes trabalhadoras durante a Revolução Industrial, muitas delas de qualidade inferior, estavam agora caindo aos pedaços: em 1945, a comissão de planejamento da cidade de Manchester admitiu que cerca de 68 mil casas – cortiços, como eram geralmente conhecidas – estavam oficialmente incapacitadas para habitação humana, e aquele número tendia apenas a crescer. Mas a falta de financiamento significava que melhorias nos prédios existentes eram raras e a decisão de demolir os cortiços não foi tomada até um plano de desenvolvimento datado de 1961 ser criado. A partir daí, a cidade pareceu querer recuperar o tempo perdido extinguindo tanto da velha Manchester quanto fosse possível. St. Wilfrid's, cuja única reclamação dos alunos era parte do andar superior ser mal-assombrada, foi demolida em 1969, e um novo edifício, moderno, de vidro e com apenas um andar foi levantado onde ficava a antiga escola. Mas pelo menos ainda existia uma St. Wilfrid's. Muito do que costumava ser Hulme e Moss Side foi simplesmente apagado. A Queen's Square, que tinha se tornado uma estranha rua de pedestres, onde três diferentes grupos das famílias Morrissey e Dwyer viviam alegremente lado a lado? Varrida do mapa. A Harper Street, onde Steven Morrissey passou seus primeiros anos de vida? Não existe mais. A Stockton Street, onde o casamento de Peter Morrissey e Betty Dwyer fora celebrado com aquela festa de 24 horas? Reduzida à menor das ruas sem saída, o resto da grade residencial das ruas secundárias tendo desaparecido completamente. O caminho que Steven Morrissey fazia para chegar à escola primária seria impossível de seguir sem asas agora, depois que tanto a Upper quanto a Lower Moss Lane tinham sido erradicadas.

Foi praticamente a mesma história em Ardwick. A Hayfield Street, onde os Maher tinham morado assim que chegaram a Manchester? Desapareceu, junto com muitas das ruas que a cercavam. A Brierley Avenue, perto do Ardwick Green? Desapareceu. (Os Maher estavam entre as 199 famílias em cinco "áreas de eliminação" varridas do mapa de Ardwick por uma simples canetada da prefeitura em 1970. Existiam tantas dessas "áreas de eliminação" apontadas para destruição em toda Ardwick que a chegada das escavadeiras muitas vezes acontecia anos depois da condenação oficial.) As ruas de casas geminadas da infância de Morrissey e Marr, com suas lojas de rua e pubs, onde crianças ficavam soltas para brincar ao ar livre, onde todos sabiam os nomes de seus vizinhos e, muitas vezes, até os compartilhavam e onde famílias entravam e saíam das casas destrancadas das outras famílias o dia inteiro são agora apenas memória.

Ninguém estava defendendo os cortiços, porque eram mesmo cortiços. A cidade tê-los substituído por outros cortiços é que foi verdadeiramente indefensável. Para reconstruir a área entre a casa de Steven Morrissey, na Queen's Square, e sua escola primária, por exemplo, a Manchester Corporation contratou os mesmos arquitetos cujo conceito de "ruas no céu" já tinha se provado um enorme fracasso na cidade do aço de Sheffield, em Yorkshire, mas que, claramente não tendo aprendido nada, chegaram propondo outro eufemismo ridículo: "acesso por passarela." Ao economizar no número de elevadores no processo de construção, eles forçavam os inquilinos a andar centenas de metros apenas para irem de um apartamento até o nível da rua; a possibilidade de estarem carregando crianças ou compras pesadas não pareceu ter sido levada em consideração. Em Hulme, quatro longos blocos de edifícios de seis andares (dois pavimentos por família), com "acesso por passarela" compartilhado, foram dispostos em grandes ruas curvas, numa imitação despropositada das elegantes casas geminadas (com poucos andares) de Bath. Como Manchester incluiu os inquilinos de seu bairro mais problemático entre as 13 mil pessoas que se mudaram para lá, os Hulme

Crescents rapidamente se transformaram em algo a que a Grã-Bretanha do século XXI viria a se referir como "propriedades arruinadas", onde um problema rapidamente gerava outro.[2] A polícia se recusava a reconhecer os corredores como "ruas" e não patrulhava a área acima do nível térreo; infelizmente, ninguém tinha pensado em resolver aquilo antes. Sem a presença da polícia, era efetivamente permitido que o crime prosperasse, e as entregas diárias de leite, jornais e outros artigos logo foram suspensas devido a ataques frequentes aos comerciantes. As crianças já não brincavam mais livremente nas ruas, porque não existiam ruas; jogos com bola eram, em sua maioria, proibidos nas áreas gramadas; não havia programas para jovens ou clubes sociais. Tráfico de drogas e brigas prontamente se transformaram na interação cotidiana. Um relato prejudicial de 1978 feito pelo programa de TV *World in Action* comparava os conjuntos residenciais à África do Sul do apartheid, declarando que "Hulme, em Manchester, apresenta todas as características sociológicas de uma reserva do Bantustão".

Em Ardwick, na Hyde Road, exatamente entre os dois antigos lares da família Maher, a cidade construiu, de forma similar, um complexo de habitações de "acesso por passarela" com 537 unidades, usando o sistema mais barato disponível, blocos pré-fabricados parecidos com peças de LEGO. A prefeitura chamou aquele conjunto de Coverdale Crescent, mas, com seus corredores estendidos que se interconectavam em ângulos retos e seu senso de total alienação social, os habitantes logo passaram a chamá-lo de Forte Ardwick. Os tetos logo tiveram infiltrações, e como os reparos de aço também foram rapidamente sendo corroídos, o concreto começou a rachar. Nos Hulme Crescents os vazamentos, combinados com um sistema de aquecimento subterrâneo ineficaz e caro, faziam com que os inquilinos tivessem que decidir entre ficar com frio ou viver com uma condensação perpétua. A cidade gastou verba de emergência tentando escorar os prédios, mas o estrago – à moral dos inquilinos tanto quanto aos próprios edifícios – estava feito. O Forte Ardwick foi demolido na metade dos anos 1980, pouco mais de dez anos após ser levantado. (Os "cortiços", em comparação, tinham durado bem mais de cem anos.) Os Hulme Crescents duraram até a metade da década de 1990, antes de serem também demolidos, um monumental tributo aos piores excessos do planejamento urbano.

Vale a pena considerar brevemente o que poderia (não) ter acontecido a Morrissey e Marr se eles tivessem sido realocados nos conjuntos habitacionais que engoliram seus antigos lares. Por sorte, porque eram eles que tinham que ceder lugar aos novos edifícios e precisavam de um lugar para morar enquanto isso, foram poupados daquela experiência social. Mas isso não quer dizer que Morrissey, em particular, algum dia tenha aceitado a eliminação de cortiços que forçou sua família a sair da Queen's Square. "Foi quase um movimento político para esmagar um grupo muito, muito forte de pessoas", disse ele no *South Bank Show*, em 1987. Dois anos antes, ainda aproveitando a primeira onda de estrelato, ele tentou voltar à sua velha rua para um vídeo curto sobre sua criação, mas não conseguiu achá-la – a não ser na fotografia de uma biblioteca. "Tudo simplesmente desapareceu; é como se tudo aquilo tivesse sido apagado da face da Terra", dizia ele enquanto caminhava pelos pátios desalmados dos altos e modernos edifícios que tinham tomado o lugar das ruas antigas de Hulme e Moss Side. "Sinto muita raiva e enorme tristeza. É como a perda da infância."

Foi mais do que isso. Foi uma completa perda de Manchester, suas raízes, suas tradições, sua comunidade e sua cultura. Enquanto as velhas ruas de casas geminadas eram substituídas por enormes edifícios, habitações com acesso por passarela e modernos conjuntos habitacionais, enquanto esses substitutos provavam causar mais problemas do que solucionavam, e enquanto o desemprego, o crime, a depressão e o abuso de drogas cresciam, a cidade que tinha gerado a Revolução Industrial parecia começar a morrer. Muitos acreditavam que ela já estava morta.

CAPÍTULO

QUATRO

Minha educação na St. Mary's Secondary School, em Manchester, não foi uma educação. Foi apenas violência e brutalidade.

– Morrissey, *Irish Times*, 1999

A maioria dos inquilinos de Hulme e Moss Side realocados contra a vontade pela eliminação dos cortiços foi acomodada em propriedades em Wythenshawe, no sul de Manchester. Mas, como os Morrissey viviam logo do outro lado da fronteira da cidade, suas circunstâncias eram diferentes, e quando a Queen's Square foi demolida, eles foram realocados no oeste, em seu bairro original de Stretford. O novo lar da família, no número 384 da Kings Road, ficava quase no meio dos três quilômetros de comprimento da estrada, logo antes dos prédios públicos a leste que deram lugar às residências a oeste. Segundo os padrões anteriores dos Morrissey, aquelas novas casas geminadas eram suntuosas, com jardins privados na frente e nos fundos, arbustos demarcando as propriedades; havia entradas laterais e espaço entre as construções para aqueles que tinham carros – caso dos Morrissey. As casas tinham banheiros de verdade, três quartos e uma sala de estar no primeiro piso com vista para o jardim frontal. No todo, eram o verdadeiro retrato da respeitabilidade. Mas todas essas coisas boas tiveram um preço. Stockton Road, Harper Street e Queen's Square eram ruas típicas da classe trabalhadora do norte da Inglaterra na era industrial; aquelas novas casas geminadas da prefeitura, no entanto, tornaram-se maioria em todas as cidades, municípios e até em muitas vilas inglesas a partir dos anos 1960 e 1970, e sua arquitetura heterogênea enfatizava a falta de personalidade existente da Kings Road. Nem rua secundária, nem rua principal; nem rica, nem pobre; nem tanto violenta, nem exatamente segura, a parte da Kings Road onde ficavam os prédios públicos era, segundo admitiu o próprio Steven Morrissey, "monótona", e para uma criança que já estava muito ciente dos limites sufocantes da vida, ser realocado num lugar de tanta normalidade era uma ofensa à sua humanidade. O efeito disso pareceu permear sua personalidade dali por diante.

Mas esse nem de longe foi o maior crime perpetrado contra sua criação. Como acontecia com todas as crianças do ensino público de sua geração, no fim de seu período em St. Wilfrid's, Steven Morrissey prestou o exame conhecido como 11-plus, que determinava que tipo de escola de ensino médio ele frequentaria. Aqueles que passavam tinham a suposta boa sorte de frequentar a *grammar school*, escola de ensino médio local que recebia a maior parte dos recursos, atraía melhores professores e, teoricamente, tratava os alunos com alguma compreensão de sua capacidade intelectual, empenhando-se para garantir que eles sairiam com um diploma básico aos 16 anos e, com sorte, um diploma avançado mais adiante, para seguir para bons trabalhos burocráticos. Aqueles que não passavam no 11-plus, por outro lado, eram mandados para a *secondary modern*, uma escola mais fraca da região, onde eram vistos como pouco mais do que forragem para o que tinha sobrado das fábricas, e raramente lhes era oferecido mais do que o CSE (Certificado de Educação Secundária, só introduzido no final dos anos 1960). Desencantado com a forma como esse sistema tinha amaldiçoado três quartos dos alunos britânicos a uma educação de baixas expectativas, o governo trabalhista dos anos 1960 vinha tentando substituir essas escolas (e, com o tempo, as *grammar schools*) por escolas públicas que aceitavam todo tipo de aluno e tinham melhores recursos. Mas em 1970, ano em que Steven Morrissey começou o ensino médio, o Partido Trabalhista perdeu as eleições, e o processo de mudanças do sistema educacional foi prontamente adiado.[1]

Parece inexplicável que alguém com a inteligência evidente de Steven Morrissey pudesse não ter passado em seu 11-plus. Mas esse era o capricho do sistema que reduzia até sete anos de educação na escola primária a um teste de QI de um dia: se as crianças estivessem numa manhã ruim, no ambiente errado, tivessem que responder a algo sobre um ponto fraco de seu desenvolvimento educacional ou simplesmente lhes fossem feitas as perguntas erradas para sua aptidão, elas seriam potencialmente arruinadas para toda a vida. De acordo com a biografia de Johnny Rogan, *The Severed Aliance*, apenas três alunos de St. Wilfrid's passaram no exame e entraram para a *grammar school*, mas, pelo menos, a maioria dos fracassados seguiu junta para a St. Ignatius, em Hulme. Por ser morador de Stretford, no entanto, Steven Morrissey (e dois colegas de sala de St. Wilfrid's) foi mandado para a escola St. Mary's Roman Catholic Secondary Modern. Atravessando a linha do trem, a escola ficava literalmente no lado oposto ao quintal dos Morrissey na Kings Road – acessada por uma passarela de ferro mais adiante na rua, depois das lojas – e atraía, se é que é essa a palavra, levando-se em conta que não havia escolha, os garotos católicos mais barra-pesada de toda a região de Stretford.

Nem sempre tinha sido assim. Até 1963, quando as meninas foram realocadas na recém-construída Cardinal Vaughan, St. Mary's tinha desfrutado de alunos de ambos os sexos, o que servia para equilibrar alguns dos excessos do mau comportamento juvenil. A escola também teve algumas histórias de sucesso, especialmente nos esportes. Na época de Morrissey, no entanto, muitos dos alunos tinham sido, como ele, desalojados e realocados, Old Trafford tendo passado por seu próprio programa de eliminação de cortiços nos anos 1960. Os garotos sem raízes da moderna Stretford não estavam nem aí para a garra que a escola demandava deles, fosse em St. Mary's como um todo ou em uma das quatro "casas" designadas dentro da escola com a intenção de incutir uma competição amigável e a camaradagem nas próprias equipes. Seus pais, da classe trabalhadora, muitos dos quais imigrantes irlandeses ou de outros países católicos (Itália e Polônia, por exemplo), permaneciam geralmente alheios ao processo e a escola, evidentemente, não fazia nada para encorajá-los, enviando relatórios para a casa dos alunos apenas duas vezes ao ano e promovendo apenas uma reunião de pais, a qual tinha um nível baixo de comparecimento.

Como todas as escolas britânicas de ensino médio, St. Mary's insistia que seus alunos usassem uniformes, o que incluía um blazer azul durante os três primeiros anos, junto com a exigência simbólica de calças curtas e boné nesse mesmo período. Mas em áreas de classe trabalhadora, como Stretford, essa tradição de muitos anos ia de encontro à realidade da moda dos jovens na forma de sua cultura estilizada; na época em que Morrissey frequentou St. Mary's, o duradouro visual *mod* do meio dos anos 1960 tinha cedido espaço a um estilo mais durão e pronunciado dos *suedeheads* e *skinheads*, o que significava que havia variados estilos de se vestir competindo entre si. Além disso, as insurreições sociais e as descobertas científicas dos anos 1960 haviam feito com que muitas pessoas questionassem, quando não seu passado religioso – em St. Mary's era tão possível negar ser católico quanto negar a cor de sua própria pele –, pelo menos sua *fé* na religião, como no caso da família Morrissey. E, ainda assim, a escola permanecia firme em sua doutrina católica. Havia mensalmente missa em uma sexta-feira, missa essa que era conduzida pelo padre local, bem como havia orações regulares e aulas de religião, frequentes demonstrações visuais sobre o pecado do aborto e aquilo que

Morrissey viria a lembrar como a inquisição da segunda-feira de manhã que questionava a respeito do comparecimento de cada um à igreja no dia anterior.

Em vez de reconhecer a profundidade desses problemas e procurar uma forma inovadora para solucioná-los, o diretor da escola, Vince "Jet" Morgan, um ex-oficial do Exército cujas qualificações educacionais eram pouco estimadas por seus professores, optou por um rigoroso programa de disciplina criado para impor medo e respeito. A rotina começava todas as manhãs como uma reunião, na qual, junto do canto de hinos, Morgan proferia um sermão religioso, que poderia ou não ser sobre o santo do dia ou um dos mártires católicos que emprestavam seus nomes às quatro casas da escola. Morrissey foi encaminhado à Casa de Clitherow, que levava o nome de Margaret Clitherow of York, uma convertida ao catolicismo do século XVI que foi executada por suas crenças religiosas ao ser esmagada até a morte.[2] Em outubro de 1970, logo depois de Morrissey começar a estudar em St. Mary's, Margareth of Clitherow foi canonizada pelo papa, mas sua santidade teve pouco efeito nos alunos, que tipicamente se encolhiam com horror ao escutar os detalhes horríveis do sermão da manhã, tirando daquilo apenas o (planejado) sentimento de perseguição católica, uma atitude hostil que eles usavam e da qual abusavam quando encontravam alunos da escola local não religiosa, Great Stone.

A reunião terminava com o ritual do diretor da escola, que inspirou a canção homônima dos Smiths, "The Headmaster Ritual", certamente a pior denúncia musical sobre a educação pública britânica já composta por alguém que não passou em seu 11-plus. Toda manhã, Morgan selecionava um item diferente do uniforme ou do asseio dos alunos para inspeção. Podiam ser os sapatos: eram sociais e estavam bem-engraxados? Podia ser a gravata: tinha um nó bem-feito e estava posicionada no botão mais alto? Mas facilmente poderiam ser as unhas: estavam devidamente cortadas e limpas? Aqueles que não cumpriam os padrões exigentes de Morgan eram levados até o gabinete do diretor para esperar o castigo de "cinto" (a que os alunos se referiam como "chicote") em suas mãos esticadas. E então começava o dia letivo.

Não que o castigo corporal terminasse aí. Embora um foco em notas finais e resultados de exames de admissão pudesse parecer uma ambição mais elevada, St. Mary's promovia um sistema de "méritos" e "pontos de conduta". A ideia era que as quatro casas competissem por méritos e tentassem arrebanhar aqueles que estavam recebendo pontos de conduta; a realidade era que ninguém se importava muito com sua própria casa e apenas um pouco mais com a escola em geral. Pontos de conduta eram, portanto, alocados desproporcionalmente, de acordo com o que o professor considerava o número de "cintadas" merecido, e o aluno era mandado para recebê-las do funcionário encarregado da punição.

Tudo isso era meramente o processo *oficial* através do qual os alunos eram fisicamente disciplinados. De forma não oficial, o professor da oficina de trabalho em metal tinha um pedaço de madeira gasto de 60 centímetros que ele chamava de Charlie e com o qual batia livremente nas costas dos garotos; também era dado a puxar os rapazes púberes pelas estilosas costeletas, o que muitos consideravam ser mais prejudicial a longo prazo. Uma professora que tinha dificuldade em controlar seus alunos recebeu seu próprio pedaço de madeira de outro professor (supostamente seu amante), que ela batia cruelmente contra as panturrilhas dos meninos. Outro usava a chinela; outro ainda jogava o apagador do quadro-negro diretamente na cabeça dos garotos. O professor de natação usava uma longa vara de bambu para bater na cabeça dos rapazes e impedir que eles ficassem pendurados nas bordas da piscina pública de Stretford. Por outro lado, um dos professores de educação física mantinha os meninos pendurados nas barras do ginásio da escola até seus dedos ficarem azuis.

Não é nenhuma surpresa, então, que muitos de seus antigos colegas de escola tenham concordado, e até aplaudido, quando Morrissey, mais tarde, chamou o lugar de "uma escola muito sádica, muito bárbara". Um dos rapazes que estudou lá no mesmo ano que Morrissey comparou a rotina de surras e açoitamentos diários à "lei marcial"; outro usou o termo "escandaloso". Um terceiro, Steven Adshead, que acabou se transformando em vereador trabalhista e prefeito da moderna Trafford, observou, em palavras não muito diferentes das de Morrissey: "É uma reflexão vergonhosa da nossa sociedade naquela época que crianças pudessem ser espancadas dessa forma, eu realmente acho que a sociedade deveria se desculpar por isso." Possivelmente, o maior sádico no quadro de funcionários era o principal professor de educação física, um tal de Sr. Sweeney, que se deleitava ao fazer seus alunos correrem pelo ginásio enquanto ele os acertava com uma bola de ginástica. Durante os dias de semana, nos campos de futebol, como Morrissey mais tarde mencionou em "The Headmaster Ritual", Sweeney obrigava os garotos a correrem da escola, passando pela passarela de ferro (os alunos a chamavam de "Ponte do Macaco") até a Kings Road, onde eles viravam na direção oposta da casa de Morrissey (sem dúvida para alívio do rapaz), desciam uma rua secundária e, depois de um quilômetro e meio, chegavam até os campos ao lado da Stretford Grammar School. O garoto que chegasse por último era forçado a se abaixar e receber uma bola chutada em seu traseiro. (No verão, recebia uma pancada no traseiro com um taco de críquete.) Aqueles que então não eram escolhidos entre os 22 selecionados para praticar esportes em equipe tinham que correr a tarde inteira em volta dos campos, que frequentemente se tornavam um lamaçal por conta do clima úmido de Manchester.

Gente como Sweeney não era exclusividade de St. Mary's. Na verdade, em 1969, seu tipo era tão familiar que foi caricaturado no filme *Kes*, em que o ator Brian Glover interpretou um professor de educação física cujo complexo de Bobby Charlton (centroavante do Manchester United e da seleção inglesa) o leva a bater, empurrar, punir e, em outros casos, trapacear num jogo de futebol do qual ele não deveria estar participando senão como árbitro. Segundo os relatos, Sweeney se divertia da mesma forma. O próprio Morrissey, mais tarde, recordou como ele, uma vez – e apenas uma vez –, teve a audácia de "tomar a bola" de Sweeney. "A resposta dele a isso foi ignorar o jogo, ignorar a bola, ignorar os alunos – e simplesmente me chutar."

O foco acadêmico de St. Mary's, se é que a escola tinha um, era evidenciado pelo oferecimento de oficinas de trabalho em metal e madeira, desenho técnico e de engenharia, mas não havia música, teatro ou mesmo línguas estrangeiras; dessa forma, não havia um jornal da escola, uma orquestra, instrumentos, produções anuais de peças ou musicais. Com certeza, alguns rapazes se beneficiaram dessa abordagem e olham com carinho para trás, para o tempo que passaram na escola, mesmo para os espancamentos. Tipicamente, são aqueles que se destacaram em esportes competitivos, respeitaram o braço firme da autoridade e foram bons com trabalhos manuais. Steven Morrissey não estava entre eles.

Ele não fez muito em causa própria ao aparecer no primeiro dia de aula acompanhado de sua mãe e vestindo, como vestiria durante todo o seu primeiro ano, a calça curta opcional em vez das calças compridas que eram preferidas por quase todos os novos meninos. Isso, somado à sua decisão de percorrer o curto caminho até sua casa, cruzando a passarela para almoçar lá todos os dias, fez com que ele imediatamente ficasse marcado como um "filhinho de mamãe" e mesmo como "riquinho". Ainda assim, ele não foi penalizado por isso. Embora a prática do bullying fosse certamente perpetrada por alguns dos garotos (que estavam apenas imitando os professores, no fim das contas), isso era considerado um sinal de fraqueza pela maioria deles. Afinal, se você quisesse brigar, havia sempre outro rapaz encrenqueiro pronto para participar; não era necessário pegar no pé do menino afeminado ou do paquistanês para provar sua coragem.

Morrissey sem querer garantiu sua segurança ao ficar amigo de um dos garotos mais durões de seu ano, Mike Foley. A dupla logo descobriu estar mais interessada em moda e música do que os outros garotos e se destacar em atletismo. Morrissey descreveu isso como sua "salvação na escola", lembrando que ele ganhou "montes e montes de medalhas de corrida". Tais talentos esportivos foram herdados, sem dúvida, de seu pai, jogador de futebol, que certamente teria adorado que seu filho seguisse (mais de perto) seus passos, mas Steven tinha aprendido na marra, por meio da chuteira de Sweeney, o que acontecia com pessoas que ousavam praticar esportes coletivos com qualquer grau de paixão. Então, apesar de o fato de ser "um atleta-modelo", como ele mesmo descreveu, ter lhe concedido um status importante, tanto com professores quanto com alunos, ele se irritava com o compromisso que aquilo exigia, reclamando mais tarde de ser arrastado a "lugares muito distantes" sob a ameaça de "ser espancado até a morte" se não aparecesse.

Desinteressado, então, do espírito de equipe dos esportes, desestimulado pelo ensino repetitivo, não convertido pela doutrinação católica, não se impressionando com a relativa falta de inteligência de muitos de seus colegas, ele, ao mesmo tempo, não estava disposto a se rebelar e arriscar ser espancado diariamente. "Ele não estava sendo educado", disse o colega de turma Mike Moore a Johnny Rogan. "Estava sendo manipulado por um sistema que o estava preparando para trabalhar na indústria. O princípio geral do sistema era que você não se opusesse, mas aceitasse. Se você mostrasse qualquer individualidade, eles tentavam apagá-la. Eles preferiam ignorar Morrissey na escola, e ele os ignorava também, porque, se você começasse a discutir sobre as condições, você era açoitado."

"Ele era muito inteligente para nós", disse Paul Whiting, que começou na turma de Morrissey. (Havia três turmas em cada ano, totalizando aproximadamente cem alunos, separados de acordo com os resultados da prova de cada ano nas turmas A, B e C.) "Éramos todos retardados dos conjuntos habitacionais brigando uns com os outros e roubando uns dos outros, e Steve Morrissey estava acima daquilo. Ele não devia estar naquela escola." O futuro representante de classe, Barry Finnegan, cujo irmão mais novo se tornou bom amigo de Morrissey e costumava frequentar a casa da família na Kings Road, sempre o encontrava nos corredores durante os intervalos, evitando o machismo do pátio ao "andar por aí, olhando para as coisas, atentamente". Morrissey, ele rapidamente concluiu, "ou era dolorosamente tímido, ou bloqueava outras pessoas e não as queria em sua vida de propósito. Parecia que ele tinha um escudo à sua volta".

COMO CONVINHA A uma personalidade reservada e inteligente, as paixões pessoais de Morrissey eram, em sua maioria, firmemente desalinhadas das de seus colegas de escola. Embora quadrinhos fossem mania entre os adolescentes da época (muitos músicos e grupos usando nomes inspirados em super-heróis), Morrissey preferia revistas de monstros cheias de Boris Karloff e Christopher Lee. Enquanto seus colegas faziam o possível para conseguir entrar em filmes "AA" (para maiores de 14 anos) ou "X" (para maiores de 18), Morrissey celebrava a teatralidade afetada da série britânica *Carry On*, sexualmente excitante, mas alegremente não reveladora, e desenvolveu um fascínio particular por Charles Hawtrey e Kenneth Williams. Em particular, enquanto o James Bond ficcional era visto como o arquetípico herói do cinema, Morrissey preferia o falecido ator americano James Dean, que ele descobrira ainda na escola primária, depois de assistir a *Juventude trans-*

viada, "muito por acidente"; o rapaz não ficou tão obcecado pela habilidade de atuação de Dean, mas por sua história de vida, a forma como a imagem pública do belo e jovem rebelde mascarava uma "constante inquietação com a vida". O fato de Dean ser ambivalente a respeito de sua sexualidade certamente não escapou à atenção de um jovem rapaz atento, que afirmou: "Pesquisei sobre ele e foi como encontrar a tumba de Tutancâmon."

Numa cultura que media o sucesso de uma família pela quantidade de carne na mesa de seu jantar de domingo, Morrissey se tornou vegetariano aos 11 anos, depois de assistir a um documentário na TV sobre animais nas fazendas: ele achou que a imagem de "porcos e vacas ainda se debatendo violentamente depois de serem supostamente dopados" era "tão violenta, tão horrenda" que ele desistiu de comê-los naquele exato momento, e nunca mais voltou. Surpreendentemente para garotos de sua idade, a maioria dos quais a via (se tanto) como a novela de que seus pais gostavam, Morrissey era tão devotado a *Coronation Street* que, aos 12 anos, começou a escrever roteiros para o programa, enviando-os à Granada Television e, segundo suas próprias alegações, trocando correspondências com o roteirista Leslie Duxbury durante o processo de ter todos os seus roteiros rotineiramente rejeitados.

Tudo isso, claramente, ajudou a formar o Morrissey adulto, assim como as letras, a música e a imagem dos Smiths, mas é possível que nada tenha se provado tão influente em relação à sua personalidade futura como o momento em que sua mãe, determinada a cultivar os instintos literários do filho, deu-lhe, após uma introdução aos romances de Thomas Hardy, a obra completa de Oscar Wilde assegurando-lhe que, como disse Steven, parafraseando-a, "é tudo que você precisa saber sobre a vida". O presente lhe foi dado, de acordo com Morrissey, antes de ele ingressar em St. Mary's; ele revelou que o mais curto dos contos de fadas de Wilde, "O rouxinol e a rosa", deixou uma primeira impressão particularmente forte. Nessa história, uma ave canora se sacrifica contra um espinho a fim de produzir uma rosa vermelha para um estudante apaixonado; depois que a amada do estudante devolve a rosa por ser insuficiente se comparada às joias oferecidas por outro pretendente, o estudante joga a flor na estrada (onde ela é esmagada pelas rodas que passavam) antes de concluir: "que coisa tola é o Amor! [...] fica o tempo todo a nos dizer coisas que não vão acontecer e fazendo-nos acreditar em coisas que não são verdade." Durante sua primeira rodada de escrutínio da mídia, no final de 1983, tentando explicar sua falta de vida amorosa, Morrissey constatou: "Nos nossos anos de formação, somos levados a crer que muitas coisas mágicas vão acontecer com outras pessoas – o que na verdade não acontece." "O rouxinol e a rosa" foi, então, em essência, sua introdução à "infeliz mentira" [Miserable Lie] do amor.

Dos contos de fadas de Wilde não demorou muito para que Morrissey chegasse às peças, ambientadas num mundo igualmente distante da Stretford dos anos 1960 e 1970, o mundo da abastada alta-sociedade da Inglaterra do fim do período vitoriano, em que os lordes e as damas das casas-grandes sentavam-se em suas salas de visitas ou caminhavam pelos seus jardins lançando frases devastadoramente espirituosas e ocasionalmente farpadas entre si, atraindo-se de forma inevitável para complexas relações pessoais e financeiras, até que um desenlace inteligente e vil trouxesse um final feliz àqueles que o mereciam (e, ocasionalmente, àqueles que não o mereciam). Assim como aconteceria com Morrissey, mais tarde, com os discos dos Smiths, as quatro "peças de sociedade" de Wilde foram escritas em quatro anos – e representaram o auge comercial do autor, trazendo-lhe tanto a aclamação popular, que ele desesperadamente desejava, quanto as recompensas financeiras de que ele necessitava para manter seu extravagante estilo de vida. Apesar do fato de a nata da sociedade britânica ir atrás de cada nova apresentação teatral de Wilde no início da década de 1890 e cobiçar sua companhia em suas mesas de jantar, essas pessoas estavam sempre cientes de que os erros cômicos do autor disfarçavam mal um desdém pela prepotência delas, sua arrogância, hipocrisia e outros defeitos; isso, por si só, convidaria a um poderoso desenlace.

Certamente, Wilde como escritor não se eximia nem de provocação nem de polêmica. Sua primeira obra publicada, um livro de poemas compilados, foi-lhe devolvido pela sociedade de debate de sua antiga universidade, entre alegações de que estava atolado em plágios. Seu romance *O retrato de Dorian Gray* foi castigado por uma revista, na época de sua publicação em partes, por sua violenta decadência sexual e moral; num raro sinal de defesa, Wilde removeu algumas das passagens mais homoeróticas para o livro subsequente. E sua peça *Salomé*, escrita em francês logo depois de *Dorian Gray* e logo antes de sua sequência de sucessos, não recebeu uma licença para os palcos de Londres pois retratava personagens bíblicos em cenas libidinosas.

Como tudo isso deixa evidente, é impossível ler o que escreveu Oscar Wilde sem ler *sobre* Oscar Wilde, que é o que o escritor desejava. Afinal, foi o próprio Wilde que declarou: "Coloquei toda a minha genialidade em minha vida, coloquei apenas meu talento na minha obra." Enquanto Morrissey lia sobre a incrível história de vida de Oscar Wilde, ele nunca poderia ter imaginado que um dia eles teriam os nomes escritos na mesma frase, pois, tirando sua ligação com a Irlanda, as diferenças entre suas formações eram quase gritantes. Wilde nasceu numa família prestigiosa e intelectual: seu pai era um famoso cirurgião, portador do título de cavaleiro, autor, naturalista (e mulherengo); sua mãe era uma poeta, aclamada tradutora e agitadora (protestante) da causa do nacionalismo irlandês. (Morrissey mais tarde usaria o chamado às armas de lady Wilde como título de uma música dos Smiths.) Wilde cresceu numa das casas mais elegantes de Dublin, com seis empregados, uma governanta e uma camareira à sua disposição, onde os jantares muitas vezes tinham uma dúzia de convidados e as festas à tarde, às vezes, uma centena. E ele começou sua educação numa renomada escola particular irlandesa (proclamada "a Eton da Irlanda"), depois da qual frequentou a principal escola de aprendizado avançado, Trinity College, e foi para Oxford, onde se formou em duas graduações. Certamente, tudo isso não tem nada de parecido com os conjuntos habitacionais e as escolas públicas de Stretford.

Em Trinity e Oxford, Wilde abraçou o estetismo, uma elegante reação à rigorosa moralidade vitoriana que buscava promover a beleza (muitas vezes, na busca pelo luxo) em tudo, desde o mobiliário até a afetação. Fazendo sua entrada na sociedade de Londres como o dândi definitivo, vestindo calças coloridas e paletós de veludo bordado completados pelo toque pessoal de um cravo verde na lapela, Wilde rapidamente se tornou tamanho estereótipo da estética que inspirou não apenas um, mas dois personagens da paródia de Gilbert e Sullivan sobre o movimento, *Patience*; quando tal opereta se tornou um sucesso nos Estados Unidos, Wilde viajou pela América dando palestras sobre o assunto. Embora Wilde tenha se casado e tido dois filhos (para quem escreveu seus contos de fadas), nunca foi tímido quanto à sua afeição ao que um professor de Trinity descreveu eufemisticamente como "amor grego" (os estetas idolatravam os gregos antigos). De qualquer forma, uma coisa era ter paixões na faculdade, ter casos discretos com outros tipos literários do sexo masculino ou envolver-se em atos sexuais anônimos nos becos escuros de Londres e Paris, coisas que faziam parte da rica história de vida de Wilde; outra, completamente diferente, era desfilar de braços dados com um membro (muito mais jovem) da aristocracia pela cidade, como ele fez com lorde Alfred Douglas, filho do marquês de Queensbury, no começo da década de 1890 – uma época em que o crime de homossexualismo era sujeito a uma elevada punição sob o estabelecimento da moral vitoriana.

O caso determinou a queda de Wilde: quando o pugilista e confrontador marquês deixou um cartão de visita no clube de Wilde acusando o escritor de "posar de sodomita", Wilde o processou por calúnia, contra as advertências de seus advogados. No tribunal, talvez inevitavelmente, foi derrubado por sua própria sagacidade voraz, como um personagem numa de suas peças de sociedade; quando lhe foi perguntado, diretamente, se ele beijara um específico empregado de lorde Douglas, ele respondeu que não, porque o rapaz "infelizmente era feio". Por conta de uma resposta tão jocosa, seu mundo caiu. A acusação instantaneamente ganhou o caso, Wilde foi detido no Cadogan Hotel, em Knightsbridge, naquele mesmo dia, e acusado de "indecência grave". Tanto Wilde quanto lorde Douglas foram, por fim, considerados culpados e sentenciados a dois anos de trabalhos forçados. As peças de Wilde foram imediatamente retiradas dos palcos, seus livros recolhidos, seus epigramas silenciados. Com apenas uma ou duas exceções, seus amigos o rejeitaram, em vez de arriscar sua própria ruína. Wilde morreu de meningite num hotel pulgueiro em Paris, aos 46 anos. Embora sua produção literária tenha sobrevivido à sua queda pessoal – *A importância de ser honesto* ainda era ensinada nas escolas de ensino médio britânicas durante os anos 1970 –, sua história de vida permaneceu desonrada (a não ser em círculos gays, onde era celebrada) durante boa parte do século XX.[3]

"É uma total desvantagem gostar de Oscar Wilde, principalmente quando você vem de uma família da classe trabalhadora", Morrissey opinou mais tarde. Mas aquilo não o impediu: Wilde se tornou mais do que uma de suas obsessões, tornou-se, na verdade, seu primeiro herói de verdade, até uma espécie de modelo e inspiração. Onde quer que ele fosse na história da vida de Wilde, havia algo com que Steven Morrissey poderia aprender e aplicar às suas próprias ambições artísticas. Da estrutura de escrita de Wilde, por exemplo, ele adquiriu o poder da simplicidade: "ele usava a linguagem mais básica e dizia as coisas mais poderosas", observou Morrissey, sugerindo que suas famosas citações superavam até mesmo as de Shakespeare, porque as de Wilde eram compreendidas com mais facilidade. Do comportamento de Wilde ele aprendeu a importância da escolha do figurino, mais bem-manifestada nos Smiths por meio do gladíolo no bolso traseiro. Das cartas e da conversação do autor (Wilde era considerado nada menos do que "o maior orador natural dos tempos modernos"), Morrissey aprendeu e aperfeiçoou a arte do epigrama perfeito: o estilo de sua sagacidade e sabedoria, demonstrado repetidamente através da carreira dos Smiths, não apenas em suas letras, mas em frases devastadoramente reveladoras durante as entrevistas, frequentemente hilárias e propositalmente provocativas, era quase inteiramente baseado no estilo de Oscar Wilde.[4] E por causa da máxima do próprio Wilde, que dizia que "talento pega emprestado, genialidade rouba", Morrissey não ofereceria desculpas por roubar frases inteiras de peças, filmes e romances amados para suas letras – embora parecesse saber, o tempo todo, que não deveria reivindicar as palavras de Wilde como suas.

Mas num ponto Morrissey se diferenciava crucialmente. Com a queda de Wilde, o rapaz aprendeu que há certas coisas que a sociedade consente e outras, não, aprendeu a ficar no lado seguro, e se empenharia, para sempre, em manter sua vida particular inteiramente privada. Seus fãs teriam que chegar às suas próprias conclusões a partir do fato de que tantos de seus heróis de infância – de Wilde a Dean, de Kenneth Williams a Charles Hawtrey – eram homossexuais ou bissexuais em graus de autorrepressão variada e discutivelmente compreensíveis. Morrissey não viria a ser nem um pouco mais aberto sobre o assunto.

CAPÍTULO

CINCO

Eles eram meus únicos amigos. Eu acreditava piamente nisso.

– Morrissey sobre os New York Dolls, *Select*, julho de 1991

Logo antes de ver T. Rex tocar ao vivo, no verão de 1972, Steven Morrissey comprou o single *Starman*, primeiro sucesso de David Bowie desde que ficou em primeiro lugar nas paradas com "Space Oddity", em 1969. Morrissey alegou que nem mesmo tinha visto uma fotografia de Bowie antes daquilo, embora não estivesse sozinho em sua conversão: "Starman" causou uma espécie de epifania em grande parte da juventude britânica depois de uma apresentação no *Top of the Pops* daquele mês de junho, quando Bowie, com seu cabelo pintado de laranja e vestindo um macacão chamativo, abraçou o guitarrista Mick Ronson, igualmente resplandecente com seu terno de lamê dourado. Como o Morrissey de meia-idade reconheceria, "não havia dúvidas de que aquilo era fantasticamente homossexual".

O Morrissey de 13 anos de 1972 imediatamente saiu e comprou os últimos três álbuns de Bowie. Seu comprometimento entusiasmado fazia sentido, pois Bowie era o mais próximo que a cena glam rock britânica – na verdade, que a cultura pop britânica ao longo das décadas de 1960 e 1970 – chegava de uma figura como Oscar Wilde. Apresentando aquela produção provocativa como sua, embora muito daquilo tivesse sido pego emprestado das periferias da sociedade; confrontando costumes convencionais com mudanças de imagem cada vez mais extravagantes e pelas quais não se desculpava; mostrando-se quase impossivelmente prolífico agora que tinha a atenção do público (ele e Ronson, como produtores e/ou compositores, ressuscitaram as carreiras tanto do britânico Mott The Hoople quanto do americano Lou Reed no período de um ano), Bowie também virou a sociedade musical suavemente de cabeça para baixo com seu comentário na *Melody Maker*, em janeiro de 1972, de que "sou gay, e sempre fui". A homossexualidade só fora legalizada havia cinco anos; o fato de que Bowie, apesar de ser casado e ter um filho, pudesse fazer tal alegação à procura de publicidade, enquanto Oscar Wilde fora levado à ruína por uma declaração similar, mesmo que não intencional, sobre sua orientação sexual, era um marco do quão longe a Grã-Bretanha tinha chegado.

Como com tantos jovens na Grã-Bretanha, os gostos musicais amadurecidos de Morrissey coincidiram diretamente com sua imersão na imprensa musical que florescia no país; ele viu seu nome impresso pela primeira vez quando ganhou uma cópia do mais recente LP de Bowie, *The Rise and Fall of Ziggy Stardust and the Spiders from Mars*, numa competição no jornal semanal *Sounds*. Morrissey aprendeu em especial com o culto à personalidade de Bowie e sua confiança poderosa diante da potencial adversidade. "Ele andava por Doncaster ou Bradford em 1972, com a aparência que ele tinha, e se você tivesse um problema com aquilo, então era problema seu – não dele –, ele era a pessoa que estava sempre rindo ou sorrindo. Ele não era perseguido por nada. Eram as pessoas que se opunham que eram perseguidas."

Morrissey muitas vezes afirmava que seu amor por Bowie o colocou na minoria da escola, mas quando a turnê de Ziggy Stardust chegou a Manchester, em setembro de 1972, Bowie já era suficientemente popular para tocar duas noites na cidade. Os shows aconteceram no Hardrock Concert Theatre, na Great Stone Road, que se estendia na direção norte da grande rotatória (*the "Quadrant"*) próxima à casa de Morrissey na Kings Road; durante o começo dos anos 1970, a casa de shows era uma das principais de Manchester, uma das poucas coisas que faziam valer a pena crescer em Stretford. Morrissey foi ao segundo dos dois shows de Bowie no Hardrock e voltou em novembro, com Mike Foley, para ver os antigos companheiros de glam de Bowie, Roxy Music. Depois daquele show, a dupla se aventurou pela cidade na esperança de conhecer a banda, mas só conseguiu ser atacada do lado de fora do Midland Hotel pela sua aparência, que, é claro, mostrava a influência da paixão pelo glam. Foley recordou que, enquanto enfrentava os "agressores de bichas, ou o que quer que eles fossem", Morrissey contou com suas habilidades atléticas para correr pelas portas do hotel até estar em segurança.

A dupla tinha chegado cedo ao Hardrock naquela noite de novembro para ver a banda de abertura, New York Dolls; embora ainda não tivessem lançado um disco, Morrissey já sabia da existência deles através das constantes matérias que o correspondente da *Melody Maker* em Nova York escrevia sobre a banda. O que o rapaz não sabia era que, apenas alguns dias antes, o baterista do grupo havia morrido num acidente totalmente evitável com drogas e café numa casa de festas exclusiva em Londres. Morrissey só ficou sabendo da calamidade quando alguém subiu no palco para anunciar que os New York Dolls não se apresentariam.

Um ano inteiro se passaria antes que Morrissey tivesse a chance de ver os (renovados) New York Dolls tocarem ao vivo – e, mesmo assim, apenas na televisão, quando o quinteto apareceu no programa que passava tarde da noite na BBC, *The Old Grey Whistle Test*, vestindo, entre eles, blusas de babado, calças de couro, camisas de bolinhas e gravatas-borboleta douradas, suas cortinas de cabelos longos ocasionalmente se abrindo para revelar camadas consideráveis de rímel e delineador. A apresentação, junto com a manifestação musical do grupo de um rock primitivo e sujo, inflamou tanto o apresentador do programa, "Whispering" Bob Harris, que ele menosprezou a banda no ar como "mock rock", rock debochado.

Mas Morrissey não pensou da mesma forma. Para ele, a aparição dos New York Dolls no *The Old Grey Whistle Test* serviu como um "'Heartbreak Hotel' particular, pois eles foram tão importantes para mim quanto Elvis Presley foi importante para toda a linguagem do rock". Morrissey adorava a forma como os Dolls abraçavam o ideal de gangue, ideal esse que era parte de todos os grandes grupos de rock – mas os Dolls faziam aquilo de uma forma propositalmente juvenil, quase amadora, perfeita para um garoto de 14 anos sem educação musical. Ele também amava o fato de eles parecerem ser baderneiros da classe trabalhadora e, mesmo assim, encantadoramente glamorosos, desfilando pelas ruas perigosas da Nova York dos anos 1970 como pavões. E, se era verdade que eles eram todos firmemente heterossexuais no fundo, havia todavia um elemento de orgulho gay – ou pelo menos de solidariedade gay – na banda. O fato de a residência de verão de quatro meses da banda, que lhes trouxe sua aclamação inicial no ano de 1972, ter ocorrido numa sala chamada Oscar Wilde, dentro de um centro de artes em Manhattan, deve ter soado como algo além da coincidência.

Steven Morrissey logo se comprometeu com os New York Dolls com toda a devoção cega da primeira paixão de um adolescente, chegando ao ponto de conseguir a permissão do escritório americano do grupo para estabelecer uma espécie de fã-clube britânico. Os Dolls seriam tão ignorados no Reino Unido quanto o foram em sua terra natal e, dessa forma, o papel do rapaz, segundo ele mesmo, "não foi muito crucial". Consistia em pouco mais do que publicar anúncios nas últimas páginas dos jornais musicais procurando outros fãs e, então, empenhar-se para mantê-los informados, na esperança de cultivar algumas amizades por correspondência no processo. O status de presidente do fã-clube era talvez mais digno de nota pelo fato de Morrissey não ter se cansado daquilo, continuando a celebrar o grupo com devoção desavergonhada muito tempo depois de eles terem se separado e mesmo depois de se tornar adulto.

Mais do que todos os seus muitos outros fanatismos, a obsessão pelos New York Dolls parece confusa devido à falta de pontos de referência nos Smiths. O Morrissey adulto nunca circulou pelo palco com a confiança sexual suave do vocalista dos Dolls, David Johansen; não usava fantasias tão coloridas e afeminadas quanto as de qualquer integrante da banda; suas letras não se aventuravam no mundo de drogas pesadas e transgressão livre dos Dolls – embora dois versos de "Lonely Planet Boy" tenham sido utilizados em "There Is a Light That Never Goes Out". (Da mesma forma, apesar de Johnny Marr ter tido sua própria fixação juvenil pelo guitarrista dos Dolls, Johnny Thunders, pouco daquilo apareceu tanto em sua forma de tocar quanto nos arranjos dos Smiths.) O que os Dolls representaram para Morrissey, num ponto em que o glam rock estava se tornando uma mercadoria desgastada para os pré-adolescentes e quando as bandas de rock dos anos 1960 tinham se distanciado de seus públicos originais como resultado de suas pretensões artísticas cada vez maiores, foi o rock como uma rebelião genuína, algo que ainda era capaz de ofender seus pais (e Bob Harris). O fato de os Dolls terem lançado apenas dois álbuns – o segundo intitulado, com involuntária antecipação, *Too Much Too Soon* – apenas complementava a sensação de Morrissey de posse particular e injustiça pública. Uma vez que, enquanto seu amor por Bowie e Reed, pelo Roxy Music e o Mott The Hoople, e também pelo duo Sparks (sua primeira carta publicada num jornal musical britânico citava efusivamente *Kimono My House*, de 1974, como "o disco do ano"), tornava-o parte de um culto significativo, sua devoção pelo New York Dolls, na escola pelo menos, seguramente o incluía numa igreja de apenas um discípulo. Feliz com seu papel recém-adquirido de profeta sem honra, Morrissey usava camisetas dos Dolls feitas em casa nos campos de futebol da St. Mary's, decorava seus livros didáticos com fotos do grupo e, de alguma forma, convenceu um professor a tocar uma das músicas do grupo para toda a turma. "Todos tiveram que dizer como se sentiram depois daquilo", recordou ele sobre a ocasião. "E acredito que eles não se sentiram muito bem."

Morrissey também se deixou levar pela publicidade que cercava o roqueiro glam de Nova York, Jobriath, cujo álbum de estreia, de 1974, teve uma das campanhas publicitárias mais extravagantes de todos os tempos. Primeiro músico de rock *verdadeiramente* gay a arriscar suas emoções como tal (ao contrário de Bowie, que estava apenas provocando), Jobriath apareceu para seu show de "saída do armário" na televisão americana com uma malha de ginástica cor-de-rosa, superestimando a disposição do público para apoiar uma liberação sexual tão evidente. Musicalmente, ele era quase tão dramático, enraizado numa imitação do "cosmic jive" que seu óbvio modelo, David Bowie, havia muito abandonara. Quando seu disco fracassou completamente, uma turnê europeia foi cancelada; como o New York Dolls, Jobriath nunca tocou em Manchester. E como aconteceu com os Dolls, o fracasso de Morrissey em ver o artista ao vivo apenas serviu para aumentar sua paixão.

Encorajado por seu amor por artistas glam obscuros de Nova York e inspirado pelas modas ousadas da época, Morrissey começou a se vestir de acordo. Quando um grande grupo de alunos de St. Mary's foi ver Bowie no Free Trade Hall, em Manchester, em junho de 1973, ele e Mike Foley cortaram e tingiram seus cabelos para a ocasião, embora o resultado tenha sido supostamente desastroso e a escola tenha mandado Morrissey de volta para casa por causa de seus problemas. Ele também começou a carregar uma bolsa jeans – uma declaração de individualidade relativamente simples, mas que, de qualquer maneira, era corajosa, devido ao seu ambiente local. Um vizinho, Ivor Perry, dois anos mais novo do que ele, tinha uma recordação clara de Morrissey "caminhando pela rua, usando calça apertada, sapatos pontudos, um penteado com topete e uma bolsa, coisa que homens não usavam. Tudo isso era indecente em... 1974-1975". Mas, embora Perry reconhecesse que Morrissey "tinha muita coragem de carregá-la", tal individualidade teve um custo. "Os irmãos mais velhos dos meus amigos roubavam o dinheiro dele. Ninguém batia nele, eles não o odiavam. Eles até deixavam o dinheiro do ônibus. Eles apenas o faziam pagar uma taxa por caminhar pela rua!"

As recordações do próprio Morrissey das tentativas de integração social refletiam esse sentimento de perseguição. Ele compareceu ao estádio de Old Trafford uma ou duas vezes, mas, depois de ser roubado e perder seu gorro de lã de lembrança (por um torcedor do próprio Manchester United, não há honra entre os ladrões), logo desistiu. Foi ao parque de diversões itinerante no autódromo de Stretford – atraído, reconhecidamente, pela atmosfera de perigo –, mas "alguém chegou perto de mim e me deu uma cabeçada". Ele sabia que era melhor não perguntar por quê. "Nunca havia a necessidade de uma explicação."

Na escola, ele, na maior parte do tempo, conseguia evitar tais agressões diretas (e, apesar de alegar ter recebido chibatadas, não era frequente), mas sua aparência cada vez mais afetada apenas incentivava a noção de que ele era, para usar a palavra mais frequentemente empregada naquele tempo, "afeminado". Palavras mais vulgares provavelmente foram usadas na época, e podem ter ocorrido comentários mais diretos sobre a sexualidade de Morrissey – apesar de ele não apenas *não* ter sido visto namorando garotos, como também ter se provado atraente para as meninas: o sexo oposto reconhecia em Steven Morrissey um adolescente bonito, inteligente e, acima de tudo, sensível, com bom papo e falta de intenções sexuais revigorante. Seus amigos Mike Foley e Mike Ellis ficavam perplexos (e enciumados) com a facilidade com que Morrissey era capaz de assegurar uma companhia feminina, o que chegou ao auge com a notícia de que ele estava recebendo um grupo regular de garotas em seu quarto todos os domingos à noite – para escutar o programa das paradas de sucesso da Radio 1.

Na verdade, amigos sempre foram bem-vindos a visitar a casa dos Morrissey – e, independente do fato de Steven escolher suas companhias cuidadosamente, ele não tinha poucos amigos. Comparecia aos ocasionais bailes da escola, acampava no quintal com seus vizinhos e até passou férias com as famílias de amigos, indo ao norte do País de Gales com o colega de escola Jim Verrechia, que ficou suficientemente impressionado com o conhecimento musical de Morrissey a ponto de tentar lhe ensinar a tocar violão. O esforço provou não ter mais sucesso do que as outras tentativas de Morrissey de aprender a tocar um instrumento; apesar de ser uma enciclopédia ambulante sobre música pop, era evidente que ele não tinha qualquer habilidade musical natural.

Sua educação em si, enquanto isso – ou melhor, *a escola* em si –, estava indo de mal a pior. O amigo mais próximo de Morrissey, Mike

Foley, estava agora envolvido em círculos particularmente problemáticos, junto de Paul Whiting, Ian Campbell e outro rapaz que, segundo Whiting, tinha a rara habilidade de "cagar quando queria"; ele defecava na mesa de uma sala de aula, colocava uma bombinha em cima, acendia o pavio, afastava-se... e observava com prazer enquanto a explosão espalhava as fezes pelo cômodo. Os talentos dúbios desse garoto foram usados de forma mais infame quando ele defecou num balde de incêndio cheio de areia que Foley, então, esvaziou dentro do piano da escola, a obstrução sendo notada apenas durante a reunião da manhã seguinte, quando os esforços para tocar "Kumbaya" fracassaram em produzir um som reconhecível, mas emitiram um cheiro peculiar. De acordo com os chefes do bando, Morrissey estava muitas vezes à disposição durante tais peripécias, embora nunca tão próximo a ponto de ser acusado de participação.

Os espancamentos implacáveis dos alunos evidentemente não tinham nenhum efeito positivo nesse comportamento. "Ninguém nos mostrava respeito", disse Whiting; pelo contrário, a violência "nos ensinava a lutar e contra quem lutar. Se você sabe que não pode derrotá-los, dê a volta e pegue-os pelas costas". As salas de aula e os campos de futebol de St. Mary's cada vez mais se transformavam em campos de batalha. Houve incidentes de alunos derrubando professores, professores espancando alunos e jovens criando distrações na sala de aula para roubar as bolsas de professores despreparados, levando o dinheiro para o distrito comercial de Stretford, embora fosse provável que eles também roubassem as novidades das barracas dos paquistaneses em vez de comprá-las. Raras tentativas de passeios escolares normalmente terminavam em confusão, com os alunos de St. Mary's sendo expulsos da galeria do tribunal por gritar suas opiniões e tendo a rara honra de a polícia ser chamada por sua causa durante uma visita a um quartel do Exército, com uma revista ao ônibus escolar revelando que eles tinham tentado roubar granadas e balas.

A crise na lei e na ordem, no respeito mútuo e na honra, meramente espelhava a sociedade britânica como um todo. Com a inflação elevada, uma série de bem-sucedidas greves de trabalhadores pela igualdade nos aumentos salariais levou a uma inflação ainda maior e a mais greves em sequência, enquanto muitos acreditavam que os sindicatos, amplamente estabelecidos nas fábricas e moinhos da Manchester do século XIX, estavam tomando o controle do país. Numa tentativa de estabelecer sua autoridade, o governo conservador declarou estado de emergência e semana de trabalho de três dias. Como resultado, cortes de energia anunciados de antemão se tornaram parte regular do "entretenimento" de todas as tardes, e fazer fila para abastecer o carro se tornou passatempo nacional. O governo desmoronou da mesma forma, embora tenham sido necessárias duas eleições gerais em 1974 antes que o Partido Trabalhista pudesse assegurar uma maioria parlamentar suficiente para si – dessa forma, o partido de esquerda imediatamente assumiu o papel de adversário dos sindicatos recalcitrantes.

Nesse meio-tempo, a situação na Irlanda do Norte, que havia permanecido sob o domínio – e a negligência – britânico durante a última metade de século, ficou feia quando a minoria católica, exigindo direitos civis, sofreu ataques da força policial controlada pelos protestantes e, depois, de um Exército britânico enviado ostensivamente para protegê-los. A agitação despertou os paramilitares sectários e, seguindo o Domingo Sangrento de janeiro de 1972, quando 13 manifestantes desarmados foram executados pelo Exército britânico, o IRA Provisório levou uma campanha de bombardeios a cidades britânicas. Em fevereiro de 1974, uma bomba do IRA explodiu no tribunal de Manchester, ferindo 12 pessoas e levando a uma nova rodada de caça às bruxas e acusações aos imigrantes irlandeses locais.

As arquibancadas dos estádios de futebol também estavam se transformando em campos de batalha, com os torcedores do Manchester United – especificamente aqueles que ficavam na parte da "Stretford Road" – ganhando a reputação de uma das mais violentas torcidas do país, o que tinha a ver com o fato de que eles também atraíam os maiores públicos: mais de 50 mil por semana rotineiramente abarrotados nas arquibancadas que caíam aos pedaços. E, enquanto isso, as fábricas e moinhos continuavam a cortar gastos ou fechar as portas, forçando o desemprego a níveis que não eram vistos desde a Depressão; como cidade construída em torno da manufatura, Manchester sofreu de forma tão severa o declínio econômico da nação quanto qualquer outro lugar da Grã-Bretanha. Num clima como aquele, os poucos professores que tentaram superar a agressividade mútua e a apatia que predominava em St.

Mary's, que tentaram oferecer algo que se aproximava de uma educação valiosa, enfrentaram uma tarefa quase impossível. O professor de inglês Graham Pink reconheceu que, para todas as suas tentativas de trazer uma gama maior de literatura relevante (por exemplo, *Kes* e *Billy Liar*), ele passava mais tempo "cuidando dos tagarelas" do que atendendo alunos como Morrissey, que ele via, simplesmente por prestar atenção na aula, como "muito reservado". Por seus esforços, Pink sofreu com o desdém dos disciplinadores mais radicais de sua escola e, mais tarde, tornou-se enfermeiro.[1]

Um dos poucos que tiveram sucesso em se comunicar com os garotos de Stretford foi o Sr. Hopkins, que usava um sobretudo Crombie, moda entre os *skinheads*, e dialogava com os garotos mais durões de igual para igual. No último ano de Morrissey, Hopkins, de alguma forma, contornou a aversão do diretor Morgan por teatro e dirigiu uma produção da peça *The Long and the Short and the Tall*, que tinha chegado aos palcos britânicos pela primeira vez em 1959, sob a direção de Lindsay Anderson, logo após *Look Back in Anger* e *A Taste of Honey*. Hopkins assegurou o apoio de encrenqueiros como Foley e Whiting ao lhes dar papéis de destaque (o fato de serem papéis de recrutas amargurados da classe trabalhadora na Segunda Guerra Mundial ajudou); assegurou um papel para todos que quisessem se envolver, mesmo se apenas como assistente de palco ou figurante, e permitiu até que os rapazes fumassem cigarros de verdade no palco em vez de imitações. Para os que haviam passado seu tempo na escola brigando, roubando e vadiando, aquele era um raro momento de consideração e colaboração.

Para Morrissey, no entanto, tais esforços provaram ser muito pequenos e que chegaram tarde demais. Tirando tanto tempo de folga quanto conseguisse em seus últimos anos (em vez de roubar no distrito comercial de Stretford, ele geralmente apenas dava um passeio), ele abandonou a escola na primavera de 1975, bem perto do seu aniversário de 16 anos, com um dos certificados de conclusão do ensino médio mais fracos que poderia ter. (Em seguida, ingressou num ano adicional de ensino, na Stretford Tech, fazendo um curso intensivo para obter alguns certificados que lhe garantiriam um emprego digno.) Morrissey nunca foi capaz de perdoar seu tratamento em St. Mary's, a ponto de celebrar a morte de Morgan no palco do campo de críquete de Old Trafford, num show solo em sua cidade natal, no ano de 2004. Em entrevistas, ele não era moderado. Conversando com Paul Morley, também de Manchester, em 1988, um ano após a separação dos Smiths, ficou evidente que seu tempo em St. Mary's tinha deixado uma cicatriz profunda de amargura. "O horror daquilo não cabe em palavras", disse ele. "Cada dia era um verdadeiro pesadelo. Em qualquer forma que você puder imaginar. Pior... O ódio total. O medo e a angústia de acordar, ter que se vestir, descer a rua, entrar na assembleia, fazer aqueles deveres..." E, mais de uma década depois, falando com Brian Boyd, do *Irish Times*, ele deixou no ar a ideia de uma retribuição formal.

"Era tão terrível – e você pode rir, ou pode não rir, vou arriscar – que realmente considerei a possibilidade de processar o Comitê de Educação de Manchester, porque a educação que recebi foi diabólica e brutal. Tudo o que aprendi foi a não ter autoestima e a me sentir envergonhado sem saber por quê. Isso é parte de ser da classe trabalhadora, essa crença patética de que outra pessoa, em algum lugar, sabe mais do que você, sabe o que é melhor para você."

Devido a turmas cada vez menores, o que tinha alguma relação com uma reputação tão escandalosa de punições físicas que mesmo o Departamento de Educação e Ciências notou, St. Mary's foi fechada no começo da década de 1990 e demolida. Um conjunto habitacional foi construído em seu terreno. A passarela de ferro sobre a linha do trem que chegava à Kings Road permanece como era – a não ser pela grande quantidade de pichações, adicionadas desde os anos 1980, em que quase todas as palavras citam uma letra do mais famoso ex-aluno da escola.

CAPÍTULO

SEIS

É algo que está em mim espiritualmente. E psiquicamente. Como um ser, essa espécie de absorção pela música. A cultura popular é uma coisa mais intelectual, mas essa conexão com o som é algo que está no meu DNA.

– Johnny Marr, março de 2011

Quando chegou a vez de a família Maher ser removida de sua rua de casas idênticas em nome da eliminação de cortiços, ela foi realocada, como muitos de Ardwick, Hulme e Moss Side, numa comunidade crescente — na verdade, transbordante — 13 quilômetros ao sul. A "cidade-jardim" de Wythenshawe — para chamar o que seria amaldiçoado como o "maior conjunto habitacional da Europa" pelo verdadeiro nome — fora planejada na década de 1920. Era produto tanto da necessidade (a urgência em criar novas moradias para uma Manchester superpovoada) quanto do idealismo (o desejo de fazer isso de uma forma positiva), e seus planejadores se inspiraram nas originais cidades-jardim do sul da Inglaterra: Letchworth, concluída em 1904, e Welwyn, terminada logo após a Primeira Guerra Mundial. Eles fixaram seus olhares nas terras vazias em volta dos antigos vilarejos de Northenden e Baguley, em Cheshire, ambos mencionados no *Domesday Book* de 1086, e na própria Wythenshawe ("Floresta de Salgueiros"), relativamente novata com seus meros 700 anos de existência. O rio Mersey e as várzeas ao redor havia muito eram uma barreira psicológica e física para tal invasão urbana, permitindo que os lordes das mansões de Cheshire desfrutassem de seus feudos em relativa paz e tranquilidade — embora a decisão da Câmara dos Distritos de Wythenshawe de ficar ao lado dos legalistas na Guerra Civil inglesa tivesse resultado em canhões sendo despachados da parlamentarista Manchester para encorajar uma mudança de ideia. A Câmara de Wythenshawe sobreviveu ao cerco de quatro meses quase intacta, mas não foi capaz de deter o curso da história. Em 1926 os distritos venderam 1.052 hectares à cidade de Manchester, enquanto o empresário local Ernest Simon comprou a Câmara de Wythenshawe e a propriedade de 100 hectares à sua volta para criar o Wythenshawe Park, que ele então presenteou "como uma recompensa por tudo que devemos a Manchester". Mais do que um mero filantropo, Simon insistiu implacavelmente para que o projeto da cidade-jardim fosse levado adiante; muitas vezes vereador da cidade de Manchester, presidente do comitê de habitação, prefeito honorário e membro do Parlamento dos Liberais, ele esteve no Parlamento para votar o projeto de lei de 1930 que transferia as terras ao redor dos vilarejos de Cheshire à cidade de Manchester para construção. Além disso, Simon foi o autor de *The Smokeless City, How to Abolish Slums* e *The Rebuilding of Manchester*, entre outros livros, e foi, por isso, considerado o principal responsável por Wythenshawe se transformar numa das primeiras áreas com controle de fumaça da Grã-Bretanha.[1]

Apesar dos planos mais bem-traçados, a visão de uma cidade-jardim que preservaria florestas e lagos locais, incluiria amplas áreas de lazer e permitiria um número de comunidades menores e "conscientes", com aproximadamente 10 mil pessoas cada, foi dificultada pela realidade fiscal e física. O início da Depressão, a interrupção da Segunda Guerra Mundial e a corrida para construir habitações abaixo do padrão logo depois dela significaram que, em 1964, a população de Wythenshawe já havia atingido sua meta de quase 100 mil pessoas, mas que as lojas, cinemas, espaços para apresentações artísticas e coisas do gênero haviam ficado para trás. Os jornais locais estavam cheios de notícias sobre "vandalismo", e moradores de Manchester que nunca haviam ido até lá passaram a ver Wythenshawe como um "enorme conjunto habitacional barra-pesada e decadente, com jovens baderneiros", de acordo com um dos habitantes que atingiu a maioridade na década de 1970. Mas quando os Maher foram removidos, junto com uma grande quantidade de outras famílias de Manchester — irlandesas, inglesas, indianas e caribenhas entre elas —, para o novo conjunto habitacional na Shady Lane, bem próximo à Altrincham Road, seu filho mais velho, Johnny, olhou para suas novas redondezas e entendeu aquilo exatamente como os planejadores da cidade-jardim tinham pretendido: uma Utopia.

A animação de Marr era compreensível. Shady Lane era uma *cul-de-sac*, o que dava liberdade para as crianças brincarem sem o tráfego constante e, apesar de as casas no bloco dos Maher, Churchstone Walk, não terem o espaço e o conforto da casa geminada da família Morrissey em Stretford, a simples existência de banheiros internos e linhas telefônicas parecia realmente luxuosa depois da Ardwick vitoriana. Os Maher tinham chegado exatamente quando Wythenshawe sofria uma mudança; um centro cívico (com quadras esportivas), esperado havia muito, e, para acompanhar, um fórum (com capacidade para abrigar shows) tinham sido inaugurados em 1971; um novo hospital chegou em 1973. Wythenshawe tinha suas áreas problemáticas, sem dúvida, mas as piores delas — Benchill, Woodhouse Park e Peel Hall — ficavam bem para o sul e a leste, perto da nova autoestrada M56, que se estendia do centro da cidade até o aeroporto de Manchester. Os Maher estavam em Baguley, na periferia norte, no limite de Sale e Altrincham, onde havia conjuntos habitacionais originais da década de 1930, com qualidade consideravelmente alta. Do outro lado da Altrincham Road, vindo da Shady Lane, ficava a Brookway High Scholl, escola que recebia a maior parte dos habitantes locais não católicos, inclusive garotas, não apenas de Baguley, mas dos distritos de Brooklands, Northern Moor e Royal Oak, os quais eram quase de classe média — ou, no mínimo, o que Johnny Marr viria a considerar "boêmios". Logo a leste da escola ficava o próprio Wythenshawe Park, sua velha casa em estilo Tudor sendo menos interessante para os jovens do que os vários campos de futebol ou a perspectiva do parque de diversões itinerante que era montado todo ano no fim de semana de Páscoa, onde Johnny e sua irmã, Claire, logo aprenderam a passar cada hora em que estivessem acordados absorvendo a música alta que saía dos autofalantes dia e noite.

Em Ardwick, como ele mesmo admitiu, Johnny era "um rapaz muito quieto e introspectivo", oprimido pelo comportamento selvagem da jovem comunidade de imigrantes irlandeses; em sua escola primária por lá, "todos eram muito tensos e agressivos, e eu ficava muito intimidado". Mas em seu primeiro dia na Sacred Heart Roman Catholic Primary School, próxima à igreja de mesmo nome, ele se recordou de olhar ao seu redor e pensar: "todo mundo é muito *simpático*." As crianças não tinham que usar uniforme, e Johnny podia ostentar seu gosto pela moda do futebol na forma de Oxford "bags" (um tipo de calças *baggy*), suéteres com estrelas bordadas e gola V, jaquetas Budgie (como as que eram usadas por Adam Faith no programa de TV de mesmo nome) e calças jeans pretas Brutus. Usando tais roupas na escola primária, Johnny disse: "Eu sabia que era considerado quase exótico." Ele descobriu que as pessoas estavam interessadas nele, talvez até impressionadas com ele. "Vi, aos 11 anos, que eu tinha saído de um lugar intimidante **e** ido parar naquele mundo, e uma certa imagem se refletiu sobre quem eu era, e isso me deu uma confiança que eu realmente não tinha."

* * *

EM SUMA, AQUELA era uma experiência completamente oposta à de Steven Morrissey em *seu* novo ambiente, e permanece a interessante pergunta hipotética sobre o que teria sido de Morrissey (e, consequentemente, de qualquer banda como os Smiths) se sua própria família tivesse seguido o caminho de realocação forçada mais comum de Hulme e Moss Side para Wythenshawe. Algumas coisas, no entanto, pareciam coerentes, independente do local. Embora Johnny Marr tivesse sido aprovado em seu 11-plus, deixando o ensino fundamental em Sacred Heart no começo do verão de 1975 (na mesma época em que Morrissey deu adeus ao ensino médio em St. Mary's), quando o próximo ano letivo começou, na St. Augustine's Grammar School, um estabelecimento católico 5 quilômetros a leste pela Altrincham Road, na direção de Gatley, a escola provou ser uma enorme decepção. O diretor de St. Augustine, monsenhor McGuiness, era um alcoólatra cujo hálito fedia a gim; todos os professores usavam capelos e becas; uniformes eram novamente obrigatórios, o blazer listrado da escola fazendo do rapaz um alvo natural para a gozação dos alunos da Brookway High School; latim era obrigatório durante os dois primeiros anos; a disciplina era severa, o açoite era usado constantemente por um grande número de professores abertamente cruéis; música era restrita às associações católicas de coros e orquestras e havia uma constante doutrinação religiosa, inclusive com sermões matinais sobre o santo do dia. A escola, por ser de primeira linha, era um local melhor de aprendizado do que St. Mary's, em Stretford, mas a filosofia permanecia quase idêntica: adestrar os alunos religiosamente no catolicismo e espancá-los de forma destemida se saíssem da linha. (Como em St. Mary's, os espancamentos não eram restritos às punições oficialmente registradas. Um antigo aluno se recordou de um professor de matemática "chegando a um nível de brutalidade que, tenho certeza, não o deixaria deslocado numa briga de rua".)

Rapidamente frustrado com a rigidez de sua escola, Marr preferia passar suas noites não com os deveres de casa, mas na Associação de Jovens de West Wythenshawe, localizada na faculdade de mesmo nome. Lá ele podia se misturar não apenas com amigos de St. Augustine's, mas com rapazes de Brookway — e também garotas. A associação de jovens abrigava todo tipo de gente, oferecendo xadrez e outras atividades, patinação e excursões para escalada, bem como ajudando a manter os jovens longe de confusões, por meio das discotecas nas noites de quarta-feira, quando o DJ tocava música dançante e ia além das canções que ocupavam o topo das paradas, como ABBA ou Tina Charles, apresentando Marr à Fatback Band e a Hamilton Bohannon, os quais se mostrariam as principais influências de um rapaz que, até então, tinha seguido seu amor por T. Rex por um caminho convencional, através do glitter adolescente: David Bowie, Roxy Music e Sparks. Outras apresentações foram feitas no West Whythy, essas pessoalmente: por meio de seus companheiros de Ardwick, Marc Johnson e Chris Milne, rapazes mais velhos que estudavam em Brookway, Marr se viu rapidamente sob o encanto de um grupo de rapazes daquela escola, espalhados nos distritos chiques (comparativamente) do lado norte da Altrincham Road. Mais do que meros companheiros de obsessão por música, muitos deles eram guitarristas talentosos. Nomes como Dave Clough, Robin Allman, Billy Duffy e Barry Spencer exerceriam, todos eles, de formas variadas, enorme influência sobre os anos de adolescência de Johnny Marr.

O próprio Marr, àquela altura, já não era um iniciante na guitarra. O potencial sempre esteve ali, fomentado pela música constante da época de Ardwick, pelo hábito que sua mãe tinha de deixá-lo não apenas sozinho em frente ao rádio enquanto ela cuidava da limpeza da casa, mas em frente aos amplificadores nas lojas de instrumentos do centro de Manchester enquanto ela fazia compras. Ainda muito jovem, Marr ganhara uma gaita e participara algumas vezes de *jams* na sala de estar com sua família e seus vizinhos. Ao longo de vários Natais e aniversários ele pediu, e recebeu, uma série de guitarras cada vez melhores, até que, "da que eu levei comigo de Ardwick, consegui trocar as cordas e produzir acordes". Em seu novo quarto, em Churchstone Walk, ele aprendeu a acompanhar muitos dos sucessos de sua infância: para ser exato, com o clássico "All the Young Dudes" ele viria a incorporar as melodias nas estruturas de acordes. Em Sacred Heart, Marr ficara famoso por isso — "acho que o que trouxe comigo de Ardwick foi minha identidade como guitarrista" —, mas ali, no ensino médio, muito jovem e com o glam recuando nas paradas, ele sentiu necessidade de emular os gostos musicais dos guitarristas mais velhos de Brookway.

Não foi tão fácil. Ele não conseguia se identificar com o Deep Purple, "porque era muito baseado em órgãos"; não conseguia se identificar com o Led Zeppelin, "porque era baseado no groove"; e não conseguia se identificar com Jimi Hendrix, porque "eu não era suficientemente sofisticado para apreciar aquilo". Os Rolling Stones eram algo com que ele *poderia* se identificar. Sua mãe sempre havia sido fã — ela costumava cantar "Get Off of My Cloud" para o filho quando ele ficava muito intrometido com ela —, e quando Marr se sentou com uma coleção mais extensa dos singles de 45 rotações da banda ao lado do guitarrista local Dave Clough, aquilo pareceu algum tipo de revelação. Era, em parte, por causa da música o fato de, depois de mais de uma década de carreira, os Stones continuarem a lançar singles de sucesso tão diferentes entre si quanto "It´s Only Rock 'n' Roll" e "Fool to Cry". Mas era também relacionado ao estilo, especialmente o de Keith Richards, o qual Marr achava que "simplesmente parecia ser o homem mais bacana na face da Terra". Para alguns, essa qualidade se devia à reputação que Richards tinha de ficar acordado dias e noites seguidos e de usar drogas não disponíveis em Wythenshawe. Para Marr, era pela forma como ele tocava guitarra — Keith era capaz de pegar o riff mais simples e embelezá-lo com inflexões que o tornavam distintamente e inimitavelmente seu — e liderava a banda sem fazer nenhuma grande declaração sobre isso. O público em geral poderia achar que os Stones eram liderados por seu famoso vocalista, Mick Jagger, mas guitarristas sabiam a verdade; eles viam Keith como o que Marr chamava de "o motor".

Reconhecendo uma influência dos Stones quando ouviram a banda, alguns dos rapazes mais velhos de Wythenshawe também tinham começado a se interessar pelos New York Dolls e, como devotos obsessivos da imprensa musical britânica, descobriram haver um rapaz em Stretford que compartilhava de seu entusiasmo. Na edição de Natal de 1975 da *Sounds*, uma carta de Steve (já não mais Steven) Morrissey, da Kings Road, mencionava os Dolls por terem influenciado todo mundo, desde Bruce Springsteen, Kiss e Aerosmith (suposições na melhor das hipóteses), até Wayne County, The Tubes e The Dictators — artistas que você só poderia conhecer se lesse os jornais musicais religiosamente, e que mal podia ter a chance de escutar por si mesmo, ainda que fizesse grande esforço. Os garotos de Wythenshawe decidiram ficar de olho naquele tal de Morrissey.[2]

Eles tiveram sua chance em julho de 1976, quando fizeram uma jornada até o Free Trade Hall para ver um grupo local tocar no centro da cidade pela primeira vez. O Slaughter & the Dogs tinha sido formado por meio da amizade entre o vocalista Wayne Barrett, afastado dos cortiços de Moss Side, e o guitarrista Mick Rossi. Os dois tinham frequentado o ensino médio em St. Augustine, com um ano de diferença entre si, até serem expulsos (muito antes da época de Johnny Marr) e chutados para a Sharston Secondary Modern, onde se tornaram jovens problemáticos típicos dos anos 1970, que andavam pelas ruas de Benchill e Woodhouse Park procurando e achando encrenca. "Era briga, roubo, furto, apenas isso", disse Barrett, que se recordou que a Wythenshawe daqueles bairros e daquele período "era um lixo. Não havia nada lá".

Barrett era parte de um grupo raro daquela época que, apesar disso, tinha uma presença forte em Wythenshawe. Ele se descrevia como "um bootboy", mas, "ao mesmo tempo, eu estava rodando por aí com sapatos plataforma e pintando meu cabelo. Você ia assistir a jogos de futebol, ia ver o Manchester United aos sábados, brigava com os torcedores dos outros times e então, no sábado à noite, escutava "Ziggy Stardust" e tomava ácido, estimulantes e sedativos, ficava fora de si e fugia da realidade". (Embora ainda fosse muito jovem para se associar com eles, Marr se identificou, ao se mudar para Wythenshawe, com pessoas que "eram parte do povão e frequentavam jogos, mas tinham ideias a respeito de David Bowie e pensavam livremente — e aquilo era incrivelmente libertador para mim".)

Barrett foi salvo de suas piores tendências por um professor de música em Sharston que reconheceu que a paixão do rapaz por Bowie e pelo Roxy Music ia além da normalidade e o encorajou, assim como a Rossi, a aprender a tocar um instrumento. Selecionando integrantes adicionais para a banda na escola, o que incluía o futuro amigo de Johnny Marr, Howard Bates, no baixo, eles tiraram o nome da banda das músicas "Slaughter on 10th Avenue", de Mick Ronson, e "Diamond Dogs", de David Bowie, e então financiaram a banda com o roubo de bueiros das ruas, vendendo-os para mercadores ilegais de sucata e usando o dinheiro para comprar instrumentos e amplificadores. Lentamente, construíram um set com covers de Bowie, Velvet Underground e New York Dolls, e embarcaram em tocar nos conservadores clubes de cavalheiros e da legião britânica locais, onde seus jovens seguidores arruaceiros de Wythenshawe causariam tanto pavor aos frequentadores mais velhos que eles muitas vezes eram convidados a se retirar antes mesmo de a banda começar a tocar.

Tendo desenvolvido um público local, o Slaughter & the Dogs ligou para um "hippie maluco" que vinha anunciando seu estúdio caseiro de gravação na vizinha de Didsbury. Seu nome era Martin Hannett e, no começo de 1976, ele produziu uma demo incluindo uma música intitulada "Love Speed and Beer", que basicamente resumia as esferas de interesse da banda. ("Todos estavam doidões de remédios na metade do tempo — porque heroína era muito cara", disse Barrett.) Impressionado, Hannett tomou a responsabilidade de ligar do nada para a única pessoa na mídia de Manchester que ele achou que poderia se interessar pelo resultado, o apresentador do segmento "What's On" do programa de TV local, *Granada Reports*: Tony Wilson. Mesmo vindo de uma família de classe trabalhadora de Salford, Wilson conseguira chegar à Universidade de Cambridge, onde ganhou um desejável sotaque típico da BBC, sotaque esse que, ao mesmo tempo, irritava os moradores de Manchester que o viam na TV e enganava os convidados, que ele frequentemente censurava por sua falta de integridade sociopolítica. Na primavera de 1976, Wilson estava se preparando para lançar seu próprio programa de música para a televisão, *So It Goes*, e, com a recomendação de Hannett viajou até Stockport para ver o Slaughter & the Dogs ao vivo. A energia pura da banda e de seu público jovem o animaram, especialmente porque, quase na mesma semana, ele recebeu pelo correio o bilhete de um tal Howard Trafford convidando-o para ver um grupo chamado Sex Pistols, que Trafford e seu amigo, Peter McNeish, estavam levando de Londres para tocar no Lesser Free Trade Hall — uma sala menor embaixo do salão principal —, em junho. Wilson não conseguiu ir àquele show; apenas cerca de cinquenta pessoas foram. Mas, em julho, Trafford e McNeish — agora usando os nomes Howard Devoto e Pete Shelley, respectivamente — anunciaram que levariam os Sex Pistols de volta a Manchester e que, dessa vez, sua própria banda, Buzzcocks, abriria o show. Como atração principal, de acordo com pôsteres que foram colados pela cidade, estava o Slaughter & the Dogs, de Wythenshawe.

Na noite do show, uma terça-feira, 20 de julho, o enorme público que veio de Wythenshawe para apoiar seus heróis locais incluía vários dos muitos guitarristas em desenvolvimento da área, como Billy Duffy, Steven Pomfret, Marc Riley e Craig Scanlon, e, entre os não músicos, Phil Fletcher e Jimmy Walsh. Buzzcocks (ainda sem o definitivo artigo definido à frente do nome) deu início aos trabalhos, a primeira banda do norte da Inglaterra a tocar um show diretamente influenciado pelos Sex Pistols. O Slaughter & the Dogs subiu no palco em seguida; acabou que os pôsteres que os colocavam como atração principal tinham sido um trabalho otimista da própria banda. Mesmo assim, eles geraram uma grande quantidade de testosterona adolescente e, em algum momento depois que os Sex Pistols subiram no palco, aquilo explodiu, quando a torcida de Wythenshawe do Manchester United entrou numa batalha acirrada com os fãs dos Sex Pistols que tinham saído de Londres para vê-los. Parcialmente, como resultado desse incidente, mas também por conta de sua simplicidade musical, visual e intelectual, o Slaughter & the Dogs acabou sendo banido do lado artístico da cena punk de Manchester, que foi criada bem ali, naquela noite.

No meio disso tudo, Phil Fletcher avistou alguém num canto, "com um cardigã multicolorido, carregando o primeiro disco do New York Dolls debaixo do braço", como ele recordou. "Aquele deve ser o tal Steve Morrissey", Fletcher disse a seus amigos. E era.

HÁ QUE SE dar crédito a Morrissey por saber onde encontrar a ação, pois ele estava entre os poucos selecionados que também estiveram presentes no *primeiro* dos shows dos Sex Pistols, no Lesser Free Trade Hall no início de junho. Ele sabia que o empresário da banda, Malcolm McLaren, desistira recentemente de tentar ressuscitar a carreira dos New York Dolls, que Morrissey tanto amava, e lera sobre os Sex Pistols nos jornais musicais, veículos em que eles criaram um imediato (embora cauteloso) interesse por conta de sua aparente preferência pelo caos em relação à música. Mas Morrissey provavelmente teria comparecido ao show ainda que nunca tivesse ouvido falar da banda, pela simples razão de a cidade estar gritando por atividade. Manchester, naquela época, como o cantor relatou mais tarde para o autor John Robb com seu habitual senso poético de drama, era:

> [...] um labirinto de ruas sujas. A iluminação pública ainda era de um amarelo muito tedioso [...] A violência estava por toda parte — e era aceita. Havia uma escuridão espiritual, assim como uma escuridão literal: ainda havia muitos vagabundos com uniformes de desmobilização do Exército, lojas de discos em prédios sombrios, praças completamente sem iluminação, setenta por cento dos prédios do centro da cidade estavam abandonados e tudo dependia do último ônibus para casa. Tudo ainda era visivelmente de um período do pós-guerra e com uma feiura muito industrial, tudo descolorido com a poeira de cem anos, e o rock era um enxame de infelicidade.

Ele não estava sozinho nesse pensamento. O velho amigo de escola de Howard Devoto, Richard Boon, foi de Reading a Manchester para ajudar a organizar os shows dos Sex Pistols, e apenas descobriu que "Manchester era estruturalmente abandonada, culturalmente abandonada, musicalmente abandonada". Boon conseguiu um emprego de meio expediente compilando as paradas musicais para o quinzenal *New Manchester Review*, mas "quase não havia nada para compilar. A impressão que se tinha era de que a maré tinha esvaziado". Manchester tivera uma grande história de sucesso com o 10cc, cuja música pop sarcasticamente intelectual os tinha transformado numa das maiores bandas do país, e que possuía um estúdio de gravação, Strawberry, em Stockport. Mas o 10cc não representava nada a não ser eles próprios; era talvez um indicativo da doença musical de Manchester que seu artista mais discutido, Alberto y Lost Trios Paranoias, fosse visto, *a priori*, como uma banda de comédia.

Dessa forma, é difícil exagerar na influência dos Sex Pistols em Manchester naquele verão. Fitas do primeiro show, no qual a banda de abertura era formada por hippies locais, revelam um público exaltado o suficiente para provocar Johnny Rotten a lhes mandar "se foder!" pelo menos duas vezes — e foi exatamente a ideia de um líder de banda que insulta dessa maneira o seu público que ajudou a tornar os Sex Pistols tão revolucionários. Morrissey sentiu-se suficientemente inspirado pela natureza quase secreta do show, a ponto de escrever uma resenha e enviá-la à *NME* com sua costumeira forma de carta de leitor, mas, como muitas vezes acontece a alguém sujeito a algo essencialmente novo e não comprovado, ele foi comedido em suas conclusões. Observou que "os presunçosos Pistols, vestindo roupas de brechó, fizeram os poucos que compareceram dançarem nos corredores", mas usou a oportunidade principalmente para mencionar, em vez disso, o que ele considerava que eram seus precursores e superiores: "É bom ver que os britânicos produziram uma banda capaz de produzir a atmosfera criada pelos New York Dolls e seus muitos imitadores, apesar de talvez ser tarde demais."

Não foi. E houve consideravelmente menos conflito no segundo show dos Sex Pistols, em boa parte porque as bandas de abertura pareciam refletir um desejo similar de mudança musical e social. Wayne Barrett, por exemplo, recordou-se de como ouviu "significado nas letras dos Sex Pistols" que não existiam nas suas. "Apenas observar Rotten no palco... Ele ia totalmente contra tudo..." Depois do show, Barrett e Rossi, apesar da briga na plateia, sentaram-se com os Pistols e descobriram que eles eram feitos do mesmo material: adolescentes desafeiçoados, abandonados por uma decadente sociedade britânica, mas determinados a fazer algo de suas vidas mesmo assim. Imediatamente, Barrett e Rossi perceberam que eles não tinham que imitar mais seus heróis extremamente famosos. Eles podiam fazer tudo que quisessem.

Aquele sentimento — a sensação de completa liberdade artística e pessoal — se tornou predominante entre quase todos que compareceram aos dois shows. Steve Diggle, que havia abandonado o ensino médio em Openshawe com a sensação de que "não havia esperança", deparou com o primeiro show a caminho do pub; saiu de lá como membro do Buzzcocks. Bernard Summer e Peter Hook, dois rapazes de 20 anos de Salford, ficaram tão inspirados com o show de junho que Hook comprou um baixo no dia seguinte para formar uma banda; Ian Curtis, futuro vocalista dela, sentiu-se igualmente motivado depois de comparecer ao show de julho. O mesmo aconteceu com Mark E. Smith, um estivador de Salford que percebeu que, se os Pistols podiam subir no palco com um vocalista que não sabia cantar, ele também podia, e formou o The Fall, banda à qual tanto Marc Riley quanto Craig Scanlon, de Wythenshawe, viriam se juntar.

Outros, como Billy Duffy, que afirmou que a presença no show de julho "mudou minha vida para sempre", tiveram que esperar sua vez. Apesar de ser conveniente acreditar que os Sex Pistols foram capazes de mudar o mundo numa noite, a revolução (se é que houve uma) ocorreu lentamente. Era quase impossível distinguir a primeira temporada do programa de TV de Tony Wilson, *So it Goes*, de *The Old Grey Whistle Test*, pela escolha de convidados estabelecidos, respeitáveis e que estavam divulgando discos, o que explica por que Steve Morrissey enviou a Tony Wilson uma capa do disco dos New York Dolls (que podia ser, inclusive, a mesma que ele vinha carregando consigo nos shows) com um bilhete dizendo: "Por que você não pode apresentar mais bandas como essa?" (Wilson, atordoado com o que vira no Lesser Free Trade Hall, conseguiu levar os Sex Pistols ao estúdio para o episódio final da temporada, algo por que ele merece crédito eterno; a estreia da banda na televisão britânica não foi nada menos do que incendiária e provavelmente teria um efeito melhor na juventude britânica se sua transmissão não tivesse sido confinada à área de captação da Granada.) Os cabelos continuavam a crescer e as calças continuavam largas segundo a moda. E poucas pessoas, se é que alguma o fez, jogaram fora suas velhas coleções de discos, porque, além da nova música que lentamente saía de Nova York, não existia nada com que os substituir.

Dessa forma, se você tocava guitarra no seu quarto aos 12 anos em Wythenshawe e se chamava Johnny Marr, podia tentar se identificar com aquela coisa chamada "punk", que tinha deixado alguns de seus amigos mais velhos tão repentinamente animados; podia se juntar à multidão naquele mês de agosto, no Wythenshawe Forum, para um dos primeiros shows a que você assistiria, em que o Slaughter & the Dogs era a atração principal acima do Wild Ram, uma banda pesada local na qual tocava o irmão mais velho de um colega de escola, e você podia achar aquilo "assustador".[3] Você podia rir do fato de o Wild Ram ter imediatamente mudado o nome para Ed Banger and the Nosebleeds e, num mundo alternativo, talvez você pudesse se imaginar seguindo aquele caminho. Mas você tinha sido criado para acreditar que a prática levava à perfeição e que o talento prevalecia. Você certamente não estava prestes a abrir mão de todas as suas habilidades desenvolvidas como autodidata por um lixo rápido e sem melodia.

Ansioso para encontrar artistas que ele pudesse chamar de seus, Johnny Marr tinha sido levado até o guitarrista influenciado pelo blues Rory Gallagher: "Ele parecia ter muita integridade e havia algo a respeito de sua ascendência irlandesa com que eu simplesmente me conectava." Em 1975, Gallagher lançou um disco, *Against the Grain*, que, no estilo da época, tinha a guitarra do artista como estrela da capa. Mas a Fender Stratocaster de Gallagher fora lixada, o que, embora tivesse sido feito primordialmente para melhorar o som, deu ao dono uma anti-imagem adicional. Marr se apaixonou. O fato de seu novo herói tocar no Free Trade Hall pelo menos uma vez por ano contribui para sua devoção, além do fato de os rapazes mais velhos com quem ele andava terem prometido que o fariam entrar no próximo show que o guitarrista fizesse em Manchester — de graça. (Eles tinham aprendido a abrir as portas laterais do prédio com uma antena arrancada de um carro estacionado nas proximidades.)

O mesmo grupo — incluindo Billy Duffy, antes de sua epifania com os Sex Pistols, e Robin Allman, que morava quase em frente à casa de Marr na Altrincham Road — tinha mostrado a Marr o grupo de folk rock Pentagle, especificamente a guitarra dedilhada de Bert Jansch e como ela interagia com o segundo guitarrista, John Renbourn. Isso exerceria enorme influência, claramente audível, no futuro estilo próprio de Marr: um dos atributos mais notáveis do futuro guitarrista dos Smiths era seu uso da palheta para tocar cordas individuais para cima e para baixo, criando uma melodia no processo, em vez de simplesmente tocar todas as cordas juntas. Na época em que os Smiths surgiram, no entanto, bandas como o Pentagle estavam ultrapassadas; Marr não falaria publicamente sobre Jansch com devoção até muitos anos depois (criando uma sensação de que ele era um prodígio perto daqueles que não conheciam o período de influência criativa do Pentagle).

Marr se mostrou levemente mais declarado em relação ao seu amor por Neil Young e Nils Lofgren. Como Gallagher, Young exalava credibilidade e musicalidade, embora não fosse uma grande estrela na Grã-Bretanha, o que fazia dele um herói cult ideal no meio dos anos 1970. Lofgren, enquanto isso, lançou um disco de estreia em 1975, aclamado não apenas por sua incrível habilidade para tocar guitarra, do tipo que Marr podia apenas sonhar imitar, mas também por causa da canção de destaque, "Keith Don't Go", uma súplica para que o guitarrista dos Stones mantivesse seus abusos com as drogas sob controle. Para completar o círculo, Lofgren também participou da gravação e da turnê de lançamento de *Tonight's the Night*, de Young. Como símbolo de seu bom gosto, Johnny comprou um bottom de *Tonight's the Night* e o prendeu em seu blazer da escola, pouco se importando com as exigências do uniforme. Buttons eram maiores naquela época e difíceis de ignorar. E foi por essa razão que Johnny Marr chamou a atenção de Andy Rourke.[4]

CAPÍTULO

SETE

Durante toda a minha vida tive essa sensação de que não viveria muito. Então, nunca fiz nenhum plano além de 25 ou 26 anos. Eu não achava que ainda estaria aqui. Eu apenas improviso todos os dias.

— Andy Rourke, dezembro de 2010

Dos quatro Smiths, Andrew Michael Rourke era, em muitos aspectos, o diferente: o único que não tinha ascendência irlandesa pura, o único que, mesmo vagamente, havia sido criado como classe média, o único que não tinha uma irmã. Era também o mais novo, nascido no dia 17 de janeiro de 1964. Seu pai, Michael, vinha de uma família que emigrara da Irlanda havia várias gerações e permanecera suficientemente devotado ao catolicismo a ponto de ter inicialmente planejado uma carreira no sacerdócio. Mas, depois que Michael conheceu sua esposa inglesa, Mary Stones, e eles se casaram, ainda adolescentes, o plano foi esquecido e o casal teve quatro filhos em menos de dez anos: Christopher, Phillip, Andrew e John. Eles se estabeleceram numa casa de quatro quartos no final da Hawthorn Lane, em Ashton-upon-Mersey, entre Stretford e Wythenshawe. Christopher e Phillip estudaram nas melhores escolas católicas de ensino médio, St. Ambrose e De La Salle, mas, quando parecia que Andy, como sempre foi conhecido, estava destinado à escola não religiosa de Stretford, sua mãe pediu ao padre local para ajudá-la a convencer monsenhor Mc-Guinnes, de St. Augustine's. Independente do fato de a jornada exigir até quatro ônibus em duas horas de viagem, Andrew começou na escola católica de Wythenshawe na mesma semana — mas numa turma diferente — de Johnny Marr.

Assim como Marr, Rourke provou ser, na infância, rápido para absorver o amor de sua mãe pelos Beatles e pelos Stones. Ele, então, também se tornou um garoto típico do glam rock, em seu caso bebendo de grupos mais populares, como o Wizzard, o Slade e o Suzi Quatro. E, novamente como Marr, ele buscou imitar seus ícones ao pedir um instrumento musical como presente todos os anos. Progressivamente, de um trompete de plástico e um órgão elétrico, ele foi presenteado no Natal de certo ano com uma guitarra de plástico — e porque Andy insistiu que as guitarras de verdade eram feitas de madeira, ele então recebeu de aniversário, três semanas depois, um verdadeiro modelo clássico.

Em seguida, vieram as aulas, com certa relutância, embora Rourke mais tarde tenha reconhecido que elas ensinaram um pouco da "destreza" pela qual ele mais tarde seria admirado. "A revelação", recordou ele, "foi quando percebi que podia acompanhar um disco." Ele logo descobriu que podia acompanhar todas as músicas da coletânea que sua mãe tinha dos Beach Boys — "e, então, eu apenas ligava o rádio e tentava acompanhar qualquer música que começasse a tocar". Com dois irmãos mais velhos, Andy era alvo fácil para o rock da época — e foi por isso que, na escola, ele começou uma conversa com Johnny Marr sobre Neil Young. O fato de ele estar carregando sua própria guitarra convidou a mais do que uma resposta despreocupada, embora a conversa inicial tenha sido tímida, já que Marr parecia preocupado com o fato de que outra pessoa de sua idade pudesse ter interesses musicais parecidos com os seus.

Naquele primeiro ano de Andy na escola de ensino médio, uma bomba caiu sobre a família Rourke: a mãe de Andy, Mary, mudou-se para a ilha mediterrânea de Majorca, para trabalhar como babá para um milionário americano com quem ela acabou se estabelecendo. Sua partida deixou um enorme vazio na estrutura da família, para dizer de forma delicada, vazio esse que foi exacerbado pelo fato de Michael Rourke, arquiteto de formação, estar empregado numa empresa de materiais de cobertura em Sale que o levava para supervisionar projetos por todo o país. Ele não tinha outra escolha a não ser deixar os filhos sozinhos em casa durante até quatro noites por semana, quando eles aprenderam a cuidar de si mesmos — e, especialmente, a brigar por si mesmos. Andy se estranhava mais regularmente com seu irmão mais velho, Christopher, que já era quase adulto e, como era comum na classe média suburbana da Inglaterra em meados dos anos 1970, fumava maconha regularmente. Naquelas circunstâncias, era inevitável que o próprio Andy começasse a experimentar drogas ainda novo. "Começamos fumando maconha", disse Rourke, "e então começamos a vender maconha", usando o interfone da porta lateral e uma janela nos fundos para contornar qualquer forma de seu pai saber daquilo — o que se tornava mais fácil pela frequência com que Michael ficava fora de casa.[1]

A crise doméstica chegou até a escola. Andy se juntou aos conhecidos encrenqueiros de St. Augustine's, entre eles um rapaz chamado Phil Powell. Na esperança de separar a gangue antes que aquilo fosse longe demais, a escola trocou Rourke e Powell de turma no fim do primeiro ano, e eles passaram para uma turma em que o professor, Adrian Jessett, era um renomado disciplinador que provavelmente não lhes daria nenhuma moleza. Entre seus novos colegas de turma por acaso estava Johnny Marr, e assim que Rourke e Marr superaram sua desconfiança inicial mútua, a amizade mais firme entre futuros integrantes dos Smiths — o alicerce da música da banda — foi formada. Com isso também veio a fundação da organização de turnês da banda, pois Phil Powell continuaria a ser não apenas um amigo próximo de Rourke, mas se tornaria, também, roadie particular, inquilino e braço direito de Johnny Marr.

Marr e Rourke passaram a tocar juntos na sala de música na hora do almoço e, depois, com o amigo de Marr, Marc Johnson, em Churchstone Walk. O trio promissor se via, disse Marr, como "a versão mais nova de Rob (Allman), Billy (Duffy) e Dave (Clough)", os heróis locais, os quais participavam de uma banda tão fortemente influenciada por Crosby, Stills, Nash & Young que haviam tirado seu nome do disco ao vivo da banda, *4 Way Street*. O trio mais jovem, com Marr, Rourke e Johnson, concentrava-se principalmente em versões acústicas de canções de Neil Young. Johnson logo ficou pelo caminho; Rourke viu aquilo como um desentendimento com Marr, o qual, por sua vez, preferiu comentar que ele e Andy "tinham mais tenacidade". Certamente, ninguém que o conhecia tinha alguma dúvida em relação à determinação de Marr, ou à velocidade com que suas habilidades se desenvolviam. "Quando comecei a tocar guitarra com Johnny, eu era um pouco mais versado", disse Rourke. "Eu lhe mostrava tudo o que sabia. Mas, então, na semana seguinte, ele já havia superado o que eu tinha ensinado. Ele aprendia muito rápido." Aos 13 anos "nós sabíamos... o que queríamos fazer — tocar numa banda", disse Rourke.

Eles conseguiram, na conversa, formar uma banda com dois rapazes mais velhos, Kevin Kennedy e Bobby Durkin, que eram parte da turma do centro comunitário de West Wythy. Marr e Kennedy se uniram por sua paixão pelo Manchester City numa área que era predominantemente do United, ele e Durkin por associações familiares que se estendiam até Ardwick. Na verdade, *todo mundo* conhecia Bobby Durkin. "Muito excêntrico, louco de pedra e extremamente divertido", disse Kennedy. "Se você tivesse que retratar um baterista, com todas as suas idiossincrasias, Bobby se encaixava no papel perfeitamente." Crucialmente, Durkin tinha sua própria bateria, enquanto Kennedy tinha um amplificador e um baixo.

Escolhendo para a banda o nome de Paris Valentinos, num impulso inspirado, o quarteto inicialmente ensaiava na casa de Durkin, até que reclamações de barulho por parte de sua mãe levaram Bobby a pedir apoio ao pai, o qual cuidava do clube social que era parte da igreja próxima à escola primária e à igreja Sacred Heart. Um acordo foi feito com o padre: eles poderiam usar o salão da igreja se tocassem violão na Missa Popular semanal. Durante os meses seguintes, Rourke, Marr e Kennedy, católicos de nascimento, mas nenhum especialmente devotado à religião, passaram as tardes de sábado na igreja, tentando se manter sérios enquanto tocavam *Kumbaya* e *Peace Perfect Peace* nos violões enquanto se empenhavam em distrair o trio mais devotado de meninas vocalistas à sua frente.

Os Paris Valentinos faziam o tipo de rock sem firulas que atraía sua faixa etária naquela época, logo antes de o punk virar o mercado de pernas para o ar: "Breakdown", da nova banda americana Tom Petty and the Heartbreakers, e "The Boys Are Back in Town", dos irlandeses do Thin Lizzy, considerados moradores honorários de Manchester em virtude de o líder da banda, Phil Lynott, ter passado seus anos de infância em Moss Side, único lugar em que sua mãe católica irlandesa se sentia confortável para criar um garoto de ascendência mista gerado fora do casamento. Marr também trouxe "Moonchild" e "Shadowplay", de Rory Gallagher, e, por isso, Kennedy ficou impressionado com a habilidade de seu amigo. "Ele era incrível. Era muito rápido, seus dedos eram rápidos. Alguns de seus riffs eram realmente bonitos e melodiosos, e não tão agressivos quanto era comum na época." Ganhando confiança ao observar os pontos fortes e as fraquezas de seus amigos, Marr então deu uma sugestão crucial: que Rourke e Kennedy trocassem de instrumentos.

Para Rourke, aquilo inicialmente parecia um rebaixamento. Ele nunca prestara muita atenção no baixo. "Eu sabia que se você o tirasse a música ficaria muito diferente. Mas eu estava tão concentrado em tocar guitarra que meus ouvidos se afinavam com as guitarras quando eu ouvia uma música." Muito pouco depois de pegar o instrumento de Kennedy, no entanto, ele percebeu como gostava daquilo e "eu simplesmente mergulhei". Rourke começou a estudar as partes que ouvia nos discos; em particular, começou a imitar o baixista de Rory Gallagher, Gerry McAvoy, cujo som era "muito incisivo e usava muito a palheta". O fato de o irmão de Andy, Phil Rourke, também ter se juntado a uma banda nessa época, tocando baixo, também ajudou. Durante algum tempo os dois rapazes inclusive dividiram o instrumento. Quando Phil deixou suas ambições pelo caminho, Andy persistiu.

O relacionamento entre Marr e Rourke muitas vezes foi visto como uma via de mão única, mesmo entre quem cresceu com os dois. "Andy seguia Johnny", disse Bobby Durkin. "Andy não ia chegar lá sem Johnny... sem chance."[2] Mas, da mesma forma que Andy admirava Marr pela liderança, Marr procurava em Rourke uma base sólida. Marr já tinha uma reputação: pela vestimenta, no futebol, no gosto musical, no talento para conversar e, agora, também na guitarra. Rourke, que tinha cabelos compridos e costeletas na época, tendo passado do glam rock ao folk rock e, agora, ao space rock do Gong e do Hawkwind, era mais taciturno e menos descaradamente ambicioso. Mas era contagiosamente engraçado, tinha uma abundância de talento musical instintivo e era leal, de uma forma quase incomum. Não menos do que com Morrissey, mais tarde, Marr precisava de Rourke agora, para ajudá-lo a se completar.

Na mesma semana de junho de 1977 em que os Sex Pistols tiveram o single mais vendido do país com a provocação à monarquia "God Save the Queen", os Paris Valentinos fizeram seu único show, uma festa de rua em comemoração ao jubileu de prata em Benchill para honrar os 25 anos de reinado da rainha. Não havia uma incongruência particular quanto a isso: Johnny e Andy tinham apenas 13 anos, muito jovens para saber algo a respeito da correção política do punk. Além disso, os Paris Valentinos eram mais um grupo social do que uma banda de verdade. Seus ensaios em Sacred Heart muitas vezes terminavam com um ataque ao armário do salão da igreja (a chave vinha junto com a chave da porta da frente) e seu estoque de itens doados para serem vendidos, entre eles singles de 7 polegadas raros e muitas roupas extravagantes. Então, chegava a hora de abrir uma cidra ou uma cerveja. Nesses momentos, enquanto Durkin fazia o papel de baterista feliz, Kennedy dizia que o que *realmente* queria fazer era ser ator, e os outros riam — até que ele deixou o grupo para se dedicar ao que poderia se transformar em sua carreira. Alguns anos depois ele viria a se tornar um ícone nacional, a seu modo tão famoso quanto Morrissey por um tempo, como "Curly" Watts, o primeiro personagem verdadeiramente dos anos 1980 em *Coronation Street*.

* * *

ENTRE OS DOIS shows dos Sex Pistols em Manchester no verão de 1976, enquanto esperava os resultados de seus exames de nível básico, Morrissey realizou um sonho ao visitar Nova York e Nova Jersey, para onde suas tias por parte de mãe, Patti e Mary, haviam se mudado. Morrissey estava agora apaixonado por Patti Smith, antiga trabalhadora de uma fábrica de Nova Jersey que se transformara em poeta/jornalista/musicista/atriz/performer/xamanista no centro de Manhattan, cujo disco de estreia, *Horses*, havia chegado ao top 40 americano. Depois de escutá-lo, ele disse: "Nunca mais fui o mesmo." A cena punk da cidade de Nova York, embora não fosse rotineiramente chamada por esse nome, estava não apenas muito à frente da que estava começando a ganhar força no Reino Unido, mas era muito mais diversa, e Morrissey sabia mais sobre ela do que a maioria dos adolescentes britânicos. Ele se esforçou o quanto pôde para aprender mais enquanto estava na Costa Leste, se aventurando no clube CBGB, no Bowery, onde teve sua foto tirada do lado de fora da casa de show com um dos heróis de sua infância, Russell Mael, do Sparks.[3] Mas se ele estava esperando encontrar uma cidade apaixonada pelos New York Dolls, ficou desapontado: as conversas naquele verão eram todas sobre os Ramones, com quem ele não ficou muito impressionado.

Morrissey voltou à Inglaterra para descobrir que tinha passado em três de seus quatro exames, o suficiente para ser aceito num emprego de iniciante no Serviço Civil. Ele pediu demissão depois de duas semanas, horrorizado com a natureza mundana do serviço (embora ele logo fosse voltar à burocracia governamental para um período de um ano no escritório local da Receita Federal), e recomeçou sua ocupação preferida, ainda que não paga: enviar cartas para a imprensa musical. Antes de o ano acabar, ele alcançou a rara façanha de ter duas cartas publicadas na mesma edição do mesmo jornal musical — duas vezes. O tema era implacável, e quase deprimentemente familiar: elogios aos New York Dolls e a Patti Smith (ele viajara até Birmingham para vê-la ao vivo em outubro) e condenação aos Ramones e aos Sex Pistols por — pelo menos no caso dos Pistols — sua "abordagem infantil e música desinteressante". Morrissey fez a segunda observação em resposta ao jornalista John Ingham, que tinha ousado criticar os Dolls na *Sounds*; tornara-se habitual para ele atacar pessoas agressivamente por meio de cartas se as opiniões delas não batessem com as suas, e muitas amizades acabaram sendo desfeitas através da caixa de correio. De qualquer forma, o rapaz estava no Electric Circus no começo de dezembro quando os Sex Pistols voltaram a Manchester em sua turnê *Anarchy in the UK*, principalmente porque a banda que tinha se formado a partir dos agora extintos Dolls, The Heartbreakers (que não deve ser confundida com a banda de Tom Petty, de mesmo nome), também tocaria, e Morrissey não estava disposto a rejeitar a chance de ver Johnny Thunders e Jerry Nolan em carne e osso. Ainda assim, quando ele apareceu na passagem de som, eles o rejeitaram. Mais tarde ele tentou subestimar a recepção fria: "Eles não foram amigáveis, e por que deveriam ser? Quem era eu, afinal de contas?" Quem era ele? Apenas o antigo chefe do fã-clube da banda no Reino Unido e, ainda por cima, o maior, o mais implacavelmente persistente e o mais determinado fã que eles já haviam tido no país. Esse encontro soa muito similar ao que foi relatado anos depois na canção dos Smiths "Paint a Vulgar Picture", na qual um fã aparece na passagem de som e é rejeitado: "To you I was faceless, I was fawning, I was boring" [Para você eu não tinha rosto, eu era um bajulador, eu era entediante].

Morrissey se entendeu melhor com um integrante de outra banda de abertura naquela noite, Mick Jones, do The Clash, com quem falara por telefone no começo do ano em resposta a um anúncio nos classificados dos jornais de música à procura de um cantor, posição que acabou ficando com Joe Strummer. E ele juntou coragem para conversar, mesmo que brevemente, com a namorada de Howard Devoto, Linder, artista e intelectual mais proeminente entre as mulheres do movimento punk de Manchester, e, nesse processo, começar talvez a amizade mais duradoura e de maior admiração mútua em termos culturais e pessoais que já teve. Criada nos conjuntos habitacionais de Wigan e Liverpool antes de frequentar a Manchester Polytechnic para estudar arte, Linda Sterling conhecera os Buzzcocks na noite em que abriram o show dos Sex Pistols em julho, um evento que a inspirou a promover uma transformação pessoal completa: "o punk permitia que você se rebatizasse e renascesse", disse ela sobre sua decisão de se livrar do seu sobrenome. "Proclamar a Linderland, então, me deu um território psíquico, um lar e uma paisagem." Os Sex Pistols devem ter feito algo certo aos olhos de Morrissey também no Electric Circus, porque suas críticas públicas à banda foram interrompidas imediatamente. Ainda assim, quando ele colocou um anúncio na *Sounds* divulgando o interesse em formar uma "banda punk baseada em Manchester", enfatizou que estava procurando por "fãs dos Dolls e de Patti", sem nenhuma menção a influências britânicas. Nada saiu daquilo.

Outros acontecimentos tiveram mais importância. Apenas dois dias antes do Natal de 1976 Peter Morrissey abandonou a família, mudando-se para a casa de sua irmã, Patricia. As relações familiares na Kings Road tinham se tornado cada vez mais desgastadas; o filho alega ter passado seis meses no início daquele ano sem falar com o pai, que, por sua vez, teve dificuldades para explicar a distância entre eles. "Nunca fiz nada contra Steven", disse o homem que era quase idolatrado pelos amigos do filho por sua aparência semelhante a de George Best e sua personalidade agradável. "Nunca nem mesmo levantei a voz para ele... Algo aconteceu a Steven, e não sou capaz de explicar." O filho nunca se preocupou em tentar. "Fui criado pela família da minha mãe", declarou ele firmemente em 1999. "Minha história pessoal é a família Dwyer, não exatamente a família Morrissey." É claro que isso destaca a ironia de que, enquanto sua mãe logo voltou a usar o nome de solteira após a partida do marido, Steve Morrissey acabaria abandonando seu primeiro nome para usar unicamente o nome da família de seu pai, da qual ele alegava ser tão distante.

No futuro, Morrissey tentaria recordar mais positivamente a separação dos pais, depois de tantos anos de infelicidade, reconhecendo que, de modo geral, aquele não foi nem o pior, nem o mais original fato a acontecer a um adolescente (embora fosse menos comum entre famílias católicas). Mas o resultado final foi, todavia, o mesmo: o rapaz ficou cada vez mais próximo de sua mãe, que respeitosamente o apoiaria ao longo dos anos seguintes, de desemprego crônico e ocasional depressão, quando muitos pais ou mães teriam colocado seu filho adulto para fora de casa numa última tentativa desesperada de transformá-lo num homem. Na biografia *Saint Morrissey* Mark Simpson sugere, sobre a indulgência de Betty, que, tendo ela "se resignado com o fracasso de seu casamento muito antes de ela e Peter finalmente se divorciarem..., transferiu seu afeto desprezado para alguém sobre quem estivesse mais certa, alguém que precisasse tanto de seu afeto que nunca o rejeitaria". É uma teoria válida, especialmente levando em conta que tal laço só fez aumentar ao longo dos anos seguintes, quando Morrissey comprou uma casa para os dois assim que juntou algum dinheiro, e Betty pairou como uma sombra longa e, para os que estavam do outro lado, frustrante, quase empresariando a vida profissional do filho. Independente disso, Morrissey não se eximiu de reconhecer a proximidade particular da ligação entre os dois, sempre fazendo piadas que atingiam tanto ele quanto ela em entrevistas e admitindo isso em música: em "The Queen Is Dead", como um exemplo proeminente, ele observa que "quando você está amarrado ao avental de sua mãe, ninguém fala sobre castração".

Na verdade, logo após a partida de seu pai Steven Morrissey mergulhou na política do feminismo — adquirindo livros como *The Facts of Rape, A mulher eunuco, Sex and Racism, Women and Madness* e, de forma interessante, devido ao arranjo de seu lar, um livro escrito por um psicólogo importante na intenção de ajudar mães a se comunicarem melhor com os filhos. Nada disso servia como leitura de lazer, mesmo para um adolescente já bem versado em Oscar Wilde: a premissa por trás do desconfortável estudo de Susan Brownmiller, *Against Our Will: Men, Women, and Rape*, por exemplo, era de que o macho da espécie tinha histórica e categoricamente, com deliberado preconceito, subjugado a fêmea da espécie como um bem, sua virgindade e sua maternidade devendo ser compradas e vendidas de acordo com os costumes locais vigentes. Apesar do fato de o direito ao voto para as mulheres ter nascido na Manchester do século XIX (mais uma vez, a capital do norte tinha estado no epicentro do progresso político), o conceito da verdadeira "libertação feminina" ainda era relativamente novo na metade dos anos 1970, e os argumentos apresentados pelos filósofos feministas não eram aceitos facilmente ou prontamente nos lares da classe trabalhadora, responsável por trabalhos manuais no norte urbano.

Se as inclinações feministas de Morrissey o afastavam da sociedade mais ampla, encaixavam-se perfeitamente com o punk, uma cultura que, inicialmente, abraçava um questionamento dos estereótipos de gênero. Nos Estados Unidos isso se deu por meio de ícones como Patti Smith (vestida de forma intencionalmente masculina na capa de *Horses*), como o travestido Wayne County (que acabou se tornando o transexual Jayne

County) e como o senso de moda extravagante e a afetação entusiasmada dos New York Dolls; no Reino Unido, deu-se com poses provocativas de Jordan, Siouxsie Sioux e Soo Catwoman, enchendo de medo o coração de um *establishment* que não fazia ideia de como reagir a mulheres tão bonitas e fortes, e que tinham o controle sobre sua própria sexualidade. (Isso ficou mais evidente no caso do apresentador de TV Bill Gundy, cuja devassidão bêbada diante das amigas dos Sex Pistols levou a banda a xingar ao vivo, diante das câmeras, o que em seguida a levou a ser banida da maioria das casas de show em sua turnê *Anarchy*. Manchester, deve-se dar o crédito, foi uma das poucas cidades em que a Câmara de Vereadores não tentou cancelar o show; na verdade, a turnê *Anarchy* voltou ao Electric Circus dez dias depois de seu show inicial, para preencher uma das 16 datas canceladas, marcando a quarta vez em que os Sex Pistols tocavam na cidade no período de seis meses.) Em Manchester, a influência das mulheres punk de Londres ficava evidente nas personagens locais Joan e Denise, frequentemente fotografadas por Kevin Cummins; princípios verdadeiramente feministas eram mais visíveis nas capas de Linder, cujo projeto visual para o *Orgasm Addict*, primeiro single do Buzzcocks lançado por uma grande gravadora no final de 1977, era uma fotocolagem que substituía a cabeça de uma mulher nua por um ferro de passar e seus mamilos por dentes perfeitos e lábios, e permanece um clássico do formato, do manifesto e da época.[4]

Não foi nenhuma coincidência que a imersão de Morrissey no feminismo tenha coincidido com sua amizade crescente com Linder. "Ela me puxou pela lapela", escreveu ele no texto que acompanhava uma retrospectiva da carreira de Linder em 2006, citando a influência da artista como razão direta, por exemplo, para ele ter adquirido *Sex and Racism*. Para Linder, com sua personalidade carismática e seu intelecto poderoso, complementados por uma beleza selvagem, atenção masculina era o que não faltava; Pete Shelley supostamente escreveu o single clássico do Buzzcocks, "What Do I Get?", sobre seu amor não correspondido por ela. (Shelley, que mais tarde assumiu ser bissexual, sempre foi cuidadoso em não especificar gêneros em suas canções de amor.) Apesar dos rumores sobre o contato físico de Linder com Morrissey, o futuro vocalista dos Smiths estava, em 1977, concluindo que não tinha muito interesse no assunto.

Perguntado diretamente sobre a perda de sua virgindade em entrevista de 1987, Morrissey respondeu: "Foi no começo da minha adolescência, 12 ou 13 anos", espetacularmente cedo até para os padrões urbanos da década de 1970. "Mas foi um incidente isolado, um acidente. Depois daquilo, foi ladeira abaixo. Não guardo absolutamente nenhuma lembrança prazerosa desse fato." Aos 16 anos o rapaz tinha confidenciado numa carta que "não faço muito sexo; na verdade, posso contar o número de vezes", o que sugeria que, ao contrário de muitos rapazes de sua idade, ele pelo menos já *havia* feito. Mas, dois anos depois, no auge de sua fase de idas a shows de punk, exatamente quando sua amizade com Linder se solidificou, ele pareceu ter alcançado uma espécie de epifania a respeito do período de seca subsequente. "Sempre pensei que eu era assexuado, porque realmente não me sinto estimulado por homens ou mulheres. Houve um período em que achei que pudesse ser gay, mas então me toquei de que não gostava de rapazes também." Sua conclusão: "Simplesmente não me excito com corpos nus." Essas confissões podem não ter sido planejadas para consumo público, mas só fizeram dar crédito às declarações de Morrissey sobre seu celibato no começo da carreira dos Smiths. Em março de 1984, por exemplo, ele afirmou que "uma série de terríveis experiências estúpidas e felizmente breves me fez decidir pela abstinência, e essa pareceu uma decisão bastante simples e natural".

Na falta dos convencionais namoros adolescentes, Morrissey continuou a usar os jornais musicais para buscar amigos por correspondência. Não era tanto porque a explosão do punk rock britânico lhe dava certa energia; era mais porque o resto do país tinha alcançado seu próprio gosto e, dessa forma, uma vez que fanzines xerocados começaram a surgir em grande quantidade, como uma alternativa aos jornais musicais semanais, Morrissey começou a entrar em contato com cada um que demonstrasse se interessar pela cena nova-iorquina ou compreendê-la. O rapaz, então, oferecia-se para escrever artigos sobre seus assuntos favoritos. Tanto o *Kids Stuff*, de Surrey, quanto *The Next Big Thing*, da Escócia, aceitaram matérias relacionadas aos Dolls, inspirando Morrissey a pensar em fazer seu próprio fanzine, inteiramente sobre a banda. Mais cartas para os jornais musicais semanais sobre o mesmo assunto o ajudaram a gradualmente ampliar sua rede de correspondentes: Brian

Young, de Belfast, um fanático por Thunders que tocava guitarra na principal banda punk da cidade, Rudi, e que colocou Morrissey em contato com o fanzine local, *Alternative Ulster*; Tom Crossley, outro guitarrista iniciante, de Londres; e, também de Londres, um rapaz de 16 anos chamado James Maker, que com a publicação do endereço completo de Morrissey numa carta de 1977 ligou para a Central Telefônica e conseguiu o número do rapaz, pois desejava se apresentar a ele.

Entusiasmado por encontrar o que imaginou ser uma alma gêmea, Morrissey convidou Maker a viajar até Manchester e passar o fim de semana. Maker, que, apesar de sua pouca idade, tomara consciência de sua homossexualidade havia muito, vestiu-se para a ocasião com um chapéu-coco e botas de salto de cortiça, o que ele considerava acessórios relativamente discretos. Apesar de vir da área barra-pesada da zona portuária do sul de Londres, perto de Bermondsey, e de estar acostumado ao desfile de punks londrinos na Kings Road de Chelsea (que não poderia ser facilmente confundida com a Kings Road de Stretford), desfile esse que, ocasionalmente, acabava em violentos confrontos com *teddy boys* reacionários, Maker não fazia ideia da agressividade latente e da homofobia escancarada das cidades do norte. Sem nem mesmo ter conversado muito tempo com Morrissey pessoalmente, Maker foi publicamente espancado no meio de Piccadilly Gardens e, depois de ser socorrido (de maneira um tanto envergonhada) por um casal idoso, ele e Morrissey correram (de acordo com Maker, Morrissey saiu em disparada, seus talentos atléticos ainda bastante evidentes) para embarcar em qualquer ônibus que pudesse ir mais rápido do que os agressores. Quando o motorista insistiu — numa enorme falta de preocupação com o bem-estar deles — para que a dupla desembarcasse, os amigos olharam bem para os "sete pares de punhos tatuados" batendo contra a janela e se recusaram. Maker ficou impressionado com a obstinação calma de Morrissey — "braços cruzados, inflexível" —, analisando o comportamento daquele dia como outro hábito de formação de carreira. "Algumas pessoas avançam lutando, se engalfinhando, empurrando e arranhando; outras avançam ao simplesmente não se moverem", observou ele em suas memórias, *Autofellatio*. (Morrissey venceu aquela batalha; o ônibus partiu com ele e Maker a bordo.)

Unidos por essa experiência, o relacionamento distante entre os dois desabrochou numa bela amizade. Sempre que ia a Londres, Morrissey visitava Maker; certa vez, a dupla insistiu ter visto discos voadores "pairando baixo e lentamente sobre Bermondsey", a apenas 100 metros de si, e relatou a aparição para a UFO Society. ("Em certo momento, eu estava parado na varanda e olhei diretamente para uma nave que estava flutuando, e ela PAROU no ar sobre mim", Morrissey escreveu para sua amiga Lindsay Hutton. "Sem dúvida, ela estava me observando!") Em outra ocasião, eles receberam o amigo em comum Tom Crossley, e "bebemos até ficarmos tolos e cantamos músicas dos Dolls (muito mal) até altas horas". Maker, apesar de sua experiência inicial, continuaria a visitar Manchester, e até viria a morar por lá durante um tempo no ano de 1980; e, na primeira vez que os Smiths subiram num palco, Maker subiu com eles.

No começo de 1977 o Slaughter & the Dogs lançou um single, *Cranked Up Really High*, produzido por Martin Hannett num selo local de Manchester criado especialmente para eles, Rabid, apenas semanas depois que o Buzzcocks lançou um EP, *Spiral Scratch*, também produzido por Hannett, num selo que eles e Richard Boon montaram para *si mesmos*, New Hormones. Os títulos das músicas do EP, como "Breakdown" e "Boredom", inicialmente pareciam imitar a aparente lenga-lenga niilista dos Sex Pistols, mas os Buzzcoks emitiam um apelo art-rock altamente visceral que os diferenciou das bandas punk de Manchester; como Morrissey astuciosamente observou, eram "os únicos que possivelmente reuniam-se antes e elaboravam o que pretendiam fazer". De acordo com os valores dessa nova época, Howard Devoto abandonou a banda na semana em que o EP foi lançado.

Se existia uma loja local que vendia todos os discos punk disponíveis, tanto de perto quanto de longe, e encorajava os clientes a pregar cartões e panfletos para encontrar parceiros musicais e divulgar shows, essa loja era a Virgin Records, na Lever Street. Em especial aos sábados o local se tornava um agitado ponto de encontro. Foi lá que Phil Fletcher viu Morrissey novamente e decidiu daquela vez se apresentar. (Lembrou-se de que Morrissey estava usando uma camiseta dos Dolls enquanto examinava a seção da loja destinada a eles.) Tendo achado Steve Morrissey uma pessoa perfeitamente agradável para conversar, Flatcher o convidou a se juntar ao grupo de Wythenshawe num show que ocorreria no Electric Circus naquela semana.

Certamente havia muitos shows para escolher. Durante o verão de 1977, a casa, que às vezes recebia shows de hard rock, localizada do outro lado da cidade, em Collyhurst, abriu suas portas para The Clash, The Slits, Wayne County, Ramones, The Talking Heads, The Buzzcocks, The Jam, Penetration, *além* do show de estreia da banda de Manchester, Warsaw, que mais tarde se tornaria o Joy Division. Apesar de se recordar de um declarado antagonismo dos garotos do conjunto habitacional do outro lado da rua, os quais ele descreveu como "mutantes brancos da classe trabalhadora do tipo mais desconcertantemente vesgo", Morrissey compareceu à maioria desses shows, bem como aos ocorridos no Oaks Hotel, em Chorlton, no Rafters, na Oxford Street e no Squat, na universidade.[5] E ele era ocasionalmente visto no Ranch, na Dale Street — um bar no porão com luzes fracas, sem palco e abertamente gay abaixo do Foo Foo's Palace, bar esse que fora popular entre os fãs de Bowie e do Roxy Music em meados dos anos 1970 e que, dessa forma, era uma opção óbvia de casa de espetáculos para ocasionais shows de punk locais.

Enquanto se tornava um elemento permanente da cena, talvez mesmo sem essa intenção, Morrissey se aproximou do grupo de Wythenshawe. "Ele era bastante delicado; muito, muito versado sobre música", observou Fletcher. "E como era fã dos New York Dolls, o que pensávamos que mais ninguém no mundo era, foi aceito por nós." Morrissey fora próximo do encrenqueiro Mike Foley em sua época de escola, mas aquele novo relacionamento era diferente: oferecia-lhe a oportunidade de se misturar a um grupo de rapazes heterossexuais saídos dos conjuntos habitacionais, entre eles Billy Duffy — rapazes que corriam atrás de garotas e torcedores de times de futebol rivais, rapazes com quem Morrissey compartilhava um interesse por música, mas ainda tinha dificuldade para formar amizades verdadeiras. "Não acho que ele era o cara mais sociável com aquela idade", disse Fletcher. "Ele era um jovem bastante apreensivo. E nós não éramos."

De qualquer forma, Morrissey viu nesse novo grupo um potencial para avanço, e se promoveu como cantor em potencial. Foi convidado para "ensaiar" com Duffy e Steve Pomfret na casa deste, em Wythenshawe. Além disso, respondeu a um anúncio de "procura-se músico" da *NME* publicado por uma garota local de 16 anos, Quibilah Montsho. E teve a coragem de juntar todo mundo, na esperança de produzir algo que pudesse ser único. Não deu certo, e a amizade com Montsho terminou quando ela escreveu e lhe contou que era lésbica (o que exigia uma considerável coragem no Reino Unido daquele tempo, principalmente levando-se em consideração o fato de ela ser negra, o que já a marcava como minoria), e ele respondeu de uma forma que ela descreve como "condescendente e sarcástica", reclamando que ela não havia mostrado interesse na sexualidade *dele*.

A persistência musical de Morrissey foi compensada, no entanto, no final de 1977, quando tanto o vocalista, Ed Garrity, quanto o guitarrista, Vini Reilly, abandonaram o segundo grupo punk mais notório de Wythenshawe, Ed Banger and the Nosebleeds, deixando para trás um baixista, um baterista e uma banda local muito conhecida. O fato de Billy Duffy ter ocupado uma das vagas não foi surpresa — ele era um guitarrista punk de Wythenshawe, afinal —, mas foi um choque para todos quando Steve Morrissey se apresentou para substituir Garrity, que costumava pular incansavelmente pelo palco e cujo single de estreia, "Ain't Bin to No Music School", apresentava um manifesto caricato que contrariava totalmente as reclamações infinitas de Morrissey para os jornais musicais sobre a frustrante falta de melodia no punk britânico.[6] O processo de teste para a vaga, de ser escolhido e de, então, gradualmente, compor algumas músicas junto de Duffy foi lento, mas no dia 8 de maio de 1978 o sonho de Morrissey de liderar uma banda decolou quando os novos Nosebleeds abriram o show do novo grupo de Howard Devoto, Magazine, e de John Cooper Clarke, no Ritz.[7]

O show não foi gravado, infelizmente. Os Nosebleeds supostamente fizeram um cover de "Give Him a Great Big Kiss", do Shangri-Las, em homenagem aos New York Dolls, além de tocarem uma música de um projeto paralelo dos Dolls e incluírem as primeiras letras de Morrissey apresentadas publicamente, entre elas improváveis candidatas a músicas dos Smiths como "(I Think) I'm Ready for the Electric Chair" e "Toytown Massacre". Embora, em retrospecto, isso não pareça um presságio de grandeza, o jornalista musical Paul Morley, outro morador da cidade que teve a vida mudada nos shows dos Sex Pistols, mostrou-se extremamente entusiasmado nas resenhas sobre os shows das quatro bandas de Manchester para a *NME*. Depois de cautelosamente citar o Joy Division por seu "apelo ambíguo", ele apostou suas fichas, em vez disso, nos Nosebleeds, dando-lhes o relato final. Referiu-se a Steve Morrison [*sic*] como "Um líder com carisma" e " uma pequena lenda local", que "pelo menos está ciente de que o rock 'n' roll tem a ver com magia e inspiração", antes de concluir, com o tipo de hipérbole com a qual jornalistas musicais garantem suas reputações: "apenas o nome pode impedi-los de ser a surpresa deste ano."[8]

Isso... e o fato de eles terem se separado no mês seguinte. Mais de quatro anos se passariam antes que Morrissey aparecesse novamente em cima de um palco, liderando uma banda. Ironicamente, seria na mesma casa de shows, o Ritz. A banda, é claro, seria os Smiths.

CAPÍTULO

OITO

Fui suicida por anos e anos. É constrangedor dizer isso, mas é verdade. Realmente cheguei a um ponto em que estava tão furioso e, ao mesmo tempo, era muito ambicioso e estava preparado para tentar com muito, mas muito afinco.

— Morrissey, *City Life*, 1984

Esse grupo de guitarristas entrou na minha vida e então comecei a me sentir muito mais confortável, e aqueles rapazes me deram muita confiança, porque o que importava era se você sabia tocar guitarra, e eu tinha uma habilidade natural que não tinha percebido até então.

— Johnny Marr, março de 2011

Com o surgimento do Paris Valentinos a notícia das habilidades aprimoradas de Johnny Marr se espalhou entre os guitarristas de Wythenshawe. Ele foi convidado para tocar com David Clough um dia e "foi importante", recordou ele. Robin Allman o trouxe para ver o vocalista dos Freshies, Chris Sievey, imaginando que Marr era bom o suficiente para se tornar o novo guitarrista da banda, mesmo com apenas 14 anos. Sievey não discordou, mas, preocupado com o fato de aquilo ser visto como algo exótico, deu o trabalho a outro local de Wythenshawe, Barry Spencer. Marr tinha, certa vez, parado do lado de fora da janela daquele sujeito, escutando Spencer tocar músicas do Thin Lizzy em seu quarto. O fato de ele estar circulando entre aquelas pessoas era um sinal de sucesso.

"O que aconteceu com Johnny é que ele foi aceito pelos rapazes mais velhos porque conhecia música", disse Phil Fletcher. "Eu me lembro de ele chegar perto de mim e dizer: 'Posso pegar emprestado quatro ou cinco dos seus discos dos Rolling Stones?', e se qualquer outro garoto de 14 anos tivesse me pedido aquilo, eu provavelmente teria batido nele. Mas eu disse que não tinha problema, emprestei os discos, e ele os devolveu para mim na semana seguinte. Ele era um rapaz muito empenhado."

Marr continuou a entrar escondido em shows com seus amigos mais velhos, como em março de 1977, no Free Trade Hall, para um show do Uriah Heep, em que tanto a banda principal quanto a de abertura tinham integrantes dos Spiders from Mars. Quem também estava com Marr naquela noite era Andrew Berry, que frequentava outra escola católica de ensino médio, St. Gregory's, e reconheceu o rapaz das festas noturnas para pré-adolescentes no centro comunitário de West Wythy. A dupla se encontrou novamente no Free Trade Hall para o show de Ian Hunter, em junho, quando ambos os garotos apareceram na passagem de som com a esperança de encontrar o guitarrista de Hunter e Bowie, Earl Slick, e daquela vez os dois realmente se deram bem. Naquela época, recordou Marr, Berry usava "cabelo vermelho como o de Bowie, dividido de lado e virado na ponta, uma camiseta de manga cortada do Roxy com pregadores de roupa", o que o tornava a própria imagem do *soul boy*, ou o que, na cultura *mod* da década de 1960, teria sido considerado como *face*, gíria utilizada para definir pessoas estilosas. Tão importante quanto isso, disse Marr, era o fato de Berry ser "um personagem notório e sempre muito agradável". A amizade que a dupla desenvolveu, como as que Marr já tinha com Rourke e Powell, estava pronta para se mostrar crucial para os Smiths.

Uma semana depois do show do Uriah Heep, o grupo de Wythenshawe foi ver um T. Rex cada vez mais ultrapassado no Manchester Apollo, em Ardwick Green, perto da antiga casa de Marr. O cinema tinha acabado de começar a funcionar como casa de shows e se mostraria bem-sucedido em suas ambições a ponto de logo substituir o Free Trade Hall como a principal parada em Manchester no circuito de shows. Marr considerava aquilo um desastre, não apenas porque "o Free Trade Hall era simplesmente melhor", mas também porque "era muito mais difícil conseguir entrar escondido no Apollo". Lealdades adolescentes podem se transformar em ressentimentos para a vida toda e, consequentemente, os Smiths nunca tocaram no Apollo; eles tocaram, no entanto, duas vezes no Free Trade Hall.

À medida que o punk tomava conta de Manchester, Marr expressava seu interesse pelas novas bandas britânicas (especialmente heróis locais, como os Buzzcocks), mas, assim como acontecia com Morrissey, e muito como acontecia, na verdade, com Manchester de forma geral, ele se mostrava muito mais motivado com a música dos Estados Unidos. O grupo mais antigo de Wythenshawe mostrou-lhe os New York Dolls, com atraso suficiente para que ele pudesse apenas expressar seu entusiasmo pelo guitarrista, Johnny Thunders, por meio da nova banda do músico, The Heartbreakers. (Ao contrário de Morrissey, Marr era também, havia muito, fã dos Heartbreakers de Tom Petty e pegou carona até Knebworth, em junho de 1978, onde Petty se apresentou no meio de uma escalação de festival tipicamente bizarra, que tinha como principal atração o Genesis, mas que também apresentava os futuristas new wave de Ohio, Devo.) Billy Duffy, que Marr considerava seu "aliado mais próximo" e "exemplo" na época, apresentou-o também a Iggy and the Stooges, especificamente o álbum *Raw Power*, e o guitarrista dessa banda, James Williamson, tornou-se mais uma influência importante. ("Eu e meus amigos éramos obcecados pelos Dolls, por Iggy e por todas as coisas de Nova York por volta de 1974", recordou Duffy, que, a respeito de si mesmo e de Marr, falou que "tudo o que queríamos era ser astros do rock; era nosso grande sonho".) E ele ficou boquiaberto com Patti Smith. "Eu era uma daquelas raras pessoas que amavam *Radio Ethiopia*", disse Marr sobre o comumente ridicularizado segundo disco da cantora. Como resultado, ele deixou de lado sua aversão ao Apollo e se juntou a Duffy e ao baixista do Slaughter, Howard Bates, quando Smith foi à cidade em agosto de 1978.

Mais tarde Marr descreveu o show como "uma reviravolta em minha vida", apesar da escolha do local. "Era quase como se o palco fosse uma janela para um outro mundo, um mundo de verdadeiro rock moderno, e aquelas pessoas estivessem vivendo nele. Foi como assistir a uma peça. Algo como: 'preciso estar ali dentro; esse é o meu lugar.'" O show devia ter sido também digno de nota por marcar a primeira ocasião em que Marr encontrou seu futuro parceiro musical — desconsiderando o fato de que nada saiu daquilo. Marr tinha ouvido falar de Steve Morrissey como um fanático pelos Dolls e por Patti Smith que ousara brevemente liderar os Nosebleeds, por isso o rapaz talvez imaginasse um personagem com a persuasão de Ed Garrity. Mas quando Billy Duffy os apresentou, Marr ficou decepcionado. Houve uma "completa falta de interesse, desinteresse, por parte de Morrissey", recordou ele. E quanto às suas primeiras impressões, houve apenas "uma curiosidade reservada... porque ele não era exatamente como eu o imaginara".

De forma involuntária, pois os Buzzcocks prensaram o EP apenas como uma lembrança para distribuir em shows, *Spiral Scratch* começou uma revolução. Selos independentes sempre tinham feito parte da indústria musical britânica, mas, com sua presença constante, surgiu a suposição — posteriormente confirmada pela banda londrina pretensiosa Stiff, que tocava punk rock em pubs — de que precisavam de financiamento, um contrato de distribuição, um escritório e uma equipe com algum tipo de experiência na indústria musical. A New Hormones — que não era nada além de Richard Boon do outro lado da linha telefônica — refutou completamente essa ideia. Quando ele e a banda pararam de prensar *Spiral Scratch*, o disco tinha vendido 16 mil cópias.

Um número significativo dessas cópias foi distribuído pela loja de discos londrina Rough Trade, aberta numa rua secundária em Ladbroke Grove, no ano de 1976, por Geoff Travis, um rapaz formado pela Universidade de Cambridge e, mais importante, fã obsessivo de música, mas sem preferência por nenhum gênero musical específico. Estocando punk dos Estados Unidos, reggae da Jamaica, fanzines xerocadas de todas as partes do Reino Unido e encorajando tanto pesquisas na loja quanto atividades políticas, a Rough Trade rapidamente se tornou o point para fãs de música underground em Londres, com um negócio de encomendas estável em paralelo. Enquanto o sucesso de *Spiral Scratch* convencia um grande número de músicos, produtores, trapaceiros, outros proprietários de lojas de discos e meros fãs de música, de longa data e reputação razoável, de que era possível gravar, prensar, preparar a arte e vender um disco sem a permissão, muito menos o patrocínio, de uma empresa musical de nome, a Rough Trade era cada vez mais valorizada como uma, se não *a*, principal fonte de vendas.

Então, enquanto os Sex Pistols pulavam de uma gravadora grande para outra, e bandas como The Clash, The Jam e, finalmente, os Buzzcocks também assinavam a antiquada linha pontilhada corporativa, uma segunda geração decidiu fazer aquilo por conta própria. A maioria dos artistas era amontoada como parte da "New Wave", mas era evidente que algo mais profundo estava sendo criado naquele mundo livre da manipulação das grandes gravadoras — algo que não seguia fórmulas instrumentais, estrutura de canção ou valores de produção; algo que muitas vezes refletia as cercanias geográficas do artista. No futuro, aquilo passaria a ser conhecido como pós-punk.

Em Liverpool, onde existia uma cena próspera em volta da casa de shows Eric's, Bill Drummond lançou a Zoo Records para divulgar sua banda, Big in Japan; ele logo viria a lançar os álbuns de estreia de A Teardrop Explodes e Echo & the Bunnymen. Bob Last começou a Fast Product apresentando as guitarras afiadas e a política igualmente ferina das bandas Mekons e Gang of Four, de Leeds, e também os ritmos simples e sintetizados e as letras esquisitas do Human League, de Sheffield. Em Londres, um tímido editor de vídeos de vinte e poucos anos chamado Daniel Miller fez um single de 45 rotações *noir*, também com sintetizadores, sob o nome artístico The Normal; Daniel montou seu próprio selo, Mute Records; e, graças aos ouvidos instintivos e à ávida pressão para vender da equipe da Rough Trade, viu *"TVOD"/ "Warm Leatherette"* se tornar extremamente bem-sucedido no circuito independente e influenciar outros músicos amadores. Terri Hooley, de Belfast, lançou um selo que levava o nome de sua loja de discos, Good Vibrations, para exibir bandas punk locais. Ele começou com o Rudi, que era liderado pelo correspondente de Morrissey sobre os New York Dolls, Brian Young, e ganhou importância com um grupo de Derry, de orientação pop, The Undertones, cujo single "Teenage Kicks" foi defendido com fervor religioso pelo DJ da madrugada da Radio 1 da BBC, John Peel. Depois de algum tempo, a própria Rough Trade entrou na história, embora, inicialmente, Travis parecesse não ter uma visão mais clara para o selo do que tinha para sua loja, dados os primeiros lançamentos incluírem uma banda punk francesa, uma irlandesa, um grupo de reggae jamaicano, um projeto eletrônico de Yorkshire e um grupo pop independente de Londres — o qual influenciou enormemente tanto Morrissey quanto Marr — chamado The Monochrome Set.

Apesar de toda essa explosão de criatividade, a sabedoria aceita permanecia sendo de que, se uma grande gravadora viesse farejando, o independente liberaria a banda ou, melhor ainda, licenciaria o grupo para lucrar com futuras vendas. Foi esse o processo que fez com que a Rabid Records, de Manchester, se tornasse temporariamente bem-sucedida, vendendo o poeta punk local John Cooper Clarke para a CBS e licenciando o altamente divertido single punk do Jilted John para a EMI, que o levou ao top 10. A Fast também permitiu que o Gang of Four fosse para a EMI; a Zoo vendeu o Bunnymen e o Teardrop Explodes enquanto permanecia envolvida na gestão; a Good Vibrations vendeu os Undertones ao selo americano Sire, cujo fundador, Seymour Stein, tratado como celebridade no Reino Unido por assinar com Ramones e Talking Heads, passara a fazer frequentes viagens de compras às ilhas britânicas; e a Rough Trade, apesar de provar sua habilidade poderosa de distribuição ao levar seu primeiro LP, do Stiff Little Fingers, ao top 20, permitiu que a banda de Belfast assinasse com a Chrysalis em vez de ser vista como um empecilho para eles na busca de um single de sucesso mais atraente.

A mesma filosofia foi inicialmente aplicada pela Factory Records, lançada no final de 1978 por Tony Wilson, da emissora de TV Granada, com Alan Erasmus, um caloteiro de Wythenshawe, e Peter Saville, um designer talentoso que fora atraído ao punk na Manchester Polytechnic pela colega de faculdade Linder. Depois da fundação da Factory, seguiram-se vários meses de sucesso da festa de mesmo nome no Russel Club, na Royce Road, local que os cartazes alegavam ser em Moss Side, embora a localização fosse muito próxima dos notórios Hulme Crescents. Desde o início, a Factory (seu nome uma referência à história industrial de Manchester, não ao artista de Nova York, Andy Warhol) cultivava uma imagem artisticamente sofisticada e pretensiosa, publicando desde catálogos até cartazes, folhas de anotações, produzindo filmes e mesmo um marcador de ciclo menstrual projetado por Linder. Seu primeiro vinil, *A Factory Sample*, tinha capa de polietileno projetada por Saville, e era embalado em plástico. Apresentava quatro artistas, sendo o Joy Division o primeiro e mais importante, banda essa cuja música tinha sido despida no estúdio por Martin Hannett até sua essência mínima antes de ser reconstruída em volta das letras evasivas e da entrega urgente de Ian Curtis. Os integrantes do Joy Division vestiam-se como idosos, exibiam cortes de cabelo toscos, cortesia de um velho barbeiro local, e foram retratados por um rapaz da cidade, Kevin Cummins, em famosas fotografias granulosas em preto e branco para a *NME* diante de uma Princess Highway coberta de neve e num estúdio de ensaio mal-iluminado. A combinação musical e visual fez do Joy Division o representante da crise sofrida pela Manchester pós-industrial — não apenas para os que estavam de fora. "O Joy Division era a definição de Manchester", disse Johnny Marr. "Seu som demonstrava como era viver aqui."

A Factory logo seguiu com o single de outro grupo local, A Certain Ratio, que não soava nada parecido com seu título, "All Night Party"; e o de um duo de sintetizadores de Liverpool, Orchestral Manoeuvres in the Dark (OMD para abreviar), que tinha tudo a ver com o título, "Electricity", e inspirou a Virgin Records a bater à sua porta em busca de um possível artista de sucesso. Wilson e seus parceiros alegremente venderam o OMD para a grande gravadora e usaram o lucro para montar um escritório na Palatine Road, região boêmia de Didsbury, no sul de Manchester. Mas, quando foi a vez do Joy Division, seu empresário, Rob Gretton, outro produto dos conjuntos habitacionais de Wythenshawe, sugeriu que eles próprios mantivessem a banda. E quando o LP produzido por Hannett, *Unknown Pleasures*, foi lançado, no verão de 1979, tanto a música, tão euforicamente catártica e ao mesmo tempo (como era acusada de ser) sombria e depressiva, quanto a arte da capa (uma imagem astronômica prateada e abstrata, disposta em tamanho pequeno no centro de um papel granulado preto) foram altamente saudadas como arte. O melhor de tudo foi que essa arte encontrou seu caminho até o público: a Rough Trade era agora não apenas uma varejista da nova música independente, era também atacadista, e supria as outras lojas que se coadunavam com sua forma de pensar. Uma nova rede de distribuição independente estava crescendo dia após dia.

Com isso, veio uma nova estrutura, intencionalmente irrestrita. A Rough Trade mantinha seus contratos iniciais em dois parágrafos; a Factory, em duas frases; a Mute nem mesmo se dava o trabalho. Nos três selos, os royalties eram deixados de lado em favor de uma divisão 50-50 do lucro. Como os artistas eram efetivamente livres, havia algumas sobreposições: tanto a Rough Trade quanto a Factory lançaram discos da banda experimental eletrônica de Sheffield Cabaret Voltaire, enquanto a Fast Products teve um flerte inicial com o Joy Division. Gradualmente, no entanto, cada um dos selos independentes criou sua própria identidade e uma filosofia para acompanhá-la. A Rough Trade era o coletivo esquerdista de Londres, topava tudo. A Mute se tornou conhecida como um selo de música eletrônica. Quanto à Factory, seguiu *Unknown Pleasures* com outros lançamentos de bandas locais, como The Distractions, Section 25 e a nova banda do antigo guitarrista dos Nosebleeds, Durutti Column, mas a genuína diversidade musical do selo era ofuscada pelas capas projetadas por Saville, que abandonavam as fotos dos próprios artistas em nome da arte. Os Buzzcocks tinham empregado uma tática parecida numa série de cinco singles românticos de 45 rotações, os quais se tornaram a trilha sonora adolescente do país em 1978 e acabaram por levar a banda ao top 30, mas as capas projetadas por Malcolm Garrett (também um produto da Manchester Poly) eram (pop) artisticamente simplistas, para combinar com o punk-pop (art) da música. Além disso, a banda compensava ao se apresentar proeminente nas capas dos álbuns. A música da Factory não era tão popular, os projetos gráficos eram ainda mais obscuros e as capas dos discos não eram mais passíveis de mostrar fotos da banda do que os singles. À medida que o selo ia ficando mais visível, tornou-se aparente que a Factory era vista, em todo o país, como se "representasse" Manchester de uma forma particularmente estilizada — para o bem, pois tornava a cidade um ponto de referência, ou, conforme a influência da Factory crescia e ameaçava obscurecer qualquer coisa que estava acontecendo na cena, para o mal.

STEVE MORRISSEY TINHA quase 19 anos quando se apresentou com os Nosebleeds, mesma idade que Johnny Marr, Andy Rourke e Mike Joyce tinham quando os Smiths começaram a fazer shows no final de 1982. Em grande parte, a personalidade de Morrissey já estava formada. Se ele tivesse conseguido despontar como líder de uma banda naquele estágio de sua vida, não seria uma surpresa para a cena musical, tampouco seria injustificadamente prematuro. O que estava faltando, no entanto, em termos de completar seu pacote, eram os quatro anos seguintes de sua vida antes de encontrar novamente Johnny Marr: quatro anos de frustração e desespero que ajudariam a criar o singular homem de um só nome, Morrissey, o personagem que se mostraria tão atraente (em tantos sentidos) a um grande número de adolescentes e jovens adultos que estavam passando por (ou tinham ocasionalmente saído de) períodos igualmente desastrosos em suas vidas. Sem se tornar um fracasso, Morrissey jamais poderia ter se tornado um sucesso.

De certo modo, foi realmente um período desastroso. Como grande exemplo, Morrissey emendou seu compromisso curto e elogiado com os Nosebleeds com uma ligação ainda menos duradoura com um Slaughter & the Dogs que estava igualmente se desintegrando, quando Wayne Barrett abandonou o trabalho de sua criação no conjunto habitacional de Wythenshawe por uma esposa parisiense. Billy Duffy recomendou Morrissey para o posto de vocalista e ele foi aprovado num teste com a banda — mas não com a gravadora, na visita a Londres. Quando o grupo mudou de nome para The Studio Sweethearts e se mudou para o sul, Duffy foi com eles; Morrissey foi deixado para trás.[1]

Cada vez mais desesperado para encontrar uma forma de entrar na próspera cena musical de Manchester e já sem a certeza de que seria como cantor, ele começou a se associar com o A Certain Ratio, cujo interesse no "kraut rock" alemão dos anos 1970 e no funk inicialmente sugeria que isso os destacaria de outras bandas de Manchester. Morrissey auxiliou com questões gerenciais, o que, àquela altura, consistia em pouco mais que recolher o dinheiro dos shows (embora, como ocorrera com o Slaughter & the Dogs, ele tenha escrito sobre eles de forma bastante generosa para a *The Next Big Thing*). Mas, em algum ponto do caminho, sua relação com o vocalista Simon Topping desandou, por causa de abordagens mal-interpretadas, forçando Morrissey a escrever uma carta explicitamente — e dolorosamente — honesta, explicando que ele não era, em essência, um homem sexual, e que escolhia seus amigos exclusivamente por sua personalidade. Embora a sensação de mágoa estivesse evidente, o mesmo se podia dizer de sua capacidade para o humor, o equilíbrio agudo entre escuridão e luz que distinguiria Morrissey como letrista, e ele brincou que estaria disposto a discutir anatomia feminina com Topping na esperança de salvar a amizade entre eles.

O apelo não funcionou, e devido à falta geral de progresso na vida de Morrissey, podia ter parecido o momento de deixar Manchester totalmente para trás. Steven certamente achou que era; no verão de 1978, escreveu para contar a um amigo que em setembro ele se mudaria para Nova York. Sua mãe também achou que deveria deixar a cidade, e como preparação para o que acreditavam ser um novo começo para a família nos Estados Unidos, conduziu Steven e Jackie Morrissey não a Nova York, mas a Arvada, um subúrbio de Denver, no Colorado, no começo de novembro, onde eles viveriam com a irmã de Betty, Mary. Jackie rapidamente conseguiu um emprego por lá; Steve, não, reclamando em carta enviada a Manchester: "Este é um lugar morto. Todo mundo anda como John Wayne, tão duros e machistas. Usei uma gravata rosa e todos pensaram que eu era um travesti." Em vez de buscar conforto na música americana, ele estava evidentemente saudoso da New Wave britânica, observando que os mais recentes singles do The Jam, do X-Ray Spex e do Public Image Ltd faziam sua vida valer a pena. O fato de ele melancolicamente falar em se mudar para a capital britânica em janeiro devia ter alguma relação com essa recém-percebida admiração por artistas New Wave de Londres. Mas quando o Ano-novo chegou, Morrissey acabou voltando para o conforto familiar, apesar de frio, da Kings Road, em

Stretford. Jackie permaneceu no Colorado por ora, mas a mudança para Steven foi descartada.

Em maio de 1979 a frustração de Morrissey com a inércia de sua vida era perceptível numa carta enviada a um de seus correspondentes mais próximos, Lindsay Hutton, da revista escocesa *The Next Big Thing*, que estava ocupada publicando os textos de Morrissey sobre os Dolls, Sparks, a cena de Manchester e até um poema sobre James Dean. Morrissey anunciou que estava trabalhando agora numa loja de discos em troca de "um salário de fome e condições de masmorra". (Como seus outros empregos, esse não duraria.) Ele confessou enorme decepção com o novo LP de Patti Smith, *Wave*, que o Simple Minds o entediava e que estava feliz em descobrir que os Rezillos tinham se separado; mesmo o fato de os Heartbreakers de Johnny Thunders terem voltado à ativa parecia não despertar nenhum interesse. Podia ser porque Morrissey não conseguia encontrar uma gráfica de preço acessível para seu fanzine com tamanho de livro sobre os New York Dolls. Jogando seus braços para o alto em desespero, ele anunciou que estava indo a Paris no mês seguinte, "para ser artístico".

Eram dias sombrios por todos os lados. Uma semana antes dessa carta o pêndulo político na Grã-Bretanha pendera mais uma vez para a direita. Seguindo o que foi chamado de "inverno do descontentamento" — greves paralisantes tanto no setor público quanto no privado enquanto os sindicatos buscavam e conseguiam aumentos muito além da limitação de 5 por cento imposta pelo governo, tudo isso enquanto a Grã-Bretanha sofria com as piores condições climáticas em 16 anos —, Margaret Thatcher entrou em Downing Street como a nova primeira-ministra conservadora (e a primeira mulher britânica no cargo). Sua conquista deveu-se, em parte, à frustração do povo com a incapacidade do Partido Trabalhista de controlar os sindicatos, mas também se apoiou numa imagem de campanha brilhantemente simples: a de uma fila de desempregados se esticando ao longe debaixo do slogan "O Partido Trabalhista não está funcionando". Era verdade que o desemprego tinha chegado ao número de um milhão e quinhentas pessoas (de uma população de 50 milhões) na época da eleição. Mas era igualmente verdade que esse número viria a dobrar durante o primeiro mandato de Thatcher, chegando a níveis não vistos desde a Grande Depressão, enquanto o programa da primeira-ministra, linha-dura e sem remorsos de fechar fábricas e estaleiros que davam prejuízo, privatizando outras indústrias controladas pelo Estado, diminuindo os impostos dos ricos e decretando leis para conter os poderes dos sindicatos, via a Grã-Bretanha entrar numa recessão profunda, na qual milhões perdiam seus empregos e era quase impossível encontrar outros, com qualquer que fosse o salário. Para os que vinham de uma família de trabalhadores — o que incluía a maior parte dos habitantes das cidades industriais do norte, como Manchester —, as políticas de Thatcher pareciam uma guerra de classes.

No mesmo mês em que Thatcher foi eleita, Morrissey passou por um aniversário especialmente infeliz. De forma compreensível, ele havia "achado a perspectiva de fazer 20 anos alarmante... Eu não tinha a menor ideia do que iria acontecer". Tentou afastar a crise iminente com uma enxurrada de duas semanas de filmes na televisão, mas aquilo não ajudou. "Quando eu me deitava à noite, tinha terríveis palpitações, porque estava muito preocupado. Eu acordava às três da manhã e começava a andar de um lado para o outro dentro do quarto." Tirando seu abraço entusiasmado aos psychobillies americanos, The Cramps, o resto do ano passou batido. Ao seu redor, e apesar — ou muito provavelmente por causa — da ruína da economia de Manchester, a Factory Records estava explodindo, o Joy Division e o The Fall estavam no programa de John Peel quase todas as noites, Tony Wilson estava empresariando o A Certain Ratio, Paul Morley era um elemento permanente na *NME* e os Buzzcocks tinham lançado seu terceiro álbum em 18 meses. Steven Morrissey, enquanto isso, ainda tinha que sair do lugar. Ele entrou nos anos 1980 em casa, debruçado sobre um exemplar de *Orgulho e preconceito*.

CAPÍTULO

NOVE

Naquela época, não era possível entrar na universidade para cursar estudos de mídia ou aprender como montar uma banda, como é possível hoje, você simplesmente tinha que ir à luta e fazer acontecer.

— Johnny Marr, 2011

Numa tarde de sexta-feira, no começo de 1979, em meio ao "Inverno do Descontentamento", com os termômetros marcando um frio congelante, a neve sobre o solo mais profunda do que nos 16 anos anteriores e os motoristas de ônibus em greve, Johnny Marr saiu a pé para o emprego de meio expediente que conseguira: abastecer as prateleiras num supermercado cooperativo local, bem no centro de Wythenshawe. Quando chegou lá, foi informado de que seria demitido, "por ser preguiçoso, insolente e distraído", como ele supôs depois do acontecimento. Aquilo já era suficientemente ruim, mas os funcionários do supermercado, ainda por cima, tinham uma cerimônia para aqueles que eram demitidos: "no final daquele turno, você tinha que sair pela porta dos fundos e era saudado por todos os adultos com um suprimento infinito de ovos. Literalmente. Caixas e mais caixas. E você fica preso como um animal encurralado na área de carga. E todos os adultos que pensam 'esse cara mereceu' começam a bombardeá-lo."

Em questão de minutos, Marr foi transformado num "omelete humano". Enquanto se preparava para sua longa caminhada de volta através de Wythenshawe, percebeu que não seria capaz de percorrer todo o caminho até sua casa, muito menos se explicar quando entrasse; então, parou na casa de um amigo, em Brookway. O amigo, Danny Patton, contou a Johnny sobre uma festa que aconteceria naquela mesma noite, com "um monte de garotas bonitas". Marr tomou um banho, pediu para Patton lhe emprestar uma camisa e uma jaqueta ("por sorte, ele tinha bom gosto para roupas") e acompanhou o amigo até a festa. Assim que entrou, certa garota chamou sua atenção. Seu nome era Angela Brown, uma aluna do terceiro ano em Brookway que nascera, por coincidência, exatamente um ano depois de Johnny. Era baixa, como ele, tinha olhos castanhos e um sorriso cheio de vida, e, segundo Johnny, "desde o primeiro minuto em que a vi soube que queria ficar com ela por toda a minha vida".

Ele realizou seu desejo. "Ela me fez correr atrás dela por seis semanas enquanto todos observavam, o que era direito seu — muito justo. E eu concordei. Começamos a namorar e nunca mais a perdi de vista."[1] Os Brown eram mais de classe média do que os Maher, o que causou alguns problemas iniciais com os irmãos protetores da menina, e ela era vegetariana, o que parecia estranho na casa dos Maher. Mas, sob a influência de Johnny, seu modo de vestir-se rapidamente cedeu a um estilo *classic rock chic*, o casal desenvolvendo um apego mútuo pelo delineador amado pelos *mods* e *modettes* dos anos 1960 — e por Keith Richards nos anos 1970. Não demorou muito para que eles fossem vistos — inseparavelmente — como um casal.

Marr nunca teve dúvidas de sua sorte: "Ela fazia com que eu me sentisse de uma forma que ninguém mais conseguia e, aos olhos de algumas pessoas, era por isso que me davam bola, porque eu estava com uma pessoa tão incrível." Mas essa era apenas uma das razões para estar agradecido. Quando ele e Angie estabeleceram um relacionamento permanente, Johnny percebeu que "a coisa que ocupa muito do tempo dos rapazes adolescentes — ou seja, os hormônios e a tentativa de encontrar uma parceira — estava resolvida". Sem praticamente ter se esforçado para conseguir o amor de sua vida, o rapaz pôde voltar a suas ambições musicais — e sem distrações, porque Angie o apoiava a cada passo.

"A *vibe* era: 'Sou um guitarrista e é isso o que vou fazer pelo resto da minha vida', e ela respondia: 'Ok, o que for necessário para isso, estarei ao seu lado.'" Isso não quer dizer que Angie não tivesse sua própria personalidade — sua energia e tenacidade muitas vezes se mostrariam cruciais para o avanço dos Smiths —, mas sim que ela e Johnny podiam se dar o luxo de compartilhar um objetivo similar, porque tinham um gosto musical parecido. "Desde o momento em que escutou *Raw Power*, ela soube do que gostava. Ela amava David Johansen, Iggy Pop, Jimi Hendrix, e não muito além disso. E os grandes discos dos Stones. Então, aquilo me fez parar de atirar para todos os lados musicalmente."

Talvez o que diga mais sobre eles é que Johnny e Angie ficavam totalmente confortáveis na companhia um do outro. "Aqueles barulhos que eu fazia na guitarra", falou Marr sobre as muitas noites em casa, quando ele ficava brincando com as combinações de acordes convencionais e intuitivos e assim aperfeiçoando seu talento, "não eram feitos por um rapaz solitário, sentado em seu quarto. Eu estava sentado lá com uma linda menina de 15 anos, que ficava quieta, folheando revistas e olhando para capas de discos do New York Dolls, sentada a meio metro de mim, me escutando tocar; ela em seu próprio mundo e eu no meu."

Marr viu o surgimento de Angie em sua vida como a continuação da conexão próxima que ele já possuía com a mãe e a irmã. "Minha relação com rapazes sempre foi muito próxima, mas sempre foi algo profissional, e minha relação com mulheres sempre foi algo psicológico", reconheceu ele anos depois. Talvez o fato de ele e Rourke já estarem estabelecidos em seu caminho musical tenha sido a causa de terem conseguido evitar a consequência habitual de um primeiro romance adolescente sério: o sacrifício do melhor amigo. "Éramos nós três", disse Marr. "O tempo todo. Gostávamos das mesmas roupas. Da mesma música." Rourke concordou: "Nós três éramos grandes amigos. Passávamos cada minuto do dia juntos, nós três." Rourke frequentemente recebia o casal em sua casa, na Hawthorn Lane, e até emprestava o quarto de seu pai quando era necessário — o que gerou um grande constrangimento no dia em que Michael Rourke voltou mais cedo de uma viagem a trabalho e pegou Marr descendo a escada correndo, vestido com seu roupão.

Em meados de 1979, Marr foi convidado a se juntar à banda local Sister Ray. Posicionado musicalmente na periferia entre Hawkwind e The Damned, eles eram, disse Marr, "sujeitos muito mais velhos, realmente barra-pesada, viciados em anfetamina", aos quais o vocalista, Clive Robertson, ajudara a criar uma reputação local pelo simples fato de "ser maluco".[2] Marr ensaiou com o Sister Ray durante duas semanas num porão em Whalley Range antes de subir ao palco com eles para seu primeiro show, uma posição de relativo prestígio abrindo para os Freshies no Wythenshawe Forum, apresentação que rendeu matérias sobre Marr no jornal local. Por conta das diferenças musicais, de idade e de hábitos, ele e a banda não foram feitos um para o outro, mas Marr ficou agradecido pela experiência — e pela amizade que mantém com o baterista Bill Anstee, que na época usava *dreadlocks*.

Com o breve flerte, era como se Marr tirasse uma licença do que parecia ser uma progressão convencional na direção da música profissional. Quando os guitarristas mais velhos de Wythenshawe chegaram aos 18 anos, seguiram, em grande parte, seus próprios caminhos, alguns abandonando a música por empregos comuns, outros — como Billy Duffy — partindo para Londres a fim de perseguir o estrelato. Robin Allman permaneceu em seu próprio território, e Marr e Rourke acabaram se juntando a ele e ao tecladista de formação clássica Paul

Whittall, ensaiando harmonias corais de várias vozes e guitarras dedilhadas igualmente complexas, no estilo do Pentagle. Quando menos esperavam, haviam recrutado Bobby Durkin e formado uma nova banda, White Dice.

A reputação de Allman era incomparável em Wythenshawe. Marr afirmou que ele era "mais talentoso do que qualquer um que já conheci". Whittall disse, a respeito de Allman, que era "uma lenda nos círculos do sul de Manchester" e "amplamente reconhecido como um compositor brilhante". Rourke, cuja casa se transformou em espaço de ensaio, admitiu: "Nós admirávamos Rob", ele era "mais versado sobre sua música" e "um sujeito muito talentoso". O gosto musical de Allman, no entanto, era quase dolorosamente ortodoxo, e ele colocou o White Dice num caminho influenciado não somente pelas figuras familiares de Tom Petty, Rory Gallagher e Neil Young, mas pelo grupo de folk britânico Fairport Convention e por seu similar irlandês, The Bothy Band. Para Marr e, especialmente, Rourke, isso não era em si um grande problema. Eles tinham crescido ouvindo muitos desses artistas e não estavam prontos para descartá-los em nome da moda. Na verdade, Marr foi fotografado no White Dice imitando Bruce Springsteen na capa de *Born to Run*, enquanto vestia uma camiseta de Tom Petty. (Allman serviu como seu Clarence Clemons.)

Mas, à medida que a década de 1970 chegava ao fim, Marr e Rourke eram cada vez mais atraídos pela música que emergia da New Wave, levando em conta principalmente que a valorização das habilidades musicais — apesar de ser um tipo menos autocomplacente do que na era pré-punk — tinha voltado. Rourke, agora usando um baixo sem trastes que Marr lhe comprara "a preço de banana", ficou fascinado e posteriormente foi influenciado pela forma de tocar baixo de Mick Karn, do grupo Japan, cuja apresentação no Manchester Apollo foi citada por Rourke como "um dos shows mais incríveis de todos os tempos". Rourke e Marr foram ver o The Cure juntos duas vezes, e Marr se tornou fã do Siouxsie and the Banshees e, mais ainda, do Only Ones, que ele seguiu religiosamente. Essa combinação do incrivelmente tradicional com o altamente experimental era, como Rourke admitiu, "esquizofrênica", mas se dava parcialmente porque, como ele afirmou, "não queríamos seguir as tendências". De qualquer forma, no White Dice era esperado que eles mantivessem seus interesses mais modernos de lado e seguissem o líder mais velho. O resultado, disse Rourke, foi um "soft rock muito americano".

Era um som popular, como podia ser demonstrado pelo fato de o maior sucesso a sair de Manchester em 1979 não ser dos Buzzcocks ou do Joy Division, mas "Every Day Hurts", de um grupo que seguia totalmente as tendências da época, o Sad Café. O White Dice não apenas tinha o mesmo tipo de nome, mas também usava basicamente a mesma instrumentação e os mesmos arranjos. Então, quando, no começo de 1980, eles entraram num concurso de demos apresentado pela F-Beat Records (inaugurada depois que Elvis Costello, Nick Lowe e o cabeça do selo, Jake Riviera, se afastaram da Stiff Records), para o qual se amontoaram em volta de um gravador de cassete a fim de gravar uma única música completa com harmonias de quatro partes, talvez não tenha sido surpresa o fato de Riviera ter ficado intrigado a ponto de convidá-los a ir até Londres para gravar no estúdio caseiro de Lowe. O White Dice fez o máximo para se preparar adequadamente para a oportunidade, ensaiando várias outras músicas, pelas quais Marr — apesar de seu desinteresse geral por um papel de vocalista principal — insistiu num crédito de coautoria com Allman por suas contribuições na guitarra e nos arranjos.

A viagem à capital, em abril de 1980, teve seus pontos altos. Marr foi convidado a usar a Rickenbacker de Elvis Costello na sessão; eles todos viram a esposa de Nick Lowe (e filha de Johnny Cash), Carlene Carter, de penhoar; ficaram num hotel; e se reuniram com Billy Duffy, que estava vivendo o que parecia ser o sonho de um guitarrista de rock, numa banda chamada Lonesome No More. Seis músicas foram gravadas, e embora suas influências tivessem sido excessivamente demonstradas por um cover de "American Girl", de Tom Petty, uma das canções compostas pela banda despertou interesse suficiente para que o engenheiro de som se concentrasse nela mais do que nas outras. Ainda assim, a demo acabou sendo rejeitada, numa ligação telefônica breve de Riviera para Allman. "Não tínhamos aquele brilho ou diferencial", admitiu Rourke. "Estava faltando algo."

Não precisava ter sido o fim do White Dice — e, a curto prazo, não foi. Com o grupo acampado na casa da Hawthorn Lane, Chris Rourke assumiu um papel de relações-públicas, alimentando a imprensa local e avaliando as perspectivas de shows. Mas o progresso do White Dice ficou ainda mais limitado por conta do medo de Rob Allman de tocar em público, além de sua tendência a mascarar esse medo com álcool. Desde muito novos Allman e Duffy gostavam da Special Brew, uma cerveja em lata particularmente potente que era a favorita de mendigos e bebedores adolescentes preocupados com dinheiro. Duffy, no entanto, aguentava bem o álcool; Allman, não. Duas latas, disse Whittall, e Allman "ficava irreconhecível. Ele era uma daquelas pessoas que não deveriam ter seguido aquele caminho".

Foi ainda mais frustrante que, quando finalmente o White Dice subiu ao palco, no Squat, perto da Oxford Road, um ano depois de seu início, Allman tenha ficado tão bêbado que mal conseguia ficar de pé. O White Dice resolveu encerrar as atividades logo depois daquilo, em janeiro de 1981. Naquele mesmo mês, Allman e Chris Rourke, como era previsível, tiveram uma briga, e Allman se mudou.

Devido à grande consideração por Allman em Wythenshawe, o fato de que mais tarde ele tenha permitido que o sucesso daqueles ao seu redor se tornasse a medida de sua própria sensação de fracasso era desagradável para seus amigos. "Era muito difícil para ele, por ser o maioral entre todas aquelas pessoas, incluindo Billy Duffy", observou Whittall, que continuou a tocar com Allman ainda por muitos anos. "Na hierarquia do sul de Manchester ele era o número um, e Johnny ter seguido adiante e ter se saído melhor do que ele foi um enorme baque."

"Foi uma vida não realizada que o matou", disse Marr sobre Allman, que morreu em 1993 de uma hemorragia cerebral causada pelo alcoolismo. (Marr, Duffy e Whittall estavam entre os muito antigos músicos de Wythenshawe que compareceram ao seu funeral.) "Ele era um garoto de classe média muito inteligente, com uma família muito, mas muito afetuosa e generosa, que, de certa forma, teve um papel em seu comportamento. Eu e Billy simplesmente tínhamos que sair e fazer coisas. Mas Rob estava quase confortável demais para vencer, e ele não era suficientemente forte. Ele não tinha a mentalidade de 'vou dormir num sofá'. É necessário ter uma sensação de desespero para suportar muitas coisas. Você realmente precisa de um certo tipo de insatisfação."

* * *

DESDE O COMEÇO de sua amizade, Marr e Rourke tinham ficado particularmente insatisfeitos com St. Augustine's. A dupla frequentemente entrava em conflito com a variação que a escola tinha da chibata usada em St. Mary's — nesse caso, um chicote de couro de três pontas —, embora um deles o fizesse mais do que o outro. Quando tinha 13 anos, Rourke sofria aquilo quase diariamente: "Simplesmente porque eu não conseguia ficar calado." (Ao contrário do que ocorria em St. Mary's, onde o número de chibatadas era anotado no cartão de conduta do aluno, um aluno de St. Augustine's enviado ao gabinete do diretor muitas vezes negociava sua própria punição.) O interesse dos dois rapazes pelos estudos não melhorou muito quando o governo, trabalhista, na época, finalmente conseguiu abolir as escolas primárias gratuitas; em 1977, enquanto Marr e Rourke iam para o seu terceiro ano, St. Augustine's foi transformada numa escola pública de ensino médio e recebeu o novo nome de St. John Plessington, abrindo suas portas para o que Rourke chamou de "renegados de Wythenshawe e Chorlton". (O que não quer dizer, obviamente, que Rourke e Marr fossem anjos.) Por sua vez, tal fato levou a uma enorme rotatividade de professores. Monsenhor McGuiness, que se tornara "tão alcoólatra", como disse Rourke, que "costumava vagar pelos corredores, se debatendo contra as paredes", foi mandado embora. Mas, por estar vivendo numa pequena casa na propriedade da escola, ele ainda fazia sua presença ser sentida — mesmo que apenas se encostando contra as janelas do colégio, chorando, como Rourke recordou. (McGuiness morreu no começo de 1980, pouco antes de Marr e Rourke deixarem a escola.)

À medida que as habilidades musicais da dupla se desenvolviam em conjunto com suas ambições, e por causa dos espancamentos regulares, a perspectiva de comparecer à escola se tornava cada vez menos atraente. A visão de Rourke era: "Por que preciso de latim ou geografia quando quero ser músico?" Para Marr, as pessoas que ele admirava e com quem ele andava já haviam saído do colégio, e passavam os dias desenvolvendo suas habilidades musicais, fazendo contatos e se promovendo na cidade; ele queria fazer o mesmo. Em seu último ano, quando o White Dice parecia ser uma proposta séria, Marr e Rourke quase nem compareciam às aulas. Em vez disso, encontravam-se no ponto de ônibus em frente à casa de Marr (até a qual Rourke tinha que pegar dois ônibus), esperavam os Maher saírem para o trabalho e, então, voltavam para Churchstone Walk e trabalhavam em sua música. Marr se inscreveu para prestar exames básicos em música, mas qualquer entusiasmo inicial desapareceu quando ele soube que aquilo significava, em grande parte, estudar teoria — que era matemática, e ele odiava matemática. Além disso, o professor, Adrian Jessett, dera aula de música para ele e Rourke nos primeiros anos de escola, e Marr tinha passado a vê-lo como ameaçador, uma impressão que não era apenas sua; outro garoto, ex-aluno de St. Augustine's, chamou Jessett de "oportunista sádico". Jessett veio a fundar o aclamado Manchester Boys Choir, mas acabou sendo desonrado depois de se declarar culpado por repetidos abusos sexuais contra um menino corista menor de idade. (Alunos de St. Augustine's também se recordam de sofrer abusos sexuais por parte de outros professores, enquanto ainda estavam na escola.) Professores à parte, Marr ficava na defensiva no que dizia respeito ao saber acadêmico sobre como fazer música: "Eu *queria* ser alguém que aprendera apenas acompanhando os discos."

STEVEN MORRISSEY ENTRARA em St. Mary's no ano de 1970; Marr e Rourke, oficialmente, saíram de St. Augustine's em 1980. (Mike Joyce frequentou St. Gregory's, a mesma escola católica de ensino médio de Andrew Berry, entre 1974 e 1979.) Se podemos dizer, então, que os Smiths representaram alguma geração britânica, é a geração dos jovens que passaram pelo ensino médio nos anos 1970; fora a doutrinação religiosa e os castigos físicos, as experiências dessa geração foram análogas às dos alunos de todo tipo de escola de ensino médio em outras grandes cidades ao longo de tal década. Como tantos de sua faixa etária, esse jovens sentiam-se traídos pelo sistema; Morrissey, muito razoavelmente, considerou ter tido uma "educação ao contrário". O sadismo, as agressões e a falta de compaixão pessoal e de educação progressista já eram suficientemente ruins, mas foram agravados pelo conhecimento de que a economia em redor estava desmoronando, de que a indústria local estava entrando em colapso e as carreiras para que os alunos haviam sido formados — os "empregos para a vida toda" a que as gerações anteriores almejavam — não existiam mais. Quando Morrissey saiu da escola, em 1975, a inflação estava em surpreendentes 27% e o desemprego chegava a um milhão. Quando Marr e Rourke saíram, em 1980, a inflação tinha caído para 10%, mas o desemprego estava em quase dois milhões e ainda crescia. Faria, para eles, *menos* sentido perseguir cegamente seu interesse por música?

No caso de Marr, havia uma alternativa. Durante todo o começo de sua adolescência, apesar da distração provocada pela música, ele mantivera sua reputação nos campos de futebol. Na escola, jogava no time principal. Na cidade, jogava por um time dominical, Brooklands Athletic. Entre aqueles com quem ele treinava, estava o futuro jogador da seleção inglesa, David Bardsley, e Gary Blissett, o qual, mais tarde, fez parte da "Crazy Gang" de Wimbledon; era companhia séria. Como convinha a seu futuro papel nos Smiths e em tudo mais, a função de Marr era de lateral, preparando as jogadas para outros marcarem gols. Era o tipo de jogador que todos estavam procurando — e um olheiro do Whitehill, time que fornecia jogadores ao Manchester City, tornou-se presença constante na lateral do campo, seguido de um representante do Nottingham Forest. Naquela época, o Forest era o melhor time da Europa; sob a liderança do inimitável Brian Clough e de seu (então) leal assistente, Peter Taylor, eles venceram a Liga Inglesa, em 1978, e seguiram para vencer a Copa Europeia, em 1979 e 1980. O olheiro foi até Churchstone Walk depois do jogo em Brooklands, e disse aos pais de Johnny que o garoto estava apto para passar um ano treinando em Nottingham depois que saísse da escola. Mas Marr não estava interessado. Sua lembrança daquela manhã era: "Eu tinha ido a um show na noite anterior, com Andy e Angie, e ainda estava usando delineador. Eu só queria que o jogo acabasse para me livrar daquilo, para que eu, Andy e Angie pudéssemos voltar à casa de Andy para fazer o que sempre fazíamos, que era relaxar e escutar alguns discos."

A atitude parece indiferente, mas, na verdade, foi perfeitamente calculada. Marr sabia como teria que trabalhar intensamente no futebol se quisesse seguir uma carreira no esporte; tinha perfeita consciência de que, assim como acontecia com músicos amadores, uma porcentagem igualmente pequena de jogadores que passavam o ano treinando nos times chegava a algum lugar. Ele instintivamente percebeu que não poderia equilibrar duas carreiras precárias (e contraditórias) — e que, se decidisse se afastar de Manchester bem no momento em que estava tocando em bandas com músicos mais velhos e mais respeitados, estaria jogando fora tudo por que se esforçara. A escolha, para ele, era, portanto, não fazer nenhuma escolha. "Era um caminho muito, muito longo até gravar discos", disse. Além disso, "eu não gostava de andar com jogadores profissionais". Eles eram "machões demais".

Na primavera de 1980, então, Johnny Marr e Andy Rourke saíram de St. Augustine's com, como acontecera com Morrissey antes deles, qualificações mínimas. Rourke, como punição por suas constantes faltas, não recebera nem mesmo permissão para fazer seus exames no fim. "Eles disseram: 'Essas coisas custam dinheiro da escola e você é um desperdício de dinheiro'. Eu costumava chegar para o jantar e sair de novo." Determinado a arranjar um amplificador de baixo, ele resolveu aceitar o trabalho manual na Snap-on Tools, aguentou os seis ou sete meses que levou para adquirir o equipamento e então pediu demissão.

Como Morrissey, no entanto, Marr se sentiu forçado a voltar à escola e terminar o trabalho. Ficou incomodado por não ter passado em inglês e artes, embora não tenha ficado, nem de longe, tão frustrado quanto seu pai, que passara a se desesperar com as perspectivas do filho na vida. Ironicamente, John Maher tinha começado a promover shows em seu tempo livre, e vinha tentando fazer seu filho se interessar pelo processo, mas a diferença entre as bandas dos bailes de música country para adultos e o rock adolescente era tão gritante quanto a diferença entre o futebol e a música como carreiras. O jovem Maher se matriculou no West Wythenshawe College of Further Education, no mesmo prédio em que passara tanto tempo no centro comunitário. Fez um curso de teatro e, para sua surpresa, gostou muito. E fez amizade com um aluno esforçado chamado Tony O'Connor, que também tinha interesse pela indústria musical. Antes que pudesse notar, tornou-se presidente do corpo discente. Além disso, e tão importante quanto, Marr abandonou os empregos locais, em que abastecia prateleiras de supermercado, por lojas de roupa no centro da cidade. E, nesse processo, passou de um rapaz imaturo de Wythenshawe a um jovem antenado de Manchester.

CAPÍTULO

DEZ

Sou uma espécie de vítima do quarto dos fundos. Passei muito tempo sentado no quarto, escrevendo furiosamente, sentindo-me terrivelmente importante e imaginando que tudo que eu escrevesse entraria para os anais da história ou algo assim. E isso se mostrou bastante verdadeiro.

— Morrissey, *Oxford Road Show*, março de 1985

No dia 18 de maio de 1980 Ian Curtis, vocalista do Joy Division, tirou a própria vida enforcando-se em casa, em Macclesfield, nos arredores de Manchester, e deixando para trás uma esposa viúva, uma filha de colo órfã e uma banda e uma gravadora consternadas. As ondas de choque não pararam por aí: a decisão consciente de Curtis de se matar aos 23 anos reverberou por toda a sua geração (pós-punk) e muito além. O Joy Division estava à beira do estrelato na época. Tinha acabado seu segundo álbum, *Closer*, além de já ter um novo single altamente comercial, "Love Will Tear Us Apart", previsto para lançamento imediato; na verdade, o grupo estava prestes a partir para uma turnê americana no dia em que Curtis se matou. Diante disso, Curtis tinha todas as razões para viver.

Não há muita dúvida, considerando-se sua longevidade posterior, que "Love Will Tear Us Apart" teria sido sucesso de qualquer forma, mas após o suicídio de Curtis, com a atenção da mídia e a difusão no rádio inspirando a solidariedade dos consumidores em massa, a música se tornou um hit ainda maior, voando para o top 20 britânico em julho, acompanhada, então, pelo sucesso instantâneo de *Closer* no top 10. As vendas de discos e as posições nas paradas proporcionaram um sucesso agridoce para a Factory e sua principal distribuidora, a Rough Trade; a satisfação com a penetração no mercado era confrontada, nas reuniões da empresa, pelo fato de eles terem nas mãos um astro morto. Os membros restantes do Joy Division decidiram continuar com outro nome, mais adiante recrutando a namorada do baterista Stephen Morris, Gillian Gilbert, para tocar teclado, e trazendo Bernard Summer nos vocais, voltaram como New Order. Eles sabiam, entre si, que Curtis sofria de epilepsia e estava tomando um pesado coquetel de remédios controlados, alguns dos quais pareciam mexer com seu humor, no entanto, como rapazes da classe trabalhadora criados numa cultura que encorajava o mascaramento dos problemas pessoais de saúde e, de forma geral, ignorava problemas psiquiátricos como um todo, eles não tinham ferramentas para reconhecer a tendência suicida de Curtis, quanto mais lidar com ela. A decisão de continuar como banda, como admitiram mais tarde, foi um ato de raiva tanto quanto a mudança do nome foi um ato de cortesia profissional.

Curiosamente, a morte de Ian Curtis pareceu não ter nenhum efeito na vida de Steven Morrissey; tanto a música quanto as personalidades, no tocante ao Joy Division, não pareciam tocá-lo nem um pouco. O que era estranho, não apenas porque o grupo era tão estimado dentro e fora de Manchester, tampouco porque Morrissey andava pelos círculos da Factory, mas sobretudo porque Ian Curtis foi adiante com a velha ameaça de Morrissey: ele levou a própria vida a um lugar que Morrissey, apesar de falar tão persistentemente em suicídio, somente viria a contemplar de longe.

Houve, no entanto, um aspecto em que o suicídio de Curtis deixou uma marca muito profunda no futuro de Morrissey: a associação que tal suicídio criou com Manchester como uma cidade tão infeliz e depressiva que um jovem cantor e letrista talentoso de uma banda jovem que estava em alta preferia se matar a abraçar a possibilidade de se tornar um astro pop. Esse foi o legado de Ian Curtis; Morrissey estava determinado a fazer com que o mesmo não fosse o seu.

COMO MORRISSEY REFERIU-SE posteriormente, seus anos perdidos foram um período permanente de introspecção, solidão e autoconhecimento, marcado por apenas ocasionais lampejos de companheirismo ou possibilidade de realização. "É difícil descrever como eu era isolado", disse ele numa de suas muitas referências a esse período. "Especialmente quando eu tinha 21, 22, 23 anos... Eu estava totalmente sozinho. A simples ideia de me tornar o que me tornei era impensável. Às vezes eu considerava a vida insuportável." De fato, na época em que Johnny Marr bateu à sua porta e o "salvou", Morrissey já havia vagado para longe da cena musical de Manchester, cena essa que estava se movendo continuamente, a ponto de ele ter sido, em grande parte, excluído dela até por aqueles que genuinamente gostavam dele. Ainda assim, o retrato lamentável que ele pintou de si mesmo contrasta com o personagem que formou relacionamentos positivos e ativos tanto com homens quanto com mulheres, e que continuava a comparecer a shows regularmente, promovendo-se, quase implacavelmente, como um escritor de mérito.

As duas perspectivas não são antagônicas. A natureza de muitas pessoas que sofrem de depressão é que elas podem manter o que parece, superficialmente, uma vida social ativa. Nesse âmbito, o comportamento de Morrissey era quase o padrão. Quando seu humor estava positivo, ele se mostrava a seus amigos, inclusive a seus correspondentes, como o colega espirituoso, sociável, ocasionalmente briguento, mas, em última instância, agradável como eles sabiam que ele era capaz de ser. Quando a vida o colocava para baixo, ele se recolhia em seu quarto na Kings Road, fechava as cortinas, provavelmente procurava remédios controlados, e se escondia do mundo como um todo.[1]

O lado negativo explicava as limitações do lado positivo. Morrissey havia muito vinha tentando todos os passos óbvios para montar uma banda — colocar anúncios em jornais musicais, responder anúncios em jornais musicais, oferecer seus serviços a pessoas que ele conhecia em shows, comparecer a testes e até subir no palco. Mas ele não tinha o tipo de complacência para encontrar, encurralar e motivar integrantes certos para uma banda com ele, arranjar equipamentos, conseguir um empresário, agendar ensaios e marcar shows. Pelas mesmas razões, faltou a ele personalidade para empresariar uma banda (como sua experiência negativa com o A Certain Ratio revelou) ou começar um selo, que exigia todos os anteriores *além* de um diploma em papo-furado e em aguentar fraquezas alheias. Um escritor incansável, sua incapacidade de publicar seu proposto fanzine do tamanho de um livro sobre os New York Dolls demonstrava a razão pela qual ele nunca levou adiante o projeto óbvio para alguém com opiniões tão firmes: começar um fanzine. Embora fosse capaz de escrever (muito bem), datilografar e mesmo diagramar, Morrissey não estava disposto a investir dinheiro e passar pelo processo de vendê-lo para as lojas. Ele ficaria muito mais feliz em encontrar um mecenas para seus talentos literários.

Os principais jornais musicais não acolhiam seus apelos por emprego. Havia uma separação de igreja e estado entre aqueles que ditavam o que era bacana e aqueles que enchiam as páginas de cartas dos leitores com discordâncias, e Steven Morrissey tinha se mostrado, gratuitamente, um incômodo muito grande ao longo dos anos, o que eles não estavam dispostos a pagar para ele ser. Além disso, todos os três principais jornais semanais tinham contratado correspondentes em Manchester assim que a cidade pareceu ser a segunda no quesito (pós-)punk, na época em que Steve Morrissey ainda se imaginava como cantor. Certa vez, um funcionário da *NME* desligou o telefone na cara de Morrissey enquanto ele tentava convencê-lo.

O que sobrou foi o *Record Mirror*, o menor dos jornais semanais, tanto em circulação quanto em credibilidade; no ano de 1976, em carta para o jornal promovendo seus habituais ídolos americanos, Morrissey tinha criticado a "imagem de dona de casa" que o periódico passava. Mas, no início dos anos 1980, sem nenhuma outra carta na manga, ele aceitou um humilde papel de crítico de shows promovidos na cidade de Manchester, o tradicional ponto de entrada no jornalismo musical. Como qualquer escritor lidando com as realidades de um trabalho pago pela primeira vez, Morrissey se enfureceu com seus editores. "Eles picotam e mudam todas as minhas críticas, fazendo com que eu pareça banal e básico", reclamou ele. Mas a imposição de um prazo, uma contagem específica de palavras e, em verdade, qualquer tipo de edição se mostraram revigorantes. Durante 18 meses de críticas esporádicas a shows, os textos de Morrissey estavam ficando cada vez mais afiados e espirituosos. Sobre o Wasted Youth, uma banda de glam rock de Londres com influências demasiadamente óbvias, ele escreveu, com uma precisão digna de Wilde: "O baixista parece, olhando da plateia, um ninho abandonado de avestruz... O guitarrista, fabuloso, oferece furtivos sorrisos debochados, *e* você faria o mesmo se tivesse que fundar seus alicerces com uma pá..." E sobre seu antigo ídolo, Iggy Pop, ele escreveu: ele "parece tão amedrontado quanto uma sereia do Alasca com roupas bem-lavadas... Pode-se imaginar que o próximo passo para ele seria o Golden Garter ou, melhor ainda, a aposentadoria".

A imprensa musical britânica sempre foi famosa por ser incestuosa — como se, por se tratar de rock, as regras habituais a respeito de conflitos profissionais e objetividade pessoal não se aplicassem.[2] Dessa forma, como sempre havia feito com seus textos para vários fanzines, Morrissey não pensou duas vezes antes de defender as bandas de que ele já era fã ou amigo. Fez elogios quase histéricos ao Lonesome No More de Billy Duffy quando a banda abriu o show do Wasted Youth. Referiu-se aos Cramps como "o produto de exportação mais importante dos Estados Unidos desde os New York Dolls", omitindo o fato de que ele estava no meio do processo de montar o fã-clube britânico da banda, Legion of the Cramped, juntamente com a editora do *The Next Big Thing*, Lindsay Hutton, a qual tinha lhe apresentado a banda. (Ele estava tão animado que colocou anúncios na *Sounds* antes de o fã-clube estar adequadamente organizado, o que resultou em cartas reclamando que um tal de Steven Morrissey, da Kings Road, estava fugindo com o dinheiro dos fãs.) E ele era realmente implacável em tentar promover sua melhor amiga.

Depois do projeto gráfico histórico que fizera para o *Orgasm Addict*, Linder seguira com a publicação de um fanzine provocativo, cheio de fotocolagens igualmente polêmicas (e, aos olhos dos que não compreendiam a arte, igualmente pornográficas), *The Secret Public*, ao lado do escritor Jon Savage; ela projetara a capa de estreia da revista *Real Life*, e tinha formado a banda Ludus, da qual era líder e única mulher na formação, assolando a cena de shows de Manchester (e além) com fúria. Mesmo não sendo exatamente famosa, Linder era certamente "um nome". Morrissey, em comparação, tendo feito apenas um ou dois shows com os Nosebleeds, era, por sua vez, anônimo.[3] Ainda assim, a dupla se considerava mutuamente compatível. "Linder parecia saber algo que eu sabia", escreveu Morrissey sobre a amizade florescente entre eles nos anos do pós-punk em Manchester. "Nós dois falávamos em linguagem cinematográfica e ambos sabíamos que nossa presença na Terra já era confusão suficiente para aqueles ao nosso redor." Linder, que compartilhava o humor seco de Morrissey, observou que o que eles mais tinham em comum era que ambos eram "totalmente incapazes de arranjar um emprego". (Linder insistia em viver de sua arte. Morrissey continuou a aceitar empregos de curta duração, incluindo, em 1980, um período como porteiro do hospital onde seu pai trabalhava na época — e isso apesar da sua aparente separação.)

Determinado a se agarrar com unhas e dentes à nova década, no começo de 1980 Morrissey se mudou para a casa de Linder, no número 35 da Mayfield Road, aumentando o eventual boato de eles serem um casal. Na verdade, o "quarto alugado em Whalley Range" de Morrissey, como ele viria a imortalmente descrevê-lo na letra de "Miserable Lie", era no antigo apartamento do guitarrista do Magazine, Barry Adamson; Linder — na verdade praticamente todos do Ludus — morava acima dele. Apesar disso, a casa tinha o ar boêmio de uma sala de museu: "É um oásis de cultura e livre expressão (em outras palavras, é um chiqueiro, mas o aluguel é barato)", escreveu ele para um amigo. Morrissey, evidentemente, achava que Linder era um pacote completo de inteligência *e* beleza — "Não conheci ou ouvi falar de absolutamente ninguém, em toda a civilização humana, que fosse como Linder", admitiu ele mais tarde — e, numa entrevista conduzida pelo próprio Morrissey para a revista *Interview*, em 2010, Linder também exaltou os primeiros anos de sua amizade: "A troca de ideias nas casas que dividi — como você bem sabe, levando em conta que estava lá — foi, em retrospecto, a educação mais memorável em imaginação intelectual. Não que alguém fosse usar esses termos, mas você, Howard Devoto e Pete Shelley, e outros, eram muito, mas muito inteligentes. Todos encontrando formas diferentes de dizer: 'sim, mas...' Tinha menos a ver com talento do que com genialidade — músicos e cantores, mas com mentes e olhos de romancistas. Hoje em dia, rapazes com enormes... coleções de discos me descrevem como 'musa' desse círculo de Manchester. Talvez, talvez, talvez... Mas vocês também eram 'minhas musas'."

Longe das outras figuras centrais dessa cena, Linder e Morrissey desenvolveram sua devoção em longas caminhadas, a forma preferida de Morrissey ver o mundo enquanto, simultaneamente, fugia dele. Suas visitas ao Southern Cemetery, em Chorlton, tornaram-se particularmente lendárias devido à canção "Cemetry Gates", mas os cemitérios estavam longe de ser seu único destino e sua única distração. "Nós vagávamos por Moss Side", recordou Linder. "Horas e dias vagando, apenas nós dois, juntos, mas, ainda assim, muito sozinhos, extremamente íntimos, mas muito separados."

Além de andar e conversar, disse Linder, "costumávamos ler obsessivamente, devorando um livro atrás do outro. Era um ingrediente muito essencial em nossas vidas". Especificamente, "a maioria dos livros que líamos era escrita por mulheres, ou sobre mulheres". Esse processo contínuo de ler e conversar (e caminhar) com uma figura feminista tão forte levou Morrissey ao conceito de "quarto sexo", que ele viria a promover assim que os Smiths decolassem, como explicação parcial para seu proposto celibato. Enquanto isso, no entanto, Linder tinha sua banda, Ludus, e em 1980 eles haviam começado a lançar discos — pela New Hormones, selo anteriormente associado aos Buzzcocks e que agora era comandado de um escritório perto da Piccadilly de Manchester por Richard Boon, ao lado do empresário da banda, Peter Wright.

Ludus não era exatamente uma banda comercial: as letras de Linder usavam licença poética para mudar a fórmula rítmica tradicional, e a música da banda era, por isso, massivamente assimétrica. Quando as duas linhas ameaçavam ir em direções completamente diferentes, ela era capaz de gritar ou oferecer algo muito próximo de um canto tirolês para mascarar o rasgo no tecido musical. As músicas contrastavam em duração, e títulos como "Anatomy Is Not Destiny" claramente não foram criados para circular nas ondas do rádio durante o dia. (E sim, em todos esses aspectos, o Ludus de Linder serviu como um modelo para os Smiths de Morrissey.) Mas, numa época de prósperas experimentações do pós-punk, o Ludus se encaixava perfeitamente ao lado das mentes similares The Slits e The Raincoats, de Londres, Delta 5, de Leeds, e The Au Pairs, de Birmingham — todos eles grupos liderados/dominados por mulheres lançando discos sexualmente políticos por selos independentes de inclinações esquerdistas. (Morrissey, não surpreendentemente, era fã do Au Pairs, e foi DJ num show do Delta 5, levando consigo seus discos de Sandie Shaw junto dos discos do Ludus.) Mas, seja pela desorganização bem-intencionada da New Hormones ou, como Boon alegou, pela resistência consciente de Linder à popularidade, sua banda nunca decolou de verdade. Morrissey fez o que foi capaz para mudar essa situação, resenhando a banda na *Record Mirror* não apenas uma, mas duas vezes.

A segunda dessas ocasiões, um show em que o Ludus abriu para o Depeche Mode, acabou sendo a última crítica paga de Morrissey. Sem mencionar que ele havia morado com o Ludus, escrito seu mais recente release, pedido à New Hormones para mandá-lo a Nova York com o grupo e operado as luzes daquele show em particular, Morrissey, então, escreveu como "sua música oferece tudo a todos". (Inegavelmente, ele também observou que "o Ludus gosta de chafurdar na depravação alheia".) Obviamente, como uma revista pop, a *Record Mirror* não se interessava, nem de longe, pelo Ludus quanto o fazia pelo Depeche Mode. E Morrissey, ainda sem saber que pouco mais de um ano depois viria a liderar um bombardeio musical contra a forma de synth-pop da banda principal do show (e que, alguns anos depois, eles compartilhariam milhares de fãs nos Estados Unidos), armou trincheiras e usou sua perspectiva de crítico. "Eles revivem todos os clichês terrivelmente monótonos já conhecidos pelo homem", escreveu, atacando o single de sucesso que entrara no top 20, "New Life", como "nada além de jujubas sem gosto".

Ele tinha razão em dizer que a música do início da carreira do Depeche Mode revelava uma sensibilidade pop antiquada, embrulhada numa espécie de sintetizador chiclete de que veteranos como Morrissey tinham se cansado na época do Chicory Tip. Mas ele também *perdeu* a razão. Porque, embora o Depeche Mode servisse de modelo para um novo movimento "futurista" de gente que frequentava boates e gostava de sintetizadores, eles eram também o resultado inevitável dos três últimos anos de liberdade do pós-punk, eram filhos de uma orgia musical entre (os queridinhos de Rough Trade/Factory/Mute/Fast Products) Cabaret Voltaire, The Human League, OMD e The Normal. Um grupo autofuncional, praticamente da mesma idade de Morrissey e, como ele, antigos adoradores de Bowie e do Roxy Music, eles exibiam uma atitude de "faça você mesmo"; tinham um compositor genuinamente talentoso em Vince Clarke; e tinham sido escolhidos por um selo independente de verdade, a Mute Records. E quando, apenas um mês após a crítica mordaz — mas no fim das contas irrelevante — de Morrissey, eles chegaram ao top 10 com "I Just Can't Get Enough", aquilo marcou um triunfo ainda maior para o selo e seu distribuidor, a Rough Trade. Enquanto um renovado Human League, agora contratado pela Virgin, varria a nação naquele Natal com a onipresente "Don't You Want Me" e num ano que viu outras descobertas de selos independentes, como OMD e Soft Cell, também chegarem a altas posições nas paradas, o sucesso do Depeche Mode — que permaneceu leal a Miller e à Mute, apesar da sedução de adiantamentos multimilionários — provou, sem dúvida, que a rede independente poderia rivalizar com as grandes gravadoras, e isso tudo com um orçamento minúsculo. O fato de isso ter se provado por meio de um grupo em que guitarra, baixo e bateria pareciam enigmáticos, soava, na época, apenas como parte do aparente fluxo da história.

* * *

EM OUTUBRO DE 1980 surgiram boatos na Palatine Road sobre a Factory pensar em abrir uma divisão literária, o que fazia sentido, levando em conta que Tony Wilson tinha estudado literatura em Cambridge e deixava claro seu desejo de manter a Factory como algo diferente de uma simples gravadora. No fim, nada saiu daquela ideia, mas Morrissey encarou os boatos como um convite à grandeza. Antes mesmo de o anúncio sobre a Factory Books chegar aos jornais, ele saiu contando a amigos que eles publicariam uma peça sua. Quaisquer certezas que ele pode ter recebido de Tony Wilson nesse sentido acabaram sendo promessas vazias. Depois de outra longa estada nos Estados Unidos — Natal de 1980 no Colorado e várias semanas do novo ano na Costa Leste, Filadélfia, Nova Jersey e Nova York, onde ele se apaixonou dessa vez pelos vastos sebos que vendiam livros usados e pelo fato de eles estarem abertos *aos domingos*, algo que era, literalmente, um sacrilégio na Grã-Bretanha daquela época —, Morrissey voltou para casa ansioso para saber da suposta boa sorte da peça. Uma carta a Wilson, em março, não obteve resposta; em abril ele escreveu novamente, no que agora estava se tornando sua familiar letra de forma fina e comprida: "Sinto que é meu dever legal lembrá-lo de minha pequena peça. Ela ainda será publicada?"

A falta de resposta deveria ter convencido Morrissey de que não seria, mas ele achou que não podia deixar o assunto morrer. Na verdade, o que ele percebeu como indiferença de Wilson (que, como Morrissey descobriria em breve, nos Smiths, era mais o resultado de estar sufocado pelo sucesso) provocou-o, dois meses depois, a sentar à máquina de escrever para compor uma carta mais importuna, "a respeito daquele pequeno pedaço de baboseira requentada, minha peça. Gostaria que você me informasse o que vai fazer com ela. Mas você não diz nada". Sem se deixar abater por isso, e também pelo fato de Wilson ainda não ter devolvido seu manuscrito, Morrissey partiu em outra contenda, dessa vez em nome dos seus amigos do Ludus; o fato de eles já estarem contratados pela New Hormones e de que não era provável que Wilson roubasse uma banda de seu amigo Richard Boon pareceu não passar por sua cabeça. Ele então seguiu outra ideia, sugerindo que via a Factory de Tony Wilson como obrigada a emular o mundo multimídia da Factory de Andy Warhol, com sede em Nova York na década de 1960; Wilson, disse ele, deveria encontrar um teatro, contratar atores e encenar a peça inegavelmente sem trama de Morrissey. Embora fosse polido e tipicamente engraçado em sua escrita, Morrissey concluiu com o que poderia facilmente ser interpretado como um desafio ou uma provocação, usando uma frase que ele mais tarde adaptaria para uma letra sua: "Vou escrever para você semanalmente até você decidir falar comigo ou cuspir bem no meu olho." Parece que essa foi sua última correspondência sobre o assunto.

Alguns anos depois, Wilson falaria positivamente sobre os esforços literários de Morrissey, mesmo que a única coisa de que ele pudesse recordar sobre o manuscrito (antes de perdê-lo, como alegou) tenha sido que "os personagens viviam à base de torradas". E ele, obviamente, via potencial suficiente em Morrissey a ponto de guardar as cartas (embora, frustrantemente, não a peça). Mas o grande número de cartas de Morrissey e, em especial, a maneira com que ele pareceu se transformar de fã em inimigo num espaço muito curto de tempo — isto é, ao longo daquela carta final — despertaram sua desconfiança, ou algo do tipo. Morrissey, ao que parecia, queria entrar na Factory; Wilson o manteve fora.

A frustração de Morrissey era até compreensível — especialmente no caso de ele não ter se preocupado em fazer uma cópia da peça antes de confiá-la a Wilson. Mas seu humor deveria ter melhorado pelo fato de — finalmente! — seu fanzine em formato de livro sobre os New York Dolls ser publicado. Morrissey tinha oferecido seus serviços ao editor de uma pequena editora local, John Muir, da Babylon Books, que, sem artistas como Joy Division e New Order para mantê-lo ocupado, tinha abraçado a rara oportunidade de ter um jovem e ávido autor que aceitaria ser publicado sem adiantamento. O livro foi (finalmente) publicado no começo de 1981. Aquela publicação de 48 páginas, com as palavras de Morrissey, revelava o estilo, o ritmo poético e a sagacidade que estavam a apenas dois anos de encontrar sua verdadeira voz nos Smiths. Mas, como prova maior de que literatura era menos o seu caminho óbvio do que as letras de música, o ensaio não revelava um senso sólido de construção. Em vez disso, começava com uma série de potenciais frases de abertura didáticas:

> Os New York Dolls foram o primeiro sinal real de que os anos 1960 tinham acabado. Sua vulgaridade inigualável dividia sentimentos de extravagante devoção ou ódio vil. Era impossível olhar para os Dolls

e achar que nadavam seguindo a corrente, assim como era, também, impossível ignorá-los. O que foi escrito sobre o grupo é suficiente para encher uma biblioteca. Eles eram a *cause celebre* da vanguarda de Nova York.

E aquilo continuava por várias páginas antes de ceder à exaustão e citar, em vez disso, palavras dos próprios integrantes do grupo. Ainda assim, numa época em que jornalismo musical de qualidade era uma ideia relativamente nova e ainda não tinha se estendido a biografias musicais de qualidade, a aparição, nas prateleiras de lojas de discos (e em algumas livrarias) locais, de um pequeno livro dedicado a uma banda cult provou ser suficientemente popular para reedições e vendas que acabaram chegando perto de 3 mil cópias. Como ato de amizade, Morrissey dedicou o livro a James Maker, "que vive isso".

Seu livro sobre os New York Dolls acabou sendo mais ou menos a última palavra de Morrissey sobre o assunto por muitos anos. Curiosamente, assim que os Smiths atraíram o tipo de atenção que ele um dia achou que era um direito dos Dolls, ele rejeitou sua condição de fã como "apenas um fascínio de adolescente... eu era muito jovem na época", observando, em outras entrevistas, que "odeio os Dolls agora" e " nunca seria capaz de escutar um de seus discos". O fato era que seu "fascínio" tinha durado uma década e voltaria em anos vindouros; na verdade, Morrissey mostraria ser crucial para a futura reunião do grupo. Uma explicação possível para essa bizarra mudança de opinião é que a imagem dos New York Dolls contrastava de forma muito vívida com a dos Smiths em 1984 — e, mais importante, que ele estava feliz por ter se tornado, finalmente, Morrissey, o cantor, e não queria mais ser identificado, como fora por muito tempo, em Manchester e na imprensa musical: Morrissey, o fanático pelos New York Dolls, estranhamente obcecado.

Não foi surpresa que Muir tenha pedido a Morrissey um novo livro. Dessa vez, ele se entregou ao fascínio que tinha por James Dean, cuja imagem xerocada acompanhava muitas de suas cartas a amigos e correspondentes. Em 1979, uma dessas correspondentes, Lindsay Hutton, tinha publicado o poema de Morrissey "James Dean Is Not Dead" (que retrabalhava o título de um ensaio de François Truffaut) no *The Next Big Thing*. O poema oferecia a noção de que Dean não morreu em 1955, mas, em vez disso, "horrivelmente mutilado" por seu acidente de carro, foi deixado de lado pelos "mandachuvas" que não tinham mais nenhuma utilidade para ele. O poema de Morrissey imaginava Dean passando seus anos com um "roupão gasto e cinza, pantufas bem gastas, espírito falecido" e não era, por certo, considerando-se os padrões de grande parte da poesia adolescente da época, nada de que ele devesse se envergonhar. O futuro livr(et)o, também intitulado *James Dean Is Not Dead*, apoiava-se de forma mais pesada no tipo de jornalismo retalhado que seria utilizado pelos Smiths nos anos 1980. Ele, na verdade, não foi publicado até 1983, quando os Smiths já estavam na ativa, e Morrissey estava relativamente disposto a subestimá-lo. Ainda assim, apesar da escrita fraca, havia a ocasional mostra de um humor rítmico — e uma discussão ávida de hábitos sexuais como os que Morrissey se negaria a revelar a respeito de sua própria vida assim que se tornou o alvo de interesse igualmente lascivo:

> Em Hollywood, onde os jovens atores eram escolhidos, colhidos e enviados, Dean estava determinado a alcançar o sucesso segundo seus próprios termos. Quando era interrogado por fofoqueiros sobre sua bissexualidade, ele lhes dizia: "Bem, eu certamente não vou passar toda a minha vida com uma das mãos amarrada às costas!" Foi frequentemente afirmado que ele "abaixou as calças" para chegar ao topo. Será que a Warner, ao contratar Dean, comprou e destruiu os filmes pornográficos que mostravam seu precioso protegido nu e pronto para a ação?

Um terceiro ensaio em formato de livro oferecido à Babylon, *Exit Smiling*, era possivelmente o mais interessante dos três, pelo fato de não focar numa única banda ou num único ator, mas num gênero, "alguns dos azarões das telas". Os 14 capítulos (muito) curtos de Morrissey, ordenados novamente sem coordenação ou estrutura aparentes, miravam brevemente nos talentos dos relativamente reconhecíveis (futuros astros das capas dos Smiths, Terence Stamp e Rita Tushingham) e os de certa forma obscuros (Pier Angeli e Mamie Van Doren), para a média dos leitores britânicos pelo menos. Muito mais do que uma coleção de astros de fora de Hollywood, *Exit Smiling* serviu também como uma exploração das tendências feministas de Morrissey e foi claramente influenciado, nesse sentido, pelo revolucionário livro de Molly Haskell, *From Revence to Rape: The Treatment of Women in the Movies*, de 1974. Embora o breve galope de Morrissey pelas fronteiras da crítica cinematográfica não chegasse aos pés do trabalho de Haskell, aquilo era genuinamente revelador sobre os interesses de toda a vida e os processos de pensamento do rapaz. Se ele ficou aborrecido quando Muir se negou a publicá-lo na época, citando a falta de um público potencial, ficou também compreensivelmente furioso que ele tenha saído em 1998, num ato estranhamente atrasado de óbvio oportunismo.[4]

ELE PODE ALEGAR ter sido uma "vítima do quarto dos fundos", mas as comunicações de Morrissey com o mundo exterior continuavam numa marcha furiosa; certas vezes, ele devia se sentir como se sustentasse sozinho o serviço postal real. (Ele fez o possível para evitar a parte real daquilo, recusando-se a usar selos que celebravam o casamento do príncipe Charles com lady Di, em 1981, e castigava com bom humor os amigos que ousassem usá-los.) Respondendo a um anúncio na *Sounds*, começou uma relação por correspondência com um adolescente de Glasgow, Robert Mackie, relação essa quase irritante em sua combinação de inteligência maldosa, entusiasmo infantil e condescendência evidente. O crítico profissional da *Record Mirror* e autor da Babylon Books parecia muito diferente da pessoa que começou uma de suas cartas com as frases: "Fico tão satisfeito que você tenha apreciado minha última carta. Por que você simplesmente não admite que cada palavra que escrevo o fascina? Isso pouparia tanto tempo. A melhor coisa que posso falar sobre sua carta é que ela existe."

No início da troca de correspondências, que durou 14 meses a partir de outubro de 1980, Morrissey começou a convencer Mackie de que era americano e de que sua viagem, no início de 1981, aos Estados Unidos seria para ir morar lá. (Sentiria falta, insistiu, de *Coronation Street* e do *Top of the Pops*, mas isso parecia ser tudo.) Quando retornou, em março, no entanto, foi para expressar entusiasmo a respeito do grupo que ele estava formando, Angels Are Genderless, para o qual ele tinha escrito pelo menos uma música, da qual estava orgulhoso, intitulada "I'm De-parted". Morrisey atazanou Mackie para que lhe mandasse uma foto, então o esculhambou quando descobriu que seu correspondente usava bigode, o qual ele comparou a uma lagarta morta. Apesar disso, buscou mais detalhes pessoais, e deu pistas sobre seu relacionamento com uma garota que ele mais tarde levaria ao estúdio para fazer backing vocals em suas primeiras gravações com Johnny Marr: "Tenho uma namorada chamada Annalisa. Nós dois somos bissexuais. Muito moderno, não? Odeio sexo." Quando Mackie respondeu que sua vida sexual era inexis-tente (ele tinha 18 anos na época, Morrissey quase 22), Morrissey ofere-ceu uma resposta que, de alguma forma, contrariava suas últimas decla-rações: "Oh, sim, celibato é realmente bacana (amiga), mas 'nenhum homem é uma ilha', como diz o ditado. E você não OUVIU FALAR de repressão sexual? Você provavelmente vai acabar estrangulando sua mãe ou se tornando um assassino de crianças psicopático (*sic*), demente e bissexual."

Pelo menos Morrissey continuaria consistente em seu desdém por empregos; ele parecia desapontado, se não completamente surpreso, em descobrir que Mackie, na verdade, trabalhava para se sustentar. No que dizia respeito à musica, Morrissey observou que tinha visto Bowie ao vivo cerca de 16 vezes e que fora capaz de se corresponder com Bryan Ferry porque "puxei a manga de sua camisa", supostamente no Midland Hotel, em 1972. Ele insistia em citar nomes para se mostrar. "Howard Devoto está hospedado com minha amiga Linder essa semana, então vou até lá amanhã para bater papo, como se diz. Você não acha que sou uma pessoa interessante?" Ele obteve sucesso em convencer Mackie a escutar não apenas o Ludus, mas o grupo sarcasticamente intelectual The Monochrome Set, e se sentiu obrigado a observar que também ti-nha recebido uma carta do vocalista dessa banda. Com um dos pontos de referência musical mais mútuos da dupla, o Velvet Underground, ele mudava o assunto (repetidamente) para a cantora que participou do ál-bum de estreia da banda, Nico: "Ela está morando por perto e pode ser vista muitas vezes rodando pela glamorosa Manchester, vestindo uma capa preta e cantarolando 'Le Pattite Chevalie."

Era (parcialmente) verdade: Nico *estava* morando em Manchester e, apesar do muito conhecido vício em heroína, estava sendo empresariada pelo produtor local Alan Wyse, que trabalhava numa sala no escritório da New Hormones. Embora estivesse muito na sombra da Factory, a New Hormones mantinha um elenco interessante — Dislocation Dance, Diagram Brothers, Eric Random e, obviamente, o Ludus —, e sua localização central significava que os artistas paravam ali com frequência. Richard Boon e Peter Wright habituaram-se a uma Nico muito chapada compartilhando espaço de trabalho com um persistente Steven Morrissey, que se instalou por lá com uma xícara de chá e uma mesa, sob o pretexto de que, quando ele sentava para escrever, era normalmente uma crítica ou uma carta elogiando o Ludus. (Não tendo um telefone na Mayfield Road ao longo de 1980, ele se aproveitava daquele aparelho sempre que estava na New Hormones.) Na época, Wright pensava em Morrissey como "alguém que tinha uma queda por Linder. Ele era um rapaz inteligente, mas era... meio que só mais um na multidão de Manchester. Não parecia que algo fosse acontecer".

Richard Boon tinha mais fé. "Ele ficava muito por lá, ouvia as conversas dos outros e ficava sabendo de coisas. Tinha talento, mas não havia encontrado uma válvula de escape. Encontrá-lo informalmente era sempre fascinante, porque ele estava ciente de seus interesses e os levava realmente a sério. E era motivado. Você simplesmente sabia que essa pessoa teria êxito em algum tipo de empreendimento cultural." Em certo ponto Morrissey entregou-lhe uma fita cassete em que cantava o que Boon se recorda como uma velha música de Bessi Smith: "Wake Up Johnny", uma escolha de título que, ao menos para Boon, era bizarramente profética.[5] Não é surpresa que Boon se mostrasse, de certa forma, desdenhoso da noção de Morrissey como um indivíduo eternamente deprimido. "Mesmo que ele estivesse em seu quarto, olhando para o espelho, estava na verdade olhando para fora. E seu olhar ávido estava sempre mirando o prêmio. Acho que houve muito melodrama ligado ao quarto."

No meio desse período, durante o qual Morrissey passou de mero colaborador de fanzine e redator incômodo de cartas a autor publicado e crítico de shows, ele decidiu escrever um livro sobre Howard Devoto. Era uma empreitada corajosa, levando em conta que Devoto era ex-namorado de Linder e a opinião de Morrissey sobre ele parecia oscilar de acordo com a ocasião. Morrissey tinha se entusiasmado com os

Buzzcocks desde o início da banda, citando Devoto como uma grande parte do apelo do grupo, no entanto, no verão de 1978, logo depois de abrir para a nova banda de Devoto, Magazine, no Ritz, ele escreveu: "Acho a voz de Howard Devoto muito irritante e suas letras muitas vezes são simplesmente ruins." No início da nova década o rapaz mudara novamente de opinião ("minha recente descoberta é que Howard me deixa orgulhoso de ser de Manchester", escreveu Morrissey para Hutton sobre como estava ocupado escutando "todos os discos do Magazine") e depois citou *The Real Life of Soap* como o segundo colocado entre seus discos favoritos de 1980 (*The Strange Boutique*, do Monochrome Set, ficou em primeiro lugar). No próximo mês de março, avisou ele a Tony Wilson, "fique de olho em meu livro sobre o pobre Howard, que todos nós achávamos que não cairia nessa". Naquele mesmo mês Morrissey ouvira que "Lorde Howard" não concederia uma entrevista, dessa forma aniquilando o projeto, o que fez a opinião de Morrissey sobre a música de Devoto mudar mais uma vez: "o novo LP do Magazine é — furo! — 'Pepsi-Cola'. Chato, chato, chato. Graças a Deus temos os Associates!"

Permanece incerto se Morrissey alguma vez socializou com Devoto durante esse período: "Em 1976 ou 1977, eu me lembro de Linder me falar de um sujeito 'interessante' que ela tinha conhecido chamado Steven Morrissey — mas isso é tudo", escreveu Devoto ao autor em resposta ao próprio pedido de entrevista que lhe foi feito a respeito dessa época em Manchester. "Eu o vi pela primeira vez em 1985."

A correspondência de Morrissey com Robert Mackie continuou durante esse tempo, com o rapaz de Glasgow, por fim, aceitando uma oferta de Morrissey para visitar Manchester e ficar na Kings Road. Morrissey anunciou que ele poderia ser reconhecido por seu sobretudo; sua peça de vestuário tinha se tornado uma espécie de vestuário distintivo entre certas bandas do norte e seus seguidores, então Morrissey quase nunca foi visto usando outra coisa durante os dois anos seguintes. Tendo assegurado a Mackie que eles não deveriam esperar nada um do outro, Morrissey então provocou seu visitante, de forma bem-humorada, com a advertência: "Depois que eu o amarrar ao armário, o bizarro ritual sexual texano começa. Você não vai acreditar no que minha irmã é capaz de fazer com lã de algodão e uma raquete de tênis!"

No fim das contas, o encontro se mostrou morno. "Embora ele imediatamente tenha feito eu me sentir muito bem-vindo", disse Mackie, "eu nunca me senti tão confortável quanto deveria." Isso não foi nenhuma surpresa pelo choque cultural da situação para o correspondente mais novo e menos viajado. Depois de sair para comprar materiais de escrita e para jantar (sugestão de Betty Dwyer, por Mackie não ser vegetariano), Morrissey levou Mackie a "um bar em que foram recebidos por um famoso travesti de Manchester", provavelmente o Foo Foo's Palace. Lá, ele interrogou Mackie a respeito de sua disposição para trabalhar num emprego servil, algo que já mencionara por escrito. De volta à Kings Road, onde o projeto gráfico para seu livro sobre James Dean e a capa de *Orgasm Addict* estavam expostos, Morrissey mostrou a Mackie uma colagem de recortes de Bowie que ele tinha feito para um projeto de artes na escola, o qual recebeu nota baixa dada a visão negativa que o professor tinha da "bissexualidade" de Bowie. No geral, não foi uma grande surpresa que Mackie tivesse sentido que "não estava no meu nível".

Muitos meses passariam depois da visita até que Mackie ousasse voltar a se corresponder — ocasião em que Morrissey seguiu de onde eles tinham parado. "Sinto muito que sua visita aqui tenha acabado de forma tão infeliz, mas a culpa foi sua. Devo dizer que gostei de conhecê-lo, mas muitas vezes senti que você parecia desejar não estar aqui... Mas nunca lhe prometi que você se divertiria, prometi? Aceite-me como sou — completamente inaceitável."

CAPÍTULO

ONZE

O punk me deixou faminto e sedento por experiência e conhecimento. Onde eu ia encontrar isso? Trabalhando numa loja de roupas e frequentando uma loja de discos.

— Johnny Marr, março de 2011

A separação do White Dice foi provavelmente a melhor coisa que poderia ter acontecido a Johnny Marr, pois finalmente o libertou de seus mentores do bairro. Aos 15 anos, ele queria ter 17; agora que tinha 17, não tinha desejo de ser nem um pouco mais velho. "Reconheci o poder da minha própria idade e não estava mais olhando de baixo para os rapazes mais velhos como se suas vidas fossem melhores. Olhei ao redor e pensei: 'Esse é o nosso tempo.'"

Sua autossatisfação não era exatamente única; 17 anos é tipicamente um ponto de autorreconhecimento entre os jovens britânicos. No caso de Marr, no entanto, essa sensação de autoconfiança foi propulsionada por uma quantidade quase excessiva de atividades pessoais e profissionais. Como tinha acontecido com Steven Morrissey em idade similar, a relação de Marr com o pai atingira seu ponto mais baixo — mas, no caso de Marr, não foi o casamento dos pais o problema. "Eu achava que ele era de um mundo completamente diferente do meu, e ele provavelmente era", disse Marr. "E ele achava que eu era um garoto insolente e descontrolado que fazia as coisas do meu próprio jeito, o que eu provavelmente era. Ambos estávamos certos." Incapazes de conversar para resolver suas diferenças, Johnny concluiu que o pai "queria me ver pelas costas" e fez as malas. (Sua mãe, de quem era tão próximo, apoiou a separação.) Apenas muitos anos depois, quando a distância entre eles tinha se estreitado novamente, foi que John Maher confessou que o dia em que seu filho se mudou de Churchstone Walk foi um dos mais tristes de sua vida.

Um amigo chamado Oliver May contou a Marr sobre o quarto num sótão disponível na "grande casa vitoriana bacana" em que ele morava com Shelley Rohde e os quatro filhos dela, em Bowdon, parte chique de Altrincham, logo a leste de Wythenshawe. Rohde era um ícone local. Tendo abandonado (13 sucessivas!) escolas aos 16 anos, ela se tornara a primeira repórter correspondente em Moscou; tinha coberto a revolução húngara; e ao se mudar para Manchester, na década de 1960, já divorciada, trabalhou como colunista para o *Daily Mail*, apresentou notícias em Granada ao lado de Tony Wilson e publicou uma autoritária biografia sobre L. S. Lowry. Conseguiu tudo isso numa época em que as mulheres ainda não eram consideradas uma presença igualitária na redação, muito menos em zonas de guerra no exterior. Marr agarrou a oportunidade de ter um ambiente doméstico mais boêmio e, na ausência da própria Rohde, que tirara licença para escrever um livro ("levou provavelmente várias semanas para que Shelley tomasse conhecimento de que um adolescente qualquer estava em seu sótão"), o rapaz se entendeu muito bem com os três filhos da dona da casa, interessados em música, um dos quais tinha inclusive transformado um quarto em estúdio, e com a única filha, uma "filha dos anos 1960", um pouco mais nova do que Angie. Marr manteria o apartamento no sótão da casa de Shelley Rohde como seu lar por um longo período.

Enquanto isso, ele e Angie arranjaram um emprego aos sábados na Aladdin's Cave, no infame Arndale Centre (o maior shopping center fechado da Europa e, possivelmente, também o mais feio; não é nenhuma surpresa o fato de ele ter sido projetado pelos mesmos arquitetos que fizeram os Hulme Crescents). O que começou como uma loja gótica barra-pesada — uma referência ao movimento de música e moda que teve suas raízes na Yorkshire do pós-punk — se transformou em algo mais londrino à medida que o jovem casal começou a fazer viagens até a Johnson's, a loja rock 'n' roll que ditava tendências na King's Road de Londres — onde, não por coincidência, Billy Duffy estava agora trabalhando. Com seus próprios produtos, a Johnson's era a loja moderna preferida por bandas como The Jam e The Pretenders; uma segunda linha de roupas, a mais retrô, La Rocka, era usada pelos Stray Cats, Iggy Pop e os seguidores endinheirados de um próspero *revival* rockabilly. (Esse foi, afinal, o auge do estilo jovem britânico, com mais movimentos de moda e *revivals* competindo pelas economias dos adolescentes do que em provavelmente qualquer outro período da história.) Johnny e Angie foram cuidadosos, no entanto, para não se tornarem as peculiares vítimas da moda da loja; "no trem que voltava" para Manchester, enfatizou Marr, o visual "era traduzido" para algo mais regional e pessoal.

Angie passou a trabalhar como recepcionista e modelo de penteados no salão Vidal Sassoon, no centro da cidade (um pôster dela logo estava pendurado na vitrine da loja), e Marr "foi roubado" pela loja Stolen from Ivor, onde juntou-se a seu colega de escola fanático por Bowie e pelo Roxy Music, Phil Powell. A Stolen from Ivor tinha ganhado uma reputação impecável nos anos 1970 por vestir torcedores de futebol com suas calças baggy e seus suéteres com estrelas bordadas, que eram a preferência de um Johnny Marr pré-adolescente. Mas a moda do futebol estava seguindo adiante mais uma vez, com os Soul Boys de Liverpool e os Perry Boys de Manchester preparados para inspirar um movimento de roupas "casuais" em toda a nação, movimento esse que agregava um alto valor à moda das lojas chiques. A Stolen from Ivor não podia competir com lojas como a Top Man; o dono passou, então, a mandar Johnny e Angie a Londres, dando-lhes um cheque em branco para comprar roupas que ele lhes disse que revenderia. Lloyd Johnson começou a gostar do que chamava de "os dois pombinhos" e a lhes dar suas roupas — algo que nem mesmo a maioria de seus astros do rock poderia esperar. Assim que ficou claro que a Stolen from Ivor "começou a copiar" a moda da Johnson's, segundo Marr, ele e Brown passaram a ficar com as roupas que ganhavam e a usar o talão de cheques para comprar "porcarias". E quando Marr ouviu dizer que a cadeia de lojas de roupa de melhor reputação, X-Clothes, estava abrindo uma loja em Manchester, na Chapel Walk, apresentou-se para uma entrevista e os convenceu a lhe darem um emprego.

Como aconteceu com os outros funcionários, ele foi contratado mais por seu senso de moda do que por qualquer habilidade em dobrar roupas. O empregado enviado do quartel-general da loja, em Sheffield, por exemplo, trouxe consigo um interesse gótico de Yorkshire por Clock DVA, Fad Gadget e os Banshees, enquanto o assistente de gerente local gostava de música indie mais obscura, como The Fall e Birthday Party, da Austrália. Todos ouviam o som que chegava de Liverpool, onde o Echo & the Bunnymen, em particular, estava provando que uma banda de rock do norte podia conquistar um público em todo o país baseando-se em guitarras psicodélicas e num vocalista carismático. E havia também o novo selo de Edimburgo, Postcard, cujos principais artistas, Orange Juice, Josef K e Aztec Camera, sugeriam que pop, se abordado com suficiente ímpeto, não precisava ser um palavrão. Os americanos, enquanto isso, continuavam a provar que faziam rock sujo — dos Cramps ao Gun Club — melhor do que qualquer um. Era, em resumo, um período fascinante e fértil para a música, independente do gradual domínio das paradas por bandas de synth-pop.

A banda que Marr e Andy Rourke começaram a formar, no entanto, agora que o White Dice tinha acabado, ignorava a maioria dessas influências e mirava, por sua vez, diretamente nas pistas de dança. E eles não estavam sozinhos nesse tipo de transformação. Dos pesos-pesados do punk, o Clash tinha partido numa dúzia de diferentes direções de groove em *London Calling* e *Sandinista!*, enquanto o Jam estava fazendo o melhor que podia para seguir o exemplo, e a banda pós-Sex Pistols de Johnny Rotten, Public Image Ltd, tinha mergulhado igualmente nos ritmos das pistas de dança com "Death Disco" e o álbum *Metal Box*. A migração também era aparente nos domínios da Factory, com New Order, A Certain Ratio e Section 25, de Blackpool, depositando cada vez mais fé em ritmos programados e mixes para singles de 12 polegadas. E isso era refletido na (recém-criada) parada independente, em que provavelmente o maior disco de 1981 era *Papa's Got a Brand New Pigbag*, um single de 12 polegadas instrumental selvagem, influenciado por James Brown, de uma banda chamada Pigbag, a qual se formara dos estilhaços daquilo que um dia foi o intransigente Pop Group.[1]

Como adolescentes que não estudavam, com um contracheque no bolso, Marr e Brown, muitas vezes com Rourke a tiracolo, podiam frequentemente ser encontrados, em 1981, dançando a noite toda na discoteca Legends, no centro da cidade. Logo se juntou a eles seu novo baterista, "Funky" Si Wolstencroft. Ele e Rourke tinham se conhecido num pub em Sale; convidado a ir à casa de Wolstencroft depois de o bar fechar, com a familiar explicação de que os pais do anfitrião estavam viajando, Rourke foi seguido por várias dúzias de "penetras" que destruíram o local.[2] O baixista ficou por lá para ajudar a limpar a casa na manhã seguinte e foi aí que a amizade começou. Ele e Wolstencroft também tinham afinidades musicais, como seu entusiasmo por uma crescente cena jazz-funk britânica, a qual incluía bandas como Light of the World e Central Line, mas era focada mais especificamente na banda Level 42, cujo líder, Mark King, tocava baixo com considerável velocidade (e com a correia muito curta). Tendo como público alvo parte da classe trabalhadora muitas vezes menosprezada como o "povo do Ford Cortina", o Level 42 conseguiu dividir o público britânico no começo dos anos 1980, quase tanto quanto os Smiths dividiriam poucos anos depois. Johnny Marr certamente não fazia parte do público alvo daquela banda, mas a devoção do guitarrista às pistas de dança o viu abraçar prontamente o amor da cozinha de sua banda por baixo com *slap*, ritmos sincopados e contratempo impregnante.

O Freak Party, como o trio se chamava, conseguiu uma sala de ensaio no Decibelle Studios, um antigo moinho de algodão na Jersey Street, coração da Ancoats da era industrial, onde eles fizeram testes constantes para a vaga de vocalista.[3] Entretanto, quanto mais eles tocavam sem um vocalista, mais completo — e complexo — ficava seu som e, portanto, cada vez mais difícil ficava para um aspirante a vocalista sobressair. (E o fato de eles frequentemente usarem "Flowers of Romance", do Public Image Ltd, como a faixa para o teste não ajudava.) Sem se deixar abalar, no final de 1981, e sem o conhecimento do dono do estúdio, Marr recrutou o engenheiro de som residente do Decibelle, Dale Hibbert, para gravar duas músicas instrumentais ao vivo em fita.[4]

Wolstencroft acreditava que o Freak Party tinha aspirações na direção da música do ABC (banda eletrônica com gravações de baixa qualidade, natural de Sheffield, era agora liderada por Martin Fry, de Stockport, e a ostentação de ternos dourados de lamê do ABC combinada a seu produtor supercomercial, Trevor Horn, fizera de tal banda, possivelmente, o arquétipo do que estava rapidamente se tornando a mudança comercial da nova década, saindo do pós-punk monocromático na direção das cores de bases pré-programadas). A realidade era menos requintada: uma das faixas da demo tinha Johnny Marr fornecendo uma guitarra base cortante que não diferia muito das usadas pelo Gang of Four; a outra soava como o Jam tocando um cover do Pigbag.[5] Nas duas músicas, Rourke e Wolstencroft seguravam os ritmos sofisticados com impecável precisão; o fato de o som, de forma geral, ser representativo do que era uma mentalidade predominante em Manchester pode ser demonstrado pela visita do próprio Tony Wilson à X-Clothes um dia para convidar Marr a se juntar ao Section 25, cujo guitarrista tinha saído repentinamente por conta de seu medo de voar, o que colocara em risco a turnê europeia da banda com o New Order. O Section 25 resumia os gostos variados de Marr na música moderna tão bem quanto qualquer banda do norte, mas eram de Blackpool, a 80 quilômetros, e Marr estava determinado a não ser mais o coadjuvante (ou o guitarrista contratado) na banda de mais ninguém.

Na verdade, Wolstencroft observou como, ao longo desse período e independente do seu amor compartilhado por música eletrônica, "Johnny estava totalmente alucinado por guitarras, sempre carregava uma guitarra, sempre tinha uma aparência bacana, sempre se vestia como um astro do rock, falava, agia como um". Com seus ganhos na loja de roupas e seus contatos na cidade — ele indicava a seus amigos uma das principais lojas de instrumentos —, Marr tinha até adquirido uma Gibson Les Paul de segunda mão, a guitarra usada por, entre outros, Johnny Thunders. O rapaz estava no Decibelle certa noite, ensaiando com o Freak Party, tocando aquela Les Paul com seu igualmente amado amplificador Fender Twin Reverb, quando a porta foi arrombada e quatro policiais entraram correndo; eles identificaram Marr, jogaram-no contra uma parede e o levaram preso. Talvez o fato de poder alegar que "eu não sabia o porquê na época; poderia ser por qualquer coisa" fosse indicativo de seu tipo de personalidade durante aquele período.

Acabou sendo por algo muito sério. A reputação de Marr como alguém que conhecia todo mundo fez com que ele fosse incomodado por um colega de seu trabalho aos sábados para encontrar um "muambeiro" que comprasse algumas obras de arte — esboços que tinham sido roubados de seus mostradores num restaurante local. Acontece que os esboços eram de L. S. Lowry, o artista mais renomado de Manchester e Salford. Se o instinto de Marr tinha sido não se envolver (especialmente porque, por coincidência, ele morava na casa da biógrafa de Lowry), sua personalidade de alguém compulsivo por resolver as coisas o fez, no fim das contas, sugerir ao ladrão uma visita para apresentá-lo ao seu vendedor de maconha. Embora Marr tenha enfatizado que não queria mais fazer parte de nenhuma transação, incluindo lucros, ele tinha conscientemente participado de uma empreitada criminosa — e aquilo agora tinha se voltado contra ele.

O caso foi parar no tribunal, e o prognóstico não era positivo. Logo antes de seu julgamento, ele recordou: "dei adeus a Angie e adeus a Andy. E algumas pessoas me disseram que conheciam quem pudesse cuidar de mim (na cadeia). Falaram que eu não veria minha namorada ou minha guitarra por seis, oito meses. Foi aterrorizante." No tribunal, penas de prisão foram dadas a todas as pessoas envolvidas no caso, menos, disse Marr, a ele mesmo. "O juiz... simplesmente me sentenciou à vergonha e à estupidez." Sua compreensão daquilo tudo foi de ter sido salvo porque "eu tinha feito aquilo sem tentar ganhar nada, estava apenas tentando me livrar de um sujeito". Foi tanto uma escapada por pouco quanto uma valiosa lição; apesar de Marr gostar de sua reputação como playboy, ele não tinha nenhum interesse em se tornar o tipo de "trambiqueiro" cujos pequenos crimes levariam a uma vida de sentenças cada vez mais pesadas.

Ironicamente, foi por causa de outra forma de comportamento criminoso que o Freak Party acabou se separando. Com o pai raramente em casa, o lar dos Rourke, na Hawthorn Lane, vinha cada vez mais se transformando num antro de narcóticos. O abuso de drogas era tão escancarado que usuários do corpo de bombeiros local paravam com seu caminhão para buscar suprimentos, não se importando com a atenção que podiam estar trazendo à casa. O mais importante, no entanto, era que as próprias drogas tinham mudado. "Tínhamos passado de maconha a heroína", admitiu Andy Rourke, e "quem traficava estava agora morando na casa". Como o segundo mais novo dos quatro filhos, Andy era impotente para parar o tráfico. E se viu igualmente incapaz de evitar seu envolvimento com heroína. Em grande parte, ele apenas a fumava, muito raramente cheirava, e tinha medo suficiente de agulhas para garantir que nunca injetaria, mas isso foi uma parte de sua atração ao lado negro, à noção de "assustador", à ideia de que não passaria muito tempo no mundo. Em resumo, ele gostava daquilo.

Marr não gostava. "O lance na casa de Andy começou tendo muito a ver com adolescentes com guitarras, e então outras pessoas, que não tinham qualquer envolvimento com música, começaram a aparecer. Era por causa das drogas e, quando passou a não ter nada a ver com música, então não tinha nada a ver comigo." O gosto de Johnny por maconha e sua devoção por Keith Richards e Johnny Thunders, ambos associados muito de perto à sedução da heroína (na verdade, ambos podiam ser acusados de criar uma aura de glamour para a droga), sugere um grau de hipocrisia. Mas também indica uma compreensão das diferentes drogas e de seus variados graus de dependência e vício. Além disso, Marr tinha uma opinião sobre as causas sociais por trás da repentina enchente de heroína barata: "Aquilo era uma coisa lenta e traiçoeira que tinha menos a ver com a decadência do rock do que com a Manchester do início dos anos 1980. E muito a ver com o thatcherismo."

O declínio de Manchester estava evidente na divulgação do censo de 1981, o qual revelava que a cidade era uma das três maiores em percentual de famílias com pais separados. Apenas Liverpool tinha uma taxa menor de posse de carros. Metade das habitações de Manchester era propriedade municipal alugada para os cidadãos. E o número de homens desempregados (um a cada cinco, valor que saltava para um a cada três na faixa etária de Marr e Rourke) era maior até do que o divulgado no censo de 1931, durante o auge da Depressão. Sob tais circunstâncias, não deveria ter sido surpresa a ocorrência de levantes na antiga área de Steven Morrissey, Moss Side, no verão de 1981, embora, como no caso dos precedentes de Brixton, em Londres, e de Toxteth, em Liverpool, esses levantes resultassem, predominantemente, da luta de jovens imigrantes caribenhos contra a opressão policial e tivessem sido convenientemente rotulados de "conflitos raciais".[6] A classe trabalhadora branca parecia menos disposta a se revoltar, e Marr achou que entendia por quê. "Se esses jovens estão acordando de manhã e sua principal preocupação é roubar um secador de cabelo na Boots para conseguir um pouco de heroína, isso os impede de dizer 'por que não tenho um emprego?' e 'por que não recebi educação?' Eu juntei as coisas. Era bastante sinistro."

Mas isso não queria dizer que ele se meteria com heroína. O golpe final ocorreu quando o Freak Party voltou de um ensaio, Johnny com Angie a tiracolo como sempre. Marr estava hospedado na casa de um amigo (não revelado) por alguns dias. "Entrei na cozinha e um de meus amigos estava injetando heroína em outro amigo [nenhum era Andy Rourke] e eu literalmente peguei minha bolsa e falei para Angie 'Vamos embora daqui, nunca mais vamos voltar, eu lhe conto o motivo quando pegarmos o trem.'"

Ele e Andy Rourke ficariam sem se falar durante vários meses. Na verdade, não havia certeza, na época, se algum dia se falariam novamente.

SE A SEPARAÇÃO do White Dice tinha servido para tirar Johnny Marr da cena rock reacionária de Wythenshawe e empurrá-lo para as pistas de dança, o fim do Freak Party o impulsionou ainda mais rumo ao coração da ação moderna no centro de Manchester. Ele e Angie continuaram a sair para dançar à noite; era uma marca de seu status de gente estilosa que eles tivessem permissão para entrar em casas gays como o Devilles. Quando, numa nova programação noturna semanal chamada The Exit, Marr ouviu o som familiar de "Let's Start the Dance", de Hamilton Bohannon, aquilo o levou de volta aos velhos tempos do centro comunitário de West Wythy, e ele resolveu ir falar com o DJ — que Marr descobriu ser ninguém menos que Andrew Berry, seu velho companheiro de West Wythy. Berry alcançara sua ambição de se tornar cabeleireiro, mas, adicionalmente, tinha se associado a um extravagante produtor e amigo, John Kennedy, o qual lançara a Exit fora de uma casa noturna existente tentando imitar a moda futurista dos jovens que frequentavam a boate Blitz, os "Blitz Kids", de Londres. Embora essa cena tivesse crescido a partir de um pequeno grupo de dândis do centro de Londres, sua influência se mostraria bastante profunda ao longo da nova década. Surgira pela primeira vez na edição de novembro de 1980 da nova revista mensal *The Face* em que o autor Robert Elms — tentando, sem sucesso, categorizar a nova cena cultural como um Culto Sem Nome — observou que tal cena já se alastrara para Liverpool, Birmingham e até Southend. Se não havia menção a Manchester, era porque aquela mesma edição da *The Face* trazia uma matéria separada, escrita pelo futuro biógrafo dos Smiths, Mick Middlehurst, sobre a Pip's Disco, onde os jovens fãs de Bowie e Roxy Music tinham dançado ao longo da explosão do punk e estavam agora aproveitando uma volta à moda graças ao sucesso do pop eletrônico do Human League, de Gary Numan e artistas do gênero. A Exit foi criada muito como uma tentativa de fornecer um lar para a nova e mais jovem geração de Pip's/Blitz Kids de Manchester. Essencialmente, onde Berry e Kennedy iam, as pessoas coloridas da noite — em contraste com o povo sombrio, cinza e com capas de chuva da Factory — seguiam. Isso tornava irônico o fato de que Berry estava morando na Palatine Road, mesma rua do escritório da Factory Records, onde sua moradia era considerada a coisa mais próxima que Manchester tinha de uma verdadeira cena da Factory nova-iorquina de Andy Warhol.

Marr não apenas se habituou a passar noites na Palatine Road, mas a trabalhar ao lado de Berry (conhecido por seu nome do meio, Marc, na época) na cabine de DJ da Exit. Berry era quem tinha mais habilidade para mixar, mas notou que Marr tinha mais cuidado com seus discos

— e tinha muito mais discos, incluindo muitos dos clássicos da disco music e do funk do meio da década de 1970. Como a maior parte do povo antenado de Manchester — brancos e negros, heterossexuais ou gays —, os dois eram fascinados pela nova música disco que emergia de Nova York: selos como Ze e O, produtores como Lovebug Starski e J. Walter Negro e gêneros como "electro" e "hip-hop", que eles não acreditavam ser apenas novidades passageiras, mas movimentos com estilo próprio. Esse era o mesmo tipo de som e aparência que estava se mostrando altamente influente no New Order, o qual ficara tão impressionado com a cena descoberta ao tocar em Nova York que resolveu abrir sua própria casa noturna, The Haçienda, em conjunto com a Factory, num antigo salão de exibição de barcos do centro de Manchester. O diretor artístico do Haçienda, Mike Pickering, foi inclusive até a X-Clothes um dia para mostrar a Marr as plantas do local.

De volta a Altrincham, Marr tinha feito amizade com Pete Hunt, gerente da loja Discount Records, que encorajara o adolescente a aumentar ainda mais seu conhecimento musical por meio de um novo (ou renovado) amor pelo pop feminino dos anos 1960, da Motown às Shangri-Las, de Sandie Shaw a Dusty Springfield. Hunt também era um sujeito extrovertido e, depois de uma viagem a Londres, convidou Matt Johson, que acabara de lançar seu aclamado disco, *Burning Blue Soul* pelo novo selo independente e obscuro de Londres, 4AD Records, a ir até Manchester, suspeitando que ele e Marr se entenderiam. Johnson, sempre ansioso por expandir sua visão do mundo, aceitou a oferta de Hunt, e quando foi apresentado a Marr na X-Clothes, ficou logo impressionado com "como ele era amigável, entusiasmado e espirituoso" — e com como Marr vinha escutando *Burning Blue Soul* com carinho. Naquela noite, Marr levou sua guitarra até a casa de Hunt, ansioso por aprender algumas das canções. Em vez disso, "abrimos algumas cervejas, cheiramos algumas carreiras de anfetamina, pegamos nossas guitarras e fizemos uma jam session", recordou Johnson. "Trocamos riffs, histórias sobre discos, guitarras, equipamentos e muito mais." Então, eles saíram para a Legends, "para dançar a noite toda".

À medida que essa amizade evoluía, Johnson, que tinha 20 anos, encantava-se com os talentos do jovem guitarrista, observando que Marr "tinha uma fluência natural que vem apenas com muita prática e com amor pelo instrumento", e que "ele era capaz de tocar muitas músicas de outras pessoas", enquanto Johnson sabia tocar apenas suas próprias. "Marr tinha aquela energia de jovem pistoleiro e parecia se ver naturalmente como o próximo na linhagem de grandes guitarristas ingleses: [Jeff] Beck, [Jimmy] Page, [Keith] Richards. Ele me parecia muito confiante, mas não arrogante, com uma verdadeira avidez para aprender, mas com uma certeza profunda de quem ele era, para onde estava indo e como chegaria lá."

Durante algum tempo pareceu possível que a jornada de Marr implicaria sua entrada para a banda de Johnson, que se chamaria The The. Mas "eu estava vindo de uma área muito menos convencional se comparada a onde Johnny estava àquela altura", disse Johnson, que tinha trabalhado ou tocado ao vivo com bandas tão experimentais e respeitadas quanto This Heat, Wire e Cabaret Voltaire. "Era algo muito diferente do que Johnny tinha musicalmente na época, que era mais algo na linha da composição clássica do pop britânico e americano." A dupla concluiu que Marr "era a pessoa certa, na hora errada", e prometeu manter a amizade.

JOE MOSS TINHA se tornado adulto durante os dias (e noites viradas) de glória dos anos 1960, na Twisted Wheel, a imortal boate de R&B de Manchester, onde o DJ residente, Roger Eagle, apresentara-o à música soul e onde ele tinha testemunhado várias apresentações originais ao vivo no auge da retomada do blues britânico. Duas décadas depois Roger Eagle tinha se mudado para Liverpool, onde se mostrara igualmente (mesmo que de forma inesperada) influente na cena pós-punk da cidade, na casa noturna Eric's. De sua própria parte, Moss tinha se tornado muito bem-sucedido no ramo da moda. Fora um dos fomentadores da loja pioneira de Manchester, Eighth Day, lançada em 1970 como uma "loja colaborativa" sob o conceito de que, "no sétimo dia, Deus descansou, no oitavo dia, Ele (Ela ou Isso) criou algo melhor".[7] Percebendo uma lacuna no mercado para calças boca de sino estilosas, mas indisponíveis, Moss e um parceiro costuraram juntos meia dúzia de calças, deixaram-nas na Eighth Day — e observaram enquanto elas eram vendidas, todas numa única manhã. Em poucos meses eles estavam produzindo centenas de calças por semana, tinham contratado funcionários e comprado o material necessário para isso. Eles deram ao negócio um título de música de um ídolo de Moss, Van Morrisson: "Crazy Face."

Ao longo da década de 1970, Moss teve uma vida invejavelmente lucrativa fora de uma rotina exaustiva. Nas noites de sexta-feira, carregava as roupas fabricadas na semana em seu Citroën DS (os bancos removidos para sobrar mais espaço para a carga), dirigia até Londres e as entregava a um proeminente revendedor para o varejo numa "casa-barra-discoteca" perto da Fullham Road. Lá, seus produtos eram imediatamente empacotados em vários sacos pretos para que fossem distribuídos para lojas em toda a capital — e Moss era pago em dinheiro vivo. No começo dos anos 1980, ele e seu parceiro estavam alugando vários andares no número 70 da Portland Street, coração de Manchester, onde empregavam até sessenta pessoas. Também tinham duas lojas próprias. Uma ficava em Stockport; a outra, na Chapel Walk, bem ao lado da X-Clothes.

Em 1982, a X-Clothes era, entre as duas lojas, a que estava mais na moda. Mas a Crazy Face tinha credibilidade, um resultado não apenas da longevidade, mas de sua capacidade de fabricação. (Ter uma fábrica significava que eles podiam ter uma nova linha de roupas nas prateleiras uma semana depois de formular a ideia.) Como um sinal de que estava acima das constantes reviravoltas nas modas jovens, a loja Crazy Face tocava músicas dos artistas de blues preferidos de Moss e suas paredes eram tomadas por fotografias de alta qualidade de lendas do rock, do blues e do jazz que ele trouxera de suas viagens. Marr estava agora ouvindo mais esse tipo de música, graças, em parte, a Pete Hunt confiar a ele todo o estoque da Discount Records quando fez as malas e viajou pela Europa. O quarto de Marr no sótão em Bowdon passou a ter repentinamente discos de vinil de todas as épocas empilhados até o teto, permitindo-lhe acesso quase infinito ao rock antigo e ao pop dos anos 1960 que, por sua vez, levaram-no a fazer uma incursão pelas lojas de discos usados à procura de singles antigos da Motown em particular. À medida que Marr passava cada vez mais tempo na Crazy Face em seu horário de almoço, absorvendo a música mais antiga e examinando as fotografias, resolveu perguntar quem era o dono delas e se eles podiam se falar pessoalmente.

Marr acabou tendo a oportunidade certo dia durante o almoço, quando Moss foi até sua filial. Apresentado pelo gerente da Crazy Face, Marr ofereceu a mão a Moss — uma demonstração de respeito pelos mais velhos numa cidade não muito afeita a formalidade — e disse: "Meu nome é Johnny Marr e sou um músico frustrado." Alertado por algo na abordagem direta do jovem, Moss convidou Marr para fazer a curta caminhada até a Portland Street alguma hora, onde ele guardava sua própria guitarra. (Moss estava tendo aulas com um antigo integrante dos Mindbenders, embora não tivesse nenhuma pretensão com relação à sua habilidade; ele ficava feliz apenas por tocar um riff de blues nas cordas mais graves.) Marr aceitou a oferta e, em resposta ao pedido de Moss para que lhe mostrasse um riff de Smokey Robinson, tocou "Tracks of My Tears" — acordes, arranjo e melodia vocal incluídos. Era a mesma técnica de orquestração autodidata que ele tinha aperfeiçoado em seu quarto em Wythenshawe com "All the Young Dudes".

Moss não era nenhum neófito. Nas primeiras filas da Twisted Wheel ele tinha ficado cara a cara com alguns dos maiores músicos de blues do mundo — incluindo John Lee Hooker e Sonny Boy Williamson — e seus muitos imitadores britânicos, tais como Alexis Korner, Jack Bruce, Cyril Davis e Eric Clapton. Como tinha ocorrido com Matt Johnson, com quem Moss tinha pouco mais em comum, algo no que ele ouviu colocou Marr diretamente numa mesma categoria: "aquele rapazinho, sentado do outro lado da mesa, me deixou completamente impressionado", recordou ele.

A dupla passou a se encontrar quase todos os dias na hora do almoço. Pouco tempo depois, Moss convidou Johnny e Angie para jantar em sua casa, em Heaton Chapel, onde ele morava com sua segunda esposa, Janet, e o filho pequeno. Ao longo daquela noite, Moss descobriu que "minhas ideias sobre aquele sujeito eram bastante corretas. Ele parecia muito ajustado para alguém que obviamente não era um rapaz rico, que não tinha absolutamente nenhum dinheiro sobrando". Além disso, era visível "desde o início [que] Angie era uma mulher incrível e inteligente, uma verdadeira fonte de força para ele".

Moss tinha uma extensa coleção de discos e poderia ajudar a guiar Marr pela história da música, mas não poderia ensinar ao adolescente nada sobre musicalidade propriamente dita. Da mesma forma, Moss tinha, havia muito, interesse "nas mecânicas" da indústria fonográfica, de tanto ler os jornais musicais durante vinte anos, e era um empreendedor de grande sucesso, mas nunca tinha sido empresário de uma banda. Por enquanto, ele cuidou do que seria, logo após a saída de Marr de seu ambiente familiar, um papel ainda mais importante: de pai substituto — uma figura que apoiava, cativava e acalmava na vida de um jovem prodígio ávido, porém impaciente. Ao longo das incontáveis horas que passaram juntos na Chapel Walk, na Portland Street ou na Halesden Road, em Heaton Chapel, eles aprenderam a confiar um no outro, incondicionalmente.

Sem uma banda, as composições de Marr mudaram dramaticamente. Como ele descreveu: "Como eu estava escrevendo músicas sozinho, elas se tornaram menos baseadas em riffs e muito mais construídas a partir de acordes." Era uma diferença crucial. À medida que começava a desenvolver as progressões que logo encontrariam seu lugar nas músicas dos Smiths, e enquanto conversava sobre história da música com Moss, Marr ficava cada vez mais interessado nas fábricas de sucessos das décadas de 1950 e 1960. O rapaz logo percebeu que tinha abordado o processo de banda ao contrário. Ele precisava antes encontrar para si um letrista adequado como parceiro — de preferência alguém que também fosse um vocalista viável — e *então* se preocupar com um baixista e um baterista. O problema, como ele já sabia bem demais, era que o campo de possíveis candidatos era limitado; Marr estava tão avançado no jogo que a maioria das pessoas de sua idade simplesmente não estava à altura. Essa foi uma das razões pelas quais ele cogitou a ideia de abordar Steven Morrissey, já com 22 anos. Na época em que Billy Duffy tinha tocado com os Nosebleeds, mostrara a Marr algumas das letras de Morrissey, e Marr tinha ficado levemente impressionado. O fato de eles terem se conhecido — por mais breve que tivesse sido — num show de Patti Smith sugeria um importante ponto de referência compartilhado. (Marr chegou a dizer, a respeito da conexão com Smith, que tinha sido "uma das coisas que me deu coragem para ir bater à porta de Morrissey".) Mas tudo o que ele sabia que Morrissey alcançara ao longo dos anos, desde então, era um livro com distribuição local sobre os New York Dolls, e embora aquilo significasse que eles tinham mais um ponto de afinidade musical, não era muita coisa para seguir em frente. Ainda assim, algo a respeito desse tal enigma Morrissey, de sua suposta excentricidade e de seus aparentes talentos literários sempre levava o guitarrista de volta à mesma pergunta: será que pode ser esse o cara? Ele estaria atirando no escuro — ou saltando para a grandeza. E não poderia saber qual dos dois estava fazendo até que tivesse tentado.

Foi um medo que ele confidenciou a Joe Moss, durante várias semanas, um assunto que finalmente veio à tona quando eles se sentaram em Heaton Chapel certa noite para assistir a um recente perfil do *South Bank Show*, sobre Leiber e Stoller. Moss, que possuía um cobiçado novo videocassete, já tinha visto o programa. Então, soube como chamar a atenção de Marr para o momento em que as lendas falavam sobre como se conheceram: o extrovertido letrista, Leiber, simplesmente batendo à porta do músico mais taciturno, Stoller.[8]

Como Jerry Leiber antes dele, Johnny Marr era a antítese ambulante da timidez. Ele não tinha nenhum receio em bater à porta de alguém. (Uma das melhores histórias da época conta que o adolescente Marr se ofereceu a Pete Shelley, dos recém-separados Buzzcocks, como possível novo parceiro de guitarra.) Mas algo a respeito da reputação de Morrissey lhe dizia que, naquele caso específico, um ataque direto provavelmente sairia pela culatra. Ele abordou Phil Fletcher para escutar sugestões, assim como para que o amigo confirmasse que ele não estava entrando num beco sem saída. Fletcher não podia ajudá-lo com a segunda pergunta — ele não falava com Morrissey desde que os dois tinham se desentendido por conta de uma crítica a um show de Patti Smith — e recomendou Steve Pomfret como o melhor contato mútuo. Marr logo seguiu seu conselho e foi até a porta da casa de Morrissey.[9]

Johnny Marr tinha uma imagem específica na época. Ela tinha muito a ver com a Johnson's e estava cada vez mais influenciada pela bem-sucedida banda punk de Londres, Theatre of Hate, formada por adeptos de topetes estilizados e jaquetas sem manga. (O fato de Billy Duffy ter acabado de se juntar ao grupo era muito mais do que coincidência. Dos Nosebleeds ao Slaughter, da Johnson's ao Theatre of Hate, Duffy parecia estar vivendo as fantasias do amigo mais jovem; Marr, inclusive, trocou sua Les Paul por uma Gretsch, escolha de Duffy no Theatre of Hate.) Mas a verdadeira inspiração era Stu Sutcliffe, baixista original dos Beatles, aquele que ficava tão bacana de jaqueta de couro, óculos escuros e corte de cabelo personalizado nas fotos de sua namorada, Astrid Kirchherr, aquele que permaneceu em Hamburgo para viver com ela e se matricular na escola de artes, aquele que morreu de hemorragia cerebral antes de os Beatles fazerem sucesso. Stu Sutcliffe representava um ano esquecido naquele período — 1961, quando, teoricamente, o rock tinha morrido e apenas porcarias dominavam as paradas pop. Para aqueles que verdadeiramente sabiam do que estavam falando, no entanto — entre eles, Joe Moss e, agora, Johnny Marr   , aquela era uma época de novos começos: não apenas os Beatles, mas a Tamla Motown, Phil Spector, os Beach Boys, os grupos de garotas, o Brill Building, Leiber e Stoller, a explosão do blues britânico, a subsequente explosão beat, a Invasão Britânica e assim por diante.

Sabendo da importância das primeiras impressões, Marr se vestiu da melhor forma que podia para abordar Morrissey. Botas de motoqueiro "Wild One"; calças jeans vintage da Levi's, "com a bainha dobrada na altura exata"; uma jaqueta sem manga da Johnson's e uma camisa de mesma marca; um "chapéu de aviador americano verdadeiramente antigo" e, crucialmente, um "topete tingido" cortesia do amigo cabeleireiro Andrew Berry.

Marr e Pomfret embarcaram no ônibus 263. Era hora do almoço e o dia estava ensolarado, um raro prazer em Manchester. Era maio de 1982. E quando Steven Morrissey (finalmente) desceu as escadas, vestindo seu costumeiro cardigã e com seu próprio topete retrô, ele e Marr viram um no outro, imediatamente, que seus sonhos simplesmente poderiam vir a se realizar.

CAPÍTULO

DOZE

Foi um acontecimento que eu sempre tinha esperado e, inconscientemente, estava aguardando desde minha infância. O tempo estava passando — eu tinha 22 anos — e Johnny era muito mais jovem, mas parecia que eu tinha rodado durante muito tempo esperando por um momento mágico e místico, que definitivamente ocorreu.

— Morrissey, *Melody Maker*, setembro de 1987

Acho que pensei que ele estava esperando que o mundo fosse até ele. E de certa forma foi o que aconteceu!

— Johnny Marr, março de 2011

O encontro no número 384 da Kings Road naquela tarde de maio se tornaria, como agora sabemos, um dos grandes primeiros encontros da música moderna. Até certo ponto, tanto Morrissey quanto Marr reconheceram isso imediatamente, como é evidenciado pelo fato de a presença de Steve Pomfret no quarto mal ser reconhecida. Morrissey se mostraria mais do que capaz de sua familiar impertinência quando chegou o momento de descrever a ocasião — "eu estava lá, morrendo, e ele me salvou", anunciou ele numa entrevista menos de um ano depois, os frutos da parceria aparentes pelo fato de ele estar falando ao vivo na Radio 1 —, mas, de forma geral, ele buscava reconhecer totalmente a grandiosidade e o mistério por trás de sua aparentemente improvável atração e da rapidez com que ela se manifestou numa colaboração de excepcionais criatividade e lealdade.

"Eu não tinha nenhuma dúvida de que Johnny era *o momento*", Morrissey explicou ao autor e músico John Robb, muito tempo depois da ocasião, "e fiquei agradecido por nada ter acontecido a mim antes." Certamente, o estilo cuidadosamente cultivado de Marr naquele dia tinha servido ao seu propósito, causando uma primeira impressão positiva. "Ele parecia um pouco rockabilly, um pouco antenado e muito inteligente, mas também durão e indiferente. Foi o exato oposto dos poucos ensaios que tive com Billy (Duffy), porque, com Johnny, estava instantaneamente certo e estávamos instantaneamente prontos."

Isso representou uma compreensão crucial da parte de Morrissey. Se ele tinha desenvolvido uma reputação de não conseguir ir longe no campo musical, era porque suas experiências anteriores o haviam ensinado a não ir muito longe com os parceiros errados. Seu instinto naquele dia, na Kings Road — instinto de que Marr era perfeito para ele de uma forma que o vizinho e mentor de Marr, Duffy, não era —, fez com que ele prometesse ligar para Marr dentro de 24 horas. Por conhecer muito bem "pessoas que diziam que iam fazer algo, mas nunca faziam", Marr não podia ter total certeza de que a ligação aconteceria. Mas o que ele acabou descobrindo foi que o principal problema de Morrissey com potenciais parceiros era o mesmo dele próprio: "Tantas pessoas parecem gostar de falar sobre coisas e tão poucas parecem gostar de fazê-las", como Morrissey falou na época do lançamento do LP de estreia dos Smiths. ("E essa realmente foi a história do grupo, nós seguimos adiante com as coisas", elaborou ele.) Essas frustrações mútuas acabaram sendo um dos muitos pontos compartilhados, e quando Morrissey não tardou em fazer a ligação para a X-Clothes no dia seguinte, os dois souberam que a parceria tinha começado.

Alguns dias depois Morrissey foi até Bowdon para trabalhar em algumas músicas. Ao entrar na moradia de Marr, ele não podia ter ficado mais impressionado. Morrissey, afinal, havia muito sonhava em escrever para *Coronation Street*, em encontrar um caminho para entrar no mundo do entretenimento da emissora Granada, e o adolescente Marr estava vivendo dentro daquele sonho; ele estava morando na casa da grande Shelley Rohde, e as paredes de sua sala de estar eram decoradas com grandes fotos emolduradas de estrelas de *Corrie*. No andar de cima, o quarto de Marr, no sótão, oferecia pelo menos uma impressão de obsessão similar à do quarto de Morrissey em Stretford: paredes (e chão) cheios de discos de vinil para rivalizar com a coleção de livros de Morrissey, guitarras (e equipamentos de gravação, para acompanhar) para competir com sua máquina de escrever e suas canetas. Mas a dupla não tinha se encontrado, naquela segunda vez, para escutar músicas de seus singles de 45 rotações. Tinha se encontrado para escrevê-las e ver se a faísca inicial de alguns dias antes poderia acender uma fogueira.

O potencial letrista e vocalista já tinha fornecido ao compositor e guitarrista uma fita cassete com a gravação dele mesmo cantando uma canção intitulada "Don't Blow Your Own Horn", mas, apesar de ter tido alguns dias para trabalhar com a música, Marr não tinha sido capaz de encontrar uma sequência de acordes adequada, como foi evidenciado pela reação decepcionada de Morrissey. A parceria musical só decolou quando eles seguiram em frente para trabalhar a partir de uma metafórica folha de papel em branco: dois conjuntos de versos de Morrissey livres de uma melodia existente. Uma delas era "The Hand That Rocks the Cradle", e Marr viu algo em seu fraseado que o fez lembrar de "Kimberly", de Patti Smith. (Levando em consideração a influência icônica de Patti Smith tanto em Morrissey quanto em Marr e o fato de eles terem se encontrado tão brevemente num de seus shows quatro anos antes, o uso do riff de "Kimberly" era tanto um ato de homenagem e tributo quanto de plágio. As similaridades nas músicas terminadas são minúsculas.) A outra era "Suffer Little Children", e, nesse caso, sem ver um ponto de referência a partir do qual ele poderia plagiar um riff, Marr criou uma sequência de acordes dedilhados na hora. Morrissey expressou seu entusiasmo nos dois casos, e a dupla passou a completar as canções ali mesmo. Dentro de algumas horas, trabalhando da mesma forma que as grandes parcerias de compositores dos anos 1960 que eles tanto admiravam e a que os dois aspiravam, a dupla criou as músicas que fechariam os dois lados de seu álbum de estreia. No que diz respeito a começos promissores, esse é um para entrar para os livros de recordes.

Apesar de muito poder ser — e de fato ter sido — falado sobre a música que Marr compôs naquele dia, o que foi verdadeiramente assombroso foi Morrissey ter chegado a Bowdon carregando um par de poemas de tal profundidade emocional e literária. Em comparação às suas biografias de recortes para a Babylon, suas críticas banais de shows para a *Record Mirror*... pode-se afirmar que simplesmente *não havia* comparação. Nem "The Hand That Rocks the Cradle" nem "Suffer Little Children" tinham qualquer ponto de referência óbvio na cultura popular da época, nem mesmo na cena independente do pós-punk, na qual durante os últimos três ou quatro anos tudo tinha sido possível — incluindo recitação de poesia de qualquer métrica (ou falta dela) que agradasse ao autor. Morrissey, a seu favor, sabia disso. "Eu era um rato de biblioteca", admitiu ele prontamente em 1985. "Eu também era um colecionador de discos ávido e as duas coisas não pareciam combinar muito. Mas sempre achei que elas podiam, porque, da forma como eu escrevia, quando escrevia letras, não eram as tradicionais asneiras do pop. Era bastante literário."

De fato, "The Hand That Rocks the Cradle" era qualquer coisa *menos* uma asneira do pop tradicional. Parecia, na superfície de seu título, expressar o amor de um pai por seu pequeno filho ou filha — assunto suficientemente incomum para um letrista jovem da classe trabalhadora, mas assunto, também, que acabava sendo meramente a isca antes da mudança. A referência ao "sangue no cutelo esta noite" intimava algo muito mais sinistro, levando a uma elaboração gradual nas últimas estrofes, uma admissão velada feita por algo que, então, mostrava-se claramente um protagonista masculino de algum tipo de abuso não especificado contra um menino, uma criança que poderia nem mesmo ser dele. Ainda assim, com relação ao assunto tabu, este era mais bem-explicado em "Suffer Little Children", que ousava detalhar aquilo que não era discutível em Manchester: os Moors Murderers. "But fresh lilaced moorland fields Cannot hide the stolid stench of death" [Campos pantanosos com lilases frescos/ não podem esconder o impassível fedor da morte], Morrissey declarava sobre os crimes e, de acordo com essa parelha, ele não fazia nenhuma tentativa de esconder a verdade em suas letras. Os nomes das vítimas Lesley-Anne [Downey], John [Kilbride] e Edward [Evans] eram citados; e Morrissey citava o nome de Myra Hindley diretamente e o de Ian Brady por associação, ao dizer: "O que quer que ele tenha feito, eu fiz", e ao usar licença poética para alterar levemente a frase de Hindley. O fato de tanto o título da música, "Suffer Little Children" quanto o verso "Hindley wakes" serem títulos de capítulos de *Beyond Belief*, o relato dramaticamente encarecido de Emlyn Williams sobre os assassinatos (Marr se recordou de ver um pôster do livro na parede de Morrissey no dia em que eles se conheceram), ou de versos individuais terem semelhanças com dadas expressões de outras partes do livro importava muito pouco. Mesmo que apenas por ter a coragem de escrever o verso "Oh Manchester, so much to answer for" [Oh, Manchester, tanto pelo que responder], um refrão que inspiraria um exame de consciência maior na capital de Lancashire do que quaisquer ensaios ou editoriais sobre os assassinatos, Morrissey já provara ser um poeta sem comparações no mundo contemporâneo — ou, pelo menos, no convencional.

Tanto Morrissey quanto Marr declararam que foi o segundo encontro que verdadeiramente deu início ao relacionamento entre eles. E os dois recordaram ter preparado não uma lista de desejos para o futuro, mas uma estratégia para alcançá-los. Eles conversaram sobre a banda que iriam formar e sobre como se vestiriam de forma parecida e ficariam próximos em fotos, envolvidos uns nos outros, se fosse necessário, como os New York Dolls. Decidiram que seu primeiro single teria uma etiqueta azul e seria diagramado como um dos sucessos dos anos 1960, não em qualquer dos estilos do presente. Decidiram também que gostariam de fazer parte do elenco da Rough Trade — um desejo compreensível, considerando-se especialmente que o selo de Londres tinha recentemente adicionado The Fall, The Monochrome Set e Aztec Camera a seu elenco; mas um desejo distante, levando-se em conta que Morrissey e Marr nem sequer tinham um único contato na empresa. E, ao concordarem que comporiam para outros artistas também, como Leiber e Stoller e artistas dos anos 1960 em geral, os novos parceiros resolveram que Sandie Shaw seria sua primeira escolha. Anos depois, muito depois da separação, muito depois do processo na justiça, numa tentativa de encontrar algo em comum e memórias felizes, Marr e Morrissey viriam a se encontrar mais uma vez, e a lembrar um ao outro que conseguiram alcançar tudo que planejaram naquela noite.

AO LONGO DAQUELES anos, Morrissey e Marr frequentemente tentariam definir a química que permeava sua parceria, enquanto, simultaneamente, reconheciam que era essencialmente intangível. (Ou, como os Buzzcocks falaram numa de suas melhores gravações, possivelmente discutindo o amor, "Why Can't I Touch It?" [Por que não consigo tocar nisso?]) Morrissey tendia à abordagem mais prosaica. "Nós nos movemos muito rapidamente", relatou certa vez, reconhecendo que, enquanto "eu pensei no nome The Smiths..., aquela era uma empreitada de Johnny. Nós dois tínhamos um senso de direção espantosamente sólido e discordávamos muito raramente, o que era incomum, porque éramos opostos — ele era cheio de animação por tudo e eu... não".

Muito seria dito ao logo do tempo sobre os dois serem opostos — em genialidade, exuberância, hedonismo, sexualidade; em noites não dormidas, roupas e livros. Na verdade, como já foi observado, eles tinham uma fenomenal quantidade de coisas em comum: pais imigrantes irlandeses, raízes na classe trabalhadora, uma única irmã mulher (de idade próxima), um relacionamento forte com a mãe e distante com o pai, a labuta violenta do sistema de escolas católicas de Manchester e a participação forçada no movimento de eliminação de cortiços do centro da cidade. Seu gosto musical, também, apesar de muitas vezes definido pela direção em que se expandiam — o amor de Morrissey pela Cilla Black de 1968 contra a paixão de Marr pelos Rolling Stones daquele ano —, estavam na maior parte do tempo completamente alinhados. Os dois eram tão fanáticos pelos New York Dolls e por Patti Smith quanto estavam entusiasmados por T. Rex e pelo Sparks. Os dois eram devotados aos glamorosos grupos de garotas e às cantoras solo dos anos 1960, e à abordagem metódica do dia de trabalho dos compositores da época de Brill Building. E os dois apareceram na vida um do outro num momento em que o revival rockabilly estava com força total, cada um deles sendo parte daquilo de acordo com seu estilo específico. "Johnny tinha uma abordagem mais moderna, que era aquela coisa toda de *Hard Times*/jeans rasgado/La Rocka", observou Andrew Berry. "E Morrissey tinha toda aquela coisa inglesa da época em que o rock surgiu, mas antes dos Beatles." A distância entre o fascínio de Morrissey com a saga de Billy Fury e a obsessão de Marr pelo visual de Stu Sutcliffe era, portanto, inexistente — ou, como falou Berry, "os estilos de Johnny e Morrissey se fundiram... (Eles) se influenciavam, então duas ideias se transformavam numa só".

Morrissey certamente era o mais erudito da dupla, e Marr, claramente, o mais musical, mas essa era apenas a diferença entre os papéis que exerciam e que se somavam nos Smiths, e o fato de os dois terem reconhecido instantaneamente as habilidades do outro era superado apenas pelo fato de que eles não tentavam interferir ou contradizer as contribuições um do outro quando compunham ou gravavam juntos. Pelo contrário, decidiram fazer o possível para tornar a parceria visível. Ou, como Marr contou à *Sounds*, no fim de 1983: "toda a ideia de duas pessoas se juntarem com muito em comum, mas influências distintas, para criar algo que acreditam ser a melhor coisa que já escutaram é algo que sentimos que está faltando desde os anos 1960. A forma como trabalhamos juntos é prazerosa, e se isso é remanescente dos anos 1960, tudo bem."

Quase trinta anos depois, Marr foi capaz de definir, com esmero, o aspecto "prazeroso" daquela colaboração. "Nunca se pôde duvidar do meu tempo, da minha dedicação e das canções. Mas conheci alguém que era igualmente dedicado." No início da parceria, Morrissey não parecia menos determinado a ter sucesso do que Marr; foi só depois que o sucesso os atingiu com força que o vocalista começou a desenvolver uma reputação por cancelamentos e desaparecimentos. E assim, disse Marr, "foi uma coisa fantástica o que aconteceu. Se era possível que eu me tornasse uma pessoa ainda mais feliz, aquilo aconteceu. Eu tinha o relacionamento mais perfeito com a garota dos meus sonhos. E então conheci esse sujeito que admiro. E sou capaz de compartilhar um lado meu que ele compreende de forma inata. E isso é diferente de 'vamos montar uma banda'. Há uma coisa dentro dele sobre o que você pode ser. Sem tentar soar muito místico, isso toma metade do seu ser. Esse desejo de satisfazer esse... *conhecimento* sobre você mesmo como artista. Há um aspecto incomum nas nossas personalidades que ambos entendemos. É uma questão de conhecer essa visão do que podemos fazer, do que podemos ser, o que é realmente uma grande parte de nós. Não estou falando apenas sobre sucesso, é sobre ser *Johnny Marr*, ou *Morrissey*".

O próprio Morrissey frequentemente explicaria melhor esse sentimento de ter uma vocação superior, apesar de evitar as observações mais espirituais de seu parceiro. "Embora eu sempre tivesse desejado cantar e gravar discos, nunca tinha sido pelas mesmas razões que eu sentia que a maior parte das pessoas tinha", explicou ele à MTV pouco antes de tocar no Royal Albert Hall, menos de três anos depois de ele e Marr terem se conhecido. "Eu não tinha nenhum desejo de me tornar um astro pelo glamour, pelo dinheiro e pelas roupas caras ou pelo estilo de vida. Nunca foi isso. Sempre foi por motivos muito mais sérios — mas não tão sérios a ponto de eu achar que eles eram ininteligíveis para o público."

Dessa forma, ambos eram inflexíveis em relação à noção de que eles eram conduzidos por algo muito mais profundo do que "um relacionamento de conveniência", como Marr descreveu a opinião ocasional de que a relação entre eles não era nada além de uma aliança profissional. "Não é possível precisar do outro tão intensamente todos os dias num arranjo conveniente — isso não funciona. Você não pode precisar do outro dessa forma. E sustentar o outro. E estar do lado do outro se é apenas uma questão de 'aqui está uma música, aqui está uma letra'. Não sou assim. Não me importo tanto com minha carreira para fazer isso. Realmente não me importo."

O fato era que os dois *realmente* precisavam um do outro — e num nível muito profundo e emocional. Ali se desenvolveu, indubitavelmente, algo muito maior do que uma amizade: era um amor mútuo tal como pode ser encontrado nos campos de batalha, algumas vezes no mundo do esporte, e que, quando também é evidente em uma banda de rock, inevitavelmente abastece as chamas de algo erótico. Tanto Morrissey quanto Marr eventualmente convidavam esse tipo de especulação, intencionalmente ou não. "Eu estava tão completamente impressionado e apaixonado", disse o vocalista sobre seu encontro inicial, pouco depois de a parceria se dissolver, usando uma palavra altamente carregada de significado, "que, mesmo se ele não soubesse tocar, não teria importado, porque as sementes tinham sido plantadas e, a partir daquelas sementes, tudo poderia germinar. Ele apareceu numa época em que eu estava no fundo do poço mais fundo... e me proporcionou enorme carga de energia. Eu podia ver a energia de Johnny simplesmente fervendo dentro de mim."

"Desde quando nos conhecemos, nós nos amamos", disse Johnny Marr. "Nós não nos apaixonamos um *pelo* outro, porque respeitávamos que ambos gostávamos de ter nosso próprio espaço e nossas próprias vidas, e porque sabíamos que isso era importante. Havia uma ligação muito forte durante todo o tempo, até as últimas duas semanas da banda. E isso foi muito importante. Mas não nos apaixonamos um *pelo* outro."

"Existia um amor, e era mútuo e igual", confirmou Morrissey, "mas não era físico ou sexual." Da perspectiva do vocalista, teria sido tolice sequer sonhar que aquilo poderia ser diferente. No dia em que ele foi até a casa de Marr para os dois comporem pela primeira vez, foi apresentado a Angie Brown, que o levou até a estação de trem de Altrincham em seu Fusca. Não foi um teste proposital do potencial vocalista, nem mesmo uma advertência, mas a mera confirmação de um fato: "não era possível ter Johnny sem Angie", como disse Marr. Felizmente, Morrissey e Brown se entenderam instantaneamente, tornando-se amigos próximos, criando uma das muitas dinâmicas de personalidade que se mostrariam cruciais na habilidade dos Smiths de chegarem tão longe — e sobreviverem por tanto tempo — quanto conseguiram. Então, embora fosse verdade que Morrissey e Marr passavam considerável tempo viajando juntos e conversando, era provável que Brown estivesse no banco do motorista na maioria das vezes — e que Morrissey, muitas vezes, fosse o único passageiro.

Além disso, apesar de toda a reputação de Morrissey como uma pessoa solitária, já sabemos que ele estava longe da figura suicida que gostava de pintar sobre si mesmo até o ponto em que Marr chegou à sua vida. "Acho que ele estava desenvolvendo sua própria estética", disse Marr sobre Morrissey até aquele momento. "E há muito a ser dito sobre se isolar e pesquisar para nos tornarmos quem desejamos ser, intelectualmente e existencialmente." No fim, "eu apenas concordei com sua explicação sobre aquilo, na verdade apenas ficava sentado em seu quarto. E nunca tive nenhuma prova de que ele foi destruído por aquela atividade".

Na verdade, devido ao intelecto e à inteligência de Morrissey — em resumo, seu jeito com palavras —, Marr não ficou surpreso ao descobrir que seu novo parceiro de composição tinha poucas companhias, mas companhias de qualidade. "Eu não o via como alguém que não tinha nenhum amigo, e os amigos dele que conheci na época", citando James Maker, Richard Boon e Linder, "eu realmente curti, me dei bem com eles. Eu tinha muito respeito por todas aquelas pessoas. Os amigos dele eram bacanas. Ele nunca me apresentou a alguém de quem não gostei."

Por sua vez, Marr começou a apresentar Morrissey a seus próprios amigos. Andrew Berry notou, como aconteceu com muitas pessoas naquela época, antes de Morrissey verdadeiramente encontrar sua voz (nos Smiths), que "ele era realmente calado e reservado, especialmente quando você estava no mesmo ambiente que ele". Berry, no entanto, quis se tornar amigo de Morrissey — "porque, se Johnny diz que ele é bacana, então ele é". E então Berry e seus amigos rapidamente perceberam a grande realidade da parceria: "Johnny era muito protetor com ele."

"É algo de que nunca vou me arrepender, aquela relação", disse Marr, "porque um dia você fica velho — e espero que muito velho — e diz 'Uau, não imaginava uma relação como aquela'. Porque aquilo fez surgir algo em mim que eu talvez não soubesse que tinha, e isso era um aspecto muito promissor. Eu simplesmente pensei que estava procurando um cara que seria um grande vocalista."

Na sexta-feira 21 de maio de 1982, próximo do fim do mesmo mês, se não inclusive na mesma semana, em que Johnny Marr e Morrissey se encontraram pela primeira vez, a casa noturna Haçienda abriu suas portas na Whitworth Street, em Manchester, a programação da noite dividida pelo ESG, o empolgante e contemporâneo trio de electro/hip-hop de Nova York formado só por garotas, e Bernard Manning, comediante de Manchester, velho, obeso, claramente sexista e ultrapassado. A boate, também conhecida no começo por seu número de catálogo, FAC 51, estava evidentemente tentando ser, ao mesmo tempo, descolada e irônica, e pularia de forma incerta entre esses dois extremos culturais por vários anos. Não ajudou muito o fato de o projeto industrial de Ben Kelly estar muito à frente de seu tempo e que o som reverberasse dolorosamente pela grande casa toda vez que ela estava com menos da metade de sua capacidade — o que era a maior parte do tempo —, tampouco que a prefeitura só concedesse licença para vender bebidas alcoólicas sob a condição de ser um clube apenas para sócios. (Por sorte, convidados dos sócios também tinham permissão para entrar, ou então a boate nunca teria sobrevivido.)

A história sugeriu que os Smiths cresceram e operaram de forma oposta a essa estética detectada na Haçienda, que suas apresentações na casa, em 1983, representaram uma invasão de bom senso e bom gosto, um retorno à velha música inspiradora feita com guitarras em meio a uma cena da Factory que tinha desaparecido em sua própria presunção. "Toda aquela coisa da Haçienda", Morrissey refletiria no meio daquele ano, antes mesmo do segundo show da banda na casa, e já usando o verbo no passado, "parecia terrivelmente desinteressante."

A realidade era que tanto Morrissey quanto Marr passaram tempo considerável na Haçienda quando a casa abriu. Na verdade, é de interesse para a história da estética do *próprio* The Smiths que, ao longo da primeira parte do desenvolvimento do grupo, tanto antes quanto depois de a formação ser definida, os dois parceiros fundadores tenham continuado em seus caminhos individuais, acentuando, assim, as diferenças características entre as duas personalidades, mesmo enquanto sua amizade florescia.

De sua parte, Johnny Marr permaneceu firmemente mergulhado na cultura do estilo; quando Andrew Berry e John Kennedy organizaram uma viagem de ônibus à casa noturna gay londrina Heaven (para ver o Animal Nightlife), em julho de 1982, ele participou da excursão. E quando Berry e Kennedy seguiram em frente e inauguraram uma festa chamada Berlin, no porão de uma casa da King Street, Marr também podia ser encontrado lá. Assim como Rob Gretton e Mike Pickering;

apesar do fato de a Haçienda já estar promovendo shows das melhores bandas em turnê, a casa estava lutando para atrair público nas noites de música dance, talvez porque o tipo de jovem que eles estavam procurando estava na Berlin. Berry foi convidado para uma reunião na Haçienda e lhe foi oferecido um trabalho como DJ. Ele concordou — com a condição de que pudesse usar a casa como salão de cabeleireiro durante o dia. Logo recebeu permissão para usar um camarim e seu novo salão, Swing, que recebeu o número de catálogo FAC 98, estava, em pouco tempo, cortando cabelos para o New Order, bem como para Morrissey e Marr, e cada banda visitante que aproveitava a vantagem da oportunidade de moda inusitada da Haçienda. Com Berry estabelecido na casa seis dias e muitas noites por semana, Marr, como seu melhor amigo, tornou-se parte adicional do círculo da Haçienda, e apesar de nunca ter discotecado lá, podia ser frequentemente encontrado dentro da cabine. Na verdade, quando a *The Face* encomendou um relato sobre o progresso da Haçienda, no final de 1982, entre as referências à sua paisagem "lúgubre" e à pista de dança parcialmente ocupada estava uma citação do "topetudo Johnny Marr" defendendo a diretriz musical de sábado à noite: "Eu me arrasto no funk."[1]

Apesar de sua futura rejeição ao local, Steven Morrissey também podia ser encontrado regularmente na Haçienda em seu início. Foi lá que Cath Carroll e Liz Naylor o viram pela primeira vez, usando seu habitual sobretudo pesado numa noite de sábado tipicamente vazia logo depois que a casa abriu; elas começaram a conversar com Linder e "Steven chegou com Linder", disse Naylor. "Ele era a sombra dela."

Carroll e Naylor eram clássicas filhas feministas do punk. Sua vida adolescente, desesperadamente sufocada nos subúrbios de Manchester, foi completamente mudada pelo fato de frequentarem shows do The Fall no centro da cidade e por terem se mudado para um apartamento da prefeitura, onde tiveram que conviver com, como Carroll falou, "mães solteiras viciadas em drogas e adolescentes baderneiros que nos perseguiam". Com o apoio de Tony Wilson e outros, elas se envolveram com o famoso zine local, *City Fun*. Também tinham se envolvido entre si por um tempo, e sua tendência a se vestir com capas ou qualquer outra coisa que as agradasse ("era tão libertador poder tirar sua blusa de poliéster e vestir o que quer que você quisesse e ir a um show", disse Carroll) concedeu-lhes quase tanta notoriedade na cena quanto sua banda, Glass Animals. Mas, em 1982, elas eram conhecidas (como as Bruxas, embora de forma bem-humorada) por outras razões: num ato de stalinismo premeditado contra os editores "hippies e maconheiros" do *City Fun*, segundo Naylor, elas tinham "sequestrado a revista a caminho da gráfica". A intenção delas como novas chefes da *City Fun* era, disse Carroll, ser "irreverentes" e "do contra". "Resumindo, nós éramos incrivelmente irritantes. E as pessoas eram incrivelmente pacientes." Ninguém provou ser tão paciente quanto Richard Boon, que lhes deu espaço no escritório da New Hormones na Newton Street. Ao aceitar aquilo, elas ocasionalmente entraram em contato com Linder, um óbvio ícone feminista, mas ficavam muito intimidadas por sua reputação para tentar puxar assunto: "Ela estava sempre naquela atmosfera estilosa que você nunca acha que vai penetrar", disse Carroll. Aquilo se tornou ainda mais surpreendente quando Boon disse que Linder queria que elas empresariassem o Ludus; apenas depois de aceitarem é que elas perceberam que, "como uma dupla lésbica ousada", nas palavras de Naylor, elas estavam sendo "designadas empresárias como um projeto artístico".

Depois de serem apresentadas a Morrissey na Haçienda, uma amizade entre os quatro rapidamente se desenvolveu, uma extensão daquela que já existia entre os dois pares de amigos próximos. Tipicamente, a relação era conduzida ao vivo, por cartas e a pé. "Todo mundo andava por Manchester naquela época", disse Naylor. "Se você era pobre, tinha que andar. Além disso, não tínhamos telefone. Steven nos escrevia cartas. Ele escrevia cartas como 'Nós nos encontraremos nos portões do cemitério', e aquele seria um agradável passeio."

Não que ele sempre aparecesse para um encontro proposto. Em uma ocasião, na qual elas sentiram que tinham levado bolo, as Bruxas decidiram visitá-lo na Kings Road para descobrir por quê. "Nós tínhamos certeza de que ele estava em casa, mas ele não abriu a porta. Escrevi para ele para perguntar: 'Onde você estava?', e ele respondeu: 'Eu não estava lá. Provem que vocês estavam.'" Era esse o tipo de relacionamento. "A truculência dele se manifestava [de tal forma que], se você dissesse a coisa errada, ele não se comunicava", disse Naylor. "Mas a comunicação era muito lenta naquela época, então era difícil dizer se ele estava emburrado ou se o correio estava atrasado."

A chegada do seguro-desemprego resultaria numa tentativa marcante de mobilidade ascendente, "que terminava nos bares de vinho, com cabeleireiros do Vidal Sassoon", segundo Naylor, uma declaração interessante, mesmo que involuntária, levando em consideração que o melhor amigo de Johnny Marr era cabeleireiro e a namorada do guitarrista, modelo do Vidal Sassoon. Eles podiam também celebrar o aparecimento de dinheiro com chá, na histórica loja de departamentos Kendal Milne, na Deansgate, onde, segundo Carroll, Linder "tirava algo ridículo de sua bolsa, algum brinquedo erótico absurdo, e colocava na mesa ao lado daqueles pequenos bolos de chocolate", obtendo sucesso em assustar a brigada de velhinhas de cabelo azul em suas requintadas saídas para fazer compras.

Aquilo era, admitiu Naylor, "uma bobagem pretensiosa". Mas "aquela era uma época pretensiosa. Éramos todos pretensiosos, porque achávamos que o mundo tinha acabado. O mundo que conhecíamos *tinha* acabado, em termos de tecnologia, cidades e da forma como vivíamos. O futuro era desconhecido".

Pretensão, então, era igual a curiosidade intelectual. O quarteto frequentava a biblioteca Equal Opportunities, na Albert Square, e estudava livros sobre ginecologia e feminismo. A questão da política sexual certamente sempre foi central no relacionamento. "Como mulheres, tínhamos muito mais liberdade, porque, basicamente, podíamos fazer o que quiséssemos, praticamente nada era esperado de nós", disse Carroll. "Enquanto que, para os homens, acho que o papel deles tinha sido muito bem-definido. Então, acho que devia ser muito mais difícil para [Steven Morrissey] encontrar o seu lugar. E também existia a possibilidade de ele ser alguém que não era capaz de se ajustar a nada... Ele não era alguém capaz de aguentar a existência do dia a dia. Essa parte de sua angústia era totalmente genuína."

Naylor, que carregava seu lesbianismo como um distintivo de orgulho, acreditava que "Steven era muito mais um homem gay ativo do que ele admitia". Mas ela aceitava que "ser gay em Manchester naquele período em particular não era realmente uma opção". Ela via Morrissey praticamente da mesma forma como via a si mesma e a Carroll naquela época: "confuso, assustado, incerto, perdido entre o mundo moderno e o mundo pós-moderno que todos habitamos agora [no século XXI], onde brincamos com ironia e identidade. E, naquele momento, identidade parecia ser algo muito sério."

"Havia uma parte de Steven que nunca vimos, uma parte dele que tinha relações particulares com pessoas", confirmou Carroll. "Ele nunca estava muito interessado em conversar sobre aquilo conosco. Ele fazia comentários afetados ou fazia comentários sobre algumas coisas, mas nunca sabíamos o que estava acontecendo com ele quando o assunto era sua vida pessoal... Acho que tínhamos a sensação de que, atrás daquela parede, estava um monte de coisa com que não seria tão fácil lidar."

Era perceptível que, até o sucesso dos Smiths — em que ela teria importante papel promocional —, Carroll "nunca teve nenhuma dúvida" de que o caminho de Morrissey até o sucesso seria literário. Ironicamente, no *City Fun*, ela e Naylor tinham descartado algumas de suas contribuições usando o nome Sheridan Whiteside (um personagem de *The Man Who Came to Dinner*), porque os textos quase sempre promoviam os New York Dolls, uma banda para a qual as Bruxas tinham pouca paciência. Assim que ficaram amigas dele, elas apoiaram seus esforços literários, publicando uma elogiosa retrospectiva do rapaz sobre Sandie Shaw.

Enquanto isso, Naylor, Carroll e Morrissey permaneceram igualmente inflexíveis em seu apoio à carreira musical de Linder. Em teoria, as coisas pareciam estar indo bem para o Ludus, que lançou três álbuns em 1982 e gravou uma participação para o programa de John Peel, a qual contava com a música maravilhosamente intitulada "Vagina Gratitude". (O título de uma compilação lançada naquele ano, *Riding the Rag*, expressão que faz referência à menstruação, era igualmente inspirado.) Mas a New Hormones não podia fazer muito mais por uma banda que estava determinada a operar nas margens. Por assumir o papel de relações-públicas não oficial de Linder, Steven Morrissey reconhecia aquilo. "Sendo a única receita sensata para os culturalmente deficientes", escreveu ele num release de imprensa para a New Hormones naquele verão, "o Ludus vem para, no mínimo, esticar sua paciência com o mundo até o limite mais elástico."

Sobre isso ele não estava exagerando. No dia 5 de novembro de 1982 o Ludus foi a atração principal na Haçienda. Antes do show, as Bruxas colocaram um absorvente manchado de vermelho em cada mesa. Linder, então, entrou no palco usando um vestido feito de carne, tirando-o para a última música, e revelando, então, um longo consolo preso em volta da cintura.[2] Enquanto os membros da plateia recuavam — mesmo no mundo experimental da Inglaterra do pós-punk a performance de Linder foi extrema —, Naylor e Carroll vagavam entre eles, distribuindo entranhas de boi embrulhadas em pornografia.

A performance enfureceu os donos da Haçienda — e essa era, em grande parte, a intenção. Durante seus primeiros seis meses, a casa vinha mostrando pornografia, "e eles achavam realmente bacana", recordou Linder. (Teria que ter sido pornô "leve", por causa das severas leis sobre indecência na Grã-Bretanha daquela época.) Ao se reduzir a um objeto de carne, disse Linder, "tive minha vingança". Mas, com uma arte performática tão conflituosa, ela também se colocou numa encruzilhada. "Eu pensei: 'É isso. Para onde vou a partir daqui?'" Aquele show na Haçienda acabou sendo seu último em Manchester. Ela separou o Ludus no ano seguinte e se mudou para a Bélgica, gradualmente abandonando a música para se dedicar às artes visuais. Sua influência feminista continuaria viva no mundo do rock, não apenas nas muitas artistas mulheres que assumiram sua luta nos anos seguintes, mas em Steven Patrick Morrissey — que, na época do último show do Ludus, já tinha feito seu primeiro show com os Smiths.

CAPÍTULO

TREZE

Como os anos anteriores à formação dos Smiths foram muito desagradáveis para mim, eu podia ver aquilo como provavelmente minha única oportunidade para fazer algo construtivo e relevante. Portanto, quando chegou a hora de subir no palco, foi quase como se um personagem estranho e poderoso tivesse me possuído completamente. Foi como se eu tivesse ficado nos bastidores.

— Morrissey, *The South Bank Show,* outubro de 1987

Desde o começo do processo, Morrissey sugeriu o nome da banda, e Marr concordou. The Smiths. Tanto fãs quanto críticos procuraram por toda parte, ao longo dos anos, explicações que são facilmente encontradas, considerando-se que Smith é o sobrenome mais comum na Inglaterra. Mas essa, na verdade, é a única explicação necessária. Ao chamarem a si mesmos The Smiths, Morrissey e Marr se afirmaram como pessoas comuns, pessoas trabalhadoras do dia a dia. Ao fazerem isso, eles também se desassociaram dos nomes estranhos que eram tão disseminados na época — fosse em seu próprio mundo musical (Echo & the Bunnymen como a grande banda de rock do norte, Quando Quango como a mais recente banda da Factory etc.), ou nos fazedores de hits do New Romantic/Blitz Kids (por exemplo, Haircut 100, Duran Duran). E, no processo de escolher um nome de uma sílaba com artigo definido, eles estavam se oferecendo a uma linhagem de lendas do rock britânico: The Who, The Stones (segundo a abreviação comum), The Kinks, The Clash, The Jam, e por aí vai; e à possibilidade de que eles um dia fossem considerados parte daquela rica tapeçaria. Foi, em resumo, um declarado retorno à simplicidade quando a pompa era dominante.

Tendo se decidido quanto a um nome, começado a compor músicas e estabelecido uma estratégia, o próximo passo era solidificar a formação. Stephen Pomfret, como reconhecido casamenteiro entre Morrissey e Marr, foi convidado para os primeiros ensaios dos Smiths em Bowdon, mas sua presença, ele sentia, era requisitada mais por obrigação que por desejo. "Johnny nunca quis outro guitarrista", ele rapidamente concluiu. "Mesmo que eu fosse o melhor guitarrista do mundo não teria entrado para a banda." Ele se afastou sem nenhum rancor aparente, aceitando seu papel menor na história.

Ainda existia a necessidade de arranjar uma base instrumental para a banda. Para a função de baixista, Marr voltou ao Decibelle e recrutou Dale Hibbert, de 21 anos, que tinha trabalhado como engenheiro de som na gravação do Freak Party. Hibbert nunca tinha tocado numa banda em que não fosse o líder e já tinha uma banda na época, The Adorables. É uma grande prova do poder de persuasão de Marr que Hibbert, todavia, tenha se deixado convencer a acabar com sua banda antes mesmo de ter conhecido Steven Morrissey. Hibbert considerava Marr um bom amigo, conhecia-o também como "um músico realmente incrível" e sabia, principalmente, que Marr parecia ter conexões para fazer uma banda ir para frente e, quando alguém passava por tantas bandas quanto Hibbert havia passado, em que *nada* tinha ido para frente, aquele era um argumento forte. Quando foi a Bowdon para se encontrar com Morrissey pela primeira vez, Hibbert ficou satisfeito ao descobrir que, como vegetarianos e fãs do Velvet Underground, eles tinham algo em comum; ao longo das próximas semanas e dos próximos meses, Hibbert frequentemente daria carona a Morrissey até sua casa, em Stretford, na garupa de sua moto. O relacionamento era agradável, mas, como muitas vezes era o caso com Morrissey e pessoas que não concordavam totalmente com seus pontos de vista, distante. "Eu achava que ele era um cara razoável", disse Hibbert, mas "não havia nada que se destacasse nele." Se houve uma surpresa, foi que a primeira canção a que Hibbert foi apresentado — gravada, com apenas vocal e guitarra, no Portastudio TEAC de três canais de Marr — era um cover, um single havia muito esquecido de um grupo de garotas de Nova York da década de 1960, The Cookies, "I Want a Boy for My Birthday".

Aparentemente, isso não era mais indecente do que Ringo Starr cantando "Boys", das Shirelles, com toda a seriedade, no primeiro disco dos Beatles, um disco que também tinha incluído a versão da banda para o maior sucesso do Cookies, "Chains". (Em sua própria escolha para cover, portanto, intencionalmente ou não, Morrissey e Marr estavam fazendo uma homenagem *dupla* aos Beatles.) E, certamente, aquilo foi feito em parte como um aceno aos New York Dolls, que tinham incorporado o Shangri-Las em seus shows. A gravação em si, no entanto, não foi tão animada quanto seus pontos de referência. Embora Morrissey tenha replicado fielmente a melodia principal enquanto cantava versos tão tradicionalmente românticos quanto "I want a boy to comfort me, and treat me tenderly" [Quero um garoto para me confortar e me tratar com ternura], sua voz não era páreo para a voz de Earl-Jean McCrea, vocalista do Cookies. E, embora Marr tenha apresentado seu modelo para os Smiths em seus dois canais de guitarra — um suavemente tocando os acordes e o outro oferecendo um arpejo cuidadosamente dedilhado, os dois com muitas reverberações —, ele não estava no mesmo nível de Gerry Goffin, o produtor original da música, nem da esposa de Goffin, Carole King, sua arranjadora. Na melhor das hipóteses, a versão de Morrissey e Marr de "I Want a Boy for My Birthday" era uma apresentação intencionalmente afetada de uma peça clássica de estereótipo sexual do início dos anos 1960, e foi por isso que Hibbert viu algum sentido na informação que recebeu de que os Smiths seriam uma banda gay.

Surpreendentemente, Marr alegou que essa ideia foi sua — um resultado dos hábitos noturnos dele, de Andrew Berry e John Kennedy. Como Berry, que era heterossexual, notou, sobre a terrível vida noturna do início dos anos 1980, "nós trabalhávamos no centro da cidade e os únicos bares abertos eram gays". A noção dos Smiths como uma banda gay, então, afirmou Marr, "era apenas porque muitos de meus amigos eram gays que gostavam de rock. Eu gostava da ideia de sermos uma banda que estava... falando para a comunidade gay". O imaginário gay estava se tornando mais predominante na música popular para aqueles que o procuravam — nos líderes das bandas que frequentavam o topo das paradas, Soft Cell e Culture Club, por exemplo — e, ainda assim, o clima social permanecia suficientemente repressivo a ponto de nenhum grupo pop (incluindo aqueles dois) estar pronto para arriscar sua carreira saindo do armário. Nos Smiths, Dale Hibbert já tinha uma filha com sua namorada, e Marr estava num relacionamento longo com Angie Brown; não havia forma de eles se posicionarem como "banda gay" sem colocar todo o ônus em Steven Morrissey — e, em retrospecto, Marr reconheceu aquele dilema. "Eu não estava à frente da banda, então não caía nas minhas costas." A ideia foi deixada de lado. Por enquanto.

A busca por uma imagem, no entanto, permaneceu primordial. Com as novas revistas de estilo mensais provando ser tão influentes a ponto de os jornais de música semanais estarem agora seguindo seus passos, uma banda nova precisava ter algum tipo de imagem (devidamente calculada) para ter chance de receber atenção da mídia. Hibbert foi mandado ao brechó do Exército, na London Road, para adquirir algumas camisas de boliche (que eram populares no revival rockabilly da época) e depois encontrar com Andrew Berry na Palatine Road para fazer um corte escovinha (também popular); a aquisição mais difícil foi um tipo específico de calça jeans de segunda mão, com um prendedor de ferramentas na cintura. Em algum momento, nos dois meses seguintes, o trio passou um dia sendo fotografado em Manchester usando aquelas roupas; as fotografias nunca foram divulgadas.

A decisão de gravar uma fita demo antes de se decidir sobre um baterista não foi difícil; era parte de seu plano de agir, como na época do Brill Building, que eles fossem vistos como compositores e, além disso, com Hibbert trabalhando no Decibelle, a sessão não lhes custaria nada. Si Wolstencroft, apesar das reservas instantâneas a respeito do nome The Smiths e do aviso de Marr de que a banda era "totalmente diferente" do Freak Party (que Wolstencroft tinha amado), concordou em fazer o papel de baterista e apareceu no começo de agosto para gravar "Suffer Little Children" e "The Hand That Rocks the Cradle" sem ter previamente escutado as músicas ou conhecido o vocalista.

A banda, naquele estágio, tinha pouca experiência e tinha feito poucos ensaios. Morrissey, em particular, não via o interior de um estúdio havia quatro anos, e seu estilo natural de cantar, àquela altura, era consideravelmente mais fraco em timbre, tom e, especialmente, afinação do que seria necessário para que os Smiths se tornassem um sucesso: a banda acabaria tendo que aumentar um tom nas duas músicas gravadas naquele dia para acomodar o alcance limitado de Morrissey. Paralelamente, a forma de tocar guitarra de Marr e seus arranjos refletiam muito mais os pântanos inóspitos da cena indie do pós-punk do que qualquer forma de pop pela qual ele ficaria famoso. E, obviamente, a produção era limitada pelo tempo (uma sessão de oito horas, de madrugada) e pelo espaço (o Decibelle oferecia apenas oito canais). Isso não impediu Marr de fazer backing vocals (em "The Hand That Rocks the Cradle"), uma contribuição que ele logo abandonaria, e também não impediu que Morrissey exercitasse um efeito de vibrato em seus vocais, claramente fazendo o possível para demonstrar sua aptidão como cantor.

Além disso, eles se ocuparam com intrigantes experimentações em "Suffer Little Children". Enquanto a música chegava a uma conclusão num acorde menor repetido, a amiga de Morrissey, Annalisa Jablonska, produziu cacarejos dignos de Hindley, enquanto alguém assobiava casualmente (fazendo o papel de Ian Brady?). Uma gravação em fita cassete de Marr tocando piano em ritmo de valsa em Bowdon (soando muito como uma caixinha de música com seu ritmo vivaz) foi incorporada, junto de uma gravação separada de crianças de uma escola primária local brincando, que Marr tinha gravado através da janela aberta de sua casa. O efeito geral era intencional e sinistro, e mostrava uma compreensão inata de como sons inseridos e pequenos efeitos podiam contribuir para a atmosfera musical.[1]

As gravações mostravam sinais realmente promissores, mas não eram mais do que uma declaração introdutória, uma simples pista da banda que os Smiths logo se tornariam, com uma base rítmica diferente. Ainda assim, como acontece com quase qualquer nova banda jovem e sua primeira demo, não havia qualquer dessas reservas entre os integrantes. Marr começou a tocá-la na X-Clothes sempre que conseguia. Morrissey marcou um horário para mostrá-la a Tony Wilson. Wolstencroft, no entanto, sentiu que seus medos em relação ao novo grupo de Marr tinham sido confirmados ao conhecer e trabalhar com o vocalista: simplesmente afirmou sobre Morrissey, "não gostei do estilo dele". O vocal balbuciado e a evidente timidez, na opinião do baterista, caminhavam de mãos dadas com sua escolha de sobretudo. "Havia um termo para aquele tipo de música na época — a 'brigada do sobretudo'. Olhar para os pés. Comum. Não era muito animador." Wolstencroft não queria fazer parte daquilo. "Não era jazz funk. E eu era o Funky Si."

As objeções de Wolstencroft ecoaram ao longo da longa e árdua busca por um baterista permanente. (Tinha se tornado aparente, àquela altura, que a parceria de composição precisava de uma banda, e que uma "formação convencional", como Marr a descreveu à *Sounds* no fim de 1983, era agora o caminho certo a tomar.) Bill Anstee, que tinha tocado em bandas ao lado tanto de Marr quanto de Hibbert, foi até Bowdon, acompanhou algumas músicas, e foi indagado sobre sua opinião. Ao compará-los ao Velvet Underground, ele ouviu um amargurado Morrissey responder: "Oh, não, mais um." Mais velho do que os outros, o antigo baterista do Sister Ray estava perdendo a paciência para todas as aporrinhações que vinham com o fato de fazer parte de uma banda iniciante e contou isso a Marr enquanto guardava sua bateria. Marr claramente estava na outra ponta do espectro de exuberância: "Ele estava simplesmente apaixonado pelo jogo do entretenimento e pelas pessoas que faziam parte dele, e transbordava otimismo pela nova banda." Marr inclusive mostrou a Anstee o caderno de telefone que pertencia a Shelley Rohde, "repleto com quase todo mundo de quem você já ouviu falar na TV ou na indústria musical", e o baterista saiu de lá pensando que, "para Johnny, aquilo era tudo de que ele precisava para chegar aonde estava indo". Mas, ainda assim, Anstee se recusou a juntar-se ao grupo. "Eu teria tido um total conflito de personalidade com Morrissey se tivesse ficado", disse ele. "Eu não gostava da música que eles estavam tocando, principalmente das letras."

Morrissey então sugeriu como baterista um de seus vizinhos e antigos sofredores de St. Mary's, Gary Farrell, que tinha acabado de sair de uma banda com os rapazes também da Kings Road, Ivor e Andy Perry; ele fez Marr ligar para Farrell e convidá-lo para uma reunião. Se Farrell achou aquele processo esquisito, levando em consideração que ele muitas vezes voltou da escola para casa cruzando a passarela de ferro com Steven Morrissey, ele achou a fita demo que lhe foi entregue ainda mais esquisita. Incapaz de "tirar qualquer coisa daquilo", rejeitou qualquer envolvimento. Apesar de morarem na mesma rua, ele e Morrissey nunca mais se falaram. "Acho que ele sentiu que eu o insultei."

Hibbert trouxe o baterista dos Adorables, mas aquilo também não funcionou. Por meio de amigos em comum de Altrincham, um baterista chamado Guy Ainsworth foi convidado a comparecer ao novo local de ensaio do trio, o Spirit Studios, na Tariff Street, logo atrás da Piccadilly. (Hibbert tinha recebido uma promessa de sociedade igualitária e estava ocupado trazendo seus clientes do Decibelle.) Ainsworth entrou na sala, que tinha o que ele chamou de "uma atmosfera tensa". Apesar de ter reconhecido os talentos de Marr imediatamente, ele ainda assim ficou assustado. "Havia uma dinâmica estranha na sala. Eu não conseguia entender o que era."

Mesmo quando os Smiths encontraram seu baterista — Mike Joyce, obviamente —, não foi sem uma trepidação inicial por parte do baterista. Joyce recordou que quando ele apareceu para um teste no Spirit, "Morrissey falava muito pouco. Ele apenas meio que rondava a sala. Estava vestindo um longo sobretudo de lã. E apenas andava de um lado para o outro. Dava alguns olhares furtivos na minha direção. Era como se ele achasse que eu era *burro*. Eu me senti um pouco intimidado por ele".

Isso poderia ter sido porque, das quatro pessoas na sala, o baterista e o vocalista eram os únicos que ainda não se conheciam. Joyce conhecia Marr tanto da X-Clothes quanto da Legends; morava em Chorlton com o melhor amigo de Pete Hunt, e foi assim que ficou sabendo sobre a vaga na bateria. E, em seus grupos anteriores, Joyce tinha frequentemente compartilhado o(s) palco(s) do Manchester Musicians Collective com Dale Hibbert. Qualquer paranoia da parte de Joyce poderia também ser causada pelo consumo de alguns cogumelos mágicos a caminho do estúdio; quando ele compensou as alucinações presentes espancando a bateria numa nova música de Morrissey e Marr, composta no sótão de Bowdon e chamada "What Difference Does It Make?", que tinha coincidentemente um riff que lembrava muito os de Keith Richards, os outros ficaram impressionados com sua energia — assim como com sua "coragem" de aparecer chapado. Nas semanas seguintes, quando foi constatado que os pais de Joyce eram imigrantes irlandeses católicos da classe trabalhadora como os deles; que ele tinha estudado na St. Gregory's Grammar School com Andrew Berry; que ele tinha praticamente a mesma idade deles; e que, além de fazer o tipo extrovertido, efusivo e entusiasmado, ele era genuinamente bonito e fotografava bem, Morrissey e Marr tiveram todas as razões para acreditar que tinham encontrado seu baterista. A história provaria que eles estavam certos, pelo menos até Joyce processá-los em 1996.

Nascido em Fallowfield, sul de Manchester, no dia 1º de junho de 1963, mais jovem de quatro meninos e uma menina, Michael Adrian Joyce, até se juntar aos Smiths, trilhou um caminho que refletia seu trabalho impassível combinado com o irrefreável *joie de vivre* que traria para a banda. Ainda jovem, convenceu sua mãe (que, como os pais de Marr, tinha nascido no condado de Kildare; seu pai era de Galway) a investir numa bateria depois de batucar infinitamente na carteira da escola e no sofá da sala de estar. Como um filho do punk, mais tarde foi atraído pelos Buzzcocks (algo mais que tinha em comum com seus futuros colegas de banda), cujo baterista, John Maher, estava muito à frente de seus contemporâneos em termos de ideias e da habilidade para colocá-las em prática. Joyce, no entanto, ainda não estava no mesmo nível de Maher. Logo antes de seu aniversário de 16 anos, ele se juntou a uma banda punk local, The Hoax, que, mesmo numa cena que fazia de

Ed Banger and the Nosebleeds heróis cult, tinha dificuldades para ser levada a sério. Fosse por escolha ou pela incapacidade de progredir, o trio permaneceu absolutamente fiel às suas raízes punk — como era demonstrado por seus cabelos espetados, jaquetas de couro e títulos de músicas como "Storm Trooper" e "Rich Folk" ao longo de três EPs — antes de Joyce pular do navio que estava afundando no verão de 1981, na mesma época em que ele recebeu, de acordo com a biografia de Rogan, "uma compensação substancial por lesões sofridas num acidente de carro alguns anos antes".

Joyce fez aulas de bateria para aperfeiçoar suas habilidades e, então, juntou-se a outra banda punk, Victim, que tinha se mudado de Belfast para Manchester em 1979, quando receberam uma proposta da TJM, selo nascido do estúdio de TJ Davidson, onde o White Dice tinha ensaiado ocasionalmente na mesma época. Sem raízes por conta da mudança, o Victim nunca desfrutou, em Manchester, da mesma popularidade que tinha em Belfast, e Joyce não chegou a gravar nenhum disco com eles.[2]

Devido às limitações desses grupos, não foi surpresa Joyce ter se sentido tão entusiasmado em seu teste com os Smiths. "Musicalidade era algo de que eu sentia falta nos outros grupos", disse ele. "A sutileza de Johnny, suas texturas e sua forma de tocar guitarra eram totalmente diferentes de quaisquer outros músicos com quem eu tinha trabalhado até então." De sua parte, Morrissey e Marr ficaram animados por ter chegado ao fim de sua busca — exceto pelo fato de que, nos dois meses seguintes, não ficou totalmente claro se Joyce estava a bordo; eles podiam apenas presumir que qualquer ambivalência era um resultado de sua lealdade ao Victim -- ou talvez fosse uma tentativa de confirmar se os Smiths estavam indo a algum lugar.

O PRIMEIRO SHOW dos Smiths aconteceu no dia 4 de outubro de 1982, no Ritz, que ficava na Whitworth Street. Se foi talvez inevitável que o show fizesse parte de uma produção de John Kennedy e Andrew Berry, foi também vantajoso. Ao aparecer ao lado de uma banda principal, DJs, um desfile de moda, uma trupe de dança e mais, tudo como parte de uma noite de puro prazer [An Evening of Pure Pleasure], os Smiths se posicionaram instantaneamente bem no centro da cena da cidade, sem fazer de si mesmos o único foco de atenção da noite.

Um mês antes do show, a *The Face* publicou uma reportagem de Robert Elms intitulada "Tempos difíceis", sobre o atual visual e o som dos clubes underground de Londres. Quando Johnny Marr leu aquilo, ficou furioso. "Robert Elms matou minha cena", disse ele. "Ele a trouxe à tona para falar de uma forma que nos diminuía." Marr sentiu que a análise evasiva, que elogiava festas específicas em galpões e uma música de electro-rap de Nova York que fazia sucesso na época, "Money's Too Tight to Mention", ignorou uma grande parte das coisas pelas quais Marr estava atraído. "Não havia qualquer menção a todas essas pessoas que desencavavam jeans vintage, singles originais de Eddie Cochran, ouviam Vince Taylor, Gene Vincent, todos aqueles verdadeiros especialistas, garotos da minha idade que acordavam cedo e se lançavam na missão de ter um visual incrível." Aquilo fez com que Marr repensasse a sua própria forma de ver a banda, e ele não exigia mais que os Smiths tentassem bater os lançadores de tendências de Londres em seu próprio jogo. A decisão de relaxar as exigências de imagem do grupo se mostrou sábia quando confrontada com a banda headliner de seu show de estreia no Ritz: Blue Rondo A La Turk, um grupo de dez músicos com influências de jazz e roupas perfeitamente talhadas, banda essa que personificava tudo o que pregavam as bíblias de estilo londrinas e que conseguiria lançar alguns singles de sucesso antes da moda mutante transformá-los em homens do passado.

A nova abordagem casual também se refletiu no convite de Morrissey a James Maker para ir a Manchester e se juntar, literalmente, à banda naquela noite — apresentando os Smiths no palco (em francês) com a música de Klaus Nomi (contratenor, artista performático e ícone gay de Nova York falecido havia pouco) ao fundo, e com Maker, então, dançando ao lado de Morrissey enquanto tocava maracas. Para Morrissey, vocalista sem experiência, mas fã de música inteligente, que sabia tudo sobre os primeiros shows do Velvet Underround como parte de uma explosão plástica inevitável, com filmes projetados e dançarinas no palco, a inclusão de Maker fazia todo o sentido e não precisava de justificativa; e nenhuma explicação lhe foi cobrada por um confuso Johnny Marr.

O show teve uma competição inesperada quando a Haçienda anunciou que estava recebendo os grandes escritores americanos William Burroughs e John Giorno exatamente na mesma noite. Sob circunstâncias normais, Steven Morrissey certamente teria comparecido àquele evento, mas as circunstâncias de repente eram bastante *anormais*. No fim, o fato de as pessoas da Factory estarem comprometidas com outra coisa acabou sendo uma benção, aliviando-o de qualquer pressão para provar algo para aqueles que se consideravam melhores do que ele.

Os recursos de promoção de Kennedy e Berry eram vastos, e o Ritz, um belo teatro antigo completo com pista de dança elevada e frisas, estava bastante cheio. O fato de os Smiths tocaram apenas quatro músicas — uma delas cover do Cookies — representava um cálculo cuidadoso, uma crença de que era melhor oferecer um set curto, afiado e adorável do que se conformar com as convenções e incluir meia dúzia de canções mal-ensaiadas apenas para fazer número. Aquilo também jogava com a cultura de estilo da época; muitas das bandas de New Romantic tinham assinado contratos baseados em apresentações igualmente curtas.

Junto de "Suffer Little Children" e "The Hand That Rocks the Cradle", a outra composição de Morrissey e Marr revelada no Ritz foi "Handsome Devil". Imbuída com um riff meio rockabilly, reflexo natural do interesse mútuo da dupla pelo gênero, ela era perceptivelmente mais exuberante do que suas antecessoras. A letra também era mais carregada — e repleta de versos maliciosos com conotações tanto gays quanto heterossexuais. A que saltava mais prontamente do microfone, "Let me get my hands on your mammary glands" [Deixe-me colocar as mãos nas suas glândulas mamárias], era o primeiro ato de genialidade lírica de Morrissey (não poética) e também sua primeira numa série de clássicas frases de efeito. Um ano depois, ele explicou sua intenção: "Eu achava que existiam tantas canções prolixas na história da música popular e tudo que as pessoas queriam dizer, tudo que o New Order queria dizer, era: 'Deixe-me colocar minhas mãos nas suas glândulas mamárias'. Então, eu pensei: vamos ser muito diretos." Foi, portanto, um tanto cruel que a música se tornasse mais conhecida por outro verso: "A boy in the hand is worth two in the bush" [Um garoto na mão vale por dois no arbusto], que seria acusado de promover a pedofilia. Uma resposta a esse argumento poderia ter sido que a palavra "boy" era o termo feminino padrão para o sexo masculino nas letras das músicas pop, como foi provado pelo final do show no Ritz: "I Want a Boy for My Birthday".

Marr não se apresentava desde o fiasco do White Dice no Squat, havia quase dois anos; ele compensou o nervosismo ao dar uma impressão "realmente ameaçadora" com "montes e montes de atitude". Morrissey, num palco pela primeira vez em quatro anos, sem dúvida estava aliviado por ter James Maker para distrair — ou pelo menos dividir — a atenção da plateia. Mas as reações à sua estreia juntos foram positivas, especialmente as daqueles que importavam. Joe Moss considerou aquilo "uma vitrine para Johnny, [cuja] forma de tocar guitarra simplesmente se elevou sobre tudo", mas igualmente sentiu que "Morrissey tinha nada menos que três metros de altura... Era possível perceber que ali, diante de você, estava alguém totalmente único".

Mike Joyce, todos concordaram, também agiu de forma admirável. Dale Hibbert, aparentemente, não. Ele dançou no palco como de hábito, talvez mais do que o seu normal para compensar um Morrissey "rígido", e sentiu depois que havia passado dos limites. Ele já tinha se conscientizado de que os Smiths nunca seriam uma banda de iguais. Da forma como ele via as coisas, "era totalmente irrelevante quem tocava baixo e bateria contanto que: a) eles estivessem dispostos a ser manipulados até certo ponto e b) ficassem no fundo e fizessem o que era mandado". Para alguém acostumado a liderar sua própria banda, "a falta de controle... não teria funcionado".

Sua reclamação, apesar de conter uma semente de um desentendimento futuro, era essencialmente irrelevante. Hibbert já tinha uma filha pequena, o que teria diminuído sua disponibilidade para viajar; e ele estava devotado à sua perspectiva de ser sócio no Spirit Studios, onde descobriu que, como engenheiro de som, "ficar sentado ali com uma pilha de fitas era mais gratificante do que tocar baixo." Quando Marr lhe falou, algumas semanas depois do show do Ritz, que ele não seria mais necessário na banda, inicialmente não houve qualquer rancor.

A necessidade de completar a formação se mostrava primordial, porque, como resultado daquele único, cuidadosamente planejado e bem-executado show, os Smiths se viram nos holofotes. A *The Face* publicou um parágrafo sobre o show do Ritz que, apesar de não se referir a eles mais do que pelo nome, observou que aquele era "o tipo de espetáculo de música ao vivo e moda que os britânicos não tentam com muita frequência". Alguém na revista *i-D* se mostrou suficientemente intrigado para marcar uma entrevista. E o amigo de Marr do sindicato estudantil de West Wythenshawe, Tony O'Connor, tendo acabado de conseguir um papel como olheiro de A&R (artistas e repertório) para a EMI, levou Morrissey — curiosamente não Marr — ao quartel-general da gravadora, em Londres, para mostrar a demo do Decibelle a Hugh Stanley-Clarke, gerente do departamento de A&R. Para sua surpresa e satisfação, eles saíram de lá com um orçamento para fazer outra demo, que, era de se supor, seria uma gravação muito melhor.

(Essa foi uma reação consideravelmente mais positiva do que a que Morrissey tinha recebido de Tony Wilson. O cabeça da Factory mais tarde se desculpou por sua rejeição ao dizer que ele tinha passado a fita do Decibelle para o empresário do New Order, agora sócio da Factory/ Haçienda, Rob Gretton, que, com sua costumeira franqueza, tinha voltado com a opinião de que aquilo era "uma merda". Wilson provavelmente encontrou uma forma mais educada para rejeitar seu implacável pretendente do mundo dos negócios, Morrissey).[3]

A EMI era a maior gravadora britânica, lar dos Beatles, do Pink Floyd e do Queen, para citar apenas três das maiores bandas criadas no Reino Unido. Em 1982, no entanto, entre aqueles que se consideravam politicamente em sintonia com seus gostos musicais, ela era tão insultada quanto admirada; A EMI, afinal, foi a infame gravadora que demitiu o Sex Pistols sob pressão e, apesar de ter contratado sua cota de bandas punk depois de tal erro monstruoso, estava ganhando a maior parte de seu dinheiro no mercado local com o Duran Duran — banda sobre a qual o papo de "os novos Beatles" se aplicava apenas à sua popularidade com garotas adolescentes histéricas. Dessa forma, e como resultado natural, a EMI estava encomendando grandes quantidades de demos baratas de novas bandas, trabalhando com a teoria comum nas grandes gravadoras de que, se você jogar a rede longe o suficiente, certamente vai puxar um peixe grande junto dos muitos pequenos. O acordo usual quanto a essas sessões de gravação de demos era que, se a gravadora "passasse" a banda, para usar a terminologia da rejeição, o grupo estava então liberado para oferecer a gravação a outros selos.

Morrissey e Marr sentiram que estavam prontos para o desafio. As músicas fluíam livremente de suas guitarras e canetas desde aquela primeira sessão de composição, e o fato de Dale Hibbert lembrar-se de ensaiar apenas as mesmas três ou quatro músicas incessantemente, decepcionado por não ser convidado para ajudar na composição de novos materiais, era uma indicação clara da abordagem cautelosa de Morrissey e Marr com relação ao formato da banda. Segundo parecia, eles já tinham várias outras composições quase prontas. Além das três que tinham tocado no Ritz e "What Difference Does It Make?", eles estavam especialmente animados com "Miserable Lie". A letra refletia a visão distorcida de Morrissey sobre romance, mas também exibia o humor que não ficava muito abaixo da superfície. E, apesar de a referência ao seu "quarto alugado em Whalley Range", onde ele havia morado por pouco tempo, em 1980, ter se tornado o verso mais reconhecível da música, havia outros valiosos, que sugeriam uma abordagem ao sexo não muito distante dos personagens mais recatados dos filmes da série *Carry On*. (Por exemplo, "I look at yours, you laugh at mine" [Eu olho para o seu, você ri do meu].) Marr abordou a parte musical da canção com o toque familiar do jovem compositor ambicioso — especialmente durante aquela época do pós-punk, começando em forma de balada antes de aumentar tanto a velocidade quanto o volume no refrão. Tocada devidamente, a canção oferecia um enorme potencial para fechar os shows.

Entre aquelas canções que ainda não eram consideradas adequadas para ser gravadas, a animada "These Things Take Time" vestia a influência dos ícones nortistas Echo & the Bunnymen, tanto no vocal contido de Morrissey no fim de cada parte quanto na sequência de acordes com que Marr o seguia; o verso "The hills are alive with celibate cries" [Os morros estão tomados por gritos celibatários] viria a ter um impacto duradouro na plateia dos Smiths, levando em conta que essa foi a única vez em que Morrissey mencionou sua frequentemente declarada preferência sexual numa letra. "What Do You See In Him?" (que mais tarde seria rebatizada como "Wonderful Woman") era mais lenta e metódica, mais sombria, embora o assunto tratado por Morrissey fosse basicamente o mesmo: uma mulher objeto de méritos duvidosos, mas de evidente desejo, a luxúria do vocalista não correspondida. Como um exemplo da maneira com que as músicas se desenvolveram ao longo do período inicial dos Smiths, o único verso a sobreviver da composição original para a versão final foi o que falava sobre "água gelada no lugar do sangue" [ice water for blood].

Talvez não seja surpresa que Marr olhasse para trás e sugerisse, sobre essas canções, que tanto música quanto letra vinham "de antes de nos conhecermos", que elas representavam o casamento ainda hesitante da poesia de Morrissey com riffs que Marr, igualmente, vinha carregando consigo. Isso pode explicar por que nem "These Things Take Time" nem "Wonderful Woman" acabaram em um disco. O mesmo aconteceu com "Jeane", que Marr tinha inicialmente contemplado no estilo dos Drifters até que Morrissey lhe implorou para acelerá-la e o duo finalmente encontrou um rock direto para complementar "What Difference Does It Make?" — e possivelmente sucedê-la como a favorita dos fãs. Embora tais fãs fossem inevitavelmente embarcar numa jornada para descobrir a fonte da inspiração de Morrissey nessa canção, seria justo aceitar que ele a modelou de acordo com as peças de Shelagh Delaney e companhia: ia além da coincidência que o verso "cash on the nail" [pagamento imediato] também tivesse sido usado em *The Lion In Love*, de Delaney. No fim das contas, seria o refrão, "we tried and we failed" [tentamos e fracassamos], que ressoaria de forma mais forte com a plateia dos Smiths, a qual esperava, naquele momento, em seu canto, que alguém como Morrissey ecoasse suas próprias histórias de decepções amorosas.

De acordo com as recordações de Marr dessas composições iniciais, ele e Morrissey já haviam iniciado outra longa balada, mas essa mais dura, mais focada do que as outras. Supostamente influenciada por escutar sucessos vocais do R&B da década de 1950 na Crazy Face (não que seja possível perceber isso pelo resultado), a canção tinha espaço para respirar, permitindo que Morrissey escrevesse sua letra sexual mais intrigante e desafiadora até então, e ela ajudaria a definir os Smiths assim que fosse apresentada no palco. Na verdade, ela acabaria sendo escolhida para abrir o álbum de estreia e seria considerada (e até mesmo prensada) como single até que forças externas tornassem necessário que aquilo fosse repensado. A música se chamava "Reel Around the Fountain".

Claramente, estava na hora de se decidir por um baixista. No passado, Dale Hibbert dera carona a Johnny Marr em sua motocicleta até a serralheria onde Andy Rourke estava trabalhando, em Trafford Park.

Naquela época, levando em conta que ele frequentemente transportava Marr pela cidade, Hibbert não deu muita atenção àquilo. Nem se sentiu rebaixado quando Rourke o substituiu nos Smiths — "tecnicamente, ele era um baixista muito melhor do que eu" — e foi, inclusive, até a futura sessão de gravação para a EMI, a fim de ver como a banda estava progredindo. Sua reclamação — e era uma grande reclamação — foi a hipótese, a longo prazo, de que ele somente tinha sido recrutado para os Smiths porque podia oferecer horas grátis de estúdio no Decibelle. Até onde Hibbert sabia, ele estava ocupado se promovendo como engenheiro para sessões gratuitas na madrugada naquele época; Marr, por ser seu amigo, apenas tinha que pedir para conseguir. Além disso, Hibbert ficou na banda por aproximadamente quatro meses, ensaiando muito antes e depois da sessão de gravação da demo, antes e depois do show no Ritz também. "Posso aceitar que Johnny me quis na banda como baixista e então pensou: 'ele é realmente uma merda', ou: 'ele não é o que queremos agora e temos que pensar numa forma de nos livrarmos dele'", refletiu Hibbert. "Prefiro isso à ideia de que fui completamente manipulado para lhe dar horas grátis no estúdio... Não consigo entender por que Johnny se trairia ao tratar um amigo dessa forma."

O mal-entendido pode muito bem ter começado porque o líder da banda estava vivendo um tipo de negação quando a questão era o papel de baixista. "Nenhum bom baixista de quem eu gostasse tanto [quanto de Andy] apareceu", disse Marr. "E acho possível que eu sempre tenha sabido que iria até Andy, porque, na verdade, não me esforcei muito para encontrar um baixista, e eu estava me esforçando muito para juntar todas as outras peças."

O convite, quando foi feito, foi bem-recebido por Rourke. "Mesmo se ele não me quisesse na banda", disse o baixista, que ficou sabendo sobre o novo grupo de Marr por meio de Wolstencroft, "eu queria ouvir isso dele, pessoalmente". No entanto, Marr estava numa missão. Os Smiths entrariam em estúdio em breve, para a EMI; Rourke iria aceitar tocar na sessão e seguir dali? Ele quis, e foi levado de carro para a sessão, num estúdio de oito canais chamado Drone, localizado no porão de uma casa vitoriana de Chorlton, por Si Wolstencroft, que, como Hibbert, não teve nenhum arrependimento imediato quanto a ver outra pessoa assumir seu lugar no estúdio.

As primeiras impressões de Rourke sobre Morrissey se mostraram as mesmas da longa lista de bateristas. "Ele apenas apertou minha mão e então ficou parado no canto, com seu sobretudo longo, e não falou nada. Eu pensei: 'Isso é meio estranho, mas vamos ver até onde vai.'" Pelo menos no caso de Rourke, ele tinha sido avisado previamente de que a distância de Morrissey se devia, em grande parte, à sua timidez — e, levando em consideração o tanto que Marr já falara sobre os talentos de letrista de seu novo parceiro, sobre o fato de a EMI estar investindo na banda e de o baixista não ter nada mais acontecendo em sua vida a não ser aquele trabalho manual esmagador na serralheria, Rourke estava determinado a provar seu talento. Além disso, Mike Joyce estava ali, como baterista, e, embora "ainda houvesse sobrado um pouco de punk nele", não necessariamente uma vantagem aos olhos de Rourke, sua natureza tranquila deixava o baixista confortável.

Marr tocou as três possíveis músicas algumas vezes para Rourke e, então, a fita rolou. Os Smiths, como viemos a conhecê-los, começaram a tocar juntos — e algo especial aconteceu, um daqueles raros momentos na história do rock em que uma formação grandiosa se junta pela primeira vez. "Era como se não fosse eu tocando o baixo, era como se eu estivesse possuído", recordou Rourke. "A energia estava ali, e estava tudo certo. E estávamos todos olhando uns para os outros, apenas dizendo: 'puta que pariu!'" Certamente, o fato de que muitas das linhas de baixo que ele criou naquele dia tenham permanecido essencialmente intocadas ao longo da carreira dos Smiths é uma prova do talento de Rourke. E, quando esse não foi o caso, nos pontos em que ele e Marr se envolveram em slaps de baixo e outros golpes na guitarra durante a longa versão de "Miserable Lie", houve um retorno divertido ao Freak Party, o entusiasmo de dois velhos companheiros tocando juntos depois de tanto tempo. Da mesma forma, a sessão propiciou a oportunidade de experimentar a adição de metais — como era a moda na época — em "Handsome Devil", uma parte dobrada de saxofone abrindo a música com floreios no estilo Stax. E, mesmo que o músico contratado, Andy Gill, tocasse de forma demasiadamente entusiasmada ao longo do resto da música e, apesar do fato de sua exuberância, no fim, soar incongruente, não custava nada tentar. Com o mesmo fim, "What Difference Does It Make?" foi encorajada com os "ohs" de fundo de Marr e uma esquisita salva de palmas no meio da música; havia um senso geral de *alcance* nessa sessão de gravação, de forçar os músculos musicais e instigar novas ideias. Se havia uma fraqueza geral evidente, eram os vocais de Morrissey; eram ainda hesitantes, sem energia, lentos e baixos na mixagem. Pode muito bem ter sido por essa razão que, depois que a fita foi despachada para Londres, Stanley-Clarke, da EMI, escutou e, não conseguindo ouvir "What Difference Does It Make?" como o single de sucesso em que viria a se transformar, ou as outras duas como clássicos a seu modo, disse a Tony O'Connor para ficar de olho nos Smiths e avisá-lo quando eles fossem tocar em Londres. Também pode ter sido porque essa era a forma como as grandes gravadoras trabalhavam na época: Próximo.[4]

CAPÍTULO

QUATORZE

Cada um de nós tinha potencial para se sentir invencível. Mas precisávamos do auxílio, da confiança e do apoio um do outro.

— Johnny Marr, março de 2011

So stay on my arm, you little charmer

— Morrissey, "Hand In Glove

Joe Moss e Johnny Marr vinham ficando mais próximos desde que o guitarrista tinha juntado os Smiths; já era evidente que o mais velho estava destinado a ser o empresário da banda. Não tanto para facilitar esse papel quanto para afastar Marr de outro empregador, desfrutar da companhia do adolescente diariamente e, em suas próprias palavras, "para que ele [Marr] pudesse tomar conta da banda e ainda ter um salário", Moss abriu uma terceira loja da Crazy Face no porão da Portland Street e deixou Marr encarregado dela. Ele também providenciou um andar na Portland Street para a banda ensaiar e comprou um PA em que eles pudessem tocar. Quase todos os dias de semana à noite, às cinco horas, Johnny Marr fechava a loja no porão, subia o elevador até o quarto andar e abria os portões para a chegada dos outros três. Então, eles ensaiavam a noite toda, terminando apenas quando estava na hora de pegar o último ônibus ou trem para voltar a Stretford, Sale, Chorlton e Bowdon, no frio e na umidade das madrugadas do inverno de Manchester. O desejo de evoluir era evidente. Ao mesmo tempo, os rapazes eram cuidadosos para não se precipitarem; o show de estreia proporcionou à banda muita atenção, Joe Moss insistiu que eles esperassem para fazer outro show até que a nova formação estivesse devidamente ensaiada e fosse capaz de tocar um set completo.

O papel de Moss como mentor e figura paterna de Marr se tornou anda mais acentuado quando ele convidou Marr a se mudar da casa de Shelley Rohde para a casa de sua própria família, em Heaton Chapel. A explicação oficial era que seria mais fácil para Marr chegar na hora certa ao trabalho na Crazy Face, mas o resultado final foi que a dupla ficou ainda mais próxima, frequentemente indo para o trabalho junta e discutindo música, cultura pop e o futuro dos Smiths quase sempre que não tinham outros compromissos. Se Morrissey tinha alguma reserva com relação à proximidade entre seu parceiro musical e seu empresário, ele não expressou naquela época.

Enquanto isso, Andy Rourke e Mike Joyce precisavam se adaptar à banda em geral e em particular a seu vocalista. Não foi um processo fácil. "Eu tinha cem por cento de fé na música", disse Rourke a respeito de suas impressões iniciais, "mas tive algumas dúvidas quanto a Morrissey.

Eu gostava das letras. Eram provocativas e iam contra a corrente do que estava sendo feito na época. Eu sabia que aquilo era diferente." Levando em consideração que seus prazeres musicais durante os últimos dois anos tinham sido no mundo de letras descomplicadas (apesar da sofisticação musical) do jazz funk, é compreensível que ele pudesse recordar seus primeiros seis meses como uma época "estranha".

Intrigado com o vocalista, Rourke desejava "atravessar a superfície e ir um pouco mais fundo", mas descobriu que "no fim, isso é impossível, porque Morrissey não deixa você atravessar a superfície; ele só deixa você ver o que ele quer que você veja". A dupla voltava dos ensaios no mesmo ônibus quase em silêncio. "Eu começava a contar os postes de luz", recordou Rourke. "Aquele era um sujeito que vivia no quarto. Era um recluso. E ele é uma pessoa com quem é difícil se comunicar. Ter uma conversa séria de sua escolha — ou de minha escolha — era impossível. Não tínhamos nada em comum." O fato de existir uma diferença de idade de cinco anos entre o membro mais velho e o mais novo da banda certamente desempenhou um papel nesse fracasso em se conectar, mas Rourke notou algo mais em Morrissey, que ele nunca mais foi capaz de deixar de lado: "Ele sempre teve um certo ar de superioridade."

Rourke tinha muitas vezes servido como o cara engraçado em sua relação com Johnny Marr; sua tendência a dizer a coisa hilária na hora errada tinha lhes proporcionado várias chibatadas na escola. Reconhecendo o amor de Morrissey pelo humor seco, Rourke usou aquilo como uma forma de se conectar e "acabei sendo o palhaço. Esse era o único nível em que eu conseguia me conectar com ele". Ao fazer isso, o baixista percebeu que estava fazendo a si mesmo um desserviço a longo prazo. Mas, se ele suspeitava que Morrissey não olhava para ele como um igual, pelo menos podia contar com seu amigo mais antigo para isso.

"Eu o elevava e ele me mantinha com os pés no chão", disse Marr sobre Rourke. "Ele era capaz de diminuir minha intensidade. Era a única pessoa que conseguia fazer isso. Não acho que os outros dois sequer sabiam da importância daquilo, daquela química fundamental na banda. Então, mesmo deixando de lado o fato de que ele é um dos baixistas mais originais de todos os tempos, sua personalidade foi muito importante para a banda."

Ao mesmo tempo, nunca foi a intenção de Marr ignorar as razões pelas quais havia se afastado de Rourke um ano antes. Tinha convidado o baixista a entrar para os Smiths, disse ele, "sob a condição de que ele não trouxesse o hábito de se drogar". Rourke, naturalmente, prometeu que não levaria. Mas isso se mostrou mais fácil na teoria do que na prática. "Toda vez que Johnny via aquela expressão nos meus olhos, suspirava e dizia: 'puta merda, você ainda está usando heroína?'", admitiu Rourke. Diante da perspectiva de ter que mandar seu amigo embora, bem no momento em que eles *finalmente* tinham algo dando certo musicalmente, Marr adotou uma postura diferente; confiou em Joe Moss — que agiu de imediato, chamando o baixista para dizer que entendia que Rourke estava passando por alguns "problemas" e sugerindo que ele se afastasse da tentação. "Ele me levou para sua casa", recordou Rourke. "Tinha um apartamento no porão; me deixou lá durante duas semanas para tentar me livrar da heroína. Aquilo funcionou por um tempo." E, apesar de não se mostrar permanentemente efetivo, "nunca vou esquecer de sua generosidade e de sua preocupação", disse Rourke, que acrescentou: "eu amava o Joe. Ele era um santo. Ele nunca esteve conosco pelo dinheiro. Era como um pai para nós. Estava cuidando de nós."

Rourke fez sua estreia ao vivo no Manhattan Sound, no dia 25 de janeiro de 1983, estreia essa a que se seguiu, dez dias depois, o terceiro show dos Smiths, na Haçienda, filmado e gravado profissionalmente e que, portanto, permanece um documento duradouro dos Smiths como um quarteto ativo. Nas duas casas de shows, os Smiths abriram para outros artistas de Manchester como parte de uma dose dupla de bandas locais, embora não houvesse dúvidas de que o show da Haçienda, numa noite de sexta-feira, ao lado dos novos contratados da Factory, 52nd Street — grupo formado, primordialmente, por negros de Manchester que misturava os sons do jazz funk britânico com os da cena electro de Nova York, combinando o gosto dominante de Rourke com um dos gostos de Johnny Marr —, era o mais aguardado dos dois.

Mas isso não deve diminuir a Manhattan Sound, uma casa gay na Spring Gardens que Marr e Moss tinham frequentado regularmente na happy hour antes de os Smiths começarem e que ficava a cargo do produtor local, Rick Stonell, para pequenos shows locais quinzenalmente. Os Smiths tocaram na pista de dança, cara a cara com a plateia, enquanto filmes "pornô" eram transmitidos numa sala secundária. "Estávamos muito nervosos", disse Rourke sobre o contato próximo. "Mas com isso vem a adrenalina, e com ela vem a concentração, e com ela um show incrível." A plateia incluía não apenas seus amigos da cena de Manchester, mas também muitas figuras proeminentes, incluindo Richard Boon e Tony Wilson. O chefe da Factory mais tarde afirmou que "fiquei embasbacado, foi fantástico", e que Morrissey, em particular, "era incrível".

Quanto a isso, parecia não haver muita dúvida. Se Morrissey parecia ter se escondido em sua concha no Ritz, ele a deixou para trás no Manhattan Sound — de uma vez por todas. Morrissey, o intérprete, emergiu — e, pode-se argumentar a partir da conveniente perspectiva da história, que a música pop estava destinada a nunca mais ser a mesma. Na opinião de Marr, "ele era o produto pronto no segundo show". E, quando Morrissey fechou o set jogando confete para o alto — algo que ele deixou de mencionar a seus companheiros de banda —, eles compreenderam, talvez pela primeira vez, o poder da personalidade diante deles. Um "toque de mestre", disse Joyce; um "mágico", pensou Rourke.

O confete não voltou no show da Haçienda. Em vez dele, Morrissey subiu no palco segurando um buquê de flores que ele, então, bateu com violência no chão ao fim da primeira música, "These Things Take Time". James Maker também não voltou para dançar ao lado de Morrissey. O que tinha parecido um gesto bem-humorado durante as quatro músicas no Ritz tinha se transformado numa espécie de estorvo no set mais longo do Manhattan Sound, especialmente agora que Morrissey parecia ter encontrado sua personalidade de palco. Foi Moss que insistiu no rompimento, e aquilo não foi um problema para Maker, que nunca tinha pretendido mais do que ajudar e se divertir com um de seus melhores amigos e, alegremente, assistiu ao show seguinte, na Haçienda, da plateia. Ele mantinha uma amizade mais próxima de Morrissey do que a maioria das pessoas e voltaria a dividir o palco com os Smiths em turnê três anos depois, à frente de sua própria banda, Raymonde.

A partir da gravação do show dos Smiths na Haçienda, naquela noite de sexta-feira em fevereiro, vale observar que o conceito da imagem de grupo, importante para Morrissey e mais ainda para Marr, estava evidente nos topetes perfeitamente penteados da banda (cortesia de Andrew Berry), mas também cedia espaço às quatro personalidades individuais de cada um. Marr usava uma camisa de gola alta sob a jaqueta de colarinho levantado, como um estudante rebelde da época (ou como James Dean); seu visual do revival rebelde do rockabilly recebia veracidade adicional por conta da forma como ele se movimentava em seu lado do palco, com sua guitarra Gretsch, fazendo barulho por duas pessoas, às vezes cantando para si mesmo, em outras olhando para algum de seus amigos na frente do palco, sorrindo o tempo todo por estar sobre o palco, com a sensação de que aquilo *está acontecendo*, com uma banda de sua própria criação. Rourke vestia o tipo de suéter colorido preferido pelo povo do jazz funk e, adequadamente — e de forma aplicada —, tocava um baixo Guild emprestado, com a correia tão curta quanto a que Mark King, do Level 42, usava. Joyce, o único integrante com considerável experiência em shows, tocava com uma camiseta branca básica que apenas servia para enfatizar o corpo naturalmente musculoso do baterista e seu cabelo espetado, um resquício dos seus dias de punk.

Dos quatro, apenas Morrissey parecia estar próximo de sua imagem final, uma camisa de pano sem colarinho provocadoramente desabotoada, expondo uma camiseta branca e um colar de miçangas — uma estranha contradição à sua calça social dos anos 1950 firmemente afivelada. (A calça logo seria substituída por jeans nos shows dos Smiths.) Ao longo do set de oito músicas, ele manteve o microfone em uma das mãos, a outra frequentemente segurando maracas ou um pandeiro, e circulou pelo palco, algumas vezes se agachando, como costumava fazer, para o choque de Joyce e Rourke nos estúdios de ensaio e gravação — com a diferença de que, na Haçienda, seus movimentos eram menos como os de um animal enjaulado e mais como os de um que reivindica seu território. E, embora faltasse alcance à sua voz, sua confiança estava evidente no volume, na pronúncia meticulosa das letras, no ocasional uivo para causar efeito e em como, na última música, "Miserable Lie", ele soltou o falsete que se tornaria sua marca registrada — e o segurou por vários empolgantes minutos no fim da apresentação.

Talvez o aspecto mais marcante do show da Haçienda tenha sido o próprio setlist: das oito músicas, duas viriam a se tornar singles de sucesso e aquelas que não se juntaram a elas num bem-sucedido LP de estreia se tornariam lados B de singles igualmente celebrados, uma delas, na verdade, gravada da mesa de som daquele show. Isso simplesmente não acontece na música popular; mesmo aqueles grupos suficientemente afortunados para montar uma formação imediata, permanente e bem-sucedida precisam compor um grupo de canções, levá-las ao palco, descartar algumas, compor mais algumas, ensaiá-las, testá-las diante do público, descartar mais algumas e, apenas gradualmente, chegar a um ponto em que não haja mais volta. Ainda assim, apesar do fato de os Smiths terem motivo para ficar entusiasmados com todas as oito músicas de autoria própria tocadas naqueles primeiros shows de verdade, uma já estava criando animação maior do que as outras. A leva inicial de material de Morrissey e Marr, afinal, era de certa forma sombria — sem dúvida um reflexo dos intermináveis anos de reclusão de Morrissey e da afinidade musical do próprio Marr com o lado mais depressivo do período pós-punk. Havia algumas exceções — "Handsome Devil" sendo a mais óbvia —, mas, em sua maioria, os títulos entregavam o conteúdo: "Miserable Lie" e "What Do You See in Him?" não pareciam mais otimistas do que "Suffer Little Children".

E então, numa noite de domingo, em janeiro de 1983, Johnny estava visitando sua família em Wythenshawe com Angie quando pegou um violão e se pegou tocando um riff. "Foi pura inspiração. Eu não tinha um conceito antes de tocar. Eu não tinha a sensação de que 'precisamos de uma mais ou menos assim'. Eu não estava tentando fazer uma mudança de acorde mais rápida ou mais lenta ou pensando sobre aquilo. Eu simplesmente tinha aquele riff exuberante que tínhamos que transformar numa canção imediatamente." Só havia uma coisa a fazer: dirigir até Stretford e confiar que Morrissey estaria em casa e ficaria feliz em escutar aquilo. Mas, enquanto o Fusca de Angie seguia pela A56 e Marr continuava a tocar a sequência de acordes, preocupado com a possibilidade de esquecê-la se deixasse o violão de lado por mais de cinco minutos, a namorada implorou que ele "tocasse mais como Iggy!". Marr concordou — e Morrissey também, ao abrir a porta ("sem hora marcada!", como Marr mais tarde falou de brincadeira com Simon Goddard) e providenciar um gravador de fita cassete. Depois que Marr e Brown foram embora, Morrissey escreveu a letra para "Hand in Glove" naquela mesma noite.

Sua missão: combinar a musica com algo "violentamente poético e exultante". Como estava se tornado costumeiro, ele roubou de seus ídolos no processo: o verso final, "I'll probably never see you again" [Provavelmente nunca verei você novamente], foi diretamente tirado de peças de Shelagh Delaney, enquanto um verso de Leonard Cohen para Buffy Sainte-Marie, "Everything depends how near you sleep to me" [Tudo depende de quão perto de mim você dorme], foi mudado em apenas uma palavra. Mas, como se mostraria comum, tais atos de licença artística não podiam se afastar do efeito emocional dos versos reunidos, quando colocados na ordem de Morrissey e junto da guitarra de Marr. Mais notavelmente, as palavras na primeira estrofe, "No it's not like any other love, this one's different because it's us" [Não é como nenhum outro amor, esse é diferente, porque somos nós], eram, ao mesmo tempo, extremamente pessoais e universais. Qualquer novo ouvinte da música, se estivesse há pouco tempo apaixonado, podia se identificar com o verso e cantar para seu (sua) parceiro(a) romântico(a), ainda que aquilo pudesse muito bem se aplicar à relação platônica de Morrissey e Marr. O guitarrista nunca perguntou; o que importava mais para ele era que "a forma como [Morrissey] a cantava e as palavras que ele cantava tinham exatamente o mesmo espírito" do riff que Marr tinha levado a Stretford alguns dias antes. Como resultado, ele disse: "Aquela música nos libertou. Foi a sensação que tivemos na primeira vez que a tocamos. Era a sensação de ser livre."

Morrissey pensava de forma muito parecida. "Foi como se aquelas quatro pessoas *tivessem* que tocar aquela música", disse ele. "Aquelas palavras tinham que ser cantadas."

ÀQUELA ALTURA, A maioria dos grupos na situação dos Smiths teria pensado em fazer outros shows em sua cidade — um como headliner, talvez, numa casa local respeitável —, para deixar seu set mais afiado. Teria pensado em levar sua demo mais recente — nesse caso, generosamente financiada pela EMI — a várias gravadoras. Se tivesse sido rejeitada, então, mais adiante, poderia ter pensado em fazer uma terceira sessão de gravação, aproveitando o que tinha aprendido nas anteriores, torcendo para que daquela vez acertasse. E, se tudo aquilo tivesse fracassado, poderia ter pensado em lançar seu próprio disco — considerando que o desânimo ainda não a tivesse dominado.

Mas os Smiths, para parafrasear "Hand in Glove", não eram como nenhum outro grupo (esse é diferente!). Na opinião dos integrantes, individualmente, eles já tinham saldado suas dívidas ao longo de muitos anos nas várias bandas em que tinham tocado e ensaiado, nas que existiram em seus estágios iniciais e as que praticamente nem existiram. Eles tinham se sentado em seus vários quartos e em estúdios de ensaio e praticado suas habilidades, fosse guitarra, bateria, ou escrever letras, até um ponto em que tinham construído um catálogo de ideias e uma perícia para articulá-las num formato de grupo. Tinham agora se juntado como a banda The Smiths e, ao desenvolver ainda mais aquelas habilidades (tanto aspectos de composição quanto de execução) ao longo de mais vários dias de trabalho por semana, estavam convencidos de que tinham algo significativo nas mãos. Algo muito especial. Por isso, por mais que pudessem ser julgados como impacientes, foi mais um desejo de evolução contínua que fez os Smiths marcarem um horário no Strawberry Studios, em Stockport, no último domingo de fevereiro de 1983, para gravar "Hand in Glove" para o lado A de um single, menos de um mês depois de a música ser composta e tocada pela primeira vez.[1]

Que esse era o curso de eventos correto foi algo que se provou pela *master tape* com a qual eles saíram no fim daquele dia, gravada pelo engenheiro de som residente do Strawberry (e braço direito de Martin Hannett), Chris Nagle. Ao longo da performance de três minutos, a banda tocou com uma coesão de quem está junto há anos e, embora Morrissey ainda não parecesse um cantor nato e seus vocais estivessem relativamente enterrados por trás dos múltiplos canais da guitarra Gretsch de Marr, dos pratos abundantes de Joyce e das melodias incisivas de Rourke, havia consideravelmente mais alcance e ressonância em sua voz do que já houvera até então (tanto no palco quanto no estúdio), além de mais personalidade. Dessa forma, suas tentativas de um ocasional tremolo e sua ascensão a uma oitava mais alta no fim pareciam menos a obra de uma aberração e mais a de uma genuína nova voz.

Nagle, que não tinha ouvido falar do grupo antes, recordou que os Smiths eram "muito entusiasmados, muito cheios de energia" e que a sessão correu "perfeitamente bem", com Marr fazendo as vezes de porta-voz de quase toda a banda. "Todos olhavam para o relógio o tempo todo. Podemos fazer isso? Temos tempo? Podemos gravar um *overdub*? Rápido, rápido, rápido. Era uma verdadeira gravação dos velhos tempos." No fim da sessão de dez horas, o grupo então entregou a Nagle uma fita cassete de "Handsome Devil" como tinha sido gravada ao vivo na Haçienda. "Fiquei realmente animado por ver uma banda tão entusiasmada a ponto de simplesmente dizer, 'esse é um lado B, nosso som é assim, vamos simplesmente lançar'", disse Nagle, que passou algumas horas adicionais não pagas "dando um trato na faixa" para que pudesse ser lançada. "Foi cativante, e fiquei feliz por fazer aquilo", disse ele sobre a experiência. (Ele ficou menos entusiasmado ao descobrir, quando o single finalmente foi lançado, que ele não foi mencionado, com o crédito de produção indo, em vez disso, para os Smiths.)

Dois atos simples de brilhantismo naquele dia no Strawberry levaram "Hand in Glove" além do tradicional single de estreia. Logo antes de o vocal entrar pela primeira vez e imediatamente depois de terminar completamente, Johnny Marr acrescentou uma simples linha de gaita — que, além de proporcionar um pouco de calor instrumental à mixagem, soava imediatamente como uma referência e homenagem ao single de estreia dos Beatles, "Love Me Do". E, embora a escolha de a música terminar com o riff de guitarra "a la Iggy" em fade-out não fosse incomum, a decisão de começar com um fade-in certamente era. Aquela era uma declaração corajosa de confiança, o que raramente era feito na música popular, porque distraía os disc jockeys em sua habilidade de falar por cima da música. Poucos artistas (a não ser os Beatles, com "Eight Days a Week") tinham usado o fade-in e ainda conseguido muita execução no rádio. Menos ainda ousaram usá-lo em seu single de estreia.

QUATRO DIAS ANTES da sessão no Strawberry, os Smiths fizeram seu quarto show, abrindo para Richard Hell, punk de Nova York: foi o visual *dele*, com camiseta rasgada e cabelos espetados, de seu tempo nas bandas Television e The Voidoids, que Malcolm McLaren roubou para os Sex Pistols; a música *dele*, "Blank Generation", que tinha sido proclamada como o primeiro verdadeiro hino da cena do CBGB. Para Morrissey especialmente, por ser um aluno tão devotado daquela cena, abrir o show deve ter parecido algo muito importante. Mas a época de Hell havia muito passara, e, se o show no Rafters, na Oxford Street, foi importante a longo prazo, isso se deu pela presença na plateia da banda James.

De acordo com qualquer padrão, o James era um grupo esquisito: seu vocalista, Tim Booth, era um antigo aluno de escola particular frustrado que tinha ido a Manchester para estudar teatro e se viu, como tantos outros na época, envolvido pela música do The Fall e do Joy Division. Vivendo nos Hulme Crescents cercado por pobreza e violência, como muitos integrantes de bandas da cena de Manchester, Booth fez amizade com dois temidos membros da torcida organizada do Manchester City na matinê de uma discoteca. (Enquanto os Smiths mais tarde dariam o nome de um de seus álbuns em referência à prisão Strangeways, membros originais da banda James de fato cumpriram pena lá.) Essa dupla tinha uma banda propositalmente sem nenhuma formação musical e convidou Booth para entrar como letrista, dançarino e, mais adiante, vocalista. Um dos dois fundadores, James Glennie, junto com Booth e as namoradas de ambos, começou a usar meditação e vegetarianismo como alternativas às habituais válvulas de escape para a vida na cidade e, na época em que foram ver os Smiths ao vivo, tinham definido uma formação semipermanente com seu novo nome — o primeiro nome de Glennie. As semelhanças entre os Smiths e o James eram pura coincidência, pois eles não se conheciam, mas elas significavam uma determinação mútua de contrariar a pretensão tanto da cena independente quanto da nacional. Entre os dois grupos, o James tinha um pedigree; eles tocaram na Haçienda pela primeira vez em novembro e novamente em janeiro, no festival de bandas locais que acontecia às sextas-feiras, duas semanas antes dos Smiths. Lá, haviam entregado a Mike Pickering e Rob Gretton uma fita demo que incluía as músicas "Hymn from a Village" e "Stutter". Os dois homens da Factory ficaram instantaneamente entusiasmados com o que ouviram e, quando Tony Wilson assistiu à gravação do show do James na Haçienda (filmado a partir do lado direito do palco, como no caso dos Smiths em seu show), com Booth se movendo ameaçadoramente no palco como um jovem e desajeitado Mark E. Smith e os outros integrantes da banda tremendo em seus instrumentos como se estivessem possuídos pelo Birthday Party, ele também foi convencido. Depois de abrir para o New Order em março, o James assinou com a Factory.

Ainda assim, Tim Booth recordou ter sido surpreendido pelos Smiths no Rafters, pelo modo "como eles pareciam grandes no palco. O carisma. De Morrissey e Marr tenho uma memória muito visual. Musicalmente, acho que nos sentimos bastante ameaçados, porque era... era como: 'ah, merda, lá vem outra banda fazendo essa coisa.' Apesar de parecer muito diferente de nós. Nós éramos muito mais malucos e estranhos, e muito mais desequilibrados em nossa música. Enquanto os Smiths eram, se não o produto acabado, algo que estava pronto para ser consumido. Precisamos de anos para forjar nossa forma de ser, aprender nossos instrumentos, aprender nosso ofício. Mas eles estavam prontos".

Nunca haveria espaço para o James *e* os Smiths na Factory; era mais do que o suficiente que uma nova banda de guitarras entrasse para o selo, sentindo-se tão desconfortável com relação ao elitismo de Wilson e companhia, e exigindo controle criativo que foi mascarado — no caso do James — como perversidade quando eles se tornaram a primeira banda da Factory a recusar uma capa projetada por Peter Saville, entregando, em seu lugar, um desenho feito com caneta hidrográfica. Morrissey pode muito bem ter desejado que os Smiths fossem aquela banda. Mas mesmo que o James não estivesse na disputa, que Pickering e Wilson tivessem sido mais rápidos em reagir ao que tinham visto nos dois primeiros shows dos Smiths e que Gretton não tivesse sido tão (compreensivelmente) desdenhoso em relação à primeira fita deles, Johnny Marr nunca deixaria aquilo acontecer.

Marr não tinha nada contra a Factory. Ele era frequentador assíduo da Haçienda, amistoso, em vários graus de intensidade, com figuras-chave como Andrew Berry, Mike Pickering e Tony Wilson, e seus gostos musicais se alinhavam com os do New Order, cuja afinidade com a dance music americana estava prestes a se manifestar globalmente por meio de "Blue Monday", que se tornaria o single de 12 polegadas mais vendido de todos os tempos. Marr simplesmente acreditava que os Smiths eram capazes de ser *maiores* do que a Factory estava disposta a possibilitar ou encorajar; que eles não queriam ser associados tão de perto a

Manchester quanto os outros artistas da Factory; que, como o James, eles queriam ser diferentes de todas as bandas que tinham uma capa de disco projetada por Saville. Ele sabia também que a Factory trabalhava em seu próprio ritmo, não muito mais veloz do que o das grandes gravadoras. (O James não lançaria um single até novembro.) E Marr sabia, musicalmente, que eles e a Factory nunca seriam uma combinação confortável, que ela apenas restringiria uma banda como os Smiths, a qual estava interessada em singles de 7 polegadas num momento em que a Factory estava indo cada vez mais, até mesmo exclusivamente, na direção do formato de 12 polegadas com mixagem estendida.

O que não quer dizer que ele e Morrissey não tivessem qualquer interesse em fazer parte de um selo de Manchester. Richard Boon se recordou da dupla levando para ele o possível single com uma ideia de lançá-lo pela New Hormones, que certamente seria um lar ideal para Morrissey. Eles sabiam, no entanto, que o selo estava prestes a fechar as portas — com Boon, não que ele soubesse disso na época, destinado a se mudar para Londres e trabalhar na Rough Trade como gerente de produção. "Eles tocaram aquilo para mim no meu escritório falido e era brilhante, mas eu não podia ajudá-los. Porque eu simplesmente sabia, ao escutar aquilo, que eles realmente tinham algo, o que quer que fosse. Era substancial, fantástico, tinha asas. Mas asas com as quais eu não podia voar", recordou ele.

Marr tinha outra gravadora independente de Manchester na manga e estava bem animado com a perspectiva: um selo "Portland Street" completo com uma foto da propriedade de Moss no número 70 como logo, seu próprio Brill Building. Aquilo exigiria fabricação e promoção, mas Joe Moss era um especialista na primeira e havia poucos melhores na segunda, pelo menos em Manchester, do que o próprio Marr. Antes, porém, de colocar aquele plano em ação, eles precisavam investigar uma gravadora independente de Londres que tinha prioridade: a Rough Trade. No começo de março, pouco depois de gravar "Hand in Glove", e com a versão ao vivo de "Handsome Devil" acrescentada à fita cassete, Marr e Andy Rourke — curiosamente sem Morrissey — pegaram um trem para Londres e se apresentaram ao bom e velho estilo do Brill Building: batendo à porta e pedindo para tocar suas músicas para o homem responsável.

CAPÍTULO

QUINZE

Eu era obcecado pela fama e não conseguia ver ninguém no passado, no cinema ou na música, que se parecesse comigo. Então, quando comecei a fazer discos, pensei que, bem, em vez de adotar as poses habituais, deveria ser apenas tão natural quanto pudesse, o que obviamente não era nem um pouco natural. Para mim, o simples ato de gravar discos era totalmente anormal, então aquela era realmente a única forma que eu poderia ser. Anormal.

— Morrissey, *Blitz*, abril de 1988

Em 1981, a Rough Trade tinha compilado uma fita cassete para ser distribuída através da *NME*. A *C81* refletia como estava a cena da música independente na alvorada da nova década, uma cena de incrível vitalidade e variedade. A faixa que recebeu mais comentários, no entanto, foi "The 'Sweetest Girl'", posicionada estrategicamente no início, da banda contratada pela própria Rough Trade, Scritti Politti. De forma surpreendente, os ex-comunistas do Scritti Politti, adeptos do *squat* — prática de ocupar prédios abandonados —, roqueiros toscos com influências de reggae, infames por listar os (baratos) custos de produção de seus discos nas capas de seus singles (em estilo tabloide), tinham apresentado uma voluptuosa e romântica peça de rock de amor, ambientada com baterias lindamente programadas e teclados. Era o tipo de mudança dramática que não apenas chamava atenção, mas provocava discussões: aquela era a melhor canção pop de todos os tempos ou eles tinham se vendido?

Geoff Travis estava inclinado na direção da primeira opção. Para o rapaz de 30 anos, depois de vários anos na linha de frente de todo tipo de coisa conflituosa, "The 'Sweetest Girl'" representava um retorno às qualidades reconfortantes de uma canção pop divinamente produzida. E, por um momento — durante o qual um grande número de observadores da cena respirou fundo e concordou que o reformado Scritti Politti (pois houve uma mudança de imagem tão drástica quanto a de aura) era melhor do que o antigo —, ele tinha os funcionários a seu lado. Parecia que "The 'Sweetest Girl'" estava destinado a ser o primeiro single de sucesso da Rough Trade.

Mas então Travis pensou duas vezes. Em vez de lançar "The 'Sweetest Girl'" como ela era, encorajou o grupo (que estava rapidamente se reduzindo a apenas o cantor e compositor, Green Gartside) a retocar a faixa infinitamente à procura da mixagem perfeita. Na época em que foi lançada como single, no *fim* de 1981, ela já havia custado ao selo uma pequena fortuna, e uma música que tinha ajudado a moldar a paisagem da música pop daquele ano em cassete agora parecia estar correndo atrás dela no vinil. "The 'Sweetest Girl'" mal arranhou as paradas. Travis, no entanto, persistiu com Gartside ao longo do caro — e arrastado —

processo de completar um álbum com uma nova alma igualmente pródiga. Finalmente lançado no final de 1982, *Songs to Remember* (tais afirmações de grandeza estavam muito em voga graças à pose empertigada dos New Romantics) se tornou o primeiro álbum da Rough Trade no Top 20 desde o Stiff Little Fingers, mas tudo aquilo fracassou em produzir um hit de verdade. Incapaz de continuar a financiar as ambições musicais de Gartside, Travis o liberou para assinar com a Virgin.

Para Travis, a falta de um hit estava se tornando um verdadeiro aborrecimento. A Rough Trade Distribution estava agora muito forte e, como sócio da empresa, Travis podia se orgulhar e lucrar com seu sucesso. Mas o lado concernente à distribuição era conduzido por seu parceiro, Richard Scott, para quem "o processo" era a única força motriz que importava. "Estávamos tentando montar uma estrutura de acesso para os pequenos selos e para que as pessoas tivessem seus quinze minutos de diversão — em vez de fama", disse Scott, embora, no caso de "Love Will Tear Us Apart", "Papa's Got a Brand New Pigbag", e — como ele estava prestes a descobrir — "Blue Monday", aqueles quinze minutos pudessem durar anos.

Travis gravitava na direção do ponto de vista exatamente oposto: "A música é definitivamente o mais importante. O sistema não é mais importante do que o conteúdo." As opiniões negativas de Scott a respeito das ambições claramente comerciais (e do custo) de *Songs to Remember* tinham criado uma divisão tensa entre os parceiros, abrindo, em suma, um abismo ideológico na cena da música independente. Para piorar ainda mais, no fim de 1982, foi revelado que a Rough Trade vinha encomendando estoque demais, diversificando em áreas demais, contratando artistas demais e gastando dinheiro demais com eles no estúdio. Em outras palavras, estava devendo. Apenas a indulgência de Daniel Miller, cuja Mute Records tinha a receber em torno de um milhão de libras, impediu que a Rough Trade declarasse falência. A revelação financeira tinha resultado numa espécie de Noite das Facas Longas, por assim dizer: a loja de discos que começou tudo aquilo, assim como a agência de talentos e a firma de assessoria de imprensa que haviam surgido a partir do empreendimento crescente, foi reestruturada como uma entidade autossuficiente dos funcionários. A importância de Daniel Miller (e de sua banda de sucesso, Depeche Mode) para a Rough Trade, no fim das contas, foi apenas realçar o problema principal de Travis: "éramos pioneiros na distribuição que possibilitava aquele sistema", confessou Travis, "mas não estávamos liderando no comercialismo".

Para corrigir isso, Travis substituiu o Scritti Politti no selo pelo Aztec Camera, cujos discos a Rough Trade já distribuía como parte do selo Postcard, que estava passando por dificuldades. Como o Scritti, o Aztec Camera era um grupo baseado em um homem, o prodígio adolescente Roddy Frame, que tinha apenas 17 anos quando lançou seu primeiro single e cuja sensibilidade pop estava sendo entregue à Rough Trade assim como acontecera com Gartside. O produto final foi o álbum *High Land, Hard Rain*, com lançamento marcado para abril de 1983 e precedido por um single lindamente cerebral dominado por violões ressonantes, "Oblivious". O problema de Travis com o Aztec Camera claramente *não* era a habilidade de fazer música incrível com o orçamento da Rough Trade, mas o fato de que Roddy Frame era jovem demais, talentoso demais e bonito demais: o império da Warner Bros estava oferecendo contratos de seis dígitos ao adolescente e não havia nada que Travis pudesse fazer a respeito — especialmente porque seu contrato com Frame consistia de apenas um bilhete escrito à mão de consentimento temporário do artista.

E então, naquela primavera de 1983, mesmo enquanto "Oblivious" pairava fora do Top 40, e com o selo desfrutando os elogios por álbuns recentes um pouco diferentes do normal de artistas como Weekend, The Go-Betweens e Robert Wyatt, Travis chegou à conclusão de que, para o sucesso da Rough Trade a longo prazo — e para que ele pudesse se manter como homem de negócios —, precisava encontrar seu próprio Joy Division ou Depeche Mode. Ele precisava de uma banda em início de carreira, sem bagagem anterior, uma banda que ganharia credibilidade, mas que também estivesse interessada no sucesso comercial, que estivesse disposta a trabalhar duro e tocar ao vivo sem custar uma fortuna no estúdio, uma banda com a qual pudesse formar uma relação protetora como uma espécie de produtor executivo — e uma banda que concordaria com um contrato de longa duração.

E então surgem os Smiths.

* * *

Essa história se tornou uma parte da sabedoria popular do rock, assim como Jerry Leiber aparecendo na porta da casa de Mike Stoller — ou Johnny Marr na de Morrissey. Ela é, na verdade, contada de forma muito semelhante. Johnny Marr e Andy Rourke pegaram um trem para Londres numa sexta-feira à tarde, em março, e quando chegaram ao escritório da Rough Trade, no fim do dia, brandindo sua fita cassete, foram apresentados a Simon Edwards. Embora ele oficialmente não tivesse um título para seu cargo, tal como todos os outros na Rough Trade, onde salários iguais também eram a regra, Edwards era essencialmente o chefe de vendas e contato vital entre a Rough Trade Records e a Rough Trade Distribution (em outras palavras, os parceiros em disputa, Travis e Scott). Ele era uma figura-chave na montagem do ironicamente apelidado Cartel, a nova rede nacional de distribuição que abastecia o mercado com discos por meio de seis atacadistas regionais independentes, com a Rough Trade, em Londres, como o maior e mais influente. Em um edifício na Blenheim Crescent, lugar que muitas vezes parecia a mistura de uma república socialista com um manicômio, ele era também um dos poucos indivíduos permanentemente compostos.

O fato de Marr e Rourke terem sido apontados na direção de Edwards pode não ter sido mera coincidência. Richard Boon estava certo de que tinha dito a Morrissey e Marr, quando foram vê-lo com sua fita, que, "se vocês quiserem fazer uma coisa indie, deveriam conversar com Simon Edwards, na Rough Trade". De sua parte, Edwards em geral desejava uma apresentação. "Eles devem ter dito algo", recordou ele. "Eles provavelmente disseram 'Richard Boon disse que deveríamos vir até aqui'. Eu conhecia Richard e gostava dele." Após anos de envolvimento na linha de frente, Edwards desenvolvera um instinto sobre o que venderia ou não no mercado independente, e tinha sido sua própria diminuição rápida nos pedidos de produtos da New Hormones a anunciar a morte da empresa de Boon. Quando Edwards escutou "Hand in Glove" nas caixas de som do escritório, no entanto, ouviu algo que achou que *venderia*. "Achei excelente. A gaita soava fresca e interessante. Eu falei: 'Ok, estou interessado em distribuí-lo se vocês quiserem.'"

Distribuição era o plano B: o selo da Portland Street. E se isso tivesse sido o mais longe a que a reunião tivesse chegado, o plano teria sido imediatamente colocado em prática. Joe Moss confirmou: "Eu estava realmente empolgado com a possibilidade de criar nosso próprio selo e lançá-lo por conta própria se não tivéssemos deixado [a Rough Trade] interessada." Mas Marr estava determinado a forçar a barra para seguir com o plano A: ele pediu para ver Geoff Travis, com a ideia de lançar pela própria Rough Trade. E Edwards concordou. "Aquele som era algo que não se parecia com 95 por cento das bandas" que estavam entrando pela sua porta naquela época, recordou. "Quando eles disseram que queriam que Geoff escutasse a fita, achei que era justo e importante que escutasse. Era suficientemente boa na minha opinião."

Se Edwards, como ele se recorda, levou Marr e Rourke diretamente a Travis ou apenas os mandou de volta e lhes disse para tentar a sorte (como Marr conta o acontecimento), o guitarrista aproveitou sua oportunidade, assim que ela finalmente chegou, com unhas e dentes. Literalmente. "Eu realmente segurei Geoff e disse: 'Você nunca escutou nada como isso s, nós gostaríamos que ela fosse lançada como uma faixa da Rough Trade Records' — e meus joelhos tremiam — 'mas se não acontecer, vamos lançá-la em nosso próprio selo e distribuiu pela Rough Trade'. Então ele tinha duas opções. Eu não lhe dei a opção de simplesmente não fazer aquilo." Travis, como Edwards antes dele, instantaneamente viu algo em Marr — "o olhar dele; ele era uma figura interessante" —, e aquilo chamou sua atenção. Ele pegou a fita e prometeu escutá-la no fim de semana, e Marr e Rourke foram embora para ficar (acordados) no apartamento de Matt Johnson aquela noite.

Quando escutou "Hand in Glove", como prometido, Travis reagiu de forma muito parecida a Edwards. "Fiquei extremamente intrigado com aquilo. Amei o som da música, amei a forma de tocar guitarra, amei a batida animada." E, embora "não pudesse dizer do que a música realmente se tratava", ele captou que "a letra era muito interessante". Mas, como com Simon Edwards, o que *realmente* o fisgou foi o fato de que ela parecia-se apenas consigo própria. "Não era como tantas das outras demos que ouvíamos naquela época... Eu simplesmente adorei. E fiquei bastante empolgado."[1]

A reação de Travis a "Hand in Glove" revelou por que ele era conhecido por ter um dos melhores ouvidos no ramo: foi capaz de escutar, numa mixagem abafada em fita cassete, a essência do brilhantismo. Sua reação comercial, então, confirmou por que tantos dos singles mais importantes da história foram lançados por selos independentes. Ele não levou a fita a uma reunião de A&R, na qual pudesse ser discutida, dissecada e, talvez, menosprezada; ele não procurou outras opiniões (embora já tivesse a de Edwards, que contava muito). Ele não duvidou da qualidade da gravação, como tinha feito, de forma fatal, com "The 'Sweetest Girl'", tampouco exigiu ver a banda ao vivo antes, como a EMI fizera. Em vez disso, fez exatamente o que selos independentes deveriam fazer, o que eram conhecidos por fazer, o que vinham fazendo para minar a força das grandes gravadoras desde o nascimento da indústria musical.

Na segunda-feira pela manhã, enquanto Marr e Rourke ainda estavam se recuperando do longo fim de semana no sul, Travis ligou para o número de telefone na capa da fita cassete e falou com Joe Moss. Disse ao suposto empresário que gostaria de lançar "Hand in Glove" pela Rough Trade, e o mais rápido possível. Tendo em conta que tinha sido aquilo o que Marr exigira, ele presumiu corretamente que não precisaria fazer nenhuma proposta.

Os Smiths fizeram seu primeiro show em Londres no dia 23 de março, uma quarta-feira. O contato com o Rock Garden, uma casa no subsolo em Covent Garden, popular entre os turistas, pode ter sido feito diretamente por Joe Moss; era uma casa comparativamente fácil de conseguir. Também pode ter ficado a cargo da All Trade Booking, agência de talentos desmembrada da Rough Trade ainda operando a partir da Blenheim Crescent. A All Trade era a principal agência no setor independente; seu elenco incluía quase todos os artistas que estavam na Rough Trade e muitos daqueles que não estavam, como Birthday Party, Orange Juice e Sisters of Mercy. Mas, por ter acabado de ser abandonada financeiramente, as figuras principais da agência, Mike Hinc e Nick Hobbs, estavam procurando por seu Echo & the Bunnymen — "uma banda com credibilidade que pudesse fazer turnês sem tanto apoio de uma gravadora", como disse Hinc.

Já era esperado que Travis fosse recomendar os Smiths e a All Trade Booking um ao outro — como fez na primeira visita do grupo a Londres, quando eles foram masterizar "Hand in Glove", apenas dias depois de Travis ter ouvido a gravação pela primeira vez. Mas tanto Hinc quanto Hobbs alegaram já conhecer a banda. Hinc, o principal contato britânico com casas de show, em algum momento recebeu uma fita com a mixagem da mesa de som da Haçienda por Mike Pickering, que ele conhecia bem o suficiente para considerar seu amigo, e, portanto, levou a recomendação a sério. Para confirmar seu próprio entusiasmo (ele tinha sido criado à base de blues de Chicago e era um grande fã de guitar bands), "toquei a fita para Andrew Eldritch [vocalista do Sisters of Mercy], que estava dormindo no chão da minha casa, e Roddy Frame, que morava perto de mim. E os dois gostaram". Percebendo que aquelas eram duas das pessoas mais diferentes da cena, ele sentiu que os Smiths seriam um sucesso imediato.

Enquanto isso, Hobbs, encarregado do contato com as casas europeias, tinha recebido uma das primeiras demos de Ollie May, que morara com Johnny Marr e era agora "roadie" dos Smiths, ao lado de Phil Powell, e um conhecido dos dois através do irmão de May, Marcus, produtor de uma casa de shows em Zurique. "Gostei o suficiente para passá-la a Geoff Travis", recordou Hobbs. "Geoff, obviamente, recebia muitas demos de muitas fontes; nós também. E eu normalmente não passaria nada a ele se não achasse que era apropriado para a Rough Trade e que ele viria a gostar. Foi uma dica de Ollie e eu a segui."

Se esse foi o caso, Travis não tinha encontrado tempo para escutá-la. "A primeira vez que ouvi falar dos Smiths foi quando Johnny e Andy vieram até o galpão", disse ele, confirmando a insistência de Marr de que "Geoff Travis não fazia a mínima ideia de quem éramos quando fui até lá". Mas, mais tarde, em 1983, o grupo deu uma entrevista em que Morrissey explicou sobre o caminho do grupo até a Rough Trade: "Um alguém misterioso simplesmente enviou uma fita à Rough Trade e eles ficaram muito animados, pediram para nos ver e nós fomos vê-los, e simplesmente nos juntamos."

Levando mais longe a sensação de que existia um burburinho a respeito da banda, no mesmo dia em que os Smiths tocaram no Rock Garden, a *NME* publicou uma crítica elogiosa de seu show na Haçienda. Convenientemente incluindo três comparações ao Magazine, de Howard Devoto (para a satisfação de Morrissey, sem dúvida), e uma a cada um dos antigos artistas da Postcard, Josef K e The Fire Engines (notícias igualmente boas para Marr), a crítica dava a nítida sensação de ter sido escrita por um amigo.[2] Esse foi certamente o caso da resenha do show do Manhattan Sound que acabara de ser publicada no *City Fun*, de Manchester. Nesse último exemplo não assinado, Cath Carroll enfatizou seu relacionamento pessoal com Morrissey: fez comparações aos heróis do rapaz, Iggy e os Dolls, chamou-o de "um exibicionista com um barítono sonhadoramente afetado" e, depois de elogiar seu final com confete, concluiu que, "se a cabeça do rapaz é uma indicação de algo, os Smiths serão G-R-A-N-D-E-S". Leve-se em consideração a entrevista que tinha acabado de sair na *i-D* — uma entrevista surpreendentemente contida, que indicava a inexperiência do grupo com o processo — e fica evidente que os Smiths eram, sob quaisquer aspectos, especialmente para uma banda que tinha feito quatro shows, um acontecimento novo e sério. Nesse aspecto, a resposta rápida de Geoff Travis a "Hand in Glove" foi importante, pois, dali em diante, vários dos olheiros de Londres passariam a frequentar os shows da banda. A suposição era, como bem deveria, de que qualquer artista da Rough Trade estava livre para ser escolhido por uma grande gravadora.

Não seria mais o caso. Geoff Travis só conseguia comparar o que viu no Rock Garden ao que *não* tinha visto: bandas como Rolling Stones, New York Dolls, ou os Stooges no início da carreira. Sua estupefação confirmava a verdade cada vez mais evidente sobre os Smiths: eles tinham chegado "prontos". Quanto a Morrissey, em particular, o que Travis chamou de "a transformação" entre o indivíduo "intenso e muito sério" que ele tinha conhecido em sua viagem de negócios a Londres e "o homem que saía do armário" no palco não era nada menos do que "extraordinária". Mike Hinc achou que eles eram "fantásticos", levados pelo "perfeito equilíbrio" no palco. Mas ficou especialmente intrigado com a reação de seu amigo Travis. "Eu podia ver, pelo sorriso no rosto de Geoff, que eles o haviam impressionado. Ele era como um garoto que ganhou um brinquedo novo." Com a confirmação da excelência da banda por parte de vários outros funcionários da Rough Trade que estavam entre o público muito pequeno que compareceu (um público reforçado levemente por alguns amigos de Manchester, incluindo Andrew Berry), Travis retornou a Joe Moss com uma proposta renovada: ele queria assinar com os Smiths um contrato de longa duração. Era a primeira vez que a Rough Trade oferecia um.

CAPÍTULO

DEZESSEIS

Eu vivo uma vida santa. Ele vive uma vida demoníaca. E a combinação é maravilhosa. Perfeita.

— Morrissey sobre Marr, *NME*, 1983

Dá para ver que Morrissey realmente pensa e vive aquilo. Dá para ver que Johnny pensa e vive aquilo. Não dá para fingir. As pessoas percebem essas coisas.

— Johnny Marr, março de 2011

No mesmo mês em que "Hand in Glove" foi lançada, maio de 1983, o Clash fez seu último show com seus parceiros fundadores, Strummer e Jones, num enorme festival de rock americano que mostrava seu sucesso internacional. Seis meses antes, o único outro medalhão sobrevivente das guerras do punk britânicas, The Jam, tinha anunciado sua separação no auge da própria carreira, seu líder, Paul Weller, desmoronando sob o peso do manto de "porta-voz de uma geração" e decidindo que, com apenas 23 anos, precisava se libertar e aliviar a pressão. (Ele, então, formou o Style Council.) O Jam deixou para trás seis álbuns de estúdio em seis anos, quatro singles que chegaram ao número um e uma reputação como a banda com mais consciência de moda e social da Grã-Bretanha. Também deixou para trás um vazio — não tanto para aqueles que estiveram com eles desde quase o começo, mas entre adolescentes mais jovens que só tinham acompanhado a banda durante os anos mais recentes de sucesso e que mal tiveram a chance de conhecer e apreciar a banda antes de ela decidir se separar.

Os Smiths tinham começado com sua imagem muito enraizada no território do Clash, como rebeldes rockabilly de vida dura com topetes, guitarras Gretsch, calças jeans com bainha dobrada e camisas com mangas cortadas. Ao longo de 1983, aquele visual (e, em grande parte, também o som) mudou consideravelmente, para uma atualização muito modern(ist)a dos filhos do flower-power dos anos 1960, ostentando colares de miçangas, golas rulê, jeans pretos feitos sob medida (cortesia da Crazy Face) e, no caso de Marr, um penteado *mop-top* e uma mudança para a Rickenbacker 330, guitarra usada por Paul Weller e, antes dele, George Harrison e Pete Townshend. As mudanças foram inteiramente orgânicas, mas serviram para tornar os Smiths ainda mais ingleses, ainda mais *modernos*, ainda mais atraentes para um público e uma indústria que estavam procurando ocupar o espaço deixado pelo Jam — mesmo que não tivesse ideia de que estava procurando os Smiths. O fato de o Jam ser tão claramente influenciado pelo The Who e de que os Smiths — Marr mais especificamente — eram fãs dos Rolling Stones, servia como uma diferença sutil, porém importante: que, apesar de as raízes dessas duas bandas mais recentes serem inquestionavelmente inglesas, elas estavam viajando por ramos diferentes.

Havia, para ser justo, vários candidatos para a coroa do rock britânico na época da chegada dos Smiths à cena. Em fevereiro e março de 1983, logo depois da separação do Jam, bandas como U2, Echo & the Bunnymen, Wah!, Big Country e Orange Juice tiveram (seus primeiros) singles no top 10 britânico; o New Order logo seguiu o exemplo. Todos esses artistas eram filhos do punk e representantes do pós-punk, e seu momento compartilhado de sucesso no mainstream sugeria uma mudança de ares. Ainda assim, os dois primeiros já estavam completamente estabelecidos; eles não eram algo que adolescentes à procura de uma nova banda poderiam chamar de seu. Além disso, o U2 era da Irlanda, e o modo épico e grandioso de suas declarações musicais e sociais destoava do setor independente; sempre pareceu que suas ambições estavam do outro lado do Oceano Atlântico.

Dos outros, o Wah! acabou sendo fogo de palha, e o Orange Juice, como seus antigos parceiros de selo na Postcard, Aztec Camera, não foi capaz de transformar seu charme recatado em boa reputação ao vivo. O New Order, apesar de representar uma vitória para a independência, tinha abraçado totalmente a dance music, e as apresentações ao vivo nunca tinham sido consideradas seu ponto forte. Quanto ao Big Country, liderado por um antigo integrante dos originais pós-punks The Skids, eles eram apenas um pouco mais velhos e claramente épicos, de uma forma celta obviamente influenciada pelo U2.

Sobravam comparações definitivas a se traçar entre Echo & the Bunnymen e The Smiths: os vocalistas, com seus longos sobretudos e seus enormes egos acariciados por uma enorme quantidade de entrevistas na imprensa, nas quais níveis inacreditáveis de auto-enaltecimento eram aparentemente justificados por críticas cruelmente espirituosas da concorrência. Dos dois, Ian McCulloch era, de longe, o melhor vocalista, mas suas letras eram oblíquas, poéticas e enevoadas por metáforas. Ele não estava interessado em falar sobre a angústia adolescente, muito menos sobre política, tanto do tipo pessoal quanto eleitoral. Não estava procurando aquele tipo de reputação — ou responsabilidade. Steven Morrissey, por outro lado, certamente estava — e a prova estava aparente no verso da capa de "Hand in Glove", que confirmava, depois de semanas pedindo para amigos e integrantes da banda tratarem-no pela forma correta, que o vocalista tinha escolhido se livrar de seu primeiro nome. A partir de então, ele seria conhecido para sempre apenas como Morrissey.

Isso foi visto pelas pessoas à sua volta como uma reinvenção calculada. "Há um Steven pré-Smiths e um Steven pós-Smiths", observou Liz Naylor, que, junto com Cath Carroll, continuou a amizade em quatro vias com Linder e Morrissey ao longo de 1983. "Algo aconteceu. Ele se construiu dos Smiths para adiante."

Carroll na época estava trabalhando como freelancer para a *NME* (Naylor estava fazendo o mesmo para a *Melody Maker*) e, como aquele jornal já publicara uma crítica positiva de um show, ela percebeu ser suficientemente fácil vender seu entusiasmo por "Hand in Glove" para fazer uma matéria curta sobre os Smiths quando o single fosse lançado. ("Era como se a música transbordasse das caixas de som. Aquele foi o momento em que pareceu óbvio que ele sabia o que estava fazendo o tempo todo", recordou.) Ela achou mais difícil conduzir e escrever a matéria: "Foi difícil, conhecendo Morrissey tão bem quanto eu conhecia, ou gostando dele tanto quanto eu gostava, escrever sobre sua banda sem ser bajuladora." Ela compensou ao se restringir ao formato de perguntas e respostas e incluir longas citações de Johnny Marr e uma de Mike Joyce. Seu editor enviou-lhe um bilhete ao receber a matéria, que dizia: "Esse é um artigo sem brilho sobre quatro rapazes sem brilho." Foi uma estreia desfavorável no mundo dos semanários musicais, a partir da qual Morrissey logo aprendeu; Joyce, por sua vez, raramente teria a oportunidade de falar novamente.

Talvez Carroll devesse ter focado mais no imaginário que cercava o grupo e na letra de "Handsome Devil" (que foi erroneamente listada como o lado A naquela matéria introdutória da *NME*). Afinal, a capa de "Hand in Glove" retratava um homem nu de costas, sua cabeça quase saindo de quadro, virada para uma parede, a mão direita esticada atrás de suas costas para cobrir — embora definitivamente não esconder — as nádegas nuas. Morrissey tinha encontrado a imagem no livro *The Nude Male*, de Margaret Walter, e sua insistência para que aquilo formasse a imagem visual inicial do grupo serviu como uma declaração aberta de intenção social, bem como a confirmação de seu papel como diretor artístico do grupo. "Ela se funde ao disco e evoca, ao mesmo tempo, tristeza e paixão", disse ele sobre a fotografia. "Ela poderia ser tomada como uma declaração direta e ardilosa contra o sexismo e, ainda assim, ao usar aquela foto, eu *estou* sendo sexista. Está na hora do corpo masculino ser explorado. Os homens precisam de uma ideia melhor sobre seu próprio corpo. Homens nus deveriam ser espalhados pelas cooperativas, sabe?"

O comentário anterior foi mais uma vez oferecido numa entrevista a Cath Carroll, mas não para a *NME*; ele foi apresentado num perfil separado sobre Morrissey, publicado na edição de agosto da revista *Him* (também conhecida como *Gay Reporter*). A matéria de página inteira apresentava Morrissey como o "Arthur Marshall da New Wave". Marshall era um escritor veterano, conhecido da geração dos Smiths como o velho capitão genial do programa de TV *Call My Bluff*. Significativamente, talvez como resultado de viver ao longo de tantos anos de repressão aos gays, Marshall nunca participou do movimento de libertação gay. Nem Morrissey participaria. "Ele estava disposto a usar todos os meios de comunicação para espalhar a ideia", disse Carroll sobre a concordância de seu amigo em conceder a entrevista para a *Him* (a pedido do editor). "Mas ele nunca quis se apresentar como uma banda gay, ou um homem gay, ou mesmo como um homem bissexual, ou o que quer que pudesse ter sido... Simplesmente havia algo a seu respeito que o faria responder a qualquer coisa que alguém dissesse sobre ele com 'Bem, não, não é isso.'"

"Detesto segregação sexual", Morrissey confirmou, devidamente (um comentário que ele repetiria em todas as entrevistas em que o assunto de gênero ou orientação surgisse), e inclusive lançou um ataque contra a cena gay contemporânea, por ser "tão cheia de ódio em todas as direções", acusando o "comportamento heterossexista de alguns homens gays" ao considerá-los "indistinguíveis dos Tetley Bittermen", um termo da época para designar os machões bebedores de cerveja.

Mas enquanto a reputação dos Smiths se espalhava durante a segunda metade do ano, Morrissey tomou uma decisão consciente de se retirar da linha de frente da identidade sexual. "A conotação gay podia ser prejudicial quando se tem que lidar com a imprensa", disse ele à *Record Mirror* em novembro, quando foi perguntado sobre sua presença na mídia gay. "Eu não gostaria de ser identificado como um porta-voz gay... porque isso simplesmente não é verdade." A entrevista para a *Him* foi rapidamente tirada da pasta cada vez mais cheia de recortes da imprensa.

Os Smiths retornaram à capital no dia 6 de maio, para tocar na University of London Union, abrindo para o Sisters of Mercy. O show da ULU, agendado por Mike Hinc, da All Trade, como seriam todos os shows dos Smiths na Europa a partir de então, serviu como lançamento de "Hand in Glove", e foi espalhado na gravadora que a equipe deveria convidar toda e qualquer pessoa.

Uma pessoa muito importante entre as que participaram foi Scott Piering. Peça central do arranjo da Rough Trade havia quatro anos, Piering chegou de San Francisco, onde fizera nome como produtor de shows independentes numa cidade controlada por Bill Graham; ficou famoso por ter pego Bob Marley e os Wailers depois que eles foram dispensados de uma turnê de Sly Stone, ganhando a gratidão eterna do chefe da Island Records, Chris Blackwell. Aquilo o levou a promover uma turnê inteira da banda de reggae Third World quando Richard Scott estava empresariando a banda, o que acabou por fazer com que ele fosse convidado por Scott a se juntar à Rough Trade, embora não antes de fazer um desvio até Nova York e empresariar os Cramps. Não havia nada de que Piering gostasse mais do que falar de música, o que fazia dele um assessor de imprensa nato e, ao estabelecer esse papel na Rough Trade, ele ajudou a tirá-la de seu gueto auto-imposto (o selo antes insistia que jornalistas comprassem suas próprias cópias para resenhar os discos) e a colocá-la num papel mais visível na vanguarda do redemoinho do pós-punk. Se Piering não gostasse de um disco, admitia livremente, o que não era a forma como assessores de imprensa tradicionalmente agiam, mas, quando ele realmente amava algo, fazia muito mais do que seu dever para contar ao mundo sobre aquilo. A paixão de Piering pela música da Rough Trade o fazia visitar os jornais musicais para passar a tarde toda lá e escutar novos discos, e então fazer algo parecido na Radio 1 — pelo menos nos escritórios que o receberiam, essencialmente os dos programas da noite e dos fins de semana.

Piering, como Mike Hinc, tinha ficado entre as supostas "vítimas" da quase falência da Rough Trade, tinha sido forçado a desfazer o contrato com a empresa e fora informado de que deveria se estabelecer por conta própria ou deixar sua sala. Ele escolheu a primeira opção, criou a empresa Appearing PR — e muito rapidamente voltou mais forte como resultado disso. Agora, ele podia não apenas cobrar uma tarifa da Rough Trade por seu trabalho, apesar de continuar a trabalhar no escritório da empresa, mas também de outros selos. (Entre eles a Factory, cuja faixa "Blue Monday" estava sendo tocada na rádio durante o dia na época em que os Smiths assinaram com a Rough Trade.) Apesar de todas as suas excentricidades (longas conversas em vários telefones davam uma sensação de progresso muito lento, embora o trabalho sempre acabasse sendo feito, em geral à custa de sono), ele era tão querido pelas gravadoras, pelos editores, jornalistas, locutores de rádio e produtores quanto genuinamente amava a música que promovia para eles.

Impressionado com o single da banda e acreditando na palavra de Travis e Hinc, Piering abriu seu caderno de telefones para o show da ULU. Ele conseguiu dois resultados diretos: John Walters, produtor do programa de John Peel e respeitada personalidade musical por si só, compareceu, adorou o que viu e prometeu aos Smiths uma muito cobiçada Peel Session. Ela foi gravada doze dias depois e foi ao ar duas semanas após a gravação. E Dave McCulloch, jornalista figurão da *Sounds*, escreveu a crítica do show para o jornal da semana, seguida por uma grande entrevista.

A crítica de McCulloch para o show foi entusiasmada ao extremo. Junto com a fotografia mais evocativa de Morrissey vista até então — inclinado para a frente, olhos fechados, colar de miçangas balançando, microfone numa das mãos, maracas na outra, parecendo um filho do amor psicodélico de São Francisco em 1966 —, ele tocou em todos os pontos de referência corretos: Magazine, The Fall, Costello, Nietzsche. (Jornalistas musicais adoravam fazer referências a Nietzsche.) Ele inclusive profetizou, corretamente, que "um dia os Smiths poderiam salvar a pele [da Rough Trade]: eles são bons a esse ponto". Mas ele também pegou o que foi capaz de ouvir das letras de Morrissey e concluiu que "a maioria é sobre abuso infantil e experimentação sexual mais madura". Sobre o uso do verso de Al Jolson, "Climb upon my knee, Sonny Boy"

[Suba no meu joelho, meu filho] no fim de "The Hand That Rocks the Cradle", ele escreveu, sem nenhuma prova, que "tinha sido usado como uma 'cantada' pedófila com um menino de 7 anos num parque". Podia-se esperar que McCulloch apresentasse essa interpretação como um problema, mas não: "esse tipo de imundície ultraviolenta e ultraengraçada é exatamente o que é necessário para tirar o rock de sua inércia atual", escreveu. Como outra crítica hiperbólica sobre o que poderia ser apenas mais uma promessa musical não cumprida (além da matéria na *NME*, a de McCulloch era a única matéria da imprensa substancial que os Smiths receberam ao longo do mês de maio), a crítica parecia — naquele momento — algo corriqueiro. E ninguém — bem, quase ninguém — deu muita bola à referência à pedofilia.

CAPÍTULO

DEZESSETE

P: O que você faz?
R: Não sou ruim com palavras.

— Morrissey a Paul Morley, *Blitz*, 1988

O ataque público aos Smiths começou com a sessão do programa de John Peel, transmitida no dia 31 de maio de 1983. Com a gravação magnífica do engenheiro de som da BBC, Roger Pusey, os Smiths apresentaram quatro músicas que revelavam níveis de textura, profundidade, clareza e contraste, que não tinham ficado evidentes na mixagem claustrofóbica de "Hand in Glove". A sessão se estendeu musicalmente do passivo-agressivo ("Miserable Lie") ao relativamente roqueiro ("What Difference Does It Make?"), ao pseudo-rockabilly ("Handsome Devil") e ao poderosamente evocativo ("Reel Around the Fountain", introduzida recentemente nos setlists de shows). E, ainda assim, apesar do fato de os talentos de Johnny Marr como compositor e músico terem brilhado durante toda a sessão, foi Morrissey quem verdadeiramente roubou a cena. A cada visita ao estúdio, ele se aprimorava. Sua voz já não soava contida ou abafada; na verdade, ela agora carregava ressonância e calor que lhe davam confiança para tentar truques vocais que se tornariam sua marca registrada: o falsete, o uivo e o canto tirolês.

Em "Handsome Devil", ele anunciava: "I'd like to help you get through your exams" [Gostaria de ajudá-los a passar em suas provas], e para os ouvintes de John Peel ocupados estudando para elas enquanto escutavam o rádio entre dez e meia-noite, bem no fim do ano letivo britânico, aquilo foi tentação suficiente para que eles deixassem o dever de casa de lado e escutassem o que mais Morrissey tinha a oferecer. A sessão acabou se tornando uma infinita série de tiradas majestosas sobre amor e romance, que cobria todas as bases (ou instintos): "I look at yours, you laugh at mine" [Eu olho para o seu, você ri do meu] (de "Miserable Lie"); "I'd leap in front of a flying bullet for you" [Eu pularia na frente de uma bala voando por você] ("What Difference Does it Make?"); "You can pin and mount me like a butterfly" [Você pode me prender e montar em mim como uma borboleta] ("Reel Around the Fountain"). Quinze minutos com os Smiths? Quem diria não?

Ao comprar os jornais musicais no dia seguinte, aquele mesmo ouvinte de John Peel, certamente intrigado com os Smiths, talvez já convertido, poderia ter sido atraído pela entrevista de Dave McCulloch na *Sounds*, com a (previsível) manchete HANDSOME DEVILS [Belos Demônios]. Era apenas uma página, e Johnny Marr dividia os holofotes, mas foram as palavras de Morrissey que brilharam. Parte do que ele dizia era puro ego, o tipo que se tornaria uma futura marca registrada de tantas bandas de Manchester: "Eu me assusto com o poder que temos, é assim que me sinto a respeito dos Smiths." Mas a maior parte da entrevista revelava um nível de racionalismo que acompanhava as frases captadas nas letras da Peel Session: "Sinto que sou uma espécie de profeta do quarto sexo... Isso parece banal escrito, mas é algo próximo da libertação dos homens o que eu desejo... Estou farto de homens e estou farto de mulheres... Não quero FICAR FALANDO sobre feminismo, mas esse é um estado ideal... Esta é uma sociedade que gosta apenas de mulheres que desmaiam, bajulam e querem se casar..."

Talvez mais profundamente, Morrissey também anunciou a Mc-Culloch: "Quero um novo movimento de celibato. Quero que as pessoas se abstenham." Celibato? Abstinência? Boy George, do Culture Club, tinha ironizado sobre como ele preferia tomar uma xícara de chá a fazer sexo, mas ninguém no mundo da música tinha um dia se revelado e convocado um *movimento* de celibato. Aquilo não exatamente começou uma revolução, mas, para aquele ouvinte adolescente de Peel, aquele leitor adolescente da *Sounds* (o público-alvo dos dois tendendo fortemente aos homens), com dificuldades em encontrar e manter um amante ou parceiro, o simples conselho de Morrissey de que aquilo podia não valer o esforço — que o amor era apenas uma mentira miserável — era realmente um momento de libertação (dos homens).

E ainda havia mais. "Empregos reduzem as pessoas à absoluta estupidez, elas se esquecem de pensar em si mesmas. Há algo tão positivo no desemprego. Você não vai cair na armadilha do materialismo, você não vai comprar coisas que não quer de verdade." Evidentemente, isso estava vindo de alguém que ainda morava com a mãe aos 24 anos, não de alguém (como Marr, ao seu lado) praticamente expulso de casa aos 17, que trabalhava em lojas de roupa para gastar dinheiro com moda. Uma observação semelhante poderia ser (e seria) feita dos apelos de Morrissey por celibato numa banda em que os outros três integrantes tinham namoradas firmes. Mas essa era e não era a questão. Os outros três poderiam representar a vasta porcentagem da população "normal" se eles quisessem. Morrissey estava falando para os outros: as aberrações, os solitários, os depressivos; os não empregáveis, os impossíveis de amar e, como ele mesmo disse em sua última carta a Robert Mackie, os inaceitáveis. E ele estava gostando tanto da oportunidade de fazer isso na imprensa — finalmente como um artista mencionado, não uma assinatura na página de cartas ou um crédito numa crítica de show — que ele se permitiu declarar, de forma precisa, apesar de um tanto bajuladora, que "a imprensa musical britânica é uma forma de arte".

McCulloch bancou o advogado do diabo nesse caso e citou o nome de Garry Bushell, um colega jornalista da *Sounds* cuja paixão pela autenticidade da classe trabalhadora o levou a criar, promover e defender o movimento Oi! de bandas punk skinhead, muitas das quais nutriam crenças de extrema direita e racistas. Morrissey respondeu rápido como uma flecha: "Há sempre uma exceção a uma regra, Dave", e a conversa imediatamente voltou à palavra "handsome" e à certeza de Morrissey de que seus fãs, "em seis meses, trarão flores aos nossos shows".

Aquilo aconteceria muito mais cedo. Os Smiths tinham sido convidados a voltar à BBC para outra sessão, dessa vez para David "Kid" Jensen, cujo programa entrava no ar diretamente antes do de Peel. Como convinha a um horário mais cedo, o programa de Jensen era menos eclético, tinha um público mais amplo e apresentava entrevistas e ocasionais DJs convidados. As poucas bandas novas que tinham o privilégio de receber um dos limitados convites para uma sessão normalmente tinham a recompensa aumentada com uma entrevista por telefone com o DJ canadense na noite da transmissão, para se apresentar no ar. Os Smiths, no entanto, já tinham causado *tamanho* burburinho que Morrissey foi convidado a ir a Londres para ser entrevistado ao vivo no estúdio.

E então, no dia 4 de julho, aniversário de Jensen, Morrissey discursou longamente da Broadcasting House para a nação amante de rock e ouvinte de rádio. (A nação? Sim. A não ser por programas esporádicos na madrugada, no que se passava por uma rádio local, não havia outro lugar no rádio para ouvir rock na Grã-Bretanha da época; a Radio 1 era dona do meio.) Ele fez isso com a mesma autoconfiança casual que tinha ficado evidente na entrevista da *Sounds*. "Planejamos uma estratégia e tudo funcionou, e aqui estamos nós", anunciou ele, de forma indiferente, sobre a ascensão rápida dos Smiths, como se aquilo estivesse predeterminado. "Apenas seguimos a natureza e aí está." Mas ele também assegurou um pouco de autodesaprovação para equilibrar: sua vida, disse ele, "tem sido bastante trágica, por isso a maioria das letras parece ser bastante trágica e triste". Oferecendo um pouco de pano de fundo para "You've Got Everything Now", ele admitiu, "eu pareço tão confuso", mas ainda assim seguiu reivindicando uma pitada de vingança contra seus antigos colegas de St. Mary's: "Quando abandonei a escola, parecia que todos aqueles idiotas de lá estavam fazendo progressos tremendos e tinham carros maravilhosamente grandes e muito dinheiro. E eu parecia estar constantemente esperando um ônibus que nunca passava. E parecia que, embora eu tivesse inteligência, eu não tinha mais nada."

Mas agora ele tinha, o que tornava ainda mais bonito o fato de o refrão — "What a terrible mess I've made of my life" [Que terrível confusão fiz de minha vida] — ressoar pelas ondas do rádio e entrar num grande número de quartos e quitinetes, onde ouvintes poderiam sentir o alívio instantâneo de ouvir que alguém mais, o cantor de uma banda pop, ainda por cima, sentia-se da mesma forma enquanto confessava, na mesma canção, que não tinha nenhum interesse em corrigir aquela confusão ao aceitar algo tão mundano quanto um emprego. Tal orgulho do desemprego premeditado cabia perfeitamente ao lado da referência, em "These Things Take Time", "the alcoholic afternoons where we sat in your room" [as tardes alcoólicas que passamos sentados em seu quarto], verso que chamou a atenção até do antigo guitarrista dos Buzzcocks, Steve Diggle, o qual se recordava de ele próprio evitar fazer parte da sociedade no começo do punk, chegando ao pub nas horas mais tranquilas para debates filosóficos regados a álcool.

A entrevista com Morrissey foi concluída com a notícia de que o grupo estava gravando um álbum com Troy Tate — um antigo integrante do Teardrop Explodes que tinha recentemente lançado um disco solo pela Rough Trade. "Tem sido uma comunhão bastante mágica", Morrissey assegurou aos ouvintes, prometendo que o disco seria lançado "dentro de cerca de seis semanas", ou seja, sugerindo um lançamento em setembro. O produtor de Jensen imediatamente convidou a banda a voltar para outra sessão que pudesse ir ao ar por volta daquela data. Enquanto isso, os Smiths seguiram sua grande divulgação no rádio, com seu primeiro show em Manchester desde fevereiro — na Haçienda, novamente, no dia 6 de julho. E, dessa vez, como atração principal.

A DECISÃO DE mandar os Smiths diretamente ao estúdio (Elephant Studios, em Wapping, zona portuária de Londres) para gravar um disco inteiro refletia a crença de Geoff Travis de que eles tinham as canções, a confiança, a dedicação e, julgando pelo que ele vira deles ao vivo, também a habilidade para justificar o investimento imediato. Com a imprensa musical e o rádio noturno ao seu lado, ele podia seguramente supor que um disco dos Smiths no outono faria algo para compensar a recente perda do Aztec Camera para a WEA. O grupo de Roddy Frame (que agora incluía o rapaz de Salford, Craig Gannon, na segunda guitarra), tinha partido com a "bênção" de Travis, e a Rough Trade seria beneficiada financeiramente pelo relançamento de "Oblivious" pela grande gravadora, mas a verdade era que, como explicou numa rara aparição na televisão na época, ele estava "de saco cheio de perder grupos".

"Estávamos apenas vivendo um dia após o outro — e aquilo era parte dos altos e baixos da Rough Trade", disse Travis anos depois sobre a antiga (falta de) abordagem nos negócios. Sua decisão de amarrar os Smiths a um contrato de longa duração representava "um momento em que viver um dia após o outro parecia menos uma grande filosofia do que pensar um pouco adiante. Quando você tem algo tão bom quanto os Smiths, não quer fazer todo o trabalho e vê-los sair para outro lugar".

A banda não tinha sido avessa à oferta de longa duração de Travis. Na verdade, eles estavam extasiados por serem levados tão a sério. "Alguém vai prometer que vamos fazer um disco, e então outro depois desse?", recordou Marr. "E então mais um depois daquele? Você está de brincadeira! Foi com isso que você sempre sonhou, que conseguiria um contrato de gravação."

Diferente da crença disseminada (e depois amplamente relatada), os Smiths tinham recebido apenas uma pitada de interesse das principais gravadoras àquela altura. "Havia alguns jovens olheiros, realmente dedicados, que teriam matado para assinar com a banda", disse Joe Moss, mas aqueles olheiros não conseguiram convencer seus chefes. Tony O'Connor não tinha nenhum poder na EMI. Um amigável sujeito no escritório de Londres da Tamla Motown, Alan Omokhoje, estava fazendo o possível para revitalizar a um dia estimada gravadora independente americana de música negra ao tentar persuadi-los a assinar com bandas de rock de brancos britânicos, mas sem sucesso. E Gordon Charlton, da CBS, ficou suficientemente entusiasmado a ponto de se juntar às invasões de palco *e* convidar a banda a ir ao seu escritório na Soho Square. Lá, Marr notou, exatamente como Morrissey tinha notado nos escritórios da EMI na Manchester Square alguns meses antes, que os únicos discos expostos estavam na parede, emoldurados, de ouro e platina, como um tributo ao poder de venda da gravadora. Enquanto isso, na Rough Trade — como na Factory —, "você não podia passar pela porta por causa de tantos discos, era um caos", disse Marr. A conclusão era evidente. "Nós já tínhamos um relacionamento [com a Rough Trade] naquela época. Estávamos trabalhando com pessoas de quem gostávamos. Eram pessoas boas. Que respeitávamos."

As razões de Morrissey pareciam muito semelhantes. "No fim", ele contou a David Jensen, "nós apenas pensamos: 'com quem nós gostaríamos de estar? Com quem gostaríamos de trabalhar quando a calculadora fica de lado e o dinheiro fica esquecido, e o resto do mundo também etc.?' E a resposta é Rough Trade. Nós realmente queríamos estar com eles. As grandes gravadoras eram um tanto assustadoras. A maioria das pessoas que conhecemos lá parecia ser principalmente formada por vendedores, e eles não conseguiam reconhecer nada a não ser que fosse comercialmente viável de imediato ou então aquilo que se danasse, e realmente não nos atraía muito a ideia de sermos controlados por esse tipo de pessoa."

"Nós sempre quisemos assinar com a Rough Trade", disse Joe Moss, cujo princípio de negócios era suficientemente direto: continue a trabalhar com aqueles com quem você está trabalhando bem. Geoff Travis prontamente enviou um contrato padrão com a data de primeiro de junho. Tinha cinco páginas — mais extenso, certamente, do que as originais duas frases que Richard Scott escrevia nos acordos antigos (dividir os lucros 50-50; qualquer parte pode terminar o acordo se descontente), mas ainda risivelmente vago segundo os padrões das grandes gravadoras, cujos contratos de trinta páginas de um dialeto legal tortuoso justificando múltiplas deduções de royalties e complexos períodos de opção eram a norma.

O texto original do contrato da Rough Trade estipulava um período inicial de um ano, seguido de quatro opções de renovação de um ano cada, mas foi mudado, a mão, para um período de três anos com duas opções de renovação de um ano. No fim, eram cinco anos/álbuns em ambos os casos, mas a diferença era crucial: aquilo significava que a gravadora e o grupo estariam comprometidos um ao outro por três anos e/ou álbuns independente de qualquer coisa. Esse era um sinal de imensa confiança por parte da Rough Trade; mesmo os mais lucrativos contratos de grandes gravadoras raramente se comprometiam a mais de dois álbuns, para que, no caso de um artista não corresponder às expectativas iniciais, o selo não precisasse financiar discos que ninguém compraria.

Quanto aos subsequentes dois períodos de opção de um ano, uma anotação escrita a mão sob a cláusula, do lado da banda, requisitava que "os artistas devessem ter as mesmas opções". Essa era a reclamação mais familiar na indústria musical: por que apenas a gravadora deveria poder decidir se queria renovar o contrato? A realidade, no entanto, era que a Rough Trade nunca tinha trabalhado dessa forma: Travis tinha deixado tanto o Scritti Politti quanto o Aztec Camera seguirem em frente em vez de prendê-los numa relação negativa. Se alguém do círculo de convivência dos Smiths sabia disso e esperava que eles pudessem ter o mesmo tipo de liberdade de movimento se o dia chegasse era algo incerto. Independente disso, o contrato, em particular, tinha sido criado para garantir que tais atos prévios de generosidade da parte da Rough Trade fossem coisa do passado. Como o período inicial de três anos confirmava, Travis não estava planejando perder os Smiths de sua vista tão cedo.

No resto do contrato, a gravadora fez algumas concessões a pedido da banda. O direito à decisão final da Rough Trade sobre produtores foi eliminado inteiramente; assim como a cláusula que recusava permissão do grupo para lançar seu material da Rough Trade por qualquer outra gravadora por cinco anos depois da conclusão do contrato. O grupo adicionalmente assegurou algum controle sobre fotos promocionais e material de imprensa, e fora garantido "consentimento mútuo" para aparecer em discos de outros artistas. A divisão de "receitas líquidas" foi estabelecida em 50-50 no Reino Unido e um extraordinariamente generoso 75-25, a favor do artista, no resto do mundo. Uma lista de "despesas" a serem deduzidas da receita bruta (fabricação, gravação, promoção etc.) foi devidamente examinada, uma a uma. Bizarramente, não havia nenhuma referência a adiantamentos. (Em geral, a lista de adiantamentos em andamento formaria parte de uma "tabela" separada, que seria, no entanto, mencionada no contrato principal.) Todos os envolvidos se recordaram de o adiantamento inicial ser aproximadamente de quatro mil libras.

A maior confusão no contrato foi guardada para a questão altamente pertinente sobre com quem realmente cada um estava lidando. No contrato padrão, "A Empresa" era especificada como "Rough Trade Distribution", mas a palavra "Records" foi depois escrita no lugar disso, como se para esclarecer para a banda.[1] No lado destinado a "Os Artistas", o contrato permitia que qualquer número de nomes individuais fosse listado como integrantes da banda. A banda foi identificada como "The Smiths" e, junto da anotação "Checar com empresário", os nomes individuais de "John Marr" e "Stephen Morrissey" [sic] foram listados acima. O fato de o empresário não ter acrescentado Andy Rourke e Mike Joyce nunca foi um ponto de preocupação para uma gravadora acostumada a lidar com bandas lideradas por uma só pessoa, como Aztec Camera, The Fall e Scritti Politti. "Eu sabia, àquela altura, que Morrissey e Johnny eram quem importava", disse Geoff Travis. "Da forma mais gentil possível."

Muitos desses esclarecimentos, dessas questões resolvidas, cláusulas apagadas e rubricas oficiosas foram tratados no dia em que Geoff Travis pegou um trem para Manchester com a intenção de fechar o contrato. Ele recordou: "Houve muita conversa, muita correria de um lado para o outro e perseguição, bate-papo no quarto do andar de cima da casa de Joe, tentando conseguir falar com eles, e muitos sussurros em corredores." Mas, no fim, as duas partes claramente preferiram assinar o contrato em Manchester e seguir em frente com o ato de gravar e vender discos em vez de pedir aos advogados para passar aquilo a limpo e evitar qualquer dúvida. Johnny Marr e Morrissey (o segundo usando seus rabiscos finos e deixando de fora seu primeiro nome) assinaram pelos Smiths, Geoff Travis pela Rough Trade. O contrato foi devidamente testemunhado e a data da execução foi inserida: 24 de junho de 1983.

Para a Rough Trade, o processo apressado se mostrou imediatamente benéfico. Apenas cinco dias depois de o contrato ser assinado, os Smiths tocaram no Ace Club, em Brixton, pela segunda vez naquele mês, abrindo para seus agora bons amigos do Sisters of Mercy. Graças à Peel

Session e à crescente presença na mídia, o burburinho em relação à banda estava agora se espalhando, e Hugh Stanley-Clarke, da EMI, acreditando que encomendar a primeira demo contava alguma coisa e convencido de que seu olheiro, Tony O'Connor, estava mantendo a banda informada do fato de que ele estava agora seriamente interessado neles, trouxe um batalhão de funcionários (que ele recordou serem dúzias) para vê-los em carne e osso. Teria sido difícil os funcionários da grande gravadora não perceberem a fagulha de algo muito especial àquela altura. Mas, depois do show, O'Connor saiu do camarim da banda para dizer ao chefe de A&R, encabulado, que a banda tinha acabado de assinar um contrato de longa duração com a Rough Trade — "e eu fiquei puto da vida", disse Stanley-Clarke, o qual insistiu com O'Connor que "seu trabalho era relatar o que estava acontecendo; era para isso que nós o pagávamos". O olheiro foi mandado embora pouco depois.

Na noite seguinte, os Smiths tocaram na Warwick University, e, daquela vez, foi o chefe de A&R da CBS, Muff Winwood, finalmente respondendo à persuasão de Gordon Charlton, que apareceu, animado por ver a banda. Foi deixado a cargo de Joe Moss informá-lo, também, de que aquele trem já tinha deixado a estação.

Em 5 de setembro, no dia em que sua segunda sessão para David Jensen seria transmitida, os Smiths descobriram que tinham aparecido no jornal mais vendido da Grã-Bretanha, *The Sun* — embora não da forma que eles tinham imaginado quando Morrissey concedera uma entrevista ao mais notório tabloide britânico de direita, sem levar em conta seus motivos. Sob a manchete PEDIDO À BBC DE "PROIBIÇÃO DA CANÇÃO POP PEDÓFILA", o colunista de *showbiz* do jornal, Nick Ferrari, repetiu uma referência específica feita por Dave McCulloch em sua crítica sobre o show dos Smiths — a de que eles cantavam "'suba no meu joelho, meu filho' referindo-se ao assédio a um menino de 7 anos num parque". E ele alegou algo mais — que "Handsome Devil" continha "claras referências a assediar crianças para prazeres sexuais". Morrissey foi citado (certamente fora de contexto), dizendo: "Não me sinto imoral cantando sobre molestar crianças." E o membro do parlamento conservador, Geoffrey Dickens, foi consultado para condenar os Smiths por seu assunto lascivo e implorar à BBC que banisse a banda. O resultado, grasnou Ferrari, era que a BBC estava convocando uma reunião de emergência naquele dia para decidir se "uma música sobre assédio" deveria ser transmitida no programa de David Jensen.

Foi uma armação, claro, e dedos foram rapidamente apontados para Garry Bushell, o qual acabara de praticar uma certa vingança por conta da alfinetada de Morrissey e McCulloch na *Sounds*, usando uma coluna no mesmo semanário para ligar um ataque homossexual a um jovem menino (como tinha sido publicado na primeira página do *Sun*, não tão coincidentemente) à reconhecidamente duvidosa justificativa de McCulloch de que letras de "pedofilia" eram "o tipo de imundície ultraviolenta de que o rock precisa". "Tente dizer *isso* à mãe do menino de 6 anos de Brighton que foi violentado por vários pedófilos", escreveu Bushell, que negou então ter oferecido a matéria ao *Sun*; em sua opinião, a banda — e seu inimigo, McCulloch — tinha publicamente cavado sua cova.

Até certo ponto, ele estava certo. Era difícil analisar a letra de "Handsome Devil" ou, como foi observado mais cedo, "The Hand That Rocks the Cradle", ou, num nível menor, mas ainda assim relevante, "Reel Around the Fountain", e não acabar com certo grau de incômodo. Como aprendiz de Oscar Wilde, Morrissey sabia tudo sobre o aval do movimento estético ao "amor grego", e ele pode ter tentado expressar alguns de seus sentimentos em canções. Mas também podia não ser isso. Ele tinha, afinal, deixado a porta aberta para múltiplas interpretações, tinha deixado a *Sounds* divulgar algumas delas e, embora ele tenha tentado se explicar na entrevista seguinte ("Nós não aceitamos abuso de crianças"), tinha, no entanto, permitido que uma superficialidade digna de Wilde turvasse sua sinceridade ("Nós nunca molestamos uma criança"). E assim, se o *Sun*, em sua posição como o auto-proclamado guardião da moralidade britânica, tinha pego as conclusões de McCulloch e as amplificado em sua tiragem de 4 milhões, quem era ele para dizer que era injusto?[2]

Essa foi, de forma imediata, uma terrível interrupção na ascensão dos Smiths. Mas, por mais improvável que parecesse, a revelação do *Sun* trouxe múltiplos benefícios aos Smiths. O jornal podia ser considerado um evangelho por grande parte da população da classe trabalhadora, por sua simpatia supostamente populista, mas era detestado por um número igual de cidadãos dada sua manipulação pró-Thatcherista da classe trabalhadora e sua sede de sangue maliciosa. Depois de um incidente durante a Guerra das Malvinas, no ano anterior, quando o *Sun* tinha impresso a manchete de capa *PEGAMOS VOCÊ!* para celebrar o afundamento de um navio de guerra argentino em retirada com a perda de quatrocentas vidas, houve uma reação na Grã-Bretanha de pessoas que, em boa consciência, nem mesmo abriram o jornal, muito menos o compraram. Após seu ataque aos Smiths, os opositores do *Sun* — incluindo a maior parte da imprensa musical — instantaneamente se manifestaram em defesa da banda, e os partidários da esquerda que mal tinham notado o grupo os tomaram como uma causa válida na base da máxima "inimigo do meu inimigo é meu amigo". Além disso, como os leitores do *Sun* protestariam contra os Smiths, afinal? Queimando seus discos? "Hand in Glove" mal tinha vendido sua prensagem inicial de 6 mil cópias.

O efeito mais prejudicial da matéria do *Sun* a curto prazo acabou se tornando a maior bênção da banda. Como ameaçado na manchete, "Reel Around the Fountain" foi tirada da transmissão da BBC naquela noite. (Os versos de abertura, "It's time the tale were told, of how you took a child and you made him old" [Está na hora de contar a história, de como você pegou uma criança e a envelheceu] dificilmente iam descer bem depois da revelação do jornal.) Isso era hipocrisia, dado que os Smiths haviam gravado a música para a sessão de John Peel, em maio, e ninguém tinha reclamado dela naquela época, mas o assunto era mais problemático, porque a razão para eles terem acabado de gravá-la novamente era o fato de ela ter sido programada como segundo single; uma prensagem-teste já tinha sido encomendada e um anúncio dizendo "nas lojas" fora divulgado na edição de setembro do fanzine/revista *Jamming!*. O furor causado pelo *Sun* forçava os Smiths a refletir, naquele momento, sobre a escolha de single. Afinal, se os produtores da noite da Radio 1 já tinham má vontade com a música, a perspectiva de ter execução durante o dia — de mudar para o território de leitores do *Sun* — era, no mínimo, remota. Isso levou a outras considerações: "Reel Around the Fountain" era uma balada de cerca de seis minutos de duração; era como se eles estivessem pulando direto para seu momento "True" (como no caso do single do Spandau Ballet do começo daquele ano, o qual chegou ao topo das paradas, mas abalou sua credibilidade) sem ter feito dois ou três anos de preparação.

Enquanto isso, os Smiths continuavam a compor material num ritmo furioso. E, quando John Walters, por simpatia e solidariedade (e como um lembrete de quem tinha descoberto a banda primeiro), encomendou uma segunda Peel Session quase assim que o *Sun* saiu, naquela manhã de setembro, e forçou "Reel Around the Fountain" a sair das ondas do rádio, os Smiths usaram a oportunidade para revelar nada menos do que quatro músicas totalmente novas. Uma delas era uma bela balada, "Back to the Old House". Foi a primeira de muitas que Johnny Marr, inspirando-se nas tradições irlandesas, compôs em compasso 6/8, e que ele tocava com floreios de violão estonteantemente precoces, à qual Morrissey adicionou uma de suas letras mais melancólicas até então ("You never knew how much I really liked you" [Você nunca soube o quanto eu realmente gostava de você]). Outra era a propositalmente agressiva "Still Ill", que reprisava a ideia da introdução de gaita de "Hand in Glove" e então levava o sentimento de desemprego de "You've Got Everything Now" um passo adiante: "England is mine, it owes me a living, but ask me why and I'll spit in your eye" [A Inglaterra é minha, e ela me deve um sustento, mas me pergunte por quê e vou cuspir no seu olho].[3] Uma terceira, uma balada em 4/4 intitulada "This Night Has Opened My Eyes", voltava à paternidade problemática que tinha assombrado "The Hand That Rocks the Cradle", mas, dessa vez, com uma mensagem muito mais clara em sua letra — a da paternidade não planejada ("The dream has gone but the baby is real..." [O sonho acabou, mas o bebê é real...]), outra provável releitura de *A Taste of Honey*.

E a quarta das novas canções era levada por um riff de guitarra animado e harmonioso do tipo que estava faltando às músicas dos Smiths até aquele momento. O riff era uma homenagem ao novo amigo de Johnny Marr, Roddy Frame, cujas linhas de guitarra igualmente exuberantes estavam prestes a levar o Aztec Camera ao top 10 com o relançamento de "Oblivious" pela WEA. Marr sabia muito bem que Frame era um dos únicos músicos bem-sucedidos na cena mais novo do que ele. "This Charming Man", admitiu ele sobre a nova musica dos Smiths, "era eu correndo atrás porque Roddy estava tocando no rádio". De sua parte, como com "Hand in Glove", Morrissey tinha aceitado o desafio de casar a letra ao espírito da música. O título lhe permitia mencionar uma palavra que, como "handsome", era parte de um vocabulário romântico que ele queria (re)introduzir ao dicionário de uma cultura popular britânica da classe trabalhadora que normalmente desaprovava tais sutilezas.[4] Depois do furor de "Handsome Devil", no entanto, Morrissey foi cuidadoso para não gritar nenhum homoerotismo, mas deixou-o insinuado pela percepção geral de um vocalista homem cantando sobre um pretendente igualmente homem, com versos como "the leather runs smooth on the passenger seat" [o couro é macio no banco do carona], conferindo certa solenidade aos que estivessem procurando por aquilo. Quem não estava — que, tirando jornalistas do *Sun* e os primeiros fãs obsessivos dos Smiths, teriam sido a maioria — poderia regozijar-se, por sua vez, com o verso "I would go out tonight, but I haven't got a stitch to wear" [Eu sairia hoje à noite, mas não tenho o que vestir]. No fim, faltava a "This Charming Man" um significado óbvio — Morrissey confessou que ela era "apenas uma coleção de versos muito importantes" para ele, os quais ele depois "alinhavou" —, mas aquilo não queria dizer que lhe faltava sentimento. Com essa música, mais do que com qualquer uma das anteriores (e muitas das que vieram depois), Morrissey dominou a habilidade de um grande letrista de dizer um monte de coisas àqueles que estão escutando sem, na verdade, dizer nada em particular àqueles que estavam examinando minuciosamente.

Sabendo que os Smiths apresentariam quatro músicas nunca ouvidas antes em sua quarta sessão na BBC, Geoff Travis e Richard Boon tinham anunciado que passariam por lá para escutá-las em progresso. Eles por acaso entraram no estúdio em Maida Vale, naquele dia 14 de setembro, no exato momento em que os Smiths estavam gravando "This Charming Man" pela primeira vez. Travis escutou e rapidamente enunciou seu instinto: "Isso é um single."

CAPÍTULO

DEZOITO

É muito confortável — esse período de espera. Estou pronto para ser aceito por todos. Quero ser ouvido e quero ser visto pelo máximo de pessoas possível.

— Morrissey, *Melody Maker*, setembro de 1983

Nos anos 1960, os discos realmente valiam algo. As pessoas saíam e compravam um pedaço de plástico de 7 polegadas e elas valorizavam aquilo, o que não parecem fazer mais. Estamos tentando trazer de volta aquele elemento precioso.

— Johnny Marr, *Sounds*, novembro de 1983

À medida que o burburinho a respeito dos Smiths aumentava, também cresciam as expectativas em torno da banda, até que se tornou evidente não ser mais suficiente lançar um disco relativamente barato e gravado às pressas nos meses de outono. Isso se devia, em grande parte, ao fato de os fãs dos Smiths já terem uma espécie de disco: como Peel e Jensen passaram a repetir as sessões dos Smiths por conta do apelo popular, os fãs começaram a compartilhar o conjunto completo em cassete. O número de sessões, o fato de elas serem divididas igualmente entre os dois influentes programas e a reação assustadoramente positiva a elas eram sem precedentes para uma banda com apenas um single que não tinha figurado nas paradas, e, por essa razão, o papel que os programas de Peel e Jensen desempenharam no "estouro" dos Smiths não pode, de forma alguma, ser subestimado. No entanto, se a partir do fim da primavera os Smiths "eram donos" das horas noturnas da Radio 1, a pressão sobre eles vinha como resultado. Nada menos do que um álbum de estreia clássico bastaria. E, depois do "playback" (a apresentação da mixagem final ao grupo no estúdio), Morrissey — com todas as hipérboles a respeito do disco que havia declarado a uma mídia britânica cada vez mais atenta — concluiu que não era aquilo que desejava. "Ele simplesmente decidiu que não gostou", disse Marr. "Aquilo foi inteiramente sua decisão e aquela era uma decisão difícil de tomar em seu primeiro disco."

O disco *Troy Tate*, como passou a ser conhecido por fãs dos Smiths (oficialmente, ele deveria ser intitulado *The Hand That Rocks the Cradle*), era, em sua maior parte, um bom disco. Algumas de suas 14 músicas soavam muito melhores do que as versões que acabaram sendo lançadas: "Reel Around the Fountain", em particular, talvez por ter sido mixada, masterizada e até prensada (como teste) em vinil, acabou se tornando a versão definitiva da canção. A versão de Tate de "Jeane" ainda saiu como lado B do segundo single e foi imensamente amada por isso; e a música que inicialmente tinha sido pensada como faixa bônus, "Pretty Girls Make Graves", acabou entrando no lançamento e soava perfeitamente bem, especialmente por conta da adição do violoncelo de Audrey Riley. Há provas nisso tudo que sugerem que, se as outras faixas tivessem sido passadas pelo processo de masterização, elas também poderiam ter sido igualmente reverenciadas.[1]

Certamente, essas músicas têm seus fãs. "Eu, na verdade, prefiro as versões do primeiro álbum", disse Mike Joyce. Enquanto Joe Moss reconheceu: "Há algo brilhante a respeito delas, porque basicamente capturaram como a banda era ao vivo", naturalmente apontando tanto seus pontos fortes quanto suas fraquezas. "Aquilo era muito de sua época", confirmou Marr. O problema, então, não era algumas de suas partes, mas a *soma* delas. Absorvidas juntas, como um álbum completo, o fato de aquilo refletir os Smiths como tinham entrado no Elephant Studios, naquele verão — despreparados e inexperientes, ou "sombrios" e "nortistas", como Johnny Marr refletiu sobre a mixagem final —, já não bastava mais. O fato de a segunda Peel Session ter apresentado quatro músicas inéditas, apontando na direção de um nível completamente novo de sofisticação musical, apenas tornava a decisão de repensar o álbum mais pertinente.

No fim, Geoff Travis assumiu a culpa. "Foi uma decisão muito impulsiva", disse ele sobre escolher Tate. "Aprendi muito com aquilo. Porque recomendar produtores a bandas é quase a coisa mais importante que você pode fazer como um homem de A&R além de contratar pessoas." De sua parte, Andy Rourke observou que muitos fatores em relação ao processo — o calor do verão, o confinamento no estúdio no subsolo e, principalmente, a qualidade do engenheiro de som (o Elephant Studios dos anos 1980 nunca foi considerado uma instalação de primeira linha) —, contribuíram para as complicações detectadas. Claramente, ninguém queria transformar Troy Tate no bode expiatório, em especial a banda. "Ele era um sujeito adorável", disse Marr; um "músico talentoso", observou Rourke. Mas, mesmo assim, o produtor quase foi destruído pela rejeição do álbum. "Decepção não é uma palavra forte o suficiente", disse ele sobre as sessões dos Smiths engavetadas enquanto promovia seu próximo lançamento solo — que Morrissey generosa e genuinamente elogiou de maneira efusiva quando lhe foi oferecida a chance de resenhar os singles na *Melody Maker*. Depois de dois discos pela Sire, Tate abandonou a indústria musical e se recusou a falar novamente sobre os Smiths de forma oficial.

Em seu lugar veio John Porter, antigo baixista e produtor do Roxy Music que, como credencial adicional para os Smiths, tinha produzido

Quiet Life, do Japan, um favorito tanto de Andy Rourke quanto de Morrissey. Os Smiths o tinham conhecido em 25 de agosto, quando estavam gravando sua segunda sessão para David Jensen. De acordo com as recordações de Marr, ele não tinha sido designado inicialmente para seu produtor naquele dia; em vez disso, eles o encontraram na cantina antes da sessão e, segundo Marr, "assim que soube que ele era John Porter, nós todos ficamos empolgados em tê-lo na sessão". (Ainda mais por eles terem sentido uma falta de interesse por parte do produtor designado pela BBC na primeira sessão para Jensen.) Embora tivesse sido uma violação da burocracia autoritária da BBC, era, também, comum à natureza endiabrada de Porter convencer outro produtor a trocar de sessões baseado em primeiras impressões positivas a respeito de um grupo de adolescentes efusivos (e um jovem adulto reservado).

Porter trouxe uma nova dimensão ao som do grupo naquele dia em Maida Vale — especialmente às guitarras, sobrepondo e combinando violões e guitarras a ponto de as quatro músicas que ele gravou com eles, em oito horas, soarem quase como versões acabadas. Com 35 anos na época, Porter já era um veterano em Maida Vale ("devo ter gravado com mais de cem bandas lá") e tinha desenvolvido uma reputação dentro da indústria "como o sujeito que resolvia pepinos. Gravei muitos discos que tinham sido iniciados por outras pessoas e, por qualquer motivo, não tinham alcançado um resultado satisfatório". Depois da sessão da BBC, à medida que as insatisfações surgiam com o disco de Troy Tate, os Smiths recomendaram Porter para o cargo, e Geoff Travis ligou para ele com essa intenção.[2] Mas Porter recordou que, depois de escutar as gravações de Troy Tate, ele voltou a Travis dizendo: "Quanto dinheiro vocês têm? Porque acho que vai custar mais em horas de estúdio para consertar isso do que para fazer tudo de novo." A decisão de engavetar totalmente as gravações não foi tomada imediatamente; em meados de setembro, semanas depois de eles terem trabalhado juntos na sessão para Jensen, Morrissey apareceu na Radio London, da BBC, e tocou a produção de Troy Tate de uma música intitulada "I Don't Owe You Anything", que tinha sido revelada duas semanas antes na sessão de Jensen produzida por Porter. O álbum, disse Morrissey, estava "sendo remixado por John Porter. Ele simplesmente sacudiu sua varinha de condão e ela foi muito produtiva".[3]

Certamente os Smiths — os instrumentistas, pelo menos — se entenderam imediatamente com Porter, que, da mesma forma, via-os como almas gêmeas. "Quando entrei no estúdio pela primeira vez em Londres, eu era um garoto ignorante do norte", disse ele sobre sua entrada na indústria musical, no fim dos anos 1960, "e reconheci que, embora estivessem muito comprometidos com seu próprio sucesso mesmo naquele estágio, eles também eram garotos ignorantes do norte. E eu... me senti como uma figura paterna. Principalmente Johnny, era como se ele fosse um irmão mais novo em muitos sentidos".

A relação de Porter com Marr se mostraria crucial para o progresso do grupo. "Ele era meu mentor no estúdio", disse o guitarrista. "Eu era como uma esponja e tinha muita energia, e ele tinha muita experiência sem nunca ter realmente tido a oportunidade de ensinar. Eu não poderia estar com um músico melhor, porque ele é um mestre na gravação de guitarras e muito, muito paciente. Então, cada ideia que ele me dava, eu tentava — e vice versa." Porter rapidamente convenceu Marr de que era mais inteligente usar uma pestana do que afinar a guitarra um tom ou mais acima, como eles vinham fazendo com as primeiras músicas, para acomodar o alcance vocal de Morrissey — e regularmente quebrando cordas por isso. E certamente não prejudicou sua amizade instantânea o fato de Porter ser casado com Linda Keith, ex-namorada de Keith Richards e responsável por ver o talento em Jimi Hendrix num clube do Greenwich Village, em 1966, e que não tinha descansado até conseguir um empresário para ele. O fato de Porter fumar quase tanta maconha quanto Marr, e não ser avesso a contrabalançá-la com estimulantes quando necessário, aumentou aquela camaradagem.

Com o futuro do disco de Tate ainda em aberto, Porter foi contratado para produzir quatro músicas para o segundo single, que tinha como carro-chefe "This Charming Man". (As outras eram "Accept Yourself", "Still Ill" e "Wonderful Woman".) Recebendo 500 libras para provar seu valor, ele escolheu o estúdio Matrix, perto do British Museum, porque "era possível tirar um bom som lá e o estúdio era realmente barato". Seu primeiro ato de inspiração foi pegar a introdução de três segundos de "This Charming Man" e acrescentar a ela uma parte adicional que tinha ficado um tanto escondida sob as estrofes na Peel Session. (Apesar de Marr ser visto constantemente com uma Rickenbacker naquela época, esse canal de guitarra em particular, assim como muitos outros riffs famosos dos Smiths, foi gravado usando a Fender Telecaster 1954 do próprio Porter.) O riff alongado estabeleceu um padrão de introduções de guitarra nos singles dos Smiths, uma homenagem a artistas como Chuck Berry que, simultaneamente, servia para elevar Johnny Marr à mesma categoria dos grandes. Isso também demonstrava que uma boa introdução de guitarra podia vender uma música inteira — uma noção antiquada naquele verão de 1983, quando, para parafrasear a famosa rejeição da Decca Records aos Beatles, bandas com guitarra pareciam estar saindo de moda.

Em outras partes do arranjo, Porter reestruturou a linha de baixo de Andy Rourke para lhe dar uma pegada mais Motown e introduziu uma série de paradas repentinas para um efeito dramático adicional. Aqueles eram alguns dos truques mais antigos na produção fonográfica, mas era a primeira vez que os Smiths trabalhavam com alguém que os sugeria. "Aquela era uma mudança bem grande", recordou Porter. "E acho que eles ficaram um pouco incomodados com isso. Mas rapidamente entenderam e gostaram, e ficou tudo bem." À medida que eles então cavaram mais fundo, as iniciativas de Porter tomaram a forma de pequenos truques de gravação que ajudam a dar polimento a uma grande produção (coisas que Tate, apesar de todo o seu entusiasmo, não tinha em seu arsenal de efeitos). Para a guitarra ressonante que mal pode ser ouvida antes das paradas bruscas em "This Charming Man", Porter sugeriu abafar as cordas e deixar cair uma faca ou chave de fenda sobre elas — e aquilo funcionou. E, em "Wonderful Woman", uma das primeiras composições dos Smiths, que o grupo poderia facilmente ter usado como uma gravação ao vivo para o lado B de um single, Porter e Marr permaneceram no estúdio no fim da sessão trabalhando noite adentro no último acorde ressonante da música. "Ele tinha paciência para fazer coisas desse tipo", disse Marr. "E, se não saísse como ele queria, rebobinava a fita e fazia novamente. E fazia novamente. E novamente." Marr percebeu como ele era afortunado por encontrar um produtor de 35 anos que estava disposto a — e era capaz de — se empenhar tanto. "Eu saía do estúdio às sete e meia da manhã, cambaleando, tendo esquecido noventa por cento do que eu tinha acabado de fazer. E então dormia e voltava à tarde. E então eu escutava todos aqueles pequenos detalhes e simplesmente pensava, 'uau, isso realmente valeu a pena.'"

Morrissey, por outro lado, era resistente à ideia de gravar seus vocais mais de três ou quatro vezes. Essa era, em parte, sua compreensão inata de que a emoção de um take inicial era mais importante do que a perfeição clínica de um feito depois de várias repetições, mas aquilo também refletia um desprezo geral pelo processo de gravação, o que rapidamente o colocou em conflito com seu novo produtor. "Eu queria que todos se sentissem em casa no estúdio, porque, se você se sente bem, você toca bem", disse Porter. "Então, no começo de tudo, tentei explicar o processo a todos. Mike e Andy, até certo ponto, estavam bem — 'vamos fazer isso de uma vez'. Johnny estava muito interessado. E, basicamente, se ficávamos no estúdio por 18 horas, éramos Johnny e eu que ficávamos lá por 18 horas. Era um processo de que nós dois gostávamos, todas as etapas do jogo. Logo de cara, com Morrissey, desde a primeira sessão, tentei fazer o mesmo. É como 'esses são os controles, esse faz isso, essa é a sua voz nesse canal, ela passa por aqui, ela chega até aqui, esse é o harmonizador, temos eco, temos *delay*'. Morrissey não tocava naquilo. Ele apenas olhava para mim como se estivesse dizendo: 'Você é louco?'"

"Ele não se conectou com Morrissey; eles não se bicavam", disse Andy Rourke sobre Porter, o qual achava que a (falta de uma) relação tinha que ser vista como responsabilidade igual, na medida em que "acho que Morrissey se sentiu prejudicado pelo tempo que foi investido nos vocais". De sua parte, Rourke entrou no estúdio com "enorme respeito [por Porter] de qualquer forma, porque ele tocou baixo com Bryan Ferry", e saiu igualmente impressionado, citando-o "como o tio favorito de todo mundo".

Aquele sentimento era mútuo. "Andy tem um bom ouvido", disse Porter, acrescentando que "minhas reservas, inicialmente, eram mais fortes em relação a Mike. Eu achava que Johnny e Andy tinham mais técnica, por assim dizer; eles também, provavelmente, combinavam mais com relação à música de que gostávamos. Meu tipo de música favorito sempre foi R&B e black music — The JBs e The Meters, música de Nova Orleans, funk —, e o ritmo era tudo." Em comparação, a experiência de Porter como produtor era de que "bateristas britânicos não eram muito precisos", e "o povo do punk não sabia tocar", o que deixava Joyce com uma desvantagem dupla. "É preciso construir uma casa sobre uma fundação sólida e o mesmo se aplica a bateria", disse Porter. "Então, meu foco era basicamente 'vamos deixar a bateria precisa'. Ela não precisa ser nem um pouco complicada, mas precisamos ter uma boa pegada. Isso era 75 por cento do trabalho. Todo o resto vinha depois disso. Então, eu estava enormemente preocupado com a bateria." Para compensar pelo que via como as inconsistências de Joyce, ele fez o baterista gravar com um canal de click. Mesmo assim, havia muitas imperfeições, a ponto de fazer com que a gravação de "This Charming Man" no estúdio Matrix, no fim, envolvesse muitas "edições" — a junção de diferentes partes gravadas — em vez de capturar uma genuína performance ao vivo.

Aquilo ficou aparente. Quando o resultado foi apresentado à Rough Trade, Geoff Travis imediatamente anunciou que não estava escutando o que ele já havia apontado como um "single de sucesso". Sua reclamação, recordou Porter, era de que, "está tudo muito confuso; não dá para ouvir a caixa da bateria". Quando essa versão, que ficaria conhecida como "London Mix", acabou sendo lançada, num single de 12 polegadas, as dúvidas de Travis se mostraram totalmente corretas. Os famosos 15 canais diferentes de guitarra de Johnny Marr dominavam a mixagem, mergulhados em reverberações para esconder todo o resto — não apenas os vocais, que soavam agradáveis demais, como se estivessem implorando para ser tocados no rádio, mas também a percussão, que estava afundada na mixagem, talvez exatamente por ser fraca.

Porter sugeriu uma sessão de mixagem mais longa ou "de verdade".[4] Travis, no entanto, instruiu-o a gravar tudo novamente e, dessa vez, em Manchester, no Strawberry, onde os Smiths tinham gravado "Hand in Glove" e onde eles se reuniram com o engenheiro de som Chris Nagle. Para garantir um ritmo sólido, Porter meticulosamente pré-programou todas as partes da bateria de Joyce numa bateria eletrônica LinnDrum e fez o grupo gravar sobre ela. Alguns produtores, especialmente os que trabalhavam para grandes gravadoras naquela época, poderiam ter deixado a musica daquela forma: o som da LinnDrum estava sempre presente e veio a datar muitas gravações de 1983. Mas aquela nunca foi a intenção de Porter. Assim que todas as outras partes tinham sido gravadas — incluindo os vocais de Morrissey (juntados novamente a partir de três canais diferentes, o que, segundo Nagle, fez com que o cantor duvidasse de suas habilidades e desaparecesse do estúdio numa caminhada que durou horas) e os múltiplos *overdubs* de guitarra —, Porter trouxe Joyce ao estúdio e ele "tocou tudo num único take". Na opinião de Porter, ao aliviar o baterista da pressão de estabelecer a base da gravação, ele o tinha libertado. Chris Nagle jamais havia visto nenhum produtor empregar essa tática antes; tinha consideráveis dúvidas de que aquilo funcionaria, ainda mais de que Joyce acertaria de primeira. Quando aquilo se mostrou bem-sucedido, Nagle deixou o estúdio com o que descreveu como "total respeito por Porter".

A versão do Strawberry — "This Charming Man (Manchester)" como acabaria sendo identificada — alcançou tudo que o casamento experimental entre Porter e os Smiths tinha originalmente se disposto a conseguir. Ela desenvolveu o apelo comercial que fora tão evidente em sua versão inicial da Peel Session e exalava confiança dentro da banda, confiança essa quase contagiosa àquela altura; na verdade, Marr afirmou sobre as contribuições de seu parceiro, Morrissey que "é a exuberância de sua atividade que está, na minha cabeça, tão envolvida naquela gravação quanto o som da guitarra". A gravação tinha uma qualidade de produção cintilante, que parecia adequada para tocar no rádio durante o dia; e permitia que Morrissey e Marr brilhassem igualmente como as estrelas da banda, mesmo que a batida propulsiva da percussão lhe desse um apelo potencial nas pistas de dança.[5] Ao ouvi-la junto de "Hand in Glove", era difícil acreditar que a banda era a mesma, tal era o progresso em seis curtos meses. John Porter recebeu devidamente a encomenda de regravar e produzir o disco de estreia desde o início, e a Rough Trade começou a trabalhar tentando alcançar o que podia ter parecido, na época, se não totalmente impossível, certamente improvável: garantir o primeiro grande sucesso do selo no meio do mercado de Natal.

JOHN PORTER NÃO foi o único a ter dúvidas sobre as habilidades de Mike Joyce, mas, se o produtor não estava ciente disso, foi apenas porque os Smiths já eram peritos em se fechar entre si. Comentários negativos vinham sendo feitos desde que Joyce se juntara ao grupo, e tinham se intensificado em junho, quando a banda começou a tocar em Londres regularmente. Si Wolstencroft, que havia demorado a se tornar um fã dos Smiths, testemunhou tal ocasião, no Brixton Ace. "Mike terminou uma música antes do que deveria, e havia algumas pessoas muito importantes lá, e todos ficaram loucos com aquilo, e eu levei Andy até sua casa depois do show e ele disse: 'Bem, vou tentar colocar você de volta lá, para você poder ter uma segunda chance.'"Por ser amigo dos integrantes da banda, Wolstencroft estava usando a sala de ensaio de Joe Moss na Portland Street para ensaiar com o Colourfield (que tinha Terry Hall, anteriormente dos Specials e do Fun Boy Three), e Joyce temeu o pior depois de ver a bateria de outro baterista na sala. No fim, disse Wolstencroft, "nada aconteceu, porque Joe disse que era muito arriscado, não queria sacudir o barco".

Marr apoiou Moss nessa. "Como é quase sempre o caso com novas bandas de rock, um produtor e/ou uma gravadora começa a falar: 'o baterista não é muito bom', e é provavelmente porque... você pode esconder erros mais facilmente em outros instrumentos. E, se o baterista não for totalmente preciso, então ele pode ser criticado. A gravadora pode ser direta quanto a isso." Na sua opinião, "Mike tinha que adaptar um pouco seu estilo. Antes de tocar conosco, ele era totalmente bombástico. Houve alguns questionamentos ao longo dos primeiros 18 meses sobre ele estar tão envolvido quanto eu e Andy, mas ele acabou com aquela dúvida. E aquilo foi ignorado, para ser honesto".

Com a banda atraindo um grupo de fãs que crescia cada vez mais rápido, e com Joyce adquirindo uma sólida reputação como um rosto amigável no grupo, Porter tinha usado a abordagem certa: encontrar formas de aprimorar, ao mesmo tempo, a confiança e as habilidades do músico e então deixar que elas caminhassem juntas a partir dali. Aquilo era crucial, porque uma das coisas que os Smiths tinham a seu favor era a percepção de seu público de que eles eram uma banda de verdade. E assim, mesmo enquanto excluíam o baterista e o baixista do processo, Morrissey e Marr consistentemente falavam bem deles em entrevistas. Na Radio 1, em julho, Morrissey tinha dito: "Eles são os músicos mais competentes que encontrei em Manchester, somos uma pequena família perfeita." Numa entrevista conduzida logo antes de o disco de Troy Tate ser abandonado, e se deixando fora da equação apenas por estar avaliando o grupo da perspectiva de seu líder, Johnny Marr disse, com um pouco mais de clareza a respeito de como as coisas realmente seriam: "Tem Morrissey, o vocalista emotivo, e Andy, o aplicado e concentrado baixista que nunca perde um compasso, e o mesmo para Mike. Para mim, é assim que uma banda deve ser — os compositores e a cozinha."

CAPÍTULO

DEZENOVE

Não sou um músico de estúdio. Sou o baterista dos Smiths.

— Mike Joyce, 1999

Quando se tornou conhecido que o dinheiro seria dividido daquela forma, houve uma reunião muito intensa a respeito do assunto, e então todos simplesmente seguiram com aquilo por cinco anos.

— Johnny Marr, março de 2011

Como parte de sua atitude instável com relação ao sucesso comercial, Geoff Travis marcava cada vez mais compromissos e formava conexões com os grandes poderosos da indústria musical, especialmente os conectados à Warner Bros. Isso ia em breve levar à sua própria parceria com um profissional de A&R de outro selo independente, Mike Alway, da Cherry Red, num selo "de boutique" da Warner chamado Blanco y Negro, no qual Travis receberia um salário polpudo — um ponto de desentendimento com os malpagos funcionários da Rough Trade, embora Travis alegasse ter canalizado a maior parte daquilo para seus artistas independentes. Em relação aos Smiths, essas conexões também o levaram a cogitar um provável acordo de licenciamento com a Sire, selo americano distribuído pela Warner que oferecia a perspectiva não apenas de credibilidade e oportunidade comercial, mas de financiamento adicional para gravações e vídeos, bem como a perspectiva de um grande contrato de publicação, o qual ajudaria a dar aos compositores, e talvez à banda, no processo, algum fluxo de caixa imediato para compensar o adiantamento miserável da Rough Trade.

Seymour Stein, fundador da Sire, tinha se tornado adulto nos aos 1960, trabalhando para o selo de Leiber e Stoller, Red Bird, no Brill Building, onde as Shangri-Las e um verdadeiro baú do tesouro dos grupos de meninas do anos 1960 residiam, impulsionadas pela parceria de composição entre marido e mulher de Jeff Barry e Ellie Greenwich; tais credenciais, sozinhas, já o tornava perfeito para Morrissey e Marr. Stein e o compositor e produtor Richard Gottehrer tinham, então, lançado a Sire no fim da década, varrendo os mercados europeus em busca de artistas de grandes gravadoras que não tinham sido escolhidos pelos seus correspondentes americanos. Eles encontraram tanto o grupo holandês Focus quanto a banda britânica Fleetwood Mac dessa forma, dando à empresa a base com a qual, como uma independente estabelecida, era capaz de contratar a nata do talento punk de Nova York — Ramones, Talking Heads, Richard Hell and the Voidoids —, enquanto as grandes gravadoras se esquivavam. Quando o boom do punk na Grã-Bretanha então se manifestou, com incontáveis lançamentos, Stein voltou a suas viagens de compras do outro lado do Atlântico. Já em 1978, a Sire tinha assinado contratos com The Normal, The Undertones e The Rezillos, todos inicialmente distribuídos pela Rough Trade; até 1983, ele havia acrescentado outros artistas distribuídos pela Rough Trade, como Depeche Mode, Yaz(oo), The Assembly, e os contratados da própria gravadora, Aztec Camera e Troy Tate. Stein tinha, além disso, tirado o Echo & the Bunnymen e os Pretenders do braço britânico da Warner Bros; roubado o Soft Cell debaixo do nariz da Polygram americana e os levado ao top 10; e estava ocupado fazendo singles de sucesso com artistas britânicos menos conhecidos, como Tin Tin e Modern English. Tinha também acabado de contratar uma cantora e dançarina de Nova York que era parte da próspera cena electro/hip-hop das casas noturnas da cidade. Ela usava um único nome: Madonna.

Em resumo, um artista britânico precisava ter uma opção muito melhor à sua disposição ou estar amarrado a um contrato mundial sem brechas com um selo que não fosse da Warner para pensar em rejeitar as abordagens de Stein. Os Smiths não tinham nem um nem outro e ficaram compreensivelmente animados quando Stein demonstrou seu entusiasmo. Embora o chefe da Sire não tivesse visto os Smiths ao vivo até pegar um avião para o show no Institute of Contemporary Arts, em Londres, no mês de outubro de 1983 — no qual, segundo Moss, "ele simplesmente pirou" —, Morrissey já havia anunciado o acordo durante uma entrevista conduzida pelo menos um mês antes.[1] Quando eles finalmente se conheceram, Stein, como era seu costume, brindou a dupla com suas histórias de celebridades. "Ele me contou que, quando Brian Jones foi pela primeira vez a Nova York, ele o levou para comprar uma guitarra", recordou Johnny Marr. "Eu não ia deixar essa oportunidade escapar. Então falei: 'Se nós assinarmos com você, você vai me comprar uma guitarra?'" Stein disse que compraria.

Àquela altura, a Sire era independente apenas no nome. "Seymour contratava bandas e contava com uma rede de pessoas dentro da empresa para ajudar a cuidar delas", disse Steven Baker, da Warner Bros, que, em 1983, estava deixando uma posição de A&R no selo em Nova York — onde tinha desenvolvido uma relação próxima com Stein — para trabalhar como braço direito do presidente da gravadora, Lenny Waronker, em Burbank, na Califórnia — um cargo ideal para promover artistas da Sire. Sabendo que Stein tinha acabado de conseguir os Smiths para a

Sire, Baker foi ver o grupo num de seus shows em universidades de Londres, no fim de outubro. Ele ficou instantaneamente impressionado (tanto pelo fato de que "Morrissey era um *frontman* incrível", mas também, de uma perspectiva vital para os americanos, de que "a banda era uma boa banda de rock"), e se juntou a Geoff Travis para um almoço de negócios com o grupo alguns dias depois — num café vegetariano em Notting Hill, pois se tratava da Rough Trade. A partir dali, ele rapidamente assumiu o papel de porta-voz do grupo nos Estados Unidos.

A chegada da Sire à cena aumentou a pressão sobre o álbum de estreia e ajudou na decisão de engavetar as gravações iniciais de Troy Tate. Da mesma forma, foi a injeção de capital do selo que ajudou a garantir a regravação; John Porter notou que, assim que o dinheiro chegou dos Estados Unidos, ele foi instantaneamente convertido em horas de estúdio — no Pluto, em Manchester.

Enquanto seduzia a Sire, Travis simultaneamente enalteceu os Smiths para Peter Reichert, o recentemente promovido diretor executivo da Warner Bros Music no Reino Unido, para que ele fosse o editor musical da banda. Composição era o lado lucrativo da indústria musical, aquele que, longe do glamour dos palcos e dos estúdios, oferecia a receita garantida da venda de discos, execuções ao vivo e no rádio. Uma boa gravadora — e a Warner Bros estava entre as melhores do Reino Unido — se asseguraria de que cada centavo de royalties seria reivindicado e devidamente distribuído aos compositores. Apesar de algumas correrem atrás de artistas independentes com a promessa de ajudá-los a conseguir um contrato de gravação, Reichert, como figura importante no meio, tendia a trabalhar da forma oposta: seduzia artistas com generosos contratos no momento em que eles assinavam. Edição musical era, afinal, essencialmente um jogo de números: sem o risco dos orçamentos de gravação e promoção que as gravadoras tinham, um adiantamento poderia ser calculado diretamente em função dos royalties mecânicos das vendas de discos.[2]

Reichert já estava no processo de assinar com o outro artista principal de Travis no momento, o Aztec Camera. Ele olhou para Morrissey no palco e concluiu, "esse sujeito é um astro", e ofereceu assinar com os Smiths também. Por mais que o vocalista o atraísse, no entanto — "era impossível desgrudar os olhos dele" —, ele adorava o fato de a banda ter lhe oferecido uma espécie de alternativa à maioria dos contratos que ele estava fechando naquela época. "Eles eram realmente diferentes. Era tudo Duran Duran e aquela música requintada dos anos 1980 da qual nunca gostei. Quando vi os Smiths pela primeira vez, pensei: 'Eu me identifico com isso.'"

Quando chegou o momento de oferecer a Morrissey e Marr, como únicos compositores, um adiantamento, "o valor de 80 mil libras me vem à cabeça", disse Reichert — um número que ele considerava "normal para uma banda promissora". Aquilo se traduzia, em seus cálculos, num ponto de equilíbrio entre 150 mil e 200 mil discos vendidos: ouro duplo no Reino Unido, mas uma quantia relativamente insignificante para um lançamento mundial. Direitos adicionais de vendas de singles e royalties de direitos de execução que vinham da execução no rádio e na TV — ou seja, de discos de sucesso — seriam considerados "a cereja do bolo".

Joe Moss tinha criado uma gravadora em seu nome (Glad Hips Music) para a prensagem inicial do single da Rough Trade, conhecendo suficientemente bem as histórias de terror de artistas dos anos 1950 e 1960 que tinham deixado suas músicas — e efetivamente seus lucros — nas mãos de outros. Até chegar aos anos 1980, o negócio tinha mudado consideravelmente: havia mais a perder em tentar coletar os royalties por conta própria do que ao atribuir as músicas a uma gravadora respeitável. E os contratos tinham ficado mais generosos: Morrissey e Marr foram assegurados de que seus direitos seriam revertidos depois de dez anos, e teria sido garantido pelo menos 75 por cento de receita, disse Reichert. Além disso, os pagamentos de adiantamentos não eram desprezíveis para Morrissey e Marr. Mesmo quando divididos entre os dois, ao longo de um ano, e permitindo possíveis comissões de administração, aquilo era um "salário" significativo para uma dupla de jovens que tinham trabalhado apenas em lojas de roupas, serviços burocráticos para iniciantes e como porteiros de hospitais, se tanto. Um acordo foi devidamente fechado.

Quando chegou a hora de assinar, no entanto, "não foi permitido que Geoff estivesse presente", disse Reichert. "Acho que Morrissey, em particular, estava um pouco paranoico a respeito de o poderoso Geoff Travis ter muitas influências sobre sua carreira." Da forma como Reichert se recorda do assunto, Morrissey e Marr descartaram a ideia de continuar com a Glad Hips ou montar uma sociedade para coletar e distribuir suas receitas (havia incentivos fiscais para apoiar tal passo e uma abundância de papelada para desencorajá-lo), e assinaram diretamente, como pessoas físicas. Reichert tinha feito abordagens rotineiras a respeito do baterista e do baixista: "Eu sempre gostava de assinar com todos os integrantes da banda por via das dúvidas. Basicamente, foi explicado que 'eles nunca vão compor'. Eu me lembro de dizer: 'Bem, eu gostaria de assinar com eles de qualquer forma.'" A resposta? "Não, eles nunca vão compor."

NUNCA HOUVE A expectativa de que Rourke e Joyce realmente dividiriam os créditos de compositor. Marr bateu à porta de Morrissey com uma visão definitiva a respeito de eles comporem músicas juntos, e a dupla tinha completado vários futuros clássicos dos Smiths antes de Joyce, e, mais tarde, Rourke, juntarem-se a eles. Mesmo quando o grupo entrou num padrão constante de ensaiar, gravar e tocar ao vivo juntos, o processo de composição sempre foi considerado particular entre o vocalista e o guitarrista, e a maioria das canções foi composta longe do baixista e do baterista. Morrissey e Marr se viam na grande tradição de Lennon e McCartney, Jagger e Richards, até Joe Strummer e Mick Jones. Eles eram os compositores reconhecidos da banda, e seus líderes, e eles esperavam não apenas o crédito por isso, mas o dinheiro também.

Havia, no entanto, muitos grupos que usavam uma abordagem diferente, preferindo dividir os royalties de composição por entenderem que todos estavam nessa juntos, que cada indivíduo contribuía de sua própria forma para o sucesso global da banda. Essa era a atitude dos grupos mais visíveis e bem-sucedidos do pós-punk britânico: U2, Echo & the Bunnymen e New Order. Essa era também a abordagem usada pelo grupo americano com o qual os Smiths tinham mais em comum: R.E.M., que também tinha um vocalista magnético com letras indecifráveis e personalidade inescrutável, um guitarrista que tocava uma Rickenbaker com conhecimento musical enciclopédico e uma sessão rítmica totalmente desprovida de pretensões. O álbum de estreia do

R.E.M., *Murmur*, tinham se mostrado um considerável sucesso em 1983, num mercado americano que era tão conservador, a ponto de chamar a atenção do que ainda era chamado de "New Wave", focado principalmente na "Invasão Britânica" dos grupos de synth-pop e pós-punk, e deixando de lado o talento criado em seu próprio país. Seria extremamente frustrante para o R.E.M., que existia como banda desde 1980, que, quando embarcassem em sua primeira visita ao Reino Unido, perto do lançamento de "This Charming Man", eles fossem aclamados não tanto por sua individualidade, mas pelas semelhanças com os novatos britânicos, The Smiths.

Em relação à estrutura de negócios, o R.E.M. tinha decidido por total igualdade. "O dinheiro de composição que dividimos não é necessariamente por compor as músicas", Peter Buck, que mais tarde viria a formar uma sólida amizade com Johnny Marr, explicou. "É por dormir no chão durante dez anos enquanto viajávamos, é pelas oito horas de ensaio que costumávamos ter quando estávamos ganhando 40 dólares por mês."

O problema dos Smiths — porque isso realmente viria a se tornar um problema — foi que eles não tinham passado por um período semelhante de batalha coletiva. Morrissey e Marr haviam se conhecido, identificado mutuamente seu potencial como parceiros de composição, trabalhado para montar um grupo em torno das canções e de suas personalidades, e o grupo decolara, tudo isso em menos de um ano. Devido à velocidade desse processo, não havia incentivo para dividir o dinheiro de publicação — e nem o total e completo direito deles sobre as músicas foi em algum momento questionado pelo baterista e pelo baixista.[3]

Mas o mesmo pensamento foi aplicado às assinaturas solitárias no contrato de gravação. Como Joe Moss mais tarde tentou justificar sobre o processo, "não poderia ser de outra forma, na verdade. Duas pessoas estavam fazendo o que Johnny e Morrissey estavam fazendo. Para Mike e Andy, ser capaz de ter poder de veto, ser capaz de dizer não às coisas, era inconcebível. Não é a visão *deles*; eles são parte da visão de Johnny e Morrissey".

A muito comentada ausência da assinatura de Rourke e Joyce no contrato da Rough Trade era uma espécie de distração. Afinal, nada impedia que Morrissey e Marr assinassem o acordo com a Rough Trade como The Smiths, querendo dizer, com isso, que eram donos do nome e efetivamente negando aos demais músicos da banda "o poder de veto" enquanto, ainda assim, dividiam os rendimentos de gravação igualmente com Rourke e Joyce. (Acordos semelhantes são feitos o tempo todo na indústria musical.) Isso teria deixado a maior parte da receita — os royalties — em suas mãos como compositores e provavelmente todos teriam ficado contentes. Mas não foi assim que aconteceu. Com os contratos de gravação e reprodução agora assinados, ainda com os nomes de Rourke e Joyce ausentes de ambos, os demais músicos da banda, compreensivelmente, buscaram esclarecer qual seria sua fonte de receita; Morrissey, Marr e Moss também acharam prudente estabelecer um acordo. Mas, quando a conversa acabou acontecendo, não foi sob circunstâncias ideais. O grupo estava no meio da regravação de seu disco no estúdio Pluto, em Manchester, em meador de outubro de 1983, quando uma reunião foi repentinamente convocada. Logo antes ou logo depois daquele anúncio, Morrissey abandonou a sessão de gravação, pretensamente para comprar comida — e não voltou.

"Antes de seguir adiante com a banda, ele queria que estivesse firmemente estabelecido o que cada pessoa ganharia na empreitada", disse Joe Moss num documentário da BBC, *The Rise and Fall of the Smiths*, de 2001. "E achava ser dever de Johnny fazer aquilo com Mike e Andy. Johnny os havia levado para a banda. Morrissey não queria fazer aquilo."

"Nós não sabíamos onde ele estava, não conseguíamos encontrá-lo", disse Johnny Marr sobre seu parceiro naquele mesmo documentário da BBC. "E, então, mais tarde naquela noite, recebemos uma ligação de Geoff Travis... Dizendo: 'Ele está na Rough Trade e não vai voltar até você resolver os negócios.'" (Tanto John Porter quanto Geoff Travis se recordam de Morrissey ter deixado a sessão de gravação e ido a Londres discutir negócios com Travis.) Sobrou para Moss e Marr a missão de explicar a divisão proposta, e decididamente desigual, dos royalties de gravação: quarenta por cento para os líderes da banda, dez por cento para os outros membros.

Falando para a BBC, Mike Joyce recordou a conversa da seguinte forma: "Johnny Marr veio e disse: 'Morrissey quer que eu e ele recebamos uma porcentagem maior — ou mais dinheiro.' E... hum, Johnny disse: 'Se vocês não aceitarem, vou sair da banda.'"

"Tudo o que eu e Mike estávamos tentando fazer era impedir que Johnny saísse da banda", disse Rourke no documentário, provavelmente em defesa de seu aparente consentimento. "O que eu espero que, em retrospecto, ele perceba que foi uma boa atitude." Outra forma de olhar para isso poderia ter sido que tanto Joyce, cuja habilidade com as baquetas tinha sido considerada deficiente, quanto Rourke, cujo vício em drogas era igualmente perturbador para os que sabiam sobre ele, sentiram que suas próprias posições no grupo eram precárias, que eles não estavam numa posição de força (ou conhecimento) para contestar o caso naquela noite em específico. Não ajudou o fato de eles estarem entre os maiores fãs dos Smiths. "Era o tipo de coisa com a qual eu e Johnny sonhávamos desde crianças, estar no estúdio de gravação", disse Rourke, que admitiu se "tornar obcecado" por escutar as mais recentes gravações dos Smiths. "E então estamos lá quase todos os dias. Vivendo o sonho e amando aquilo." O baixista tinha comparado seu emprego anterior na serralheria a "estar aprisionado. Era um trabalho terrível. Um trabalho manual". Pouco depois de sair de seu emprego, ele tinha dito a seu chefe ("que já me odiava mesmo"): "Você vai me ver no *Top of the Pops* em um ano." Esse era o tipo de comentário insolente feito por incontáveis jovens que sonhavam em alcançar o estrelato, mas o rapaz de 19 anos podia quase sentir aquilo se tornando realidade. Ele não tinha nenhuma intenção de jogar aquela possibilidade fora e voltar a uma vida de trabalho pesado.

Então, Andy e Mike ficaram em silêncio. Rourke depois insistiu que, apesar de uma conversa certamente ter acontecido no Pluto, "nada nunca foi decidido" e Joyce acabou indo à justiça baseado no mesmo (des) entendimento: "Nós não chegamos a um acordo de que ganharíamos 25 por cento. Não houve nenhum acordo de que ganharíamos menos."

Mas Joe Moss estava totalmente convencido do contrário. "Foi acordado que Mike e Andy receberiam dez por cento", disse ele em 2010. "Nós concordamos numa sala em um estúdio de gravação." Quanto ao motivo de eles poderem ter se "esquecido", ele ressaltou seu período menor com os Smiths. "O meu foi, digamos, dois anos, então tenho menos coisas para lembrar... E essas eram coisas muito específicas que eu tinha que fazer como empresário." Mas ele nunca teve isso escrito e assinado. Em vez disso, "quando Geoff Travis estava falando comigo [naquele dia], soube que eu estava acabado na mesma hora", disse ele no documentário da BBC. "Se Morrissey não podia falar comigo para resolver aquilo — e eu teria resolvido aquilo para ele, sem questionar, porque esse era o meu papel —, então havia uma divisão muito grande ali para eu ser capaz de ficar. E percebi que, se eu ficasse, isso causaria um desgaste no relacionamento de Morrissey com Johnny."

Marr já não estava mais vivendo com Joe Moss e sua esposa, Janet, que estavam esperando um segundo bebê para breve. Ele havia se mudado para um chalé de propriedade de Janet, em Marple Bridge, fora dos limites de Manchester, levando Andrew Berry para morar consigo. (O ambiente rural contradizia certo caos doméstico, mas se mostrou produtivo, com Marr compondo várias músicas lá, entre elas "This Charming Man" e "Still Ill"; na verdade, ele estava tão ocupado naquela época que a nem percebeu que Roddy Frame tinha se retirado naquele mesmo vilarejo para compor seu segundo disco.) Marr sempre tinha dito a Joe Moss que ele e Morrissey tinham a mesma importância, e o empresário tinha trabalhado levando aquilo em consideração, determinado a apoiar os desejos do vocalista tanto quanto os do guitarrista. A decisão de Morrissey, naquele dia, de viajar até Londres e adotar Geoff Travis como uma espécie de empresário substituto (apesar da aparente aversão a ter Travis envolvido muito de perto com a produção da banda) foi tomada por Joe Moss como uma traição de sua confiança. Moss se demitiria antes do fim do ano, sem receber por seus serviços — até mesmo sem ser recompensado pelo PA que tinha comprado para o grupo —, e nenhum empresário posterior durou tempo suficiente para sequer discutir adequadamente que dirá para conseguir um contrato por escrito do arranjo financeiro da banda. Enquanto isso — o que significa dizer ao longo dos anos seguintes —, a empresa Smithdom Ltd., fundada em maio de 1983 com Marr e Morrissey como diretores únicos e igualitários, enviava o que Rourke recordou como cheques anuais à banda, de quantias iguais. Mas as principais atividades da empresa eram listadas apenas como "as das apresentações musicais ao vivo". Não havia nenhuma referência — tampouco os balanços anuais refletem — à considerável receita das gravações.

Em retrospecto, Johnny Marr tentou ver a dinâmica do começo do grupo mais como um desequilíbrio criativo do que qualquer outra coisa. "Esse era um daqueles exemplos de ações falando muito mais que palavras. As ações foram que Morrissey subiu no trem para ir até a EMI, eu encontrei os outros integrantes da banda, eu encontrei Joe. Eu saí e busquei a bateria de Mike: fui até uma casa caindo aos pedaços e peguei sua bateria do Victim e arranjei o dinheiro para os ensaios. Joe, que era meu parceiro, arrumou o PA. Morrissey foi ver Tony Wilson. Esses são apenas os pedaços que vêm à minha mente. Os outros podiam contestar na época: 'Bem, você está fazendo isso porque você pode. O que podemos fazer?' Mas, infelizmente, não há nada que eu possa dizer ou fazer quanto a isso. Se eu tenho a dedicação e a ética de trabalho e o *bom senso* para fazer isso, vou fazer. Agora, o que você pode fazer? Certo, você vai chegar na hora. Bem, espero que você chegue mesmo. Você será ótimo, fantástico, será alto astral, você vai ser o que é necessário. Compreendo que eles digam: 'Bem, nós queremos ajudar.' Certo, então faça isso. Deixe-me vê-lo fazer isso. Então, nós não tivemos uma reunião e dissemos: 'vocês agora têm que se sentar e não fazer nada', nós apenas fizemos *mais*."

A questão, no entanto, se tornou saber se "fazer mais" justificava uma parte maior dos royalties de gravação. Um empresário experiente, conhecendo a importância de ter uma banda unida e satisfeita, e sentindo uma responsabilidade igual com todos os integrantes, poderia ter sugerido que não, especialmente levando em conta os rendimentos potencialmente lucrativos da produção da banda que já estavam garantidos aos dois compositores. Mas Morrissey obviamente achou que justificava. E Moss, representando apenas os dois membros fundadores, tinha entrado na dele.

Falando sobre aquela noite no Pluto para a televisão, Mike Joyce levantou uma hipótese muito válida: "Se Johnny Marr tivesse chegado e dito 'vou sair da banda, porque Morrissey quer mais dinheiro, [mas] vou ficar se todos recebermos quantias iguais', é uma forma muito importante e levemente diferente de olhar para aquilo..." Alguém pode ter pensado que Marr *poderia* ter forçado a barra com Morrissey; ele tinha livrado o vocalista de "morrer", afinal. Mas Marr declarou outra coisa. "Eu não estava na posição de dizer que as coisas deveriam ser diferentes da forma como foi planejado", disse ele em 2011. "Eu não estava na posição."

O resultado final acabou sendo basicamente o mesmo, de qualquer forma, a não ser pelo fato de que os nomes e as reputações dos integrantes dos Smiths seriam arrastados pelos tribunais e — com exceção de Andy Rourke, que não teve coragem ou recursos para a briga — de que cada um teria que arcar com altas contas de advogados que, no fim, levaram a uma divisão dos royalties significativamente mais próxima de igualitária. E, assim, com o benefício de olhar para o passado e admitindo que "os royalties de reprodução são outro assunto", Marr acabou chegando a essa conclusão: "Quando bandas se formam, elas deviam concordar desde o início em dividir tudo igualmente. Isso é o que deveria acontecer. Com certeza."

CAPÍTULO

VINTE

Partimos para dominar o mundo e estávamos vencendo. E não estávamos levando hostilidade e agressividade às pessoas: estávamos levando alegria.

— Joe Moss, março de 2010

Na sexta-feira, 4 de novembro de 1983, os Smiths apareceram na televisão britânica pela primeira vez. Lançado no ano anterior pela Tyne Tees Television, estação independente regional no nordeste da Inglaterra, *The Tube* era uma tentativa de replicar o entusiasmo do importante programa dos anos 1960, *Ready Steady Go!* E seu famoso bordão: "O fim de semana começa aqui". Transmitido totalmente ao vivo pela rede do novo Channel 4, às 17h30, antes de muitos adultos terem chegado em casa do trabalho, mas, em teoria, perfeito para adolescentes, o programa de noventa minutos normalmente incluía três apresentações ao vivo de dez minutos direto do estúdio, junto com entrevistas, quadros de humor e matérias gravadas. Num mercado britânico limitado a quatro canais de televisão, no qual o rock era tipicamente confinado a programas na madrugada ou programas "jovens" condescendentes, o caos alegremente viciante de *The Tube* representava um enorme avanço.

Para retificar a percepção de que sua primeira temporada tinha ficado à mercê das grandes gravadoras, o segundo episódio da segunda temporada incluiu um longo foco em dois selos independentes. Um deles era a Rough Trade, ocupada em promover seu contrato de longa duração com os Smiths e se gabando de "This Charming Man" como possível hit. O outro, que tinha o nome de Kitchenware, tinha surgido na cidade natal da Tyne Tees, Newcastle, e estava no processo de licenciar, sem constrangimento, seus artistas mais promissores a grandes gravadoras. O elenco de quatro bandas da Kitchenware foi mostrado com cada uma apresentando um trecho de música, capturados em várias locações, incluindo a inóspita — mas ensolarada — costa de Tyne and Wear, uma boate e uma rua de casas geminadas. Mas, apesar da presença de talento genuíno, incluindo The Daintees e Prefab Sprout, a natureza de suas aparições e apresentações apenas confirmou para muitos espectadores uma impressão da cena musical em geral: que ela era sombria, isolada e deprimente. Em comparação, os Smiths (significativamente, no segmento da Rough Trade foram apenas os Smiths) foram filmados fazendo playback de "This Charming Man" em seu quartel-general na Portland Street, em Manchester — um ambiente que eles poderiam e conseguiram controlar. O chão estava coberto até os tornozelos com flores de cores vivas, que também foram jogadas sobre a bateria e presas à Rickenbacker de Johnny Marr; e o grupo se vestiu de acordo, com suas melhores roupas semipsicodélicas, Morrissey usando uma camisa desabotoada quase até a cintura, deixando à mostra vários colares de miçangas e balançando um buquê de gladíolos como um troféu. Curiosamente, embora seu corte de cabelo, *mop-top* como o de Keith Richards, tivesse sido visto à distância e sua Rickenbacker em close, o rosto de Johnny Marr não foi mostrado em nenhum momento: o diretor aparentemente estava convencido de que Marr estava drogado na ocasião e se recusou a lhe dar exposição. (É possível que ele tenha confundido a imagem cuidadosamente cultivada de "acabado" de Marr com a realidade.)

Mas não importa: foi Marr que teve a honra de apresentar os Smiths com seu alegre riff de guitarra no começo de "This Charming Man". Foi um momento elétrico, literalmente; comparando a tudo que a Kitchenware tinha oferecido, os Smiths podiam muito bem ter saído de outro planeta. "This Charming Man" — a vesão de Londres, sendo ela a única completa até o momento do convite do *The Tube* — celebrava sua sensibilidade pop sem constrangimentos e, com as flores, as leves dramatizações de Morrissey e o penetrante senso de cor dos Smiths, não houve qualquer tentativa por parte da banda de homenagear sua "independência" como algo diferente de um estilo de vida.

Esse longo segmento do *The Tube*, a forma como os dois chefes das gravadoras falaram abertamente sobre "o esnobismo invertido das gravadoras independentes" (Kitchenware) e "competir com as paradas" (Rough Trade), mostrou ser um momento divisor de águas, uma declaração *não* de ideais contraculturais, mas um desejo de compartilhar os espólios do *mainstream*.[1] E foi um momento extremamente significativo na história de sucesso avassalador dos Smiths: um grande número de pessoas que assistiram ao *The Tube* naquela noite ficou suficientemente cativado pelo que viu dos Smiths e saiu de casa correndo para comprar "This Charming Man" no dia seguinte (um sábado, dia de compras dos britânicos), ajudando a colocá-la nas posições inferiores das paradas. Outra apresentação filmada da música, no programa *Riverside*, da BBC2, apenas quatro dias depois — esse adicionalmente envolvendo a banda em fumaça de gelo seco e incluindo Morrissey deitado no chão do palco, cantando por trás de um buquê de flores —, não foi tão artístico e influente, mas manteve o impulso ascendente do single ao longo da próxima semana da parada.

A Rough Trade tinha se assegurado de que não haveria nenhuma falha em capitalizar com essas enormes oportunidades de promoção, contratando a equipe de vendas da grande gravadora London Records para forçar o single às principais lojas de discos. Afinal, havia um limite para o que a equipe de vendas por telefone da Rough Trade podia alcançar nesse sentido, enquanto a equipe de vendas da London tinha gente nas ruas e as ferramentas para ajudá-los — o que tipicamente incluía estoque grátis e bônus para as principais lojas, precisamente o tipo de processo de indução ao *hype* nas paradas que os selos independentes havia muito tempo condenavam como competição injusta (e antiética, se não muitas vezes ilegal). Como incentivo adicional, a Rough Trade lançou "This Charming Man" como single de 7 e 12 polegadas, cada um apresentando lados B diferentes, garantindo que qualquer novo fã determinado dos Smiths tivesse que comprar os dois formatos. Um ano antes, as ações da Rough Trade teriam sido consideradas, aos olhos dos observadores independentes, um ato de traição. Mas a maré tinha mudado, os múltiplos formatos e as equipes de vendas das grandes gravadoras representavam a diferença entre, como um bom exemplo, "Oblivious", do Aztec Camera, arrastando-se fora do top 40 na época da Rough Trade e explodindo no Top 10 com a WEA. Com "This Charming Man" acumulando elogios da imprensa à sua exposição na TV desde cedo, e por conta de sua entrada imediata nas posições mais baixas das paradaas, Scott Piering foi capaz de garantir a importante difusão na Radio 1 durante o dia. Três semanas depois do lançamento, a Rough Trade tinha finalmente conseguido seu primeiro sucesso do top 30 de todos os tempos, o que, por sua vez, gerou um marco igualmente importante: os Smiths se tornaram os primeiros artistas da gravadora a serem convidados a aparecer no *Top of the Pops*.[2]

Nem mesmo aqueles que desprezavam o *Top of the Pops* por seus DJs fúteis, suas apresentações em playback, seus preconceitos musicais não declarados, mas claramente notados, e sua incessante celebração da música pop como nada além de uma forma despreocupada de entretenimento, puderam evitar sintonizar para o ritual de quinta-feira à noite, bem como não puderam evitar esperar que o ocasional ato de nota vendesse discos suficientes para justificar uma aparição ou que um artista novo genuinamente animador pudesse, de alguma forma, ocupar o espaço tipicamente reservado aos que não corriam riscos. Para esse público, em particular, a aparição dos Smiths na quinta-feira, 24 de novembro, provou-se nada menos do que uma revelação; na verdade, essa apresentação é frequentemente citada como um dos momentos mais influentes da música na televisão. É um momento que tem que ser (re) visto em contexto. Os Smiths foram apresentados pelos DJs mais insossos de programas de rádio diurnos numa semana em que as três posições mais altas das paradas pertenciam a Billy Joel, Paul McCartney com Michael Jackson e Shakin' Stevens; foram espremidos entre Marilyn (um clone de Boy George aproveitando o máximo que podia seu breve apoio por parte da estrela do Culture Club) e as Thompson Twins (que representavam tudo o que a cena independente do pós-punk tinha feito para se vender); e se apresentaram num palco iluminado de baixo para cima por múltiplos matizes, cobertos por um infinito número de balões do programa que reduziam uma performance pop ao nível de uma festa infantil, com uma bola de espelhos rodando sobre eles. Ainda assim, os Smiths foram capazes, de alguma forma, de transcender o ambiente e se apresentar exatamente como o que eram: um quarteto de rock mergulhado em tradição musical (o balanço ritmado da Rickenbacker vermelha de Marr recordando um grande número de artistas dos anos 1960 no mesmo programa), estilosos e com seu próprio estilo (os três instrumentistas misturavam os exclusivos jeans pretos da Crazy Face com camisas de gola rulê da Marks & Spencer), sem pretensão, mas, mesmo assim, com um vocalista que instantaneamente se distinguia de todos os outros no *Top of the Pops* naquela noite (ou naquele mês, ou mesmo naquele ano). As roupas de Morrissey, seus movimentos, suas flores... eram todos essencialmente os mesmos mostrados no *The Tube* e no *Riverside* — assim como sua falta de vontade de parar em frente a um microfone e fingir que aquilo era qualquer coisa diferente de um playback —, mas agora aquilo tudo estava sendo visto, muito literalmente, sob o calor abrasador dos holofotes nacionais. Os Smiths pareciam totalmente confortáveis, como se aquele palco sempre tivesse sido destinado a eles.

Por uma daquelas coincidências que ajudam a criar a lenda de uma banda de rock, os Smiths tinham um show marcado na mesma noite de sua aparição no *Top of the Pops* — na Haçienda, ainda por cima. Os Smiths não tocavam em Manchester desde julho (tocaram onze vezes em Londres entre os dois shows) e tanto tinha acontecido a eles nesse intervalo que podiam ter esperado lotar o local mesmo sem a aparição na TV. Mas a animação dos fãs de Manchester por terem uma banda local no top 30 e aparecendo no *Top of the Pops* apenas algumas horas antes de fazer um show em sua cidade transformou o que já era um triunfal retorno à casa num verdadeiro *acontecimento*. Milhares apareceram.

Para os Smiths, a animação por tocar naquela noite estava combinada ao nervosismo a respeito de se eles realmente chegariam lá. Eles ainda se encontravam nos estúdios da BBC até o fim da tarde. A Rough Trade, num ato de generosidade bastante descabido considerando-se o histórico da empresa anterior ao hit dos Smiths, contratou um helicóptero para transportá-los por mais de 300 quilômetros na direção norte, mas ninguém tinha se preocupado em checar se a banda realmente aprovaria. Morrissey, cujo medo abjeto de voar não o tinha impedido de visitar os Estados Unidos já tantas vezes, recusou o transporte. Os Smiths, então, tomaram um trem para Manchester, chegando ao local do show horas atrasados e acreditando que sua equipe, por menos preparada que fosse, teria tudo preparado para que eles logo pudessem começar. O grupo James, que, apesar de ter começado antes dos Smiths, tinha apenas acabado de lançar seu primeiro single pela Factory e estava fazendo o papel de banda de abertura, tinha terminado seu show havia muito tempo. "Tivemos que ser carregados pelas ruas", recordou Marr. "E... havia pessoas tentando nos tocar, e eu tinha estudado com algumas delas. E de repente elas eram nossas fãs. Aquilo foi surreal. Realmente surreal." Para aumentar a loucura, a Haçienda tinha uma transmissão ao vivo mostrando a chegada do grupo finalmente ao camarim, como uma garantia a quem estava no interior da casa de que a banda chegara ao norte a tempo. Por uma noite, foi novamente como na década de 1960 — quando Manchester era sede do *Top of the Pops* e colocara suas bandas no topo das paradas americanas três vezes seguidas.

Do lado de dentro, os Smiths foram tratados como heróis, sofrendo uma série de invasões que esmagaram as flores espalhadas no palco, deixando-as como a do conto "O rouxinol e a rosa", de Oscar Wilde. Eles voltaram para vários bis e tocaram seus dois singles duas vezes cada, alongando o show até bem depois da hora de dormir oficialmente sancionada para o público inglês. Joe Moss foi pago por 2.400 pessoas; a capacidade oficial era de 1.650. Foi a noite mais cheia dos 18 meses de história da casa.

SEIS MESES ANTES, quando tinha se sentado pela primeira vez com Mike Hinc para traçar uma espécie de estratégia, Joe Moss tinha sido claro a respeito de sua visão em relação à banda. "Ele não os queria crescendo em público", recordou Hinc, "ele queria que eles tocassem nos 'pulgueiros' o máximo possível". Levando em conta que a All Trade Booking, repleta como estava de artistas independentes em início de carreira, "tinha 'pulgueiros' para dar e vender", Hinc prontamente começou a agendar os Smiths neles. Ao longo do verão e do começo do outono de 1983, o grupo tocou em sua cota de casas de show obscuras de mercados menores que foram usados para permitir que os Smiths desenvolvessem seu show num ritmo normal.

O problema — se é que dá para chamar assim — foi que os Smiths não se desenvolveram num ritmo normal. Eles explodiram em disparada. Os primeiros "fãs" de verdade foram vistos no retorno do grupo ao Rock Garden em julho: um casal, Josh e Anna, "estava lá carregando flores", como Marr se recordou. Eles rapidamente foram adotados para liderar as invasões de palco (que eram "tão parte do plano quanto as flores", disse Joe Moss) e recompensados com espaço para dormir no chão dos quartos de hotel da banda quando o orçamento permitia. Quando não permitia, o grupo voltava a Manchester na van Renault que Joe Moss tinha comprado, cujos bancos traseiros haviam sido removidos para dar espaço para os equipamentos do grupo e alguns sacos de dormir. No caminho de ida e volta de seus shows, cada vez mais agitados, o grupo, junto com Moss como empresário e Ollie May e Phil Powell como roadies, e talvez Angie Brown, Andrew Berry e alguns outros amigos, se não fizessem a viagem em outro veículo, seguiam fazendo piadas e fumando até esquecer da vida.

"Nunca foi comum", enfatizou Marr. "Mesmo se estivéssemos apenas num carro, viajando pela estrada, era sempre algo especial. Porque *era* algo especial: 99,5 por cento do tempo era algo especial, em curva ascendente. Era incrível." A sensação quase arrebatadora de camaradagem ao longo de 1983 era evidente, disse Marr, nas fotografias de Paul Slattery que acompanharam a primeira entrevista da banda à *Sounds*, em maio daquele ano. "Você pode ver o relacionamento naquelas fotos, não apenas porque estamos nos abraçando, mas porque estamos muito felizes de estar juntos. Há confiança crescendo ali, há um atrevimento e uma exuberância e muito carinho."

No início do verão, a tropa na van incluía Grant Cunliffe, mais conhecido por seu sobrenome profissional, Showbiz. Ex-integrante do grupo experimental hippie Here & Now, um dos sócios de um estúdio chamado Street Level e de um selo de fitas cassete chamado Fuck Off Records, Showbiz, que admitia ser "o tipo de pessoa que fala, grita e late", também tinha produzido discos para o The Fall e trabalhava regularmente como seu engenheiro de som. Ele havia sido convidado para o show da University of London Union por Scott Piering com a ideia de trabalhar para os Smiths da mesma forma.

"Era uma combinação muito estranha", recordou Showbiz sobre suas primeiras impressões dos Smiths. "Mike espancava a bateria como um alucinado — no bom sentido. E Andy tocava o que parecia ser 'outra música', que era uma contramelodia ao que Johnny estava fazendo. E Johnny... literalmente tocava as 18 partes que ele tinha em sua cabeça. E Morrissey bradava graciosamente por cima daquilo tudo." Mas, para alguém com seu pedigree, a esquisitice era parte da atração. "Como eu via o The Fall como música pop, os Smiths pareciam ser... igualmente estranhos." A diferença, ele concluiu, era "que a música era feita de capacidade. Certamente, Andy e Johnny eram incrivelmente capazes em seus instrumentos, muito qualificados. E Morrissey e Mike eram muito mais o tipo bruto de força viva".

Quando os Smiths voltaram à capital, um mês depois, no Brixton Ace, Showbiz estava lá como engenheiro de som, o que era uma (bem-vinda) novidade para a banda, que não tinha até então pensado em ter seu próprio homem atrás da mesa de som. Apenas quando foi apresentado ao grupo, Showbiz descobriu que tinha um fã entre eles. Andy Rourke, durante sua época de fã de space rock na adolescência, tinha ido ver o Here & Now em Manchester e fez vários elogios no dia seguinte para Johnny Marr a respeito "desse sujeito muito bacana, passando o chapéu pela plateia depois do show". Quando o Here & Now, então, dividiu um disco com os punks que se transformaram em hippies do Alternative TV, a contracapa mostrava a comitiva de músicos e companheiros de viagem cabeludos e esfarrapados posando em frente a um ônibus. Rourke tinha comprado aquele disco e mostrado Showbiz a Marr. Como um herói estranho e excluído, Showbiz foi devidamente recebido dentro do círculo dos Smiths — o primeiro de fora de Manchester a alcançar esse status.

"Eles foram incrivelmente acolhedores", disse Showbiz, para quem o senso de identidade dos Smiths representava uma inversão quase completa de seu antigo estilo hippie. "Eles eram um grupo. Todos eles tinham as roupas, todos eles tinham o cabelo, todos eles tinham os acessórios, e todos eles tinham também o vocabulário — um tipo de gíria que eu não conseguia acompanhar de verdade."

"Quando Grant se juntou e não conseguiu nos entender durante algumas semanas, não foi por causa dos nossos sotaques, foi pela linguagem que usávamos", disse Johnny Marr. "Essa conversa truncada que vinha de ficar sentado assistindo aos mesmos filmes o dia inteiro. Estávamos constantemente citando filmes para mostrar que tínhamos razão." O grupo tinha passado a usar expressões como "Esses foram dias podres", do filme *Hobson's Choice* e adotava igualmente falas de *Um gosto de mel* e *Tudo começou no sábado*, que tinham se tornado filmes constantemente assistidos. A conversa interna, da qual Morrissey era tão participativo quanto qualquer um na van, podia ter trazido um desafio para um novato como Showbiz, mas também indicava a profundidade da solidariedade dos Smiths.

"Era uma *banda*", confirmou Showbiz. "Ninguém estava mandando o baixista sair para comprar cigarros. Não havia nada disso. E não havia desentendimentos dentro da banda. Era como aquelas bandas lendárias, como quando você vê aquelas entrevistas coletivas dos Beatles, onde eles estão se apoiando, e alguém diz algo engraçado e outro leva a piada adiante... Todos estavam curtindo aquilo. Todos estavam rindo das mesmas piadas. E, muito rapidamente, cortei meu cabelo (com Andrew Berry) e comecei a usar as mesmas roupas que eles usavam." Para alguns, ele se tornou o quinto Smith.

Ao ser contratado, Showbiz recebeu uma instrução simples de Joe Moss: deixar a voz de Morrissey tão alta quanto o resto da banda. E ele ficou feliz de agir daquela forma. "É uma coisa simples", explicou ele. "*Vamos ouvir o que o vocalista está cantando*. Existem grandes cantores dos quais se ouve falar que são grandes cantores e você vai ao show e não consegue escutar o que eles estão cantando." Mas era mais do que apenas isso. "O que estava muito claro [com os Smiths] era que tudo o que eles estavam fazendo em todos os níveis era interessante, então era preciso tornar tudo audível. Ao mesmo tempo, se havia momentos de grandeza, não importava se você não conseguia escutar tudo separado, tudo podia simplesmente se misturar. Acredito em algo chamado 'psicoacústica' — que você não percebe que está acontecendo, mas tem algum efeito sobre você." O efeito do próprio Showbiz nos shows dos Smiths se mostrou imediato e ele manteria sua função na mesa de som em quase todos os shows da banda a partir de junho de 1983.

Foram vários meses viajando naquela "curva ascendente" — abrindo para Howard Devoto e o Gang of Four em ocasiões separadas no Lyceum, em Londres, dividindo a noite com o Aztec Camera na Warwick University, sendo a banda principal numa noite da Rough Trade, acima do Go-Betweens no The Venue, em Londres, tocando (duas vezes) como atração principal no Dingwalls, em Londres, e lotando a casa ao dividir a noite com outras bandas de Manchester na ICA Rock Week, em outubro — antes que eles trouxessem a bordo seu próximo colaborador permanente.[3] "This Charming Man" tinha acabado de ser lançada, e o grupo estava numa turnê retalhada em espaços dentro de universidades e escolas técnicas, shows que estavam se tornando memoráveis loucuras ou sendo rapidamente remarcados para lugares maiores a fim de acomodar a demanda crescente. (O aspecto "retalhado" era devido ao fato de o grupo estar, ao mesmo tempo, em estúdio, regravando, fazendo *overdubs* e mixando seu primeiro álbum com John Porter.)

No dia 16 de novembro, uma semana antes da aparição no *Top of the Pops*, a turnê chegou à Leicester Polytechnic, onde a iluminação ficou a cargo de um gentil e inteligente rapaz de 19 anos chamado John Featherstone, que iniciou uma conversa com Marr na passagem de som. Ele sugeriu ao guitarrista que ele iluminasse o palco sem os habituais efeitos dramáticos e as constantes mudanças de cor que a maioria das bandas à beira do sucesso amava — que ele usasse "apenas azuis e verdes" —, e Marr concordou. Naquela noite, disse Featherstone, "ficou evidente de imediato, simplesmente na forma como eles entraram no palco, que havia algo muito diferente acontecendo ali." Do ponto de vista de Featherstone, "tantas das bandas que passavam por ali pareciam estar se esforçando muito para fazer a mesma coisa que as outras estavam fazendo — e parecia que os Smiths estavam tentando fazer algo que nenhuma outra banda fazia na época. Obviamente, eles ainda eram muito jovens, e aquilo ainda precisava ser polido. Mas [na] segunda música, eu me lembro de pensar: 'isso é algo realmente extraordinário.'".

Por mais que ele tivesse ficado impressionado pelo que viu no palco, no entanto, Featherstone foi, como Showbiz antes dele, atraído pelas personalidades que encontrou fora dele. As coisas claramente estavam acontecendo para a banda — eles já estavam nas paradas —, mas "estavam se esforçando muito para não ser estrelas do rock. Eram apenas quatro rapazes que... ainda estavam no estágio cativante em que a banda fica encantada por pessoas aparecerem e prestarem atenção".

Featherstone se entendeu com Marr naquela noite: foi como "encontrar um membro de sua tribo perdida", recordou ele. O sentimento deve ter sido mútuo, pois, alguns dias depois, Joe Moss ligou para convidá-lo para trabalhar num importante show que aconteceria no início de dezembro, em Derby, onde eles seriam filmados tocando no especial "On the Road" do programa *Whistle Test* dedicado inteiramente aos Smiths. (O programa tinha cortado o "Old Grey" do nome e tinha contratado novos apresentadores, em grande parte como resposta ao sucesso do *The Tube*.) E assim, aos 19 anos, Featherstone assumiu o posto de iluminador dos Smiths; ele trabalharia ao lado de Showbiz como membro permanente do círculo interior até o amargo fim.

Ironicamente, o show de Derby foi um, de apenas dois (e o outro também foi para a TV), em que Featherstone se deixou convencer a seguir Morrissey com um holofote, para o bem da câmera. Nas outras ocasiões, tornou-se um ponto sagrado para os Smiths que eles não deveriam ser iluminados de frente. "A maioria das bandas não consegue ver por conta da luz em seus olhos", disse Featherstone. "Elas se esquecem da plateia. Uma das razões pelas quais os Smiths respondiam à plateia da forma como o faziam era por Morrissey realmente poder vê-la. Quando ele olhava para o público, ele conseguia ver pessoas, olhar em seus olhos e se conectar com elas. E a banda sempre tinha uma noção muito boa do *tom* de sua plateia."

No show do Derby Assembly Rooms, que foi transmitido pela BBC apenas duas noites depois (enquanto os Smiths estavam no palco em seu primeiro show na Irlanda, uma importante "volta ao lar", mas de um modo totalmente diferente), aquela conexão com a plateia já estava aparente. Todas as pessoas nas primeiras filas carregavam buquês de flores, que elas jogaram em Morrissey durante "This Charming Man", e, mesmo que tenha sido planejado previamente, a profundidade de algo mais do que a habitual devoção da plateia por uma nova banda de sucesso estava evidente ao longo do show — especialmente quando um rapaz adolescente pulou no palco durante "Hand in Glove" e não apenas abraçou Morrissey, mas se agarrou a ele como se sua vida dependesse daquilo. Comparada à banda que tinha tocado para algumas dezenas de pessoas no começo do ano, a diferença mais notável não era necessariamente o profissionalismo — isso sempre tinha sido notável —, mas o nível de confiança. Johnny Marr já não sentia mais necessidade de correr de um lado para o outro e fazer presepadas para a plateia; ele era a epítome do controle, calmo, encurvado sobre sua Rickenbacker preta o tempo todo, claramente concentrado no trabalho a ser feito. Morrissey, seu topete chegando quase tão alto quanto o corte cuia de Johnny Marr descia, tinha adotado a personalidade de ídolo, acentuando cada um de seus toques pessoais: a pirueta de uma perna só, o buquê como arma e a camisa desabotoada até a cintura, revelando um torso e um abdômen notáveis por sua magreza anglo-irlandesa. O show terminou com uma invasão do palco em larga escala, tanto por garotos quanto garotas, durante o bis, "You've Got Everything Now", que jogou Morrissey ao chão e forçou que a BBC interrompesse a transmissão antes do fim da música. A invasão de palco em si não era nenhuma novidade em shows — era uma constante para o Jam e os Specials, bandas britânicas recentes e igualmente energéticas ao vivo —, mas aquela plateia parecia tão uniformemente (ou exclusivamente) não ameaçadora que havia algo reconfortante na presença daquelas pessoas no palco. Seria demais sugerir que eram todos mini-Morrisseys, mas eles tinham visto um reflexo de si mesmos no vocalista dos Smiths, mesmo que fosse apenas um reconhecimento de sua angústia adolescente mascarada como inadequação, e queriam compartilhar aquilo. Ao pularem no palco, estavam talvez ostentando, e certamente reivindicando seu pequeno espaço sob os holofotes, mas, acima de tudo, reivindicavam os Smiths como seus.

CAPÍTULO

VINTE E UM

No momento, tudo está perfeito. Sinto que, se os Smiths forem aceitos por todo o universo amanhã, isso não vai me surpreender.

— Morrissey, *Jamming!*, janeiro de 1984

Enquanto "This Charming Man" chegava a seu ponto mais alto nas paradas inglesas, o número 25, a Rough Trade lançava um single de 12 polegadas adicional de "New York mixes": uma versão estendida com vocal de um lado e uma instrumental do outro. Embora tivesse sido pensado, em parte, como (mais) um incentivo para manter a carreira do single nas paradas, o lançamento também tinha a intenção de causar um impacto nas pistas de dança americanas. Nos Estados Unidos, novas bandas britânicas, como os Smiths, apesar de serem vistas como "alternativas" — na verdade, em grande parte, *porque* eram vistas assim —, tinham um apelo distinto nas boates, especialmente nas principais capitais musicais, como Nova York, que estavam ativamente misturando hip-hop, electro, funk *e* New Wave. Nesse sentido, remixes estendidos eram uma área na qual vários artistas da Sire — de Talking Heads a Madonna, Yaz(oo) a Tin Tin — vinham tentando mostrar seu apelo irrestrito e, levando em conta que artistas como Echo & the Bunnymen e Elvis Costello tinham igualmente se rendido ao single de 12 polegadas com remix estendido, em 1983, parecia quase inevitável que os Smiths seguissem esse caminho. O remix feito pelo DJ nova-iorquino François Kevorkian das faixas do Strawberry Studios (para quem o uso da bateria eletrônica por John Porter, para garantir um ritmo preciso, deve ter sido de grande ajuda) seguiu devidamente a fórmula do período, permitindo que a música tocasse de forma direta antes de acentuar vários elementos rítmicos como parte do que poderia, num exagero, ser considerado um adendo *dub*. (Em comparação, a versão instrumental focava principalmente nos elementos rítmicos, em detrimento da melodia original da música.) Esses "New York mixes" foram lançados pela Rough Trade em diversos territórios europeus e da Oceania, e foram prontamente importados para os Estados Unidos pela Sire a fim de serem dados ao número crescente de DJs "alternativos", por meio de serviços de assinatura fechados, por exemplo o Rockpool, como uma sedução exclusiva para tocar os mais novos contratados britânicos de seu selo. Não foi coincidência que, exatamente quando esses remixes estavam chegando às vitrolas, tenha sido anunciado que os Smiths tocariam na Danceteria, a boate multicultural mais badalada de Nova York, na noite do Réveillon de 1984.

Infelizmente para Geoff Travis, tão cedo quanto os remixes foram lançados, fãs dos Smiths — do tipo que já reivindicara que *sua* banda era para puristas das guitarras — reagiram negativamente, levando Morrissey a denunciar publicamente que os remixes haviam sido feitos sem o conhecimento prévio da banda e que eram "totalmente contra nossos princípios". (Era improvável que Travis tivesse seguido em frente com algo tão potencialmente problemático sem aprovação prévia, embora ele tenha reconhecido que, quando os enviou à banda, depois de prontos, pode ter imaginado que o silêncio significava consentimento.) A questão dos "princípios" era muito importante: significava que Morrissey via os Smiths como algo diferente de seus colegas, sua firme recusa a se envolver nos modernos métodos de marketing da época — os quais incluíam não apenas o costumeiro remix estendido, mas, como Morrissey estava ocupado dizendo ao mundo àquela altura, o videoclipe também. A primeira posição fazia todo sentido para alguém que cresceu com a música pop dos anos 1950, 1960 e 1970, segundo a qual a versão original era a definitiva e um single de 7 polegadas existia como uma obra de arte, uma lembrança de seu tempo. A segunda era uma posição corajosa de se tomar e, até aquele momento, tinha lhe rendido ainda mais lealdade de muitos fãs, especialmente entre os que ficavam merecidamente indignados com os orçamentos extravagantes — frequentemente ultrapassando os da gravação do disco — oferecidos aos artistas pop mais insípidos em busca de algo chamado MTV. Por algo que não deve ter sido coincidência, a recusa de participar de qualquer um desses esforços também economizou uma quantidade considerável de dinheiro de marketing que, de outra forma, seria considerado uma "despesa" a ser coberta antes da divisão de lucros.

Em ambos os casos, Johnny Marr ficou ao lado de seu parceiro. Mesmo que, como fã da cena dance de Nova York, ele tivesse ficado lisonjeado ao ser remixado por Kevorkian, Marr também sabia que estavam considerando o perfeccionismo de Morrissey algo positivo. As reclamações atrasadas vieram a tempo de garantir que os "New York mixes" não invadissem as lojas de disco britânicas, mas tarde o suficiente para estabelecer o grupo nas pistas de dança "alternativas" dos Estados Unidos. Enquanto isso, os Smiths se preparavam para tomar Nova York pessoalmente.

Joe Moss acompanhou a comitiva dos Smiths até o aeroporto. Ele não entrou no avião. Acabou que já havia testemunhado seu último show como empresário, um show como atração principal no Electric Ballroom, em Londres, pouco antes do Natal, show esse que estava quase tão superlotado quanto o da Haçienda. De lá ele voltara a Manchester, a fim de ficar com sua esposa, Janet, e sua filha recém-nascida. "Voltei para casa para o Natal depois de passar a maior parte dos últimos seis meses longe", disse ele. "Então vi aquela menininha... Eu a vi e percebi que não iria a lugar algum novamente."

O fato de a primeira tentativa de Moss em formar uma família ter acabado mal tornou necessário que ele tratasse essa nova com todo o devido carinho e devoção, e ele decidiu que passar tempo com elas tinha prioridade sobre passar tempo com a família que eram os Smiths. A decisão não foi fácil de tomar; ele teve "um período realmente dramático" por causa disso, insistiu. Nem foi uma decisão impetuosa. Moss sempre tinha se visto como um mentor em primeiro lugar e um empresário em segundo. Ele também acreditava que a parte divertida de empresariar uma banda era o começo: montar a equipe, engajar as forças criativas e dar início aos primeiros contratos. (E ele tinha amado cada momento daquilo; "foi uma jornada incrivelmente alegre", disse ele sobre seu tempo com a banda.) As complicações das futuras programações de gravação e turnês não o entusiasmavam da mesma forma. Isso, pelo menos, de acordo com as razões pessoais, era parte de sua justificativa externa para renunciar.

Internamente, parecia que ele não conseguia deixar de lado a impressão de que Morrissey o via como o amigo de Marr, o que ficou evidente na fuga do vocalista para se encontrar com Geoff Travis no episódio do arranjo financeiro entre os quatro integrantes. Foi um ponto de frustração interminável, levando em conta que "eu gastei mais tempo com Morrissey e com o que eu considerava que era proteger Morrissey e cuidar dos interesses de Morrissey do que com Johnny, simplesmente porque era a forma que parecia certa para o trabalho. Eu não estava ali como amigo de Johnny, estava fazendo o meu trabalho".

"Ele entendia os dois muito bem", disse Grant Showbiz, que passara os últimos cinco meses em todos os shows com Moss e a banda. "E ele, de uma forma muito efetiva, carregava os interesses de Morrissey em seu coração. Ele queria o melhor para Morrissey e sabia como conseguir aquilo, e tratou de conseguir, de uma forma muito inteligente." Infelizmente, disse Showbiz, "não sei se Morrissey entendia".

Moss tinha dito a Marr que não ficaria com eles por muito tempo, mas Marr ignorou a advertência, acreditando que, enquanto a banda continuasse a seguir em frente, Moss nunca seria suficientemente louco para pular do barco. Ele estava errado. Pouco tempo depois do show no Electric Ballroom, após retornar à sua família em Manchester, Moss teve uma conversa com Marr em seu carro. O empresário sempre insistira, a respeito de sua eventual partida, que "eu não iria embora antes que eles tivessem 'conseguido', eu não os deixaria em dificuldades", e ele tinha razões para acreditar que havia cumprido sua promessa. Os Smiths estavam no top 30 em seu segundo single, por todo o rádio, na TV e nos jornais musicais (nas capas da *Sounds* e da *Melody Maker* em semanas consecutivas de novembro), esgotando ingressos em casas de show cada vez maiores, unanimemente vistos como a nova banda mais empolgante e *importante* de 1983. Moss tinha conseguido para eles um espaço de ensaio, um PA, uma van, até mesmo suas roupas. Financiado suas gravações iniciais. Estruturara os acordos com a Rough Trade, a Warner Bros Music, a Sire Records e a All Trade Booking. Supervisionara a contratação de Grant Showbiz e John Featherstone. Ajudara a montar uma equipe e tanto. O que ele não tinha sido capaz de fazer, e isso se mostraria dispendioso em todos os sentidos, foi deixar os Smiths nas mãos de um empresário igualmente capaz, ou colocar as finanças internas do grupo no papel. Mas, se ele tivesse ficado para completar esses objetivos, eles poderiam ter ficado perpetuamente próximos; pior, levando em consideração o comportamento de Morrissey até aquele momento, ele poderia ter se visto sendo demitido. Foi provavelmente por essas explicações não declaradas e hipotéticas que Marr mais tarde foi capaz de especular que "talvez [Joe] tivesse visto algo no futuro que eu não vi", mas, na época, quando Moss contou a Marr que não iria a Nova York, o guitarrista não acreditou. Na verdade, durante muitos anos, ele bloqueou até mesmo a lembrança da conversa. "Eu não sabia que ele realmente não nos acompanharia na visita aos Estados Unidos."

"Na realidade, eu realmente, *realmente*, queria ir", disse Moss. "Oh, Deus, não há nada que eu já tenha desejado tanto ter feito quanto isso, mas eu não podia. Eu simplesmente não podia ir." Naquela manhã de final de dezembro, os Smiths embarcaram num avião para passar o Réveillon em Nova York. E Joe Moss voltou em seu carro para começar o ano com sua esposa e duas crianças em Manchester.

A ANGÚSTIA DE Marr se completava com o fato de que ele e Angie Brown tinham acabado de se separar. Marr, mais adiante, descreveu a época como "um daqueles desentendimentos de criança... que você tem que ter por dez dias", mas aquilo estava inquestionavelmente ligado à velocidade de ascensão dos Smiths. Marr e Brown estavam juntos já havia cinco anos, desde a época da escola, tinham vivido grudados quase o tempo todo, mas agora um deles tinha se tornado um astro pop. E ainda mais do que isso: mesmo nesse estágio inicial, Johnny Marr estava sendo visto pelo público comprador de discos como um menino prodígio, o primeiro *guitar hero* anti-herói britânico de uma geração, um modelo. Foi seu comprometimento com os Smiths que levara o grupo tão longe e tão rápido, mas as mesmas tendências em se viciar em trabalho, sua (falta de) alimentação, sua (falta de) hábitos de sono e sua teimosia no que dizia respeito ao grupo nem sempre o tornavam uma boa companhia. E, então, depois de uma discussão logo antes do Natal, Angie tinha decidido esfriar a cabeça e ficar em casa com sua família no Réveillon, quando, por direito, ela deveria estar aproveitando uma glamourosa recompensa por seu próprio apoio e devoção à causa.

Como resultado, disse Grant Showbiz sobre o guitarrista durante a estada da banda em Nova York, "Johnny estava perdido", citando aquilo como o mais fundo que ele o viu mergulhar emocionalmente ao longo de toda a carreira dos Smiths (incluindo o que veio a ser o fim da banda). Mas, quando Showbiz falou, sobre Marr, que "ele estava realmente pra baixo por causa de Angie", o que ele não percebeu, porque o guitarrista ainda não queria admitir aquilo para si mesmo, muito menos para os outros, era que ele estava mais entristecido pelo rompimento com Moss. Marr falava no telefone todos os dias com Brown, afinal; tinha certeza de que aquilo era apenas "uma briga boba de criança", como disse. Mas o relacionamento com Moss estava acabado.

"Eu entendi Joe", disse Marr, por fim, sobre a decisão de seu empresário. "Nunca fiquei zangado com Joe, fiquei apenas frustrado com aquilo. Porque éramos muito próximos e eu confiava nele. Era um pouco como se eu já tivesse decidido que seria capaz de nadar desde a Grã-Bretanha, cruzando o Atlântico, e isso era uma espécie de tarefa, mas então me senti como se estivessem me pedindo para cruzar o Atlântico a nado sem Joe, sem sua ajuda... Eu fiquei muito devastado."

Os Smiths foram recebidos no aeroporto JFK (depois do primeiro voo transatlântico para todos no grupo, menos Morrissey) em grande estilo, a produtora da Danceteria, Ruth Polsky, tendo contratado uma limusine. Polsky era uma anglófila devotada, com a personalidade poderosa necessária para ser bem-sucedida no negócio arriscado da vida noturna de Nova York. Muito como Seymour Stein, ela se especializou em conseguir as mais recentes bandas britânicas badaladas, cruzando o Atlântico para testemunhar e fazer amizade com elas, então pagando para levá-las aos quatro andares da Danceteria (que tinha um restaurante, uma pista de dança e um espaço para shows) como produções exclusivas, o custo exorbitante de tais produções ocasionais justificado pelo modo como eles mantinham a reputação do clube de ser o líder de mercado. Na primeira noite dos Smiths em Nova York, Polsky recebeu a banda para um costumeiro jantar de boas-vindas em seu apartamento, para o qual ela convidou Amanda Malone, sua assistente de 18 anos. Malone tinha sotaque britânico (fora criada em Brighton antes de se mudar para Nova York e morar com seu pai divorciado e gay), fazia aniversário no mesmo dia de Morrissey e tinha o que ela chamava de "afetação" por todas as coisas dos anos 1970 e britânicas, não apenas musicais, mas cinematográficas também. No apartamento de Polsky, os dois logo se entenderam.

"Ele tinha um ótimo senso de humor", Malone observou sobre Morrissey, assim como muitos outros. "Ele me fazia rir e eu o fazia rir." Além disso, os dois tinham "um jeito muito irreverente, travesso, engraçadinho", disse ela, "e acho que ele gostava disso". Ao longo da semana em Nova York, a dupla cada vez mais ficava junta, com Morrissey até mesmo indo ao apartamento de Malone em Brooklyn Heights para assistir a filmes antigos. Malone, extremamente acima do peso na época, alimentava sonhos de uma carreira musical, e Morrissey, ela ficou animadíssima em descobrir, "gostou do som da minha voz" e não considerou sua aparência um impedimento. No fim da visita, a dupla tinha desenvolvido "uma cumplicidade e uma conexão tão grandes", como Malone descreveu, que Morrissey a tinha convidado para ir à Inglaterra, com a promessa de cantar num disco dos Smiths — ou mesmo de gravar um disco próprio.

A Rough Trade tinha contratado Peter Wright, o antigo sócio da New Hormones, que recentemente se mudara para Nova York a fim de montar sua própria firma de assessoria de imprensa, como promotor independente de "This Charming Man" na imprensa de Nova York, e Wright, que inicialmente não foi capaz de reconhecer no astro pop confiante a mesma personalidade reservada que marcara presença no escritório da Newton Street, adicionalmente levou Morrissey para conhecer John Giorno, poeta e antigo amante de Andy Warhol. Havia muitos negócios para serem conduzidos também, funcionários da Warner Bros para conhecer e oportunidades para ganhar bebidas e jantares. Johnny Marr convenceu Seymour Stein a cumprir a promessa que fizera tempos antes, e foi devidamente acompanhado até a Forty-Eighth Street, onde ficavam as melhores lojas de instrumentos da cidade e onde ele recebeu de presente uma guitarra semiacústica Gibson 355. Marr ficou tão apaixonado pela aquisição que até o fim da visita ela já havia quase completado a composição complexa do primeiro single dos Smiths a ser lançado depois do álbum.

Tais exemplos de generosidade corporativa à parte, o clima geral da viagem não foi positivo. Como Grant Showbiz descreveu: "Em todos os aspectos, deveria ter sido simplesmente a coisa mais fantástica e, em todos os sentidos, não foi. Foi um maldito pesadelo." Tanto o grupo quanto a equipe ficaram chocados com a presença de baratas no hotel, The Iroquois, onde Showbiz também viu Rourke desaparecer com algumas pessoas que o baixista conheceu por lá, e suspeitou que era para comprar algo diferente de maconha.[1] O frio mais do que congelante e a grande quantidade de neve de um Réveillon em Nova York vieram como um choque adicional para um grupo criado em invernos britânicos úmidos, mas moderados. E a loucura de tocar na noite mais importante do ano na casa noturna mais badalada da possivelmente mais incrível cidade da Terra os atingiu. Numa refeição indiana antes do show, Morrissey foi visto entornando vinho para se acalmar, enquanto, no camarim, a apresentação do grupo a uma de suas "bandas de abertura", Lovebug Starski — o DJ e produtor que tinha sido creditado como inventor do termo "hip-hop" e que era uma espécie de herói para Johnny Marr —, implicou o fato de o nova-iorquino apresentar à equipe os poderes viciantes, indutores de adrenalina e capazes de inflar egos da cocaína. De sua parte, Morrissey ficou só no vinho, o que deve ter explicado por que, pouco depois de subir no palco, ele caiu lá de cima. Apesar de a distância ser relativamente tranquila e de a nova sensação britânica, humilhada, ter logo subido de volta para completar o show, Geoff Travis, que estava em Nova York com o grupo, recordou-se de a mãe de Morrissey ter "ligado no dia seguinte reclamando sobre a falta de segurança e de paramédicos da Rough Trade, e de um cuidado médico adequado para seu filho".

Aquela acabou sendo a última de suas preocupações. Naquele mesmo dia, como disse seu companheiro de quarto, Andy Rourke, Mike Joyce "acordou com a pele num tom estranho de verde com pintas vermelhas...". Joyce foi diagnosticado com catapora (embora pudesse muito bem ter sido herpes) e permaneceu de cama no Iroquois cheio de baratas; um show introdutório planejado em Boston foi cancelado, juntando-se à sensação de confusão generalizada. (Na verdade, apesar de os Smiths terem sido recebidos com previsível entusiasmo na Danceteria, poucas pessoas pareciam estar em estado suficientemente sóbrio para se recordar adequadamente do show.) Se, em algum momento, a presença calma de Joe Moss tivesse sido requisitada, essa certamente seria a ocasião. Enquanto isso, a ausência de uma figura empresarial foi devidamente notada por Ruth Polsky.

CAPÍTULO

VINTE E DOIS

*Fico terrivelmente envergonhado quando conheço apóstolos dos Smiths —
odeio a palavra fã. Eles parecem esperar tanto de mim. Muitos deles me
veem como uma espécie de personagem religioso que pode resolver todos
os seus problemas com uma palavra. É assustador.*

— Morrissey, *Melody Maker*, novembro de 1984

O lançamento de *The Smiths*, como o álbum de estreia foi rebatizado com simplicidade direta, foi precedido, em janeiro de 1984, pelo single "What Difference Does It Make?". Levada pelo riff de guitarra de Marr, enraizado naquelas progressões de acordes de blues claramente inspiradas nos Rolling Stones, o senso de ortodoxia da banda era amplificado pela bateria de Joyce, transposta no estúdio por John Porter de um rufar tribal para uma batida mais direta, e pelo baixo de Rourke, simplificado durante o processo. Em termos de solidificar o sucesso inicial dos Smiths, essas se mostraram decisões corretas, pelo ritmo com que o single escalou as paradas, rapidamente alcançando múltiplas façanhas que se alimentavam umas das outras: o primeiro single da banda (e da Rough Trade) vendido pelas importantes cadeias de lojas Woolworth's e WH Smith; seu primeiro single no top 20; sua segunda *e* terceira aparições no *Top of the Pops*. Em tais circunstâncias, a futura condenação de Morrissey ao single como "absolutamente horrível" parece um pouco de má vontade, embora, para ser justo, pudesse ser notado que uma composição tão antiga revelava sua voz em seu alcance mais limitado e em seu tom mais grave (embora ela tivesse sido gravada um tom acima para acomodar sua voz). As críticas de Morrissey a "What Difference Does It Make?" foram mais bem-expressadas, talvez, por uma observação sutil que ele fez mais adiante em 1984: "Eu me arrependo da produção dela agora."[1]

De forma geral, Morrissey tinha proclamado as virtudes dos Smiths desde o momento de sua formação. As apresentações ao vivo, em grande parte, e os singles — "This Charming Man" certamente — faziam jus a seus comentários orgulhosos, e ele, portanto, começou a promover o LP de estreia produzido por John Porter, exatamente como já havia feito com o agora abandonado disco de Troy Tate. O novo ano viu Morrissey embarcando numa nova rodada de publicidade importante, carregada de certezas ousadas. "Acredito que é um marco na música", disse ele sobre o álbum na primeira entrevista para televisão de sua carreira — transmitida ao vivo da Haçienda para o *The Tube* —, no dia 27 de janeiro, nem 24 horas depois de ele ter sido visto no *Top of the Pops* usando um aparelho auditivo.[2]

Na época do lançamento do disco, um mês depois, o perfil dos Smiths estava tão disseminado, e o disco era tão entusiasticamente aguardado, que *The Smiths* entrou na parada britânica de álbuns na segunda posição — um feito espetacular levando-se em conta a falta de publicidade em TV, rádio e (na maior parte da) imprensa e de cartazes colados, coisas que Morrissey estava orgulhoso em proclamar na mídia que significavam a astúcia da Rough Trade e a integridade dos Smiths. (Nem a Mute, nem a Factory, muito menos a Rough Trade já tinham colocado um álbum numa posição tão alta nas paradas.) Mas, quando fez a jornada da loja de discos para a vitrola, uma porcentagem tanto dos fãs quanto dos críticos não conseguiu evitar expressar alguma decepção.

Como Morrissey notaria mais tarde, a falha primordial do disco, e essa palavra tinha que ser usada, estava em sua produção. Para aqueles que vinham prestando atenção às sessões da Radio 1 (e colecionando-as), versões melhores — ou, pelo menos, mais emotivas — da maioria das músicas já tinham sido gravadas e veiculadas; para aqueles que não vinham, ainda havia algo muito comedido a respeito da apresentação geral. Não animou os fãs o fato de as duas primeiras músicas do LP (uma "Reel Around the Fountain" sólida seguida por uma "You've Got Everything Now" fraca) apresentarem um tecladista convidado, como se os arranjos (e integrantes da banda) originais fossem, de alguma forma, insuficientes, e definitivamente não ajudou na apreciação do pacote completo pelos fãs que, das dez canções (e apenas dez?), as quatro primeiras ficassem mais evidentemente devendo em comparação às versões da BBC. Escutar o disco melhorar no lado B era um consolo insatisfatório para os que tinham esperado uma experiência religiosa desde a primeira faixa. A insistência de John Porter para que Mike Joyce se restringisse ao metrônomo, combinada com a decisão de basear todas as músicas em dedilhados de guitarra, fossem eles parte do arranjo original da música ou não, serviu para criar uma atmosfera homogênea à custa dos estados de espírito musical variados dos Smiths.

Não que o problema fosse Porter. Quando ele foi contratado, a maioria das músicas que acabariam em *The Smiths* tinha sido gravada como demo, para a BBC e também por Troy Tate, algumas delas duas vezes. A quinta vez que se grava uma canção raramente será a melhor. Porter, além disso, estava limitado por um orçamento apertado para o estúdio e foi especialmente atrapalhado pela disponibilidade restrita do grupo. As sessões no Pluto e uma subsequente oportunidade para gravar *overdubs* no Eden, em Londres (sem a qual, ele insistiu, o álbum teria soado tão polido quanto a versão de Troy Tate), aconteceram em blocos de dias, não semanas, com o grupo sempre levando seus instrumentos para fazer um show ou aparecer num programa de TV. Tal processo pode ter funcionado com bandas nos anos 1960; aquilo rapidamente perdia seu charme para um produtor que estava acostumado a fazer discos de sucesso, não discos rápidos.

John Porter já havia provado, com "This Charming Man" (que, na clássica tradição da ética punk britânica, tinha sido deixada de fora do álbum no Reino Unido), ser capaz de tirar o melhor da banda — na verdade, trazendo algo de dentro deles que tinha, até então, permanecido latente e escondido. Provou o mesmo, novamente, com outra canção da mais recente Peel Session, "Still Ill" (embora tivesse removido o riff de gaita cativante). "I Don't Owe You Anything", que ele produzira anteriormente na sessão para Jensen, tornou-se adequadamente viva em suas mãos nessa segunda vez. E suas produções para "The Hand That Rocks the Cradle" e, especialmente, "Suffer Little Children" eram certamente as surpresas mais animadoras do LP, por sua sinceridade emocional e sua clareza musical. (O fato de elas também serem as canções menos gravadas e tocadas ao vivo certamente ajudou Porter a estampar sua autoridade sobre elas.) E, ao longo do disco, ele exibia as habilidades naturais de Johnny Marr na guitarra na mais vívida luz possível. Se não tinha alcançado a perfeição com *The Smiths*, ele podia insistir que não foi por falta de tentativa.

Além dos problemas sonoros, pode não ter ajudado o fato de *The Smiths* vir embalado numa capa em duas cores que mostrava o torso musculoso de Joe Dallesandro no filme *Flesh*, de Andy Warhol, no lugar da imagem colorida dos próprios Smiths; ou o fato de as pequenas fotos individuais dos integrantes da banda no encarte não fazerem nada para mostrar a amizade entre eles; ou de as letras serem escritas no encarte com uma fonte minúscula, escondendo sua alegria e seu calor atrás de títulos como "Still Ill". Finalmente, a própria escolha do material levantou suspeitas: por que, por exemplo, apenas uma das quatro canções espetaculares reveladas na segunda Peel Session — pós-Troy Tate e, dessa forma, não sobrecarregadas por versões de estúdio anteriores — acabou no disco? Qualquer grupo que pudesse deixar de fora de seu disco de estreia canções como "Jeane", "Handsome Devil", "Accept Yourself", "Back to the Old House", "These Things Take Time" e, principalmente, "This Charming Man" tinha escolhas demais ou era clinicamente insano no que dizia respeito a decisões comerciais. Ou, muito possivelmente, as duas coisas.

Em novembro de 1983, a *Melody Maker*, para sua matéria de capa sobre os Smiths, perguntou a Morrissey se ele tinha "alguma vez pensado em se mudar para Londres". Ele admitiu: "Nós cogitamos a ideia há algum tempo — mas apenas por um segundo", antes de confirmar que "na verdade não há a mínima possibilidade de isso acontecer. É um lugar tão impessoal". Em janeiro de 1984, ele estava mostrando à *NME* (para a matéria de capa que coincidia com a pesquisa anual dos leitores, em que os Smiths foram eleitos Melhor Banda Estreante) seu novo apartamento alugado em Kensington.

Aos 24 anos, então, Morrissey tinha finalmente saído de casa — possivelmente para sempre e certamente em grande estilo: seu novo domicílio, na Campdem Hill Road, estava aninhado confortavelmente entre Notting Hill Gate, ao norte, e Kensington High Street, a leste, e seus vizinhos de quarteirão incluíam o ator Robert Powell e o apresentador de telejornal Alistair Burnett. Apesar de ter garantido que não o faria, Morrissey tinha algumas justificativas para a repentina mudança para o sul. A demanda crescente pelo seu tempo, de todas as formas de interesses de mídia e de negócios na capital, estava fazendo com que ele viajasse frequentemente entre Manchester e Londres, e ser levado para cima e para baixo por Dave Harper, da Rough Trade, numa limusine preta a diesel alugada de uma funerária (que precisava de uma chave de fenda para dar partida no motor) perdera a graça rapidamente. Igualmente importante era que Joe Moss estava fora da jogada, ninguém ainda tinha ocupado seu lugar e, com as falhas de comunicação a respeito dos "New York mixes" ainda frescas em sua mente, Morrissey sentiu a necessidade de viver perto da Rough Trade para "ficar de olho" neles. Feliz por poder ajudar com esse pedido, foi Geoff Travis quem encontrou o apartamento para Morrissey; Richard Jobson, antigo vocalista dos Skids, tinha acabado de vagá-lo, e ele ficava a apenas uma breve corrida de táxi da Blenheim Crescent. Pouco depois, embora numa redondeza significativamente mais elegante, Morrissey fez o lugar ficar parecido com seu quarto em Stretford, completo com uma biblioteca de literatura feminista e sobre cinema, a foto emoldurada de James Dean, com Morrissey como anfitrião amigável, preparando xícaras de chá para jornalistas visitantes e amigos, enquanto refletia sobre sua aparente sorte.

Quaisquer preocupações de que a mudança de Morrissey fosse criar (maior) distância emocional dos outros integrantes da banda foram imediatamente esmagadas pela programação de trabalho: na mesma semana em que "What Difference Does It Make?" entrou nas paradas, os Smiths começaram sua primeira grande turnê pelo Reino Unido como banda principal. Tinham feito apenas três shows quando Ollie May pediu demissão, definitivamente, dizendo ao organizador das viagens, Phil Cowie, que estava "desiludido e decepcionado, tanto com a banda quanto com a direção que sua carreira estava tomando". (Aquilo decepcionou muito Johnny Marr, tendo o guitarrista esperado que, se você desse um emprego numa banda de rock a seus amigos, eles ficariam com você para sempre.) Na noite seguinte, o PA chegou à Louhborough University — mas a banda, não. Morrissey, aparentemente, tinha ficado doente, e embora Cowie e Hinc tivessem lutado para descobrir a causa e a seriedade de sua doença, eles foram forçados a cancelar toda uma série de shows. Morrissey foi, no entanto, tirado de seu leito para outra aparição no *Top of the Pops*, apresentando-se de barba e sem seu habitual entusiasmo, pois ficara deitado no camarim o dia inteiro. Os rigores do rock — não tanto o estilo de vida hedonista (Morrissey desejava pouco mais do que um pouco de vinho tinto), mas simplesmente as pressões do tempo, a necessidade de atenção e a falta de refeições apropriadas (ainda mais para um vegetariano que se mantinha, na maior parte do tempo, à base de chocolate, batata frita e queijo) — já estavam cobrando seu preço. "Nunca me preocupei com ele psicologicamente", disse seu parceiro e protetor, Marr. "Houve momentos em que me preocupei com ele fisicamente, quando ele estava estafado e dava para ver que ficaria doente. E acho que aquilo aconteceu porque todos levávamos estilos de vida que não eram saudáveis. Mas ele tinha mais com que se preocupar psicologicamente, tendo que lidar com essa coisa do mundo pop e por ser o ponto focal da banda. Nós três vivíamos à base de nicotina, entre outras coisas, e Morrissey precisava se alimentar direito quando nenhum de nós se alimentava. E acho que aquilo o afetou, particularmente." A falta de um empresário para tomar conta da situação, para proteger a saúde de Morrissey e acalmar os agentes e produtores estava de novo muito aparente. Aquilo tornou, de certa forma, compreensível — mesmo que bastante caricatural — que, quando a turnê recomeçou, com um show como banda principal no London Lyceum, Ruth Polsky tenha aparecido na passagem de som, vinda de Manhattan, para anunciar que tinha recebido a bênção pessoal de Morrissey para assumir as rédeas da parte empresarial.

"Não foi uma decisão tão idiota quanto parece", disse Grant Showbiz sobre a abordagem dela. "Porque ela foi a primeira a perceber que seríamos grandes. Além de Seymour Stein: talvez ele só os tivesse contratado porque eram rapazes jovens e bonitos, não sei. Mas Ruth estava totalmente certa. Falando sério, ela perguntava: 'Por que diabos vocês estão hospedados nesses hotéis de merda? Por que vocês estão recebendo tão pouco dinheiro? Por que vocês estão nessa gravadora horrível? Por que estão recebendo esses adiantamentos tão pequenos?', e ela estava *certa* a respeito disso tudo." Tudo aquilo a tornou indesejável para todos os que já haviam investido na banda. "Ela era inimiga da Rough Trade desde o primeiro instante."

Showbiz, apesar de admitir que o diagnóstico também poderia se aplicar a ele, considerava Polsky "uma festeira louca, e dava para sentir que havia algo faltando nela que era completado pela experiência com a banda", um ponto de vista confirmado por Amanda Malone, sua assistente na Danceteria, a qual acabara de se mudar para Londres pela insistência de Morrissey de que ele a transformaria numa estrela. "Você pensa na cultura da noite: quantas dessas pessoas você realmente consideraria vencedoras?", falou Malone. Polsky "era uma pessoa muito mimada e difícil", mas, por outro lado, "era muito boa para todas as bandas que representava". Às vezes boa demais: Malone tinha visto Polsky seduzir alguém da comitiva dos Smiths quando eles estavam em Nova York e o quanto aquilo irritara Morrissey. "Aquilo significava que ele não podia levá-la a sério como uma mulher de negócios."

Devido ao conhecido medo de confronto de Morrissey, é inteiramente possível que Polsky tivesse sugerido ser a empresária da banda — pelo menos nos Estados Unidos, onde havia claramente muito interesse no grupo — e que, quando Morrissey expressou um entusiasmo cauteloso em vez de uma recusa direta, ela prontamente tenha traduzido aquilo como aprovação. Mesmo assim, disse Malone, "ele ficou furioso" quando ela anunciou aquilo à indústria. "E os outros ficaram ainda mais furiosos."

"Eu amava Ruth", disse Johnny Marr. "Mas ela não servia para ser empresária." Embora Morrissey tenha confirmado rapidamente a seu parceiro que ele não a tinha escolhido, Polsky estava acostumada a conseguir o que queria e, certamente, sentiu que se lhe fosse dada a oportunidade para se provar por meio de sua personalidade forte, ela logo convenceria o grupo. Os Smiths não seriam a primeira nem a última banda a encontrar um empresário forçando a barra para ocupar um espaço vago (ou mesmo ocupado) e depois declarar controle por decreto. O problema com Polsky, que não desapareceu imediatamente, foi piorado pelo fato de a banda já ter dois americanos trabalhando em seu favor: Scott Piering e sua assistente, Martha DeFoe. No começo de 1984, quando ficou evidente que Joe Moss tinha desocupado sua posição, Piering não exatamente pediu para empresariar os Smiths, mas começou a tomar conta de seus negócios naturalmente.

Com o passar do tempo, Piering propôs que ele fosse nomeado oficialmente — em grande parte, ele insistiu para proteger os Smiths. "Eu não sabia se queria a responsabilidade", disse ele a Johnny Rogan, "mas parecia uma boa forma de garantir que Ruth *não* se tornasse empresária." Curiosamente, apesar de sua lealdade à Rough Trade, Piering não discordava de alguns dos argumentos primordiais de Polsky. "Ruth fez todo o esforço possível para mostrar como eles estavam sendo mal-agenciados — o que era um pouco verdade! Aquela abordagem atrairia Morrissey. Sua mãe estava constantemente falando a mesma coisa." Piering também achava que Morrissey deveria ser tratado como um astro, e enquanto o restante do grupo estava relativamente confortável cuidando de si mesmo, ele frequentemente insistia que o vocalista deveria ter à sua disposição não somente um táxi até a estação de TV, por exemplo, mas um chofer; não apenas os itens pedidos no camarim da banda, mas seu próprio camarim. Se isso ia de encontro aos antigos princípios socialistas da Rough Trade e, igualmente, aos dos secretários sociais de universidades que ainda formavam a maior parte dos produtores da primeira turnê dos Smiths como banda principal, azar o deles.

Da perspectiva de Geoff Travis, ou Mike Hinc, o fato de Piering estar disposto a assumir as dores de cabeça de se tornar o porta-voz do grupo era reconfortante; eles, afinal, o conheciam, e como um camarada, quando não como melhor amigo. E, da perspectiva de Morrissey e Marr, ter Scott Piering para lutar por eles era muito mais desejável do que abrir uma potencial caixa de Pandora com Ruth Polsky. Piering pode não ter sido tão disciplinado quanto um empresário profissional, com a equipe adequada e os recursos, mas ele era dedicado, disponível e confiável. Além disso, estava trabalhando para a Rough Trade; nenhum contrato precisaria ser redigido, nenhuma comissão precisaria ser paga.

Ou, como Johnny Marr afirmou numa entrevista em fevereiro daquele ano: "Todo mundo que conhecemos quer ser nosso empresário! Mas estamos apenas nos organizando no momento e não estamos procurando ninguém."

E então a turnê seguiu, de seu jeito alegremente caótico. "Estávamos realmente aprendendo enquanto as coisas aconteciam", disse John Featherstone. "'Vamos sair em turnê? Como alugamos um caminhão? Como confirmamos os detalhes de um show?' Eu não sabia que a banda deveria ter um empresário. Eu não tinha ficado confortável o suficiente com Joe por perto para saber que esse era um caminho perpassado por perigos." A iluminação sutil de Featherstone, sua recusa em dramatizar a banda, recebeu consideráveis críticas, até mesmo de Grant Showbiz, que também estava sob o constante ataque do organizador das turnês, Phil Cowie, em parte por agir mais como integrante da banda do que como parte da equipe. E ali estava o núcleo da intrigante dinâmica do grupo. "Apesar de nós nem sempre concordarmos, Grant e eu", disse Featherstone, "e de poder ter havido certa quantidade de luta isolada, nós nos juntamos para proteger a banda toda vez que estávamos lidando com alguém de fora da organização." Cowie era considerado um desses "intrusos", e seus dias estavam contados. A equipe de PA, por outro lado, era vista muito como parte da organização, e eles trabalhariam com os Smiths ainda durante anos. "Eles sabiam o que estavam fazendo; eram pessoas que genuinamente faziam parte da gangue da banda", disse Featherstone sobre o engenheiro de monitor, Eddie Hallam, e os supervisores de som, Diane Barton e Oz McCormick, cuja empresa, OZ PA, também servia ao New Order. "Dava aquela impressão de estar com o melhor grupo de amigos na escola."

O principal da sensibilidade nas turnês dos Smiths era o fato de que, independente do que estivesse acontecendo à sua volta — e, naquela primeira turnê importante, sem empresário e discutindo com o organizador das viagens, havia constantes discussões com seguranças e produtores, muitas chegadas com atraso para a passagem de som e para os próprios shows, e uma quantidade grande de ressacas debilitantes —, "eles deixavam sua bagagem do lado de fora do palco", como disse Featherstone. "Eles adoravam tocar."

"Toda a razão para eu querer ser músico e fazer parte de uma banda era sair em turnê e estar no palco", confirmou Andy Rourke. "E quando estávamos no palco, era perfeito. Incrível. Todo show era incrível. E todos davam cem por cento. Mil por cento, se isso existe." As constantes invasões de palco, a rotineira dança ao fim dos shows, de apreciação mútua entre Morrissey e Marr, o nível geral de histeria, os fãs que tinham começado a aparecer na passagem de som e que os instrumentistas prontamente acolhiam no camarim, tudo isso confirma o que Rourke disse.

Assim como a aprovação que o grupo rapidamente recebeu de outros artistas. Quando *The Smiths* entrou nas paradas nacionais, em segundo lugar, perdendo o primeiro posto para as Thompson Twins, simultaneamente entrou na "parada independente" como primeiro colocado, substituindo o mini-LP de estreia de Billy Bragg. (Os Smiths também mantiveram as posições 1, 2 e 3 na parada de singles —a primeira vez que aquilo acontecia com qualquer artista desde que a parada independente tinha sido estabelecida, em 1980.) Ex-músico e soldado punk com sotaque carregado do leste de Londres, Bragg havia pouco retornara à cena musical como artista solo, misturando o pessoal e o político num formato que poderia ter sido considerado domínio de cantores de folk, a não ser pelo fato de ele estar empunhando uma guitarra com força considerável. Bragg já havia demonstrado sua habilidade como compositor com a faixa de abertura de *Life's a Riot with Spy Vs Spy*, "A New England", que mais tarde seria levada ao top 10 por Kirsty MacColl, filha do lendário músico folk de Salford, Ewan MacColl. Assim, ele acabou ficando inicialmente cauteloso com o burburinho rondando os Smiths, até que compareceu ao show do Electric Ballroom logo antes do Natal. "Fui com um escritor de fanzine que vinha me dizendo que eles eram os novos Beatles, e eu ficava dizendo: 'Sim, e eu sou o novo Bob Dylan.' Mas então eu os vi tocar..."

Bragg tinha ganhado visibilidade em parte por ser um artista barato e descomplicado para produtores de shows e, apesar do fato de ter tido o álbum mais vendido entre os indies, ele concordou em abrir o show dos Smiths no London Lyceum, em fevereiro. Alguns dias antes, ele tinha ouvido "What Difference Does It Make?" numa passagem de som e tinha pedido ao DJ para tocar também o lado B: era "Back to the Old House". "Eu de repente percebi que eles não eram apenas uma ótima banda ao vivo, tampouco só uma banda que tocava muito bem. Havia uma equipe de composição de verdadeira qualidade ali." Até aquele ponto, Bragg vinha, segundo ele próprio, "tentando competir com Elvis Costello, e não dá para fazer isso... Eu não conseguia acompanhá-lo. Mas com os Smiths eu entendia de suas motivações e as coisas sobre as quais estavam falando. Então, para mim, era muito mais factível me comparar ao que eles faziam: aquele tipo de coisa pesada e leve a que eu também estava tentando chegar, a habilidade de ser forte, mas também pessoal, em relação às coisas sobre as quais você está escrevendo". (Se os Smiths eram vistos, àquela altura, como representantes de uma sensibilidade nortista, Bragg já era amaldiçoado por seu sotaque a ponto de ser visto como representante de uma sensibilidade sulista e, então, a profunda e duradoura amizade que rapidamente se formou entre eles ajudou a servir como uma força unificadora.) Enquanto isso, Bragg passou a fazer cover do lado B de "This Charming Man", "Jeane". A história de um amor tipicamente insatisfeito de Morrissey era um rock de dois acordes que ganhava intensidade com seu acompanhamento esparso. "Eu amava a simplicidade da música, o imaginário poderoso dela, e simplesmente amava toda a sua velocidade. Há muita coisa que Johnny tocava que não pode ser replicada, mas 'Jeane' é simples, e isso eu sou capaz de fazer."

As datas originais da turnê (antes de os shows cancelados terem sido remarcados no final dela) estavam programadas de forma que ela terminasse com duas declarações triunfais. Uma era um show como banda principal no Free Trade Hall, o lugar de tanta história cultural e política em Manchester, como nos casos daqueles shows dos Sex Pistols e dos Buzzcocks; a outra era um segundo show como banda principal em Londres, uma noite de ingressos esgotados na casa Hammersmith Palais, com capacidade para 3 mil pessoas,. O fato de os Smiths já terem alcançado quase qualquer ambição que eles tinham ousado sonhar foi confirmado quando eles trouxeram ninguém menos do que Sandie Shaw para cantar "I Don't Owe You Anything" — que ela havia acabado de gravar para um single, com os Smiths como sua banda de apoio.

SANDIE SHAW NÃO tinha um single de sucesso havia 15 anos, mas, ao contrário das subsequentes sugestões dos Smiths, ela não estava no exílio. Em 1982, tinha sido convencida a voltar ao estúdio pela British Electric Foundation para gravar "Anyone Who Had a Heart", canção de Burt Bacharach e Hal David, num disco para a gravadora Virgin, cujo cofundador, Nik Powell, ela estava namorando. No verão de 1983, portanto, foi relativamente fácil Geoff Travis se encontrar com Powell, agora marido de Shaw, e lhe entregar uma carta de Morrissey e Johnny Marr, junto com a gravação caseira da canção que eles queriam que ela gravasse. O fato de Marr ter composto a parte musical de "I Don't Owe You Anything" não apenas como "algo que Sandie Shaw poderia cantar", mas em imitação direta de outra canção de Bacharach e David, "Walk on By", era algo que ele gostaria que ficasse aparente na demo. (Burt Bacharach e Hal David, afinal, também tinham composto "(There's) Always Something There to Remind Me", canção que Shaw tinha levado ao topo das paradas quando tinha apenas 17 anos.) Mas, se não adiantasse, o próprio título deveria ter sinalizado um grau de conhecimento obsessivo; em 1967, Shaw tinha lançado um single que não fez sucesso, intitulado "I Don't Need Anything", e o fato de Morrissey e Marr terem mencionado seu lado B na carta que mandaram a ela demonstrava que pelo menos um deles sabia disso.

Na verdade, a carta era quase exagerada em sua idolatria pela heroína. "É um fato absoluto que sua influência, mais do que qualquer outra, permeia toda a nossa música. Sem dúvida, somos fãs incondicionais de Sandie Shaw... Temos ideias fortes sobre o acompanhamento musical que deveria ser usado em 'I Don't Owe You Anything'... Sentimos que seu futuro precisa de uma injeção de alto astral e retribuição... Ficaríamos honrados em providenciar material para ser considerado."

Shaw também ficou honrada, mas, ao mesmo tempo, foi pega de surpresa: os Smiths, afinal, tinham apenas acabado de lançar "Hand in Glove" e não eram nem um pouco conhecidos. Assim, pode não ter sido puramente seu desejo de conhecer Morrissey e Marr o que atrasou qualquer comprometimento formal até *depois* do sucesso de "This Charming Man". Àquela altura, Shaw teria sido tola de rejeitar a abordagem da dupla, partindo da ideia de que a cantora tinha algum desejo de voltar às paradas. E tinha. A colaboração foi devidamente comentada — especialmente por Morrissey — nas últimas semanas de 1983 e no começo do novo ano, quando uma sessão de gravação com John Porter no Matrix foi encaixada no espaço criado pelo cancelamento dos shows de fevereiro.

Assim que aquela sessão foi concluída e as músicas completas foram tocadas, não foi "I Don't Owe You Anything" mas uma exuberante reinterpretação de "Hand in Glove" a escolhida para o lado A. Morrissey não se opôs a essa decisão; ele sempre acreditara que a música merecia ser um sucesso, e aquela era a melhor oportunidade para provar que estava certo. Mas aquilo também podia ser visto como uma espécie de oportunidade perdida: nesse caso em particular, recebendo uma produção muito representativa de sua época, "Hand in Glove" foi reduzida a uma música pop efêmera. Não há nada de errado com isso, naturalmente, e a diferenciação de Shaw como cantora foi ressaltada por sua notável habilidade para prolongar a sílaba no fim de cada estrofe por vários compassos — mas não havia nada do desespero jovem da versão original dos Smiths, nada a respeito da gravação para confirmar a crença original de Morrissey de que "aquelas palavras têm que ser cantadas". (O fato de ela ter insistido em mudar "you little charmer" [seu pequeno sedutor] para "cause you're my darling" [porque você é meu querido] aparentemente não caiu bem com o compositor original.)

Por outro lado (do single), "I Don't Owe You Anything" soava exatamente como o pretendido: como se tivesse sido composta para Shaw, e só para Shaw. Ela a cantou com uma ternura sincera (embora sua voz tivesse permanecido frustrantemente baixa na mixagem), e Porter e Marr cercaram seu amplo vibrato com um arranjo que posicionava um órgão Hammond contra uma levada distinta de guitarra. Com o baixo de Rourke frequentemente subindo uma oitava para pedir atenção e a forma surpreendentemente contida de tocar bateria dando sinais de sua confiança elevada, essa se tornou a versão definitiva da canção. A necessidade de uma faixa "bônus" fez com que Shaw também aparecesse na próxima sessão de gravação dos Smiths, quando ela cantou "Jeane" — acompanhada, em sua maior parte, apenas pelo violão de Marr (e o ocasional gemido de Morrissey ao fundo) — com uma sinceridade tão assustadora que a música rapidamente se tornou um clássico cult.

Na época do lançamento, em abril, a fé antiga de Morrissey em "Hand in Glove" foi validada pela difusão imediata da nova versão no rádio, e os Smiths mal tinham começado sua primeira turnê europeia quando lhes foi oferecida a oportunidade de acompanhar Shaw no *Top of the Pops*. Eles não *tinham* que fazer isso: as cantoras solo dos anos 1960 eram, muitas vezes, apresentadas fazendo playback sozinhas sob os holofotes da TV. E Morrissey era supérfluo com os requisitos oficiais: em teoria, ele poderia ter convertido quaisquer passagens para voltar para casa em algumas noites num hotel cinco estrelas e ter aproveitado para fazer turismo numa capital europeia. Mas o *Top of the Pops* era sagrado, e Morrissey queria ser parte da celebração, mesmo que não fosse verdadeiramente aparecer no programa com ela. Os três instrumentistas dos Smiths acompanharam Sandie Shaw naquele dia de forma memorável, apresentando-se descalços em homenagem à imagem de Shaw nos anos 1960. A cantora permaneceu calçada, mas roubou a cena ao cair ao chão e se contorcer de forma sugestiva. Durante aqueles três minutos, pelo menos, Shaw era de longe a mãe de 36 anos mais bacana da nação, e os Smiths eram a banda jovem mais bacana por possibilitar seu retorno.

No dia seguinte, Dave Harper buscou vários integrantes do grupo e os levou a Heathrow para recomeçar a turnê europeia. Morrissey, ele notou imediatamente, "estava com o humor realmente sombrio".

Embora o grupo tivesse feito check-in para seu voo, os integrantes se recusaram a seguir para o salão de embarque, sentando-se, em vez disso, e tendo conversas particulares furtivas. O mau pressentimento de Harper se mostrou correto quando, ele recordou, Morrissey se virou para ele e disse: "Não vou entrar no avião; não quero fazer o resto da turnê." Os colegas de banda de Morrissey não pareciam capazes ou dispostos a convencer o vocalista do contrário (James Maker lembra-se de Morrissey "com braços cruzados, inflexível") e, ciente de que não tinha a autoridade para fazer qualquer exigência, Harper recuperou suas malas, levou-os de volta a Londres e voltou à Rough Trade para lidar com as consequências. (Aquela foi, disse ele, "a primeira vez que vi Scott [Piering] realmente furioso".) Cinco shows foram cancelados, quatro deles na Alemanha, onde a Rough Trade tinha sua própria divisão, a qual bancara a turnê. "Eles perderam muito dinheiro com isso", disse Mike Hinc, e os Smiths, por sua vez, perderam muita credibilidade com o selo e a mídia alemães (embora tenham sido convencidos a voltar, uma semana depois, para fazer um show completo num respeitado programa de televisão alemão, e parar em Paris para um show marcado no caminho de volta). "Houve uma falha de alguém, àquela altura, em ver a importância da Europa como um mercado igual ao Reino Unido, tanto em termos culturais quanto comerciais."

Isso era verdade. Mas também era verdade o fato de que, saindo da histeria da turnê no Reino Unido, do álbum na segunda posição nas paradas, da constante atenção e adulação da imprensa e, sem o nível de organização de turnês que uma banda de seu calibre e popularidade já exigiam, as datas iniciais na Europa, antes da aparição com Sandie Shaw no *Top of the Pops*, tinham sido uma enorme decepção. "Acho que estávamos pensando que eles simplesmente não entendiam", disse Marr. "Não é nenhuma novidade que bandas britânicas jovens que estão no topo [no Reino Unido] tenham um choque e tanto quando vão a outros países que não estão na mesma página — ainda. Acho que todos nos sentimos fodidos. Não posso falar por Mike e Andy." (Harper se recordou de eles estarem imensamente "frustrados".) "Não me senti decepcionado. Eu senti algo como: 'Ele está expressando o que todos nós sentimos. Nós fomos sacaneados.'"

A COLABORAÇÃO ENTRE os Smiths e Sandie Shaw serviu de alimento para a mídia, e tanto a banda quanto a cantora continuaram a fazer aparições na imprensa, no rádio e na TV.[3] Numa situação ideal, a relação profissional também teria continuado, ainda mais com composições exclusivas; a grande lástima da parceria de composição entre Morrissey e Marr é que eles nunca cederam material a outro artista sem ter lançado em seu nome primeiro. Quando Morrissey finalmente levou Amanda Malone ao estúdio, em abril de 1984, foi como se ele estivesse tentando repetir a fórmula de Sandie Shaw. Ele pediu para Malone cantar "This Charming Man" e uma nova música que os Smiths tinham acabado de gravar como um lado B, "Girl Afraid". Apesar do fato de as duas músicas poderem ganhar uma nova luz cantadas de uma perspectiva feminina, a gravação, no Power Plant, com Geoff Travis na cadeira do produtor, foi uma espécie de desastre. Amanda Malone nunca tinha entrado num estúdio de gravação antes; ela não era nenhuma Sandie Shaw. "Geoff Travis, assim que o conheci, tinha uma antipatia por mim", recordou ela, e embora Marr, Joyce e Rourke nunca tivessem deixado de ser amigáveis com ela, eles também "não estavam interessados naquilo".

Todas as pessoas envolvidas reconheciam a possibilidade de reverter o que, de outra forma, teria sido uma história de sucesso nas paradas e aclamação da crítica cada vez maiores; o fato de ninguém menos do que Paul Weller estar passando por sérios problemas de credibilidade por persistir com sua protegida despreparada (Tracie) teria sido muito para a cabeça de Travis. O single foi devidamente engavetado e Morrissey, temendo como sempre o confronto, recusou-se a contar a Malone até ela o pressionar a respeito do assunto numa visita à Campden Hill Road — quando ele admitiu que "Geoff Travis odeia o single".

Malone, "estressada com a ideia" de o single ser realmente lançado, assegurou Morrissey de que estava aliviada em saber que ele tinha sido engavetado. Ela estava morando na Inglaterra já havia três meses, numa quitinete em Battersea, enquanto esperava para entrar em estúdio, e decidiu permanecer em Londres. Malone desenvolveu uma amizade próxima com Morrissey longe da lenga-lenga do dia a dia dos Smiths, uma companhia feminina semelhante, em certos aspectos, às que ele tivera em Manchester. O gosto por travessuras sobre vestimenta não tinha sido deixado no norte; em certa ocasião, ele disse a Malone para se arrumar de maneira formal e encontrá-lo em Notting Hill para um almoço, no qual, igualmente bem-vestido, ele a levou a pé de seu apartamento até a lanchonete da British Home Stores, na Kensington High Street — para uma versão popular dos chás da tarde que ele um dia tinha tomado na loja de departamentos Kendal Milne. O fato de ele ser constantemente interrompido por fãs não parecia ser um problema — ainda. "Ele sempre era encantador e simpático, independente de quantos fossem ou por quanto tempo eles ficassem", disse Malone. "Ele realmente entendia que tinha sorte de estar naquela posição, realmente gostava daquilo — e gostava de ser amado. Não de uma forma arrogante, mas porque, para aquelas pessoas, de alguma forma, ele significava algo. Não era que ele fosse cheio de si."

Sandie Shaw promoveu "Hand in Glove" com dedicação, apesar de recentemente ter dado à luz uma filha, mas logo ficou grávida novamente, dessa vez de um menino. Ainda emocionalmente afetada por sua primeira fase de estrelato, quando era adolescente, ela decidiu priorizar a família em relação à fama, e depois disso retirou-se dos holofotes pelos próximos dois anos. Enquanto isso, manteve sua amizade com Morrissey, visitando-o em Kensington e aprendendo a contornar a tendência dele de se esconder da campainha. Foi quando eles ainda estavam promovendo a colaboração em "Hand in Glove" que Johnny Marr recebeu uma ligação de Scott Piering, com o que estava se tornando um familiar pedido de ajuda. Uma importante entrevista tinha sido agendada, requisitando Morrissey e Shaw juntos, mas ninguém conseguia encontrar o vocalista em lugar algum. Marr foi até a Campden Hill Road; ele era a única pessoa para quem Morrissey sempre abriria a porta. Marr recordou que seu parceiro, naquele dia, estava "com a barba por fazer e acabado, obviamente não tinha dormido. Destruído". (Isso teria sido semanas depois da doença que causou os cancelamentos na turnê britânica.) Era em ocasiões como essa que a presença de Marr era requisitada para carregá-lo para suas tarefas diárias.

O que mais surpreendeu Marr naquele dia não foi a aparência de Morrissey, mas o que ele viu do lado de fora da janela da cozinha: a musa adolescente dos anos 1960 que os dois amavam, o ídolo pop definitivo de Morrissey, que não era uma heroína de menor importância para Marr também, a pessoa para quem eles um dia tinham sonhado escrever uma canção, estava agora parada numa escada de incêndio, tendo se dado todo aquele trabalho para tentar atrair a atenção do vocalista e fazê-lo ir ao compromisso com a imprensa.

"Oh, veja", disse Marr a Morrissey, "lá está Sandie Shaw do outro lado da janela." E os dois acenaram para ela. Aquele foi, ele reconheceu depois, "um dos momentos mais incríveis da minha vida". Como confirmação de quão longe eles tinham chegado em tão pouco tempo e do que a personalidade de Morrissey ainda reservava para eles, aquele momento estava, também, entre os mais surreais.

CAPÍTULO

VINTE E TRÊS

Nunca seremos uma moda passageira; acho que somos inteligentes demais para isso.

— Morrisey, *NME*, janeiro de 1984

Em alguns casos, a história poderia ter terminado ali. Porque, apesar do status elevado dos Smiths no mundo independente, eles não teriam sido o primeiro grupo a gerar um interesse inicial incrível, assinar rapidamente com uma gravadora, ver seu primeiro single criar burburinho, seu segundo se tornar sucesso, seu terceiro capitalizar sobre o segundo e seu álbum de estreia invadir as paradas apenas para ir desaparecendo gradualmente como uma decepção — momento em que, forçados a compor um segundo álbum tão rapidamente quanto o primeiro, ou eles estudam o disco seguinte até o ponto de o público perder o interesse, ou lançam material abaixo do padrão na pressa de manter o impulso. A história está cheia de exemplos assim — e não foram poucos os casos de grupos saídos de Manchester nos anos seguintes.

No caso dos Smiths, no entanto, exatamente o contrário ocorreu. A conclusão e o lançamento do LP serviram para finalmente liberar o grupo para seguir adiante, começar a compor novamente. Eles já tinham apresentado ao público uma dessas músicas em seu último show de 1983: "Barbarism Begins at Home", que alcançaria um público consideravelmente mais amplo quando eles a tocassem ao vivo no *The Tube*, em março de 1984. Ela representava um retorno à batida do Freak Party, especialmente para Rourke, cuja linha de baixo tensa, melódica e vibrante dominava a canção.[1] Marr habilmente o acompanhava com acordes inspirados na disco music enquanto Joyce se deleitava com a liberdade de poder relaxar e se divertir; para que a música não se tornasse adequada apenas para as pistas de dança, Morrissey (compondo em público ao longo de vários shows, algo que, no futuro, ele teve o cuidado de evitar) complementou com uma letra séria sobre como "unruly boys who will not grow up must be taken in hand" [garotos desobedientes que não querem crescer devem ser controlados]. "Barbarism Begins at Home" representava uma ruptura na "tradição" dos Smiths — uma manifestação clara, dos instrumentistas pelo menos, de que os Smiths não eram contrários à dance music e, enquanto a faixa se consolidava no repertório de shows, ela rapidamente se expandiu de quatro a sete minutos, frequentemente voltando como bis por sugestão de Marr. (Nessa mesma época, Marr também tocou uma guitarra extremamente vibrante para o grupo de Mike Pickering, Quando Quango, em seu single para a Factory, "Atom Rock". A ocasião marcou a primeira vez que Marr encontrou com Bernard Summer, do New Order, o qual produziu o single, iniciando uma amizade com efeitos duradouros para todos os envolvidos.)

Outras duas músicas novas foram apresentadas pela primeira vez no primeiro show de 1984; ambas tinham sido formuladas por Marr em sua Gibson 355 em Nova York. E, embora parecessem fazer parte de um estilo mais convencional dos Smiths, quando foram gravadas, em março, e lançadas ao público, em maio, uma delas em especial revelou uma nova profundidade e uma nova sofisticação do grupo — e, além disso, uma nova jovialidade. Tendo brincado uma vez com títulos de canções de Sandie Shaw (transformando "I Don't Need Anything" em "I Don't Owe You Anything") sem ninguém notar, Morrissey decidiu fazer aquilo novamente, pegando outro de seus singles fracassados do final dos anos 1960, "Heaven Knows I'm Missing Him Now" e substituindo o verbo e o objeto pelo adjetivo "miserable". O título serviu de confirmação ao público geral de que ele sabia da opinião das pessoas a seu respeito, e estava disposto a dramatizar e tirar proveito daquilo. Mas também servia como uma piada interna com Sandie Shaw. E a melhor coisa daquilo tudo? Ninguém suspeitou de nada. (Isso foi em 1984, afinal, e os mecanismos de busca da internet e de cópia digital de músicas apenas apareceriam no futuro.)[2]

Uma sensação semelhante de ironia era passada pela letra, rapidamente dividindo os ouvintes em dois grupos: os que riam das palavras mesmo quando se identificavam com elas e os que as viam como uma confirmação de tudo que eles odiavam nos Smiths, em geral, e em Morrissey, em particular. O verso que oferecia o apelo mais universal era o que declarava: "Two lovers entwined pass me by, and heaven knows I'm miserable now" [Dois amantes abraçados passam por mim, e Deus sabe que estou infeliz agora], um sentimento certamente compartilhado por qualquer um que já tivesse passado por uma decepção amorosa (e, talvez, por muitos que não tivessem). O verso que causou mais polêmica dizia: "I was looking for a job and then I found a job, and heaven knows I'm miserable now" [Estava procurando um emprego e então achei um emprego, e Deus sabe que estou infeliz agora]. Numa Grã-Bretanha thatcherista onde o desemprego — especialmente entre os jovens — não mostrava nenhum sinal de declínio e a consequente pobreza entre os adolescentes era uma preocupação constante, os críticos de Morrissey (e havia muitos) queriam saber como ele podia se opor à ideia de trabalhar. Mas Morrissey já tinha respondido a isso em "You've Got Everything Now" e "Still, Ill" e embora seu mais recente verso certamente tivesse vindo de sua experiência pessoal (de seus turnos infelizes na Secretaria da Fazenda, no Serviço Civil e como porteiro de hospital), aquilo ecoou com muitos outros ouvintes que estavam, quase diariamente, engajados numa batalha semelhante entre as exigências conflituosas da insatisfação com o trabalho e a necessidade de pagar o aluguel. O refrão que seguia — por mais que os Smiths não costumassem usar estruturas convencionais em suas canções, essa parecia chegar perto — apenas confirmava seu ponto de vista: quem entre o grande público *não* tinha sorrido diariamente, por quaisquer razões, para pessoas que eles prefeririam chutar no olho?

Ainda assim, aqueles que tomaram "Heaven Knows I'm Miserable Now" como afirmação do estado permanente de depressão de Morrissey devem ter deixado passar o comentário seguinte do cantor sobre fazer Calígula ruborizar — uma provocação que se tornava ainda mais forte quando se imaginava o próprio Morrissey numa peripécia no quarto. E parece certo que ele compreendia aquilo e tinha se aproveitado, esticando o pronome de primeira pessoa "I" por três sílabas no verso seguinte.

A letra era uma obra-prima, mas nunca teria carregado a mesma profundidade emocional sem o arranjo que a acompanha. "Heaven Knows I'm Miserable Now" representou a primeira vez que Johnny Marr conseguiu capturar aquela sensação agridoce de melancolia. ("É muito bonita, ela pode preenchê-lo", disse ele, descrevendo-a como um "sentimento tangível", ao contrário da depressão — que era uma "emoção que só tinha a ver com o vazio".) Gravada no Fallout Shelter, um estúdio da Island Records, no oeste de Londres, com John Porter novamente como produtor, as linhas de guitarra sucessivas de Marr ganharam espaço para respirar, para se expandir, para preencher a música — mas sem ocupá-la de forma desordenada como tinha sido um perigo no passado. Nesse sentido, "Heaven Knows I'm Miserable Now" foi muito um feito de Porter, que também soube tirar de Morrissey uma interpretação brilhante, cheia de vibratos tremidos e gorjeios, e recompensá-lo ao garantir que esses vocais fossem então mantidos, na mixagem final, mais altos do que nunca — uma necessidade para todos os grandes singles pop.

O fato de uma canção intitulada "Heaven Knows I'm Miserable Now" conseguir realmente ser vista como um single pop foi provado em seu lançamento, quando ela subiu nas paradas para alcançar o top 10. (A trajetória de crescimento constante tinha agora sido mantida ao longo dos quatro primeiros singles lançados.) Antídoto poderoso para os sentimentos por trás do single no número 1 das paradas na semana de seu lançamento ("Wake Me Up Before You Go-Go", do Wham!), "Heaven Knows I'm Miserable Now" também representou uma das poucas ocasiões em que uma "estrela da capa" de um disco dos Smiths verdadeiramente refletia os sentimentos da música que estava do lado de dentro. A imagem em preto e branco da milionária da loteria, Viv Nicholson, seu penteado platinado e suas roupas caras em contraste com sua expressão naturalmente dura e com a pobreza do ambiente à sua volta — uma rua deserta de casas geminadas no norte da Inglaterra — dizia tudo sobre conseguir o que você queria e acabar infeliz da mesma forma.

Em maio, os Smiths voltaram à Irlanda para quatro shows, incluindo seu primeiro em Belfast. Era uma questão de orgulho e princípios para eles, como um grupo de irlandeses de Manchester, estabelecer um laço com a terra de seus pais (e suas mães), e aquela visita foi recebida com reações extasiadas do público e admiração quase nacionalista da imprensa irlandesa. Mesmo antes da visita, e baseado, em grande parte, no único show que a banda fizera em Dublin no ano anterior, o produtor Denis Desmond vinha tentando confirmar os Smiths como a atração principal de um festival no campo do Shelbourne Football Club, em Dublin, pensando que aquilo tiraria a atenção do U2 e estabeleceria os Smiths como uma banda equivalente ou ainda maior. Para isso, foram oferecidas 15 mil libras irlandesas, quase cinco vezes mais do que à outra banda de sucesso, Aztec Camera (The Style Council, Lloyd Cole e

Billy Bragg também estavam na escalação proposta), além de cinquenta por cento de todos os lucros e do *merchandising* do festival. No fim, os Smiths recusaram a oferta, o festival não aconteceu e a banda, em vez disso, voltou à Irlanda mais tarde naquele ano para fazer uma semana de shows menores.

Como a oferta irlandesa sugeria, os Smiths já tinham chegado a uma encruzilhada em sua carreira. Sua fama relativamente repentina os havia alavancado a um ponto em que podiam requisitar grandes somas de dinheiro para tocar para um número significativo de pessoas no circuito de festivais europeus. Ainda assim, os Smiths eram uma banda que acabara de surgir nas casas de show pequenas e estava ainda se aclimatando às grandes. Confortáveis com sua familiar intimidade no palco, tranquilizados toda noite por invasões de palco amigáveis, eles tinham razões para duvidar de que estavam prontos para os palcos maiores. Além disso, Morrissey estava sentindo a imensa pressão emocional e física que vinha com a percepção da realidade de alcançar seu sonho de estrelato em circunstâncias tão repentinas. Essas forças que competiam entre si acabaram se desvendando numa visita particularmente problemática à Finlândia para um festival, no início de junho, com Morrissey sucumbindo a um ataque de depressão coberto de lágrimas. Mais de três anos depois, numa de suas primeiras entrevistas depois de Johnny Marr ter saído da banda, ele foi capaz de refletir sobre o incidente com franqueza. Citando "uma viagem de avião horrenda" como o fator desencadeador, Morrissey disse: "por alguma razão, as comportas se abriram, como dizem — e permaneceram abertas ao longo de todo o dia. No avião, no aeroporto, no hotel, na passagem de som... Eu simplesmente não conseguia parar." Confessando ter ficado envergonhado na época, ele observou (e não necessariamente como uma coisa ruim) que o resto da banda "não falou muita coisa... Eles apenas colocaram seus Walkmans e pegaram suas revistas de bordo". A apresentação dos Smiths, que contou com o novo organizador de turnês do grupo, Stuart James, um jovem veterano da cena de Manchester, também como técnico de som na ausência temporária de Grant Showbiz, foi então interrompida pela chuva. Foi um dia ruim do início ao fim.

As circunstâncias estavam um pouco mais favoráveis uma semana depois, no sábado, 10 de junho, quando os Smiths foram a atração principal do festival Jobs for a Change, em Londres. O show gratuito foi montado no enorme pátio do Greater London Council, comandado pelo Partido Trabalhista, o qual, no Parlamento, vinha enfiando seu nariz no governo de Thatcher, do outro lado do rio Tâmisa, ao atualizar constantemente, na lateral de seu prédio, o número cada vez maior de desempregados. O evento não ocorreu sem incidentes; quando os autoexplicativos Redskins [peles-vermelhas] entraram no palco, skinheads de direita começaram a fazer sua familiar saudação nazista como provocação, causando enorme tumulto que mandou várias pessoas para o hospital. Mas, depois de sets de Billy Bragg, Misty in Roots e Mari Wilson — uma escalação surpreendentemente variada —, os Smiths subiram ao palco como banda principal para um público estimado em bem mais de 10 mil pessoas, algumas das quais escalaram os muros do pátio pelos canos para ficar pendurados de forma precária em parapeitos imitando as poses de Morrissey no palco, o que mostrava o nível de devoção que agora cercava o vocalista. O set magnífico que eles apresentaram naquele dia (que incluiu a declaração de Morrissey em "You've Got Everything Now" de que "I never had a job, because I never wanted one" [Eu nunca tive um emprego, porque nunca quis um], o que efetivamente contrariava o propósito do evento), quando combinado com a loucura da plateia no que era, de longe, o show com mais visibilidade que eles já tinham feito, e para o maior público, ajudou a confirmar o status dos Smiths como a banda do povo.

O grupo então seguiu para o outro lado da nação, para uma série de datas predominantemente escocesas (depois da experiência penosa ao promover seu álbum, os Smiths conscientemente dividiram a programação futura em turnês regionais ao longo do ano). Stuart James, que confessou ser mais do estilo Factory do que um aficionado por bandas de guitarras, estava aprendendo rapidamente que tal histeria era meramente parte dos negócios, como sempre: "Se eles não tivessem uma invasão de palco, achavam que tinha sido um show de merda." (As invasões eram tornadas muito mais fáceis pela insistência contratual dos Smiths na ausência de grades de proteção entre o palco e a plateia.)

Uma invasão de palco certamente aconteceu quando os Smiths tocaram no festival de Glastonbury, no dia 23 de junho. Longe de seu status futuro de parque de diversões anual para toda a nação britânica,

Glastonbury, em 1984, estava acabando de emergir de sua antiga reputação de encontro de hippies enquanto ainda mantinha seu comprometimento com todas as culturas musicais; os Smiths se viram tocando num sábado à tarde, entre o Brass Construction e o General Public, tendo seu set encurtado pela chegada tardia da banda de pop-reggae Amazulu e atrapalhado pela hostilidade de alguns grupos da plateia. "Honestamente, não é algo por que eu gostaria de passar de novo", disse Morrissey, mais tarde. "Somos, basicamente, uma banda de shows, e os shows sempre foram íntimos e pessoais, algo que não conseguimos captar em Glastonbury."

"Nunca gostamos de tocar em festivais", disse Marr. "Tivemos que ser arrastados, esperneando e gritando, para tocar em Glastonbury." Para irritação da All Trade, os Smiths cancelaram uma apresentação no enorme festival de Roskilde, na Dinamarca, no fim de semana seguinte, onde eles tinham sido anunciados sem muito destaque numa escalação que incluía o New Order e Lou Reed, mas também Johnny Winter e Paul Young. Uma decisão consciente tinha sido tomada. Os Smiths iriam progredir em seu próprio ritmo e sob suas próprias regras. Eles, no futuro, recusariam quase todas as ofertas de festivais, evitando o espetáculo de circo itinerante de artistas que não combinavam tocando em condições climáticas variadas para plateias igualmente imprevisíveis, e deram prioridade à segurança das aparições como banda principal em ambientes escolhidos pela banda.

Num mundo justo, o lançamento de um single de qualidade após o álbum deveria ter sido o suficiente para permitir alguma folga, se não por bom comportamento, certamente por boas ações. Mas Morrissey e Marr reconheciam ter nas mãos o seu "momento", e que deveriam trabalhar com as novas canções à medida que as compunham em vez de guardá-las para um futuro álbum. Nesse sentido, eles viam os Smiths como uma volta não apenas à carga de trabalho furiosa da primeira geração de bandas punk, mas à dos ícones de Marr — os grupos de rock originais que frequentemente paravam no estúdio entre shows da turnê e saíam com singles de 45 rotações de importância histórica.

"Musicalmente, eu me sentia bastante ilimitado", Marr recordou, acerca do período imediatamente posterior ao primeiro disco. Andy Rourke se sentia da mesma forma: "Naquela época, nós nos sentíamos invencíveis. Podíamos fazer qualquer coisa." Ao contrário do que acontecia no começo da banda, disse Marr sobre suas novas composições, "eu não estava olhando por cima do meu ombro e pensando: 'Como isso vai ficar quando tocar na Haçienda?' Eu pensava: 'Como isso vai ficar quando tocar no quarto dos nossos fãs?' Muito disso vem da confiança de [ter] o apoio de seu público". Na primavera de 1984, ele e Angie, reunidos com sucesso depois do breve rompimento durante o Réveillon em Nova York, tinham seguido Morrissey e se mudado para Londres, alugando um apartamento nas refinadas construções georgianas da Nevern Square. (Angie saiu de casa no processo.) O apartamento em Earls Court não ficava muito distante da casa de Morrissey em Kensington, mas era suficientemente afastado das distrações da vida noturna do centro de Londres para que Marr fosse capaz de manter seu estilo de vida de workaholic quando não estivesse na estrada ou no estúdio. (Rourke e Joyce, como convinha a suas receitas menores, dividiram um apartamento em Willesden, um subúrbio menos desejado no noroeste de Londres.) Numa tentativa descomunal de compilar múltiplas ideias musicais, Marr gravou várias músicas instrumentais em seu Portastudio no começo de junho. Morrissey, então, adicionou palavras a duas daquelas ideias que, em julho, quando o grupo entrou no Jam Studios com John Porter, formaram a base da sessão de gravação mais produtiva de suas carreiras.

Das duas, "William, It Was Really Nothing", revelada no festival Jobs for a Change, já havia sido escolhida como lado A. Ela começava com um floreio em estilo flamenco de violões concorrentes (um dos quais usava a afinação Nashville, em que as cordas mais agudas de um violão de 12 cordas substituem as do violão de seis cordas), uma introdução tão curta quanto a versão original de "This Charming Man" na Radio 1. A música, então, tentava encaixar várias mudanças de acordes, múltiplas partes, tanto de guitarra quanto de violão, e todo um drama realista em apenas dois minutos — e conseguia, maravilhosamente. No que diz respeito à letra, ela invocava imagens do clássico filme britânico de 1963, *O mundo fabuloso de Billy Liar*, em que Tom Courtenay fazia o papel de um funcionário de funerária (William Fisher) com uma tendência a fantasia/invenção que, de alguma forma, não era capaz de impedi-lo de atrair o sexo oposto (mais especificamente a sofisticada Julie Christie, para quem o filme serviu como uma grande oportunidade). O verso imortal de Morrissey no meio da canção — "Would you like to marry me? And if you like you can buy the ring" [Você gostaria de se casar comigo? E, se você quiser, pode comprar a aliança] — poderia ter sido dito por Rita, a garçonete desbocada (interpretada por Gwendolyn Watts), cuja determinação para capturar Fisher no matrimônio oferecia um lembrete vívido e assustador do contrato social sem amor que havia no coração de tantas jovens famílias da classe trabalhadora daquela época. Mas foi o talento adicional de Morrissey para complicar suas palavras e, como com "Girl Afraid", a canção parece mudar de gênero no refrão, levantando suspeitas de que o William em questão era o vocalista dos Associates, Billy Mackenzie, cuja amizade Morrissey discutiu na imprensa na época do lançamento do single. (O fato de Mackenzie mais tarde ter escrito uma música intitulada "Stephen, You're Really Something" sugere que pelo menos um deles via alguma verdade naquela suposição.)

Se "William", assim como sua antecessora, "Heaven Knows I'm Miserable Now", evidenciava o senso de humor de Morrissey, seu lado B, "Please, Please, Please Let Me Get What I Want", apresentava o compositor em sua forma mais séria. A ideia de um astro pop recém-coroado implorando "for once in my life, let me get what I want" [uma vez na vida, deixe-me conseguir o que quero] poderia um dia ter sido motivo de gargalhadas, mas Morrissey já estabelecera sua personalidade — aquela combinação esquisita de história desconfiança de si mesmo mascarada por uma autoconfiança histérica — a ponto de os ouvintes, mesmo os que não faziam parte dos fãs mais dedicados dos Smiths, estarem dispostos a confiar na sua palavra. E, como resultado, nessa música, mais do que na maioria das outras da banda, parecia difícil separar o cantor do assunto da canção.

A letra era ainda mais efetiva por combinar com o clima do arranjo ritmado de Marr, uma valsa em 6/8 que o guitarrista prontamente admitiu ter sido uma tentativa de capturar a nostalgia sentimental pelas férias na Irlanda durante sua infância. A primeira vez que ele havia apresentado uma balada nesse andamento ("Back to the Old House"), Porter a eletrificara e acrescentara bateria, e aquilo se mostrou um erro. O erro não foi repetido. "Please, Please, Please Let Me Get What I Want" foi aumentada por simples *overdubs* de guitarra que surgiam nas pontes, mas a ausência de percussão dava-lhe uma sensação de ser uma performance inteiramente acústica — servindo para destacar a estrutura de acordes criativa de Marr. A música começava com um acorde aumentado de sétima, incomum na música pop, e acabava de forma igualmente diferente, com um solo de bandolim que era concluído no acorde dominante, não no tônico, garantindo, pela matemática da música, que a canção — e, por extensão, sua letra — ficasse "não resolvida". Conseguiria Morrissey o que desejava? Conseguiria o ouvinte? Conseguiriam eles, algum dia?

Entre as demos instrumentais que Marr tinha gravado em Earls Court, em junho, havia uma que ele chamou de "Swamp". Assim que os lados A e B tinham sido totalmente terminados no Jam Studios pelos Smiths como banda, então Marr, Rourke, Joyce e Porter resolveram gravá-la. Morrissey em geral ia ao estúdio apenas quando os vocais eram necessários e, segundo constava, a letra não tinha sido completamente composta para aquela música; a ausência do vocalista deu aos outros liberdade para se entregar a suas crescentes tendências experimentais. A sessão seguinte resultou no que se tornaria sua música mais aclamada, sua estrutura única sendo o resultado de um processo particularmente complexo que requer ser contado em detalhes.

O estilo de composição de Johnny Marr, como as duas canções curtas para os iniciais lados A e B exemplificavam, era composto de dedilhados dele nas cordas com a mão direita e, instintivamente, movimentos de dedos aqui e ali da mão esquerda, criando múltiplas, mas sutis, mudanças de acorde no processo, frequentemente duas ou mais por compasso. "Swamp" era construída a partir de um riff mais sólido, com palhetadas, mais próximo das estruturas de acorde convencionais do blues. (Era construída, também, a partir de um groove, como no caso de "Barbarism Begins at Home", que ainda não havia sido gravada.) Isso era especialmente atraente para John Porter, que "se interessava muito por música que não tinha muitas mudanças de acorde" e que viu uma oportunidade em "Swamp" para desacelerar a progressão de acordes ainda mais, manter o acorde fá sustenido inicial tocando por 16 compassos em vez dos originais quatro ou oito. Uma vez que essa ideia tinha sido incorporada e vários microfones "ambientes" tinham sido posicionados em distâncias variadas da bateria para ampliar o clima "atolado", Porter voltou à sala de controle e começou a gravar.

A atmosfera no estúdio era de autoconfiança hedonista. "Nós costumávamos fumar maconha desde a hora em que saíamos da cama até a hora de dormir", disse John Porter. Ou, nas palavras de Marr, "era tipo assim, você é de Manchester, você fuma maconha até sair pelos ouvidos". Ao contrário de outras pessoas atraídas pela droga, os instrumentistas dos Smiths achavam que ainda podiam fazer música enquanto estavam doidões. Mas aquela não era a única substância disponível. O engenheiro Mark Wallis recordou, sobre a sessão que se seguiu, que "ficamos acordados pelo menos duas noites e continuamos trabalhando no dia seguinte", e que eles eram capazes de fazer isso por tomar uma "grande quantidade de 'fish heads'"— isto é, "anfetamina muito ruim". Joyce se lembra que eles, inclusive, trocaram as lâmpadas do estúdio por lâmpadas vermelhas para criar um ambiente mais criativo.

Segundo as lembranças de Porter e Wallis, eles gravaram apenas dois takes de "Swamp", mas acumularam um rolo inteiro de fita no processo, incluindo pelo menos um take gravado ao vivo de 15 minutos. Para os Smiths a percepção de que eles haviam criado um groove tão épico imediatamente abriu possibilidades infinitas para *overdubs*. A primeira — e mais importante — adição foi a criação de um efeito de tremolo nas guitarras, algo que não existia na demo. Marr abordou aquilo com três pontos de referência em sua cabeça. Um era essencialmente genérico: a batida sincopada de Bo Diddley. Os outros eram particulares de sua infância: a guitarra que tocava na faixa de Hamilton Bohannon, "Disco Stomp", de 1975, e o groove de guitarras gêmeas na parte instrumental do surpreendente sucesso britânico de 1976 da banda alemã Can, "I Want More". O que os Smiths alcançaram foi algo de sua própria criação, e conseguiram isso ao passar o canal de guitarra seca original da mesa do estúdio por três amplificadores Fender Twin Reverb separados, com os controles de vibrato em cada um deles ajustados de forma a criar um efeito de "oscilação". Marr e Porter, então, tomaram suas posições em frente aos amplificadores (cada um microfonado individualmente), ajustando o botão de velocidade à mão para manter a guitarra no tempo da música. Quando o trabalho braçal ficava fora de sincronia, Wallis rebobinava a fita e emendava, algumas vezes aproveitando apenas dez segundos por vez. Foi um processo trabalhoso e que valeu cada passo cuidadoso: o efeito de tremolo se tornou a marca registrada instantânea da música, uma das introduções de guitarra mais reconhecíveis da história moderna.

Para garantir um ritmo constante, Porter já programara uma bateria na LinnDrum, incluindo "um canal de percussão com chocalhos, pandeiros, congas e canecas" — que não eram peças que Joyce incluía como parte de seu arsenal regular. Uma das partes de percussão estava agora configurada para 16 compassos e era usada para "disparar" um bloqueador de ruído da Drawmer capturado das guitarras com vibrato, criando o que Porter chamou de "um sinal de rodamoinho" — um breve pulso digital que equilibrava o efeito do tremolo e, ao fazê-lo, garantia o ritmo meticuloso da faixa. Essas várias partes de guitarras foram, então, unidas em dois canais estéreo para que se tornassem um único instrumento (o que se devia, em parte, à logística; havia apenas 24 canais disponíveis na fita, afinal). Em algum momento a jam inicial de 15 minutos foi cortada e editada até um tamanho mais viável, embora, levando-se em consideração o quanto já estava evidente que aquela não seria uma canção típica dos Smiths, ela ainda estivesse acima da marca de oito minutos. Àquela altura, recordou Porter, "nós nos olhamos e dissemos: 'O som está maravilhoso, vamos mantê-la assim'".

Com o estado de espírito ambicioso se mostrando contagioso, as guitarras da segunda de duas partes identificáveis da musica foram, então, passadas por um alto-falante Leslie, tipicamente usado no som hipnótico do órgão Hammond. Marr, então, acrescentou alguns floreios de guitarra de primeira linha, mas, com sua aversão quase inata a tocar solos, eles foram mantidos num mínimo. Reconhecendo que a faixa tinha se tornado algo tão futurista quanto nostálgico, as guitarras foram processadas em uma nova peça de equipamento, um AMS DMX 15-80, que era a sensação nos estúdios com cacife para ter um. Anunciado como um *delay* digital estéreo e muitas vezes mencionado por suas capacidades como "harmonizador", sua habilidade de armazenar o que, na época, pareciam mágicos 1.2 segundos de *delay* foi rapidamente compreendida pelos técnicos daquele tempo como um "sampler", possivelmente o primeiro de seu tipo. ("Eles inventaram o sampler por acidente", disse Porter sobre o fabricante britânico do DMX, Advanced Music Systems.) Nesse exemplo, em particular, as breves linhas de guitarra eram armazenadas no DMX, e então eram jogadas de volta para a faixa onde fosse necessário — um processo que em 1984 parecia nada menos do que revolucionário.

A demo de Marr tinha incorporado uma linha de *slide guitar*, embora "uma versão mais bonita" do que a que Porter sugeria agora — que era tocá-la nas cordas mais agudas da guitarra, acrescentar um segundo canal de harmonia, mas então acrescentar algumas notas adicionais a cada um dos canais usando o harmonizador da AMS.[3] Porter recordou que ele pode ter intencionalmente gravado o *delay* em vez da nota de verdade nessas harmonias digitais, para que "existissem essas pequenas anomalias... um elemento de esquisitice". Levando em conta que Porter alegou ter tocado pelo menos uma das partes de *slide*, talvez não fosse surpreendente que ele olhasse para trás e dissesse: "Achei que aquela música era tão minha quanto deles." Marr, que contestou que Porter tivesse tocado qualquer guitarra na música, no entanto, deu-lhe o devido crédito. "Ele se esforçou incrivelmente naquela música, juntou todos os sons. Foi como se ele estivesse pilotando o avião naquela sessão, que é o que um produtor faz."

O toque instrumental final foi a melodia relativamente simples de Marr — as notas agudas ouvidas no fim de cada "estrofe" — que ele tocou usando os harmônicos naturais da guitarra. Uma réplica quase exata do som de vibrafone sintetizado ouvido claramente no single de 12 polegadas de 1983 de Lovebug Starski, "You've Gotta Believe", essa era a homenagem de Marr a Starski, tanto como uma distante influência do hip-hop quanto como uma presença imediatamente acolhedora quando os Smiths tocaram na Danceteria. Tais notações sutis eram sua forma de contrabalançar a percepção pública dos Smiths como saudosistas dos anos 1960 e puristas do rock.

Morrissey, obviamente, tinha muito a ver com tal imagem dos Smiths; suas declarações negativas sobre sintetizadores e outros equipamentos de estúdio tinham soado suspeitosamente próximas a uma *fatwa*. Mas essa era a graça dos Smiths: o fato de forças que pareciam, às vezes, diametralmente opostas poderem encontrar uma afinidade musical e a combinação resultante disso poder, então, atrair todo tipo de pessoas. Morrissey, que era muitas vezes servil em seus elogios às composições de seu parceiro, raramente revelaria seus verdadeiros sentimentos por essa, a faixa dos Smiths mais experimental e mais influenciada pela dance music até então. (O andamento de 96 batidas por minuto da música era, na verdade, muito mais lento do que a "dance music" convencional, embora estivesse bem no alcance da maior parte do hip-hop.) Mas ele sabia que eles estavam trabalhando em "Swamp" e vinham, havia um bom tempo, pensando numa possível letra. Porter, como muitas vezes era seu costume, deixou, no caminho de casa, uma fita cassete do mix de oito minutos na caixa de correio do vocalista depois dessa longa sessão, e quando Morrissey voltou ao estúdio, com seu caderno de possíveis letras, contribuiu com seu vocal mais emotivo e pessoal até então. Depois de pegar emprestados os versos de abertura de *Middlemarch*, de George Eliot, Morrissey mergulhou de cabeça no groove de pista de dança sombria do grupo, cantando sobre uma boate onde, "if you'd like to go, you could meet somebody who really loves you" [se você quiser ir, você poderia conhecer alguém que realmente o ama] — só que, obviamente, no caso dele, acontece exatamente o oposto: o protagonista vai embora sozinho, como sempre, desprezado e suicida. Pode ter sido mera coincidência, considerando-se que fazia parte de um tema poético mais longo de resistência a forças invisíveis, que Morrissey tivesse escolhido essa faixa, com todos os seus truques digitais, para insistir que "I am human and I need to be loved" [sou humano e preciso ser amado], mas o efeito era o mesmo, de qualquer forma: soava como se sua própria vida (ou, na verdade, sua morte) dependesse disso. Entre a cuidadosa, porém eufórica, construção do instrumental e a meticulosa, mas catártica, interpretação dos vocais, os Smiths tinham criado algo bastante diferente deles mesmos. Como no caso de "Barbarism Begins at Home" e muitas outras músicas em que os Smiths estavam trabalhando na época, essa música ganhou um título que não tinha sido mencionado nem ao menos uma vez na letras: "How Soon Is Now?"

Os SMITHS FICARAM tão animados com sua nova criação que ligaram para a Rough Trade e convidaram Scott Piering e Geoff Travis para escutar uma mixagem prévia. Da perspectiva de Porter, parte do apelo da música era seu clima americano. "Eu estava muito mais interessado em conquistar espaço no mercado americano do que eles", disse ele sobre os Smiths. Dessa forma, ele estava ansioso para ver a reação de Piering: "Sempre confiei na sensibilidade de Scott até certo ponto, porque ele era americano e tinha uma atitude levemente diferente." Piering, Porter recordou, ficou visivelmente animado com "How Soon Is Now?" — e Travis, não. "Ele falou: 'O que vocês estão fazendo? Isso não é The Smiths.' Lembro de me sentir murcho quando voltei para casa naquela noite, pensando: 'Eu realmente achei que tínhamos feito algo incrível.'" Mark Wallis, cuja contribuição na sessão tinha sido recompensada com um raro crédito de engenheiro de som no disco, confirmou que a reação do "pessoal dos negócios" foi: "Isso não é The Smiths."

Geoff Travis negou. "Eu me lembro de amar a música", insistiu. "Lembro que fui ao estúdio, me sentei lá, escutei a música. Não consigo imaginar por que minha reação seria: 'Bem, isso é legal.' Não faz nenhum sentido. Talvez eu estivesse com um péssimo humor naquele dia. É possível. Não estou certo o tempo todo."

Esse era um ponto chave. Foi graças a Geoff Travis que os Smiths tinham conseguido um contrato de gravação; ele tinha escutado algo suficientemente animador numa fita cassete de "Hand in Glove" para lançá-la do jeito que estava. Foi graças a ele que os Smiths tinham se tornado um sucesso; ele tinha ouvido "This Charming Man" sendo gravada numa Peel Session e instantaneamente a sugeriu como single. Ele agora estava sendo convidado a mostrar seu entusiasmo por uma jam de oito minutos — num formato muito cru —, que certamente *não* se parecia com os Smiths que ele conhecia, e estava diante de pessoas no estúdio que tinham passado os últimos dias a doses iguais de anfetamina e maconha. (Travis, em contrapartida, era quase totalmente abstêmio.)

Se ele escolheu ser comedido daquela vez, era direito seu — e, até certo ponto, seu jeito. "Talvez eu não tenha falado muito. É muito mais provável. Numa situação de estúdio é muito difícil dizer muita coisa, porque é algo muito intenso."

Certamente, àquela altura os Smiths eram mestres de seu próprio domínio. Se eles quisessem disponibilizar "How Soon Is Now?" como single — talvez o sucessor de "William" —, a escolha seria totalmente deles. Assim, certamente não houve nenhuma objeção da Rough Trade em mixá-la junto dos previstos lados A e B, e a equipe de produção seguiu alguns dias depois para o Marcus Studios, onde Porter, já tendo juntado os canais da bateria a ponto de não poder mixá-los separadamente, decidiu que "os tom-tons não estavam suficientemente altos" e, "fuxicando no depósito de fitas", descobriu uma fita da banda de reggae Aswad. Encontrando sons de tom-tom que o satisfizeram, ele "os jogou num sampler e os acrescentou à bateria". O Marcus Studios não tinha automação, o que significou que ele e Wallis mexeram num mix de sete minutos com as mãos nos controles o tempo todo. Porter entregou a mixagem, achando que seu trabalho estava feito, mas recebeu uma ligação de Geoff Travis alguns dias depois. Morrissey, aparentemente, não tinha gostado dos vocais. Não havia outra escolha a não ser voltar e fazer outra mixagem, da estaca zero.

E foi melhor assim. De alguma forma, mais adiante, a mixagem de "How Soon Is Now?", feita no Marcus, foi lançada na Itália e nem se comparava à versão final. A *slide guitar* estava praticamente inaudível e os vocais não apenas não possuíam o calor da mixagem final, mas também incluíam uma parte inteira, que começava por volta da marca de cinco minutos, em que Porter e Wallis tinham tentado (mas falhado em) incluir uma parte *dub* sobre a qual Morrissey era ouvido usando um canto tirolês ineficaz antes de o instrumental parar por inteiro para que seu "OK?" — que deveria ser só para os ouvidos do produtor — fosse escutado perfeitamente. (Essa era a parte a que o vocalista realmente se opunha, e com toda razão.) Tudo isso indica que, até a mixagem final, "How Soon Is Now?" poderia não ter sido o clássico como agora a conhecemos (e que Geoff Travis poderia muito bem tê-la considerado inacabada).

Porter entrou no Eden Studios, onde havia terminado, com sucesso, o LP dos Smiths um ano antes, estúdio esse que tinha uma mesa automatizada; lá ele começou a reconstruir o arranjo do zero — incluindo um fade-out falso depois de cinco minutos — e, dessa vez, ele acertou. A mixagem final de "How Soon Is Now?" foi entregue, de uma forma que deixou todos satisfeitos, bem a tempo de ser lançada — como uma faixa bônus para aqueles que compraram a versão de 12 polegadas do single de "William, It Was Really Nothing".

Quase ao mesmo tempo que aquela decisão foi tomada e o disco chegou às lojas, todos os envolvidos perceberam que tinham cometido um erro. "William, It Was Really Nothing" foi bem-recebida: chegou ao top 20 (apesar de ter interrompido o progresso constante nas paradas dos singles anteriores) e houve uma polêmica momentânea quando Morrissey apareceu no *Top of the Pops*, ao vivo, e tirou sua camisa para revelar as palavras "Case-se comigo!" rabiscadas em seu peito. "Please, Please, Please Let Me Get What I Want" foi ainda mais bem-recebida; a estrutura modal original da balada, seu andamento de valsa, sua concisão e o uso inspirado do bandolim ajudaram a transcender a reputação dos Smiths como banda de rock para se tornar, no fim das contas, a música mais tocada por outros artistas e mais amplamente distribuída de todas as suas canções.

Mas "How Soon Is Now?" foi instantaneamente reconhecida como algo diferente, algo que ia muito além do que os Smiths já haviam tentado ou lançado; algo completamente original, uma música totalmente diferente de qualquer outra, ela os impulsionou para uma categoria inteiramente nova. E, quando "William" saiu do top 20 britânico quase tão rápido quanto havia entrado, houve uma terrível percepção de que ela fora desperdiçada.

Foi Morrissey quem descobriu uma solução: *Hatful of Hollow*, uma coletânea de 16 músicas, com baixo custo, que juntava os singles de 1984 que não tinham entrado no álbum, os vários lados B de singles anteriores que também não haviam entrado e uma mistura de gravações das sessões de 1983 para os programas de Peel e Jensen — provavelmente as que ele achava melhores do que as versões do LP de estreia (o que servia como uma repreensão a John Porter). "Na nossa opinião, aquelas foram as sessões que nos deixaram entusiasmados no princípio e, aparentemente, foi como muitas outras pessoas também nos descobriram", disse Morrissey no lançamento oficial para a imprensa. "Decidimos incluir as faixas extra de nossos singles de 12 polegadas para pessoas que não tinham todos eles e para tornar completamente acessível." Deixando a sintaxe de lado, ele resumira perfeitamente.

Fora o fato de começar e terminar respectivamente com os lados A e B de seu último single, a ordem das músicas de *Hatful of Hollow* parecia ter sido escolhida de forma aleatória. "How Soon Is Now?", por exemplo, com seus sete minutos, foi enfiada no meio do lado A, entre canções de duas Peel Sessions diferentes. Nesse sentido, *Hatful of Hollow* tinha a qualidade encantadoramente aleatória de *Meaty Beaty Big and Bouncy*, do The Who, ou, mais notavelmente, de *Out of Our Heads*, dos Rolling Stones — uma coletânea que tinha sido lançada também de forma precoce na carreira da banda, antes do nascimento do álbum como uma declaração artística.

O risco valeu a pena. Como uma admissão (não declarada, mas claramente notada) de que o LP de estreia tinha falhado em satisfazer as expectativas, *Hatful of Hollow* oferecia aos fãs uma bem-vinda oportunidade de ter versões melhores das músicas em vinil. Para os que rejeitavam a simples noção de faixas "bônus" de singles de 12 polegadas e para aqueles que não compravam muitos singles, a compilação de várias faixas de singles num álbum era igualmente apreciada. A capa dupla, com a calorosa foto do grupo do lado de dentro (Andy Rourke, em primeiro plano, com o baixo na mão, parecendo muito com o modelo de Jean Cocteau sem nome na capa do disco) compensava, até certo ponto, a apresentação fria de *The Smiths*. E se a compressão de quase trinta minutos de música em cada lado estava longe de ser um motivo de satisfação para os audiófilos, isso era contrabalançado por uma masterização excelente e uma etiqueta que dizia "Não pague mais do que £3.99" na capa. *Hatful of Hollow* foi lançado no mercado de Natal — e rapidamente se tornou o segudo álbum dos Smiths no top 10 britânico naquele ano.

CAPÍTULO

VINTE E QUATRO

Prefiro ser lembrado como um fracassado que fala demais do que como um covarde impotente.

— Morrissey, *No. 1*, abril de 1984

Ao longo de 1984 tornou-se cada vez mais impossível — pelo menos no Reino Unido — abrir um jornal ou revista, ou ligar televisão ou rádio, sem ler, escutar ou ver Morrissey tagarelar. Todos os Smiths eram *charming* e *handsome*, para utilizar os adjetivos usados por Morrissey em títulos de músicas, mas o baterista e o baixista não falavam com a mídia, e apesar do fato de Johnny Marr ter se juntado a Morrissey na maioria das primeiras entrevistas, ficou rapidamente evidente quem fornecia o melhor material — e rapidamente gerava mais. Por mais que Marr tivesse aquele eterno olhar de despreocupação roqueira, ele estava muitas vezes escondido atrás de uma franja ou, principalmente ao longo de 1984, óculos escuros espelhados redondos; Morrissey apresentava seu rosto genuinamente bonito sem nenhum adorno, além dos ocasionais óculos, sua testa totalmente visível graças ao topete, e toda a sua sinceridade faziam dele um adereço visual reconfortante em revistas para adolescentes e no horário diurno da televisão.

Marr alegou não se importar com o fato de o vocalista logo ter roubado os holofotes. "Esse era outro exemplo de como Morrissey e eu trabalhávamos em sincronia", disse ele, preferindo ver aquilo como uma divisão ideal das responsabilidades de uma parceria. "Desde o começo, quando entramos no mundo pop, Morrissey chegou e se engajou, e aquilo demandava muita energia: acordar todos os dias em sua casa em Londres para lidar com aquilo — revistas como a *Smash Hits* e uma entrevista para David Jensen, e essa entrevista, e aquela entrevista. Era muito empolgante para ele, sem dúvida, e tenho certeza de que ele não teria escolhido fazer as coisas de forma diferente. Mas ele saía e levava essa energia, muita personalidade e muitas ideias, e entrava numa sala com todas essas outras estrelas pop e simplesmente tomava conta do lugar. Eu estava feliz por tocar guitarra. Nós dois estávamos... numa gangorra, até certo ponto. Eu apenas observava enquanto ele fazia aquilo, com admiração. Novamente, era como uma parceria: um de vocês sai e faz isso e um de vocês sai e faz outra coisa. 'Certo, nos encontramos na hora do chá, vamos nos reunir. Vou me ocupar preparando as demos das próximas músicas e você vai brigar com a *Smash Hits*.'"

A atenção da mídia era tão impregnante que havia a inevitável preocupação com uma overdose, mas Morrissey tomava o caminho oposto, dizendo à *Jamming!*, no começo de 1984: "Queremos alcançar tantas pessoas quanto for possível, mal começamos." Citando exemplos específicos de programas de entretenimento contemporâneos da TV britânica em que ele estava de olho, tanto os intelectuais quanto os que não tinham pretensões, ele insistiu: "Achamos que podemos fazer essas coisas e sair com muita credibilidade, porque somos pessoas muito determinadas e nossas crenças têm raízes profundas."

Suas convicções logo seriam testadas — e confirmadas. Ele apareceu no *Pop Quiz*, o game show autoexplicativo da BBC, ao lado de pessoas que ele (presumivelmente) preferiria chutar no olho. Lá, contorcendo-se em sua cadeira, numa "equipe" ao lado de Alvin Stardust e Kim Wilde, ele respondeu a perguntas muito fáceis sobre Billy Fury e o Echo and the Bunnymen, e visivelmente se retraiu quando foi sugerido que ele voltasse ao programa novamente. Ainda assim, compensou seu embaraço evidente ao participar do programa matinal *TV-am* e engatar numa conversa inteligente sobre sua oposição ao videoclipe. "É uma questão de princípios", disse ele. "Acho que é uma encenação, acho trivial e realmente acredito que o próprio disco deveria ser todo o apoio — se 'apoio' é a palavra — de que alguém poderia precisar."

De forma semelhante, ele e Marr fizeram parte de um pouco de exposição frívola na TV regional ao visitar a escola primária do guitarrista, Sacred Heart, em Wythenshawe, onde o irmão consideravelmente mais novo de Marr, Ian, aluno da escola, foi ("de forma anônima") selecionado pelos produtores para lhes perguntar: "Por que você segura flores quando canta?", e os produtores eram tão ignorantes ao fenômeno dos Smiths que escreveram seu nome na tela como Paul Morressey [*sic*]. Ainda assim, Morrissey aproveitou o momento para falar sobre algo que as crianças não entenderiam e criticar o sistema de ensino católico ao qual ele tinha voltado por um dia: "Muitas das letras que escrevo são sobre a escola e a péssima experiência que tive, e de uma forma estranha, é como se fosse uma vingança contra todos aqueles professores terríveis que tornaram minha vida infeliz. Então, acho que isso deveria ser uma lição para todos os professores da atualidade, de que eles realmente deveriam tratar seus alunos com o máximo de cuidado..." Mesmo uma expedição ridícula num ônibus de dois andares conversível com um grupo de alunos de uma escola primária (dessa vez incluindo o filho de Elvis Costello) para o programa de TV *Splat!* valeu a pena assim que eles chegaram a seu destino, Kew Gardens, quando Johnny Marr pegou seu violão, Sandie Shaw apareceu do nada para começar a cantar e, sentados de pernas cruzadas na grama, diante de uma plateia de crianças confusas, os dois apresentaram uma versão comovente de "Jeane".

Era a mesma história com a imprensa musical. Enquanto Morrissey permitia que as revistas *Smash Hits* e *No. 1* o retratassem com um efeito borrado no estilo galã e contribuía para colunas infantis como "Se eu fosse dono do mundo", ele também concordou com a sugestão da *No. 1* de se encontrar, em Liverpool, com seu rival na tagarelice, Ian McCulloch. O vocalista do Echo and the Bunnymen — surpreendentemente — admitiu se sentir ameaçado pelos Smiths ("Eles já vendem mais discos do que nós", disse, o que não era verdade) e, talvez para ganhar alguma garantia contra a língua afiada de Morrissey, acompanhou seu competidor de volta a Manchester depois. (Infelizmente, nada pareceu sair dessa potencial amizade.)

Definitivamente, embora Morrissey tivesse se mostrado adepto do papo-furado, não havia nada que ele amasse mais do que tratar de assuntos sérios na imprensa musical. "O ponto principal para mim é a solidão", explicou ele a Roger Morton, na *Debut*, confirmando que compunha "para pessoas que normalmente não iriam a shows, assistiriam à televisão, comprariam discos ou escutariam rádio". Esse era Morrissey, para quem a decisão de usar um aparelho de audição no *Top of the Pops* foi inspirada pela carta de um fã surdo e devidamente interpretada por outros seguidores como uma declaração de solidariedade com os menos afortunados da sociedade, o que poderia explicar por que, em sua próxima aparição no programa, em vez de usar suas habituais lentes de contato, ele estava ostentando óculos simples do sistema nacional de saúde — um ato simples, mas poderoso, de normalidade, que encorajou incontáveis telespectadores adolescentes a ter orgulho de sua visão prejudicada.

A solidão levou-o a falar de suicídio, dificilmente uma preocupação típica de um astro pop recém-coroado. "Há uma hora de cada dia, uma hora silenciosa, em que eu rezo por outro mundo", contou ele a Jim Shelley, na *Blitz*. Esse foi um assunto que ele tratou com mais detalhes em sua volta à imprensa gay, para uma entrevista na revista de Manchester

Square Peg. "Eu encaro o suicídio como uma coisa incrivelmente corajosa, ter o máximo de controle sobre seu corpo", disse. "Ainda assim, ridiculamente, o suicídio tem sido encarado como um transtorno severo de alguém que não sabe o que está fazendo. Sempre o vi como o auge da autoconsciência e do controle sobre o próprio destino." Durante esse período, esse era apenas um tópico de conversa; Morrissey começaria a tratar o assunto do suicídio em suas letras no ano seguinte, com resultados inevitavelmente polêmicos.

Embora os jornalistas ficassem, em geral, satisfeitos em dar espaço a tais assuntos, seu primeiro ponto de referência era tipicamente a sexualidade de Morrissey. O vocalista declarava surpresa em relação a isso — "concentrar-se num pequeno aspecto desagradável realmente menospreza todas as outras coisas que fazemos", disse ele à *Zigzag* —, embora a verdade fosse que quase todas as canções do primeiro álbum pareciam falar de sexo, de uma forma ou de outra. Inevitavelmente, o assunto de suas próprias atividades sexuais — ou melhor, da falta delas — era abordado em quase todas as entrevistas: "Eu anunciei que era celibatário... Então agora jornalistas me ligam todos os dias para ver se algo mudou", contou ele à *Jamming!* perto do fim do ano, e isso era apenas parcialmente uma piada. Perguntado pela *Square Peg* se o celibato era uma escolha ou um dilema, declarou: "Seria necessário algo muito importante e muito sério para me tirar desse mundo agora, acho." Ainda assim, quando Jim Shelley, da *Blitz*, perguntou se, "depois de sete anos de celibato", um caso amoroso seria necessariamente sem sexo, Morrissey respondeu: "Absolutamente... Medalhas de celibato não me interessam, não estou atrás de um troféu com uma inscrição especial."

Pelo menos o foco no celibato desviava a atenção do que ele via como insinuações sobre suas inclinações sexuais. "Odeio essa coisa de 'bicha festiva'", reclamou ele com Barney Hoskyns, da *NME*, sobre sua reputação pública no começo do ano. "Odeio esse ângulo, e é surpreendente que a imprensa gay tenha insistido [nisso] mais do que qualquer um. Odeio quando as pessoas falam comigo sobre sexo de uma forma trivial." Ele ficou, portanto, horrorizado pelo fato de um de seus perfis mais importantes até então, na *Rolling Stone*, para o qual o jornalista Jim Henke fora mandado especialmente a Londres, começar com a afirmação de que Morrissey "admite que é gay, mas acrescenta que também é celibatário". Morrissey tinha admitido muitas coisas ao longo de sua lua de mel estendida com a imprensa, mas homossexualidade não era uma delas, e Henke não mostrou nenhuma citação do vocalista que comprovasse aquilo. Mais tarde, no entanto, ele recebeu uma correspondência com repreensões de Morrissey, o qual entendia perfeitamente que a *Rolling Stone* tinha muita influência nos Estados Unidos e que seria necessário desmentir uma quantidade incrível de vezes para corrigir a declaração precoce de um "fato" numa publicação de tanto prestígio.[1] O que Morrissey parecia incapaz de compreender era que um grande número de fãs americanos de música alternativa, ansiosos por uma voz de autenticidade, conectou-se àquela entrevista como uma chave para outro mundo — ou, pelo menos, outro ponto de vista. Não é coincidência que, no incrível livro do músico e escritor Joe Pernice, *Meat is Murder*, o narrador (heterossexual) que está no ensino médio é censurado por seu irmão mais velho (homofóbico) com o seguinte insulto: "Meu Deus, essa música é infeliz demais para mim. Em vez de Morrissey você deveria escutar Morrison ou Clapton... E, sério, como alguém pode ser celibatário e gay ao mesmo tempo?" (O narrador responde: "Não sei, Jerry. Como você consegue?")

Henke não foi o único na *Rolling Stone* a fazer uma suposição sobre Morrissey. Na mesma edição da entrevista com o vocalista dos Smiths, Kurt Loder começou sua crítica (de quatro estrelas) de *The Smiths* com uma referência ao compositor de "Glad to Be Gay", Tom Robinson, antes de declarar que as letras de Morrissey "investigam as agruras diárias da vida num mundo de insinuações sobre a sexualidade" e a "algumas vezes cruel realidade da cena gay".

A questão da sexualidade de Morrissey era claramente impossível de ignorar — para fãs, críticos e até amigos, alguns dos quais achavam que sua insistência em se apresentar como celibatário era uma fachada. "Eu sabia que ele era gay desde o início", disse Amanda Malone. "Acho que se ele tivesse dito que era gay, teria ficado tudo bem e que, se ele tivesse dito que não era gay, ficaria tudo bem, mas quando ele se estabeleceu como celibatário foi muita tolice — porque não acredito que ele fosse."

"Acho que isso veio de uma exposição verdadeira à literatura feminista sobre homens tendo um lado feminino e a sexualidade sendo fluida", disse Liz Naylor sobre a defesa de Morrissey do "quarto sexo", como na primeira entrevista reveladora à *Sounds* e periodicamente depois disso. "Acho que isso vem de uma espécie de lugar intencional... Ideias assim eram interessantes intelectualmente. Então, a ideia do celibato é um experimento intelectualmente estimulante... Mas, no que diz respeito à sua própria sexualidade, o que eu sabia do assunto não era realmente coerente com o que era apresentado."

Ainda assim, pelo menos um de seus companheiros de banda insistia no contrário. "Tudo o que ele dizia naquela época, nesse sentido, ele vivia", disse Johnny Marr. "Não era postura. E isso pode ou não ter sido ruim para ele! Mas, apesar disso, o que ele estava dizendo era verdade. Não havia ninguém com ele." De qualquer forma, apesar de Morrissey e Marr passarem uma parte tão grande de sua vida profissional juntos — ou, pelo menos, como foi mencionado anteriormente, desempenhando seus papéis individuais na parceria —, eles tinham horários muito diferentes. Marr era um notívago sociável e Morrissey uma pessoa diurna, na maior parte do tempo isolada. E Marr tinha que admitir que, como um jovem rapaz romanticamente seguro e heterossexualmente ativo na época, ele não prestava atenção especial ao impacto emocional das declarações de Morrissey em relação ao celibato, tanto em relação ao próprio vocalista quanto ao público em geral. "Acho que eu não tinha idade suficiente para entender as dificuldades pelas quais alguns adolescentes passam. Sempre é possível se identificar. Mas eu não conhecia aquilo como uma síndrome, ou parte da vida. E acho que isso foi uma coisa muito, muito saudável e verdadeiramente brilhante... Foi algo de uma grande força. E original. O vocalista de uma banda de rock dizer aquilo era muito, muito bacana."

Era mesmo, e podia-se esperar que Morrissey fosse entender que as ocasionais citações equivocadas ou interpretações erradas eram um preço pequeno a se pagar por tanta publicidade gratuita. Mas ele claramente não pensava assim. Além de escrever para Henke, em julho ele escreveu para os produtores do *Ear Say*, um famoso programa de TV britânico para o qual ele havia sido entrevistado, tanto sozinho quanto com Sandie Shaw, para dizer que estava profundamente magoado pelo fato de [o apresentador] Nicky Horne tê-lo descrito como o "Quentin Crisp do pop". Muitos jovens da Grã-Bretanha não faziam ideia de quem era Quentin Crisp, e os que sabiam quem ele era, provavelmente, o consideravam um excêntrico britânico afeminado, alguém que Morrissey poderia muito bem admirar. Aparentemente não. "Todos sabem o que está subentendido por trás dessa declaração", escreveu ele, "deduções que Nicky Horne (ou qualquer outra pessoa) nunca poderia justificar seriamente... Eu nunca conseguiria começar a explicar a vergonha que esse comentário me causou e como isso aborreceu outros integrantes dos Smiths e nossas famílias."

A recusa de Morrissey em se declarar foi motivada, em grande parte, por uma determinação sensata de evitar ser estereotipado. "Sinto que, poeticamente, falo por todos — pelo menos tento", insistiu ele em (mais) uma matéria de capa para a *Melody Maker*, no fim de uma denúncia contra o Bronski Beat. A banda surgira no início de 1984 com um vocalista declaradamente gay, Jimi Somerville, e seus singles de sucesso ("Smalltown Boy" e "Why") eram discussões igualmente transparentes da homossexualidade masculina, proclamadas por muitas pessoas, tanto gays quanto heterossexuais, como um ato de significativa bravura. Morrissey não ficou impressionado. "Como resultado direto de minha atitude no que diz respeito a relacionamentos, nosso público é dividido sexualmente de forma igual", disse ele. "Isso é algo que me satisfaz enormemente. É por isso que eu me sinto tão triste em relação a grupos como o Bronski Beat, que é tão impregnado de masculinidade e imediatamente afasta cinquenta por cento da humanidade." Na verdade, o Bronski Beat tinha um grande apelo com ouvintes do sexo feminino, e a posição de Somerville também não se mostrou nenhum entrave imediato à divulgação via rádio nos Estados Unidos. Na verdade, o sucesso nos Estados Unidos do Bronski Beat, do Soft Cell, do Culture Club e do Frankie Goes to Hollywood, todas bandas cujos vocalistas eram declaradamente ou reconhecidamente gays, sugeria que Morrissey não tinha nada a temer em relação à afirmação da *Rolling Stone* e à insinuação de outros, tirando sua própria insistência pessoal no fato de eles estarem enganados.

A entrevista da *Rolling Stone* era parte de uma enxurrada de divulgação em publicações importantes que acompanhou o lançamento de *The Smiths* em 1984; reconhecendo que algo especial estava acontecendo no Reino Unido com essa banda, nenhuma das publicações respeitáveis dos Estados Unidos (incluindo a *Creem*, a *Musician* e o *New York Times*) queria ser vista dormindo no ponto. Embora a atenção da imprensa não tenha se traduzido em vendas notáveis, isso aconteceu, em parte, por culpa dos próprios Smiths, que numa decisão arriscada, porém, no fim das contas, inteligente, recusaram a oportunidade de sair em turnê pelos Estados Unidos. "A não ser que sejamos realmente desejados lá", como Morrissey explicou à *Musician* naquela primavera, acrescentando, talvez como advertência, tanto para companheiros de banda quanto para fãs, que "sair em turnê consome tempo, destrói a alma e acaba com a saúde".[2] Então, em vez de subir num palco de shows americanos, Morrissey ocupou a plataforma da imprensa; depois de conseguir afastar Jim Henke do assunto de sua identidade sexual, ele usou o perfil da *Rolling Stone* para emitir sua citação mais ofensiva até então, e o fato de ele ter usado uma referência americana sugere que aquilo foi premeditado. "Toda a história de Margaret Thatcher é de violência, opressão e horror", disse ele a Henke. "Ela é apenas uma pessoa e ela pode ser destruída. Rezo para que exista um Sirhan Sirhan em algum lugar."

O comentário repercutiu com força na Grã-Bretanha. Mesmo aqueles que pessoalmente concordavam com ele ficaram surpresos com o fato de Morrissey ser capaz de declarar tal opinião publicamente, mas ele permaneceu firme e consistente em suas ideias. Quando o IRA bombardeou o Grand Hotel, em Brighton, durante a conferência anual do Partido Conservador, em 12 de outubro de 1984, Morrissey rejeitou a noção de compaixão pelas cinco pessoas mortas e as dúzias de feridos no ataque, insistindo, em vez disso, numa matéria de capa para a *Melody Maker* afirmando que "a tristeza do atentado de Brighton é que Thatcher tenha escapado ilesa. É triste que ela ainda esteja viva... Acho que pela primeira vez o IRA foi preciso na seleção de seus alvos". Com uma turnê de nove datas agendada no mês seguinte, o comentário de Morrissey, instantaneamente republicado em todas as formas de mídia, forçou o emprego de segurança pessoal, especialmente para os shows no norte predominantemente protestante. Denis Desmond, da MCD, recomendou Jim Connolly, que se mostrou tão bom em seu trabalho a ponto de, em seguida, ser colocado na folha de pagamento das turnês como oficial de segurança, uma presença protetora ao lado de Morrissey ao longo da carreira dos Smiths e depois do fim da banda. (Os shows irlandeses ocorreram pacificamente, apesar de, em Dublin, Peter Morrissey, que voltara à sua cidade natal, ter aparecido nos bastidores e ter sua entrada no camarim negada. Os Smiths consideravam aquele um espaço sagrado, não um lugar para confraternizações ou reuniões de família.)

Os comentários de Morrissey sobre o IRA e Thatcher serviram apenas para aumentar o antagonismo com a mídia direitista, e o jornal *The Sun* (novamente) procurou se vingar, quando o irmão de John Kilbride, uma das vítimas dos *Moors Murderers*, ouviu "Suffer Little Children" num jukebox, em 1984 (certo orgulho com relação à versão do disco fez com que ela fosse selecionada como lado B de "Heaven Knows I'm Miserable Now"), e acusou os Smiths de sensacionalismo de mau gosto. O jornal prontamente convocou Anne West, mãe da vítima Lesley Ann Downey, para a manchete MÃE DE CRIANÇA MORTA PELOS ASSASSINOS DO PÂNTANO ATACA MÚSICA SOBRE ASSASSINATO e uma citação poderosa: "Quem quer que tenha escrito a música deve ser tão doente quanto os assassinos. É apenas dinheiro sangrento." Mais ainda do que as acusações de pedofilia do ano anterior, a última acusação do *Sun* era completamente injustificada. "Suffer Little Children", como Scott Piering escreveu num futuro release de imprensa em nome da Smithdom (a empresa estava agora registrada na Collier Street, e Piering estava claramente autorizado a representá-la), "foi composta com profunda emoção por Morrissey, nascido em Manchester, o qual sente que o crime particularmente horrendo descrito por ela deve ser mantido na consciência de Manchester e que nunca deve ser esquecido, para que não aconteça novamente". Além disso, Morrissey escreveu uma carta para o Sr. Kilbride e conversou pessoalmente com a Sra. West, a qual ficou tão profundamente impressionada com sua sinceridade que retirou os comentários e os substituiu por uma reviravolta: "Morrissey pode compor uma música sobre minha filha quando quiser." Alguns danos tinham sido causados àquela altura: graças ao fato de o *Manchester Evening News* ter seguido cegamente os passos do *Sun*, as cadeias de lojas Woolworth's e Boots tinham removido o LP *The Smiths* de suas prateleiras, e os Smiths foram obrigados a fazer uma (miserável) doação de 400 libras à Royal Society for the Prevention of Cruelty to Children como forma de penitência antes de qualquer uma das lojas voltar a disponibilizar o disco. Mas coisas melhores saíram disso tudo. Morrissey tinha sido colocado no banco dos réus pelo *Sun* e acusado de ser um inimigo público — mas, com sua insistência em desafiar as acusações e explicar seu ponto de vista, ele havia se mostrado, pelo contrário, o amigo do povo.

CAPÍTULO

VINTE E CINCO

É fácil se afastar cada vez mais dos conjuntos habitacionais e é possível que alguém se esqueça de como se sentiu durante 24 anos antes de tudo acontecer. Pode-se ficar bastante deslumbrado com as luzes. Bem, nunca foi nossa intenção fazer isso.

— Morrissey, *Jamming!*, dezembro de 1984

C hegando ao fim de 1984, depois de menos de um ano na capital britânica, todos os Smiths se mudaram de volta para Manchester. Foi uma decisão consciente, pela qual Marr assumiu a responsabilidade. O retorno ao norte nasceu parcialmente da necessidade de fugir dos boatos da capital, do circo da mídia e da tentação de infinitas reuniões de negócios, mas, acima de tudo, nasceu de um desejo de se reconectar aos amigos de Manchester, suas influências e o ambiente que os havia cercado enquanto cresciam. Havia uma sensação de que, tendo se tornado conhecidos em escala nacional, eles podiam voltar para casa com as cabeças erguidas. Também havia o fato de que Morrissey e Marr tinham ganhado dinheiro suficiente para comprar casas — pelo menos nos subúrbios de Manchester, se não no centro de Londres. A de Marr era a metade de uma casa paroquial na Marlborough Road, em Bowdon, perto da escola de Altrincham, e ele e Angie rapidamente transformaram o lugar em "casa de máquinas" do grupo, no estilo do ídolo de Marr, Keith Richards, chegando ao ponto de ele estar com sua guitarra pendurada no ombro mesmo na cozinha, "todos os roadies dormindo no chão", e de eles terem dois pastores alemães para companhia e segurança. Todos ficavam acordados até tarde, o clima era barulhento e os vizinhos da casa paroquial sem dúvida ficaram perplexos, mas aquilo serviu para dar ao grupo um quartel-general, que lhes fazia muita falta em Londres, e teria um efeito positivo imediato nas composições e gravações dos Smiths.

Morrissey optou por uma rua sem saída no vilarejo próximo de Hale Barns, perto das quadras de tênis e do campo de golfe locais. A casa isolada que ele comprou era surpreendentemente parecida com a casa geminada na Kings Road, que agora ficava apenas na memória, pois ele também instalou sua mãe na nova moradia, de onde ela cuidava dos negócios e dos visitantes quando ele estava ocupado com outras coisas em Londres.[1] Ele não tinha nenhuma vergonha da relação próxima que os dois tinham, tendo dito à *Melody Maker*, apenas alguns meses antes: "Ela analisa com detalhes tudo o que acontece. Ela lê cada uma das entrevistas. Ela produz longos monólogos... Ela está muito, mas muito envolvida com o que faço. E a dela é a única opinião que eu levo minimamente a sério." (É provável que ele não tenha tido a intenção de deixar seu parceiro, Marr, de fora dessa equação.)

Com a mudança de cidade, veio a percepção de que seu segundo disco não poderia ser como o primeiro, cheio de falhas, tampouco como os singles que o seguiram, por mais brilhantes que fossem. A maior qualidade de John Porter, como eles descobriram — tratar cada música como um possível single de sucesso —, era também seu principal inconveniente, porque nem todas as músicas precisavam de uma abordagem tão comercial. Os Smiths agora viam a necessidade de lidar com seu último lote de canções como um álbum, uma obra coerente que os levaria ao próximo estágio como *artistas*, mesmo que isso atrapalhasse a venda de singles. Para aquilo acontecer eles precisavam não apenas se mudar de volta para Manchester, mas também voltar a gravar no norte. Acima de tudo, precisavam assumir a responsabilidade pelo processo.

"Talvez Morrissey acreditasse mais em mim do que eu mesmo", disse Marr, que achava que qualquer decisão de produzir por conta própria um disco como *The Smiths* acabaria caindo em suas costas. Apesar disso, disse ele, a decisão foi tomada rapidamente. "Foi apenas: 'Certo, então sou capaz de fazer isso.' Então muitas coisas não tiveram que ser discutidas por horas e horas, porque estávamos exatamente na mesma página."

Ou, como disse Morrissey: "A ideia era controlar aquilo totalmente e, sem um produtor, as coisas eram melhores. Vimos tudo de forma mais clara."

John Porter via as coisas de forma igualmente clara: ele tinha sido demitido e, em sua opinião, a mando de Morrissey. No começo de sua relação de trabalho o vocalista lhe mandava cartões-postais, "me agradecendo por ajudá-lo", mas, quase imediatamente, disse Porter, "ele pareceu ficar desconfiado de mim. E acho que o fato de Johnny e eu sermos tão próximos, de andarmos juntos e fumarmos montes de maconha juntos... nós tínhamos nos tornado bons amigos. Acho que Morrissey pensou que eu talvez estivesse escolhendo lados dentro da banda". Ciente dessa divisão detectada, disse ele: "Realmente tentei trazer Morrissey para junto de nós, para que fizéssemos algo a três. Eu sabia que aquilo apenas melhoraria as coisas. E eu, provavelmente — sem ter declarado isso na época —, sabia que, se eu não fosse capaz de fazer aquilo, não haveria nenhum futuro para mim de qualquer forma." Num gesto de amizade, Porter inclusive convidou Morrissey para jantar em sua casa, e sua esposa, Linda Keith, "preparou um *delicioso* banquete vegetariano. E ele simplesmente não apareceu. Ele não telefonou, não disse 'Não vou poder ir', simplesmente não apareceu". A conclusão de Porter? "Não acho que Morrissey gostava muito de mim."

Na opinião do guitarrista: "eu teria deixado [John Porter] produzir tudo." Vista à luz de tal comentário, a insistência do vocalista em se livrar de Porter, no fim de uma série de quatro singles consecutivos no top 20, e exatamente no momento em que o produtor tivera todo o trabalho para gravar dois lados B que estavam sendo saudados como as melhores gravações da carreira dos Smiths, pareceu nada menos que insensível.[2] Mas, embora Morrissey nem sempre cuidasse de suas decisões da forma certa, seus instintos até aquele momento tinham se mostrado corretos e estavam prestes a ser confirmados novamente quando ele sugeriu que eles contratassem Stephen Street, que os Smiths tinham conhecido no estúdio da Island Records quando ele trabalhou na sessão de "Heaven Knows I'm Miserable Now".

Street tinha 24 anos na época — mais velho do que todos os Smiths, exceto Morrissey, mas mais de uma década mais jovem do que John Porter. Era um músico capaz, que fora baixista da banda de pop/ska Bim, e tinha abandonado o circuito de shows havia dois anos para se concentrar no que acreditava ser seu primeiro amor, o estúdio de gravação. E por ser parte de sua geração e estar sujeito às mesmas influências e experiências do pós-punk, ele já era fã dos Smiths quando teve chance de trabalhar com eles. (Na verdade, ele se voluntariou para a sessão do single.) "Havia algo mágico ali logo de cara", disse ele sobre conhecer a banda. "A forma de tocar guitarra de Johnny era fantástica. E havia algo em Morrissey. Pela forma como ele se portava e a forma como ele agia em geral, dava para perceber que ele estava ficando bastante acostumado à ideia de aparecer no *Top of the Pops*. Havia, definitivamente, um ar de estrela emanando dele."

A presença de Street no estúdio da Island Records tinha imediatamente feito soar um alarme dentro de Porter. "Assim que Morrissey entrou, ele olhou para Steve e eu pensei: 'É isso, você ficou sem emprego.'"

Quando, no fim da sessão, Morrissey pediu o telefone do engenheiro de som e, principalmente, quando foi oferecido a Street "agradecimentos especiais" atrasados na capa de "William", a decisão estava tomada.

"Lá estava alguém que era cauteloso, muito entusiasmado, inteligente e obviamente muito talentoso", disse Marr, defendendo a contratação de Street. "E ele parecia um de nós." Em outubro, Street foi nomeado engenheiro de som para o segundo álbum dos Smiths e se mudou para uma longa estadia num hotel de Manchester. De lá ele se juntava ao grupo numa viagem de carro diária, na Mercedes branca maltrapilha da banda, até o Amazon Studios, em Kirby, nos arredores de Liverpool, onde o Echo & the Bunnymen tinha gravado grande parte de seu álbum de sucesso, *Porcupine*. As sessões foram surpreendentemente rotineiras. Às oito horas, na maioria das noites, Morrissey estaria pronto para voltar a Manchester e, como o grupo estava sendo transportado junto, como uma equipe, aquilo significava que todos voltavam com ele. Aquilo convinha a Street; apesar de sua juventude, ele não era favorável às sessões de Porter, que varavam a madrugada. "Se você vira a noite, tudo o que acaba fazendo é começar cada vez mais tarde no dia seguinte. Você não produz mais. Um dia de dez horas de trabalho é o suficiente para mim."

Assim que começaram a trabalhar juntos, Street reconheceu o óbvio: "parte da razão pela qual Morrissey não queria trabalhar com John Porter era que ele achava que [Porter] estava dando muita ênfase às guitarras e não o suficiente a seus vocais". Morrissey e Street logo ficaram confortáveis juntos, em parte porque o novo engenheiro de som estava disposto a parar tudo quando Morrissey dissesse que estava pronto para cantar e a trabalhar dentro dos limites do vocalista. "Em nove de cada dez vezes, eu conseguia gravar em três takes ou menos", disse Street, embora, com igual frequência, ele tivesse que juntar versos diferentes de takes diferentes para conseguir o melhor vocal possível. "Podiam [inclusive] ser palavras dentro de versos", disse ele.

Ao longo das sessões do álbum, a inexperiência do engenheiro de som o fez aceitar um vocal desafinado que acabou impedindo que a música em questão — "I Want the One I Can't Have" — se transformasse no que seria um single com potencial para tocar no rádio. (Morrissey a havia anunciado como o próximo single de 45 rotações da banda na turnê irlandesa, no fim de 1984, depois que a maior parte do álbum já havia sido gravada.) Mas aquilo era parte do apelo do vocalista. "Você tinha uma sensação de performance dele", disse Street. "Não dá para superar isso. Eu preferia que estivesse um pouco fora do tom e que fosse uma verdadeira performance a ter a nota perfeita completamente sem emoção."

Enquanto se acostumava à sua relação profissional com a banda, Street sentiu que Marr poderia estar agora compensando excessivamente por seus hábitos anteriores com Porter. "Eu sempre tinha a impressão de que Johnny estava sendo muito econômico", disse Street. "Ele não estava gravando várias guitarras só por gravar."

"Deixamos muita música pairando no ar", confirmou Marr, citando a balada "Well I Wonder" como o exemplo principal. "Ela, intencionalmente, tem uma sensação de suspensão e é muito delicada. Eu poderia ter acrescentado muitos *overdubs* naquela canção, mas a deixei como estava." "Well I Wonder" acabou sendo baseada num violão com uma levada simples (junto com bateria, baixo e efeitos sonoros para criar textura), acompanhando a letra minimalista e miserável de Morrissey, roubada, em grande parte, do romance *By Grand Central Station I Sat Down and Wept*, de Elizabeth Smart (embora isso não fosse um problema para as pessoas que descobriram), e que tinha um vocal final em falsete que soava muito menos forçado do que tentativas anteriores. O som da chuva caindo no fim da música era, disse Marr, "o som de se mudar de volta para o norte". Para Marr a sensação que o álbum que eles estavam gravando passava era de que fora "feito numa propriedade industrial num inverno muito, muito úmido de Liverpool. E estávamos muito drogados. É música de drogados". A dura realidade do Amazon Studios, no entanto, era não ser um estúdio à altura. Stephen Street chegou a implorar para que a banda se mudasse para um estúdio melhor, e *overdubs* futuros, mixagem e, de acordo com Street, toda a gravação de duas músicas foram feitos no Ridge Farm Studios, no condado de Surrey, cercado de árvores.[3]

O grupo tinha chegado ao Amazon com três músicas completamente testadas na estrada: a já antiga "Barbarism Begins at Home", além de "Nowhere Fast" e "Rusholme Ruffians", que tinham sido gravadas em demos com John Porter e foram, então, gravadas com ele numa terceira

Peel Session, em agosto.[4] Foram os ritmos rockabilly dessas duas novas músicas — ou o que Morrissey chamou de "aquela pegada da Sun Records" —, não o exercício funk da mais antiga, que deram a indicação mais clara da nova direção da banda no estúdio. Em relação às letras, também essa dupla ajudou a dar o tom do novo álbum, pois Morrissey estava evidentemente determinado a se afastar de temas dos Smiths que já tinham se tornado clichês — seus supostos hábitos sexuais (ou a falta deles) —, enquanto traziam uma afinidade ainda mais próxima aos dilemas, aos hábitos e aos alvos políticos das classes trabalhadoras. Em "Nowhere Fast" ele começava a segunda estrofe com a afirmação "I'd like to drop my trousers to the Queen, every sensible child will know what I mean" [Eu gostaria de abaixar minha calça para a rainha, qualquer criança sensata saberá o que quero dizer]. O espírito sugeria um elemento teatral do *music hall*, um estimado traço britânico que se estendia dos contemporâneos dos Smiths, Madness, aos Kinks e a George Formby, sendo que o último foi citado por Morrissey numa entrevista como "um dos maiores letristas de todos os tempos". (Isso também ajudou a abrir o caminho para o tema do terceiro álbum.)

"Rusholme Ruffians" era uma ode aliterativa aos "parques de diversão itinerantes" da Manchester da infância dos Smiths. Embora as lembranças que Marr tinha de tais eventos fossem calorosas, de ser deixado sozinho com sua irmã para curtir a música pop que tocava alto nos brinquedos do Wythenshawe Park, as de Morrissey eram de violência gratuita, de levar cabeçadas sem nenhuma razão em Stretford, e, como ele era o letrista, foram suas lembranças que prevaleceram. Na primeira estrofe, "a boy is stabbed and his money is grabbed" [um menino é esfaqueado e seu dinheiro é roubado], enquanto, mais adiante, "someone falls in love and someone's beaten up" [alguém se apaixona e alguém apanha] e uma menina pensa em suicídio no topo do brinquedo. Aquela era, de longe, a maior e mais literal letra de Morrissey até ali, e seu fascínio pela violência era visível, na medida em que, apesar de fazer seu narrador ir sozinho para casa, exatamente como tinha feito em "How Soon Is Now?", nesse caso ele estava animado com a experiência em vez de querer morrer, proclamando: "My faith in love is still devout" [Minha fé no amor ainda é sincera].[5] Reduzida em mais de dois minutos da versão exuberante da demo feita com John Porter, "Rusholme Ruffians" apresentava uma homenagem tão óbvia a "(Marie's the Name) His Latest Flame", de Elvis Presley, que o grupo logo incluiria uma parte dessa música na versão ao vivo.

Apenas por seu título, sem falar na letra, "Rusholme Ruffians" exacerbava a sensação de que o novo álbum seria uma empreitada mais nortista e física. ("Acho que a forma como componho é muito característica do norte", disse Morrissey na época. "Não estou nem um pouco infectado por Londres ou pelo sul.") Nesse sentido, é notável que "What She Said" — um ataque frenético de menos de três minutos com guitarras como serras elétricas e viradas de bateria constantes que anunciavam uma tensão previamente inexplorada nos Smiths — mencionasse "um rapaz tatuado de Birkenhead", o porto de Liverpool, a apenas alguns quilômetros do Amazon Studios. Mas a declaração geográfica mais poderosa foi reservada para o verso inicial da primeira música do disco, "The Headmaster Ritual": "Belligerent ghouls run Manchester schools" [Espíritos bélicos dirigem as escolas de Manchester].

"The Headmaster Ritual" era essencialmente uma descrição literal da rotina diária em St. Mary's, desde as importunas inspeções diárias de uniforme de Jet Morgan às táticas de intimidação de Sweeney nos campos de futebol. Mas, apesar de se passar em Manchester e de vir da experiência pessoal de Morrissey, a música seria reconhecida universalmente, por resumir as emoções de tantas pessoas da mesma geração do grupo. Ao admitir que "I wanna go home, I don't want to stay, give up life as a bad mistake" [Quero ir para casa, não quero ficar, desistir da vida como um grande erro], por exemplo, Morrissey imediatamente ganhou a simpatia daqueles que tinham temido diariamente ir à escola, todos eles tendo sofrido pessoalmente nas mãos de professores agressivos e colegas violentos. Ainda assim, quando ele então adaptou o verso inicial na segunda estrofe, para cuspir as palavras "spineless bastards all" [todos desgraçados covardes], aquilo foi o equivalente poético a enfrentar tais brutamontes. Com os outros integrantes dos Smiths apoiando-o de forma tão confiante — a introdução de um minuto apresentava os canais de guitarra mais habilidosos de todo o disco sobrepostos de forma densa, justificando, imediatamente, a decisão de produzir o disco por conta própria —, Morrissey foi capaz de mudar para um acompanhamento vocal puramente fonético, do tipo que tinha soado tão falso no passado, mas que ele agora usava como uma segunda pele. E, quando o Departamento de Educação de Manchester, mais adiante, demonstrou ressentimento público com "The Headmaster Ritual", sugerindo que eles deveriam tentar banir os Smiths de tocar dentro dos limites de Manchester como consequência, aquilo serviu como confirmação de que o ataque tinha acertado o ponto fraco — e de que, dessa forma, tinha sido totalmente eficaz.

No passado, Morrissey tinha sido acusado de obscurecer seus objetivos poéticos, de esconder o que queria dizer por trás de muitas metáforas, e se "The Headmaster Ritual", intencionalmente, abria o segundo álbum como uma declaração (atrasada) de clareza absoluta, ela foi, contudo, superada nesse sentido pelo final inequívoco do disco, o que lhe deu seu nome: a música "Meat Is Murder". O vegetarianismo em si estava longe de ser um tabu em 1984, e Morrissey não era o único de seu círculo a não comer carne: sua mãe, Betty; Angie Brown; Grant Showbiz; Sandie Shaw; a banda James e, mais recentemente, o próprio Johnny Marr, todos tinham feito seus próprios compromissos de se abster. Os integrantes da banda James, em particular, tinham causado todos os tipos de divertimento ao levarem um fogão a gás na estrada e preparar suas próprias refeições na van. (Talvez não seja insignificante que o James e Sandie Shaw tenham tentado fazer os Smiths, especialmente Morrissey, empregarem meditação como uma forma de lidar com a pressão intensa, com as críticas e as responsabilidades que vinham com a fama — e tenham fracassado na tentativa.) Em comparação, os Smiths nem eram lactovegetarianos rígidos: Stuart James tinha ficado surpreso ao ver Morrissey comendo peixe nas turnês de meados de 1984 e Marr pedia sanduíches de atum para o camarim. Além disso, coletivamente, eles consumiam tanto leite, queijo e ovos que podiam ser uma banda patrocinada pela indústria de laticínios, a qual confinava os animais. E eles usavam produtos animais com frequência. Ainda assim, Morrissey tinha passado a ver seu vegetarianismo como um ato não apenas de orgulho, mas de princípio, e insistia que aqueles à sua volta seguissem seu exemplo. Mike Joyce achou a transição mais fácil do que Andy Rourke, mas o resultado do decreto foi solidariedade suficiente para que Morrissey pudesse, agora, cantar sobre sua cruzada em favor dos animais com os Smiths não apenas ao seu lado, mas dando apoio total a ele.

Ter o apoio de sua banda era crucial. Morrissey sabia perfeitamente bem que ele corria o risco de alienar pelo menos noventa por cento de seu público com *Meat Is Murder* e, mesmo assim, aquele era um risco que ele não apenas estava disposto a assumir, mas, ao dar esse nome ao disco, pelo qual ele estava disposto a apostar a carreira da banda. "O artista deve educar o crítico", Wilde escrevera, o que Morrissey citaria como frase preferida de seu ícone mais confiável. Ele começou o processo de educar não apenas os críticos (dos Smiths), mas também o público em geral, sem sutileza, sem perdão e sem culpa; em vez disso, começou a impor culpa sobre os carnívoros, mesmo aqueles que estavam jogando flores aos seus pés.

Nesse sentido, futuras acusações de que a música "Meat Is Murder" era dogmática podem ter sido precisas, mas elas também erravam o alvo. O alvo era simples: carne *é* assassinato. "The calf that you carve with a smile" [O novilho que você corta com um sorriso]? Assassinato. "The turkey you festively slice" [O peru que você fatia em clima festivo]? Assassinato. "The flesh you so fancifully fry" [A carne que você frita de forma tão pomposa]? Assassinato. "It's not 'natural', 'normal', or kind" [Não é natural, normal ou gentil], insistia Morrissey, isso é "assassinato". Enfeitar o tema com tons mais reconfortantes teria sido o equivalente a enfeitar a carne de uma "linda criatura" com tomates e alface, colocando-a num pão e a apresentando ao consumidor como algo diferente do que Morrissey acreditava que fosse: assassinato.

Se havia um verso na música que fracassava ao enfrentar a análise do público era que "death for no reason is murder" [morte por nenhuma razão é assassinato]. Morte por acidente de carro, por câncer no cérebro ou num incêndio em casa podiam ser interpretadas como morte "por nenhuma razão" e, ainda assim, certamente não como assassinato. Por outro lado, Morrissey não era afeito à análise externa de suas palavras e, para um vocalista que tinha ido tão longe no rebuscamento lírico, o fato de apenas um verso desafiar a lógica era extraordinário.

Quando chegou a hora de pensar na parte musical de "Meat Is Murder", Morrisey contou a Marr tanto sobre o título quanto sobre o conceito com antecedência, e o guitarrista produziu algo atipicamente sem vida, pesado, mecânico e "perverso" — tanto que levou algum tempo até ele perceber que a música fora composta em compasso 6/8, o ritmo de suas baladas nostálgicas e melancólicas. Morrissey, então, deu a Stephen Street um disco de efeitos sonoros da BBC com vacas mugindo e perguntou ao engenheiro de som se ele poderia fazer aquilo soar como um abatedouro. Street, para sua satisfação pessoal e profissional, teve sucesso ao adicionar outros sons incidentais ao da vaca e passá-los por um efeito de eco reverso. Aquilo foi mixado junto dos acordes de guitarra simples e do piano de Marr, que soava como se tivesse sido gravado originalmente para um filme de terror. O arranjo final não era particularmente mirabolante, abrasivo ou mesmo ríspido. Mas, com mais de seis minutos de duração, "Meat Is Murder" era tão implacável com seus ouvintes quanto Morrissey com carnívoros. Mesmo aqueles cujos hábitos alimentares foram profundamente afetados ao escutar a música tendiam a expressar alguma forma de alívio quando ela terminava.

Era música como propaganda e, dessa forma, não encontraria lugar numa grande gravadora. Mas os Smiths estavam na Rough Trade, cujo braço de distribuição lançava artistas como Crass, Flux of Pink Indians e outras bandas anarco-punk com mensagens igualmente intransigentes e tinha um grande número de funcionários vegetarianos ou veganos como produto natural de suas visões políticas e/ou de seu estilo de vida.[6] A notícia de que a galinha dos ovos de ouro do selo lançaria um disco com um título tão militante foi, portanto, recebida, em algumas salas da Collier Street, com entusiasmo genuíno. A coisa ficou ainda mais séria quando Morrissey entregou seu projeto para a capa do álbum: a imagem de um soldado americano no Vietnã, tirada do polêmico documentário de 1968, *In the Year of the Pig*, com o título do disco, *Meat Is Murder*, escrito no capacete do soldado no lugar do lema original: "Make War, Not Love" [Faça guerra, não faça amor], a foto repetida quatro vezes como uma serigrafia de Andy Warhol. Por seu design simples de duas cores quase amador, aquilo podia ser a capa de um LP de qualquer banda política distribuída de forma independente da era do pós-punk. Aconteceu de ser dos Smiths, a maior de todas elas, e serviu como confirmação de que, apesar de toda a sua popularidade no *mainstream*, aquele não era um grupo com nenhuma intenção de ceder.

CAPÍTULO

VINTE E SEIS

Na minha opinião, a música popular ainda é a voz da classe trabalhadora, fúria coletiva, de certa forma, ainda que frequentemente dominada pela angústia. Mas essa de fato parece ser a única oportunidade para alguém com o passado de proletário se apresentar e dizer o que pensa. É realmente o último refúgio para humanos articulados, mas sem dinheiro.

— Morrissey, *NME*, dezembro de 1984

No final de cada ano, no Reino Unido, enquanto os jornais musicais compilavam suas listas de críticos e leitores, John Peel fazia uma pesquisa com seus ouvintes da Radio 1 sobre as músicas favoritas do ano. Como um barômetro dos gostos do *mainstream*, o "Festive Fifty" era verdadeiramente marginal, e esse era exatamente seu objetivo; Peel foi, para uma geração ou mais no Reino Unido (e no resto do mundo, através do BBC World Service), o árbitro de tudo o que era bom (não meramente popular) na música moderna. No fim de 1983, "This Charming Man" tinha ficado em segundo lugar no Festive Fifty, atrás de "Blue Monday", do New Order, uma confirmação oportuna da chegada das duas bandas de Manchester às paradas pop. Em 1984, os Smiths ficaram em primeiro lugar com "How Soon Is Now?".

Os ouvintes de Peel não eram os únicos a acreditar que o lado B dos Smiths era a melhor música do ano. Uma história parecida estava se desenrolando nos Estados Unidos, onde "How Soon Is Now?" tinha se mostrado instantaneamente popular como produto importado, principalmente nas festas alternativas, mas também nas estações de rádio que já conheciam a banda. A Sire decidiu lançar a música como um single de 12 polegadas, tendo como lados B uma edição terrível de uma versão do single de 7 polegadas e a música "Girl Afraid"; sem ter um projeto para a capa, o selo aprovou um que pegava a imagem do interior da capa dupla de *Hatful of Hollow* e a envolvia na capa do single de 12 polegadas. (Essa foi a única capa de toda a história dos Smiths, em qualquer lugar, a ter a banda na parte da frente.) Enquanto isso, o licenciado da Rough Trade para a Holanda e a Bélgica também tinha decidido fornecer o óbvio ao lançar "How Soon Is Now?" como um single de 7 polegadas (essa versão, felizmente, terminando em fade-out em vez de ser editada) cujas cópias logo apareceram nas lojas do Reino Unido.

E então, no começo do ano, enquanto todos na Rough Trade se sentavam para planejar o marketing do maior lançamento na história do selo, eles ficaram distraídos por algo que viram como negócios inacabados. No exato momento em que deveriam estar descobrindo qual das nove músicas de *Meat Is Murder* seria o melhor single, decidiram relançar "How Soon Is Now?", seis meses depois, e dessa vez como lado A.

Os Smiths podiam não ser capazes de ditar a programação de lançamentos em outros países, mas certamente tinham controle total no Reino Unido. Mas, ao aceitar essa decisão, eles se deixaram convencer por supostos especialistas, e pelo menos um desses especialistas, Scott Piering, tinha, por sua vez, deixado que lhe vendessem uma mercadoria falsa. Graças, em grande parte, à série de quatro hits dos Smiths no top 30, Piering tinha recebido acesso permanente a quase todos os produtores da Radio 1, e enquanto alguns deles ainda tratavam a voz de Morrissey como uma praga que podia atingir seus ouvintes, vários tinham reagido de forma entusiástica a "How Soon Is Now?" e afirmado que, se a música lhes fosse trazida como lado A, eles a apoiariam. Mais de um, inclusive, mencionou-a como um sucesso "top 3". Piering prontamente relatou tais garantias confiantes enquanto agendava execuções da música nos programas noturnos, contando antecipadamente com a habitual entrada dos Smiths nas primeiras posições das paradas.

Aquilo não aconteceu. O release para os jornalistas podia ter alardeado a "demanda devastadora" e uma necessidade de anular o "preço extorsivo" do single de 7 polegadas holandês, mas os fãs não compraram aquilo, literalmente. Eles já possuíam a música uma vez, ou mesmo duas (no single de "William" e em *Hatful of Hollow*), e qualquer incentivo para comprá-la pela terceira vez era realmente pequeno, dado que o lado B do single de 7 polegadas, "Well I Wonder", seria incluído em *Meat Is Murder* e que a faixa extra do single de 12 polegadas era uma "simples" instrumental. ("Oscillate Wildly" oferecia uma oportunidade rara a Marr, Joyce e Rourke, com idade média de 21 anos, para experimentar com violoncelos, pianos e texturas barrocas, e talvez para o baterista e o baixista imaginarem por que Morrissey ganhou seu habitual crédito de coautor apesar de contribuir apenas com o trocadilho do título, enquanto eles não receberam nada dos lucros. Mas, apesar de toda a majestade da música, era sempre difícil convencer o público em geral de que uma instrumental era mais do que uma sobra.) Quando "How Soon Is Now?" fracassou em chegar ao top 20 e uma apresentação sem inspiração no *Top of the Pops* mal conseguiu melhorar sua posição, os produtores das rádios desistiram de suas promessas anteriores, e a Rough Trade, Scott Piering e, até certo ponto, os próprios Smiths foram deixados com aparência envergonhada por conta desse episódio. Nem mesmo uma tentativa desesperada de promover "Well I Wonder" na secundária Radio 2 foi capaz de salvá-los.

A história caótica de "How Soon Is Now?" no Reino Unido foi apenas um reflexo do modelo de negócios que cercava os Smiths. Nas semanas anteriores ao lançamento de *Meat Is Murder* e de "How Soon Is Now?", uma grande quantidade de papelada entre a Rough Trade Records e a Rough Trade Distribution, a All Trade Booking, a Appearing Promotions e a Smithdom Ltd. indicavam não apenas como o selo, a agência e as várias divisões de promoção estavam dedicados ao sucesso dos Smiths e como todos na Collier Street estavam se esforçando em função deles, mas que o processo estava levando a capacidade de todas essas empresas aos seus limites absolutos. Uma gravadora grande poderia ter lidado com a pressão ao marcar uma data de lançamento mais distante para o álbum e ter usado seu departamento de marketing para analisar suas experiências anteriores para planejar a campanha adequadamente. A Rough Trade não apenas não tinha nenhuma experiência anterior desse tipo para pesquisar, mas também não possuía um departamento de marketing.

No início de janeiro, Peter Walmsley, chefe de licenciamento, e Jo Slee, que trabalhava para ele, enviaram a Morrissey, como foi pedido pelo vocalista, um longo relatório das conquistas internacionais até aquele momento, junto de projeções para o futuro. Fora do Reino Unido, *The Smiths* tinha vendido o razoável número de 100 mil cópias na Europa, no Japão e na Austrália/Nova Zelândia (mais de 20 mil delas na Alemanha, apesar da atitude desrespeitosa do grupo em relação a tocar no país) e adicionais 50 mil nos Estados Unidos. *Hatful of Hollow* estava seguindo seus passos relativamente rápido — mais de 25 mil nos Estados Unidos, apenas como produto importado — e, levando em conta que esses mercados não estavam sofrendo de fadiga dos Smiths (uma preocupação genuína), Slee e Walmsley estavam dispostos a projetar as vendas de *Meat Is Muder*, fora do Reino Unido e dos Estados Unidos, em até 250 mil cópias. Mas para isso acontecer cada território tinha exigências semelhantes: uma turnê, um dia para a imprensa, uma sessão de fotos e um vídeo. (Se não pudessem conseguir o último item, sugeriu a Rough Trade, talvez a banda pudesse lançar um "filme" ao vivo.) O memorando era exaustivo e Slee reconheceu aquilo: "Assim que uma pessoa resolve levar aquilo adiante, ela é um pouco afetada pela riqueza de informações ao seu dispor."

Enquanto isso, no Reino Unido, a Rough Trade UK também estava sentindo a pressão das expectativas aumentadas. Morrissey tinha se gabado da falta de promoção como um aspecto positivo que cercava o sucesso do álbum de estreia — a própria música se vendendo —, mas agora ele estava procurando o tipo de visibilidade correspondente ao status comercial dos Smiths. A Rough Trade reportou que estava pensando em comerciais para a TV, grandes instalações nas principais lojas de discos e cartazes para a turnê vindoura (esses seriam financiados pelos produtores locais), embora ainda houvesse pouca inclinação para anunciar na imprensa musical, que tendia a promover os Smiths de graça. Novamente, a ideia do selo era de que ele só poderia fazer aquilo se a banda fizesse a sua parte para ajudá-lo, e a Rough Trade enviou ao vocalista uma lista com 27 itens de exigências da mídia, alguns deles divididos em outras listas de dez ou mais itens, o que mostrava a forma quase assustadora como as palavras de Morrissey, em particular, tinham se tornado cobiçadas. A questão, claramente, não era mais se a imprensa *mainstream* cobriria a banda, mas se a banda faria o trabalho de divulgação e, devido à turnê iminente e ao admirável hábito dos Smiths de voltarem ao estúdio de gravação quase todo fim de semana, isso não era totalmente seguro.

Scott Piering também relatou que "a televisão está, em grande parte, pronta para ser contatada", e, como prova, ele garantiu aos Smiths aparições de muito prestígio nos programas *The Oxford Road Show* e *Whistle Test*. Foi um pouco mais fácil agendar o *Granada Reports*, no qual a banda foi forçada a suportar o estilo de questionamento tipicamente insolente de Tony Wilson, que carregava níveis ocultos de significado para quem sabia do relacionamento constrangedor entre o chefe da Factory/apresentador de TV e o antigo seguidor da Factory/vocalista dos Smiths. Entrevistando o grupo durante os ensaios para sua turnê num porão de Chorlton-cum-Hardy, Wilson primeiro se sentou com o baterista e o baixista, imediatamente querendo saber se eles "ficavam irritados por toda a atenção dada a Morrissey" e se recusando a aceitar a insistente afirmação de Rourke de que "ele merece a atenção" como uma boa resposta. Ele, então, castigou os Smiths por serem "um grupo nortista de traidores, porque vocês se mudaram para Londres", comentando que a mudança de volta "já estava na hora de acontecer". Uma breve entrevista com Marr, tocando guitarra, ajudou a explicar parte do método por trás da técnica do guitarrista antes de Wilson se sentar de pernas cruzadas no chão da sala de ensaio com Morrissey e trocar provocações. Morrissey, naturalmente, deu tudo que tinha. Em particular, ao ser questionado sobre seu direito de "comentar sobre assuntos políticos e locais", o vocalista ofereceu uma de suas respostas mais eloquentes.

"Sinto que se cantores populares não disserem essas coisas, quem vai dizer? Não podemos mais acreditar em dramaturgos; não podemos mais crer em astros do cinema. Os jovens não se importam com essas coisas, elas estão morrendo. E se você perguntar 'Que direito você tem?', o que está implícito aí, para mim, é que a música popular é uma forma de arte menor, que deveria ser escondida, que pode existir, mas não deve falar sobre nada terrivelmente importante; vamos apenas fazer disco music ou o que quer que seja. Então, eu realmente sinto que temos uma obrigação. E sei que as pessoas respeitam isso, querem isso, e isso está funcionando muito bem."

Com toda essa cobertura, os Smiths recusaram uma visita repetida ao *The Tube*; eles tinham ficado precavidos com as limitações de som dos programas de televisão ao vivo e passaram a recusar apresentações sem fazer playback, uma contradição filosófica curiosa dada a excelente reputação da banda nos palcos. Scott Piering deixou claro que estava indo com calma no tocante a todo o meio visual. "TV é particularmente desgastante em relação à energia e ao tempo limitados da banda", escreveu ele. "Detestaria mudar a opinião deles sobre um programa em particular, porque há grande chance de que, no fim, seja um desastre, independente de eles aparecerem ou (pior ainda) cancelarem repentinamente antes do programa." Essas palavras se mostrariam proféticas.

Enquanto as preparações eram feitas para a turnê, que terminaria no Royal Albert Hall, casa de shows famosa e historicamente dedicada à música clássica, que apenas recentemente (e raramente) tinha começado a acrescentar shows de rock em sua programação, Piering se viu frequentemente participando de reuniões com todos os poderes como o "representante de gestão" dos Smiths. E, mesmo assim, toda vez que tentava garantir esse cargo com a banda, ele percebia que estava sendo enrolado.

"Ele se sentava ao meu lado num avião", disse Marr, "e eu sabia que a conversa estava chegando: 'Eu realmente preciso de confirmação, precisamos ter isso por escrito, estou recebendo sinais confusos.'" A dinâmica pessoal entre Morrissey e Marr continuava fechada para as pessoas de fora; a dupla tinha transformado sua inicial amizade em algo que parecia uma parceria inabalável, a ponto de, se qualquer um dos dois batesse o pé em relação a algum assunto — fosse abandonar uma turnê europeia no aeroporto ou se recusar a nomear oficialmente um empresário —, o outro o apoiava por solidariedade instintiva. Então, embora Marr tenha podido, mais tarde, alegar: "Eu queria Scott como empresário", esse desejo nunca chegou ao ponto de passar por cima da reticência de Morrissey. No máximo, a insistência de Piering em forçar esse assunto saiu pela culatra. Apesar de Marr reconhecer, sobre a incapacidade do pseudoempresário de garantir uma confirmação de seu status, que "era alguém de quem eu gostava e que estava ficando irritado", ele também sentia que "o problema era que eles se colocavam numa posição em que estavam sendo muito carentes, e isso também não era bom".

Em setembro de 1984, Piering tinha recebido um cheque da Smithdom no valor de 3.500 libras — aproximadamente seis meses de salário na antiga Rough Trade de antes dos Smiths e de antes dos sucessos, mas uma quantia que mal dava para cobrir a conta de telefonemas internacionais que ele estava fazendo agora, enquanto agências americanas lutavam pelos lucrativos direitos para representar os Smiths nos Estados Unidos. Incapaz de garantir qualquer comprometimento maior, muito menos uma comissão, da própria banda, Piering se voltou para a Rough Trade, que concordou (talvez pela falta de um produtor para ocupar esse lugar) em colocá-lo numa espécie de pagamento por comissão em *Meat Is Murder*.[1] Como isso seria considerado um gasto de promoção, que seria igualmente absorvido pelos Smiths antes da divisão dos lucros, a Rough Trade, todavia, sugeriu que a oferta teria que ser mandada à Smithdom, "na esperança de que sua opinião levasse a um arranjo que agradasse a todas as partes". A Smithdom, obviamente, estava registrada no mesmo endereço da empresa de promoção de Scott Piering, Appearing; ele abria sua correspondência e escrevia as respostas — mas apenas com a permissão de Morrissey e Marr. O acordo nunca foi finalizado.

Enquanto isso, a distração de "How Soon Is Now?" não impediu que todas as partes trabalhassem freneticamente a fim de fazer o possível para garantir o sucesso de *Meat Is Murder*. Quinhentas cópias de "Barbarism Begins at Home" foram prensadas como singles de 12 polegadas para DJs de casas noturnas (algumas com uma versão mais curta) com uma capa exclusiva que mostrava Viv Nicholson numa mina de carvão, o mais próximo que os Smiths chegaram de comentar sobre a greve dos mineiros, que já tinha quase um ano e estava cada vez mais violenta e divisora. (Curiosamente, apesar de todos os comentários políticos de Morrissey, ele raramente foi levado a esse debate publicamente. Isso era uma vergonha. Embora sua aversão ao trabalho pelo trabalho contrastasse fortemente com a linha de pensamento do Sindicato Nacional dos Mineradores e, talvez, tivesse contribuído para o seu silêncio, isso era provavelmente contrabalançado pela inimizade declarada pelo governo Thatcher e suas tentativas incisivas de quebrar o sindicato mais militante do país. Ainda assim, enquanto artistas como Billy Bragg e outros fizeram vários shows beneficentes para os mineradores em greve, os Smiths restringiram suas aparições políticas, em 1984, ao festival Jobs for a Change, da GLC, pelo qual eles, ainda assim, receberam 1.200 libras.)

Ideias de promoção adicionais incluíam uma entrevista entre Jon Savage e Morrissey com a intenção de prensá-la em vinil e mandar para lojas europeias — mas, embora a entrevista tenha sido conduzida e editada na extensão adequada, ela nunca foi lançada. O renomado artista multimídia americano Denis Mais, que na época morava em Londres e cuja obra lidava com estruturas de poder social, concordou em produzir vídeos subliminares que poderiam ser incluídos na vitrine da loja de discos mais importante de Londres, a HMV da Oxford Street, algo pelo que a Rough Trade estava disposta a pagar; isso, também, nunca chegou à aprovação final. Mais bem-sucedido foi um convite a vários editores de fanzines para passarem uma tarde com Morrissey em Londres — numa conversa moderada, mas desrespeitosa e arrogante, por conta da natureza independente dos fanzines, feita pelo editor da *Melody Maker*. E jornalistas do *mainstream* foram convidados para escutar *Meat Is Murder* no escritório da Rough Trade, com "vinho, cerveja e (cof-cof) salgadinhos sem carne", como dizia o release, menos de duas semanas antes de o álbum chegar às lojas, com a garantia de que cópias finalizadas para os críticos seriam distribuídas "mais perto da data de lançamento".

De alguma forma, tudo deu certo. Em meados de fevereiro, *Meat Is Murder* não apenas entrou nas paradas britânicas como número 1, mas, no processo, desbancou *Born in the USA*, disco emblemático na época, lançado por uma grande gravadora. As vendas (disco de ouro por 100 mil no dia do lançamento) e a posição de entrada no número 1 eram dignas de um sonho, mas praticamente o mesmo tinha ocorrido com o álbum de estreia, e aquilo não tinha tido a mesma ressonância. O aspecto mais importante em relação ao sucesso de *Meat Is Murder*, então, foi o triunfo artístico. *Meat Is Murder* tomava forma não meramente como uma coleção de canções, mas como um álbum, no sentido adequado do formato — uma declaração musical coerente. Scott Piering chegou ao ponto de dizer ao apresentador do *Whistle Test*, Mark Ellen, que aquele era o *Sgt Pepper's* da banda, forçando um envergonhado Johnny Marr a desmentir tal declaração em frente às câmeras. Até ele sabia que o disco não era *tão* bom, apesar de o salto de estilo de *The Smiths* até *Meat Is Murder* ser equivalente, pelo menos, ao que os Beatles deram entre *A Hard Day's Night* e *Revolver*. Graças, em parte, a uma excelente escolha da ordem das músicas, as variações musicais se mostraram muito harmoniosas. As descargas de adrenalina ("What She Said" e "I Want the One I Can't Have") eram equilibradas por uma balada folk ("Well I Wonder"); as músicas de pegada rockabilly ("Rusholme Ruffians" e "Nowhere Fast") compensadas por um exercício de funk ("Barbarism Begins at Home") e as declarações de que toda política é pessoal, com climas musicais opostos ("The Headmaster Ritual" e "Meat Is Murder") se complementavam como as pontas. Havia inclusive uma peça central oficial, uma longa e reflexiva valsa (o que os americanos algumas vezes chamam de "power ballad") intitulada "That Joke Isn't Funny Anymore", que começava, de forma acústica, com espaço suficiente para que todos os quatro integrantes da banda pudessem se esticar e respirar — encorajando Morrissey, em particular, a apresentar um de seus melhores vocais até então —, antes de acabar com um longo e agitado final, cheio de guitarras psicodélicas, o qual incluía um fade-out falso para dar um efeito perturbador adicional. Ao resolverem fazer um álbum que refletisse seus próprios valores culturais em vez de se preocuparem com o clima musical contemporâneo, os Smiths evitaram questões antigas de oportunismo; havia pouca coisa ali, musicalmente, tirando a pequena dose de abuso da época do *reverb*, que o marcaria como um produto de 1984-1985. (E, mesmo assim, "a ideia é ter *reverb* demais nas guitarras", disse Marr. "A ideia é soar bem quando você está chapado, e se você não estiver, então aquilo também soa bem...")

Como declaração política, *Meat Is Murder* se diferenciava ainda mais. Ao preparar o público para o novo disco, Morrissey estabeleceu os novos tópicos de conversa de forma bem clara: suas tendências sexuais, embora não completamente fora de questão, seriam substituídas por uma discussão sobre terrorismo, direitos dos animais, violência doméstica e social, guerra nuclear, a classe trabalhadora, a realeza, a fome, o thatcherismo — e uma tentativa ousada de juntar tudo aquilo. "Tantos grupos vendem quantidades assombrosas de discos e não aumentam o nível de consciência das pessoas em nenhuma direção, achamos isso um pecado, especialmente em tempos como estes", explicou ele no *Whistle Test*, num exemplo típico de estabelecer os parâmetros políticos que a entrevista deveria seguir. Perguntado então sobre como ele gostaria que as pessoas reagissem ao título do LP, ele pareceu bastante conciliador. "Bem, se elas comerem carne, eu gostaria que elas simplesmente pensassem sobre isso e partissem daí. Porque não parece haver nada na vida moderna que faça as pessoas pensarem sobre esse assunto, na verdade. Acho que muitas pessoas ainda consideram que carne não tem nada a ver com animais — animais brincam em campos etc. e carne é apenas algo que aparece em seus pratos. E isso é muito estranho, porque, em muitos, muitos outros assuntos, acho que as pessoas se tornaram muito conscientes e muito esclarecidas. Mas nesse, nesse assunto muito brutal e bárbaro..." A imagem da TV rapidamente mudou para uma apresentação em estúdio da banda fazendo playback da música "That Joke Isn't Funny Anymore".

Morrissey não seria silenciado. "Violência contra os animais, na minha opinião, está também ligada à guerra", explicou ele na matéria de capa do encontro com os fanzines da *Melody Maker*, esclarecendo a conexão do título do álbum com a arte de sua capa. "Acredito que, enquanto os seres humanos forem tão violentos em relação aos animais, haverá guerras. Pode soar absurdo, mas, se você realmente pensar sobre a situação, tudo isso faz sentido. Onde há essa absoluta falta de sensibilidade no que diz respeito à vida, sempre haverá guerras."

Ainda assim, sendo Morrissey, ele conseguiu se contradizer quase imediatamente. "O que me parece agora é que, quando você tenta mudar as coisas de uma forma pacífica, você está, na verdade, perdendo seu tempo e não é levado a sério. E me parece agora que, como espero que a imagem do LP ilustre, a única forma que temos para nos livrar dessas coisas, como a indústria pecuária, e outras coisas, como armas nucleares, é realmente dar a essas pessoas uma prova de seu próprio veneno... Pessoalmente, sou incuravelmente pacífico. Mas aonde isso leva? A lugar nenhum. Você *tem* que ser violento." (Em um de seus únicos comentários sobre a greve dos mineradores, que logo terminaria com uma derrota desonrosa dos sindicatos, Morrissey respondeu à pergunta "Você simpatiza com os mineradores e a forma como eles estão sendo violentos?" com as palavras "Totalmente. Tenho uma simpatia infinita".)

Ele estava andando na corda bamba (entre o amor e o ódio), e sabia disso. Quando a *Smash Hits*, revista pop britânica, colocou Morrissey na capa, acariciando um gatinho, o vocalista usou a entrevista para justificar as táticas da Frente de Libertação Animal, a qual recentemente anunciara ter envenenado as barras de chocolate Mars do país. (Acabou que era apenas um boato.) "Greves educadas são inúteis", disse Morrissey. "É preciso ficar furioso, é preciso ser violento, senão, de que adianta?" Isso se juntou a uma futura discussão sobre vegetarianismo. "Não consigo pensar em nenhuma razão pela qual vegetarianos deveriam ser considerados afeminados", Morrissey falou. "Por quê? Porque você se importa com animais? Isso é afeminado? Isso é uma característica ruim? Não deveria ser, e acho que é um reflexo muito triste da raça humana que muitas vezes seja."

Esse era um ponto-chave por trás de *Meat Is Murder,* e embora Morrissey tivesse problemas em explicar melhor algumas vezes, aquilo gradualmente passava na mídia e na música e se estabelecia como a mensagem. Morrissey estava defendendo a causa do vegetarianismo, mas não à custa da testosterona. Sua insistência em que uma pessoa podia se tornar vegetariana e, ainda assim, manter suas atitudes militantes se mostrava especialmente encorajadora para uma base de fãs que tinha sido criada sofrendo violência diariamente (como em "Barbarism Begins at Home" e "The Headmaster Ritual") e que não podia renunciar facilmente à violência como um recurso necessário (e nem sempre o último). Mas aquele público *podia* ser inspirado a pensar sobre a necessidade (ou sua falta) de comer animais, e instigar uma dieta vegetariana como um primeiro passo em direção à paz pessoal e coletiva.

E foi basicamente isso o que aconteceu. Apesar de a mídia pisar com cuidado em volta do título do álbum, um grande número de fãs dos Smiths digeriu as letras de *Meat Is Murder*, leu as entrevistas que acompanharam o disco, discutiu o assunto com seus amigos e/ou suas famílias e tomou a decisão de se tornar vegetariano. Algumas dessas pessoas acabaram desistindo, apesar das boas intenções, mas incontáveis outros permaneceram vegetarianos para sempre.[2] Cartas para a banda na época provavam isso; provas circunstanciais ao longo das várias décadas seguintes confirmaram. Nesse sentido, *Meat Is Murder* foi mais do que apenas um álbum que marcou a maturidade musical de uma banda, ou sua consolidação comercial. Foi um álbum que, muito literalmente, mudou as vidas das pessoas.

CAPÍTULO

VINTE E SETE

P: Por que você quer ser um astro pop?
R: Bem, isso não torna a vida pior. É tudo o que posso dizer. Você deveria tentar um dia.

— Morrissey para Tony Wilson, *Granada Reports*, fevereiro de 1985

N a mesma sessão do começo do ano, no Ridge Farm, em que gravaram a instrumental "Oscillate Wildly", os Smiths tinham gravado
um riff que Marr acabara de apresentar a Morrissey quando voltava a
Surrey vindo de Manchester. Embora Marr estivesse tentando emular a
pegada de seus singles favoritos dos Stones, do meio dos anos 1960, o
ritmo e o estilo eram mais influenciados estilisticamente pelo começo
do rock e do rockabilly, tendo como referência a música "You Can't Ca-
tch Me", de Chuck Berry. Imediatamente inspirado, Morrissey criou o
que parecia ser uma espécie de bilhete de suicídio apressado e, de alguma forma, espremeu as palavras no espaço alocado. A letra era, na verdade, uma ode engenhosa a um de seus panfletos feministas preferidos,
Um teto todo seu, de Virginia Woolf, que argumentava em parte que, se
Shakespeare tivesse tido uma irmã de intelecto natural igual, ela teria
sido levada ao suicídio pela falta de oportunidades na Inglaterra elisabe-
tana, e a canção foi intitulada de maneira adequada, porém enigmática,
"Shakespeare's Sister".

Todos os quatro Smiths se superaram no estúdio, embora ninguém
mais do que Mike Joyce, que replicou sua performance agitada de "What
She Said" com uma série igualmente confiante de viradas precisas junto
de um trinado acelerado na caixa. Andy Rourke pegou o violoncelo novamente, além do baixo; e Johnny Marr não conseguiu evitar sobrepor
várias guitarras e violões com o familiar arsenal de efeitos como acompanhamento. O resultado, todos os 130 segundos, foi uma descarga frenética de sangue até a cabeça que teria sido uma maravilhosa adição de
última hora para *Meat Is Murder* ou um lado B perfeitamente adequado.
Mas os Smiths estavam tão genuinamente entusiasmados com ela que
insistiram que "Shakespeare's Sister" fosse lançada ao público em março,
no meio da turnê do Reino Unido, como um lado A. (A frenética "What
She Said" foi selecionada como um lado B apropriado.)

Na verdade, os Smiths ficaram tão entusiasmados com "Shakespeare's
Sister" que a revelaram no *Oxford Road Show*, na semana do lançamento de *Meat Is Murder*, quando eles deveriam estar tocando "How Soon
Is Now?" — uma decisão que certamente não ajudou no progresso daquela música em particular nas paradas. Os Smiths não pareciam desne-

cessariamente preocupados com o fato de que *nenhuma* dessas duas músicas fazia parte do novo álbum. Eles estavam seguindo novamente os passos consagrados de bandas dos anos 1960, como os Beatles, os quais habitualmente lançavam novos singles que não estavam nos álbuns (por exemplo, "Day Tripper/We Can Work It Out") exatamente na mesma semana em que lançavam um novo álbum (por exemplo, *Rubber Soul*).

Se "Shakespeare's Sister" tivesse as características daquele tipo de hit, teriam ocorrido poucas reclamações. Mas não tinha. "Não acho que a música estava dentro do padrão necessário para ser um single dos Smiths", disse Stephen Street, que, como engenheiro de som da sessão, ainda não tinha autoridade para dizer aquilo à banda. "Considerando o padrão que eles mesmos tinham estabelecido, achei que era um pouco desleixada." Os Smiths nunca haviam trabalhado no formato estrofe/ponte/refrão/solo, mas, em sua série inicial de hits do top 30 todas as músicas tinham se beneficiado da repetição frequente do título da música. Como metade do material em *Meat Is Murder*, no entanto, o título de "Shakespeare's Sister" nunca aparecia na letra, e o mais próximo que ela chegava de qualquer forma de gancho era um bastante simplista "Oh, Mama, let me go". Em contraste, a música que eles então voltaram ao estúdio para gravar como faixa bônus do single de 12 polegadas, "Stretch Out and Wait", não apenas tinha um refrão de verdade, que incorporava o título, e uma adorável caída em tom menor enquanto Morrissey cantava, junto de um lindo arranjo ritmado em 6/8 que, todavia, era rápido o suficiente para evitar a associação familiar de "balada", como também incluía a melhor letra de Morrissey sobre o ato sexual. Era uma espécie de atualização da revolucionária composição de 1961 de Goffin e King, "Will You Love Me Tomorrow", em que uma protagonista mulher se prepara para entregar sua virgindade. Morrissey projetou a música de forma semelhante à discussão de sexo como natureza, no que parecia ser o personagem feminino da música: "Ignore all the codes of the day, let your juvenile impulses sway" [Ignore todos os códigos de hoje, deixe que seus impulsos juvenis tomem conta].[1] Essa era uma das letras mais claras, mais empáticas e mais poéticas de sua vida, um dos melhores arranjos da banda também, e com o típico desrespeito dos Smiths pela posteridade, ela foi condenada à relativa obscuridade.

Na Radio 1, o lançamento de ainda *mais um* single dos Smiths, apenas seis semanas depois de o último ter um desempenho fraco nas paradas, foi visto como algo apressado. "Shakespeare's Sister" ainda chegou ao top 30 do Reino Unido, mas não porque alguém a escutou frequentemente no rádio e certamente não porque alguém os viu tocá-la no *Top of the Pops*. Pela primeira vez desde que os Smiths tinham chegado às paradas, eles não receberam o convite para aparecer no programa musical mais influente da televisão. O single desapareceu quase antes de ter chegado. Até mesmo os vários licenciados estrangeiros dos Smiths tiveram que admitir que não conseguiam mais acompanhar o ritmo. "Shakespeare's Sister" foi lançada em apenas alguns países.

Isso poderia não ter importado se os Smiths, como um todo, aceitassem a responsabilidade por suas ações e os consequentes resultados (ou falta deles). "Eu, pessoalmente, nunca me importei se os singles não entravam no top 20, nunca", insistiu Johnny Marr, que nunca repudiou publicamente a escolha do single. "O importante era que fizéssemos coisas boas e estimulantes."

Morrissey tinha uma visão totalmente diferente, contradizendo o temperamento casual de seu parceiro. "Shakespeare's Sister" era, disse o vocalista, "a música da minha vida. Eu coloquei tudo naquela música e eu queria, mais do que qualquer coisa, que ela fosse um grande sucesso". Quando aquilo não aconteceu, ele procurou pessoas para culpar. "Ela foi colocada na lista negra da BBC porque denunciei o prêmio da BPI", disse ele a Danny Kelly, da *NME*, que imediatamente reconheceu aquilo como uma clamorosa teoria da conspiração e exigiu uma desculpa melhor. "Acho que a Rough Trade lançou o disco com uma quantidade monstruosa de derrotismo", Morrissey então aceitou. "Eles não tinham nenhuma fé nele. Eles não o trabalharam ou divulgaram de nenhuma maneira... A Rough Trade fez seu trabalho e nada mais. Eles estão entediados com os Smiths. Vi provas máximas disso."

Levando em consideração que *Meat Is Murder* tinha acabado de tirar Bruce Springsteen do topo das paradas, sem o benefício de um single que o acompanhasse, o selo, naturalmente, pensava diferente. "Eles eram incrivelmente prolíficos", observou Richard Boon, da Rough Trade, sobre os Smiths, "mas se você saturar seu próprio mercado até certo ponto, em vez de ampliá-lo, você não consegue acompanhar. E as expectativas deles se tornaram cada vez mais loucas."

"A banda queria mais", disse Simon Edwards, da Rough Trade, sobre a abordagem dos Smiths à promoção em 1985. "Eles queriam mais profissionalismo, o que quer que fosse. Eles queriam anúncios de página inteira, o que começamos a fazer, [embora] todos soubessem que aquilo não significava porra nenhuma, na realidade. É uma coisa de ego. Então, eles têm que estar a cores. As exigências aumentaram."

A mais questionada dessas exigências foi a de colar cartazes pelas ruas, "o que Geoff Travis achava ser um desperdício de dinheiro", disse Mayo Thompson, novo gerente do selo da banda na Rough Trade. Thompson, vocalista do Red Krayola, nascido nos Estados Unidos, adorava a criatividade da Rough Trade, mas também compreendia a importância dos negócios. "Publicidade é efêmera, mas o simbolismo é importante", observou ele, ficando do lado dos Smiths. "Se você divulga um disco sem comprar publicidade, você está indo contra a natureza da economia. Então, existe alguma desculpa filosófica que é conveniente para a identidade da gravadora moralista que não quer anunciar, e você pode defender aquilo como... idealismo político se quiser, mas o preço que se paga é que tudo está bem — contanto que você tenha entusiasmo."

Entusiasmo tinha, pelo menos até então, sido sempre evidente entre os funcionários do selo dos Smiths. "Se você falar com pessoas que trabalharam na Rough Trade, elas vão dizer que foi o período mais animado de suas vidas", disse Richard Scott, da distribuição. "De longe. Era muito intenso." Mas, agora, ele achava que "aquilo ia repentinamente chegar ao fim". Em parte, ele culpava mudanças no mercado: ninguém sabia exatamente o que o lançamento de *Meat Is Murder* em CD pressagiava, por exemplo, e alguns podiam alegar não ter se importado, levando em conta que o formato era caro e parecia de interesse apenas dos devotos da alta-fidelidade, que podiam comprar o equipamento, não o tipo de fã dos Smiths que ainda corria para comprar os singles de 7 polegadas. Mas para os que estavam prestando atenção, estava evidente que a música digital tinha chegado e que não havia como voltar atrás. De forma mais marcante, Richard Scott viu o adeus dos dias prósperos da empresa por conta de seu foco implacável no sucesso dos Smiths a todo custo. "As pessoas com quem eu estava lidando no Cartel e outras pessoas estavam aborrecidas, porque teriam que se preparar em áreas de marketing em que elas não estavam interessadas." Para muitos dos que trabalhavam nos telefones, um emprego na área de "vendas" da Rough Trade nunca tinha se baseado em posições nas paradas; era baseado na sensação de vender música independente nova e entusiasmante para lojas de discos, para que as pessoas pudessem encontrar aquilo, escutar e comprar. Mas agora, nos dias em que as paradas eram divulgadas, disse Scott, Travis chegava antes de todos, furioso para saber a posição mais recente dos Smiths, exigindo saber de Scott e sua equipe "por que vocês ainda não estão no telefone?". A distribuição teria que explicar que havia dias e horários pré-aprovados para ligar para certos atacadistas e que o momento depois que as paradas tinham sido anunciadas não era um deles. Mayo Thompson recordou que, quando voltou a trabalhar na Rough Trade, em 1983, "a distribuição era um campo armado e o selo era um campo armado, e eles tinham uma relação de inimizade entre si. Era como o Congresso dos Estados Unidos".

No fim das contas a questão era se a Rough Trade era incapaz de dar aos Smiths os consistentes singles de sucesso que eles mereciam ou se, na verdade, era o contrário. "Por que 'Shakespeare's Sister' não está no top 10?", perguntou Richard Boon, de forma retórica. "Há uma resposta muito simples para isso. Não é um disco muito bom. Por que criar caso?" (Na verdade, *era* um disco muito bom. Só não era um *single* muito bom.)

"Eles não estavam fazendo música que venderia duas vezes mais, três vezes mais", insistiu Simon Edwards. "O trabalho estava sendo feito. Era possível ter feito aquele trabalho um pouco melhor e um pouco pior. Não acho que teria dado aquele enorme salto até o megaestrelato."

"Acho que, se você escutar os Smiths", disse Travis sobre o grupo, em 1984-85, "eles não são tão populistas quanto os grupos que estão povoando o top 5. Eles são bons demais, eles são inteligentes demais, eles são muito incomuns. Não há uma linhagem até os Smiths que esteja no subconsciente do público britânico." Citando o sucesso do Pigbag e do Depeche Mode como prova de que "o sistema estava em seu lugar", ele fez sua própria pergunta retórica: "Teriam eles feito mais sucesso com seus singles em outro lugar?"

Seymour Stein certamente achava que não. "Eu tive sorte de assinar com a Madonna", disse ele sobre a artista, que havia se tornado uma das maiores superestrelas do mundo em 1985. "Ela teria acontecido com qualquer um. Não acho que os Smiths teriam acontecido sem Geoff Travis... Ele colocou sua vida em jogo por eles."

"A Rough Trade fez o que foi capaz por nós", concordou Andy Rourke, falando de vendas de discos. "Se estivéssemos na Virgin ou em qualquer outro selo, seria a mesma coisa. Mas tem que haver um bode expiatório. Logo, se nossa música não entrou no top 10, então alguém sofre as consequências."

"Shakespeare's Sister" foi essa música. E assim, se o single deve ser lembrado por algo (além de se somar ao catálogo musical já considerável do grupo), foi por marcar oficialmente o desgaste na relação com a Rough Trade.

Para sua turnê de seis semanas na Inglaterra, na primavera de 1985, em que todas as casas de show, menos uma, lotaram com antecedência, os Smiths novamente convidaram o James como banda de abertura. Os dois grupos tinham se aproximado na turnê irlandesa e, em sua própria lista de melhores do ano, Morrissey tinha escolhido o James como "Melhor Banda" — o que não era um pequeno aval considerando que eles haviam passado todo o ano de 1984 sem lançar um disco. Aquilo seria corrigido logo antes da turnê com os Smiths, por meio de um novo e agitado single lançado pela Factory ("Hymn From a Village"), que rendeu à banda uma grande cobertura na imprensa e o interesse de todas as grandes gravadoras do país — pois o James tinha decidido que, apesar de sua própria recusa em se comprometer comercialmente, a Factory não era mais um lar apropriado para eles.

Juntos, os Smiths e o James apresentaram uma espécie de frente unida ao público: bandas com nomes comuns, de uma sílaba, da capital musical da Grã-Bretanha, em dois dos principais selos independentes do Reino Unido e ambos vegetarianos fervorosos, um importante ponto de partida para uma turnê chamada *Meat Is Murder*. Como mais um sinal de solidariedade e um ato de princípio não anunciado de sua parte, os Smiths se recusaram a pensar na ideia da típica banda de abertura paga por uma gravadora — o que podia ter lhes rendido pelo menos 20 mil libras —, e, em vez disso, pagaram ao James um pequeno cachê todas as noites.

A presença do James na turnê tinha um efeito colateral possivelmente não intencional. As grandes gravadoras, que estavam aparecendo com força para garantir a assinatura da banda de abertura num contrato de longa duração, faziam isso não necessariamente porque entendiam o grupo, mas porque viam o potencial de marketing do James como "os próximos Smiths".[2] Enquanto o leilão chegava a proporções astronômicas, não podia ter passado despercebido por Morrissey, em particular, que se o James valia 150 mil libras em adiantamento da MCA (como eles alegaram ter sido oferecido), então os Smiths, com seus provados singles de sucesso e álbuns que chegavam ao topo das paradas, tinham que valer muito mais do que isso. No fim, o James assinou diretamente com a Sire. (Eles insistiram que não tinha nada a ver com o fato de os Smiths fazerem parte daquele selo nos Estados Unidos.) Se pudessem ter visto o futuro, o James poderia ter desejado dizer aos Smiths que eles acabaram se arrependendo dessa decisão, que acabaram se perguntando o que tinham visto de errado na Factory em primeiro lugar. Quando eles perceberam isso, no entanto, já era tarde demais para os dois grupos.

HÁ UM MOMENTO na carreira de cada banda de sucesso em que ela está visivelmente, audivelmente, emocionalmente e visceralmente no seu auge — e a turnê *Meat Is Murder* representou esse momento para o quarteto The Smiths. Na última vez que eles haviam cruzado a Grã-Bretanha de verdade, muitas das casas de shows eram universidades; agora, eles estavam tocando nos principais teatros e não apenas nos antigos cinemas convertidos Apollo e Gaumont, mas no Royal Albert Hall, em Londres, no Royal Court Theatre, em Liverpool, e no Palace Theatre, em Manchester. (A última escolha de local tinha "a ver com história e tradição", disse Marr. "O Palace era onde você ia ver os Hollies.")

Toda noite o grupo se preparava no camarim com uma coletânea de singles dos Buzzcocks; para a plateia, o sinal da iminente chegada da banda ao palco vinha com o som de "Dança dos Cavaleiros", de Prokofiev, do balé *Romeu e Julieta,* tocado no volume máximo. (Introduzida em 1984, a peça de Prokofiev tinha substituído "Love of the Loved", de Cilla Black.) O show, relativamente curto segundo alguns padrões, refletia o desejo do grupo de olhar para a frente, não para trás: não tinha "This Charming Man", nem "What Difference Does It Make?", mas, como sempre, tinha material novo, e durante a maior parte da turnê, inédito, no lugar dos sucessos óbvios. Johnny Marr tinha passado a usar uma Gibson Les Paul tanto no estúdio quanto no palco: embora ela fosse a eterna guitarra favorita dos deuses do hard rock, "eu sempre achei que poderia fazer a Les Paul ficar mais leve". Em vez de usar *power chords* ou volume só pelo volume, ele a tocava basicamente como tocaria uma semiacústica, com um som intencionalmente limpo que ia na direção do jazz às vezes, um processo auxiliado pela habilidade cada vez maior de Andy Rourke no baixo. (Apesar disso, o uso da Les Paul era, Marr admitiu, considerado "traição da maior ordem" por alguns de seus contemporâneos indies.) O único efeito especial era uma linha de *slide guitar* lúgubre tocada com um pedal em "How Soon Is Now?", que tinha um ar mais desolador do que o pulsante ritmo dance da versão gravada. Em comparação, "Hand in Glove" tinha se transformado do single de 7 polegadas malgravado original numa espécie de canção pop perfeita, com o riff de guitarra transformado numa melodia distintamente simples. "Miserable Lie", uma das poucas outras canções antigas, tinha gradualmente desenvolvido sua própria nova introdução. A maior parte do show, obviamente, era tirada de *Meat Is Murder,* a única de suas nove músicas rotineiramente excluída do set era "Well I Wonder", difícil de replicar.[3]

A turnê parecia uma celebração coletiva do sucesso dos Smiths, com invasões de palco não mais apenas rotineiras, mas cada vez mais fora de controle. Tim Booth, do James, usou a palavra "extasiado" para descrever a reação do público a Morrissey, em particular, e no sentido religioso. "Era mais como ir ver um guru, jogar flores aos seus pés." Levando em consideração que Booth já tinha um guru (ele e outros integrantes do grupo tinham aderido a um culto de meditação chamado Lifewave, comandado por um ex-operador de telégrafo da SAS que agora se chamava Ishvara), Booth sabia sobre o que estava falando. Então, ele conseguia ver como a devoção estava tomando proporções assustadoras, num bom sentido. "Algumas noites, eu percebia que eles não estavam fazendo um show muito bom, ou que Morrissey parecia estar realmente assustado no palco, e muito tímido, e então, em outras noites, eu via que ele estava claramente se divertindo e aproveitando aquilo, e sendo extrovertido. Eu conseguia ver essa variação, porque o conhecia suficientemente bem. Mas isso não fazia nenhuma diferença para a plateia: eles estavam apenas assistindo aos grandes Smiths."

Para Booth foi um choque descobrir que ele não era mais capaz de conversar com seu amigo Morrissey como ainda se mostrara possível durante a turnê irlandesa. "Ele se tornou um prisioneiro de quartos de hotel e da segurança. E essas coisas são realmente confusas. Eu me lembro de ficar com muita pena dele, era simplesmente devastador." O James admirava os Smiths: "Nós os amávamos como pessoas, eles eram as pessoas mais gentis conosco, tentando nos promover" — mas aquilo não significava que eles queriam *ser* os Smiths. "Nós vimos o que estava acontecendo com os Smiths e intencionalmente evitamos aquilo. Era muito assustador, era como uma montanha-russa. As pessoas olham de fora e pensam, especialmente jovens rapazes ou garotas, que você quer aquele nível de adoração mas, quando chega àquele nível e você está perto daquilo, não existem tantas pessoas que estão tão desesperadas para querer aquilo... Acho que nenhum ser humano passa por algo assim sem ficar fodido até certo ponto."

O último show da turnê, no Royal Albert Hall, intimidou muito. Para a plateia, o palco baixo e o espaço totalmente aberto criava "linhas de visão" perfeitas; para o artista, havia a sensação de estar completamente exposto, sem uma área lateral onde se esconder, mesmo que por um momento. Para os Smiths, em particular, a sensação de um grande acontecimento, especialmente por ser a última noite da turnê, transformou-se numa distração. Todos queriam ingressos, e a Rough Trade não conseguia satisfazer todo mundo, por não ser o tipo de gravadora que comprava uma grande quantidade de assentos com antecedência. O selo, no entanto, tratou o show como seu próprio desfile de vitória e colocou o grupo sob ainda mais pressão promocional. "Havia um incrível burburinho", disse Marr, "o que nunca é bom quando você tem algo importante para fazer. E o som no palco estava horrível. Foi muito, muito difícil. Morrissey estava tendo muitos problemas em fazer o que ele faz. E acho que ele estava no meio de uma batalha."

"Provavelmente escolhemos o lugar errado", Morrissey admitiu à plateia no começo do bis. No entanto, ele então trouxe ao palco Pete Burns, do Dead or Alive, para se juntar a ele nos vocais de "Barbarism". A jogada talvez não fosse uma total surpresa: o vocalista dos Smiths tinha frequentemente expressado um entusiasmo quase fanático pelo cantor de Liverpool, que crescera na mesma cena que Holly Johnson, do Frankie Goes to Hollywood, maior banda do Reino Unido em 1984. Mais recentemente, Burns fizera uma transição do pós-punk gótico para o dance pop extravagante e afetado como um carrossel da metade dos anos 1980; enquanto "Shakespeare's Sister" lutava para ganhar uma posição estável comercialmente durante a turnê de março, "You Spin Me Round (Like a Record)" do Dead or Alive, passou a maior parte do tempo no número um. A dupla tinha se conhecido, alguns anos antes, num show dos Cramps, em que Morrissey observou que Burns "era estonteante, mas não me passava a sensação de ser alguém particularmente preocupado com *música*. E essas coisas importam". Se importaram algum dia, já não importavam tanto, não mais, o que fez a futura amizade entre os dois vocalistas parecer, à distância, uma amizade incomum, difícil para os fãs puristas dos Smiths aceitarem. Como sempre, Morrissey era irredutível. "Ele é uma das poucas pessoas com quem posso sentir uma grande afinidade. Especialmente porque ele diz o que quer, o que, obviamente, é um pecado nacional no mundo da música, principalmente levando em consideração as coisas que ele quer dizer." A amizade entre Morrissey e Burns persistiria e, mais adiante no ano, levaria a uma capa compartilhada da *Smash Hits*.

Ainda assim, durante a última música do bis naquela noite, no Royal Albert Hall, "Miserable Lie", Morrissey saiu do palco mais cedo e Marr foi obrigado a bater em retirada também para consolar seu parceiro atrás de portas fechadas do camarim. Para Marr, esse foi um dos momentos-chave na história dos Smiths. Tudo em relação à banda se separou. "Aquilo me fez voltar diretamente a 1982", disse Marr. "Porque em 1982 éramos eu e ele." ("Houve um longo tempo quando éramos eu e Morrissey, lutando", elaborou ele sobre aquele período.) Quaisquer que fossem as pressões, em 1985, Morrissey e Marr permaneciam inquestionavelmente devotados um ao outro.

Da perspectiva do público, então, a turnê foi vista como um completo e total triunfo, confirmação de que os Smiths se posicionavam como o grupo mais importante da nação. Pessoalmente, aquilo pareceu tirar Morrissey um pouco do sério. No dia seguinte ao show do Royal Albert Hall, um domingo, ainda por cima, quando ele poderia (e provavelmente deveria) ter descansado longe da banda e de seus vários problemas, o vocalista se sentou e escreveu para Chris Wolfe, a pessoa com que ele falava de finanças na Rough Trade. Em sua carta, Morrissey exigiu pagamento por todas as capas dos Smiths, presumivelmente pela arte; perguntou sobre a lista de custos promocionais compartilhados do selo e os repreendeu por seu tratamento aos Smiths no dia anterior, observando que, de todos os empregados da Rough Trade, apenas Jo Slee foi vista aplaudindo a banda em algum momento. O fato de o selo não conseguir ou não querer armar uma festa pós-show foi visto como prova adicional de que "a Rough Trade está de saco cheio do sucesso dos Smiths".

Respondendo a um diálogo anterior sobre o apoio da gravadora para a turnê (que tinha sido fixado em 5 mil libras, na suposição de que uma turnê esgotada renderia lucros), ele escreveu: "O fato de existir um limite de custos que a Rough Trade está disposta a compartilhar simplesmente grita mesquinharia. No entanto, sentimos muito e prometemos nunca mais sair em turnê para promover nossos discos." E, em resposta a algo na correspondência anterior de Wolfe, ele concluiu: "suas constantes referências ao 'empresário' dos Smiths são engraçadas. Se os Smiths tivessem um empresário, eu nunca precisaria escrever essas cartas."

A carta foi devidamente passada a Scott Piering, o suposto empresário dos Smiths, que deve tê-la lido e chorado.

"Em entrevistas, ninguém me pergunta sobre música", Morrissey reclamou na *Jamming!*, no final de 1984, para John Wilde, jornalista musical cujo sobrenome adotado lhe rendia alguma associação ao vocalista dos Smiths. "Apenas como o porta-voz de uma geração, o que é bastante atraente, mas também bastante sufocante." Havia algo revelador naquilo, pois era verdade que Morrissey *tinha* se tornado o "porta-voz" de sua geração: Paul Weller tinha abdicado do papel quando acabou com o The Jam, Ian McCulloch não o queria e Bono não conseguia se conectar com a classe trabalhadora britânica. A coroa, porém, não foi entregue a Morrissey por falta de opção, mas porque ele parecia verdadeiramente desejá-la.

Em nenhum lugar isso ficou mais evidente do que na entrevista que foi publicada na *Time Out*, no início de março de 1985. A revista de eventos de Londres estava longe de ser a publicação mais importante da nação, e sua desatenção editorial foi confirmada pelo título preguiçoso da matéria, "This Charming Man". O redator, Simon Garfield, no entanto, era mais inteligente (e mais engraçado) do que a maioria, por não ser afeito a hipérboles casuais nem a críticas mesquinhas. Numa matéria que podia ser elogiada por equilibrar opinião pessoal e neutralidade profissional, Garfield forneceu a Morrissey uma plataforma na qual o porta-voz da nova geração se mostrou de forma mais inteligente e espirituosa — e ainda, simultaneamente, revelou um lado paranoico e vingativo.

Os dois primeiros traços de caráter eram, obviamente, os mais atraentes. Morrissey fcou feliz com a oportunidade de explicar sua letra sobre a rainha em "Nowhere Fast". "Eu desprezo a realeza", disse. "A simples ideia de sua existência, nesses dias em que as pessoas estão morrendo diariamente porque não têm dinheiro suficiente para ligar um aquecedor em casa, para mim é imoral. Nunca conheci ninguém que apoie a realeza, e, acredite, eu procurei. Certo, existem alguns aposentados surdos e idosos em Hartlepool que têm fotos do príncipe Edward em seus assentos da privada, mas conheço um grande número de pessoas que mal podem esperar para se livrar deles."

Isso era clássico de Morrissey, criando uma imagem cômica, mesmo caricatural, da decrepitude nortista para justificar suas crenças — que, como ele estava certo em insistir, com certeza não eram as de uma minoria. E no sentido de que aquilo o empurrava para ainda mais longe do suposto *mainstream*, era um comentário intimamente ligado à sua visão sobre o Band Aid, o grupo de astros pop ricos que tinham se juntado no fim de 1984, estimulados pelo vocalista do Boomtown Rats, Bob Geldof, para gravar um single de caridade e combater a fome na

Etiópia: "Não tenho medo de dizer que acho que o Band Aid foi diabólico", declarou Morrissey. "Ou de dizer que acho Bob Geldof uma pessoa nauseante." Isso, no início de 1985, era como maldizer a Madre Teresa, e como em seu comentário sobre a realeza, ele seguiu com um epigrama absurdamente espirituoso: "É possível ter uma grande preocupação com as pessoas da Etiópia, mas é outra coisa infligir tortura diária ao povo da Inglaterra." Por sua vez, pode-se observar que, mesmo que a música dos Smiths tivesse sido esquecida tão rapidamente quanto a de alguns dos cantores do Band Aid, aquela citação em particular ainda viveria na infâmia.

Foi muito mais desconcertante o fato de Morrissey sentir necessidade de se defender de ataques semelhantes ao seu caráter. Sua opinião sobre o Band Aid não era nova; ele a vinha expondo desde que o disco tinha sido lançado. Mas para Geldof dizer algo negativo sobre Morrissey — como ele fizera logo antes da entrevista à *Time Out* — era necessária a aplicação de um padrão diferente. "Foi totalmente gratuito", disse Morrissey. "O fato de Bob Geldof — essa figura religiosa que está salvando todas essas pessoas por todo o mundo — poder fazer aquelas declarações sobre mim, e ainda assim parecer bastante protegido, parece totalmente injusto. Mas não me importo com essas coisas..." Gratuito? Injusto? Não me importo? Se o leitor não estivesse esperando tão ansiosamente o próximo assassinato de caráter ou gracejo de Morrissey, ele poderia ter jogado a revista de lado com desprezo.

Lamentavelmente, Morrissey estava começando a exibir uma suspeita semelhante em relação ao mundo como um todo. "As pessoas", sugeriu ele, de uma forma um pouco amorfa, "querem esconder até a menor menção aos Smiths." Tal comentário teria sido tratado com risos no tribunal da opinião pública, se um julgamento se mostrasse necessário, levando em consideração que era impossível *evitar* os Smiths, com sua programação agitada de lançamentos, seu considerável sucesso nas paradas, suas turnês constantes e também sua extensa cobertura na mídia. E a única prova de que "a indústria musical *detesta* os Smiths com todas as suas forças", o que ele insistia ser o caso, era que a Radio 1 não recebia cada novo single da banda com o mesmo fervor que recebia, digamos, o mais recente disco do Duran Duran. Isso não era uma coisa ruim: as frequentes aparições dos Smiths no *Top of the Pops* precisavam ser contrabalançadas por *um pouco* do último bastião da resistência ao sistema. Afinal de contas, os fãs cultuavam os Smiths, em grande parte, por sua independência — política, musical e ética —, o que tornava ainda mais perturbador que Morrissey parecesse estar incluindo sua gravadora na lista de seus supostos inimigos: "Nós éramos realmente seu último vestígio de esperança", disse a Garfield. "Estou convencido de que, se os Smiths não tivessem existido, então a Rough Trade teria simplesmente desaparecido." Se algum de seus outros comentários poderia ser levado a sério (em defesa de Morrissey, muitas das coisas que ele dizia na imprensa saíam muito mais stalinistas do que em pessoa, quando a educação tipicamente prevalecia e era possível quase pegá-lo rindo de seu próprio ridículo), esse ataque parecia acertar abaixo da linha de cintura. A noção de que um selo que lançara tantos discos culturalmente significativos (muitos dos quais tinham chegado às paradas de singles ou álbuns) teria, de alguma forma, quebrado se não contratasse os Smiths parecia um golpe baixo nas consideráveis capacidades de A&R, marketing e distribuição da empresa. Se houvesse algum traço de verdade na declaração de Morrissey, era que a Rough Trade tinha caído agora numa armadilha de grande gravadora: ela estava investindo uma parte grande demais do seu tempo e do seu esforço no seu artista mais bem-sucedido, deixando de lado o resto do elenco. O sucesso dos Smiths já havia visto os vizinhos de Manchester do The Fall fazerem suas malas e se mudarem para outro lugar, e embora Travis e companhia estivessem investindo pesado em bandas como The Woodentops, Microdisney e Camper Van Beethoven, enquanto continuavam a lançar um grande número de excelentes discos de reggae (apesar de "reggae ser repugnante", como Morrissey tinha observado em sua lista de melhores do ano de 1984 para a *NME*), nenhum daqueles artistas estava vendendo em quantidades remotamente parecidas. O selo certamente não teria "desaparecido" sem os Smiths, mas, ao mesmo tempo, não era mais capaz de viver sem eles.

CAPÍTULO

VINTE E OITO

Morrissey canta como se estivesse tão infeliz e aterrorizado e como se tivesse sido projetado de forma tão pobre quanto o resto de nós. Ele capturou o sentimento perfeitamente.

— Joe Pernice, *Meat Is Murder*

Os Estados Unidos vinham esperando pelos Smiths. Não apenas no sentido literal, com algumas pessoas que escutaram "Hand in Glove" quando foi lançada, em 1983, passando os 24 meses seguintes ansiosamente à espera do anúncio de uma turnê americana. Mas, de uma maneira menos tangível, parte do público americano havia muito esperava que uma banda como os Smiths aparecesse na cena e — para usar o senso de fervor religioso que muitas vezes era aplicado no culto a Morrissey — salvá-los.

Os gostos musicais anglófilos de uma parcela significativa de jovens americanos eram parte de um *continuum* cultural que havia começado com os Beatles e a British Invasion original, e tinha continuado ao longo de anos de hard rock, a ponto de a apresentação ao punk rock e a New Wave ter acontecido, para muitos, não por meio de artistas nativos, como Ramones e Richard Hell, mas do Clash e de Elvis Costello. Na verdade, em muitos lugares dos Estados Unidos a próspera cena punk independente americana era praticamente ignorada por conta de toda a nova atividade musical vinda do Reino Unido. Esse era um assunto de significativa discussão para as bandas americanas que atravessavam o país com um orçamento apertado no começo dos anos 1980, criando e, então, mantendo toda uma nova rede de casas de shows, fanzines, programas de rádio e lojas de discos. Mas, então, a maioria das bandas era intencionalmente não comercial (o R.E.M. sendo uma exceção digna de nota), com o rótulo de "hardcore" sendo adotado por muitas como um antídoto para a detectada dominação da época por reaganistas e yuppies.

Aqueles jovens americanos que se consideravam afastados do *mainstream* mas que, todavia, queriam um pouco de melodia em sua nova música e alguma exuberância em seus ídolos (preferencialmente estrangeiros), serviram como o público inicial ideal para a MTV, que foi lançada em 1981 e logo transformou em estrelas bandas britânicas que se preocupavam com a imagem, como o Culture Club, The Eurythmics, Adam and the Ants, Duran Duran, A Flock of Seagulls e tantos mais. Longe dessa suposta segunda British Invasion de *mainstream*, jovens americanos com gostos um pouco mais obscuros tinham melhores chances de ouvir a nova música independente britânica, por meio da grande variedade de estações de rádio não comerciais das universidades ou do número crescente de estações comercias "progressistas" ou de "nova música". As rádios universitárias podiam receber o crédito por liderar a verdadeira mudança cultural ao longo da década de 1980, evitando o hábito tradicional de listas de reprodução em favor de escolhas individuais dos DJs, que focavam, em grande parte, nos lançamentos independentes, incluindo os do underground americano. Mas foi o crescimento de estações comerciais que beneficiou mais enfaticamente bandas britânicas como os Smiths.

A chegada desse novo formato de rádio se mostrou suficientemente orgânica, a ponto de lhe faltar uma designação oficial. (O termo "modern rock" não foi considerado merecedor de uma parada distinta da Billboard até 1988, depois que os Smiths tinham se separado.) Na KROQ, em Los Angeles, que oficialmente abandonara seus figurões, como os Rolling Stones e o Pink Floyd, em favor de uma dieta de sólida New Wave em 1982, chamavam o estilo de "rock anos oitenta". Em Long Island, no estado de Nova York, na WLIR, uma das estações de rock progressistas originais da costa leste, estação essa que fez semelhante mudança permanente naquele mesmo ano, chamavam simplesmente de "nova música".

O sucesso imediato dessas estações, que funcionavam em ambas as costas dos Estados Unidos, rapidamente inspirou outras em territórios semelhantes a seguirem o exemplo. Em janeiro de 1983, a 91X, em San Diego, mudou para o "rock anos oitenta" depois de tocar "Stairway to Heaven" uma última e exaustiva vez. Naquela primavera, os proprietários do jornal semanal de artes *Boston Phoenix* compraram uma pequena estação local, a Y102, que vinha transmitindo com sucesso música New Wave 24 horas por dia no ano anterior, e a transformaram na estação altamente influente WFNX. Ao contrário da tradição de liberdade das rádios universitárias, as estações de "nova música" criaram seu "próprio top 40 e tocavam as mesmas músicas de sessenta a setenta vezes por semana", disse Matt Pinfield, que apareceu como DJ na estação de "nova música" da costa de Nova Jersey, WHTG (a qual mudara de música contemporânea adulta em 1984), mantinha um programa numa rádio universitária e também atacava de DJ várias noites por semana em boates locais, onde singles de 7 polegadas de bandas britânicas — encontrados como artigos importados em lojas de discos independentes da região — frequentemente enchiam a pista de dança.

Enquanto esse formato de "nova música" ganhava força, seu nicho foi descoberto: bandas britânicas melódicas (a palavra pós-moderno era mais usada nos Estados Unidos do que pós-punk) que, apesar de contratadas pelas grandes gravadoras americanas, não tinham sido promovidas exaustivamente por elas e que podiam cultivar uma reputação no palco, longe das filiações baseadas em imagem da MTV. Se podíamos alinhar as principais bandas, o U2 estava de um lado desse espectro, o Depeche Mode do outro e The Cure, Echo & the Bunnymen e New Order preenchiam algumas das posições mais proeminentes entre eles. Quando os Smiths apareceram, foi como se tivessem sido criados sob medida para agradar todo o espectro. Como quarteto de guitarras que evitava o uso de sintetizadores, eles eram instantaneamente aceitos por fãs do U2 e dos Bunnymen. Como banda que tinha se mostrado imediatamente popular nas pistas de dança "alternativas" dos Estados Unidos, eles atraíam seguidores do New Order e do Depeche Mode. E, como grupo cujas letras falavam de forma vívida sobre alienação (sub)urbana, confusão sexual, angústia adolescente, falta de oportunidades econômicas, violência doméstica, decepções educacionais e disfuncionalidade pessoal, acabou que, apesar da origem geográfica, eles se conectaram a toda uma geração de adolescentes americanos para os quais esses temas eram universais. "As histórias da Inglaterra provinciana encontraram eco, de alguma forma, na minha adolescência agoniante em Montana, com todos os caipiras, os atletas e os adultos reprimidos e intrometidos", disse Colin Meloy, na época um "garoto tímido e desajeitado" de 15 anos, que viria a formar os Decemberists, apenas uma de muitas grandes bandas americanas influenciadas pelos Smiths. Para ele "o idílio do parque de diversões de 'Rusholme Ruffians' podia ser na Last Chance Stampede & Fair, com todos os seus brinquedos itinerantes, seus adolescentes desesperados e seus valentões bêbados; o agressor em 'The Headmaster Ritual' era o Sr. Trenary, professor de educação física bigodudo que usava shorts curtos".

Levando em conta que os Smiths inicialmente se negaram a fazer uma turnê pelos Estados Unidos, que seu "segundo" disco, *Hatful of*

Hollow, estava disponível apenas como artigo importado, bem como muitos de seus outros singles, e que eles não tinham sido vistos nem perto da MTV (por não terem feito nenhum vídeo), havia um elemento quase místico de intriga em relação à banda. Na verdade, sua música era frequentemente compartilhada entre os fãs por meio de fitas cassete feitas em casa, enquanto gravações piratas de sua apresentação no *Whistle Test*, em Derby, no final de 1983, podiam ser encontradas em lojas de discos importados na Saint Mark's Place, em Nova York.

Com tudo isso, não era nenhuma coincidência que os Smiths estivessem debaixo do mesmo guarda-chuva corporativo de tantos de seus (supostos) pares britânicos nos Estados Unidos. Sozinha entre as grandes gravadoras americanas, a Warner Bros Records tinha a reputação de colocar músicas em primeiro lugar, o que significava que, apesar de a empresa estar fazendo dinheiro com artistas como Van Halen, Foreigner, Prince e Rod Stewart no início dos anos 1980, ela criava um ambiente em que grupos menos comerciais tinham permissão para se desenvolver em seu próprio ritmo. Especificamente, a Warner Bros se diferenciava por estabelecer e financiar um departamento de "marketing alternativo". Para os Smiths, fosse para a divulgação entre DJs com remixes de "This Charming Man" ou no esforço para fazer rádios, universitárias ou não, tocarem "What Difference Does It Make?" (que chegou ao top 75 de 1984, tanto na KROQ quanto na 91X), dinheiro estava disponível para conectar a banda ao seu público potencial. As vendas de 50 mil cópias do álbum de estreia podiam ter sido apenas uma gota do oceano Atlântico se comparadas aos 4 milhões de cópias vendidas naquele mesmo ano pela dupla britânica Tears for Fears, mas eram o suficiente para confirmar a existência de um público. E quando "How Soon Is Now?" foi lançada nos Estados Unidos como lado A, impulsionada pela reação, nas pistas de dança alternativas, do lado B do single importado, aquela posição se mostrou crucial: alavancada por reações impressionantemente positivas dos ouvintes, ela disparou como uma bala nas paradas das rádios universitárias e das comerciais que tocavam nova música. Na semana em que *Meat Is Murder* chegou ao topo das paradas britânicas de álbuns, "How Soon Is Now?" fez o mesmo nos Estados Unidos, na altamente influente parada da CMJ (College Music Journal). A música também podia ser encontrada no terceiro lugar tanto no top

100 das "Rádios Progressistas" quanto na parada de execução combinada de "Rádios Universitárias e Não Comerciais".

Singles no Reino Unido, como os Smiths sabiam muito bem, tendiam a subir e descer em questão de semanas. Nos Estados Unidos, eles ganhavam força ao longo de muitos meses. ("People Are People", do Depeche Mode, saiu pela Sire no verão de 1984; acabou chegando ao top 20 americano um ano depois, o primeiro sucesso de qualquer uma das mais importantes bandas britânicas de "nova música".) Então, assim que ficou evidente que "How Soon Is Now?" tinha grande potencial, o encarregado dos Smiths na Warner, Steven Baker, levou a música a Jeff Ayeroff, recentemente designado chefe de serviços criativos, cargo que a maioria das gravadoras tinha estabelecido desde o advento da MTV. Ayeroff escutou, amou e decidiu fazer um vídeo.

A questão não era que a Warner Bros não sabia que os Smiths se opunham a vídeos. A questão era que, francamente, eles não davam a mínima. "How Soon Is Now?" tinha as características de um sucesso que cruzava fronteiras, e se produzir um videoclipe a ajudaria a ir ainda mais longe, que assim fosse; da perspectiva de uma gravadora que podia ter se orgulhado de sua reputação musical, mas que estava prioritariamente preocupada em vender discos, essa decisão não requeria o consentimento da banda, como não o requeria a inclusão do single em *Meat Is Murder* (lado 2, faixa 1) ou usar essa inclusão como o principal chamariz do álbum.

Ayeroff contratou uma diretora, Paula Grief, que, por sua vez, empregou uma modelo para atuar e dançar de forma adequadamente rebelde e alienada, e juntou àquelas cenas imagens que remetiam a fumaça de chaminé — "prédios caindo aos pedaços em Cleveland", como Johnny Marr veio a ver aquilo —, que provavelmente tinham a intenção de ilustrar as raízes da banda na Manchester industrial. Grief, então, adicionou imagens granuladas da banda tocando — um vídeo caseiro feito por Grant Showbiz da lateral do palco em Leicester, no começo de 1984. Até que ponto o grupo sabia disso é algo que nunca foi descoberto: Showbiz disse que não foi consultado nem pago pelas imagens, a banda viria a agir com estupefação ao saber da existência do vídeo e Piering, que teria sido a pessoa a fornecer as imagens, alegou que o vídeo foi feito sem a permissão do grupo.[1] Apesar de tudo, o vídeo finalizado oferecia uma interpretação honesta, e um acompanhamento visual, para a música em questão; na verdade, levando em consideração alguns vídeos que estavam chegando ao mercado — performances de palco exageradas e interpretações narrativas cafonas, intercaladas com o que era percebido na época como edições altamente tecnológicas, mas que acabaram, no futuro, parecendo dolorosamente ultrapassadas —, o uso de filme de verdade (e Super 8) deu a "How Soon Is Now?" um tom realista impressionante. Divulgado na mídia com bastante insistência, o clipe garantiu uma cobertura razoável na MTV e em outros programas de videoclipes, ganhando mais fãs para os Smiths, muitos dos quais logo compraram *Meat Is Murder*, o que rapidamente foi mostrado na parte inferior das paradas de álbuns. Em qualquer escala, os Smiths agora tinham uma força seriamente visível nos Estados Unidos.

Como resultado, quando chegou a hora de excursionar pelos Estados Unidos, ficou evidente que os Smiths podiam pular os clubes e aparecer diretamente nos teatros americanos. Nesse sentido, tanto Mike Hinc quanto Scott Piering tinham recebido abordagens ansiosas de todas as grandes agências americanas, e embora Piering não concordasse com a escolha, a ATB concedeu o subcontrato a Ian Copeland, da Frontier Booking Iternational, FBI para encurtar. Copeland tinha feito seu nome com o sucesso nos Estados Unidos da banda de seu irmão, Stewart, The Police. Tinha, então, estabelecido sua credibilidade ao trazer o R.E.M. enquanto eles ainda não tinham um contrato. Em 1984, o segundo álbum do R.E.M., *Reckoning*, tinha igualado as vendas do disco de estreia, ajudando a solidificar a posição do grupo como a maior esperança alternativa dos Estados Unidos. Sua posição irredutivelmente independente, sua recusa em fazer concessões em troca de exposição no rádio ou na MTV, suas capas de disco intencionalmente obtusas e, acima de tudo, suas constantes turnês, tudo isso fez da FBI um lar natural para os Smiths, considerando-se, também, que compartilhavam tantos desses atributos. Copeland prontamente agendou uma turnê para os Smiths ao longo do mês de junho, a qual focava nas costas leste e oeste, mais abertas à influência britânica, especialmente nas áreas com estações de rádio comerciais alternativas de destaque, além de Toronto, Chicago e Detroit. Os teatros em questão geralmente iam de cerca de 2.500 lugares na costa leste até 4.400 na costa oeste (e muito mais em Toronto), mas o nível de expectativa em torno dos Smiths imediatamente permitiu que mais dartas fossem adicionadas em Nova York e Los Angeles — e até a marcação de um show em Irvine Meadows, no sul da Califórnia, onde os Smiths tocariam para até 10 mil pessoas e ganhariam mais de 50 mil dólares. Na verdade, era um indicativo do público já fanático dos Smiths que muitos desses teatros eram os mesmos em que os multiplatinados Tears for Fears, no topo das paradas, estavam tocando durante o mesmo mês.

A entrada repentina dos Smiths nas grandes ligas (assim como a personalidade exagerada de Copeland) se tornou evidente quando o agente recebeu as exigências de palco do grupo e concluiu que elas "pareciam descrever uma mesa de pingue-pongue comparadas aos palcos dessa turnê". Mas ele não levou em conta o senso de proporção dos Smiths. "A banda sempre quis manter aquela sensação de todos estarem próximos", disse John Featherstone. "Havia um espaço relativamente comprimido onde todos queriam estar. Nunca tivemos uma boca de palco de mais de 12 metros."

Enquanto a turnê se aproximava, a falta de uma figura empresarial dominante se tornou uma preocupação muito maior. Scott Piering tinha experiência em excursionar pelos Estados Unidos desde sua época com Bob Marley e o Third World, mas, por não ter tempo ou capacidade de lidar com as complicações logísticas dos Smiths, ele recomendou que o grupo contratasse um velho conhecido profissional, o famoso gerente de turnês Hector Lizardi, que planejava maximizar o rendimento da banda ao fazer os produtores locais fornecerem o PA e a iluminação da casa de shows. A equipe do grupo, tendo desenvolvido uma presença de palco específica para os Smiths, preferia a opção mais cara de alugar seu próprio equipamento para toda a turnê e levá-lo de caminhão, de cidade para cidade. Piering enviou a Morrissey recortes de revistas e jornais sobre Lizardi, observando que, "ao contrário de *qualquer* pessoa com quem você esteja trabalhando agora, ele não é megalomaníaco e não é um mercenário". (A paranoia no universo dos Smiths, evidentemente, não estava mais confinada ao vocalista.) No estilo clássico dos Smiths, dias e então semanas se passaram sem uma decisão. Ingressos foram colocados à venda; e se esgotaram em alguns shows. Produtores, agentes e empresários em exercício, todos começaram a arrancar os cabelos.

A probabilidade de a turnê acontecer como planejado recebeu mais um golpe quando, no início de maio, Morrissey deu bolo num entrevistador da *People*, possivelmente a revista mais importante dos Estados Unidos, com uma tiragem na faixa de 30 milhões de exemplares. A assessora de imprensa, bem-intencionada e sempre paciente da Rough Trade, Pat Bellis, levara o jornalista a Manchester para a ocasião, apenas para que ele passasse o dia inteiro sentado no hotel Britannia enquanto telefonemas frenéticos eram feitos para Londres, e Phil Powell era mandado da casa de Marr, em Bowdon, até a de Morrissey, em Hale Barns, para tentar localizar o vocalista. (Naturalmente, não houve resposta.) No dia seguinte, Bellis, envergonhada profissionalmente com a experiência, sentou-se para expressar sua decepção. "Morrissey, tudo que peço é que, se você não quiser dar uma entrevista ou o que quer que seja, por favor, por favor, avise ou, se você mudar de ideia no último minuto, telefone para alguém para que possamos saber o que está acontecendo — nesse caso, é nosso trabalho inventar desculpas por você, o que, embora não seja uma tarefa agradável, é bem melhor do que deixar as pessoas sentadas esperando sua chegada", escreveu ela em carta. Como com os receios de Piering em relação à televisão, Bellis concluiu: "Estou agora, mais do que nunca, preocupada ao marcar entrevistas ou qualquer tipo de divulgação com você, pois nunca posso ter certeza se você vai comparecer ou não." E se despediu desculpando-se de forma encabulada pela necessidade de botar para fora. Apesar disso, a entrevista da revista *People* foi remarcada, Morrissey apareceu dessa vez, e uma matéria de duas páginas foi publicada no meio da turnê americana. O jornalista, Fred Hauptfuhrer, era, na verdade, um grande fã, e a matéria, além de referências à relação próxima de Morrissey com a mãe, que morava com ele (que "acha que tudo de que seu filho precisa para deixar a vida completa é uma boa mulher"), era extremamente elogiosa, sem nenhuma menção à falta de consideração na primeira vez. Astros pop, Hauptfuhrer provavelmente sabia por experiência, podiam sair ilesos dessas situações. Jornalistas, não.

Com o destino da turnê americana ainda incerto, em meados de maio de 1985, os Smiths visitaram a Itália e a Espanha pela primeira vez.

Os dois territórios estavam entre os mais problemáticos da Europa; o primeiro, suscetível a produtores inescrupulosos, e o segundo, ainda se recuperando de quatro décadas de ditadura militar. No aeroporto de Heathrow, funcionários da Rough Trade imploraram pessoalmente para que o grupo cumprisse a promessa de aparecer num programa de TV italiano; Jo Slee, como representante de licenciamento na Europa, juntou-se, então, aos Smiths no avião para a Itália, em parte, para se assegurar de que aquilo aconteceria e, em parte, para estimular as relações com a nova licenciada da Rough Trade por lá, a Virgin. A visita começou mal, quando a banda rejeitou o hotel de estilo mediterrâneo que os produtores tinham reservado, com chão de ladrilhos e mobília tradicional, e insistiu em ficar num hotel genérico no estilo americano. (Eles se mudaram para o Sheraton, perto do aeroporto.) O show no Tendastrisce acabou sendo quase o que se podia esperar — aconteceu numa grande tenda, como a de um circo, não no teatro em que todos pensaram que eles tocariam —, mas correu extremamente bem, de qualquer forma, com a plateia italiana participando das invasões de palco e frequentemente arrancando o cabo do microfone de Morrissey.

Foi quando o grupo chegou para participar do programa de TV, no dia seguinte, que as coisas saíram totalmente de controle. Da perspectiva da Virgin, aquele era o prestigioso programa equivalente ao *Top of the Pops*. Da perspectiva de uma banda do norte da Europa que não estava acostumada ao jeito cafona da televisão italiana, não chegava nem perto disso. "O palco era montado de forma ridícula", disse Andy Rourke. "Havia pipas e colunas antigas de mentira." Depois de participar dos ensaios, eles resolveram não se apresentar. "Morrissey disse: 'Não vou me humilhar'. Ele saiu correndo, nós saímos correndo."

Novamente, Johnny Marr apoiou a decisão de seu parceiro de fugir dos compromissos. "A opção fácil teria sido dar a entrevista", disse Marr. "Foram necessários discernimento e percepção para dizer: 'Não quero ser visto fazendo isso'. Fico muito feliz que [Morrissey] tenha salvado minha pele. Algumas vezes, ele se sacrificava por nós."

Não foi assim que a gravadora enxergou a situação. A Virgin rejeitou os Smiths pelo futuro próximo e a relação de licenciamento dela com a Rough Trade também foi bastante danificada. "E nunca houve nenhum tipo de pedido de desculpas", disse Richard Boon, que chamou aquele de "um incidente muito significativo", o qual deu à Rough Trade "a reputação de que não era confiável fora do Reino Unido". Stuart James, enquanto isso, como organizador da turnê, ficou "aborrecido por não ter ficado sabendo do descontentamento inicialmente. Teria sido muito mais fácil dizer: 'Não vamos participar' em vez de chegar a ir lá, fazer um ensaio e então cancelar no último minuto".

No dia seguinte, enquanto o grupo estava sentado no saguão do hotel, preparando-se para viajar para a Espanha, uma decepcionada Jo Slee admitiu a Mike Joyce que, se ela não fosse ter liberdade para fazer seu trabalho adequadamente, era melhor pedir demissão. "'Bem, se não for você, simplesmente será outra pessoa'", lembrou-se ela de Joyce dizer, concluindo, por conta própria, que, "vindo do baterista, aquilo me dizia tudo o que eu precisava saber... Lidar com eles era como tentar subir uma escada rolante descendo, e eles pareciam aproveitar qualquer desculpa para sabotar o que a Rough Trade estava fazendo". Slee voltou à Inglaterra para trocar a área de licenciamento pela produção, onde ela podia trabalhar ao lado de Richard Boon; ela assumiu a parte da arte das capas dos Smiths, lidando diretamente com Morrissey, com quem ela desenvolveu uma relação próxima. Os Smiths pegaram um avião para Barcelona, para um bem-sucedido show numa casa pequena, show esse que também foi filmado para a televisão. Eles, então, seguiram para a capital espanhola no dia 18 de maio, para um grande show ao ar livre no Paseo de Camoens, patrocinado pela prefeitura de Madri, para celebrar o feriado do santo padroeiro local; esse show também foi filmado para a televisão.

Sem o conhecimento de muitas pessoas que cercavam a banda, os Smiths tinham acabado de contratar um advogado, Alexis Grower, da Seifert Sedley Williams, que no dia 16 de maio, depois que o grupo tinha partido para a Europa, escreveu para Scott Piering, em nome da Smithdom, anunciando sua nomeação. Ele havia, escreveu, "despachado hoje cartas para a Rough Trade e mandado um telex para a Sire, de acordo com minhas instruções". Tais instruções eram o equivalente a uma bomba nuclear caindo na Collier Street: como mais adiante foi notado pelo selo, "os Smiths tinham, 'por meio de uma carta dos advogados dos artistas'" datada de 16 de maio, sustentado que seu acordo original de 1º de junho de 1983 tinha sido cancelado. Em outras palavras, os Smiths estavam anunciando sua intenção de deixar a Rough Trade, valendo imediatamente.

A carta de Grower para Piering esclarecia que o advogado estava em contato direto com Ian Copeland a fim de tratar dos contratos de merchandising nos Estados Unidos, além de estar lidando com terceiros para garantir um gerenciamento de finanças adequado à turnê, o que terminava qualquer tipo de associação com Lizardi. Ao terminar a carta, ele escreveu: "Se há algum assunto que você queira discutir comigo e que sou capaz de discutir com você, levando em consideração a confidencialidade das instruções dos meus clientes, ficarei feliz de conversar com você." Era difícil para Piering não ler tudo aquilo como sua demissão formal, e ele decidiu pegar um avião para a Espanha e confrontar a banda sobre aquilo: "Eu era a consciência deles e eles tinham que lidar com aquilo."

Mike Hinc também pegou um avião até Madri, em grande parte para tentar manter Piering e a banda afastados. (Peter Walmsley, chefe de licenciamento da Rough Trade, também foi à Espanha; se também recebera ou não a carta de Grower anunciando o proposto término de contrato da banda, ele decidiu não fazer uma cena.) Nos últimos meses, enquanto cada um mantinha sua lealdade à causa maior (antes a Rough Trade, agora os Smiths), Hinc e Piering haviam entrado em confluito com frequência. A desconfiança de Hinc em relação a Piering chegou a seu auge quando ele percebeu que uma de suas conversas estava sendo gravada; Piering, mais tarde, contou a Johnny Rogan que gravou a conversa por achar que não podia confiar que o agente manteria sua palavra, para início de conversa. Um conhecido conflito de alianças ajudava a tornar tudo ainda pior: Johnny Marr gostava de Scott Piering, mas não de Mike Hinc; para Morrissey, era o contrário. Morrissey ganhou a batalha. Quando os Smiths chegaram ao seu hotel em Madri, encontraram Piering esperando por eles, adormecido, no saguão. Eles rapidamente mudaram de hotel. Enquanto Piering passou o dia tentando assegurar algum tipo de reunião, a banda fez o possível para evitá-lo. Piering recordou para Rogan: "Eu fiquei por perto e não os pressionei. Deixei que soubessem que eu estava lá, me coloquei à disposição e troquei algumas palavras com eles, mas eles simplesmente não lidaram com aquilo." Depois de algum tempo, Mike Hinc chamou Piering para uma necessária "conversa" sobre a decisão do grupo. "Acho que nossa amizade nunca se recuperou daquilo", disse Hinc.

"Eu o odiei por três ou quatro anos depois daquilo", confirmou Piering sobre Hinc; o antigo empresário, que zelava pela banda, deu-se uma semana de férias em Madri como parte de seu processo de recuperação pós-Smiths antes de voltar a Londres, onde ele, apesar de tudo, permaneceu em seu papel como divulgador da banda. Antes daquilo tudo, ele compareceu ao show em Madri, que ocorreu ao ar livre diante de milhares de pessoas no canto do vasto boulevard Paseo de Camoens, show que acabou sendo quase perfeito apesar das maquinações dos bastidores naquele dia. (A gravação para TV permanece sendo o único souvenir em vídeo de qualidade de toda a turnê *Meat Is Murder*.) Acabou sendo melhor assim, pois no dia seguinte, sem Hinc, Piering e Walmsley, os Smiths seguiram para San Sebastian, para um show no domingo à noite. Lá, eles descobriram que a casa de show tinha recebido os equipamentos errados. Stuart James, mais uma vez, viu-se congelado fora do diálogo; depois de uma passagem de som frustrante, "a equipe passou por cima de mim, foi diretamente até a banda e disse: 'Não podemos fazer o show.'" Os Smiths voltaram ao hotel e James permaneceu com a equipe na casa de shows, que começou a ser atacada por fãs insatisfeitos que esperavam do lado de fora assim que foi anunciado que o show tinha sido cancelado. Enquanto isso, no hotel, a imprensa, avisada rapidamente pelos produtores, encurralou o grupo para que eles se explicassem. "Aquilo tudo ficou muito feio", disse James. "Não estávamos sendo chantageados para fazer o show, mas também não estávamos recebendo nenhuma assistência. Tudo o que a banda queria fazer era sair dali." A polícia chegou para cuidar da revolta do público e houve informações de que a equipe tinha sido presa; os produtores, no fim, evitaram que a prisão acontecesse, mas, com o contato restrito entre a casa de shows e o hotel, o grupo recorreu a fazer telefonemas para o Consulado inglês. No fim das contas, tanto a banda quanto a equipe foram liberadas para ir embora e pegaram um voo para a Inglaterra em Bilbao. No dia seguinte, Stuart James ligou para Mike Hinc para renunciar ao cargo de organizador de turnês. E ficou sabendo que não podia se demitir; a banda já o fizera. Faltavam agora duas semanas para a turnê americana.

É sintomático da falta de comunicação, mesmo no coração dos Smiths, que houvesse tanta confusão em relação à demissão de Scott Piering. "Talvez ele tivesse forçado muito a barra para fazermos aquela apresentação na televisão italiana... Talvez aquilo tivesse se tornado algo que ele entendeu errado", especulou Marr. Até onde ele se lembrava dos acontecimentos, "ninguém disse: 'Scott está fora'", o que sugeriria que Marr também não sabia, não entendia as consequências ou, em último caso, esqueceu-se da carta do advogado, enviada em seu nome e no de Morrissey enquanto o grupo estava na Europa.[2] "Por quaisquer razões", disse Marr sobre Piering em 2011, "ele se retirou".

Esse evidentemente não foi o caso, e havia aqueles do grupo que desejavam que Piering tivesse, na verdade, recebido permissão para assumir oficialmente o papel de empresário. "Scott fez muito por nós que não foi reconhecido, na minha opinião", disse Andy Rourke. (Entre outras coisas, Piering tinha colocado em discussão a clareza nas finanças dos arranjos de negócios internos dos Smiths.) "Eu diria que, durante pelo menos um ano, um ano e meio, ele foi nosso empresário. E nunca foi reconhecido, nunca foi pago. Ele colocou seu corpo e sua alma naquilo. Acho que ele nunca recebeu um agradecimento por isso. Acho que ele se esforçou muito para fazer tudo por nós."

"Eu amava Scott", disse o diretor de iluminação, John Featherstone, que se recordou de que o escritório de Piering "era quase como nosso ponto de encontro quando estávamos em Londres. Acho que Scott merece muito crédito e, provavelmente, muito mais crédito do que ele recebeu, por realmente entrar na brecha e ocupar o papel de empresário". Para Featherstone aquilo tinha a ver com mais do que apenas negócios; também tinha a ver com integridade artística. "Ele era capaz de dizer para mim: 'Essa é uma grande ideia, mas vi o Velvet Underground fazer isso e não funcionou.'"

Enquanto o desafio ficava cada vez maior ao redor dos Smiths, Piering pode nunca ter sido a ideia de empresário ideal para a indústria musical. "Scott nem sempre estava bem-informado", disse Grant Showbiz. "Ele estava sobrecarregado. Fazia muitas coisas por muito pouco dinheiro e muito tempo."

Johnny Marr contou lembranças semelhantes. "Ele não era nenhum santo. Ele chegava atrasado a compromissos. Estava, muitas vezes, muito agitado." E isso era verdade. Se foi alguma surpresa para Steven Baker, da Warner Bros (para quem "Scott era o empresário da banda, até onde eu sabia"), que Piering nunca tenha ido até os Estados Unidos para planejar a campanha de *Meat Is Murder*, foi ainda mais chocante quando Piering acabou lhe contando que teve que cortar seus telefonemas porque eles estavam lhe custando muito dinheiro. E os esforços ineficazes de Piering para organizar a turnê americana de *Meat Is Murder* tinham sido marcados por métodos de comunicação cada vez mais desesperados, que eram contrários às apresentações mais comedidas e à linguagem serena usadas por outros funcionários quando se comunicavam com Morrissey — ou, na verdade, usadas pelo próprio Morrissey. Obviamente, o simples fato de Morrissey ter passado por cima de Piering para lidar diretamente com as outras pessoas na Rough Trade apenas exemplificava a impotência do suposto empresário. Geoff Travis, curiosamente, disse que Piering "nunca realmente se apresentou a mim como empresário deles. [Dentro] dos parâmetros convencionais do que um empresário faria, não me lembro de nada vindo de [Scott] para nós. Nada como: 'Vocês têm que gastar mais dinheiro' ou 'Precisamos de anúncios de página inteira'. Nada disso". Sobre essas questões, Travis falava diretamente com Morrissey — que, "basicamente, sempre conseguia o que queria".

Ao assumir o papel em tais circunstâncias, Piering estava sempre operando de uma posição de fraqueza no que dizia respeito ao seu relacionamento com Morrissey — e ele sabia disso. "A última coisa que ele queria era que você fosse pegajoso", Piering disse a Rogan. "Assim que as pessoas ficassem pegajosas, [Morrissey então] as afastava. Ele o colocava naquela posição em que você tentava falar: 'E quanto a *mim*? E quanto ao *meu* papel?' E ele o deixava envergonhado por fazer aquilo. Era uma manobra psicológica muito inteligente."

As incertezas em relação a empresários não foram facilitadas pelo fato de que Joe Moss vinha silenciosamente, mas firmemente, insistindo em receber o dinheiro que ele tinha adiantado para o grupo, um total de 6 mil libras, incluindo o custo do PA. Moss achava difícil compreender como seu protegido, Johnny Marr, não era capaz de negociar uma segunda assinatura num cheque para um valor relativamente insignificante, e se estava desapontado com um grupo de quem fora empresário e mentor com sucesso durante 18 meses, aquilo não era direcionado ao vocalista — "nunca esperei nada dele" —, mas ao guitarrista, a quem ele dera emprego, moradia, além de conselhos profissionais, coisas pelas quais ele nem estava buscando uma comissão.

Tudo isso deixa uma sensação desagradável, especialmente tanto tempo depois de ter acontecido. A realidade da situação, em 1985, era que Morrissey, nunca tendo sido dono de um talão de cheques antes (porque nunca tivera dinheiro suficiente para precisar de um), estava agora gerando grandes somas de receita como uma pessoa muito pública — mas, ainda assim, permanecia um indivíduo altamente reservado, de competências sociais notoriamente pobres, que tinha escolhido comprar uma casa e então voltar a morar com a mãe, impetuosamente protetora, a qual era veemente em sua afirmação de que a indústria musical estava "cheia de tubarões". A realidade, igualmente, era que Johnny Marr tinha apenas 21 anos e, apesar do fato de ele ter as competências sociais que podiam faltar a seu parceiro, era apenas um pouco mais experiente em questões de negócios e estava vivendo a vida de um astro do rock recém-nascido em todo o seu esplendor. Ele convencia a banda a gravar novos singles antes que novos álbuns fossem ao menos lançados; ele concordava com uma agenda de shows que deixava pouco tempo de descanso entre as viagens. Ele não comia adequadamente, muito menos dormia de forma satisfatória. Notívago por natureza, também era afeito a badalar muito, e embora isso nunca abalasse sua criatividade, ele não se dava tempo para descansar, acumular energia, regenerar-se e tomar decisões sensatas, sóbrias e conscientes sobre a estrutura de negócios da banda. Além do mais, fazer isso significaria confrontar Morrissey, cuja disposição para discutir a contratação e a demissão de empresários estava no mesmo nível de sua recusa a discutir a divisão interna dos lucros da banda — e isso foi motivo para arrependimento no futuro.

"Fomos muito tolos", disse Marr, 25 anos depois. "Cometemos muitos erros. Cometemos alguns erros que não deveríamos ter cometido ao longo de nossa carreira." Um desses erros, disse ele, estava relacionado ao papel de Piering: "Scott deveria ter sido nosso empresário."

Os "problemas" dos Smiths com empresários na época pareciam particularmente ridículos se levarmos em conta que eles haviam tido, não apenas uma vez, mas duas (com Moss e Piering), uma representação muito mais qualificada e experiente do que seus colegas de gravadoras independentes. Afinal, Rob Gretton tinha crescido como apenas mais um brigão de Wythenshawe e fã de Bowie, que se transformou em punk, que se transformou em DJ de boates locais, mas aquilo não o impediu de trabalhar com sucesso como empresário da banda que se tornou o Joy Division (e depois o New Order). Quanto ao Depeche Mode, eles nem ao menos tinham um empresário; confiavam em Daniel Miller, apesar da potencial aparência de conflito de interesses com base em seu papel também como dono da gravadora da banda, para aconselhá-los em todas as decisões de negócios importantes.

Não é tão irônico que, dessas três significativas bandas independentes da época, em três dos maiores e mais expressivos selos, todos trabalhando com divisão igual dos lucros, tivesse sido a banda que assinou um contrato que a vinculava à gravadora — os Smiths, com a Rough Trade — que tivesse decidido sair. A questão maior é que é difícil imaginar sob que base moral ou legal Morrissey e Marr acharam que podiam cancelar o acordo com a Rough Trade. Tendo implorado pela chance de assinar com o principal selo independente da Grã-Bretanha, eles tinham sido compensados com um álbum em segundo lugar nas paradas e outro em primeiro (e mais uma coletânea chegando ao top 10), e incluindo a colaboração com Sandie Shaw, uma série de sete sucessos do top 30 consecutivos depois de seu primeiro lançamento. Nem o New Order nem o Depeche Mode (nem, ainda, o Cure, os Bunnymen ou mesmo o U2) podiam se gabar de uma série de sucessos tão consistente com tão pouco tempo de carreira. Evidentemente, as vendas eram mais modestas em outros países, onde a Rough Trade lidava com uma grande variedade de licenciados, de variados graus de eficiência, e uma grande gravadora poderia ter sido capaz de fazer mais para a banda nesse sentido, mas os Smiths mal estavam fazendo o trabalho necessário fora do Reino Unido para encorajar qualquer um a fazer pressão a seu favor.

O verdadeiro contrato com a Rough Trade era tecnicamente confuso, com todas as suas questões e adendos escritos à mão, mas o único aspecto que nunca foi questionado foi o compromisso inicial de três anos. Mesmo se a banda (ou seu advogado) acreditasse que *Hatful of Hollow*, de alguma forma, completava sua obrigação inicial de três álbuns (o que não era o caso, dado que o contrato especificava "material inédito"), a Rough Trade ainda teria a opção de renovar o contrato por outro ano (e mais outro depois desse). E, de sua parte, a gravadora não tinha nenhum interesse em perder o grupo.

"Eu não consegui pensar no que tínhamos feito de errado. Se achasse que tínhamos agido mal com eles, eu talvez tivesse dito: 'Boa sorte para vocês', mas eu pensei: 'Não apenas fizemos um bom trabalho, mas fizemos mais e fomos mais longe do que qualquer um em termos de tempo e comprometimento." Depois de tentar (sem sucesso) resolver a questão internamente, a Rough Trade iniciou procedimentos legais, no começo de julho, para proteger seu investimento, buscando um mandado que impedisse que os Smiths entregassem suas gravações a qualquer outra gravadora que não fosse a Rough Trade. Enquanto isso, os negócios do dia a dia com os Smiths continuaram em seu ritmo. "É uma farsa", disse Travis sobre o processo na época, citando as comédias que tinham sido uma parte tão grande da criação de Morrissey. "É como um filme da série *Carry On* — com a exceção de que os advogados estão envolvidos! Aquela era a vida normal com os Smiths, como um filme da série *Carry On*."

CAPÍTULO

VINTE E NOVE

A maior parte das músicas faz as pessoas se lembrarem de quando elas as escutaram pela primeira vez, mas a música dos Smiths — ela é o que nós éramos.

— Matt Miller, *All Men Have Secrets*

Os Smiths eram a ideia mais perfeita que eu já tinha ouvido. Ou visto.

— Mark Spitz, *How Soon Is Never?*

THE SMITHS

Alguns dias depois de ser demitido, Stuart James foi convidado a retomar seu papel como organizador das turnês, com um salário maior, e a viajar para os Estados Unidos com a banda. Num Concorde. Quando eles mudaram de aeroportos, em Nova York, para pegar um voo doméstico para Chicago, onde a turnê começaria, a equipe já chegara lá num avião convencional. Enquanto o grupo partia para o Aragon Ballroom a fim de ensaiar, Stuart James e seu novo gerente de produção, Mark Gosling, que tinha sido emprestado pela All Trade depois do fiasco com Lizardi, refugiaram-se no Ambassador, que tinha se tornado famoso por conta dos filmes *Os irmãos cara de pau* e *Intriga internacional*, para "adiantar" os preparativos de uma turnê que tinha agora quase todos os ingressos esgotados. A equipe vencera a briga para alugar o PA e as luzes em Chicago e transportá-los de caminhão pelos Estados Unidos. A banda conseguira vencer sua própria batalha para colocar o James na turnê, como banda de abertura, apesar de seus amigos ainda não terem lançado nenhum disco nos Estados Unidos. Logo antes de a turnê estar pronta para começar, o James pulou fora: o guru da banda, Ishvara, tinha anunciado que estava indo a Manchester (de Basingstoke) para promover um retiro, e "isso era mais importante do que sair numa turnê americana com os Smiths", disse Tim Booth. Só mais adiante ele reconheceria que o Lifewave era "o típico culto padrão". Morrissey, no entanto, ficou "tão aborrecido" com a notícia do cancelamento do James que "sumiu do mapa por um dia e meio e disse que não faria a turnê americana", recordou Booth. "Geoff Travis ligou para nós, a certa altura, e perguntou se sabíamos onde ele estava." Enquanto isso, uma ligação foi feita para Billy Bragg, cujo EP, *Between the Wars*, tinha acabado de chegar ao top 20 no Reino Unido. Ele estava marcando algumas datas nos Estados Unidos para si mesmo e pôde se juntar aos Smiths durante a primeira metade da turnê. Morrissey pediu (e conseguiu) *drag queens* para abrir para os Smiths, fazendo playback em estilo cabaré nas cidades em que Bragg não pudesse se apresentar; a reação foi tão hostil quanto qualquer um poderia ter esperado.

Nesse caos, chegou um novo empresário. Matthew Sztumpf estava ativamente empregado cuidando do Madness, cuja transformação de banda animada de ska-pop para um bando de trovadores políticos sensíveis tinha se mostrado tão completa que o grupo havia acabado de perder seu público original — embora não antes de lançar um impressionante catálogo de hits no top 10 do Reino Unido e alguns singles de maior alcance nos Estados Unidos, que deram a Sztumpf experiência em lidar com as gravadoras, os agentes e a mídia daquele país de uma posição de poder temporário. Como o Madness era composto de sete personalidades fortes e exigentes, Sztumpf tinha todas as razões para acreditar que poderia cuidar dos quatro Smiths. Em todos os aspectos, ele fez seu trabalho muito bem.

Apesar do fato de ser trabalho lidar com a gravadora, Sztumpf foi incapaz de impedir que Morrissey tivesse um raro caso de confronto nos bastidores do primeiro show da turnê, em Chicago, onde, como lembrou Steven Baker, da Warner Bros, "ele foi totalmente grosseiro e me contou o que achava" sobre a forma como o selo tratou "How Soon Is Now?". Morrissey repetiu suas reclamações no dia seguinte, em Detroit, quando se sentou com a revista *Creem* e transformou o que deveria ser um discurso de vitória a respeito da recepção americana à banda num discurso vingativo.

"Sinto que fomos contratados originalmente como um gesto de querer parecer antenado da parte da [Sire], e foi isso mesmo", disse ele a Dave DiMartino. "E eles não tinham nenhuma intenção de os Smiths significarem algo para as massas. E ainda não têm. Eles foram responsáveis por vários *desastres* de marketing que têm sido realmente muito prejudiciais a nós pessoalmente." Tinha a "abominável capa" de "How Soon Is Now?". Houve a reclamação de que "eles lançaram o álbum *Meat Is Murder* com a faixa 'How Soon Is Now?' fora do tracklist, sem imprimir a letra", o que era verdade sobre o LP, inicialmente promovido com um adesivo anunciando a adição de "How Soon Is Now?" como bônus. E havia também a afirmação de que "eles lançaram a fita cassete sem a faixa 'That Joke Isn't Funny Anymore'", que era totalmente falsa.

Morrissey reservou a maior parte de sua ira para o videoclipe. "Aquilo não tinha absolutamente nada a ver com os Smiths — mas, naturalmente, fomos inundados com cartas de amigos americanos muito irritados dizendo: 'por que diabos vocês fizeram esse vídeo horroroso?' E, obviamente, deve ficar claro que a Sire fez aquele vídeo e nós vimos e dissemos à Sire: 'Vocês não podem lançar isso *de forma alguma*... Esse vídeo degradante.' E eles disseram: 'Bem, talvez vocês realmente não devessem estar na nossa gravadora.'"

Tal conversa, em termos mais gerais, pode ter acontecido; não era inédito que o chefe de uma gravadora americana avisasse o grupo, tipicamente por meio de seu empresário, que, se eles não estavam dispostos a se vender, então talvez a gravadora não devesse estar gastando dinheiro com eles. E era uma ironia que a principal reclamação de Morrissey a respeito da Rough Trade, uma aparente falta de promoção, tinha agora se transformado no seu oposto com relação à Sire. Ainda assim, "senti como se tivesse feito uma burrada", admitiu Baker, que se responsabilizava por algumas das decisões. "Tenho certeza de que isso era realmente importante para eles. Como um profissional de marketing, você deveria escutar o grupo e representar seus interesses na empresa, e garantir que coisas que não os representem adequadamente não sejam feitas. Acho que fiquei muito feliz porque a gravadora estava interessada em fazer um vídeo..." Quando a matéria da *Creem* foi publicada — por sorte, talvez, depois que a turnê tinha terminado —, Baker recebeu os comentários no espírito do que ele agora compreendia ser o "convincente... drama" que cercava os Smiths, o que "significava que aquele era um grupo seriamente independente, de todas as formas possíveis" e, dessa forma, contribuía para o fanatismo, o que, por sua vez, convertia-se em vendas de discos: "Se ele não desse essas declarações para a imprensa, se ele não fosse quem ele era, não seriam os Smiths."[1]

"Adotamos uma posição de confronto em relação à gravadora americana", confirmou Marr, "e com muita razão. Porque as pessoas apareciam e, obviamente, não entendiam o grupo, e não se importavam muito. E achamos que aquilo não era um apoio de verdade." Como Morrissey, Marr estava frustrado, porque "o vídeo não se parecia com a forma como nós realmente estávamos nos representando", embora depois tenha admitido que "era incrivelmente à frente de seu tempo". Mas o vocalista estava mais frustrado por "eles terem enfiado 'How Soon Is Now?' em *Meat Is Murder*... Sobre esse assunto, nós achamos que, mesmo se estivéssemos errados, éramos os artistas e era nossa escolha não botar a música no disco. Achamos que o fato de eles passarem por cima de nossa autoridade era algo condescendente e que nos diminuía. Aquilo realmente me enfureceu. Nós tínhamos decidido a ordem daquele álbum com muito, muito cuidado. Achamos que ficou realmente cafona e que estragou a arte". A Sire estava apenas agindo de uma forma que o tempo havia consagrado nas gravadoras americanas (*nenhum* dos seis primeiros discos dos Beatles saiu com a ordem britânica original, e a Sire acabara de compilar um disco do Depeche Mode a partir de sobras a fim de capitalizar com o crescente sucesso da banda), mas aquilo não importava muito para Morrissey na época. "Estava tudo muito bem enquanto eles vinham aos nossos shows e nos diziam o quanto nos amavam, mas, quando chegamos a um impasse, eles apenas disseram: 'Parem de reclamar. Está feito.'"

Como com muitas das questões que aborreciam os Smiths, o tempo abrandaria parte da raiva. "Não entendemos que era uma questão de mercado", Marr foi finalmente capaz de admitir, "e, na verdade, nossos argumentos eram puramente estéticos e não éramos capazes de discutir sobre o mercado, porque não entendíamos o mercado... Tantos anos depois, sei que pessoas são vegetarianas porque 'How Soon Is Now?' tinha sido anunciada na capa do disco. Eu preferia que eles não tivessem feito isso. Mas muitas coisas boas vieram daquilo, felizmente."

Mas, no verão de 1985, os Smiths ficaram tão furiosos que Morrissey fez Stuart James ligar para Seymour Stein e lhe dizer que ele tinha sido tirado da lista de convidados para o show de Nova York.

A RELAÇÃO DOS Smiths com seu público nos Estados Unidos, por outro lado, imediatamente excedeu até suas expectativas mais selvagens. Embora outros grupos britânicos tivessem experimentado uma reação histérica nos Estados Unidos durante os anos 1980, algo naqueles quatro rapazes, em particular, infiltrava-se muito mais numa certa alma americana. Os fãs, nos shows americanos, não apenas incentivavam, aplaudiam e gritavam. Eles berravam de verdade. Billy Bragg notou imediatamente como "havia uma espécie de beatlemania acontecendo que eu nunca tinha visto antes", e aquilo incluía a turnê americana que ele fizera com os Bunnymen no ano anterior. O mesmo aconteceu com o funcionário da agência de talentos FBI, Steve Ferguson, que no Beacon Theater, em Nova York, ficou "extremamente impressionado com a intensidade dos fãs". Ele falou que aquilo era "como assistir à história sendo feita", citando "um tsunami" de fãs invadindo o palco, "simplesmente venerando e absorvendo cada sílaba que Morrissey cantava. Estava claro que eles eram mais que só mais uma banda inglesa vinda do outro lado do oceano. Era uma situação única. Eu nunca tinha visto pessoas se comportando daquele jeito antes. Eram rapazes e meninas. Para eles era como ir à igreja, e Morrissey era seu messias, e as pessoas estavam enlouquecendo".

"As letras de Morrissey eram universais", observou Andy Rourke sobre o encanto com o vocalista nos Estados Unidos. "Elas falavam sobre o que ninguém mais na indústria musical estava expressando naquela época. Ele falava o que todos estavam sentindo. Os jovens dos Estados Unidos têm que ir para a faculdade, eles são arrancados de seus lares. Claro, há pessoas solitárias lá, e pessoas que não se encaixam. E isso era o principal, que as letras de Morrissey falavam com aquelas pessoas, aqueles deslocados."

"Particularmente naquela época, o que ele estava fazendo era muito diferente do que todos os outros estavam fazendo", disse Billy Bragg, que incluíra "Jeane" em seu setlist e vira os Smiths a trazerem de volta ao chegarem a Boston. "A única outra pessoa em que eu era capaz de pensar que tinha feito aquilo antes era Bowie, durante a fase andrógina. E acho que algumas das reações aos Smiths tinham o mesmo nível de intensidade da maneira como as pessoas respondiam a Bowie quando ele estourou. A presença de Morrissey, de alguma forma, permitia que você fizesse coisas que, sem ela, não poderia fazer. Havia algo vagamente transgressivo em Mozzer." Nesse sentido, a declaração de Morrissey na *Rolling Stone*, no ano anterior, de que "não conheço ninguém que seja absolutamente, exclusivamente heterossexual, isso limita o potencial das pessoas de tantas formas", parecia ter tido um impacto direto e positivo no público em potencial dos Smiths, e na própria recepção da banda.

"Eu estava sempre tão orgulhoso de nossa política de gênero e de nossa Política, com P maiúsculo", disse Marr. "E, à medida que fomos crescendo, fui ficando cada vez mais orgulhoso, mas nunca tanto quanto em nosso tempo nos Estados Unidos, onde aquilo realmente foi jogado na cara do *mainstream*. Era esquisito dar o nome *Meat Is Murder* a um álbum número 1 das paradas na Inglaterra, mas, nos Estados Unidos, no meio dos anos 1980, isso era realmente algo especial."

Se os Smiths, especialmente Morrissey, pareciam exóticos para os fãs americanos, a reação oposta não foi nem um pouco menos profunda. John Featherstone se recordou de uma estupefação coletiva quando eles chegaram ao San Diego Open Air Theater e olharam para a plateia: "Era como estar no Planeta Lindo", disse ele sobre os californianos do sul, cujo comportamento era igualmente estranho para um bando de irlandeses de Manchester das classes trabalhadoras, com passados de pobreza. "Americanos sabem fazer muitas coisas. Eles não sabem se fazer de sombrios e nortistas. Observando a forma como um californiano tenta ser sombrio e nortista, aquilo traz consigo uma exuberância patente, que não demonstra anos de dificuldades econômicas e o declínio [como] tendência."

O fato de, artisticamente, o grupo estar absolutamente no auge ajudou. "Todos estavam falando bem dos Smiths o tempo todo, ninguém estava falando mal deles", disse Mike Hinc, presente nos shows de Los Angeles. "Mas quando chegaram lá, eles tinham o que era necessário, e mostraram." De sua perspectiva, "foi a guitarra que abriu as portas da América. Morrissey é crucial para a banda em todos os países e em todas as épocas, mas o que abriu as portas para a América foi a forma de tocar guitarra".

"Senti, no momento em que cheguei aos Estados Unidos, que era difícil para mim, porque supus que eles não compreenderiam minha abordagem à guitarra", disse Johnny Marr. "Eu me senti sob uma pressão incrível nos Estados Unidos. Eu estava sendo saudado como a melhor coisa, mas nunca fiz solos. E eu não tocava uma guitarra de rock convencional." Seus receios se mostraram sem fundamento. "Desde o primeiro show nos Estados Unidos, funcionou. Os americanos adoraram."

Na verdade, os shows foram fenomenais, chegando a uma hora e meia, com o bis de "Barbarism Begins at Home" frequentemente esticado até um exercício de funk de 12 minutos enquanto (parte do) público dançava junto da banda no palco. As plateias pareciam conhecer todas as músicas, desde "Hand in Glove", passando pelas faixas do importado

Hatful of Hollow, até cada palavra de *Meat Is Murder*. Até "Shakespeare's Sister" provocava gritos ao ser reconhecida, em parte porque tinha sido incluída como lado B no single de 7 polegadas de "How Soon Is Now?" — a música que, mais do que qualquer outra, causava um frenesi imediato nas casas de show que, em sua maioria, tinham a plateia sentada.

O fato de o grupo ter chegado ao auge nessa turnê pode ter se dado porque ele funcionava como uma equipe. O núcleo da equipe — Showbiz, Featherstone, Powell, Hallam e Barton — já estava com os Smiths havia quase dois anos. O funcionário de segurança Jim Connolly, cujo papel ficou cada vez mais importante nas casas maiores, por conta do frenesi da plateia, ganhara a confiança de Morrissey. Matthew Sztumpf parecia trabalhar como se espera de um empresário, saindo do caminho da banda enquanto se assegurava de que o alto escalão dos negócios estava sendo cuidado; Stuart James tinha passado por situações suficientes para ganhar o respeito do grupo enquanto compreendia suas necessidades; Mark Gosling trouxe profissionalismo à produção, o qual assegurava que os shows começassem na hora marcada, que a equipe do PA americano fosse encorajada a permitir as invasões de palco apesar do medo de danificar seu equipamento e que a proibição completa de carne nos bastidores se estendesse mesmo aos funcionários sindicalizados barra-pesada que tomavam conta de casas como o Beacon Theater, onde Andy Warhol estava entre as muitas celebridades a testemunhar a banda das primeiras filas.

Levando-se em conta que Morrissey tinha sido um estudioso da música americana em geral, e da cena de Nova York em particular, podia-se esperar que seu status repentino de divindade tivesse um impacto profundo em sua mente. Mas, apesar de a turnê transcorrer de forma eficiente, faltaram conselhos de alguém experiente sobre esse assunto. "Acho que Morrissey era quem mais precisava ser vigiado e, perversamente, acho que ele não sentia precisar", disse Grant Showbiz, que tinha mais experiência em turnês pelos Estados Unidos do que qualquer um no núcleo principal. "Aquele prazer de ficar sozinho e a crença na forma como ele fazia as coisas significavam que ele precisava de mais ajuda ao receber conselhos sobre coisas como... descobrir uma forma de relaxar. Como se manter saudável. Como se comportar depois dos shows... Algumas vezes, eu pensava: 'O que Morrissey estará fazendo agora, enquanto estamos conversando aos berros numa sala com bebidas e pessoas que querem falar conosco e nos dizer que somos maravilhosos, o que Morrissey estará fazendo agora? Será que está tudo sendo interiorizado, será que ele está dormindo, será que está lendo um livro?'" O problema era que ninguém realmente sabia. O resto da comitiva dos Smiths estava muito ocupado se divertindo.

"Toda aquela turnê mudou nossas cabeças", disse Andy Rourke. "A Inglaterra é um lugar tão pequeno, e as pessoas têm uma mentalidade tão pequena. Então, ser jogado nos Estados Unidos e receber toda aquela adoração... A fama é uma coisa estranha, e cada um lida com ela de formas diferentes. Entre nós, integrantes da banda, nunca falamos sobre isso. No meu caso, eu me joguei nas drogas e na bebida. Não sei em que Morrissey se jogou: chocolate quente e livros de Oscar Wilde? Éramos jovens... Eu tinha 21 anos quando fui aos Estados Unidos. E não existe um manual para aprender a lidar com a fama. Nenhuma instrução."

"Você sai dos anos 1980, no Reino Unido, e vem de algum conjunto habitacional de Manchester, e alguém quer mandá-lo a Nova York na classe executiva de um jato. Você vai aproveitar o máximo disso, não vai?", questionou Mark Gosling. "Os britânicos, quando estão no exterior, sempre foram assim." Com cocaína de qualidade em grande quantidade e a um preço acessível, Gosling se viu "preso a um papel de abastecer as pessoas com coisas que as faziam funcionar".[2] Os três instrumentistas, e a maior parte da equipe, estavam aproveitando a parte rock 'n' roll de excursionar pelos Estados Unidos; Morrissey estava lidando com a parte da devoção por conta própria.

"Quando eu guardava as baquetas e o microfone era desligado, Mozzer ficava sozinho", disse Mike Joyce. "Talvez devêssemos tê-lo arrastado para fora do quarto um pouco mais. Ele tinha alguns amigos, mas ninguém mais os conhecia. Muito artísticos. Eu me sentia muito deslocado, como se eles não vissem a hora de eu ir embora para conversarem sobre grandes autores! Andy também se sentia assim. Johnny talvez um pouco menos."

"Todo mundo gosta de insistir nessa coisa de 'ele ficava sozinho e os outros três ficavam juntos...'", desafiou Marr, que citou ocasiões em que ele e Morrissey saíram para comprar discos durante a turnê como prova de que as coisas eram diferentes. "Isso tudo é besteira. Você não consegue fazer isso durante cinco anos com seus melhores amigos. Morrissey e Angie passavam muito tempo andando juntos, especialmente nas turnês nos Estados Unidos. Eles tinham seu próprio relacionamento, do qual eu tinha e tenho muito orgulho. Ele e eu saíamos e fazíamos coisas juntos. Ele não estava completamente isolado. Houve momentos em que ele quis ficar só, e foi então que o deixamos ficar. Você faz o que quer que seu amigo queira." Em Toronto, por exemplo, quando o teatro era dentro de um parque de diversões gigantesco, o vocalista estava suficientemente relaxado para andar nos brinquedos do parque e fazer a passagem de som junto de Billy Bragg. Em 1985, nos Estados Unidos, as pressões sobre Morrissey pareciam ser facilmente superadas pelas recompensas.

A turnê americana foi curta segundo muitos padrões, e sabiamente evitou áreas em que as vendas de ingressos pudessem ser mais fracas e as reações, menos histéricas. Acabou que "How Soon Is Now?" não atravessou as paradas pop. E *Meat Is Murder* tinha chegado ao seu ponto mais alto das paradas de álbuns dos Estados Unidos logo antes de o grupo chegar, arrastando-se até perto do top 100, embora isso ainda representasse uma conquista significativa para uma banda britânica que estava surgindo pelos canais alternativos. E durante a turnê a relação com a gravadora também foi reparada. Na costa oeste, Lenny Waronker foi se encontrar com Johnny Marr na passagem de som e conversar sobre técnicas de produção, e Seymour Stein demonstrou sua aliança (e que não guardava rancores por ter sido esnobado em Nova York) ao pegar um avião para Los Angeles, assistir ao show pulando nas primeiras filas do Palladium e levar Morrissey para um jantar elegante no Ivy, onde Paul Simon aproximou-se, de uma mesa próxima, para conhecer a mais recente estrela da Sire. A turnê se encerrou com aquele grande público no Irvine Meadows Amphitheater e uma invasão de palco mais espetacular do que o habitual, que levou ao bis mais longo de todos os tempos de "Barbarism Begins at Home" — 15 minutos. Foi a última vez que os Smiths tocaram aquela música.

A turnê também se mostrou memorável pelo fato de, no dia 20 de junho, em São Francisco, Johnny Marr e Angie Brown terem se casado, numa cerimônia civil. Andy Rourke, o amigo mais antigo de Marr na comitiva dos Smiths, serviu como testemunha e, não tendo um show naquela noite, os Smiths deram uma grande festa de casamento para os noivos no Westin Miyaka. "Foi um belo dia", disse Rourke. "Mas foi estranho. Não pareceu real." Para os que sabiam que Johnny e Angie tinham sido feitos um para o outro, a questão nunca tinha sido "se", mas "quando". O fato de o casal ter escolhido formalizar seu compromisso a quase dez mil quilômetros de suas famílias, que estavam em Manchester, talvez dissesse mais sobre sua devoção à família que eram os Smiths do que sobre qualquer desarmonia com seus parentes de sangue em sua cidade natal.

Algumas semanas depois, de volta ao Reino Unido, Morrissey tentou transformar toda a experiência americana em palavras para Eleanor Levy, do *Record Mirror*. "Foi muito histérico, muito selvagem, muito apaixonado, muito emocionante. Todas aquelas coisas em que as pessoas nunca acreditam! Foi realmente bastante estarrecedor, mesmo para mim, ver aquilo acontecer. Fomos até lá, acho, com uma natureza bastante humilde, e não esperávamos nenhum fervor fanático e nenhuma histeria incontrolável. Dessa forma, quando aconteceu, eu fiquei sem palavras." No tempo em que viveu no Colorado como um anônimo inadequado social, Morrissey teve, em primeira mão, a experiência dos elementos mais insípidos e broncos da cultura pop, da política e da vida diária americanos. Agora, do ponto de vista de um ícone em turnê, tudo pareceu diferente. "Conhecer as pessoas lá foi uma forma extraordinária de abrir os olhos, porque empurram para cima das pessoas todas essas impressões prontas sobre os consumidores de música dos Estados Unidos, e elas acabaram não sendo daquele jeito. Acabei descobrindo que eles são seres humanos racionais, incrivelmente sensíveis e poéticos."

CAPÍTULO

TRINTA

Não se esqueça de que ainda tenho 21 anos. Eu realmente acredito que Johnny Marr e os Smiths têm muitos, muitos anos pela frente e muitas surpresas guardadas. Não consigo me ver trabalhando com outras pessoas.

— Johnny Marr, *Melody Maker*, agosto de 1985

Os Smiths não precisavam lançar um novo disco. Eles já haviam lançado dois singles e um álbum em 1985, e mal tinham chegado à metade do ano. Mas o show no Oxford Apollo, em março de 1985, tinha sido gravado e transmitido pelo programa noturno da Radio 1 e, mesmo segundo os exigentes padrões dos Smiths, aquela era uma gravação com qualidade particularmente alta, de uma banda que era, agora, conhecida como uma das melhores do mundo nos palcos. Os planos foram devidamente feitos — mesmo antes de os Smiths irem aos Estados Unidos e ficarem ainda melhores no palco — para lançar um EP ao vivo do show, focado na faixa "Meat Is Murder", que se desenvolver até virar um dos pontos altos dos shows.

Os EPs ao vivo eram uma espécie de nobre tradição no Reino Unido. Eles eram, muitas vezes, usados como bônus em edições limitadas para garantir grandes vendas de um single ou um álbum na primeira semana (como tinham ajudado o The Jam a ir direto ao número 1 com *Going Underground*) e, às vezes, para apresentar uma nova banda sob sua melhor luz (como com Eddie & the Hot Rods e sua série *Live at the Marquee*). Ocasionalmente, esses EPs se tornavam grandes sucessos por si próprios: os Specials tinham chegado ao topo das paradas com um EP ao vivo em 1980, uma perfeita confluência de circunstâncias que viu um grupo ainda em ascenção lançar uma versão muito diferente de uma faixa já lançada em disco ("Too Much Too Young") e juntar a ela, no EP, quatro covers inéditos.

O cenário para os Smiths era bastante diferente, no entanto: eles não tinham mais material armazenado, não eram afeitos a tocar músicas de outros artistas e não eram mais a nova sensação nem os favoritos das rádios. Um EP ao vivo exigiria que, por sua própria natureza, os fãs dos Smiths comprassem novamente músicas que a maioria deles já tinha em gravações de estúdio; muitos também já possuíam o show de Oxford gravado em fita cassete, da transmissão da BBC. Juntando a isso o fato de "Meat Is Murder" ter quase seis minutos de duração, ser moralmente desafiadora e comercialmente insustentável, eles estavam preparando o terreno para um grande fracasso. Isso poderia explicar por que, apesar de ter um número de catálogo designado e várias prensagens-teste encomendadas, tanto no formato de 7 quanto no de 12 polegadas, "Meat Is Murder" acabou, na última hora, não sendo usada como faixa principal do lançamento. Em seu lugar, a versão de estúdio de "That Joke Isn't Funny Anymore" tornou-se o lado A.[1] "Algo do LP deveria ser lançado, porque acho que as músicas são muito boas para ficarem enterradas", Morrissey disse, na época em que "Shakespear's Sister" saíra (que era, obviamente, o momento perfeito para agir de acordo com essa crença), mas, embora aquela fosse inquestionavelmente uma das melhores composições e uma das produções mais fortes de todo o repertório da banda, "That Joke Isn't Funny Anymore" era tão comprida e muito pouco mais comercial do que "Meat Is Murder". Os Smiths estavam apenas trocando seis por meia dúzia.

Para chegar a um tamanho mais palatável, a versão de "That Joke Isn't Funny Anymore" do single cortou a reprise instrumental da música, o que eliminou a maior parte de sua majestade, mas não foi muito útil para torná-la mais comercial. E no processo de trocar uma música ao vivo por uma versão de estúdio, eles repensaram sua intenção original. Embora fosse realmente arriscado, um EP ao vivo, projetado corretamente e promovido de maneira adequada, teria sido um conceito interessante, mesmo não sendo necessariamente um sucesso das paradas, e poderia ter convencido os fãs dos Smiths e servido seu propósito artístico. Uma faixa de um disco que já tinha quatro meses com várias versões ao vivo de músicas conhecidas parecia ser algo completamente diferente, e provavelmente não interessaria a ninguém além dos mais fanáticos de todos os fãs dos Smiths; sua única esperança real era ganhar uma enorme exposição no rádio, o que Geoff Travis tentou — em vão — convencer Morrissey de que era improvável.

"Essa foi a maior discussão que já tive", disse Travis. "Porque eu simplesmente disse: 'Isso não é um single.' E Morrissey disse: 'É um single.' E eu disse: 'Não é um single e, se lançarmos, ele não vai vender muito bem, e então tudo o que você vai fazer é nos culpar.'" "That Joke Isn't Funny Anymore" mal entrou no top 50. Foi o primeiro fracasso dos Smiths. "E tivemos algum reconhecimento?", perguntou Travis, de uma forma um pouco retórica muito depois do acontecido. "Não, claro que não."

Da perspectiva da Rough Trade, havia um fator de custo para isso. Para começar, singles não eram algo barato de se promover, e as exigências crescentes de Morrissey por propaganda e, nesse caso, sua insistência em colar cartazes significavam que "That Joke Isn't Funny Anymore" pode ter acabado dando um prejuízo financeiro para o selo e para a banda sem gerar vendas adicionais de *Meat Is Murder* que compensassem. Mas houve também uma perda de prestígio — tanto externamente, no que dizia respeito aos Smiths e à percepção do público de que a banda era uma fábrica de sucessos, quanto internamente, tendo sido o colapso final do que tinha começado como uma relação tão mutuamente respeitosa. "Eu me lembro de me sentir muito desiludido por perder aquela discussão", disse Travis. "Eu apenas achava que aquilo mostrava o quanto Morrissey estava perdendo o foco."

Provavelmente o fato de eles terem lançado "That Joke Isn't Funny Anymore" na semana anterior ao Live Aid, que aconteceu em Londres e na Filadélfia no dia 13 de julho, não ajudou os Smiths. O Live Aid, maior evento musical beneficente da história teve a consequência não planejada de lançar, ressuscitar ou meramente acelerar as carreiras de um grande número de seus artistas — incluindo o U2, que deixava para trás, de forma permanente, qualquer traço de banda cult. Os Smiths não foram convidados a aparecer no Live Aid: os comentários de Morrissey sobre o organizador do evento, Bob Geldof, e sobre o single que tinha sido lançado anteriormente, tinham garantido aquilo. Os Smiths *foram*, no entanto, convidados a aparecer no talk show de Terry Wogan, na sexta-feira seguinte, dia 19 de julho. Num momento em que a TV britânica estava apenas começando a testar a ideia de ter convidados musicais frequentes em programas desse tipo, a oferta carregava enorme peso promocional: o programa *Wogan* era um fenômeno, com mais telespectadores do que o *Top of the Pops* (do qual, com "That Joke Isn't Funny Anymore", os Smiths tinham ficado de fora pelo segundo single seguido) e, apesar de o amigável apresentador irlandês ter feito seu nome como o favorito das donas de casa na Radio 2, longe dos fãs dos Smiths, ele não desagradava particularmente os jovens. Aparecer em seu programa era um risco para a banda, mas um risco calculado — e mais uma oportunidade para lembrar os consumidores de música extremamente distraídos de que o Live Aid não tivera um monopólio sobre os grandes talentos britânicos.

Aquilo foi uma espécie de golpe de Scott Piering. No entanto, o "promotor" do grupo parecia ter se esquecido de sua própria advertência por escrito do começo do ano. Pois, enquanto três dos Smiths apareceram, como combinado, no estúdio da BBC naquela sexta-feira à tarde, Morrissey não apareceu. E ninguém conseguia encontrá-lo. Ficou a cargo de um Matthew Sztumpf, claramente se perguntando em que ele tinha se metido, tentar amansar os produtores da BBC, que, inicialmente, ficaram intrigados e, depois, cada vez mais furiosos. "Aquele foi o ponto mais baixo da minha careira", disse ele a Johnny Rogan. (Foi também a gota d'água para Sztumpf e seu envolvimento final com os Smiths — até ali.) "A vergonha foi fazer os integrantes da banda e eu ficarmos sentados no estúdio esperando por ele e a falta de consideração que Morrissey mostrou em relação a todos nós. O mínimo que ele poderia ter feito era avisar à sua banda!" Isso era pertinente. Em ocasiões anteriores em que Morrissey havia fugido de um compromisso com o grupo, aquilo tinha sido em conjunto com a banda, e eles compreendiam e até concordavam com suas razões. Nesse caso, foi uma decisão arbitrária — e eles não sabiam por que ele a havia tomado. Em público, "nós nos fechamos e o apoiamos", disse Johnny Marr, o qual acabou assumindo que Morrissey decidira que "aquilo simplesmente não era algo em que deveríamos aparecer". De qualquer forma, disse ele, "teria sido bom ser avisado de que Morrissey não iria comparecer e de que não precisávamos ir até lá. Esse aspecto do incidente criou uma pequena rachadura em minha determinação".

O fato de o single de "That Joke Isn't Funny Anymore" ter sido lançado no meio de uma disputa legal entre a banda e sua gravadora tinha introduzido um grau de paranoia, com cada lado tentando adivinhar as táticas do outro. Certamente, não foi apenas coincidência que, logo depois de não aparecer no *Wogan* e do fracasso na parada de singles, os jornais musicais estivessem repentinamente cheios de especulações sobre os Smiths estarem ou não prestes a deixar a Rough Trade para assinar com uma grande gravadora. Os boatos ganharam força por algumas semanas e então pareceram acabar, quando Johnny Marr apareceu pela primeira vez como estrela na capa da *Melody Maker* e anunciou que "a próxima coleção de músicas dos Smiths" — embora ele não tivesse mencionado um álbum —, "definitivamente, será lançada pela Rough Trade, e fico feliz de poder dizer isso".

Do outro lado de Londres, na Manchester Square, o novo diretor administrativo da EMI, David Munns, leu sobre o desentendimento nos jornais musicais e resolveu tomar uma atitude. Munns tinha passado a maior parte de sua vida profissional na EMI, mas passara os últimos cinco anos no Canadá, longe da agitação diária de assinar e estourar bandas britânicas na principal gravadora grande britânica. Ele voltara para o país e percebeu que, embora a EMI tivesse mantido sua fatia de mercado, graças, em grande parte, ao sucesso fenomenal do Duran Duran, ela *ainda* era conhecida na indústria musical, em suas palavras, como a gravadora que "não protegeu a liberdade criativa de uma banda chamada Sex Pistols". As notícias nos jornais musicais alardeando a discórdia entre os Smiths e a Rough Trade eram, portanto, música para os ouvidos de Munns.

"Sem que aquela fosse uma decisão de A&R, achei que, se conseguíssemos contratar os Smiths, aquele seria um grande passo para restaurar nossa credibilidade", disse Munns. "Aquele era exatamente o tipo de banda que, se você pudesse colocar na EMI, abrandaria parte da história dos Sex Pistols. E não são muitos os artistas com algum nome ou certa reputação a aparecerem no mercado frequentemente." O fato de a EMI tê-los colocado no estúdio, em 1982, apenas para rejeitá-los, era irrelevante para seu processo de pensamento — tanto porque Munns não sabia nada sobre aquilo quanto porque não havia nenhuma prova de que os Smiths um dia se tornariam uma banda com "nome" se tivessem assinado com a EMI naquela época.

Da perspectiva de Munns, o relacionamento entre os Smiths e Travis já azedara; era, portanto, inteiramente apropriado que ele fizesse pesquisas sobre a disponibilidade da banda. "Comecei a ligar para Alexis Grower", disse Munns, "eu ligava para ele o tempo todo — a cada duas semanas. Toda vez que tinha um minuto de descanso, eu dizia: 'Quero assinar com os Smiths, eles já acabaram com o contrato?'" Por enquanto, dado que a Rough Trade tinha iniciado suas medidas de proteção logo depois que Grower desafiara o contrato com a gravadora, a resposta era não. Mas Munns não estava acostumado a aceitar aquilo como resposta. "Eu continuava a dizer: diga a Morrissey que a EMI está ligando o tempo todo."

* * *

DEPOIS DE SETE meses de ausência, de longe o maior período desde que tinham se formado, os Smiths voltaram ao estúdio de gravação, em agosto de 1985. Inicialmente, escolheram o Drone, em Manchester, cenário daquelas demos originais da EMI, para gravar pelo menos uma das músicas que vinham trabalhando nas passagens de som da turnê inglesa. Quando eles acabaram, "The Boy with the Thorn in His Side" parecia, aos seus ouvidos, quase perfeita. No estilo do contra dos Smiths, eles decidiram que essa demo gravada em oito canais deveria se tornar seu próximo single. Foi apenas quando eles agendaram horário para gravar seus lados B no RAK Studios, em Londres, que transferiram os 8 para 24 canais e "continuaram a fazer alguns *overdubs* na música", disse Stephen Street, um processo que serviu para dar ao single algum polimento profissional enquanto preservava a simplicidade e o entusiasmo da performance inicial.[2]

Isso era crucial na declaração de intenções dos Smiths. As coisas tinham ficado complicadas ultimamente, em todas as instâncias, mas esse fato ficara especialmente evidente na densidade dos três singles desde "William". Estava na hora de simplificar as coisas, redescobrir a leveza que tinha tornado aquela canção, entre outras, tão atraente. Era, então, um elogio que o arranjo de violão de "The Boy with the Thorn in His Side" fosse comparado ao estilo musical do Oeste africano conhecido como "highlife", mesmo que aquela não tivesse sido a intenção original de Johnny Marr. (Ele estava tentando imitar Nile Rodgers, do Chic.) Foi um prazer ouvir uma marimba, mesmo sendo como elemento essencialmente percussivo. Foi um alívio escutar o baixo mais relaxado do que no passado e, mesmo assim, tendo um papel importante no arranjo. E foi especialmente satisfatório o fato de os vocais de Morrissey soarem tão encantadoramente sonhadores enquanto dançavam ao redor de uma melodia que conseguia ser, simultaneamente, animada e melancólica. Com tudo isso, não foi nenhuma coincidência que o single apresentasse o crédito "Produzido por Morrissey/Marr" em vez de "Produzido por The Smiths". A sessão de "Shakespeare's Sister" tinha recebido os quatro integrantes da banda na mesa de mixagem, cada um com as mãos nos botões de seus respectivos instrumentos, uma antiga receita para o fracasso. "Depois daquela sessão", recordou Stephen Street, "Johnny disse que queria ter o controle."

A sessão do RAK se mostrou excepcionalmente produtiva. Além de limpar "The Boy with the Thorn in His Side", os Smiths gravaram e mixaram seus lados B: "Rubber Ring", outra música ensaiada durante as passagens de som na turnê da primavera, e "Asleep", uma balada que, pela primeira vez, tinha Morrissey e Marr sozinhos. A mesma sessão, então, produziu também a maior parte do que seria o próximo single dos Smiths, "Bigmouth Strikes Again", que também tinha sido trabalhada nas passagens de som, em março. Inicialmente inspirada por "Jumping Jack Flash", dos Rolling Stones, a gravação final de "Bigmouth" mostrou-se consideravelmente mais contida, dominada inicialmente por violões sobrepostos, e audaciosa pelo fato de que consistia em apenas uma estrofe seguida de múltiplos refrões e um interlúdio de guitarra. Acabando com uma proibição autoimposta de participações, os Smiths convidaram Kirsty MacColl (a qual gravara "A New England", de Billy Bragg, e era casada com o produtor Steve Lillywhite) para fazer backing vocals e até usaram um trompetista em mais uma nova faixa, "Frankly, Mr. Shankly", que incluía quatro palavras que resumiam o manifesto poético de Morrissey na época: "fame, fame, fatal fame" [fama, fama, fama fatal].

A tendência de astros do rock a cantar, sob os holofotes, sobre a carreira que escolheram como se fosse uma dificuldade ou um fardo sempre trouxe consigo um perigo inerente. John Lennon conseguiu acertar a mão em 1969, com "The Ballad of John and Yoko", abrindo o caminho para Ian Hunter, do Mott the Hoople, fazer o mesmo com as canções autorreferenciais "All the Way from Memphis" e "Ballad of Mott the Hoople" (e seu livro, *Diary of a Rock 'n' Roll Star*). Mas isso era algo fácil de exagerar, como o The Clash descobriu quando os elogios à anticorporativa "Complete Control" se transformaram em críticas ao mito autofabricado de "Clash City Rockers".

Morrissey se distinguiu brilhantemente desses ícones ao se apresentar como o tema de suas canções ao longo de três singles e dois lados B sem nunca colocar seu nome em evidência. Ele começara com "That Joke Isn't Funny Anymore", um ataque não muito disfarçado à imprensa musical. "Eu estava tão completamente cansado de todas as mesmas perguntas dos jornalistas e das pessoas tentando me colocar numa competição de inteligência, tentando me arrastar e provar que eu era uma fraude", disse ele à *Melody Maker* quando o single foi lançado. Nesse contexto, o verso "kick them when they fall down" [chutem-nos quando eles caírem] era evidente, mas, para alguém que não lia entrevistas, aquilo podia facilmente ser aplicado a valentões da escola. As confissões públicas de Morrissey continuaram com o novo single: "The Boy with the Thorn in His Side", como ele contou à atriz de Liverpool Margi Clarke, no *The Tube*, pouco depois do lançamento: "o espinho [thorn] é a indústria fonográfica, e todas essas pessoas que nunca acreditariam em nada do que eu falava, que tentaram se livrar de mim e que não quiseram tocar meus discos". Sabendo disso, as palavras "how can they see the love in our eyes and still they don't believe us" [como eles podem ver o amor em nossos olhos e ainda assim não acreditar em nós] claramente se aplicava aos (incompreendidos) Smiths — a não ser que, como com "Hand in Glove" e seu refrão semelhante, "no, it's not like any other love, this one's different because it's us" [não, não é como nenhum outro amor, esse é diferente, porque somos nós], o ouvinte o aplicasse à sua vida pessoal, e nesse caso ele não se tornava menos poderoso. Em relação ao single seguinte, "Bigmouth Strikes Again", parecia haver ainda menos razão para questionar se Morrissey estava cantando sobre si mesmo, devido ao título e à referência ao aparelho auditivo de Joana D'Arc, o famoso adereço de Morrissey. A especulação se tornou, em parte, que Morrissey estava se comparando à mártir histórica — e isso era algo que só ele conseguia fazer impunemente. Mas, novamente, esse não precisa ser o único ponto de referência.[3] Quem *nunca* tinha magoado a pessoa que amava ao dizer algo como (usando as palavras de "Bigmouth") "You should be bludgeoned in your bed" [Você deveria ser espancado na sua cama] apenas para sentir remorso suficiente para concluir que "I have no right to take my place in the human race" [Não tenho direito de ocupar meu lugar na raça humana]?

"Bigmouth Strikes Again" foi salva da arrogância por seu humor: "eu a chamaria de paródia se *isso* soasse menos como uma autocelebração, o que definitivamente não é o caso", disse o próprio Morrissey, dois anos depois. "Era apenas uma música muito engraçada." Assim como também o era, até certo ponto, "Frankly, Mr. Shankly", que, devido aos problemas de Morrissey com sua gravadora na época da composição e do lançamento da música, foi amplamente vista como um ataque a Geoff

Travis. (A escolha de pseudônimo pode ter sido uma rima aleatória. Mas o nome Shankly, no Reino Unido, está fortemente associado ao técnico do incrivelmente bem-sucedido time do Liverpool Football Club de 1970; uma comparação com Travis como o líder público da dominante gravadora Rough Trade foi inevitavelmente sugerida.) Nas circunstâncias de sua batalha com a Rough Trade, versos como "I want to leave, you will not miss me, I want to go down in musical history" [Quero ir embora, você não vai sentir minha falta, quero entrar para a história da música] parecem quase estranhamente diretos, o mais próximo que o cantor Morrissey já tinha chegado de cantar sobre o cantor Morrissey. Em relação às palavras finais, chamando Shankly de "a flatulent pain in the arse" [um chato flatulento], pareciam realmente desagradáveis no papel, mas, devido ao arranjo teatral da música, aquilo acabou soando mais como humor.

Por sorte, o ego de Morrissey não estava tão evidente em "Rubber Ring", que, até sua última estrofe, glorificava não a saga do cantor, mas o poder de suas canções para, literalmente, salvar vidas: o verso "they were the only ones who ever stood by you" [eles foram os únicos que ficaram ao seu lado] estava muito próximo das palavras que Morrissey tinha usado em muitas entrevistas para descrever outros artistas. Agora que as palavras e a música de sua própria banda pareciam capazes de fazer a mesma coisa com milhares de jovens igualmente problemáticos, Morrissey se sentiu confiante o suficiente para se projetar, na estrofe final de "Rubber Ring", no "corner of your room" [canto do seu quarto], e perguntar "Can you hear me?" [Está me ouvindo?], e, então, pedir: "When you're dancing and laughing and finally living, hear my voice in your head and think of me kindly" [Quando você estiver dançando e rindo, e finalmente vivendo, escute minha voz na sua cabeça e pense em mim com carinho]. A conclusão poderia muito bem ter sido que o sujeito (o cantor) tinha ajudado a trazer o objeto (o ouvinte), passando através das atormentadas dificuldades da adolescência, a uma vida adulta feliz. Mas um trecho gravado de uma fita que foi reproduzido sobre a parte final da música — "You are sleeping, you do not want to believe" [Você está dormindo, você não quer acreditar] — sugeria algo mais sinistro, e a faixa que a seguia no single de 12 polegadas, "Asleep", aprofundava a noção de escuridão iminente.

Morrissey já havia discutido a mortalidade longamente em suas entrevistas. E tinha tocado no assunto várias vezes ao longo de *Meat Is Murder*, com o menino de "The Headmaster Ritual" que quer desistir da vida, "give up life as a bad mistake", a menina de "Rusholme Ruffians" que pergunta "How quickly would I die if I jumped from the top of the parachutes?" [Quão rápido eu morreria se pulasse do alto do brinquedo?], a personagem de "What She Said" que diz estar "hoping for an early death" [torcendo por uma morte precoce] e o narrador de "That Joke Isn't Funny Anymore" que admite que para algumas pessoas "their only desire is to die" [seu único desejo é morrer]. Morrissey dera toda a sua atenção ao suicídio em "Shakespeare's Sister", música que tem o verso "the rocks below say: "Throw your white [or skinny] body down!"" [as pedras lá embaixo dizem: "Jogue seu corpo branco [ou magro]!"]. Ele faria mais duas referências à morte prematura em músicas que foram compostas no verão de 1985, embora o público em geral não fosse escutá-las até o meio do ano seguinte.

Mas em nenhuma letra ele tratou a morte por suicídio com tanta determinação como em "Asleep", possivelmente a canção mais graciosa, eloquente e digna sobre o assunto já gravada por uma banda de rock popular. Parte de seu sucesso veio da disposição de seus compositores em abandonar a tradição do rock e, em vez disso, abraçar um formato clássico: não era nenhuma coincidência que uma música, que começava com as palavras "sing me to sleep" [cante para eu dormir], fosse arranjada como um noturno, o nome dado a peças de piano solo associadas à noite. A parte de piano em questão era quase idêntica à que foi gravada na casa de Shelley Rohde em 1982 e incluída no final da demo original de "Suffer Little Children", Marr tocando os acordes e as melodias intencionalmente assustadores com a determinação declarada de forma silenciosa de um estudante aplicado, sobre o qual um vento forte de um disco de efeitos sonoros da BBC acentuava o ar de destruição. A letra de Morrissey, mais uma vez a seu favor, conseguia evitar qualquer menção à palavra morte, e também qualquer forma de alcançá-la, mas era difícil não interpretar a música como uma carta de despedida, uma carta de suicídio — não com versos como "Deep in the cell of my heart, I wanto to go" [Bem no fundo do meu coração eu quero ir] e "I don't want to wake up on my own anymore" [Não quero mais acordar sozinho]. Era uma admissão dolorosa do fracasso em viver e amar de alguém que poderia apenas concluir: "there is a better world" [há um mundo melhor], despedindo-se ao cantar "bye-bye" enquanto uma caixinha de música terminava a canção com "Auld Lang Syne", uma melodia associada não apenas às celebrações de Ano-Novo, mas também a funerais e outras despedidas.

Um ano depois, Morrissey divulgou o fato de que seis pessoas "que eram alarmantemente dedicadas aos Smiths" tinham tirado suas próprias vidas. ("Seus amigos e parentes escreveram para mim depois que elas morreram.") E alguns meses depois, a *NME*, numa matéria especial sobre o crescente número de suicídios entre os jovens, dos dois lados do Atlântico, adicionalmente relatou "dois recentes exemplos de jovens que escreviam [para Morrissey] diariamente e depois se mataram". Compreensivelmente, Morrissey então foi convidado a se explicar. Ele permaneceu irredutível — e, ainda assim, adequadamente solidário. "Não quero ser uma enfermeira", disse ele a Martin Aston sobre seu papel logo após as notícias. "Eu preferiria dizer, em essência, bem, que o desespero que você sente é verdadeiro e é comum. Não enormemente comum, mas comum." Perguntado sobre se, "no caso de dois fãs dos Smiths que se mataram, que levavam suas palavras muito a sério", ele tinha "uma sensação de conquista por tê-los tocado", ele teve a coragem de responder de forma afirmativa. "Sim, porque em grande parte as pessoas nessa situação são intocáveis na raça humana e nada faz sentido para elas. Então, acho que é bastante notável." De qualquer forma, talvez fosse uma pena "Rubber Ring" ter precedido "Asleep" no vinil, porque o jovem Morrissey, que tão frequentemente tinha nutrido pensamentos suicidas, fora salvo pela música pop, e talvez agora estivesse na posição de salvar os fãs dos Smiths atraídos à banda pela razão de ele escrever letras tão pessoais e únicas. Da forma como estavam posicionadas no single de 12 polegadas, no entanto, o aval positivo em "Rubber Ring" àquelas "songs that saved your life" [canções que salvaram sua vida] era rapidamente seguido (e contraposto) pelo pedido pessimista em "Asleep" para lhe dar um fim.[4]

De qualquer forma, a peça musical de oito minutos significava uma maravilhosa maturidade no trabalho dos Smiths. A inclusão de efeitos sonoros e samples esquisitos, o uso do piano como instrumento principal e a ausência de outros instrumentos familiares se refletiram num clima experimental que estava muito longe da percepção do público sobre os Smiths como um quarteto de rock. A decisão de, então, juntar as duas músicas como parte de uma narrativa conjunta foi algo que os Beatles só se atreveram a fazer em estágios mais avançados de sua celebrada carreira. Infelizmente, apenas aqueles que compraram o single de 12 polegadas (em que "Rubber Ring" servia como faixa bônus) as ouviram daquele jeito; quando, mais tarde, as faixas foram incluídas em coletâneas, elas foram separadas por outras canções, como se fossem má influência uma para a outra.

MORRISSEY E MARR se lembrariam daquele verão de 1985 com uma ternura peculiar. Com as dificuldades de uma grande turnê britânica e europeia já tendo ficado para trás e os (supostos) problemas com a Rough Trade mantidos à distância que separava Manchester de Londres, eles tiveram a oportunidade de passar tempo juntos tanto quanto tinham quando os Smiths começaram. Compuseram considerável quantidade de novo material juntos, frente a frente, na casa de Marr em Bowdon, e aquelas se mostrariam algumas de suas músicas mais aclamadas pela crítica, e mais duradouras. Eles também embarcaram, por sugestão de Morrissey, numa missão para que Marr, agora que tinha dinheiro, recomprasse todos os singles que ele havia trocado ou emprestado permanentemente antes de se tornar bem-sucedido. Certo dia, eles pegaram o carro para ir de Manchester a Brighton e depois voltar a fim de, apenas, adquirir uma cópia do single de 1973 do Chicory Tip, "Good Grief Christina". Era uma combinação de esbanjamento de astros do rock com o puro entusiasmo de um fã, alimentada por uma amizade impenetrável, e as horas que eles passaram juntos ajudam a explicar por que cada um continuaria a apoiar o outro até onde eles pudessem ver.

Nunca houve uma escassez de assuntos sobre os quais conversar, especialmente quando a conversa se voltava para os Smiths. Morrissey tinha acertado instintivamente sobre tantas coisas relacionadas ao mercado, ao público e a seu próprio papel no coração daquilo tudo, mas, quando tinha justificado a decisão dos Smiths de "abrir mão de todo o mercado de vídeo", porque "acho que isso é algo que vai morrer muito rápido", ele havia errado. No meio de 1985, estava evidente que os vídeos eram uma parte tão grande da promoção moderna quanto a capa de um disco, um pôster ou um anúncio, e eram também tão desejáveis quanto qualquer um desses. A questão, para a maioria dos artistas, era menos recusar a oportunidade do que aproveitá-la ao máximo. Então, para o argumento válido de que os vídeos, no começo da MTV, desviavam a atenção da música para si, a resposta agora precisava ser na forma de uma declaração artística que complementasse tal música. O R.E.M. tinha finalmente compreendido isso: depois de inicialmente dar as costas para o formato, e por motivos muito semelhantes aos dos Smiths, três dos integrantes do grupo haviam declarado desinteresse no assunto e entregaram as rédeas ao diretor artístico e vocalista do grupo, Michael Stipe, o qual começara a fazer curtas que, mesmo quando não tinham muita exibição, satisfaziam a demanda por alguma forma de vídeo, enquanto mantinham a integridade visual da banda. Os Smiths poderiam ter feito algo muito parecido, especialmente levando em consideração as comprovadas habilidades de Morrissey com as capas dos discos, mas, por ter acabado de dizer à *Melody Maker*: "Nunca faremos vídeos, até o fim de nossas vidas", ele não tinha deixado muito espaço para manobra.

Johnny Marr voluntariamente ficara ao lado de seu parceiro nesse assunto. "Eu achava que todos os vídeos que eu estava vendo eram horríveis e não conseguia nos imaginar fazendo um", disse ele. Ao mesmo tempo, admitiu: "Eu não tinha uma alternativa em mente." Ele e Morrissey tinham perdido seu argumento com "How Soon Is Now?", quando a Sire fez um vídeo, independente da vontade da banda, e o perdeu novamente quando o clipe claramente ajudou nas vendas. Agora, chegava a notícia de que a gravadora americana, animada pelo sucesso da turnê, queria lançar "The Boy with the Thorn in His Side" como single, dessa vez com a arte certa e com a intenção de transformá-la em algum tipo de sucesso. Os Smiths reclamavam havia muito tempo de que a Sire não lançava seus singles britânicos que não faziam parte de álbuns. Ali estava uma chance para todos ficarem felizes — mas, para que aquilo acontecesse, a Sire precisava de alguma forma de vídeo promocional.

E assim, sob enorme pressão, os Smiths finalmente sucumbiram. Eles concordaram em fazer um videoclipe, mas apenas se a equipe fosse até *eles*, enquanto estavam gravando no RAK, preparando o novo álbum, e levasse uma caixa de garrafas de vinho para que o grupo pudesse afogar a conciliação. A recusa da banda em se envolver com o projeto, mesmo parcialmente (literalmente: "Vou me mover um metro", disse Johnny Marr a respeito de sua disposição de ficar em frente à câmera), deixou aberta a oportunidade de culpar o outro lado se aquilo acabasse não dando certo.

E não deu. "Eles ainda conseguiram nos fazer parecer babacas", disse Johnny Marr. Ele tinha razão: o vídeo, se é que é possível chamar aquilo de vídeo, era uma vergonha. Comparado ao clipe de "This Charming Man", gravado para e pelo *The Tube* dois anos antes, aquilo parecia um retrocesso de vários anos. Os dois vídeos tinham sido feitos em ambientes fechados, com a banda tocando diretamente para a câmera, mas o anterior havia capturado um visual, um estilo, uma sensação e um propósito. O novo sugeria uma completa falta de criatividade, tanto da parte do diretor (Ken O'Neill) quanto da banda. (Aquilo também insinuava total falta de recursos financeiros.) Se havia uma lição a ser aprendida, era certamente que os Smiths deveriam tomar a dianteira e se envolver criativamente no processo de produção dos vídeos em vez de deixar isso na mão de terceiros. A lição que eles levaram foi a oposta: que vídeos continuavam sendo uma perda de tempo e dinheiro. Eles ficaram, portanto, entusiasmados quando "The Boy with the Thorn in His Side" alcançou uma posição alta o suficiente nas paradas para que fossem convidados a aparecer no *Top of the Pops* novamente, em pessoa.[5] Ainda assim, é difícil dizer o quanto aquilo os ajudou. "The Boy with the Thorn in His Side" era uma linda canção e, pode-se dizer, uma canção bem comercial; com seus lados B experimentais, o single formava de longe a declaração mais forte da banda desde o trio "William"/"Please, Please, Please"/"How Soon Is Now?". Mas ele teve um sucesso apenas moderado.

Em 1983, o Echo & the Bunnymen tinha saído numa incomum turnê pela Grã-Bretanha, turnê essa que os levou aos teatros de vilarejos das ilhas escocesas de Skye e Lewis. Em sua turnê escocesa de 1985, os

Smiths fizeram ainda melhor: foram até Lerwick, nas ilhas Shetland, o ponto mais ao norte nas ilhas britânicas. Como banda de abertura, levaram outro grupo de Manchester, o Easterhouse, cujo guitarrista, Ivor Perry, tinha sido vizinho de Morrissey na Kings Road. Perry se mudara para um prédio de apartamentos em Hulme, já sendo pai aos 21 anos e, com seu irmão, Andy, tinha formado a banda originalmente chamada In Easterhouse, em homenagem a um infame conjunto habitacional de Glasgow. Os irmãos Perry eram jovens da classe trabalhadora que liam sobre política e estavam interessados em mudar o mundo — por meio da música, se possível, mas, no caso de Andy Perry, que era membro do Partido Comunista Revolucionário, por outros meios se necessário. Depois que Perry, convertido aos Smiths por "Hand in Glove", tinha dado a Morrissey a demo de seu grupo, o Easterhouse foi convidado a abrir para os Smiths no Dingwalls, em 1983, onde eles supunham ter feito um show aceitável até que "Morrissey subiu no palco balançando flores sobre a cabeça, vestindo uma blusa prateada desabotoada e se metamorfoseou nesse superstar", recordou Ivor Perry. "Fomos superados de forma contundente como grupo."

Morrissey e Perry se tornaram próximos, e o guitarrista frequentemente ia até a Kings Road para passar tempo com Morrissey. "Ele estava muito interessado em como eu me encaixava no mundo", disse Perry. "E em como eu me encaixava na música, e no que eu achava de sua música, e ele fazia muitos elogios à nossa." Especificamente, a dupla encontrou afinidades literárias, Morrissey emprestando a Perry suas cópias de *Last Exit to Brooklyn* e *The Female Eunuch*. "Nós líamos", disse Ivor Perry. "Isso foi o que nos aproximou. Não foi apenas 'Quero ser um astro do rock'. Havia mais ali."

Dois anos depois, o Easterhouse tinha terminado uma relação curta e desagradável com uma grande gravadora, e os integrantes estavam aliviados por se verem entre pessoas com ideias parecidas às suas na Rough Trade. Foi um choque, então, descobrir que os Smiths viam seu mundo de forma diferente. "Foi repentinamente algo como: 'Estamos carregando todos esses grupos esquisitos da Rough Trade nas costas'", disse Perry. "Mas sempre existiram grupos esquisitos na Rough Trade. Certamente, a ideia deles é lançar muitos discos que vão vender quinhentas cópias e deixar as bandas desabrocharem ou não."

Os problemas com a gravadora não evitaram que os Smiths concedessem crachás que davam acesso a todas as áreas dos bastidores a Geoff Travis, Scott Piering, Martha DeFoe e quase quarenta outros — um número que refletia não apenas as exigências elevadas dos Smiths, mas também o desejo da banda de considerar certas pessoas parte da família. Entre eles estava Fred Hood, baterista da banda que tinha assinado com uma grande gravadora, os Impossible Dreamers, cujo novo single, "August Avenue", vinha com um enorme adesivo na capa anunciando Johnny Marr como produtor; além de darem acesso também a uma antiga fã japonesa que atendia pelo nome de Oska, como Wilde, e que se tornou uma espécie de confidente de Morrissey, muitas vezes sentando-se ao lado dele no ônibus de turnê.

Em muitos aspectos, a turnê de sete datas apresentou os Smiths em sua melhor forma. Ela passou pelo famoso e abafado Barrowlands, em Glasgow, com seu chão com sistema de amortecimento, um show que muitos na plateia (incluindo Geoff Travis) consideraram o melhor dos Smiths em todos os tempos; o empresário do Easterhouse, John Barratt, falou que Morrissey, naquela noite, "estava no mesmo nível de Jagger" e que os Smiths faziam o U2 "empalidecer" em comparação. No outro extremo da turnê, o Clickimin Centre, em Lerwick, viu os Smiths tocarem para uma plateia de setecentas pessoas que incluía, basicamente, todos os jovens da cidade, independente de seus gostos musicais (a maioria dos quais parecia tender ao hard rock). Os shows também incluíram o Edinburgh Playhouse — um teatro no estilo daqueles em que eles haviam tocado recentemente em Manchester e Liverpool — e o que era anunciado como o maior centro esportivo da Europa, o Magnum Leisure Centre, em Irvine. Morrissey estava particularmente animado ao longo da turnê, talvez aproveitando a relativa distância mantida dos holofotes da mídia; é provável que não tenha sido nenhuma coincidência ele ter escolhido Lerwick para a rara ocasião de beber com toda a comitiva no bar do hotel durante toda a noite. Ao contrário do James (cujo single de estreia, "What's the World", os Smiths começaram a tocar na turnê escocesa, seu primeiro cover ao vivo desde 1982), os integrantes do Easterhouse eram capazes de farrear tanto quanto os Smiths. Numa celebração do fim da turnê, em Inverness, o champanhe fluiu, e Perry e Marr se estranharam, como acontecera muito tempo antes, no

Dingwalls. Era quase impossível deixar de perceber que o único single do Easterhouse pela London Records tinha uma forma de tocar guitarra que não era muito diferente da de Marr; a influência dos Smiths sobre sua geração estava ficando cada vez mais aparente.

Parte da confiança no palco e da exuberância fora dele podem ter decorrido do fato de as sessões de gravação no RAK já terem produzido uma grande quantidade de novo material maravilhoso. Ao longo da turnê, os Smiths tocavam não apenas o novo single, "The Boy with the Thorn in His Side", mas versões totalmente acabadas de "Frankly, Mr. Shankly" e "Bigmouth Strikes Again".[6] Os Smiths também usaram a turnê para incluir uma estrofe de "His Latest Flame", de Elvis Presley, em "Rusholme Ruffians", e Morrissey frequentemente apresentava "Nowhere Fast" com um comentário malicioso sobre o filho do príncipe Charles e da princesa Diana, o príncipe William. O vocalista, parecia evidente, não tinha nenhum interesse em abrandar seus ataques à família real.

CAPÍTULO

TRINTA E UM

Eu nunca gosto de contar, na verdade. Não gosto de explicar. Você entende? Quer dizer, há alguém em Huddersfield que pode ter uma explicação fascinante e tórrida, e então eu acabo destruindo-a ao dizer que é sobre corrida de cachorros. Sua vida desmorona.

— Morrissey, sobre suas letras, *Record Mirror*, fevereiro de 1987

Durante a saga dos Smiths, apenas uma figura central da história foi capaz de demonstrar habilidade de lidar com as personalidades tanto de Morrissey quanto de Marr igualmente, ser apreciado por ambos igualmente e sobreviver com sua reputação intacta, pelo menos até a banda se separar. Essa pessoa foi Stephen Street, creditado como seu engenheiro de gravação, embora reconhecido de forma não oficial como coprodutor de três dos quatro álbuns de estúdio.

"Street ficava exatamente no meio", disse Johnny Marr, "totalmente devotado" em seus relacionamentos com os integrantes da banda, um ponto de vista confirmado por Andy Rourke, que declarou: "Stephen era muito cuidadoso com todos, e era por isso que todos nós o amávamos." Os instrumentistas também não tiveram tido nenhum problema com John Porter, o qual, no entanto, não tinha sido capaz de ganhar a confiança de Morrissey. Com as coisas acontecendo dessa forma, Street revelou não apenas seus talentos consideráveis como engenheiro de som, mas também o trato pessoal necessário para satisfazer, apoiar e motivar os artistas mais difíceis.

"Você tem que ser muito cuidadoso com Morrissey", disse Street. "Você tem que fazer com que ele se sinta especial, e eu fiz, porque ele era. Não tive que fingir. Quando ia fazer seu trabalho, ele era brilhante. Eu ficava muito feliz em me assegurar de que faria tudo o que Morrissey quisesse, em deixá-lo feliz no estúdio." Mas Street também aplicava a mesma filosofia aos outros integrantes. "Quando é a parte deles na gravação que é importante, tento fazer com que cada pessoa realmente, mas *realmente*, se sinta a mais importante da banda naquele momento."

Essa imparcialidade era notada para além dos quatro músicos. Grant Showbiz, ele próprio um produtor ativo entre as turnês dos Smiths, observou: "Stephen conseguia equilibrar Johnny e Morrissey no estúdio muito melhor do que John Porter." E Geoff Travis lamentava o fato de uma de suas maiores decepções em relação aos Smiths ser "eles não terem achado um empresário que conseguisse encontrar equilíbrio da forma como Stephen Street conseguia entre os dois — ou entre os quatro". A falta de representação permanente daquela época pairaria de forma ameaçadora ao longo da carreira do grupo, mas Street expressamente proibia tal fato de se intrometer nas sessões de estúdio. "Por que eu deveria me envolver na parte dos negócios?", perguntou ele. "Eu só queria me assegurar de que estava fazendo o melhor disco possível."

A atitude altruísta de Street já havia produzido resultados com *Meat Is Murder*. Quando a sessão no estúdio RAK, em agosto de 1985, mostrou-se igualmente recompensadora, ele tomou a iniciativa de perguntar a Johnny Marr, diretamente, se poderia receber royalties. Tipicamente, isso não era algo solicitado por um mero engenheiro de som, mas, àquela altura, Street reconhecia que "eu estava tomando algumas decisões importantes em relação à sonoridade dos discos". Marr e Morrissey, evidentemente, concordaram; depois de confabularem durante alguns minutos, eles atenderam ao pedido, e a papelada que confirmava o único ponto percentual para Street foi futuramente completada e assinada, algo que poucas pessoas ao redor dos Smiths (incluindo o baterista e o baixista) foram um dia capazes de reivindicar.

Devidamente encorajado, Street voltou ao trabalho no novo álbum — com o título provisório de *Margaret on the Guillotine*, embora Morrissey mais tarde tenha substituído a dura imagem da execução de Thatcher por *The Queen Is Dead* — com vigor renovado.[1] Da perspectiva de Street, as sessões — que começaram para valer depois da turnê escocesa, no estúdio Jacob's, em Farnham, Surrey — foram "uma época feliz", que talvez também refletisse a compreensão de Marr de que Street era um colaborador ideal. "O mais próximo que tivemos de uma presença relaxada foi Stephen Street", disse ele, "porque, apesar de ser uma verdadeira viagem numa montanha-russa produzir discos conosco, ele tinha uma boa noção de quem ele era. Ele era capaz de subir até a estratosfera conosco mentalmente, mas tinha sempre os pés muito, mas muito no chão." Da parte de Marr, no entanto, o novo álbum se mostraria uma experiência diferente: "Eu estava completamente imerso em *The Queen Is Dead*", recordou-se ele. "Os outros integrantes da banda vão concordar que não dava para ficar tão imerso naquilo quanto eu estava."

Eles concordavam. Mike Joyce contou a Johnny Rogan sobre as sessões: "Johnny se tornou isolado de mim e de Andy. Ele estava lidando com muita coisa e queria fazer aquilo sozinho. Eu me lembro de ele não nos querer por perto por algum tempo." Fred Hood, amigo de Marr, do Impossible Dreamers (e futuro parceiro musical de Grant Showbiz na banda de sucesso Moodswings), observou que "nunca tinha visto ninguém sob tanta pressão quanto Johnny quando ele estava produzindo *The Queen Is Dead*. Johnny estava compondo todas as músicas, e então combinava para que Morrissey fosse ao estúdio quando não houvesse mais ninguém lá, essas eram as condições de Morrissey. E Johnny estava começando a se divertir fora daquilo... Ele estava começando a curtir estar em um ambiente musical mais normal. Os Smiths eram anormais, porque eram hermeticamente fechados". Distraído talvez pela falta de representação do grupo, o que significava que ele não apenas estava assumindo a função de administrar as várias marcações de horários em estúdios, mas também frequentemente tendo que atender a telefonemas ou discutir negócios com Morrissey, a principal motivação de Marr era, no entanto, a mesma de um garoto prodígio de 21 anos que acabara de dizer à *Melody Maker*, em matéria de capa sobre si mesmo: "Eu apenas olho para o que fizemos e tudo isso parece tão pequeno, e ainda temos o universo pela frente."

O Jacob's, um dos principais espaços para gravação da Grã-Bretanha na época, ficava numa mansão georgiana com uma grande piscina e serviço de bufê; seus dois estúdios separados incluíam uma antiga sala de visitas e um estábulo convertido, e suas residências incluíam um chalé, onde Marr se enfiou com um equipamento de gravação caseira que, quando não estava no estúdio, ele usava para completar algumas composições e começar outras do zero. Ele acordava por volta da hora do almoço, começava a trabalhar e, então, "corria atrás sem parar" durante o dia e entrando pela noite. Na verdade, ele tinha se tornado quase completamente notívago àquela altura. "Era a única forma de eu conseguir um pouco de paz e tranquilidade."

O horário diurno de Morrissey, enquanto isso, convinha a Stephen Street, que por ter o vocalista só para si, conseguiu fazer com que ele gravasse takes adicionais. "Algumas vezes, eu fingia que era minha culpa, que havia um problema com um compressor ou algo assim. Eu simplesmente encontrava uma forma de conseguir uma boa performance vocal dele, e acho que ele ficou satisfeito com isso quando escutou o disco, no fim de tudo. Muitas vezes, eu recebia um cartão-postal dele depois, me parabenizando pelo esforço e dizendo: 'Bom trabalho e obrigado.'"

A primeira música a ser trabalhada no Jacob's foi "I Know It's Over", que Morrissey e Marr tinham composto em Bowdon durante o verão (junto de "Frankly, Mr. Shankly") e que já fora gravada como demo instrumental no RAK. Quando Morrissey gravou seu vocal no Jacob's, como muitas vezes era o caso, foi sem compartilhá-lo com o grupo previamente: Marr descreveu assistir à interpretação de Morrissey como "um dos pontos altos da minha vida". Continuando o tema mórbido que estava presente numa parte tão grande de seu trabalho em 1985, "I Know It's Over" começava com o memorável verso "Mother, I can feel the soil falling over my head" [Mãe, posso sentir a terra caindo sobre minha cabeça], o que tinha que ser percebido como uma metáfora, considerando-se a lucidez do narrador ao longo do resto da música, o qual lamentava seu isolamento romântico diante de casais comprometidos e (supostamente) felizes, e que era ainda mais humilhado por perguntas feitas a ele, presumivelmente por seu objeto de desejo, tais como: "If you're so funny, then why are you on your own tonight?" [Se você é tão engraçado, por que está sozinho esta noite?]. Por mais que essa canção pudesse ser pessoal para Morrissey, o ouvinte era bem-vindo, por sua vez, a projetar aquela série de perguntas sobre alguém de quem ele não gostasse ou que invejasse.

A terceira das composições em conjunto do verão se mostraria a mais cativante e duradoura. Composta em tom menor e tocada com a pestana numa casa bastante avançada, o que permitia as frequências mais altas, quase de inspiração flamenca, tão familiares aos fãs dos Smiths, "There Is a Light That Never Goes Out" começava com uma introdução tirada tanto de "Hitch Hike", de Marvin Gaye, quanto de "There She Goes Again", do Velvet Underground. Por cima dos acordes comparativamente descomplicados de Marr (apenas cinco diferentes e todos fáceis de fazer e tocar), Morrissey se projetava novamente no banco de carona do carro de "This Charming Man", mas, dessa vez, como um parceiro romântico já apaixonado, mesmo que numa situação aparentemente não consumada. Enquanto os versos se revelavam, havia pistas de uma vida infeliz a que o carona não tinha nenhum desejo de voltar e uma sensação quase tangível de afeto pelo motorista, incluindo o exemplo maravilhosamente ilustrado de uma oportunidade perdida: "And then a strange fear gripped me and I just couldn't ask" [Mas então um medo estranho me conteve e eu simplesmente não pude perguntar]. Cada palavra era perfeitamente situada, formando a espinha dorsal de uma narrativa, sem expor demasiadamente o corpo, e tudo aquilo estava dominado pelo refrão, a disposição do narrador de ser atingido por um ônibus ou por um caminhão: "to die by your side is such a heavenly way to die" [morrer ao seu lado é uma forma tão divina de morrer]. Naquelas poucas palavras, Morrissey, de certa forma, resumiu os pensamentos de todos aqueles que já haviam amado e perdido ou que nunca haviam amado; aqueles viriam a se tornar alguns dos versos mais comumente citados dos Smiths.[2] O próprio título da música era, então, deixado sozinho, repetido longamente no fim da canção, mas nunca totalmente explicado. (Anos mais tarde, uma gravação anterior surgiria, com um vocal levemente diferente, que concluía com "There is a light in your eyes and it never goes out" [Há uma luz em seus olhos e ela nunca se apaga], oferecendo uma elucidação que nunca foi realmente exigida.)

Como uma canção de amor pura, "There Is a Light That Never Goes Out" foi tornada ainda mais potente por sua rara confiança numa forma de composição convencional: introdução, estrofe, estrofe, ponte rápida, refrão, estrofe, estrofe, ponte rápida, refrão, final, fade. Essa aparente simplicidade não teria valido de nada, no entanto, sem a magnífica estrutura de acordes de Marr, sem a letra divina de Morrissey e sem um arranjo de estúdio que deixava de lado qualquer tentativa de pretensão ou de protesto e mergulhava de cabeça em todas as técnicas de produção clássicas de uma balada pop. Um acompanhamento de cordas emotivo se apresentava no primeiro refrão (tocadas no Emulator, teclado de sample de última geração na época, as cordas eram essencialmente autênticas, mas ficavam digitalmente aquém do ocasional exagero de uma orquestra completa), e uma melodia de flauta do Emulator (com um toque de *delay*) no terceiro verso, as cordas e a flauta então se combinando e se contrapondo sobre a instrumentação tradicional durante o longo final. Tanto as parcerias da época do Brill Building quanto os grandes produtores dos anos 1960 teriam ficado orgulhosos.

Uma quantidade modesta de trabalho investigativo revelaria, mais tarde, que a primeira estrofe de "There Is a Light That Never Goes Out" pegava uma frase emprestada do filme *Tudo começou num sábado* ("Why don't you take me where it's lively and there's plenty of people?"

[Por que você não me leva a algum lugar que seja animado e tenha bastante gente?]) e que o segundo usava alguns versos de "Lonely Planet Boy", dos New York Dolls, ("How could you be drivin' down by my home when you know I ain't got one?" [Como você poderia passar de carro pela minha casa quando sabe que não tenho uma?]), mas isso, na verdade, não importava; como o biógrafo de Oscar Wilde, Arthur Ransome, escreveu a respeito do escritor: "Ele roubava livremente, mas muitas vezes organizava as joias de outros homens tão bem que elas ficavam melhores em seu trabalho do que nos originais." Na verdade, Morrissey decidiu combater de frente as acusações de plágio feitas contra ele, e o fez com um prazer quase frívolo, em outra música, "Cemetry Gates", que tinha a ortografia incorreta intencionalmente. Sobre outra sequência simples de acordes acústicos e uma estrutura reconhecível (ABBCBCA), Morrissey oferecia uma recordação nostálgica de seus passeios pelos túmulos no Southern Cemetery, em Manchester, com Linder e outros, antes de permitir que seus protagonistas discutissem com seus ídolos literários. "Keats and Yeats are on your side" [Keats e Yeats estão do seu lado], cantava Morrissey, "but Wilde is on mine" [mas Wilde está do meu], reconhecendo, finalmente, numa letra de música, sua influência mais frequentemente citada. Citando Shakespeare de forma errada de forma intencional e inventando uma citação aliterativa e sem sentido por conta própria, as palavras de Morrissey eram a torrente de uma provocação, desafiando as probabilidades ao manter alguma semelhança com uma melodia enquanto elas dançavam e em volta das guitarras de Johnny Marr.[3] "If you must write prose poems, the words you use should be your own" [Se você deve escrever poemas em prosa, as palavras que usa devem ser suas], cantava ele, com impressionante convicção para um verso tão pouco sincero. Era um trabalho de uma autoconfiança quase impossível, uma alegre dedada no olho de seus detratores — e uma peça musical sublime para tal propósito. Ao gravá-la, recordou Stephen Street, "o clima estava simplesmente maravilhoso".

As travessuras e o descaramento de Morrissey ficavam ainda mais evidentes em "Vicar in a Tutu", e o fato de essa canção ter se tornado, no último minuto, a substituta de uma balada sombria intitulada "Unlovable" não é pouco importante. Quando esta última apareceu como lado B de "Bigmouth", ela foi menosprezada, com razão, como um caso muito raro em que os Smiths estavam oferecendo algo musicalmente pobre e se conformando com os clichês poéticos; se tivesse sido incluída em *The Queen Is Dead*, teria servido para empurrar o álbum para o lado sombrio. (A inclusão de uma balada arrastada em 6/8, "Never Had No One Ever", apesar de cheia de ameaça e de se tornar muito amada pelos fãs dos Smiths nos shows, já colocava em risco aquele equilíbrio emocional.) Em seu lugar, "Vicar in a Tutu", criada a partir de um riff de "skiffle rockabilly spaghetti", reforçado pela viradas sincopadas na caixa de Mike Joyce, oferecia um alívio despreocupado e ainda era salva da pura comédia pela empatia implícita de Morrissey pelo clérigo vestido de mulher ("He's not strange, he just wants to live his life this way" [Ele não é estranho, ele apenas quer viver sua vida dessa forma]) e por sua antipatia pela estrutura da Igreja como um todo (literalmente, com seu narrador "lifting some lead off the roof of the Holy Name Church" [roubando um pouco de chumbo do telhado da Holy Name Church] no início da música). Era música popular descartável da mais alta ordem e se tornou uma das canções dos Smiths preferidas por Morrissey.

De forma um tanto semelhante, Morrissey assumiu o papel do inglês fundamentalmente esquisito, mostrando-se envergonhado e chocado por partes do corpo e suas funções recreativas/reprodutivas (pense em Michael Crawford na comédia teatral *No Sex Please, We're British* e na igualmente satírica série para TV *Some Mothers Do 'Ave 'Em*) em "Some Girls Are Bigger Than Others", uma declaração simples de um fato biológico que Morrissey, no entanto, apresentava como se fosse uma revelação. Recusando-se a tirar vantagem de sua provocação inicial (a não ser invocar a imagem de um Mark Antony afetado), ela servia como uma conclusão leve, muito diferente de "Suffer Little Children" e "Meat Is Murder" nos álbuns anteriores. Mas também servia como uma justaposição intencional a "The Queen Is Dead", que abria o disco e levava seu nome, faixa que passou a ser reverenciada como a melhor performance de estúdio dos Smiths.[4]

O título do disco estava pairando no ar desde a turnê pelos Estados Unidos, durante a qual Morrissey o havia acrescentado de improviso no fim de "Barbarism Begins at Home". Assim que Marr compreendeu que aquilo devia ser usado numa canção dos Smiths, usou a expressão como uma oportunidade para combinar as guitarras violentas do grupo altamente politizado de Detroit, MC5, com a repetição minimalista da trupe apolítica de Nova York do Velvet Underground, especificamente a sobra de estúdio de 1969, "I Can't Stand It", lançada depois da separação da banda no álbum *VU*, um ano antes. Assim como em "How Soon Is Now?", a canção "The Queen Is Dead", no fim, deixava suas influências pouco aparentes e, da mesma forma que o outro clássico de estúdio dos Smiths, surgiu de uma série de experiências acidentais que resultaram de uma longa improvisação no estúdio. "Algumas vezes, você entra no estúdio, toca durante um dia inteiro e nada acontece", disse Andy Rourke. "Naquele dia, a mágica aconteceu, e criamos aquela música incrível, que se tornou o tema de todo o álbum."

"The Queen Is Dead" foi impulsionada pelos instrumentistas dos Smiths num momento de grande inspiração, com Joyce mantendo o ritmo com uma ferocidade nascida de seus dias de punk, mas com uma sofisticação que só poderia ter sido adquirida com os Smiths, e Rourke descobrindo uma linha de baixo estrondosa, que subia oitavas, ancorava a faixa e lhe dava o elemento vital do perigo. Assim que o baixo e a bateria iniciais tinham sido gravados, Marr gravou sua guitarra mais selvagem até aquele ponto, com muito pedal wah-wah. Ele voltava à sala de controle "tremendo" por conta de sua própria intensidade. Quando o grupo se juntou para escutar o resultado, notou que o pedal tinha sido deixado aberto quando Marr colocou a guitarra de volta em sua estante, o que produziu uma harmonia fantasmagórica que o guitarrista, então, correu para captar em fita, abrindo e fechando o pedal no ritmo da música. O efeito foi mantido ao longo de toda a faixa, o que deu uma ambiência que subitamente a distinguia de apenas outra gravação de rock sem graça.

Por pedido de Morrissey, "The Queen Is Dead" começava com o som da atriz Cicely Courtneidge cantando "Take Me Back to Dear Old Blighty", do drama realista de 1962, *A mulher que pecou*.[5] Apesar de o romance e o filme se passarem numa pensão da era pós-guerra no oeste de Londres, a canção em questão era da época da Primeira Guerra Mundial e, dessa forma, evocava imagens de uma Grã-Bretanha antiga e venerável que os fãs dos Smiths jamais conheceriam e que certamente não reconheceriam mais. Apenas isso já tornava o início um sample perfeito para os sentimentos conflitantes que Morrissey (e tantos de seus ouvintes) tinham em relação à sua pátria, mas os que haviam visto o filme — e aquilo naturalmente incluía o vocalista — seriam capazes de tirar muito mais relevância da cena em questão. Agrupados no quarto da proprietária no dia de Natal, os inquilinos da pensão representavam os rejeitados da sociedade britânica do fim dos anos 1950 e início dos anos 1960, todos engajados numa batalha diária para sobreviver contra uma nação institucionalizada cujas glórias do passado significavam pouco em relação às suas próprias vidas atuais. O grupo incluía uma francesa grávida (papel pelo qual a atriz Leslie Caron foi indicada ao Oscar), duas prostitutas (uma delas representada com vigor especial pela antiga estrela de *Coronation Street* e da capa de "Shakespeare's Sister", Pat Phoenix, que Morrissey entrevistou em 1985 para a revista *Blitz*), um escritor fracassado, um jovem africano, a tempestuosa proprietária e o seu amante e a própria Courtneidge como uma velha atriz lésbica, revelação que, mesmo em 1962, só podia ser feita num filme por uma confissão de que "topo qualquer coisa, querida". Nesse caso, a cantoria de "Take Me Back to Dear Old Blighty" sugeria mais uma pista sutil de que o título do disco tinha um duplo sentido. Isso porque, apesar de "The Queen Is Dead" [A rainha está morta] ser levado ao pé da letra como uma torcida da parte de Morrissey com relação à monarca britânica (de forma compreensível, levando em consideração o verso "Her Very Lowness, with her head on a sling, oh, it sounds like a wonderful thing" [Vossa Baixeza, com sua cabeça numa forca, oh, isso parece maravilhoso], suas raízes estão num capítulo longo e perturbadoramente decadente de mesmo nome de um dos livros favoritos de Morrissey, o romance de Hubert Selby, de 1964, *Last Exit to Brooklyn*, que contava a labuta de uma prostituta travesti e seus amigos e suas tentativas de beber, drogar-se e seduzir um grupo de marginais heterossexuais.

Ao mandar a arte da capa para Jo Slee, na Rough Trade, Morrissey escreveu, de forma um pouco irônica: "É sobre a morte de uma rainha de mentira... Sim, é autobiográfico", mas depois explicou melhor para a imprensa, com rara franqueza, que "Há a desculpa, na canção, de que a 'velha rainha' [old queen] sou eu..." Referências afetadas à parte, Morrissey colocou mais substância em "The Queen Is Dead" do que em qualquer outra coisa no conjunto da obra dos Smiths. A narrativa visual que progredia retratava uma Grã-Bretanha varrida pela chuva, entorpecida pela sua subserviência à realeza e à religião, ao álcool e às drogas, um local onde uma companhia é convidada a dar um passeio para conversar sobre coisas preciosas como "amor e lei" e não poesia, mas "pobreza" — um local onde, no fim, "life is very long, when you're lonely" [a vida é muito longa quando você é solitário].

"A canção é certamente uma espécie de análise geral sobre o estado da nação", Morrissey admitiu, depois do lançamento. A Grã-Bretanha estava no meio do segundo mandato de Thatcher na época da composição da música, e as manchetes eram uma leitura impiedosa para aqueles que, como os Smiths, tinham sido criados na classe trabalhadora. Os mineiros haviam sido derrotados e, com eles, o poder dos sindicatos; o desemprego tinha atingido níveis catastróficos em grandes áreas do país, e a política governamental de transformar uma sociedade de manufatura numa sociedade baseada em consumo via empregos com salários mínimos substituírem a antiga segurança no emprego para os que conseguiam ao menos encontrar trabalho. O multiculturalismo, a permissividade sexual, os direitos dos gays e a educação progressista estavam todos sob ataque. Conselhos de esquerda localmente eleitos estavam sendo abolidos, os gastos com o bem-estar social estavam sendo reduzidos, as indústrias estatais estavam sendo privatizadas, as propriedades do governo estavam sendo vendidas aos inquilinos que podiam pagar por elas e, embora nem a riqueza resultante na mão de poucos nem a pobreza que assolava as massas fossem restritas a uma parte da Inglaterra, ainda assim existia uma linha que dividia a representação parlamentar entre os partidos, linha essa que passava no meio do país. "The Queen Is Dead" quase não fazia referência a nada disso e, ao mesmo tempo, reconhecia tudo isso, o que não é uma façanha pequena.

Em seu ensaio *The Smiths and the Challenges of Thatcherism*, Joseph Brooker ofereceu alguns paralelos importantes entre Morrissey e Thatcher. "Ambos usaram seus passados em regiões da Inglaterra para articular suas crenças. Ambos chegaram ao centro da atenção pública com um senso de propósito messiânico, determinados a devastar as instituições estabelecidas. Ambos eram puritanos provincianos, possuídos por um fervor e uma confiança que podiam alcançar alturas absurdas e inspirar fanatismo em outras pessoas. A clareza de seus objetivos e sua imagem os tornava caricatos, o que era um sinal de seu sucesso. Ambos foram figuras definitivas dos anos 1980." Esse era um comentário justo e oferecia a compreensão não declarada não apenas de que poderosas músicas com teor político em geral chegam como uma reação direta a tempos políticos nefastos, mas de que Morrissey se beneficiou de ter alguém tão obstinado e implacável quanto ele mesmo para enfrentar. Mas Brooker também assinalou a diferença definitiva entre eles: enquanto Thatcher era, "notoriamente, quase desumanamente, desprovida de humor", Morrissey estava "entre as estrelas mais espirituosas que o pop produziu". Foi isso que ajudou a distinguir os Smiths de quase todas as outras bandas politizadas (incluindo o Easterhouse) e nunca tanto quanto em "The Queen Is Dead". Se um dos versos mais audaciosos de Morrissey foi imaginar um príncipe Charles vestido de mulher na capa do *Daily Mail*, aquilo foi superado pela estrofe em que, reproduzindo um incidente de 1982, o personagem de Morrissey invade o palácio de Buckingham — com a combinação incongruente de "a sponge and a rusty spanner" [uma esponja e uma chave inglesa enferrujada] — para confrontar a rainha.[6] "Eh, I know you, and you cannot sing" [Hum, eu conheço você, e você não sabe cantar], cita ele em nome da monarca (um toque inteligente por meio do qual Morrissey, o compositor, reconhece e promove sua infâmia), ao que ele responde: "That's nothing, you should hear me play piano" [Isso não é nada, você deveria me ouvir tocando piano]. Quase se espera escutar a familiar batida no prato reconhecendo uma piada.

Se, em última análise, é verdade que "The Queen Is Dead" não igualou a fúria política de suas precursoras do punk, como "God Save the Queen", dos Sex Pistols, isso aconteceu, em parte, porque ela era muito astuciosa para tal, muito inteligente, muito poética. Sabiamente, Stephen Street recomendou editar o final da gravação definitiva (em vez de terminá-la em fade); ao remover pouco mais de um minuto do fim da música, ele a salvou do exagero e garantiu que a faixa de abertura do terceiro álbum dos Smiths estabelecesse o padrão mais alto possível para que o resto do disco (com sorte) seguisse.

Com isso o álbum deveria estar pronto. Mas Street vinha fazendo experimentos com gravação digital em *The Queen Is Dead*, e quando chegou a hora de mixar "Frankly, Mr. Shankly", ele descobriu "uma enorme falha" na fita, pela qual o fabricante da máquina, o fabricante da fita e o estúdio culparam um ao outro.[7] "No fim, tivemos que regravar a música inteira. E conseguir o mesmo entusiasmo de todos novamente não foi fácil." O último a gravar sua parte, como sempre, foi Morrissey, o que tornou um pouco irônico o fato de que, quando acabou o tempo de estúdio no Jacob's, Johnny Marr decidiu gravar os vocais com John Porter. O guitarrista e o antigo produtor dos Smiths tinham mantido sua amizade ao longo do último ano e meio; especificamente, à medida que o processo de gravação de *The Queen Is Dead* exigia cada vez mais de Marr, o jovem tinha passado a contar com os conselhos de seu amigo mais velho. Porter gravou os vocais de Morrissey, uma performance perfeitamente satisfatória que confirmava o profissionalismo do produtor, no Wessex Studios, onde o vocalista desferiu um golpe final na direção do personagem de Shankly/Travis quando o grupo tocava sua última nota, uivando: "Give us yer money" [Nos dê seu dinheiro].

Aquele era um assunto que evidentemente estava na cabeça de todos, pois Porter e Marr então gravaram uma faixa na qual o guitarrista vinha trabalhando em casa, construída em torno de um riff de blues de andamento moderado que prestava uma leve homenagem a "How Soon Is Now?". "Morrissey não quis cantar naquela música", recordou Porter, e, como o baixista e o baterista não estavam presentes na sessão do Wessex, as partes de Joyce foram tocadas por uma LinnDrums, imitação barata do espírito humano. A música instrumental foi mais tarde creditada apenas a Marr, guardada para um futuro lado B dos Smiths e intitulada "Money Changes Everything".

The Queen Is Dead estava agora completo, mas seu lançamento ainda não estava aprovado — não pela Rough Trade, tampouco para a Rough Trade. No dia 20 de dezembro, foi concedido um mandado à gravadora, exigindo que as fitas fossem finalmente entregues — a seus advogados. O mandado foi entregue pessoalmente a Morrissey.

CAPÍTULO

TRINTA E DOIS

Há muito valor nos anos 1980. Essa geração é muito nobre, valente e corajosa, certamente se comparada à decadência de fins dos anos 1960.

— Johnny Marr, *Melody Maker*, agosto de 1985

O novo ano de 1986 viu o lançamento de um novo movimento político britânico: o Red Wedge, impulsionado por Billy Bragg para juntar os músicos de esquerda da época. Identificar o inimigo foi fácil: o thatcherismo. Descobrir uma alternativa para apoiar e promover foi bem mais difícil: muitos músicos ficavam ressabiados em se alinhar com o Partido Trabalhista, que se mostrara tragicamente alheio às mudanças na classe trabalhadora e sua juventude na nação, um afastamento amplamente culpado pela facilidade com que Thatcher tinha sido reeleita em 1983. Bragg acreditava em ser mais proativo do que aquilo e formou uma aliança experimental entre o Red Wedge e o Partido Trabalhista, o qual parecia estar revigorado sob a nova liderança de Neil Kinnock, com a esperança de influenciar suas políticas. "Todos nós, inclusive eu, estávamos aprendendo a fazer política enquanto seguíamos com aquilo", disse Bragg. "Nosso primeiro impulso foi botar a cara no mundo, juntar as pessoas e tentar focar a raiva e a solidariedade das pessoas, como tínhamos feito na greve dos mineiros." Uma turnê nacional do Red Wedge, no começo de 1986, serviu, então, como uma espécie de Live Aid itinerante de esquerda, uma tentativa de apresentar uma frente unida de vozes importantes do mundo da música às pessoas no meio do que a canção de sucesso moderado de Bragg tinha desesperadamente rotulado como "Days Like These" [Dias como esses]. A turnê tinha uma escalação fixa com Bragg, The Style Council, The Communards (que tinha Jimi Sommerville, recentemente separado do Bronski Beat), o cantor soul Junior Giscombe, a cantora de reggae Lorna Gee e, como DJ, o compositor de dentes separados dos Specials, Jerry Dammers. Lloyd Cole, Tom Robinson, o Madness e o Prefab Sprout se apresentaram durante a turnê.

Bragg estava compreensivelmente disposto a conseguir que os Smiths se envolvessem também, e ficou entusiasmado quando Johnny Marr e Andy Rourke se juntaram a ele no palco, em Manchester, no dia 25 de janeiro, para tocar uma das canções de Bragg ("A Lover Sings"), uma dos Smiths ("Back to the Old House") e uma dos Rolling Stones ("The Last Time"). "Johnny era a pessoa que eu sempre achei que compreendia o papel sociopolítico do que estávamos fazendo", disse Bragg.

"Ele não via aquilo como apenas ser integrante dos Smiths, mas como ser integrante dos Smiths *durante a greve dos mineiros*, ou durante os anos de Margaret Thatcher."

Marr e Rourke seguiram viagem com a turnê até Birmingham e, depois do show na cidade, o guitarrista ligou para Morrissey e Joyce e implorou que eles fossem até Newcastle, onde os Smiths, em quarteto, apresentaram-se devidamente, sem serem anunciados, tocando quatro músicas com os equipamentos do Style Council e roubando a cena.[1] Depois daquilo, foram para casa. Tinham expressado sua solidariedade, embora, mais adiante, viessem a confessar certa ambivalência. Para Marr, "o show do Red Wedge na prefeitura de Newcastle foi uma das melhores coisas que fizemos", embora não necessariamente por motivos políticos. "A atmosfera em torno das outras bandas naquela turnê era realmente ruim. Eles tratavam a mim e ao Andy muito mal." A chegada de Morrissey e Joyce, portanto, tornou-se um caso de "*meus* parceiros apareceram e calaram a boca de todo mundo. Eu sempre me sentia muito orgulhoso de nós quando havia outras bandas por perto, porque eu sentia que éramos os melhores". Morrissey, por sua vez, confessou: "Eu não estava terrivelmente apaixonado pelo gesto." Seu cinismo em relação a partidos políticos foi confirmado quando ele disse, em seguida: "Não consigo ver nada especialmente útil em Neil Kinnock. Não sinto nenhuma aliança com ele, mas, se é para votar, é ali que acho que o X preto deve ir."

Uma semana depois, os Smiths fizeram outro show com motivação política, ao lado do New Order, do The Fall e de John Cooper Clarke, em prol do sitiado conselho municipal de Liverpool; seu vice-líder marxista/trotskista polêmico e persistentemente bem-vestido, Derek Hatton, desenvolvera um perfil que rivalizava com o do líder do conselho da grande Londres, Ken Livingstone, e estava enfrentando a devastação. (O GLC tinha acabado de ser abolido por meio de um Ato do Parlamento.) O show na Royal Court de Liverpool, chamado de "From Manchester with Love", foi organizado por Tony Wilson como um importante gesto de amizade e união de uma cidade para com sua rival diante de um inimigo comum. Como Marr assinalou para Martin Aston, em 2011: "Por definição, se você era de uma banda indie, você era contra o governo. E se você tivesse uma voz, você tinha que se manifestar por sua própria geração." Nessa ocasião, os Smiths tocaram um set completo, apresentando pela primeira vez várias músicas de *The Queen Is Dead*, mas, novamente, eles ficaram desencantados: Hatton e seus comparsas tinham exigido que as bandas se juntassem a eles num final exibicionista e os Smiths se recusaram. ("Ninguém me diz quando e o que tocar", disse Marr.) Por meio de sua música e de seu porta-voz, Morrissey, os Smiths continuariam a adotar uma posição política, mas, como eternos excluídos, eles se esquivariam de outras manifestações e causas até o fim de sua carreira.[2]

Marr tinha outros motivos para levar Rourke nas datas do Red Wedge: para "ficar de olho nele". Os problemas de Rourke com drogas, na verdade, estavam ficando piores conforme crescia o sucesso dos Smiths. Como o baixista sucintamente falou: "Ganhei dinheiro, então meu vício em heroína ficou maior." Na época da gravação de *The Queen Is Dead* o problema de Andy com drogas passara a não mais poder ser ignorado — só que o grupo não tinha um empresário para cuidar de situações assim; o melhor amigo de Rourke, Johnny Marr, também estava ficando doente por conta do excesso de trabalho e de uma alimentação fraca; e seu outro aliado, Mike Joyce, sentia-se incapaz de discutir o assunto. ("Você quer que seu amigo fique bem", disse Joyce, "mas não sabe os passos certos que deve dar.")

Morrissey, até onde sabiam esses três, não tinha nenhum conhecimento do vício de Rourke — em parte porque o baixista fazia um bom trabalho em mantê-lo em segredo, mas também porque o vocalista raramente socializava com os instrumentistas da banda. Em sua entrevista amplamente difundida para a *Time Out*, em 1985, Morrissey tinha declarado: "Não sou um personagem do rock. Desprezo drogas, desprezo cigarros, sou celibatário e tenho um estilo de vida muito sereno." Muitos fãs de Morrissey tomaram isso como uma espécie de manifesto, ao qual a afinidade dos outros Smiths por álcool, maconha e a casual condescendência com outras substâncias sempre pareceria uma contradição. (O gosto do próprio Morrissey por bebidas de alguma forma escapou à inspeção.) O fato de um integrante dos Smiths usar heroína teria sido percebido por Morrissey como uma traição à confiança de seu público — e provavelmente teria colocado em risco o respeito do grupo na comunidade musical, na qual a droga era tão desaprovada que a banda

New Model Army passara a usar camisetas estampadas com a frase APENAS DESGRAÇADOS ESTÚPIDOS USAM HEROÍNA. Na verdade, a praga da heroína entre os jovens britânicos era tão séria que as autoridades de saúde tinham começado a publicar anúncios de página inteira em jornais musicais detalhando os efeitos colaterais da droga. Na primavera anterior, durante uma entrevista com editores de fanzines organizada pela *Melody Maker*, indagou-se a Morrissey, especificamente, se ele "faria parte" da "cruzada anti-heroína no pop". Ele respondeu que tinha se recusado oficialmente. "Acho que as pessoas começam a tomar drogas simplesmente porque querem", declarou. "Não acredito em pessoas que dizem: 'Estou preso, não consigo parar com isso.' Isso é uma grande baboseira, na verdade."

Se Rourke tivesse lido essa matéria, certamente teria desejado poder explicar a Morrissey que não era tão simples assim. "Eu estava lutando contra um problema e queria acabar com ele", disse Rourke. "Eu queria me livrar daquilo." Durante a gravação de *The Queen Is Dead*, nos subúrbios afastados de Surrey, ele tentou parar completamente. "Em certos momentos, eu não dormia por quase duas semanas, porque estava me afastando da heroína. Eu não conseguia dormir. A única coisa que me salvou foi entrar no estúdio e tocar aquelas músicas." Ironicamente, ele gravou algumas de suas melhores performances de baixo ao longo desse período: nem "The Queen Is Dead" nem "Cemetry Gates" teriam soado tão bem sem sua contribuição. "Quando Andy era requisitado no estúdio, ele era fantástico, e sua forma de tocar baixo naquele disco foi brilhante", disse Stephen Street, o qual pôde relembrar e concluir que, "se ele estava usando [heroína], eu não fazia nenhuma ideia daquilo".

"Eu não podia contar a ninguém sobre aquilo", disse Rourke. "Ok, tenho certeza de que o resto dos integrantes da banda sabia. Mas não reclamei. Eu não podia dizer: 'Vou parar completamente aqui, estou me afastando.' Tive que sofrer em silêncio." E o fez tão bem que Morrissey, assim como Street, permaneceu alheio a seu vício; Marr e Joyce, que sabiam sobre ele, ainda não tinham certeza de como deveriam lidar com o caso. Afinal de contas, segundo Marr, "Ele dava conta do recado. Ele nunca pisava na bola. Ele nunca me decepcionava. Então, minha opinião sobre seu estilo de vida era apenas minha opinião". Ou, como John Featherstone, um controlador confesso que desprezava drogas pesadas, declarou: "Com as melhores intenções, mas, vendo em retrospecto, com uma execução ruim, todos incentivaram o vício ao ignorar o assunto."

Então, o processo continuou. Algumas vezes, durante as sessões de *The Queen Is Dead*, quando o chamado se mostrava muito poderoso, Rourke pegava um voo de Heathrow até Manchester, único lugar em que ele sabia onde comprar a droga, gastava cerca de 200 libras em heroína e voava de volta no mesmo dia. Com a chegada do novo ano e com *The Queen Is Dead* embargado por conta do processo judicial, a programação de trabalho tipicamente puxada que salvava Rourke de seu pior inimigo — ele mesmo — desapareceu. Por isso, Marr convidou-o a participar da turnê do Red Wedge, um período do qual Rourke só conseguiria se recordar como "um ponto realmente baixo da minha vida".

Que estava prestes a descer ainda mais. Os Smiths tinham agendado três shows na Irlanda. Rourke, sem querer entrar com heroína em outro país e determinado a não comprar quando estivesse lá, foi a um médico na Harley Street que encheu o baixista de Valium e remédios para dormir. O problema, disse Rourke, "foi que eu tomava um monte de Valium para aliviar a abstinência da heroína e então ficava tão chapado com o Valium que esquecia de tê-lo tomado, e tomava mais, e depois subia no palco". Como ele mesmo admitiu, quando tocou no Dublin National Stadium, no dia 10 de fevereiro, apenas 48 horas após o show de Liverpool, ele estava "vacilante".

Muito foi falado, mais tarde, em relação à performance de Rourke naquela noite. Por mais que tivesse tocado mal, ele não foi citado por isso nas resenhas. O grupo tocou seu set completo, incluindo duas voltas para o bis, e o público reagiu basicamente como seria esperado para uma banda irlandesa honorária. Mas não foi o melhor show deles. Houve um contratempo específico, quando Rourke tocou "Cemetry Gates" (apenas a segunda aparição pública da música) um tom acima de como tinha sido gravada, criando tamanha confusão a ponto de Johnny Marr parar de tocar até que pudesse descobrir qual era o problema e ajustar sua pestana da forma correta. A explicação era relativamente simples: desde o começo, quando a banda mudava o tom das músicas para se adequar ao alcance vocal de Morrissey, Rourke tipicamente tinha dois baixos à sua disposição, um em mi e outro em fá sustenido. Em Dublin, Rourke estava sob controle suficiente para tocar cada nota de "Cemetry

Gates", mas suficientemente fora de controle para não perceber que estava usando o instrumento errado. Houve uma demora adicional depois de "What She Said", durante a qual Marr recorreu a tocar a canção "Walk Away, Renée" na guitarra para manter a plateia entretida. Então, houve uma espécie de autópsia nos bastidores, em que Rourke foi bastante responsabilizado pelos erros. Os shows irlandeses das duas noites seguintes — um no salão de baile de um hotel em Dundalk, o outro um grande show como banda principal em Belfast — foram completados com sucesso; o último show foi, sem dúvida, magnífico. Na verdade, o organizador da turnê, Stuart James, disse que estava "alheio durante todo aquele tempo" ao vício de Rourke. "Todos eles costumavam fumar. Talvez eu apenas tivesse achado que ele estava chapado. Mas certamente não achei que era heroína. Ele tinha uma boa aparência. Estava se alimentando bem." Sobre os contratempos em Dublin e a reação seguinte, "eu estava pensando 'Puta merda, isso é um pouco pesado, levando em consideração a quantidade de shows que fizemos'".

Os comentários de James serviram apenas para confirmar o quanto os Smiths eram contidos em seu processo de tomada de decisão e como mantinham segredos até de outros membros de seu círculo interno — não apenas de Stuart James, mas de Stephen Street, por exemplo. Todavia, com Morrissey agora ciente do vício de Rourke, o baixista foi sumariamente demitido na volta do grupo a Manchester. Rourke soube de a demissão, quando encontrou um bilhete em seu carro, do lado de fora de sua nova casa em Altrincham. "Eu acordei e lá estava o que achei ser uma multa. Mas meu carro estava estacionado de forma regular. Havia um envelope com um cartão-postal de Morrissey. Ele dizia: 'Andy, você está fora dos Smiths. Boa sorte e adeus.'" Andy nunca descobriu quem colocou o bilhete ali: Morrissey, disse ele, "não teria tido coragem". Naquela noite, recordou-se Rourke, ele foi visitar Johnny Marr, seu melhor amigo e talismã, "e chorei em seus braços".

A DECISÃO DE demitir Rourke tinha sido executada de forma insensível por Morrissey. Mas fora levada a sério pelos outros. Se carregar Rourke ao redor do mundo com seu vício não tinha funcionado para curá-lo, a esperança era de que, despedindo-o — expulsando-o da única coisa de que ele precisava mais do que da droga —, ele seria sacudido para a sobriedade. Exatamente o contrário aconteceu. Nem duas semanas depois de ser expulso dos Smiths, Rourke foi de carro até Oldham para comprar heroína. Por sorte — no fim das contas —, seu contato estava sob vigilância: "as portas foram abaixadas, vinte policiais entraram", recordou Rourke, que foi preso por posse. A notícia viajou, por meio do *News at Ten* e do *Granada Reports* (embora, estranhamente, não por meio da imprensa musical), chegando até Majorca, e a vergonha pública de ser preso por posse de drogas pesadas, somada à ameaça de ser encarcerado, mostrou-se efetiva onde a expulsão silenciosa de sua banda não tinha sido: foi suficiente para convencer Rourke a ficar limpo.

Parecia, no entanto, que era tarde demais. Johnny Marr hospedou Andy Rourke por pouco tempo em sua casa durante esse período, como seu amigo, no entanto, como diretor musical da banda, ele estava determinado a não deixar que os Smiths desacelerassem. Apesar do fato de o lançamento de *The Queen Is Dead* permanecer no limbo jurídico, o grupo estava seguindo adiante com a compreensão de que a situação teria que ser resolvida o quanto antes. Planos já estavam sendo feitos para que voltassem aos Estados Unidos, numa turnê muito maior dessa vez. Marr seguiu com o processo de contratar um novo baixista.

Ele não olhou para longe. Si Wolstencroft falou com ele sobre Craig Gannon, um rapaz de Salford com quem ele acabara de completar uma turnê como parte do Colourfield. Gannon tinha 19 anos, um prodígio talentoso ao estilo do próprio Marr com aquela idade. Ele ostentava um topete melhor do que a maioria dos Smiths. Antes do Colourfield, tocara com o Aztec Camera, com quem havia excursionado por grandes casas de show nos Estados Unidos, abrindo shows de Elvis Costello, além de ter tocado com os Bluebells, os quais haviam lançado um hit que entrou para o top 10 em 1984, "Young at Heart". Seu currículo como guitarrista era, evidentemente, impecável. Marr convidou Gannon a ir à Marlborough Road certa noite, onde eles conversaram sobre suas várias experiências e seu respeito mútuo por Roddy Frame.[3] Gannon, como jovem músico profissional contratado para turnês, ouvira poucas coisas dos Smiths, fora o que havia escutado no rádio e, antes de escutar as fitas de *The Queen Is Dead* no estúdio caseiro de Marr, não se considerava um fã da banda. Marr terminou a noite explicando que eles estavam abrindo mão de Andy Rourke devido a "problemas", e que Gannon seria bem-vindo a se juntar à banda — como baixista.

Isso teria feito sentido — a não ser pelo fato de Gannon, como ele mesmo admitiu, "nunca ter tocado baixo". Se Marr tinha pensado seriamente nas consequências desse convite, ou se meramente agira por impulso, seria difícil constatar; as circunstâncias que envolveram a inclusão de Gannon nos Smiths mudariam com o tempo. Gannon recordou que, àquela altura, ele não havia aceitado nem recusado a oferta, embora tivesse ficado para beber, e quando Mike Joyce apareceu para se juntar a eles, ele e Marr finalmente pegaram guitarras e descobriram que seus estilos de tocar eram compatíveis. Deixaram combinado que se juntariam novamente em breve, e a ligação logo veio para que Gannon se juntasse a Marr, Joyce e o motorista Phil Powell para um encontro com Morrissey, em seu novo apartamento em Londres. Ele concordou, e o processo se mostrou bastante tranquilo. "Eu me dei muito bem com Morrissey, me dei bem com todo mundo, voltei para o carro e Johnny disse: 'É isso, você é um dos Smiths. Tanto quanto Mike, Morrissey e eu.'" O grupo então se hospedou no Portobello Hotel, no bairro de Notting Hill, em Londres, por alguns dias, para se conhecer melhor. Gannon ainda não tinha feito um teste.[4]

Em 1895, o Cadogan Hotel, na Sloane Street, tinha servido como cenário para a prisão de Oscar Wilde sob a acusação de "indecência grave" depois que seu processo difamatório contra o marquês de Queensbury foi arquivado. Pode ter sido pura coincidência o fato de Morrissey ter escolhido a Cadogan Square, bem ali perto, como seu novo endereço em Londres, mas aquilo adicionou certo peso às suas credenciais assim que Morrissey percebeu que ele precisava desesperadamente — de uma forma muito fundamental e apesar do apego de Marr por suas raízes nortistas — de uma residência que confirmasse sua reputação. Exatamente como aconteceu com seu lar anterior, na Campden Hill Road, seu elegante novo endereço, no coração de Chelsea, logo passaria a receber entrevistadores — embora, dessa vez, apenas os jornalistas mais favorecidos. "Se não pudesse ter móveis realmente bonitos, eu dormiria numa caixa de sapatos", contou ele a um deles enquanto lhe mostrava a casa.

Como foi revelado por esse comentário, e pelo próprio endereço (e pelo fato de a casa em Cheshire com sua mãe permanecer completamente intacta), não estava faltando dinheiro a Morrissey. Mas isso não queria dizer que ele estava disposto a desistir da luta contra a Rough Trade. O mandado bem-sucedido da gravadora indicava que o contrato de gravação tinha resistido à inspeção legal inicial; Geoff Travis recordou que "os advogados estavam bastante orgulhosos do contrato quando acabaram por brandi-lo no tribunal". Mas, por conta de seus múltiplos rabiscos e da falta de especificidade, sempre era possível que um próximo recurso fosse julgado a favor dos Smiths, e a Rough Trade precisava evitar tal conclusão. A empresa tinha, inclusive, preparado um estudo interno, *Os efeitos do fim do contrato com os Smiths sobre a Rough Trade e o Cartel*, que apenas confirmava o que todos já sabiam: a partida da banda seria catastrófica, não meramente para o selo Rough Trade, mas para toda a rede de distribuição independente, a qual passara a contar com os constantes (embora modestos) singles de sucesso do grupo para vender outros discos independentes às principais cadeias de lojas.

Em algum ponto desse processo, num acesso de frustração durante a madrugada, Johnny Marr decidira recuperar as fitas em nome do grupo. Ele e Phil Powell saíram de Bowdon numa manhã gelada e chegaram ao Jacob's por volta da hora do café da manhã da indústria musical; Powell permaneceu no banco do motorista, com o motor ligado, e Marr entrou à procura do armário com as fitas. Ele foi confrontado por um confuso gerente do estúdio, que não tinha nenhuma intenção de liberar as fitas até que pagassem por elas. Marr e Powell voltaram os 300 quilômetros para o norte castigados pelo seu próprio falso otimismo.

Desesperados para acabar com o impasse legal, Morrissey e Marr se voltaram mais uma vez a Matthew Sztumpf. O empresário do Madness tinha sido abandonado depois da turnê americana do ano anterior, mas, pelo menos, fora pago por seus trabalhos e, ciente de que o grupo não tinha contratado ninguém em sua ausência, concordou em tratar da situação com a Rough Trade com a intenção de manter o trabalho de empresário dessa vez. Sob pressão de Morrissey, ele inclusive concordou em tirar seu escritório de dentro de um ambiente pertencente ao Madness e levá-lo para um espaço neutro. O grupo poderia ter usado Sztumpf para cuidar também dos problemas com Andy Rourke, assegurando-lhe uma ajuda médica profissional, e também para sugerir como abordar a substituição de Rourke, especialmente em relação ao pagamento. Mas os Smiths viam os problemas internos da banda como exatamente isso, internos, e pareciam confiar em Sztumpf para poucas coisas além de negociar o fim da confusão com a Rough Trade.

Havia, na realidade, muito pouco a se negociar. A Rough Trade não tinha obrigação de pagar royalties sobre nada a não ser uma parte dos lucros, o que beneficiava os Smiths se comparado ao recebimento de royalties fixos. A lista de "custos" aceitáveis podia certamente ser mais bem-definida e um adiantamento maior poderia ser assegurado para a banda como num contrato tradicional, mas isso era tudo. No fim, a questão mais importante para Morrissey e Marr era o próprio contrato, que, no momento, durava por cinco álbuns de estúdio, dos quais os Smiths tinham completado apenas três. Houve um impasse, mas a Rough Trade piscou primeiro e concordou em encurtar o contrato em um álbum. Com isso, cada um dos lados podia declarar vitória e seguir em frente.

Enquanto o exaustivo processo, que durou meses, era oficialmente tratado por advogados e empresários, Jo Slee tinha mantido contato não oficial com Morrissey: "Eu lhe contava em que pé estávamos no nosso lado e ele me contava sobre em que pé eles estavam no lado deles." Quando o advogado dos Smiths continuou a "criar ainda mais empecilhos", o que a Rough Trade considerou "uma cortina de fumaça", ficou evidente que, se um acordo não fosse finalizado naquele momento, o disco poderia ser adiado até *depois* do verão. "Telefonei para Morrissey e lhe contei sobre os empecilhos a mais, e ele disse que estava grato por tudo que tínhamos feito e que minhas ligações tinham ajudado a mantê-lo são em momentos difíceis", Slee contou a Neil Taylor, no *Document and Eyewitness*. "Todos fomos para casa, e por volta de onze horas naquela noite Morrissey ligou de volta muito irritado e muito determinado: 'Por favor, alguém poderia... trazer o contrato aqui amanhã pela manhã e vamos assinar.'"

Geoff Travis estava nos Estados Unidos na época. Peter Walmsley, chefe de licenciamento, levou o contrato em seu lugar. "Foi provavelmente a primeira vez que Morrissey tinha me notado de verdade", Walmsley disse a Taylor. "A coisa toda tinha sido uma discussão boba. Aquilo não apenas era devastador para a alma, como também colocava toda a empresa em risco."

Do lado positivo das medidas legais para a Rough Trade, eles ainda tinham os Smiths, e por mais dois álbuns, sendo que o primeiro, *The Queen Is Dead*, eles já sabiam ser um clássico. Estava na hora de botar mãos à obra. Embora Geoff Travis esperasse que "There Is a Light That Never Goes Out" fosse o single (fora anunciada como tal na turnê irlandesa), Marr se esforçou igualmente para que o posto fosse de "Bigmouth Strikes Again", não apenas porque ela havia sido a escolha original ainda no outono, mas porque mandava uma mensagem musical mais forte e definitiva. Como sempre, os Smiths venceram a luta, e o que era certamente sua música mais comercial acabou permanecendo eternamente "enterrada" num álbum. (No entanto, o "erro" de não lançar o que poderia muito bem ter se tornado seu maior sucesso de todos os tempos evitou que houvesse uma percepção de que a banda "se vendeu", o que talvez tivesse feito com que eles perdessem seus fãs mais ardorosos.)

Uma coisa era certa: depois de apenas mais um álbum de estúdio os Smiths estariam livres de seu compromisso com a Rough Trade. A ligação finalmente foi feita para David Munns, na EMI: Morrissey estava pronto para conversar.

Pouco depois de sua prisão por posse de drogas, foi tomada a decisão de readmitir Andy Rourke. Como disse Morrissey, sem nenhum reconhecimento de como ele tinha demitido o baixista, "sua saída parecia mais errada do que sua permanência".[5] Não havia absolutamente nenhuma garantia de que Rourke largara ou poderia largar a heroína, ele não fora a nenhum tipo de clínica. (Em vez disso, tinha apenas "saído do país" durante algumas semanas.) Mas parecia finalmente haver força de vontade, o que, combinado com o existente *desejo* de parar, foi uma razão parcialmente boa para recebê-lo de volta. Havia também o medo muito genuíno do que poderia acontecer a Rourke se eles continuassem a abandoná-lo para seus próprios vícios; depois de sua prisão, nenhum deles queria que a próxima notícia sobre seu "ex"-baixista fosse a de uma overdose fatal, com toda a culpa que a acompanharia. (O fato de Rourke não injetar heroína, apenas fumá-la, tornava um cenário catastrófico improvável a curto prazo, mas um declínio para as agulhas e o estado de um verdadeiro *junkie* tinha que ser considerado uma possibilidade muito real.) Mais importante, no entanto: eles simplesmente não conseguiam imaginar os Smiths com outro baixista; Rourke podia ser o integrante mais calado, podia ser, inclusive, o mais subserviente, mas suas contribuições tinham se mostrado cruciais para o sucesso do grupo. E, de muitas formas, ele tinha servido como a força e a alma do grupo, expressões de emoção que, traduzidas para o inglês ("rock" e "soul"), também são gêneros musicais.

Uma notícia na edição de 19 de abril da *Melody Maker* anunciando, com atraso, a saída de Rourke "depois de sua recente turnê na Irlanda" (que ocorrera dois meses antes) apontava que "nenhuma explicação para sua decisão foi oferecida pela Rough Trade" e que "o substituto de Rourke é Craig Gannon, um músico de estúdio que tocou anteriormente com o Aztec Camera". Na tradição das fofocas da imprensa musical britânica, havia aspectos precisos o suficiente nessa declaração para que os falsos fossem também tomados como verdade. O fato foi que, no momento em que essa notícia chegou aos jornais, Rourke já havia sido reintegrado e Gannon contratado como segundo guitarrista, não como baixista; a declaração pública na *Melody Maker* de que Gannon tocaria baixo pode explicar por que houve a percepção de que somente lhe foi oferecido o papel de segundo guitarrista como uma espécie de prêmio de consolação. Era verdade que Marr inicialmente abordara Gannon para ser baixista, mas, na época do encontro com Morrissey, em Londres, Gannon tinha absoluta certeza de que estava sendo considerado como guitarrista — o único papel que faria sentido para ele — e quando participou de seu primeiro ensaio com o grupo, na casa de Mike Joyce, em Altrincham, foi com uma guitarra na mão, especialmente porque ele não tinha um baixo. O próprio Johnny Marr declarou, naquele mesmo verão, que "foi quando voltamos [da Irlanda] que percebi que queria convidar outro guitarrista", o que sugeriria que ele não contratou Gannon para aquele papel num segundo estágio. E, certamente, os Smiths eram espertos demais, e Morrissey era focado demais em finanças, para oferecer a qualquer um uma parte igual de qualquer coisa (inclusive dos holofotes) baseado na ideia de isso ser uma espécie de prêmio de consolação.

Na realidade, *The Queen Is Dead* era mais complexo musicalmente do que os álbuns anteriores, e estava ficando cada vez mais difícil para Marr adaptar todas as suas várias partes ao vivo; como resultado de seu foco nos arranjos complexos, sua guitarra, muitas vezes, soava mais acanhada ao vivo do que o público poderia esperar. Marr, obviamente, era muito amado por sua classe, mas a ideia de poder contracenar com outro guitarrista e encorpar o som nos shows sem simplesmente apelar para o volume certamente tinha se mostrado atraente.

Mas a decisão não foi devidamente pensada. Como Gannon se encaixaria, por exemplo, no palco, onde os Smiths sempre tinham sido perfeitamente simétricos? E, na condição de quinto membro, como ele deveria ser pago? Marr e Morrissey reduziriam sua própria parte dos rendimentos para 35 por cento cada, proporcionando a Gannon os mesmos dez por cento dos demais membros? Proporiam eles que Rourke e Joyce recebessem uma parte ainda menor para acomodá-lo? Ou Gannon receberia um salário fixo, como membro da equipe? Ele precisaria de um contrato para confirmar isso? Tal contrato expressaria claramente que ele não tinha nenhum direito aos royalties de composição? Poucas semanas depois de seu primeiro ensaio, Gannon estava gravando um single de sucesso como integrante dos Smiths. Como os demais ritmistas da banda, ele não tinha uma ideia clara de como seria recompensado.

Ávidos por compensar o tempo perdido e dar a *The Queen Is Dead* a máxima atenção possível, a Rough Trade e seus licenciados entraram num ritmo intenso de divulgação. Para isso, Morrissey e Marr embarcaram, pela primeira vez, numa visita aos Estados Unidos, instalando-se em Los Angeles durante vários dias acompanhados da assessora de imprensa da Rough Trade, Pat Bellis, e do atual "empresário", Matthew Sztumpf. Devido ao renovado foco do grupo nos Estados Unidos, Sztumpf sugeriu que eles se reunissem com um parceiro de negócios dele, Ken Friedman.

Friedman era um californiano alto, confiante e tagarela de 25 anos que, como Scott Piering antes dele, tinha começado produzindo shows em São Francisco. Especificamente, ao cuidar do primeiro show do U2 na cidade, em 1981, ficara amigo do empresário da banda, Paul McGuinness, que encorajou Friedman a seguir um caminho semelhante. Na primavera de 1986, ele já era o muito bem-sucedido representante americano do Simple Minds, do UB40 e do Shriekback. Desses, o Simple Minds era, de longe, o mais popular nos Estados Unidos, tendo acabado de ser lançado na estratosfera comercial com um single no topo das paradas americanas, "Don't You (Forget About Me)", que serviria de tema de um filme de sucesso de John Hughes, *Clube dos cinco*. Os benefícios de uma ligação musical com Hollywood não eram nenhuma novidade, obviamente, mas o meio da década de 1980 representou um momento em que as duas indústrias do entretenimento vieram a reconhecer totalmente o potencial da promoção cruzada, especialmente quando ficou evidente que o roteirista/diretor/produtor de trinta e poucos anos, John Hughes, tinha, de alguma forma, descoberto o espírito da época da atual geração adolescente americana, ou pelo menos da parte dela que saía para ver filmes e comprava as respectivas trilhas sonoras.

Essa relação não era sempre bem-recebida pelos fãs de bandas — como os Smiths —, os quais sentiam que "sua" música, que já estava se difundindo mais rapidamente do que eles gostariam por causa da exposição na MTV e da crescente popularidade de rádios universitárias, estava sendo apropriada de forma infeliz pelo *mainstream* por meio dos filmes de sucesso de John Hughes. *Clube dos cinco* oferecia um bom exemplo: uma espécie de comédia, o filme contava a história de cinco alunos do ensino médio, muito diferentes entre si, que passam o dia na sala de detenção e, no fim, encontram pontos comuns entre si. O desenlace acontece quando o personagem da "doida varrida" (representado por Ally Sheedy) — uma garota antissocial, vestida de preto e com sapatos de beisebol, certamente a única dos cinco que parecia poder ser uma fã dos Smiths ou de bandas similares — sofre uma transformação proporcionada pelo personagem da "princesa" (Molly Ringwald), que a transforma numa garota bonita convencional que, por isso, torna-se objeto de desejo do "atleta" (Emilio Estevez). Há uma premissa claramente declarada de que apenas se conformando dessa forma aos valores aceitáveis do *mainstream* a suposta doida varrida poderia encontrar a suposta felicidade.

Na cola do sucesso avassalador de *Clube dos cinco*, Hughes — um dedicado fã de música — assegurou-se de que as trilhas sonoras de seus dois próximos filmes, *Mulher nota 1000* e *A garota de rosa-shocking*, estivessem bastante carregadas de New Wave — o que agradaria os adolescentes —, mas que fosse um pouco menos convencional. *A garota de rosa-shocking* (*Pretty in Pink*, no original) recebeu esse título por causa de uma música lançada havia cinco anos pelo Psychedelic Furs, grupo pós-punk britânico cujo modesto sucesso tinha parecido um objetivo digno para Mike Joyce quando ele se juntou aos Smiths. Molly Ringwald dessa vez assumiu o papel de uma garota pobre do ensino médio, Andie, que trabalha numa loja de discos descolada de Chicago, Trax. Seu melhor amigo é Duckie (Jon Cryer), o tipo de sujeito espirituoso, alternativo e fã dos Smiths cujo antigo desejo romântico por Andie nunca foi correspondido; ela prefere o mauricinho endinheirado Blane (Andrew McCarthy). A rejeição de Duckie é demonstrada numa cena em que ele se deita, melancólico, em seu quarto desarrumado, escutando "Please, Please, Please Let Me Get What I Want". (Esse não foi o único momento importante em que os Smiths aparecem em *A garota de rosa-shocking*; os Smiths têm sua própria seção nos displays de disco da Trax, com um pôster colorido deles de 1984 posicionado proeminentemente na porta do estoque.) Não há nenhum desenlace, nenhuma justiça para Duckie: é o sensível rapaz rico, Blane, que fica com Andie no baile de formatura.[6] Até que ponto qualquer um dos Smiths, especialmente o ávido cinéfilo Morrissey, seguiu essas nuances pode nunca ter sido perguntado a eles; foi provavelmente o suficiente, àquela altura, que Morrissey e Marr tivessem aterrissado em Los Angeles, na primavera de 1986, num momento em que tanto o filme *A garota de rosa-shocking* quanto sua trilha sonora estavam fazendo muito sucesso (o disco perto de alcançar vendas de mais de um milhão de cópias) e que os Smiths estivessem angariando novos fãs sem ter que fazer nada para isso. E eles não estavam sozinhos: a trilha sonora de *A garota de rosa-shocking*, na qual "Please, Please, Please Let Me Get What I Want" aparecia como a última música, também incluía o New Order e o Echo & the Bunnymen, assim como o Psychedelic Furs. O cenário estava se abrindo para eles.

Sztumpf contatou Friedman com a ideia de que talvez o americano pudesse representar os Smiths nos Estados Unidos enquanto ele se concentrava no lado europeu dos negócios. Friedman, com a indústria musical americana ao seu alcance, tinha todos os motivos para ficar intrigado com a possível adição, muito prestigiosa (e possivelmente comercial), para seu elenco. "Eu não era como um groupie", recordou ele de sua exposição aos Smiths naquela época. "Eu não conhecia todas as músicas. Conhecia o suficiente para saber que eles tinham potencial para ser gigantes. Eu sabia que os Smiths tinham aquela mesma fórmula que todos os grandes grupos de rock têm. Que Peter Buck e Michael Stipe tinham, e Mick e Keith. O vocalista poético e afeminado e o guitarrista que fuma, usa drogas e transa com modelos. Eu pensei: 'Esses sujeitos têm essa fórmula, mas os dois são tão exagerados.' Johnny acredita em tudo o que ele lê sobre os Stones, o The Who e Eric Clapton, então ele toma tantas drogas quanto imagina que esses sujeitos tomavam. E Morrissey é um mestre em manipular a imprensa: ele é gay, mas diz que é celibatário, leva isso mais longe do que Mick Jagger levou, ou Freddie Mercury. Então, eu sabia que aqueles caras seriam muito famosos — e, em LA, eles já eram muito famosos."

Friedman e Marr tinham personalidades semelhantes, e não foi nenhuma surpresa que eles tenham se dado bem logo de cara, o americano levando o inglês num tour pelos pontos de referência musicais da famosa cena de cantores e compositores da cidade, no Laurel Canyon. Marr, então, sugeriu que Friedman conhecesse Morrissey e, depois de serem apresentados e tomarem uma bebida no bar do hotel, os dois saíram em seu próprio tour cultural da cidade, dessa vez indo à famosa livraria Duck Soup e a várias residências de astros de Hollywood. Friedman também se entendeu bem com Morrissey: "O fato de eu não ser obcecado por ele ajudou. Assim que ele se abriu, quanto mais afetado ele ficava, mais queria saber sobre a velha Hollywood, especificamente sobre Gloria Swanson e Marilyn Monroe. Ele só queria saber das divas." No fim da visita, Friedman foi promovido empresário.

"Ken era um grande pensador e uma pessoa ambiciosa", disse Marr. "E viu que podíamos ser grandes nos Estados Unidos, sem dúvida nenhuma. Ele tinha tido algum sucesso e também era jovem, e era uma espécie de rebelde, e um sujeito muito encantador." Pouco tempo depois de voltar ao Reino Unido, Matthew Sztumpf foi dispensado. ("Eu não estava com eles havia tempo suficiente para receber royalties", contou ele a Johnny Rogan, "então apenas cobrei os meus serviços. Eu tinha cumprido minha finalidade, mas eles me pagaram e eu aproveitei enquanto aquilo durou.") Marr alegou que a demissão de Sztumpf não foi sua decisão. "Eu realmente gostava de Matthew. Eu me lembro de ter ficado realmente envergonhado, porque aquilo foi muito constrangedor. Deixamos um sujeito muito bem-educado descontente. Ele veio falar comigo e perguntou: 'Por quê?' E eu apenas lhe disse: 'Não sei dizer'. Eu não soube que ele seria contratado e não soube que ele seria demitido." Se Marr estava ficando cada vez mais frustrado com as caprichosas decisões de negócios de seu parceiro, ele ainda não estava disposto a confrontá-lo sobre elas — mas, em Ken Friedman, ele agora via o potencial de alguém que poderia assumir devidamente o difícil papel de empresário dos Smiths, e ele pretendia fazer com que essa relação desse resultados.

CAPÍTULO

TRINTA E TRÊS

Essa imagem de um típico fã dos Smiths ser um jovem engomadinho e semialeijado é um p-o-u-q-u-i-n-h-o exagerada... Não é verdade. Os shows dos Smiths são bastante violentos — pessoas quebram pernas e a coluna. Se a plateia fosse uma coleção de ameixas secas, essas coisas não aconteceriam.

— Morrissey, *i-D*, outubro de 1987

O tempo em que ficaram afastados dos holofotes acabou sendo a melhor coisa que poderia acontecer aos Smiths. Apesar de uma presença constante ser sempre o melhor para uma banda *nova*, uma pausa substancial indica a confiança de um grupo importante de que ele não é mais apenas tão bom quanto seu último sucesso, mas sim tão bom quanto sua reputação a longo prazo. E, apesar de toda a confusão a respeito de singles de sucesso e da falta deles, a reputação dos Smiths ainda estava praticamente intacta, como foi provado pela maneira enfática como eles foram a banda mais votada na pesquisa entre os leitores da *NME* em 1985. Cerca de 15 meses depois de aparecerem no *Oxford Road Show*, o retorno dos Smiths ao estúdio de um programa de TV ao vivo, no *Whistle Test*, da BBC, em 24 de maio de 1986, para divulgar seu primeiro lançamento de single em oito meses e, adicionalmente, revelar os Smiths como quinteto, serviu como a mais pura definição da expressão "aguardado ansiosamente".

De sua própria forma, a performance da banda de "Bigmouth Strikes Again" naquela noite (e, mais adiante no programa, de "Vicar in a Tutu") mostrou-se tão poderosa quanto a de "This Charming Man" no *Top of the Pops*, em 1983, quando um jovem Noel Gallagher tinha visto Johnny Marr e decidiu seu futuro por causa daquela experiência. Dessa vez, isso aconteceu com Andy Bell, que se juntaria a Gallagher no Oasis depois de muitos anos em sua própria banda, Ride, e com Bernard Butler, que seria um dos líderes do Suede, grupo muito influenciado pelos Smiths. Butler gravou a apresentação daquela noite e a assistia implacavelmente, estudando, particularmente, a técnica de Marr: "tantas pessoas espancam a guitarra, mas seu pulso está se movendo muito delicadamente", notou ele sobre a forma como Marr domava a guitarra Gibson Les Paul, tipicamente masculina, enquanto Gannon, espremido entre Rourke e Morrissey, dava corpo ao som na Rickenbacker de Marr. Todos os cinco integrantes, inclusive Mike Joyce, usavam o uniforme casual de roqueiro com jaquetas e jeans, embora Morrissey, com uma gravata presa em seu colarinho e o aparelho de audição reafixado ao seu ouvido esquerdo, estivesse mais parecido com um aluno uniformizado que tinha crescido demais — até começar a se mover, quando ele se mostrou o intérprete que seus fãs conheciam. Luzes caíam sobre o grupo, vindas de todas as direções, menos da frente. Em todos os sentidos, os Smiths tinham, mais do que nunca, a aparência e o som de uma grande banda de rock. E, dependendo da perspectiva, sua aparência e seu som também estavam melhores por isso.

A confiança na nova formação já havia sido alcançada numa sessão de gravação muito atrasada do começo daquele mês, para a qual John Porter voltara ao cargo de produtor. Essa decisão, na época, foi um choque e uma decepção para Stephen Street, que sabia ter acabado de fazer um álbum brilhante com a banda e podia apenas concluir que talvez ele fosse "um pouco mais a escolha de Morrissey do que a de Johnny para produzir discos". Marr tinha ficado satisfeito com o trabalho de Porter ao terminar "Frankly, Mr. Shankly" às pressas, e a dupla vinha trabalhando junta novamente, naquela primavera, no novo álbum de Billy Bragg, o trabalho extra mais sério de Marr até então, embora nada com que Morrissey parecesse se importar. (Quando Marr tocou sua elaborada versão de "Walk Away, Renée" no estúdio, Bragg implorou para gravá-la, e em vez de cantar um cover, escreveu um tratado naquela noite sobre uma paixão adolescente que finalmente acabava quando, como dizia a letra, "she cut her hair and I stopped loving her" [ela cortou o cabelo e parei de amá-la]. Era um verso que carregava todas as marcas de um clássico de Morrissey e seria lembrado como um dos melhores de Bragg.) Mas, declarada ou não, a decisão refletia melhor a compreensão de que, apesar de Street ser um engenheiro de som espetacular, que possibilitara aos Smiths sobressaírem por seus álbuns, Porter era um produtor fenomenal, que lhes dera cinco singles seguidos no top 30 britânico e suas músicas mais pedidas nos Estados Unidos. Isso não era pouca coisa, considerando-se que eles queriam se concentrar em seu hino mais enfático e potencialmente comercial até então.

A estrutura de acordes dessa música, "Panic", foi tirada diretamente de "Metal Guru", single do T. Rex tão amado por Marr e Morrissey ao ser lançado, em 1972, na época em que o próprio John Porter estava muito presente na cena glam como parte do Roxy Music. A letra como sempre, tinha surgido posteriormente. Foi influenciada especificamente pelos acontecimentos que cercaram o desastre de Chernobyl, em 26 de abril, quando um reator nuclear russo explodiu e pegou fogo, e, no estilo tipicamente secreto dos soviéticos, notícias da catástrofe haviam sido ocultadas até que uma nuvem radioativa fizera com que sinos de alarme soassem numa usina nuclear na Suécia, a 1.100 quilômetros de distância, dois dias depois. A lenda dos Smiths diz que, quando Morrissey e Marr ouviram o relato da Radio 1 sobre o desastre, na casa do guitarrista (provavelmente no dia 28 de abril), o DJ Steve Wright tocou, imediatamente em seguida, "I'm Your Man", do Wham!, uma escolha tão incongruente que Morrissey finalmente teve a motivação poética para um título de música sobre o qual ele vinha pensando havia meses. A história pode muito bem ser verdade, apesar de "I'm Your Man" já ter saído das paradas havia vários meses e de Morrissey não precisar de mais provocação para atacar Wright, cujo aclamado programa vespertino tratava *toda* a música popular como algo secundário ao seu formato irreverente. (Scott Piering tinha relatado, um ano antes, que tanto Wright quanto seu produtor "expressaram abertamente aversão aos Smiths".) O que realmente importava nessa história era que os fãs dos Smiths tinham uma história por trás de uma música que invocava a imagem de uma crise não especificada se desenrolando por meio de uma série de cidades britânicas: Londres, Birmingham, Leeds, Carlisle e, mais adiante, a série rítmica de "Dublin, Dundee, Humberside". Na verdade, apenas quando ele chegou à solução — "Burn down the disco, hang the blessed DJ" [Queimem a boate, enforquem o abençoado DJ] — foi que Morrissey pareceu esclarecer o problema: "the music they constantly play says nothing to me about my life" [a música que eles tocam não me diz nada sobre minha vida]. A partir dali, ficou óbvio que ele tinha encontrado seu gancho, com o qual ele ocupou o restante da música: "Hang the DJ" [Enforquem o DJ], repetido quase *ad infinitum*. Era "Margaret on the Guillotine" com metade das sílabas e o mesmo poder.

"Panic" tomou forma com grande facilidade no estúdio. Apesar de Porter se lembrar de que Gannon "diplomaticamente ficou fora do caminho", o adolescente todavia tocou alguns dos riffs-chave da gravação. Isso aconteceu também com o lado B, "The Draize Train" — a terceira (e, como acabaria sendo, última) música instrumental dos Smiths, para a qual Morrissey rejeitou escrever uma letra, porque "achei que era a coisa mais fraca que Johnny já tinha feito". John Porter sempre notara que seu principal conflito criativo com o vocalista dos Smiths dava-se por conta de suas opiniões acentuadamente díspares sobre a música negra americana, o rhythm & blues em particular, e se, consequentemente, ofendia Porter produzir uma música que conclamava a atear fogo à discoteca, ele (e Marr?) pode ter encontrado uma satisfação secreta em gravar um lado B adicional que pressagiava uma mudança no estado de espírito das pistas de dança do underground britânico. Na Haçienda, as noites de sexta-feira de Mike Pickering, "Nude", agora apresentavam uma variação americana da disco music, a "house music", a qual começara a se fazer presente com uma geração de filhos bastardos de Thatcher que sentiam que o rock não lhes dizia nada sobre *suas* vidas. "The Draize Train" foi acelerada para ter o mesmo andamento dessa nascente house — 120 batidas por minuto — e, ao lado de seus vários sons sintéticos de teclado, que pareciam ser mais do que mera coincidência, inicialmente incluía um pulso adicional, que poderia fazer da música uma concorrente genuína na pista de dança da Haçienda. Curiosamente, esse efeito acabou sendo substituído por um som inteiramente diferente, que estava igualmente próximo do coração de seu compositor e muito mais disseminado no *mainstream* daquela época, o som de Marr "esmerilhando" na guitarra — o mais próximo que Marr tinha chegado até então de preencher os espaços sem vocal numa composição dos Smiths com solos.

O PRIMEIRO ENCONTRO entre Morrissey e David Munns, da EMI, ocorreu "numa tarde de domingo, para um chá num pequeno hotel muito afastado no interior de algum lugar em Oxfordshire", recordou Munns. A dupla tinha conversado brevemente no telefone algumas vezes, até aquele momento, e negociações suficientes haviam sido feitas com Alexis Grower a fim de que Munns soubesse que a EMI estava na liderança para a contratação do grupo. Morrissey e Marr ficaram impressionados tanto com a oferta financeira da EMI (algumas centenas de milhares de libras por álbum, embora, para uma grande gravadora, "aquela não fosse uma quantia exorbitante", disse Munns) quanto com seu grau de comprometimento, que era de quatro álbuns. Era, inclusive, um a mais do que a Rough Trade determinara em seu contrato, e representava enorme grau de confiança por parte da EMI na viabilidade comercial dos Smiths a longo prazo: "Ninguém nunca tinha contratado uma banda por quatro álbuns garantidos antes", disse Munns. Aquilo também levantava o mesmo problema que a banda tinha com sua gravadora atual — eles estariam presos a um contrato de longa duração mesmo que a relação azedasse. Ninguém pareceu questionar esse aspecto.

Certamente, existiam algumas preocupações de negócios. Embora Geoff Travis tivesse calculado que a divisão 50-50 dos lucros (75-25 fora do país) fosse equivalente a "cerca de 21 a 22 por cento dos royalties", quase o dobro dos 12 por cento que eram padrão e acima até das grandes estrelas, Munns acreditava que tal divisão representava uma quantia significativamente abaixo dessa estimativa e achou que oferecer aos Smiths uma taxa de royalties convencional, mas consistentemente alta, se mostraria algo mais benéfico à banda em termos de estabilidade. Ele também podia garantir que os Smiths nunca teriam que passar pelos problemas de fluxo de caixa da Rough Trade. "A EMI é uma empresa pública", ele disse a Morrissey. "Você pode fazer uma auditoria das nossas contas. Quaisquer que sejam os argumentos que você venha a ouvir sobre nós, não há nenhuma dúvida de que a EMI não tenha dinheiro para pagar seus royalties."

Havia também preocupações estéticas e, para essas, Munns trouxe o representante de A&R Nick Gatfield, que tinha recentemente largado seu emprego como saxofonista no Dexys Midnight Runners, em grande parte por frustração com a natureza temperamental de seu líder, Kevin Rowland. Como músico, Gatfield podia se comunicar com Morrissey e Marr de uma forma que Munns não era capaz, embora Gatfield tenha reconhecido imediatamente, a partir de sua própria experiência, a natureza delicada dos vários relacionamentos. Os Smiths "eram, obviamente, a banda mais importante do país na época", disse. "Eles eram os queridinhos da cena indie; a ideia de mudar para uma grande gravadora não era algo que eu consideraria uma venda fácil, embora eu ache que eles reconheceram na hora que suas oportunidades de carreira tinham chegado ao seu limite na Rough Trade e que eles precisavam estar numa plataforma maior. Aquela era a lógica, e fomos muito cuidadosos sobre como tocávamos naquele assunto, porque, principalmente para Morrissey, aquilo não era apenas uma questão de dinheiro, não era apenas uma questão de apoio no mundo todo. Ele queria ter seu espaço e acho que ele tinha esse luxo na Rough Trade. Johnny, por outro lado, era um animal mais comercial, um sujeito muito mais acessível. Você podia levá-lo ao pub e tomar uma bebida com ele, dar algumas risadas. Podia ser muito mais direto em relação a aonde podíamos ir, o que podíamos fazer com o projeto." Gatfield interpretava a sociabilidade de Marr como "maiores aspirações de estrelato do que Morrissey tinha".

"Para ser justo", disse Marr anos mais tarde, "você se empolga com a perspectiva de que 'Ok, agora nós podemos fazer parte da mesma gravadora dos Beatles'. Fomos seduzidos e muito daquilo foi apenas um impulso irresistível de mudar. Não foi pensado, não foi pessoal, não foi sinistro, foi quase como uma novidade. Certamente não foi pelo dinheiro". Para Morrissey, no entanto, e apesar da crença de Gatfield, era tudo basicamente uma questão de dinheiro. "Temos que nos mudar para a EMI por motivos financeiros", insistiu ele apenas alguns meses depois. "Não é que queiramos *mais*, mas simplesmente queremos *alguma coisa*. Fizemos muitos discos que venderam muito bem e nunca vimos nenhum dinheiro deles. E nunca *nem ao menos* ganhamos um centavo com turnês que sempre foram muito bem-sucedidas." Esse argumento de pobreza parecia um pouco contraditório com as múltiplas residências de Morrissey e o ar geral de riqueza que cercava os Smiths como um empreendimento comercial próspero.[1] De qualquer forma, "a maior parte de nosso foco estava em seduzir Morrissey", disse Gatfield, "que era o mais difícil de ser convencido de que a mudança era correta".

Aquela sedução tinha agora surtido efeito, e a conversa chegara, literalmente, à escolha do selo. Munns encomendou da fábrica de prensagem rótulos verdadeiros de cada selo da empresa e os enviou ao vocalista. "E dois dias depois tive notícias: 'Quero fazer parte da HMV.'" Dava quase para prever a escolha: mais do que meramente o nome de uma importante loja de discos na Oxford Street, aquele era o selo de "His Master's Voice", como tinha originalmente se tornado conhecido por usar a imagem de Nipper, um cachorro escutando um gramofone do século XIX. Quando foi renovado pela primeira vez como um selo, em

1955, a HMV utilizou (e dessa forma autenticou) a palavra "POP" como o prefixo de seu número de catálogo; um ano depois, a HMV lançou o primeiro single britânico de Elvis Presley. Morrissey se lembrava da HMV como a casa de Paul Jones, Johnny Leyton e, literalmente, "centenas" de outros discos dos anos 1960. O único problema foi que a HMV era agora um selo de música clássica. "Uma grande briga seguiu-se, porque o povo da música clássica ficou louco", disse Munns. "Eu falei: 'Quem se importa? Azar o deles. Não vamos atrapalhar isso porque o pessoal da divisão de música clássica acha que Morrissey não é intelectual o suficiente para estar no selo da HMV. No fim, eles teriam que desistir.' De uma forma ou de outra, consegui conversar com Morrissey e lhe disse: 'Tudo bem, você pode ser parte da HMV. Vamos fazer um contrato.' E fizemos."

"Bigmouth Strikes Again" não foi exatamente o sucesso que todos esperavam. A difusão no rádio, como sempre, foi um problema. O grupo se recusou a fazer um vídeo e eles não foram convidados a aparecer no *Top of the Pops*. Para ser justo com os fãs, tinha sido divulgado que o lado A apareceria no álbum seguinte e os lados B não estavam entre os melhores dos Smiths; nessas circunstâncias, seu status de top 30 foi uma espécie de conforto. Muito mais importante foi a reação a *The Queen Is Dead* em seu lançamento, no mês de junho, e, nesse sentido, o disco não desapontou. O tamanho e o posicionamento das resenhas, não apenas nos jornais musicais, mas também nos jornais diários e nas revistas mensais, representaram a coroação dos Smiths como o mais importante grupo de rock da Grã-Bretanha. Entre os entusiastas estava Nick Kent, jornalista de rock cujo estilo decadente Stones-Dolls na cena musical pré-punk transformara-o numa das primeiras celebridades da imprensa musical e que tinha ganhado a aprovação de Morrissey e Marr como resultado, mas contrariara a banda quando expôs mais do que eles gostariam numa matéria de capa para a *The Face* no ano anterior.[2] Claramente não guardando rancor, Kent quase se derreteu em superlativos enquanto resenhava o álbum para a *Melody Maker*: "Esse grupo é a única esperança de evocar uma reestruturação radical do que o pop poderia — não, deveria — estar se tornando... A rainha está morta, a Inglaterra, em ruínas, mas aqui, na essência dessa música extraordinária, algo precioso e intrinsecamente honrado desabrocha."

Ele estava certo. O álbum de estreia, *The Smiths*, tinha apresentado várias ótimas canções, não necessariamente tocadas ou produzidas com todo o potencial da banda e sem um formato natural ou uma substância. *Meat Is Murder* tinha corrigido esses erros e sido bem-sucedido em sua missão de declarar a independência política e musical da banda, mas com um defeito: a falta de singles de sucesso para acompanhá-lo acabaria afetando sua reputação a longo prazo. Em comparação, *The Queen Is Dead* parecia perfeito, um passo à frente em todos os aspectos, sem nenhuma perda de credibilidade decorrente. Oferecia todos os estados de espírito musicais disponíveis, todos os tons de luz e todas as texturas. Ele era, adicionalmente, realçado por sua apresentação visual: a foto da capa de um Alain Delon prostrado do filme francês de 1964, *Terei o direito de matar?*, embora não fosse instantaneamente reconhecível para o público dos Smiths, sutilmente resumia as imagens poéticas de várias canções, e a particular combinação de duas cores, um verde-acinzentado para a fotografia sobreposto por um voluptuoso cor-de-rosa para o título, dava um tom apropriado. (A imagem de Delon também remontava à de outro ator francês, Jean Morais, em "This Charming Man" e, dessa forma, à glória original dos Smiths.) A simplicidade da contracapa — títulos das músicas em letra cor-de-rosa sobre verde — era quase majestosa. E o uso de uma capa dupla, a primeira para um álbum de estúdio dos Smiths, servia como aval da importância do grupo, de seu status como uma grande banda.

De um dos lados do interior aberto da capa dupla estavam impressas, como sempre acontecia nos álbuns dos Smiths, as letras das músicas; do outro lado, estava uma fotografia da banda. Fora tirada no último mês de dezembro — exatamente uma semana antes do recebimento do mandado para que o álbum terminado fosse entregue (e antes de Gannon se juntar) — por Stephen Wright, fã dos Smiths e profissional iniciante, que tinha enviado fotografias da banda ao vivo para a Rough Trade e fora recompensado com esse trabalho surpresa. As locações para a sessão de fotos incluíam a Victoria Station, em Manchester, e o Arndale Centre, mas a foto pela qual ela seria lembrada foi feita, por sugestão de Morrissey, do lado de fora do Salford Lads Club. Oitenta anos depois de ser estabelecido, o clube parecia uma espécie de anacronismo de uma Grã-Bretanha do passado — e essa foi parcialmente a razão para Morrissey tê-lo sugerido, obviamente — e tinha passado por tempos difíceis; haveria aqueles que veriam as fotografias prontas, em que o grupo posava contra portões de ferro e paredes de tijolos cobertas de pixações, e concluiriam que o Lads Club tinha sido fechado. A chuva fina típica na tarde da sessão de fotos se somou à atmosfera de depressão nortista, forçando Johnny Marr, que parecia abatido pelo trabalho pesado, a se encolher dentro de suas roupas numa tentativa de se manter aquecido. Mike Joyce, por sua vez, com um cigarro aceso junto à sua cintura, olhava para a câmera de Wright com uma intensidade casual, enquanto Rourke praticava seu próprio hábito artístico, muito amado pelos fotógrafos do rock, de olhar disfarçadamente para longe da lente. Eles formavam uma banda bonita, mas era Morrissey quem parecia mais bonito naquele dia, e mais confortável com a situação, vestindo um cardigã caro da grife elegante Body Map e carregando uma expressão impenetravelmente enigmática que Wright, mais tarde, comparou à da Mona Lisa. Embora os Smiths não fossem eles mesmos rapazes de Salford, a foto, no entanto, parecia resumir tudo que Morrissey, em particular, queria dizer sobre sua banda numa única imagem — especialmente porque ele foi capaz de contar com o bônus da placa do bairro que indicava a Coronation Street próxima à placa do Salford Lads Club. Em anos seguintes, depois de o clube inicialmente ter negado qualquer ligação com a fotografia, por conta dos sentimentos antimonarquistas do álbum, ele acolheu o fluxo constante de fãs dos Smiths como um aliado em potencial, criando por fim um "salão dos Smiths" — santuário onde fãs eram convidados a pregar suas próprias recriações da famosa fotografia e a deixar bilhetes escritos como homenagem. Entre eles estaria o cartão-postal de Morrissey para o fotógrafo: "Um conjunto de fotos mais doces nunca foi tirado."[3]

O Lads Club não foi a única organização a atacar os Smiths por *The Queen Is Dead*. Os tabloides morderam a isca e, mais uma vez, acusaram os Smiths de serem "doentes" por causa de sua escolha de título e de sua principal faixa. Numa Grã-Bretanha tão dividida quanto a de 1986, isso serviu apenas como um incentivo maior para os fãs dos Smiths — e outros esquerdistas que correram instintivamente para o lado da banda. Ironicamente, por causa de seu título, a reação ao álbum e seu sucesso — ele chegou ao segundo lugar das paradas britânicas e permaneceu na lista por mais tempo do que *Meat Is Murder* — proclamariam o que seria chamada, inclusive pelos próprios Smiths, sua fase "imperial".

Isso foi evidenciado com o lançamento do single "Panic", revelado ao público no dia 5 de julho numa extravagância especial do *Eurotube*, para a qual os Smiths novamente ousaram se apresentar ao vivo no estúdio e, dessa vez, em frente a uma plateia. Todos eles estavam, de novo, usando paletós formais, as roupas de Morrissey consideravelmente mais elegantes agora do que as blusas femininas e os jeans rasgados de antigamente; Marr e Rourke usavam óculos escuros e o baixista revelava um novo visual oxigenado. Eles abriram com "There Is a Light That Never Goes Out", um claro reconhecimento de sua popularidade como faixa do disco e de sua credibilidade no formato ao vivo, e retornaram mais tarde no programa para anunciar a campanha para "enforcar o DJ" com o acréscimo de um ator mirim profissional fantasiado de estudante, de calça curta e blazer, usando um aparelho auditivo e acompanhando Morrissey no refrão.[4] O ator foi uma espécie de distração, mas não foi a única. O próprio grupo era frequentemente bloqueado da lente da câmera por jovens rapazes dançando as músicas dos Smiths nos ombros uns dos outros. E ali estava a nova dicotomia do grupo: com o imperialismo, vem um exército.

Seria simplista, quase mentiroso, sugerir que o público dos Smiths mudou da noite para o dia em 1986. Apesar do fato de se supor que o núcleo principal do público da banda era formado por estudantes, gente solitária e depressiva, pessoas sexualmente confusas e socialmente inadequadas, a presença de Johnny Marr como gênio da guitarra (mesmo que um gênio decididamente pós-moderno) e a visão sólida e impassível dos ritmistas com os "mortais" Mike Joyce e Andy Rourke — e, até certo ponto, a personalidade de Morrissey como alguém muito antenado ao ponto principal da vida da classe trabalhadora — garantiam que o grupo sempre tivesse seguidores que ficariam conhecidos, ao contrário dos "cavalheiros", *lads*, do clube de Salford, como "baderneiros". Um desses fãs, Stuart Deabill, via-se, na época em que encontrou os Smiths, como "um típico torcedor adolescente do Chelsea, rodando o país seguindo o time... e se metendo em confusões", violência que fazia parte da rotina de muitos jovens torcedores de times de futebol viajantes. Com idade suficiente para ter gostado do The Jam, mas jovem demais para tê-los visto ao vivo, Deabill foi inicialmente atraído pelos Smiths ao ver a Rickenbacker de Marr, mas, então, o primeiro álbum saiu e "percebi que eu tinha mais em comum com Morrissey do que imaginava, com as letras sobre amores perdidos (ou nunca encontrados), e cavei mais fundo, lendo todas as entrevistas antigas e descobrindo um estado de espírito, algo bastante exótico, mas totalmente original". À medida que Deabill enunciava sua paixão pelos Smiths, e por Morrissey em particular, "as viagens de trem com meus companheiros de torcida eram repletas de [comentários como]: 'Você ainda está naquela punheta com aquela bicha do norte?'" Confiante em sua própria sexualidade, Deabill não se importava com as zombarias: "eu costumava me fortalecer com isso, pois aquilo me destacava da multidão!" Assim, Deabill se juntou a alguns amigos que pensavam da mesma forma e seguiu os Smiths pelo Reino Unido, estando presente na turnê irlandesa de 1986 e nas datas escocesas em 1985, onde eles temiam que seus sotaques de Londres e as rivalidades futebolísticas pudessem lhes causar problemas, mas foram, em vez disso, acolhidos como fãs dos Smiths por torcedores de futebol igualmente fanáticos de Edimburgo e Glasgow. (Eles também foram acolhidos pelo grupo, cuja atitude calorosa para com os fãs recompensava e ao mesmo tempo reforçava sua lealdade.)

Phil Gatenby, fã ardoroso do Manchester City, que também viajava pelo país para seguir seu time durante os anos 1980, viu-se atraído por todos os aspectos da banda. Musicalmente e visualmente, foi a versão de "This Charming Man" no *The Tube* que o conquistou, especialmente o verso "I would go out tonight, but I haven't got a stitch to wear" [eu sairia hoje à noite, mas não tenho nada para vestir]. (Gatenby mais tarde começou um fanzine sobre futebol, *This Charming Fan*, e, ainda mais tarde, compilou guias turísticos sobre a "Manchester de Morrissey" e começou as Manchester Music Tours.) Ele ouviu "Reel Around the Fountain" pela primeira vez em seu aniversário de 21 anos, no meio de um romance com uma mulher na casa dos 30; para ele, o verso "it's time the tale were told, of how you took a child and you made him old" [é hora de contar a história, de como você pegou um menino e o tornou velho] não tinha nada a ver com pedofilia. Quando ele voltou a Manchester, depois de passar sua infância em Coventry, principalmente por causa de sua paixão futebolística, "eu literalmente só conhecia duas pessoas... Era o caso de ir a uma boate e ficar sozinho, e voltar para casa sozinho". Isso, combinado com o fato de que seu irmão mais velho fizera-o se interessar pelos dramas realistas do fim dos anos 1950 e começo dos 1960, foi como se os Smiths tivessem sido feitos sob medida para Gatenby. "Não me tornei um fã e disse: 'Tenho que ser desse jeito.' Eu era daquele jeito, e os Smiths apareceram, e cantavam para as pessoas que eram do mesmo jeito que eu." Como Deabill, Gatenby teve que suportar certo grau de escárnio nos estádios por causa de seu fanatismo. "Se você usasse uma camiseta dos Smiths num jogo de futebol, ou alguém falava 'Bela camiseta, cara' ou 'Sua bicha — onde estão suas flores?'" E, como Deabill, ele suportou o abuso com orgulho.

Esse estranhamento, mesmo entre rapazes que podiam se garantir numa briga, estava prestes a mudar. Nos três anos desde que os Smiths tinham se formado, o futebol inglês havia chegado a seu ponto mais baixo, a violência territorial que vinha crescendo nas arquibancadas durante os últimos 15 anos se combinando ao estado decadente dos estádios, que tinham entre 50 e 100 anos de idade, para trazer resultados fatais. Em maio de 1985, num jogo importante na cidade têxtil de Bradford, em Yorkshire, uma velha arquibancada de madeira (com grandes quantidades de combustível tendo se acumulado embaixo dela ao longo dos anos) pegou fogo; 56 pessoas morreram. Apenas semanas mais tarde, baderneiros viajantes do Liverpool, na final da Copa dos Campeões da Europa, disputada na Bélgica, atacaram torcedores rivais e neutros nas arquibancadas, e, entre os que estavam tentando fugir do ataque, 39 morreram esmagados quando um muro caiu por causa da pressão. Clubes ingleses foram banidos da Europa indefinidamente, com o Liverpool sofrendo um banimento adicional de três anos. Thatcher declarou sua própria guerra contra a cultura *hooligan*, exigindo cartões de identificação nacionais e encorajando os estádios de futebol a levantar cercas impenetráveis ao redor das áreas de jogo.

No que foi o momento mais sombrio do esporte britânico, a Copa do Mundo de 1986 oferecia um leve raio de esperança. Sediada no México no mês de junho, muito longe para que a maioria dos baderneiros pudesse viajar e causar tumultos, eles viram a seleção inglesa alcançar as quartas de final pela primeira vez desde 1970, perdendo para os futuros campeões, a seleção argentina. A Escócia também se classificou para a Copa do Mundo naquele ano e, como resultado, a vida normal na Grã-Bretanha basicamente parou de existir durante aquele mês, enquanto as pessoas se juntavam em volta de seus televisores para assistir a transmissões ao vivo vindas do outro lado do mundo em diversos horários estranhos, do dia e da noite. Apesar de poucas bandas se atreverem a excursionar durante uma Copa do Mundo, o que incluía os Smiths, *The Queen Is Dead* foi lançado bem no meio da competição e, com seu sutil tema do (decadente) império britânico, serviu como uma trilha sonora não oficial. A referência a um Mr. Shankly (como o técnico escocês do clube mais proeminente e descreditado da Inglaterra) era apenas uma de muitas razões coincidentes para essa associação — embora, quando os tabloides relatavam os sentimentos antimonarquistas da banda, aquilo tenha se somado aos preconceitos dos nacionalistas de extrema-direita que haviam mantido uma presença significativa (e tipicamente recrutavam seguidores) nas arquibancadas durante o declínio do esporte. A confluência dessas circunstâncias e, então, a revelação do épico single "Panic", garantiam que os Smiths significavam agora algo muito diferente para a maioria dos jovens rapazes torcedores de clubes de futebol do que na época em que os Deabills e os Gatenbys de seu mundo tinham sido ridicularizados por seu amor pela banda. Repentinamente, e independente de se eles os entendiam completamente, os Smiths se tornaram a banda que essas pessoas queriam ver.

Os Smiths perceberam essa mudança no público durante alguns shows britânicos realizados em meados de julho. Depois de uma noite de abertura tipicamente conflituosa no Barrowlands, em Glasgow, o segundo show, em Newcastle, viu o grupo ser encarado com rara hostilidade por uma minoria; admitiu-se, embora sempre fosse difícil provar, que aqueles eram leitores do *Sun* presentes na plateia para expressar sua lealdade à rainha. Segundo vários relatos, Morrissey foi importunado, atacado com copos de cerveja e de urina e, além disso, recebeu cusparadas durante todo o show. Ele suportou o máximo que foi capaz, apenas saindo do palco irritado no último bis de "Hand in Glove", quando o escarro o atingiu no olho. Os Smiths tinham desfrutado de uma longa e proveitosa relação com a cidade de Newcastle; além de suas apresentações como banda principal, eles haviam visitado os estúdios do *The Tube* três vezes e acabado de roubar a cena no show na prefeitura durante a turnê do Red Wedge. Parecia, nesse caso, que seu público não apenas estava mudando, mas que ele tinha sido infiltrado, criando uma pressão com que os Smiths nunca haviam tido que lidar antes.

Duas noites depois, a atenção se voltou a um tipo completamente diferente de rivalidade, quando os Smiths tocaram no Festival of the Tenth Summer, em Manchester, em homenagem aos shows dos Sex Pistols no Free Trade Hall, uma década antes. O "festival" de uma semana de duração, criação de Tony Wilson, trazia dez eventos "para celebrar Manchester", desde uma exposição de arte (que apresentava obras de Peter Saville, naturalmente) a um desfile de moda (feito na Haçienda, obviamente); uma exposição de fotografias (de Kevin Cummins) e um livro (compilado por Richard Boon, com Cath Carroll e Liz Naylor). Todas essas coisas ajudaram a confirmar o status cultural melhorado desde que a cidade tinha sido renegada como um terreno baldio pós-industrial moribundo — e também confirmava que nada explicitava a posição nacional de Manchester tanto quanto sua música. Shows numa variedade de casas incluíam as bandas James, Easterhouse, The Jazz Defektors, The Durutti Column, o novo grupo de Andrew Berry, The Weeds e os novos contratados da Factory, The Happy Mondays, um turbulento grupo de baderneiros hedonistas da parte norte da cidade, cujo primeiro single para o selo, "Freak Dancin'", sugeria que a intenção do grupo de Johnny Marr e Andy Rourke, Freak Party, tinha permanecido viva em outro canto da cena musical da cidade.

O festival culminou no dia 19 de julho, com um show gigantesco no G-Mex Centre: a recente reforma da antiga estação ferroviária central de Manchester, que tinha ficado abandonada desde 1969, era, por si só, importante para a virada gradual da cidade. Os Smiths foram a banda principal, ao lado do New Order e do The Fall, de Pete Shelley e de John Cooper Clarke, do A Certain Ratio e do The Worst, e de Wayne Fontana and the Mindbenders (o único artista na escalação que tinha chegado ao topo das paradas americanas). Sandie Shaw e o Orchestral Manoeuvres in the Dark, por suas conexões com os Smiths e a Factory respectivamente, apresentaram-se como cidadãos honorários de Manchester. Foi o resultado de praticamente tudo que os Smiths tinham planejado alcançar e muito do que Morrissey nem poderia ter ousado sonhar quando compareceu àqueles dois famosos shows dos Sex Pistols uma década antes, ou quando ele era considerado um deslocado numa cena cheia de deslocados, quando Tony Wilson não respondia a suas cartas e Rob Gretton achava que sua banda era "uma merda". Aquela banda, The Smiths, era agora o maior barulho em Manchester, e Manchester, por sua vez, estava fazendo o barulho mais alto da Inglaterra, e isso deveria ter tornado aquela uma noite para desfrutar. Mas, apesar de eles terem se apresentado de forma admirável num enorme hangar construído com a intenção de abrigar exposições, não shows de música, Morrissey permanecia desconfortável em relação ao conceito. "Eu realmente não tinha nenhuma sensação de unidade ou de celebração", disse Morrissey. "Certamente, não nos bastidores... Ninguém me abraçou e me disse: 'Isso não é maravilhoso?'"

Não foi por falta de tentativa. Ruth Polsky tinha viajado para ver várias de suas aquisições americanas no mesmo local e no mesmo dia, e, segundo o próprio vocalista admitiu, abordou Morrissey em busca de um abraço. Como ele mais tarde escreveu para sua amiga íntima e antiga funcionária de Polsky, Amanda Malone, ele recusou. O não encontro seria a última vez que ele a veria. (Polsky foi morta, em setembro daquele ano, por um táxi desgovernado do lado de fora de uma boate de Manhattan, em que ela estava produzindo um show.)[5] A relação entre os dois tinha sido estragada pela tentativa agressiva de Polsky de garantir o cargo de empresária dos Smiths e, até onde Morrissey sabia, ela era muito promíscua para deixá-lo confortável. Mas a relutância de Morrissey em perdoar traços da personalidade de seus apoiadores significava que ele estava constantemente afastando aqueles que, como Polsky, tinham sido extremamente generosos com os Smiths: Cath Carroll lembrou de Morrissey lhe virar as costas no show do Red Wedge, ainda se ressentindo de um incidente relativo a uma resenha negativa (não publicada) de Liz Naylor quase três anos antes, embora apenas meses depois da mais recente crítica positiva sobre os Smiths, escrita pela própria Carroll na *NME*. Da mesma forma, Morrissey escreveu para Tony Wilson, depois do evento no G-Mex, declarando que "os Smiths precisam de um empresário" e lhe perguntando se ele conhecia "algum desgraçado bonito disposto a se engalfinhar com suínos insolentes e inempresariáveis [*sic*] como nós?". Se ele estava pedindo pessoalmente que Wilson se oferecesse para o cargo, o fundador da Factory e da Haçienda preferiu não levar aquilo adiante.[6]

Para contrabalançar a escala proibitiva (assim como o preço do ingresso) do evento do G-Mex, os Smiths fizeram seu próprio show na Universidade de Salford, na noite seguinte. Não faltavam filhos pródigos de Salford: Mark E. Smith, Tony Wilson, John Cooper Clarke, Bernard Summer e Peter Hook eram apenas algumas das celebridades do show do G-Mex saídas de lá; no entanto, Salford recebia poucos shows por falta de locais viáveis e de uma preocupação não declarada concernente à reputação da metrópole rival, que, pelo que parecia, foi confirmada para os Smiths por uma plateia formada por jovens rapazes desordeiros que aproveitaram ao máximo a rara ocasião, tirando suas camisas, subindo nos ombros uns dos outros e se jogando no salão mal-equipado da universidade, sem nenhuma preocupação. "A atmosfera era tal que, se alguém tivesse acendido um isqueiro, o local teria explodido", disse Phil Gatenby. "Havia uma parte de você preocupada em levar um chute na cabeça daqueles *hooligans*, mas, ao mesmo tempo, eles estavam cantando e reconhecendo canções muito afeminadas."

Notavelmente, no fim de quase todas as músicas dos Smiths, o público entoava o mesmo canto de identificação territorial de sua cidade: "Sal-ford, Sal-ford." Era, em parte, uma provocação aos fãs da vizinha Manchester, e podia ter conexão com a apropriação visual do Lads Club parte do grupo da cidade. E aquilo criava um clima volátil. "Num jogo de futebol, cada um fica em seu curral, então, embora exista tensão, você sabe que aquilo não vai se desdobrar do lado de dentro", disse Gatenby. "Mas aquilo era tensão num show. Estávamos todos ali pelo mesmo motivo, mas havia aquele elemento de Salford à espera de que alguém gritasse 'Eccles' ou 'Gorton', e então a confusão toda começaria."

No fim, coube a Morrissey responder: logo antes de "The Queen Is Dead", ele teve a presença de espírito de gritar por seu próprio bairro: "Stret-ford, Stret-ford." Se qualquer outra pessoa tivesse feito algo assim naquela noite, o gesto teria levado a uma briga; vindo da estrela do show, aquilo diminuiu a tensão de forma satisfatória. Tendo arrancado sua camiseta com o lema "Hang the DJ" (que trazia a imagem do DJ Steve Wright), Morrissey terminou o show sem camisa, pulando pelo palco de forma tão furiosa quanto qualquer um dos adolescentes que, então, subiram no palco aos montes e foram impedidos de atropelar o vocalista menos pela formação de seguranças ajoelhados de forma nervosa diante deles do que por seu próprio aparente respeito. A noite terminou com Johnny Marr sobre o palco da bateria num frenesi final de "Hand in Glove" e Craig Gannon indo tocar em frente a ele, quase enterrado pelos fãs, mas amando "o clima": o Aztec Camera, os Bluebells e o Colourfield nunca tinham visto nada como aquilo. Phil Gatenby, tendo sido separado de seus amigos, acabou "dançando com um sujeito, sem camisa e musculoso, e no verso 'I'll probably never see you again' [eu provavelmente nunca o verei novamente], nós nos abraçamos!"

Para Gatenby, que sempre tinha convivido com esse tipo de baderneiros, o show de Salford foi possivelmente o melhor que os Smiths fizeram — e havia aqueles na banda que achavam o mesmo. Os rapazes e garotas frágeis que tinham acreditado na sensibilidade dos Smiths se viram, pelo impulso do quinteto com nova energia e por seus seguidores cada vez mais agressivos, sendo forçados, mais uma vez, a ficar no fundo do salão.

CAPÍTULO

TRINTA E QUATRO

Gosto de usar óculos escuros, toco guitarra num grupo bacana e sou magrelo, com cabelo escuro. Isso me parece perfeito!

— Johnny Marr, *Record Mirror*, junho de 1986

Os Smiths estavam recuperando o tempo perdido. Em junho de 1986, antes de *The Queen Is Dead* ser lançado, e muito antes de "Panic", o grupo *mais uma vez* voltou ao estúdio, novamente com John Porter. Sua nova música de trabalho, "Ask", mantinha a simplicidade de "Panic", desde seu título até sua descomplicada estrutura musical, mas, diferentemente, oferecia um contraponto imediato à abordagem acelerada e volumosa da música já gravada, e a mudança de clima se mostraria muito gratificante. Cantando num tom um pouco mais alto do que o costumeiro, Morrissey começava "Ask" com um reconhecimento de timidez e modéstia, mais tarde se referindo a uma juventude de correspondências gasta "writing frightening verse to a buck-toot girl in Luxembourg" [escrevendo poesia assustadora para uma garota com dentes separados em Luxemburgo], um exemplo clássico de seu estilo confessional combinado ao seu humor exagerado, tudo isso enquanto cantava sobre um assunto com que seu público podia se identificar. Kirsty MacColl voltou a contribuir com backing vocals. Em "Bigmouth Strikes Again" o grupo tinha substituído sua voz no último minuto por um vocal de Morrissey agudo e harmonizado digitalmente, o que rendeu àquela música um som particularmente original. Dessa vez, especialmente devido à feminilidade de "Ask", o acompanhamento suave de MacColl se encaixou perfeitamente. Atrás dos dois vocalistas, as guitarras gêmeas de Marr e Gannon mantinham um caloroso acompanhamento semiacústico. Profundamente comercial, sem parecer se promover como tal, "Ask" era claramente um single.

Com "Panic" e "Ask", os Smiths dariam um passo na direção de resolver o impasse com seus vídeos. Mayo Thompson, da Rough Trade, deduzindo que "a única forma de conseguirmos fazer isso é com alguém que eles não possam rejeitar por causa de sua reputação", abordou Derek Jarman, o polêmico diretor britânico de *Magnicídio*, *The Tempest* e de *Caravaggio*, o qual logo seria lançado, com a ideia de fazer não um vídeo, mas um "filme". Isso era mais do que mera semântica: em vez de filmar o grupo tocando ou se divertindo, Jarman teria liberdade para fornecer um acompanhamento ininterrupto para "The Queen Is Dead", "There Is a Light That Never Goes Out" e "Panic".[1] (Ele depois fez um filme adicional para "Ask".) Aquela não era uma ideia especialmente original, como bem sabia Thompson: o próprio Jarman tinha feito exatamente a mesma coisa para três músicas do aclamado álbum de 1979 de Marianne Faithful, *Broken English*, antes da era do vídeo. Ainda assim, o estilo de cortes rápidos de Jarman, variando entre o literal (tomadas granuladas em vários locais urbanos, com belos meninos, meninas, mulheres e homens individualmente como símbolos visuais), e o impressionista (palhaços coloridos, rosas, guitarras), emprestava uma dose cavalar de credibilidade visual à banda, apesar do fato de aquilo ser "grande arte" ou não continuar sendo o assunto de debate. Depois de ser exibido no Festival de Edimburgo, em agosto, o filme de 14 minutos de Jarman teve sua estreia na televisão, no programa da BBC 2 *Rock Around the Clock*, em setembro, e depois foi exibido em cinemas junto do filme biográfico de Alex Cox, *Sid & Nancy*.

Como parte de seu grande estoque de novas canções, os Smiths tinham gravado a agitada "Sweet and Tender Hooligan" durante as sessões de "Panic", e quando estavam no Jam Studios para gravar "Ask", eles acrescentaram uma faixa de andamento moderado quase rockabilly intitulada "Is It Really So Strange?", que Morrissey e Marr tinham composto em conjunto durante sua recente viagem a Los Angeles. Nenhuma das músicas tinha sido concluída de forma satisfatória para a banda; o lado B de "Ask" trazia, em seu lugar, e pela primeira vez, um cover. Essa foi uma sugestão de Morrissey e é compreensível: tendo recentemente lançado dois lados B instrumentais, para os quais ele não havia se sentido suficientemente inspirado a escrever uma letra, ele deve ter decidido que, se não receberia royalties, era melhor cantar logo uma música de outra pessoa. Ele escolheu, o que não era surpreendente, uma canção de sua infância: "Golden Lights", de Twinkle. O arranjo era basicamente um produto de sua época, 1965, mas o assunto — fama, fama, fama fatal — dizia muito a Morrissey sobre sua situação, especialmente pelo fato de Twinkle ser talvez a única estrela pop mulher daquela época a compor suas próprias músicas. Marr e Gannon tocaram violões e bandolins num estilo bossa-nova e Kirsty MacColl novamente acompanhou Morrissey nos vocais. Rourke e Joyce não foram incluídos. Porter tocou baixo e, mais uma vez, programou o ritmo da bateria eletrônica, algo que ele também tinha feito com os dois mais recentes lados B instrumentais de Marr, muito embora aquilo fosse conflitante com as sensibilidades familiares dos Smiths.

Apesar das dúvidas de Morrissey, havia quem achasse que uma daquelas instrumentais, "Money Changes Everything", implorava por um vocal. O defensor mais marcante era Bryan Ferry, que estava no meio da gravação de um novo álbum quando a faixa cruzou seu caminho (muito possivelmente enviada a ele pela Warner Bros Music com a ideia em mente) e que rapidamente pediu e recebeu permissão para escrever uma letra para a música. Se Morrissey temia que a primeira faixa dos Smiths a não ter seu nome como um dos compositores podia agora aparecer com o nome de um ídolo dos anos 1970 em seu lugar, ele teve mais motivos para se preocupar quando os integrantes do grupo de Ferry concluíram, depois de muitas tentativas e erros, que não eram capazes de reproduzir a obra de Marr e convidaram o guitarrista para ele mesmo regravá-la.

Marr já criara uma modesta reputação como músico convidado, disponível e disposto. Mas suas aparições anteriores no estúdio tinham todas sido para amigos (Everything but the Girl, Quando Quango, Billy Bragg), que eram reconhecidamente parte de uma cena alternativa/independente. Bryan Ferry, por outro lado, especialmente em 1986, representava música pop comercial da espécie mais sofisticada e elegante. Além disso, Marr tinha acabado de falar mal de Ferry na entrevista de capa que dera para a *Melody Maker*, pela apresentação do músico no Live Aid, reclamando que Ferry "usou o evento em proveito próprio". Apesar disso, Marr aceitou o convite.

A colaboração resultante, renomeada "The Right Stuff", tornava realidade os piores temores dos fãs dos Smiths, aparecendo como uma caricatura ou um arquétipo (dependendo do gosto) do pop-rock lustroso de meados dos anos 1980. O fato de ela ter sido (finalmente) lançada logo após a separação dos Smiths, com um vídeo apropriadamente extravagante e vazio (em que Marr aparecia, junto de várias modelos que dançavam), faria pouco para melhorar a credibilidade do guitarrista com os fãs desapontados dos Smiths naquele momento. Na primavera de 1986, no entanto, a colaboração pareceu mais importante para outro relacionamento que Marr desenvolveu no estúdio. Como Johnny Marr, o baixista de Ferry, Guy Pratt, era um jovem músico extremamente pródigo, enciclopédico em seu conhecimento sobre cultura pop, com uma personalidade expansiva muito espirituosa, estilosa e dada a muitos excessos em nome do hedonismo do rock. Nascido no sul de Londres e criado à base de The Who, Pratt tinha se libertado do beco sem saída do revival mod para tocar com artistas como Womack & Womack, Icehouse e Robert Palmer (bem como com Ferry), desenvolvendo o corte de cabelo e o estilo — e, na verdade, a maneira de tocar baixo — para acompanhá-los. "Eu amava aquela coisa techno pop brilhante e queria muito ser um músico vibrante e bom", disse ele. Em resumo, ele não tinha conhecido os Smiths, o que significava que testemunhar Marr trabalhando no estúdio — "aquele incrível músico de rock orquestral" — foi nada menos do que uma revelação. "Ele não estava preso a tradições e não gostava de caixas com luzes chamativas. Ele sabia como tirar o som exato do tremolo de um velho Fender Twin. E isso definitivamente não era o que estava rolando naquela época. Ele era o cara. De certa forma, ele me deixava envergonhado, por eu ter perdido tato em algumas coisas." Os dois se tornaram melhores amigos instantâneos, ajudados pelo fato de a namorada de Pratt, Caroline Stirling, entender-se igualmente bem com Angie, que tinha a mesma idade dela. Os Marr tinham recentemente se mudado de novo para Londres, em parte porque a casa de Bowdon se tornara muito popular, com todos os tipos de visitantes vagabundos e aproveitadores, mas também porque Marr, como Morrissey, estava se sentindo claustrofóbico em Manchester e, seria justo dizer, buscava algumas das oportunidades disponíveis para alguém com sua reputação profissional. Os Marr foram convidados por Kirsty MacColl a usar seu apartamento perto da Holland Park Road (Marr passou a chamá-la de sua "senhoria elétrica") e, junto com Pratt e sua namorada, eles logo acrescentaram MacColl e seu marido, Steve Lillywhite, a uma rede que também incluía Ron Wood, dos Rolling Stones, o qual Marr visitava para tocar guitarra, realizando mais um sonho de infância.

Enquanto isso, com a turnê americana se aproximando rapidamente, parecia cada vez mais provável que a recente prisão de Andy Rourke por posse de drogas viesse a impedi-lo de receber um visto de trabalho. Os Smiths se viram novamente diante da perspectiva de contratar um baixista substituto e, novamente, Marr não perdeu tempo procurando; ele ofereceu a seu novo amigo Guy Pratt o trabalho temporário. Pratt se recorda do convite como uma demonstração da capacidade que Marr tinha de proferir frases memoráveis: "Guy, o que você acha de ir aos Estados Unidos para tocar punk rock até cair?" Pratt compareceu aos ensaios para a turnê, numa casa de fazenda perto do aeroporto de Gatwick — para descobrir que seria instruído por ninguém menos do que o próprio Andy Rourke. "Se não posso tocar as linhas de baixo", concluiu o Smith temporariamente exilado, "quero que a pessoa que as toque faça tudo certo."

"Estávamos todos rindo daquilo naquela noite; a loucura continuou até o amanhecer", disse Marr. "Andy não poderia ter sentido nenhuma ameaça a longo prazo, ou ele teria ficado muito triste para fazer aquilo. E ninguém teria sido insensível a ponto de obrigá-lo a fazê-lo."

"Eu me sentia fantástico", Pratt recordou sobre sua nova tarefa. "Eu era muito convencido. Acabei não me sentindo nem um pouco intimidado." Ele era astuto, no entanto, para notar que "a dinâmica da banda era Johnny e Andy. Percebi que, enquanto aqueles dois estivessem bem, todo o resto estaria bem". Dessa forma, ele não tinha nenhuma ilusão de que seria contratado por nada mais longo do que a turnê americana — ao contrário de Craig Gannon, o quinto Smith. Faltava a Pratt a sensibilidade nortista pé no chão de um novato e um corte de cabelo que combinasse (Andrew Berry foi a Sussex para cortar o cabelo de Pratt no estilo dos Smiths), mas ele tinha algo que Gannon não possuía: a personalidade confiante que o impedia de se sentir diminuído num grupo tão coeso.[2] Essa confiança era ocasionalmente exagerada, como quando ele espancou a porta de Morrissey com um entusiasmo regado a cocaína certo dia, bem cedo, na casa da fazenda, confundindo seu quarto com o de Marr — e sua incapacidade de se conectar ao vocalista era, em parte, o motivo pelo qual ele suspeitava o tempo todo de que a chance de se juntar aos Smiths, mesmo que para apenas uma turnê, era "muito boa para ser verdade". Depois do último dia de ensaio, Andy Rourke ouviu, para sua surpresa, que seu visto tinha sido aprovado. Ele iria aos Estados Unidos, no fim das contas.[3] Melhor assim: a adição de Craig Gannon representava uma mudança suficientemente grande na formação expressiva do grupo sem que as plateias fossem sujeitadas a um baixista contratado (mesmo um do calibre de Pratt) no lugar do verdadeiro.

Pratt recebeu a notícia de Mark Fenwick, o empresário de Bryan Ferry, que, depois da aparição de Marr no álbum de seu cliente, ofereceu seu nome para o mesmo cargo com os Smiths. Fenwick era de uma linhagem particularmente nobre (sua família era dona e operava a loja de departamentos de mesmo nome) e, embora ele tenha se reunido com o grupo e tenha recebido algumas tarefas de pré-produção para a turnê americana como teste para um compromisso maior, Morrissey e Marr reconheceram que sua visão do mundo e a de sua empresa, EG Management, era muito distante da sensibilidade dos Smiths. Como Matthew Sztumpf antes dele e Ken Friedman, que esperava nos bastidores do outro lado do Atlântico, ele não foi convidado para as negociações com a EMI, que estavam sendo finalizadas por Alexis Grower. No meio de todo o caos de preparações para a turnê, a preocupação com a disponibilidade de Andy Rourke e os testes com Guy Pratt, a aclimatação de Craig Gannon, os importantes shows de aquecimento no Reino Unido e a irritação que aquilo causou, o contrato foi enviado a Morrissey e Marr logo antes da turnê, e foi "assinado e enviado de volta do aeroporto", disse Marr. Os Smiths saíram da Inglaterra como uma banda da Rough Trade licenciada para a Sire nos Estados Unidos. Chegaram à América com o conhecimento de que seu futuro estava com a EMI. Ou pelo menos era o que eles achavam.

Na semana anterior à chegada da banda aos Estados Unidos, *The Queen Is Dead* disparou vinte posições nas paradas do país e se tornou o primeiro álbum dos Smiths no top 100. Esse feito se mostrou ainda mais impressionante pelo fato de, apesar de "The Boy With the Thorn in his Side" ter sido uma espécie de sucesso das pistas de dança, a Sire não ter lançado outro single oficial antes de *The Queen Is Dead*. (Parecia inútil sem um vídeo.) Eles divulgaram o álbum à moda antiga, investindo nos pontos fortes evidentes do grupo: sua reputação no palco, sua credibilidade com a imprensa e sua popularidade em rádios universitárias. ("Bigmouth Strikes Again", "The Queen Is Dead", "There Is a Light That Never Goes Out" e, então, "Panic", que o selo lançou como um single de 12 polegadas com três faixas no fim da turnê, todas apareceram em listas de músicas mais tocadas de diversas estações no final de 1986.} Enquanto isso, "Please, Please, Please Let Me Get What I Want" parecia estar ganhando vida própria, graças à sua inclusão não apenas na bem-sucedida trilha sonora de *A garota de rosa-shocking*, mas ainda em outro filme de sucesso de John Hughes, a comédia *Curtindo a vida adoidado*, dessa vez como uma instrumental tocada pela banda britânica The Dream Academy.[4] Graças ao apoio de Hughes, os "atletas" — o correspondente aproximado americano dos torcedores de times de futebol na Inglaterra — começaram a aparecer nos shows dos Smiths aos montes.

Os Smiths continuavam a expressar sua insatisfação, nos Estados Unidos, com a falta de difusão nas rádios comerciais, a ausência de singles de sucesso e uma posição na parada de álbuns que eles viam como incompatível com suas vendas de ingressos; era a acusação familiar das bandas estrangeiras que não entendiam que, nos Estados Unidos, era possível ser uma banda cult numa escala percebida como estrelato. O fato de os Smiths estarem realmente seguindo a clássica trajetória americana ascendente pode ser verificado ao comparar seu progresso ao dos dois maiores grupos de rock de sua geração, que permaneceriam juntos e alcançariam um estrelato global. Quando o U2, que tocava nos Estados Unidos com frequência, tinha divulgado seu terceiro álbum, *War*, em 1983, sua turnê terminou no Pier 84, em Nova York; quando os heróis alternativos/independentes americanos, R.E.M., que igualmente excursionavam pelos Estados Unidos quase sem parar, tinham lançado seu terceiro álbum, *Fables of the Reconstruction*, em 1985, eles passaram pelo Radio City Music Hall, em Nova York, com sua capacidade para 6 mil pessoas. Os Smiths, em 1986, igualmente divulgando seu terceiro álbum de estúdio, mas apenas na sua segunda turnê americana, foram capazes de agendar *as duas* casas de Nova York — e esgotar os ingressos em ambas. (Eles, inclusive, foram agraciados com a visão de Mick Jagger dançando na lateral do palco no Pier 84.) Nos arredores de Boston, eles tocaram no anfiteatro (ou "barracão", como as grandes arenas abertas com área gramada adicional eram conhecidas nos Estados Unidos) Great Woods, com capacidade para 15 mil pessoas. Sua visibilidade era igualmente alta na costa oeste: a turnê de 1986 incluiu dois shows esgotados no Los Angeles Universal Amphitheater, com 6 mil lugares, e viu uma volta aos espaços abertos previamente conquistados em San Diego e Irvine Meadows. Continuava a não ser nenhuma coincidência que esses fossem os mesmos mercados servidos pelas principais estações de rádio de "nova música"; de forma geral, os Smiths venderam consideravelmente menos ingressos em seus empreendimentos iniciais no norte, cruzando a fronteira para chegar a Ottawa, London e Montreal, no Canadá; no sul, em Miami, Nova Orleans e Houston; e na área central dos Estados Unidos, como Phoenix, Dallas e até Nashville.

Levando tudo em consideração, a turnê deveria durar sete semanas e envolveria tocar para bem mais de 100 mil pessoas — de longe, a turnê mais longa, mais prestigiosa e, dependendo dos números finais, a mais lucrativa ou dispendiosa em que o grupo já havia embarcado. Dessa forma, ela precisava transcorrer como uma máquina bem-lubrificada — e para isso, os Smiths precisavam tanto de um empresário experiente no escritório quanto de um organizador de turnê igualmente experiente na estrada. Eles não tinham nenhuma das duas coisas. A primeira, obviamente, era por escolha própria — embora evidentemente não fosse uma escolha inteligente. A segunda era um resultado direto de Stuart James abandonar o barco depois da turnê irlandesa. Ele não se desentendeu com o grupo; na verdade, James mais tarde moraria com os Marr em Bowdon. Mas ele não considerava que organização de turnês fosse sua vocação natural, e por causa da constante pressão optou por voltar ao estúdio de gravação. Sua substituta para a turnê americana foi Sophie Ridley, que tinha galgado posições na produção de turnês, mas nunca tinha trabalhado com os Smiths antes dos shows de aquecimento no Reino Unido.

O relacionamento começou com o pé esquerdo nos ensaios de produção, em London, Ontário, onde nem o equipamento correto nem o pagamento da equipe apareceram. Em vez de levarem seus problemas a Ridley, a cadeia de comando adequada, ou talvez porque ela não tivesse sido capaz de solucionar suas reclamações, a equipe procurou Johnny Marr, que, de sua parte, parecia igualmente incapaz de abandonar ou delegar tais responsabilidades. Depois de um impasse acalorado — a equipe tinha crescido de tamanho e incluía vários funcionários recém-contratados —, Marr teve que ligar para a Warner Bros para dizer: "Não vamos tocar uma nota enquanto esses sujeitos não receberem... seus pagamentos de forma adiantada e enquanto os equipamentos não estiverem corretos." Embora a gravadora tivesse que depositar algum dinheiro de apoio na produção da turnê numa conta dedicada (o qual seria ressarcido no fim da turnê, se ela desse lucro), ela não tinha obrigação de lidar com detalhes de produção ou com o pagamento da equipe. O fato de a conversa ser tão rapidamente distorcida àquele ponto refletia a crença de Marr de que "a organizadora de turnê que tínhamos era muito fraca", embora ele também tenha observado que "não sei se alguém seria capaz de lidar com aquilo".

Andy Rourke foi mais solidário com o dilema de Ridley. "Ela foi colocada naquela posição infeliz para administrar uma banda impossível de se administrar", disse ele, observando que Ridley tinha a função adicional de lhe fornecer seus remédios controlados. "Ela era como minha enfermeira, minha babá — tinha muito com que se preocupar, e fez o que pôde." Na Warner Bros, Steven Baker estava positivamente entusiasmado: "Sophie era a melhor", disse ele. "Tinha uma energia incrível. Sophie era como a empresária para mim."

Se era um grande desafio Ridley tentar domar uma banda notoriamente do contra e sem nenhuma autoridade maior do que seus dois integrantes principais, a função praticamente impossível de Craig Gannon era tentar se encaixar, tanto profissionalmente quanto pessoalmente, no grupo. As festas da turnê começaram em Ontário, de uma forma um tanto ameaçadora, quando os ritmistas dos Smiths decidiram que Gannon deveria celebrar seu aniversário de 20 anos virando uma dose de conhaque para cada um daqueles anos. "Nós quase o matamos", disse Rourke. "Fui ao quarto dele no dia seguinte e ele estava todo imundo. Tinha vomitado por todo lado." O primeiro show norte-americano de Gannon com a banda aconteceu naquela mesma noite e, no estilo do rock na grande escala americana, a turnê continuou como tinha começado. "A bebedeira ficou realmente caótica com todos, menos Morrissey", admitiu Gannon. Ou, como o próprio Mike Joyce habilmente falou: "Tirando Morrissey, nós estávamos certamente virando noite atrás de noite."

Apesar dos excessos, Gannon executou admiravelmente seu papel no palco, sendo capaz de tocar uma infinidade de linhas de guitarra muito complicadas, num grande número de guitarras diferentes, e de permitir que Johnny Marr tivesse espaço físico e musical para se expandir. Marr notou que, "quando era chegada a hora, ele fazia exatamente o que tinha que fazer". Andy Rourke considerou a nomeação um sucesso em todas as frentes: "Não acho que outra pessoa poderia ter conseguido fazer o que ele fez", disse Andy sobre o novo integrante, observando que "Craig era um sujeito calmo e dócil, mas também enormemente talentoso. E tinha um visual bacana, que ele fazia parecer espontâneo. Ele acordava todo dia com um topete perfeito".

"Era realmente confortável", confirmou Gannon. "Eu não me sentia como uma peça sobressalente ou que não merecia estar ali. Eu me sentia parte da banda, não me sentia deslocado. Sendo jovem e tolo, você pensa: 'Isso pode ser permanente.' Bem, *deveria* ser permanente."

De qualquer forma, aqueles que estavam ao redor do grupo, embora elogiassem sua forma de tocar, viam Gannon causar uma notável mudança na dinâmica dos Smiths, que era, até então, bem firme. Mike Hinc, que conhecia Gannon desde que ele tocara com o Aztec Camera, disse que "ser o quinto integrante daquela banda teria sido um pesadelo para qualquer um, e Craig era apenas... Ele era ingênuo. Um rapaz adorável, mas ingênuo".

"Deve ter sido uma posição incrivelmente difícil para ele", disse John Featherstone. Tendo ajudado a produzir uma réplica de 12 metros da capa de *The Queen Is Dead* para servir de pano de fundo para os shows da turnê, Featherstone ainda estava lutando com o posicionamento de Gannon no palco. "Ele apenas ficava sobre alguns degraus que levavam ao palco da bateria. E acho que isso se devia, em grande parte, ao estilo reservado de Craig. Ele ficava ali parado, quase como se tivesse sido esquecido pela banda de abertura — como alguém disse, de forma nada generosa."

"Craig Gannon foi uma ideia brilhante da parte de Johnny Marr, e acho que ele realmente funcionou", disse Grant Showbiz. "Em essência, Craig Gannon é o mais sutil dos guitarristas. Sua função era apenas tocar o que Johnny tinha tocado no disco, e ele fazia isso muito, muito bem. Musicalmente, ele não pisava no calo de ninguém." Por outro lado, "ele estava num jogo perdido desde o início ao tentar se juntar à gangue num estágio tão avançado. E por ser o tipo de sujeito retraído e tímido, ele não conseguia entrar no nosso barco. Ele provavelmente bebia um pouco demais para compensar aquilo. Mas, no palco, era exatamente o que eles precisavam que ele fosse, porque ele *não* chamava atenção. Quem chamava era o Johnny."

Isso era verdade. Apesar de ser algo que ele contestava como a reação automática de antigos fãs à adição de um segundo guitarrista, é difícil negar que Marr desenvolveu uma personalidade de rock star em 1986. Certamente, pode-se argumentar que, se era aquilo o que ele queria para si, então, como o jovem guitarrista mais talentoso de sua geração, ele tinha todo o direito de pendurar sua Gibson Les Paul e fazer algumas poses familiares de gênio da guitarra no palco, subir no palco da bateria se desejasse, começar a tocar com integrantes dos Rolling Stones em seu tempo livre, aparecer em discos de Bryan Ferry, usar ternos Yohji Yamamoto, ficar bêbado com coquetéis de champanhe e Rémy Martin, e chapado de maconha e, se ele desejasse, cocaína — especialmente porque essa última, na turnê americana, era quase impossível de evitar. ("Eles a serviam junto da bandeja de frios, basicamente", comentou Andy Rourke de forma irônica. "Você tem seu queijo, suas azeitonas e sua montanha de cocaína.") A droga sempre foi tentadora para bandas em turnê e suas equipes, porque ela permite que eles mantenham sua onda após o show, fiquem acordados a noite toda e continuem a beber e conversar, que se sintam bem consigo mesmos e com seu lugar no mundo. Mas como a cocaína é essencialmente uma droga do ego, ela é a inimiga confessa da sutileza musical. (Numa entrevista com Simon Goddard para um especial da revista *Uncut* sobre *The Queen Is Dead*, Marr ofereceu uma visão retrospectiva sobre o vício em drogas: "Muito se falou sobre essa coisa de badalação ao longo dos anos. Sim, nas turnês, com certeza. Quantidades absurdas. Mas, no estúdio, eu estava realmente sob controle. Cocaína sempre foi um desastre para a música das pessoas, e álcool também não é uma escolha muito inteligente. Mas fumar maconha até sair pelos meus ouvidos foi algo com que nunca tive problema. Maconha, haxixe, essas coisas eram realmente boas para o som, e acho que dá para ouvir isso. Mas não é como se eu ficasse esparramado sobre a mesa de mixagem. Esse não era o caso.") E nos Estados Unidos, em 1986, com Craig Gannon a bordo para preencher o papel da guitarra base, não há dúvidas de que Johnny Marr perdeu muito de sua sensibilidade para tocar ao vivo.

As mudanças eram mínimas a princípio, mas assim que a turnê chegou à Califórnia, elas se tornaram mais pronunciadas. Em "Please, Please, Please Let Me Get What I Want", por exemplo, a parte final do bandolim, tocada com um melancólico floreio flamenco no disco, era tocada como notas agudas nada sutis na guitarra. Em "How Soon Is Now?", enquanto Gannon tocava a base com tremolo, os barulhinhos que Marr fazia na guitarra, enterrados na mixagem do disco, tornavam-se uma constante central. Em "The Boy With the Thorn in His Side", em que Marr tinha anteriormente tocado apenas as mudanças de acordes numa guitarra semiacústica ao vivo, ele agora tocava a melodia principal como um solo agudo que encobria tanto as estrofes quanto os refrãos. A parte de slide guitar de "Panic" ficava mais perceptível do que no disco. E assim por diante. As plateias americanas, acostumadas a guitarristas virtuosos, curtiam tudo aquilo, sem saber que estavam agindo como incentivadoras.

Pode ser declarado como fato que todas as bandas de rock com aspirações de grandeza devem aprender a satisfazer as exigências de plateias maiores, o que pode significar empregar músicos adicionais (como os Smiths tinham feito com Craig Gannon), projeções de vídeo (como eles poderiam ter feito com os filmes de Derek Jarman) e/ou efeitos especiais (que os Smiths, sabiamente, decidiram evitar).[5] Também podia simplesmente significar aumentar o volume, estufar o peito e se mover sobre o palco de forma mais enfática, o que os Smiths faziam de forma natural. A longa turnê americana os tornou mais polidos, mais profissionais, mais atléticos e épicos, e tudo isso era, possivelmente, necessário, portanto positivo, até certo ponto. O resto da banda estava tocando, em grande parte, no máximo de seu potencial, e um grande número de canções, com variados climas musicais ("The Queen Is Dead", "Heaven Knows I'm Miserable Now", "There Is A Light That Never Goes Out", "I Know It's Over"), não estavam mais tão agressivas e ainda assim soavam muito melhores por causa do guitarrista adicional. Johnny Marr se recordou de "semanas de shows matadores". Grant Showbiz chamou os shows de "incendiários". Craig Gannon observou que "era apenas o caos nos Estados Unidos", especialmente comparando à sua experiência anterior excursionando nas mesmas casas de show com o Aztec Camera. "Não sei o que era: se Morrissey os levava ao frenesi ou se era simplesmente o carisma emanando do palco, ou a energia emanando do palco." E, certamente, as plateias não se apressaram para se esquecer deles. Ainda assim, esses eram Smiths drasticamente diferentes daqueles que tinham revelado sua encarnação como quinteto com impressionante graça no *Whistle Test* apenas dois meses antes e que eram, em grande parte, irreconhecíveis em relação ao quarteto que tinha sacudido a Escócia no outono passado. Sugestões de que os Smiths estavam se transformando nos Rolling Stones não eram tão preguiçosas quanto a banda mais tarde alegou. A formação, afinal de contas, casava agora com a do clássico quinteto dos Stones — e o estilo de vida hedonista parecia não ficar muito para trás.

Isso tudo se tornou evidente quando o grupo montou acampamento no Le Parc Hotel, em Los Angeles, por dez dias, os primeiros cinco deles sem nenhum show para fazer. "Estávamos sempre bem quando estávamos trabalhando", disse Andy Rourke. "Mas quando tínhamos tempo livre, as coisas ficavam confusas." Enquanto Morrissey usou o tempo para visitar parentes no Colorado, os outros convidaram esposas e namoradas para se juntarem a eles. Como presente de 21 anos para a namorada de Guy Pratt, Caroline Stirling, e uma espécie de compensação por Pratt não se juntar à banda depois de tudo, Johnny Marr mandou passagens para o casal se juntar às festividades. John Porter também foi passar uma semana; Mike Hinc programou uma visita a sua namorada americana para coincidir com a pausa na turnê. A banda britânica Eighth Wonder estava hospedada no mesmo hotel, e vários Smiths foram distraídos pela visão da vocalista Patsy Kensit, famosa no Reino Unido como atriz mirim e modelo antes de sua carreira no pop adolescente, pegando sol sem a parte de cima de sua roupa de banho Guy Pratt apresentou seu amigo Steve Dagger, o descolado empresário e do Eighth Wonder, do Spandau Ballet, a Johnny Marr como um candidato a mais para a posição vaga que cercava os Smiths; Ken Friedman, apesar de morar em Los Angeles, estava em turnê com o Simple Minds na época, e teve que confiar que sua posição com Morrissey e Marr poderia sobreviver à ausência.

John Porter tinha todas as razões para se sentir totalmente satisfeito com sua própria posição (renovada) entre os Smiths. "Panic" tinha acabado de se tornar o primeiro single da banda no top 20 em dois anos, quase chegando ao top 10. (Com a banda indisponível para se apresentar no *Top of the Pops*, o filme de Derek Jarman foi usado em sua ausência, algo que os deixou muito satisfeitos.) Porter agora estava empolgado para terminar "Ask", que ele considerava outro clássico a caminho, apesar de ter uma mixagem final difícil à sua espera. "Havia cinco dessas guitarras dedilhando, tocando durante toda a música", recordou Porter. "E, no meio, tudo aquilo desapareceria numa espécie de onda — e você podia ouvir gaivotas. Era muito complicada, mas eu tinha tudo anotado. Eu tinha um mapa de onde as coisas estariam e do que aconteceria." Enquanto isso, ele tinha "feito às pressas" uma mixagem inicial para a banda ouvir em suas viagens. Em Los Angeles, como recordou, Morrissey lhe disse que não tinha gostado da mixagem. "Eu falei: 'Bem, eu ainda não a mixei.' E isso mostra quanta comunicação havia entre todos! E ele disse: 'Oh, bem, eu pedi a Steve Lillywhite para mixá-la.' Eu disse: 'Ah... quer dizer... Ele não pode mixar... Essa é nossa grande criação.'"

Estava igualmente evidente, sobre o processo de comunicação dos Smiths, Steve Lillywhite se recordou, que a abordagem "veio de Johnny, não de Moz... Eu nunca tinha encontrado com Moz", enquanto Marr insistiu que a ideia, "definitivamente, não partiu de mim". (Geoff Travis assumiu a responsabilidade: "Tenho certeza de que fomos nós [que] envolvemos Steve Lillywhite.") Independente disso, Porter tinha a expectativa de que a mixagem necessitaria de diversas mãos numa mesa automatizada, e ficou desapontado ao saber que Lillywhite iria mixar a música em seu estúdio caseiro, em Ealing, usando Marc Wallis, o antigo assistente de Porter que o havia ajudado a tornar "How Soon Is Now?" tal obra de arte. Wallis recordou: "Não tínhamos automação no estúdio de Steve, então fizemos em partes, tudo na mão, uma mixagem à moda antiga. Foi apenas um dia de trabalho. Não foi nada demais." Lillywhite confirmou o fato: "Levando em consideração como os Smiths eram grandes e a oportunidade que eu poderia ter tido, eu deveria ter agendado um estúdio de verdade e feito da maneira adequada. Mas fiz em meu próprio estúdio caseiro, manualmente. E, na verdade, acabou ficando muito bom."

E realmente ficou. Apesar de famoso, na época, por produzir o rock de arena do U2 e do Simple Minds, Lillywhite tinha surgido nos pelotões do pós-punk com artistas como Siouxsie & the Banshees, XTC e The Chameleons, e sua mixagem de "Ask" era perfeitamente contida. Ainda assim, ele disse: "Eu me lembro de Johnny dizendo que tinha amado a mixagem, mas que a parte do meio, com as gaivotas, não estava como ele tinha imaginado. Mas eu não sabia qual era sua ideia para aquilo." E essa era exatamente a crítica de John Porter. Porter ficou igualmente perturbado ao saber que "Golden Lights" tinha sido entregue a Stephen Street, o qual, inexplicavelmente, havia passado a voz de Morrissey por um efeito de flanger e enterrado os violões bossa-nova, tornando a canção tão atípica quanto qualquer uma das instrumentais igualmente acompanhadas pela bateria eletrônica e, segundo consenso geral, o único verdadeiro desastre em todo o repertório da banda. Os Smiths nunca antes tinham se omitido da mixagem final de um single e nunca mais cometeriam o mesmo erro.

Porter não era o único inglês descontente em Los Angeles. Geoff Travis ouvira boatos sobre o contrato com a EMI e, em vez de continuar a conversar por meio de advogados, decidiu confrontar o grupo pessoalmente. Ele teve sua chance na passagem de som em Irvine Meadows. Steven Baker, da Warner Bros, estava com ele nos bastidores, onde ele se recorda de "a banda passar, de a pergunta ser feita e de alguém se virar e dizer que sim". Travis pode ter aceitado essa afirmação casual naturalmente; depois de uma batalha tão prolongada com a banda por sua lealdade, parecia normal que, como tudo parecia estar progredindo perfeitamente, o grupo assinasse com a EMI independente de qualquer coisa. Steven Baker, no entanto, um homem de temperamento ameno, expressou seus sentimentos ao socar a parede do camarim por causa de sua frustração — um ato que pegou Johnny Marr de surpresa e lhe deu motivos para se perguntar se os executivos americanos da EMI se mostrariam tão passionais em relação à banda.

Os Smiths, disse Baker sobre sua reação, "certamente têm o direto a seus sentimentos em relação ao que a Sire/Warner Brothers/Rough Trade estavam fazendo por eles e ao que eles deviam fazer em seguida para sobreviver como grupo. Se o acordo está de pé, eles podem fazer o que quiserem. E se eles não acharam que merecíamos assinar novamente com eles, é problema deles. Mas ainda posso ter meus sentimentos em relação a um grupo. E isso vai além do fato de eles serem capazes de vender discos ou não. É simplesmente o prazer de trabalhar com uma banda e a banda então dizer: 'Queremos o divórcio.' Eu em geral aceito as coisas naturalmente, mas aquilo realmente me irritou".

Seymour Stein, quando recebeu a notícia, ficou furioso — até descobrir que, quando os Smiths tinham renegociado seu contrato com a Rough Trade, reduzindo a duração em um álbum, o selo não fez o mesmo com a Sire, o que seria um possível benefício para a empresa americana. "No processo de fechar esse acordo, descobri que havia um álbum adicional devido à Sire", confirmou David Munns, da EMI. "Então, a ideia era que assinaríamos um contrato de quatro álbuns, mas o primeiro não incluiria a América do Norte, e eles o dariam a Seymour. Mas eu disse: 'Não, vocês me dão o disco e eu o licencio para Seymour.' Eles concordaram, mas não contaram a Seymour. Então, quando tudo isso veio à tona, Seymour estava muito irritado. Ele gritava no telefone comigo, mas azar o dele. Ele não queria ter seu último álbum por meio da EMI. Eu apenas o mandei à merda." Foi provavelmente mera coincidência, mas *The Queen Is Dead* chegou ao seu auge nos Estados Unidos, com o número 70, na mesma semana em que a gravadora americana descobriu que a banda tinha abandonado o barco.

A maior parte disso estava além do alcance dos Smiths enquanto eles estavam na Califórnia. O que gerava uma preocupação mais imediata era o colapso da confiança e da comunicação entre a banda e Sophie Ridley. Mike Hinc acabou seguindo com o grupo para tentar melhorar a situação nas datas restantes — que eram muitas. O fato de Johnny Marr e Hinc não se entenderem tornou a tarefa do agente ainda mais difícil.

Compreensivelmente, por causa de tanto caos e confusão, Craig Gannon se fechou ainda mais em sua concha. Sua namorada, o primeiro relacionamento verdadeiramente sério de sua vida, fora juntar-se a ele em Los Angeles, e o casal decidiu ir à praia sozinho. Assim que a turnê retomou suas viagens, cruzando o sudoeste e então o extremo sul, Gannon se viu distante de Marr, que começara a perder a paciência com o novo recruta. Marr confirmou que ele e Craig "tiveram alguns desentendimentos", mas aquilo tinha sido porque "ele danificou um quarto de hotel. Não era um delito digno de demissão, mas aquilo me deixou irritado".

Com medo de viajar de avião mesmo nas melhores condições, Gannon cada vez mais optava por viajar durante a noite no ônibus da equipe, isolando-se ainda mais. (Isso também lhe dava a oportunidade de se juntar a parte da equipe para comer carne, longe da política de vegetarianismo da banda.) Os desaparecimentos graduais de Gannon alcançaram uma conclusão quase inevitável quando ele foi inadvertidamente deixado para trás em Nova Orleans, algo que só tinha sido constatado quando a comitiva chegou ao aeroporto. (Mike Hinc esperou para pegar um voo para Tampa e Saint Petersburg com ele mais tarde.) Na noite anterior, o grupo tinha feito um show no pequeno auditório de uma universidade em Nova Orleans, onde o produtor, mais tarde, teria duas lembranças específicas e dramaticamente conflitantes da cena nos bastidores antes do show: de cheirar cocaína com Johnny Marr em sua sala e de, então, ver Mike Hinc ter que acompanhar um Morrissey exausto até o palco para ele se apresentar. ("O tempo necessário para fazer Morrissey subir no palco estava ficando cada vez maior", disse Grant Showbiz. "Existia um jogo do qual ele participava, em que ele queria que lhe pedissem 15 vezes se tinham sido 14 na noite anterior. Johnny era todo 'Vamos detonar!' e Mozzer ficava mais para 'Bem, alguém vai ter que me pedir outras sete vezes.'")

Para resumir, a turnê tinha saído dos trilhos.

"A agenda que tínhamos não era nada realista, ela derrubaria qualquer homem", disse Andy Rourke. "Estávamos todos cansados. E quando você fica cansado, se apoia em coisas como bebida e drogas. Estávamos todos ficando loucos. Estávamos perdendo a cabeça. Mas ninguém dizia ao outro que ele estava enlouquecendo. Então, todos estavam enlouquecendo sozinhos e em silêncio. E então chegou um momento de ruptura."

"Não era apenas uma coisa de 'Estou cansado'", disse Marr. "Todos estavam muito perturbados. Quando há muito álcool e muitas drogas ao redor, as coisas ficam muito melodramáticas."

Após o show em Saint Petersburg, restavam apenas mais quatro shows: Miami, Atlanta, Nashville e o esgotado final no Radio City Music Hall, em Nova York, uma das casas de shows mais magníficas dos Estados Unidos e uma oportunidade para que os Smiths terminassem a turnê em triunfo. Para Morrissey e Marr, os únicos que tomavam as decisões, era como se fossem cem shows; eles simplesmente não conseguiam ver tão à frente.

"Estávamos esgotados", recordou Marr. "Muito, mas muito esgotados. E isso era tudo o que importava. Olhando para a situação de um ponto de vista filosófico, estávamos em posição de nos apresentar e excursionar até certo nível, mas voltamos ao assunto eterno: não ter um empresário significava que não tínhamos a estrutura de apoio para nos manter até o fim. É incrível que tenhamos chegado tão longe quanto chegamos naquela turnê. Porque, quando você tem o organizador certo para a turnê e auxílio da gravadora, é muito difícil. Mas quando você não tem o organizador certo e nenhum auxílio da gravadora, e é inexperiente e jovem para tudo aquilo, sem nenhum aconselhamento, as coisas vão desandar. E o aconselhamento seria necessário em coisas como: 'Antes de mais nada, vá dormir agora.' 'Não, sério, temos que parar para comer alguma coisa.' 'Pare de beber tanto.' 'Ei, escute, aquele cara está se sentindo um pouco sensível, abaixe a música, descanse e assista a um filme no ônibus.' Coisas que você aprende com um pouco de maturidade... Mas éramos todos muito teimosos, e o que acontece é que... jovens não se cuidam muito bem. E definitivamente não cuidam muito bem *uns dos outros*."

"Só é possível ficar em débito com o sono; nunca é possível ficar com crédito", observou John Featherstone, que concordava com a afirmação de Marr de que "o grau de exaustão tinha muito a ver com a falta de gestão". Da forma como Featherstone via as coisas, "há uma tensão natural entre as pessoas da produção forçando e o empresário da banda forçando de volta. Da perspectiva de uma pessoa de RP, sua medida de sucesso é que, se você consegue colocar sua banda no telefone, no rádio, na TV 24 horas por dia e sete dias por semana, então você está fazendo seu trabalho. E a maior parte da reação vem do empresário. Não existia nenhuma reação. Eu me lembro de eles fazerem coisas [de divulgação] em qualquer hora ridícula do dia e da noite".

E, assim como não havia ninguém para forçar de volta contra as exigências da gravadora, não havia ninguém para forçá-los a ir até o fim da turnê, a cancelar as entrevistas restantes, se fosse preciso, prometer-lhes férias quando eles voltassem, oferecer todos os tipos de bônus e incentivos, mas garantir que eles soubessem que *esses quatro shows* importavam. Como disse Featherstone: "Aquilo acabou se transformando em 'São apenas mais quatro shows, não é nada demais.'"

"Não estávamos vendo a situação com clareza", admitiu Marr, anos depois. Tudo o que ele sabia era que "eu não queria completar a turnê". Como ele mesmo confessou, havia se deixado levar a um estado completo e total de doença. Nunca tinha sido incomum para ele vomitar antes de subir ao palco por pura ansiedade, mas, nos Estados Unidos, ele passara, então, a consumir álcool durante os shows, com o estômago vazio. Isso aconteceu, explicou ele, em parte por causa de um "desejo de acalmar os nervos e em parte por causa do alívio no fim dos shows. Porque, a partir da metade do show, eu ficava realmente relaxado. Então, quando os shows acabavam, o público tinha me animado, o evento me animara e eu mesmo me entusiasmava". Marr depois percebeu que estava entornando pelo menos uma garrafa de Rémy Martin por noite, e a festa pós-show tipicamente continuava até altas horas no hotel. Apesar de ele não estar sozinho em seus excessos (Rourke confessou beber quantidades semelhantes de Rémy e Gannon admitiu que ele e os demais músicos fechavam o bar toda noite), os outros não estavam carregando o peso da responsabilidade de Marr. Andy Rourke se recordou de ser levado por Angie ao quarto de Johnny, a certa altura, e ver seu amigo "acabado sobre a cama, se sentindo realmente mal, muito doente". Rourke se preocupou com a possibilidade de Marr estar tendo "uma crise nervosa", mas, como aconteceu com os outros com relação a seus problemas com a heroína, ele "não sabia o que fazer". Angie, aparentemente, sabia, e Marr passou a cada vez mais contar com ela para apoiá-lo, mesmo para funções que caberiam ao organizador da turnê. "Angie tinha um cartão de crédito e bom senso, e estava presenciando o que estava acontecendo."

Morrissey, apesar de evitar a pior parte dos excessos de seus colegas de banda ("Nunca ouvi a palavra [cocaína] mencionada", insistiu ele, em 1989, sobre os Smiths na estrada), também não estava além de sua própria dose de hedonismo. Havia visitas frequentes ao bar do hotel, a visão rara de ele fumando um cigarro e uma conversa embriagada no palco com Marr, em que a dupla admitia não saber qual música eles estavam tocando. E Morrissey, já tolhido pelo fato de seu estilo de vida preferido contrastar com a turnê de uma banda de rock, não estava sob menos pressão pública, pessoal e profissional do que Marr. Morrissey tinha se tornado um semideus nos Estados Unidos, de uma forma que rivalizava com sua reputação de "porta-voz" no Reino Unido, e fazia o máximo possível para satisfazer as expectativas, jogando-se sobre o palco como um dervixe todas as noites, revigorando-se com a aclamação, mas, simultaneamente, se esforçando para consegui-la; ele desafiava os seguranças quando não deixavam os jovens subirem no palco para dançar ou chegarem na parte da frente do salão, algumas vezes fisicamente; ele dava mais entrevistas do que era necessário, e todas sem qualquer atenção ou assistência real de ninguém além de seu segurança particular, Jim Connolly.[6] Quando Marr declarou sua incapacidade de continuar a turnê, Morrissey não foi capaz de — e talvez não estivesse disposto a — convencê-lo do contrário.

"Normalmente, era possível dar a Morrissey uma razão para continuar", disse Mike Hinc, "como: 'São quatro shows esgotados e enormes processos judiciais se não os fizermos sem um motivo.' Morrissey normalmente diria: 'Vamos fazer.' Mas ninguém na banda queria fazê-los. As esposas certamente não queriam." (Hinc, como muitos envolvidos no produção das turnês, não estava muito entusiasmado com o fato de as companheiras dos integrantes do grupo viajarem com a banda.) "Não havia absolutamente ninguém [que] quisesse continuar a turnê. Alguém, em algum lugar, disse que eles não iam ganhar nenhum dinheiro na turnê... Ninguém sabia, naquele momento, porque era algo que estava acontecendo, e as contas não tinham sido feitas. Por causa disso, tornou-se um caso de, se eles não iam ganhar nenhum dinheiro, por que deveriam continuar? E havia a questão dos motivos de eles terem feito tudo aquilo? Se era por causa das drogas, do álcool ou só de uma súbita fadiga, não sei; a energia tinha acabado."

A decisão final foi tomada por Morrissey e Marr no hotel do grupo, em Tampa, na Flórida, no dia seguinte ao show de Saint Petersburg. Todas as outras pessoas da comitiva foram excluídas da conversa. John Featherstone se recordou de "estar sentado na praia, em Saint Petersburg, com Grant [Showbiz] e Phil [Powell], simplesmente por não querer voltar ao hotel. Porque havia coisas acontecendo que não entendíamos; realmente parecia que estava havendo algo muito sério ali. Era incrivelmente desconfortável. Tínhamos perdido o modelo do antigo fórum, de todos sentarem juntos e dizerem: 'Como resolvemos isso?' Havia uma dinâmica estranha, que tinha mudado, no fim, com a chegada de Craig, segundo a minha perspectiva. [Ele] fazia a banda pender mais para o lado 'baderneiros se divertindo' de Mike e Andy e menos na direção do equilíbrio de objetivos maiores de Johnny e Morrissey — sem querer julgar Mike e Andy. Acho que o que aconteceu ali foi que aquilo começou a se fragmentar e quebrar a banda mais do que acontecera no passado. Não culpo Craig por isso; não é culpa dele, é apenas o fator de ele estar por perto. Certamente, da forma como me lembro de tudo, havia uma tendência de Mike, Andy e Craig andarem juntos, e de Johnny ficar sozinho um pouco, e de Morrissey ficar sozinho um pouco — em vez de ser uma gangue com os quatro juntos". Era uma espécie de história familiar no rock: a comunicação que parecia tão natural quando todos viajavam juntos numa van Renault tinha desaparecido num mundo de limousines, pontes aéreas, quartos de hotel particulares — e músicos de apoio. Como resultado, disse Featherstone, "parecia que Johnny e Morrissey estavam quase desafiando um ao outro a não tocar no Radio City".

"Eu gostaria de ter tocado lá", disse Marr sobre o planejado fim da turnê, muito anos depois. "Pelo significado. Porque estávamos conquistando todos os outros lugares e aquela seria outra história incrível para contar." Naquela época, ele admitiu: "Não acho que eu reconhecia pessoalmente o significado de tocar no Radio City, e era quase novidade para mim que havia outros shows depois da Flórida. Porque terminamos a turnê na Flórida."

Enquanto Morrissey e Marr estavam chegando a essa conclusão, na praia, Andy Rourke resolveu nadar no oceano para se refrescar — apenas para voltar à areia gritando. Inicialmente, ele achou que tinha pisado num caco de vidro, por causa da dor lancinante e do fato de que, quando foi ao chuveiro da praia, viu sangue esguichando de seu tornozelo no ritmo de seu pulso. Então, contaram-lhe que ele tinha sido aferroado por uma arraia e o aconselharam a procurar tratamento de emergência imediatamente; se o ferrão estivesse encravado em sua perna, disseram-lhe, poderia matá-lo. Ele se recordou da agonia: "A dor tomou minha perna, depois minhas duas pernas, depois chegou às minhas bolas e parecia que tinham me dado um chute no saco. Então, a dor subiu, e meu coração começou a bater rápido, e quando a dor chegou à minha cabeça... achei que fosse morrer."

Mike Hinc ajudou a levar Rourke às pressas para o hospital, onde a burocracia do sistema de saúde americano fez com que, sem detalhes de seguro ou um cartão de crédito imediatamente disponível (o baixista tinha ido ao hospital com sua roupa de banho), ele fosse abandonado à própria sorte, com dor, até que outra pessoa chegasse do hotel com a papelada. Assim que os detalhes do seguro foram finalmente resolvidos, Rourke recebeu uma injeção antitetânica e seu pé foi colocado numa bacia com água quente, com a garantia de que a dor passaria em meia hora; ele estava compreensivelmente frustrado por não ter recebido tal conselho uma hora antes. Aquilo tudo parecia um drama perverso apropriado como acompanhamento do que estava se desenrolando no hotel — até que o médico responsável disse a Rourke para não pisar com o pé ferido por alguns dias e Mike Hinc, imediatamente, pediu para ter uma documentação médica oficial daquilo. Os Smiths agora tinham uma razão viável — apesar de ser uma desculpa — para cancelar as quatro datas restantes. "E foi isso o que usamos com a seguradora", recordou Hinc. "Foi por isso que ninguém foi processado."

Após a decisão a portas fechadas de Morrissey e Marr, os Smiths e os membros mais próximos da equipe, igualmente aliviados por terem, enfim, terminado a turnê, e desapontados por não a terem finalizado da forma planejada, decidiram lidar com sua exaustão contribuindo ainda mais para ela: fizeram uma sessão de bebedeira para acabar com todas as sessões de bebedeira. Andy Rourke, já dopado de analgésicos, teve alucinações e acabou indo à praia, com valium no bolso, para ver o nascer do sol com seu velho amigo de escola, Phil Powell. A dupla foi acordada por Jim Connolly, muitas horas depois, já com severas queimaduras de sol, para ser informada de que seu avião estava partindo em questão de minutos. Os Smiths, todos sofrendo com ressacas terríveis, embarcaram num voo de Concorde de Miami a Londres.[7] O Radio City Music Hall, junto com as cidades de Miami, Atlanta e Nashville, teriam que esperar até a próxima vez.

CAPÍTULO

TRINTA E CINCO

P: O que o motiva?
R: Ódio, principalmente. Isso vai soar quase desagradável, mas tenho aversão à normalidade. Na verdade, nunca gostei de pessoas normais, e é assim até hoje. Não gosto de situações normais. Tenho palpitações. Não sei o que fazer.

— Morrissey para Paul du Noyer, Q, agosto de 1987

No começo de 1985, quando os leitores da *NME* escolheram os Smiths como Melhor Banda, proclamaram Johnny Marr Melhor Instrumentista e Morrissey e Marr os Melhores Compositores, os críticos do jornal tiveram uma visão muito diferente dos astros do ano. Sua lista coletiva aclamava *Poet 2*, de Bobby Womack, o Melhor Álbum do Ano, "Love Wars", do Womack & Womack, o Melhor Single e ainda demonstrava mais estima ao R&B americano do que ao rock independente britânico, listando outros discos de James Ingram, Prince e das Staple Singers, todos acima dos Smiths. A disparidade na *NME* representava um impasse significativo na guerra cultural que ocorreu ao longo do início da década de 1980, acelerada pelo ataque de tantas revistas do estilo que traziam relatos de boates ao redor do mundo e celebravam a música da pista de dança global, e aquilo não mostrava nenhum sinal de perder força ao longo da década. Como Len Brown, empregado no principal semanário durante a maior parte da carreira dos Smiths, mais tarde escreveu em seu livro, *Meetings with Morrissey*, "linhas de frente foram estabelecidas entre quem achava que o jornal devia continuar a dar aos leitores sua dose de Morrissey e quem achava estar na hora de a *NME* ter uma nova postura, acolhendo as diversas formas de música negra americana que estavam dominando as paradas e a cena noturna de Londres". A música em questão envolvia o hip-hop e o electro de Nova York, o go-go da capital americana e a house music de Chicago, com muito funk underground e R&B lustroso de todo o resto do país. Dessa forma, quando "Panic" foi lançada, a música foi considerada uma provocação por aqueles que já antagonizavam os Smiths e o que enxergavam como a defesa insistente que o grupo fazia de um gênero moribundo, o rock. Paolo Hewitt, um líder da brigada "soul boy" da *NME*, criticou as palavras de Morrissey, levadas ao pé da letra. "Se Morrissey quer acertar as contas com a Radio 1 e Steve Wright, tudo bem", escreveu ele. "Quando ele começa a usar palavras como disco e DJ, com todo o imaginário adjacente que elas trazem a um público predominantemente branco, ele está sendo impreciso e ofensivo."

Ele tinha um argumento: Morrissey não havia feito nenhuma menção específica à rádio em sua canção, e sua letra podia, portanto, ser interpretada como um renascimento da campanha racista e homofóbica "Disco Sucks" do final da década de 1970 nos Estados Unidos. É óbvio que Morrissey era qualquer coisa menos homofóbico e, em virtude de seu professado amor pela Motown e de seus valores de esquerda, presumia-se que ele também não era racista. Para os fãs britânicos dos Smiths, o "disco" de "Panic" era geralmente interpretado como o velho matadouro do centro da cidade, que sugeria exclusividade ao exigir que os clientes usassem gravatas ou, pelo menos, "se vestissem de forma elegante", mas onde as bebidas eram caras, as brigas eram rotina e tanto os DJs quanto a música comercial do top 40 que eles tocavam eram quase vergonhosamente desconectados das ruas vizinhas. Por outro lado, quando os Smiths tocavam "Panic" para quase 15 mil universitários americanos majoritariamente brancos, ao ar livre, nos subúrbios de Massachusetts, tais pontos de referência, apenas vagamente declarados, eram fáceis de interpretar errado.

No fim das contas, a *NME* não estava nem perto de ser a *New Morrissey Express*, como alguns cínicos insistiam; ela colocou os Smiths na capa apenas quatro vezes em cinco anos. Era outra publicação da IPC, a *Melody Maker* — havia muito considerada o mais tradicional dos semanários musicais — que frequentemente transformava os Smiths em estrelas de suas capas, e foi para mais uma dessas matérias que o jornalista Frank Owen foi mandado a Cleveland, no começo da turnê americana, para entrevistar Morrissey "na estrada". Owen era, como Morrissey, da classe trabalhadora de Manchester, e tinha ascendência irlandesa. Crescera ao lado de Morrissey no próspero ambiente do pós-punk da cidade e tocara na banda Manicured Noise, da qual Morrissey tinha sido fã. Fã devotado, desde a infância, de disco, reggae e soul, e já um defensor ardoroso da house music, Owen procurava, nessa matéria, estabelecer a conexão entre o punk rock, as boates gays, as discotecas, a música negra, os Smiths, o DJ e "Panic". Em razão da natureza apressada com que os semanários britânicos eram editados, ele não foi capaz de conseguir aquilo tudo com sucesso. Verbalmente, no entanto, fez o melhor que pôde. Depois de um bate-bola inicial sobre o assunto do "celibato" de Morrissey (Owen ousou sugerir, no texto, que nos anos seguintes Morrissey se interessaria por "fist fucking e golden shower"), ele levantou uma acusação recentemente feita por Green Gartside, do Scritti Politti, de que "os Smiths e sua laia eram racistas".

Morrissey não apenas mordeu a isca, como engoliu o anzol, a linha e o peso que poderia afundar sua carreira. "Reggae... isso é para mim a música mais racista em todo o mundo", ele foi citado ao responder parcialmente. Isso não era mais verdade sobre um gênero que, reconhecidamente, tinha sua cota de rastafáris nacionalistas negros, do que sobre o rock, que semelhantemente tinha sua cota de defensores da supremacia branca apresentando-se sob a bandeira do Oi! na Grã-Bretanha e se infiltrando na cena hardcore nos Estados Unidos. Não contente em parar por aí, Morrissey prosseguiu expressando o quanto ele detestava a "música negra moderna" dos descendentes da Motown, Stevie Wonder, Janet Jackson e Diana Ross, declarando, como na letra de "Panic", que, "em essência, essa música não diz absolutamente nada".

Owen alegou compreender sua forma de pensar. "Quando a *NME* e a *Melody Maker* começaram a colocar artistas negros na capa", recordou-se ele, "houve grande reação contrária a isso. Eu costumava receber cartas o tempo todo. E não era explicitamente 'Não gostamos de negros na capa', era algo mais como 'Essa é a nossa cena, o que negros têm a ver com ela?'". E então, em sua matéria para a *Melody Maker*, como resposta à resposta do próprio Morrissey, Owen tentou responder àquela questão: "O que ela diz não necessariamente pode ser verbalizado com facilidade", escreveu. "Ela não busca mudar o mundo, como o rock, ao falar grandes verdades sobre política, sexo e a condição humana. Ela funciona num nível muito mais sutil — no nível do corpo e do abandono compartilhado da pista de dança. Ela não vai mudar o mundo, mas já disseram que ela pode muito bem mudar a forma como você anda pelo mundo." Dentro de um ano ou dois, quando a acid house explodiu (a chama acesa na pista de dança da Haçienda) e o movimento rave surgiu, em seguida, grande parte da juventude britânica viria a compartilhar o sentimento de Owen, entre eles Johnny Marr, dos Smiths, e Bernard Summer, do New Order. No verão de 1986, no entanto, Morrissey ainda era a voz de sua geração, e talvez tenha sido esse o motivo de ele ter então ousado fazer o comentário mais ridículo, até então, da carreira de um artista que nunca teve papas na língua: "Obviamente, para entrar no *Top of the Pops* hoje em dia é preciso ser, por lei, negro", o que ele complementou com uma alegação igualmente descabida de perseguição. "O último LP terminou no número dois das paradas e mesmo assim as rádios nos disseram que ninguém queria escutar os Smiths durante o dia. Isso não é uma conspiração?" Apenas para deixar claro, os Smiths estiveram no *Top of the Pops*, mesmo que não pessoalmente, bem na semana anterior à entrevista de Morrissey com Owen. E embora fosse verdade que os Smiths fossem tratados com cautela, como uma banda pop, no que dizia respeito à difusão na Radio 1, eles recebiam toda a devida atenção e o respeito de uma banda de rock nos muitos canais da BBC, com shows transmitidos na televisão, apresentações em estúdio, entrevistas ao vivo, sessões de rádio e estreias de clipes não editados de Derek Jarman.

Até a tentativa do vocalista de voltar atrás no meio da entrevista pareceu suspeita. "Meu disco favorito de todos os tempos é *Third Finger, Left Hand*, de Martha and the Vandellas", disse, citando um single (de música negra) da Motown, de 1966, "que pode me tirar da depressão mais mortal". Ainda assim, aquela era uma das músicas mais estereotipadamente românticas, convencionalmente sexistas e, dessa forma, não feministas que já haviam sido compostas. Não teria dito nada sobre a vida de Morrissey quando foi lançada e dizia ainda menos sobre sua vida e as vidas de seus fãs vinte anos depois. Ele estava basicamente empregando dois pesos e duas medidas, baseado no que Owen corretamente chamou de uma "nostalgia... que aflige toda a cena indie". Um debate posterior sobre o uso de tecnologia na música, especialmente o ritmo do rap, revelou o que só podia ser descrito como a atitude ludita de Morrissey: "A alta tecnologia não pode ser libertadora. Ela vai matar todos nós. Você será estrangulado pelos fios de seu compact disc."

No fim das contas, Owen não ficou particularmente ofendido com os comentários de Morrissey em defesa de "Panic". "Nunca achei que Morrissey fosse racista", disse. "Sempre achei que era apenas uma grande fachada, que aquela era somente uma forma de chamar a atenção das pessoas, da mesma forma como punks usavam suásticas." A posterior raiva considerável de Morrissey por causa da entrevista publicada, Owen imaginou, foi inspirada pela parte seguinte, em que o jornalista tentava levar o vocalista numa caminhada pelo túnel do tempo das discotecas punk e gays de Manchester. "Morrissey é o maior gay enrustido do planeta", disse Owen, "e ele achou que eu estava tentando 'desmascará-lo' ao tocar nesse assunto. Mas não era a intenção. O que eu queria dizer era que, se você era um roqueiro punk em Manchester, você não podia ir às boates de heterossexuais, porque tomaria muita porrada. Então, havia uma relação muito próxima entre a cena gay e a cena punk. Como a Ranch... que era essencialmente uma velha boate gay, como uma daquelas boates gays de vaqueiros. Por isso se chamava Ranch — ela tinha selas no lugar dos bancos."

Nesse assunto, Morrissey *não* mordeu a isca. "A cena gay de Manchester", disse ele, "era um pouco pesada para mim. Eu era uma flor delicada." Se ele queria bancar o recatado, era problema dele, embora, com as políticas Thatcheristas pegando cada vez mais pesado contra o homossexualismo, muitos outros artistas tivessem decidido "sair do armário" em resposta.[1] Como Len Brown escreveu, "era uma época em que todos — artistas e jornalistas — pareciam estar fazendo a pergunta (politicamente e sexualmente): 'De que lado você está?' E Morrissey insistia em permanecer individual... Um membro de carteirinha de seu próprio culto à personalidade." Pior do que isso, nessa matéria para a *Melody Maker*, ele parecia estar projetando alguns de seus próprios preconceitos. Quando a entrevista foi publicada, ela causou, compreensivelmente, uma reação mais acalorada e visceral do que qualquer outra matéria anterior sobre os Smiths. Alguns leitores da *Melody Maker* prometeram boicotar a música da banda; na *NME*, os comentários de Morrissey pareciam confirmar as piores suspeitas da brigada "soul boy". Havia, no entanto, aqueles que acreditavam que Morrissey tinha sido citado fora de contexto; entre eles estava o próprio vocalista. "Ele ligou para a *Melody Maker*, disse que eu havia inventado aquelas citações e que eles nos processariam por calúnia", disse Owen. "Então, eu disse: 'Certo, aqui estão as fitas.' Nós as entregamos aos advogados da *Melody Maker* — e, obviamente, ele nunca processou."

As acusações de racismo não eram as únicas sendo feitas contra os Smiths. Na mesma semana em que a *Melody Maker* publicou sua entrevista polêmica — e, de certa forma, ela serviu como uma distração útil —, os jornais musicais também revelaram que os Smiths tinham assinado com a EMI. A Rough Trade, inicialmente, fingiu surpresa: "Nós sabíamos que eles estavam conversando com a EMI, mas ninguém nos contou que os papéis tinham sido assinados", alegou a assessora de imprensa da Rough Trade e dos Smiths, Pat Bellis; "os contratos foram assinados", alardeou a EMI em resposta. Enquanto a história era desvendada nas semanas seguintes, ficou evidente que todos os envolvidos no acordo — incluindo os Smiths — estavam perfeitamente cientes de que a Rough Trade ainda tinha um quarto disco de estúdio válido em seu contrato e de que Geoff Travis não tinha nenhuma intenção de abrir mão dele. Quando a EMI ofereceu o que arrogantemente chamou de "uma quantia que excederia a verba que a Rough Trade poderia sonhar em recuperar do lançamento do disco", ele bateu pé. Saber que poderia impedir que a EMI lançasse um disco dos Smiths no futuro próximo ajudou a abrandar levemente o golpe causado pela deserção da banda.

Havia, contudo, uma decepção palpável sentida em toda a cena musical nacional pelo fato de o maior selo independente ter perdido sua banda mais confiável para a maior gravadora da Grã-Bretanha. Aquilo significava, para muitos, uma sensação de deslealdade e avareza por parte da banda, um reconhecimento de que todos tinham seu preço. (Travis certamente concordava com isso: ele acusou a banda de "ganância excessiva".) E, obviamente, aquilo colocava o futuro da cena musical independente em dúvida, especialmente pelo fato de que nenhum outro artista parecia estar à espera de sua chance de assumir o manto dos Smiths. Isso, de certa forma, foi confirmado na primavera, quando a *NME* (ironicamente por causa das opiniões de alguns de seus jornalistas sobre tal estilo musical) decidiu revisitar a cena independente britânica cinco anos depois da revolucionária *C81*, apenas para descobrir que ela havia se retraído, criando um gueto musical. E que os Smiths tinham muito a ver com aquilo.

Para ser justo, nem todos os grupos na fita cassete promocional da *NME*, *C86*, eram influenciados pelos Smiths, e entre os que eram, nem todos eram influenciados *apenas* pelos Smiths, mas, ainda assim, tinha que ser dito: The Bodines, The Pastels, The Close Lobsters e The Shop Assistants, para citar apenas quatro, todos começavam suas canções com riffs de guitarra semiacústica num leve *reverb*, delicadamente dedilhados como se estivessem num evidente tributo à primeira leva de singles de sucesso dos Smiths, antes de ceder espaço a vocais que eram intencionalmente contidos e quase desprovidos de melodia, como se exagerassem o estilo original de Morrissey. A única diferença óbvia para o que os Smiths haviam feito em 1984 era o alegre amadorismo que permeava a escalação da *C86*. A abordagem se mostrou tão prontamente identificável que *C86* se tornou a abreviação para um novo som de bandas de guitarras "arrastadas".

A divisão entre artistas independentes e das grandes gravadoras foi mais enfatizada pelo sucesso do Housemartins, o mais perto que se pôde chegar de uma competição para os Smiths em 1986. Ao ter uma abordagem mais profissional no estúdio do que as bandas da *C86*, o quarteto de Hull conseguiu colocar um single no top 3 no mesmo mês em que *The Queen Is Dead* foi lançado: uma reação à normalidade em andamento acelerado, baseada em guitarras e intitulada "Happy Hour" que soava alarmantemente parecida com "I Want the One I Can't Have". O Housemartins não levava a sério suas raízes provincianas (eles intitularam seu disco de estreia *London 0, Hull 4*), vestiam-se com cardigãs que pareciam ser de seus pais (fazendo o Morrissey de 1983 parecer um dândi em comparação) e eram mais declaradamente políticos do que os Smiths: recusaram-se a apoiar o Red Wedge a não ser que o Partido Trabalhista fizesse uma promessa de campanha de nacionalizar a indústria musical. Nisso, eles também eram possivelmente mais hipócritas do que os Smiths, pois, apesar de sua gravadora, Go! Discs, que fizera nome com Billy Bragg, apresentar-se como independente, era financiada e distribuída pela Polygram. O sucesso significativo do Housemartins nas paradas de singles apenas esclarecia para Morrissey seu descontentamento com a Rough Trade e sua crença de que a EMI certamente faria um trabalho melhor em recompensar os Smiths com posições igualmente elevadas.

Tudo isso tornou muito mais importante que os Smiths se mantivessem na vanguarda musical. Johnny Marr parecia pouco preocupado com a proposta. "A cena *C86*", disse ele, "o estilo clichê indie, não era em nada parecido com a música que fazíamos naquela época. Era como uma xerox esquisita da música que devíamos fazer dois anos antes. Podia ter nossa instrumentação, mas não tinha o tom soturno. Ou o peso.

Eu estava tentando me afastar cada vez mais daquilo." A questão era como os Smiths pretendiam fazer isso. Eles se tornariam uma grande banda de rock (como em "Panic"), abraçariam o pop comercial (como em "Ask", que também viria a alcançar o top 20 ao ser lançada, em outubro) ou se tornariam mais experimentais? Seria possível administrar esses três caminhos?

Ao se empenhar para manter seu ímpeto musical os Smiths continuaram a variar entre John Porter e Stephen Street, uma relação de gangorra que chegou a uma apoteose cômica no começo de outubro, quando o grupo agendou vários dias no Mayfair Studios, em Primrose Hill, e os dividiu entre os dois produtores. Porter chegou primeiro, para cuidar de "You Just Haven't Earned It Yet, Baby", uma canção pop jubilosamente comercial que era, como Morrissey mais tarde alegou, uma citação direta de Geoff Travis. (A alegação foi infeliz, não apenas porque Travis não usou a palavra "baby". Ela marcava uma letra que poderia, de outra forma, ter permitido múltiplas interpretações.) Ao longo de uma música que devia muito a "London Calling", do The Clash, Marr e Gannon gravaram uma cascata de guitarras vibrantes tão efervescentes quanto qualquer coisa que os Smiths já haviam gravado — ou que John Porter produzira para eles. Sua mixagem final cintilava com clareza e, em virtude da estrutura atipicamente ortodoxa da música, da pausa e do subsequente crescendo no fim, ela soava como um óbvio single de sucesso — supondo que os Smiths quisessem voltar à formula pop, ou segui-la.

As gravações em que Stephen Street, então, trabalhou não eram tão obviamente projetadas para tocar no rádio e, ainda assim, eram mais fiéis à essência dos Smiths; com isso, a sessão do Mayfair habilmente revelou a verdadeira diferença entre os estilos dos dois produtores. As canções "Half a Person" e "London" (pela qual Street recebeu seu primeiro crédito de coprodução) eram, na verdade, parte de uma dobradinha poética, por lidarem com a viagem ao sul, para uma capital, e com a perspectiva de uma vida melhor. A primeira, finalizada entre Morrissey e Marr na escadaria do estúdio, era escrita em primeira pessoa e continha uma declamação, em grande parte, autobiográfica — "Sixteen, clumsy and shy, I went to London and I booked myself in at the YWCA" [Dezesseis anos, desajeitado e tímido, fui para Londres e me instalei na YWCA (Associação Cristã de Jovens Mulheres)"] — que, todavia, ecoava globalmente. "London" foi escrita na segunda pessoa, com Morrissey perguntando ao protagonista, prestes a embarcar num trem para Euston: "Do you think you've made the right decision this time?" [Você acha que tomou a decisão certa dessa vez?]. Ela invocava o clímax de "Billy Liar", em que William Fisher tinha prometido fazer uma viagem semelhante com sua sedutora namorada, Julie Christie, e desembarcou no último segundo — só que, no caso dos Smiths, o jovem rapaz permanece a bordo e é sua namorada a ficar na plataforma, torcendo por seu retorno eventual, mas já sabendo que isso não irá acontecer.

A história do jovem rapaz tomando seu futuro em suas mãos numa estranha e ameaçadora Londres era tão velha quanto Dick Whittington, mas as letras impressionantemente vívidas ganhavam nova luz numa época em que as cidades (e pequenas vilas) economicamente enfraquecidas do norte da Inglaterra sofriam um êxodo em massa de jovens desempregados dirigindo-se à capital — presas fáceis para drogas, prostituição e crime, e que muitas vezes eram vistos dormindo e pedindo esmola nas ruas. Assim, "London" serviu como uma das canções mais agressivas e mordazes dos Smiths, iniciada como apito de um trem depois do qual Marr segurava o riff sujo, no estilo Stooges, enquanto Gannon fornecia os *overdubs* dissonantes com afinação Nashville. Em comparação, "Half a Person" parecia mais solidária à migração do narrador, com confortável andamento moderado, arranjo doce, auxiliado, consideravelmente, pelo fato de Gannon e Marr gravarem seus violões em conjunto.

Stephen Street desenvolveu uma simpatia por Gannon. "Eu me dava bem com ele, acho que ele era um rapaz realmente agradável", disse. "Quando gravamos 'Half a Person', ele estava com um violão, Johnny estava com um violão, eu os coloquei cada um de um lado das caixas e aquilo soou incrível, e achei que estava tudo indo muito bem. Ele ficava na dele, apenas seguia adiante, fazia seu trabalho." O sentimento era mútuo. "Senti que me entendi com ele logo de cara", disse Gannon sobre Street. "Eu o achei uma pessoa realmente decente. Ele me fazia sentir muito confortável."

Enquanto estavam arrumando as bagagens no último dia, Street elogiou o trabalho de guitarra de Gannon para Johnny Marr. "Cá entre nós", Marr respondeu, "Craig não vai estar por aqui por muito tempo."

CAPÍTULO

TRINTA E SEIS

Não estou aqui para ter moleza. Fazer uma contribuição é mais importante para mim, uma contribuição significativa. Que seja provocativa, não necessariamente de uma forma incômoda. Ser provocativo nem sempre significa ser violento ou revolucionário, mas, na verdade, fazer as pessoas pensarem que, pelo menos, se elas odeiam ou adoram os Smiths, elas pensam por si mesmas. Isso é tudo.

— Morrissey, Picadilly Radio, novembro de 1986

Os Smiths continuaram como quinteto para a turnê britânica durante a segunda metade de outubro; a nova banda de James Maker, Raymonde, que não tinha gravadora e estava sendo promovida de forma exagerada como os "novos Smiths" (muito como a banda James no ano anterior), acompanhou-os como banda de abertura. Marr ainda vestia seus ternos, ainda empunhava a Gibson Les Paul, ainda ocasionalmente exagerava em "How Soon Is Now?". O próprio Morrissey foi visto subindo ao palco de óculos escuros algumas vezes. Mas, seja por acidente ou de propósito, uma mudança na essência da banda ou na sua plateia, a pior parte dos excessos musicais foi, em grande parte, domada no Reino Unido, sem sacrificar o melhor da nova formação. Ainda era difícil, para alguns dos fãs antigos, aceitar os novos Smiths como uma banda tão maior e mais audaciosa do que a antiga, mas outros compreenderam que as circunstâncias agora pareciam exigir isso deles. Além do mais, os Smiths permaneceram musicalmente corajosos no que dizia respeito ao setlist, que variava de uma noite para outra e incluía as canções não lançadas "London" e "Is It Really So Strange?" em quase todos os shows.

Foi, de qualquer forma, uma turnê esquisita, em grande parte por causa novo público agressivo, que tinha se mostrado pela primeira vez nos shows de aquecimento do verão. "Sua banda chega a um ponto crítico em que ela deixa de ser uma joia desconhecida que as pessoas querem compartilhar para ser esse trem de popularidade no qual todos querem subir, e todos têm seus motivos para querer subir", observou John Featherstone, que observava tudo isso de seu local privilegiado na mesa de iluminação. "E senti que a tensão dos shows dos Smiths foi, de certa forma, usada como última opção para algumas das pessoas que apreciavam parte da quase violência e da quase agressão do The Clash e de muitos dos contemporâneos deles, pessoas que estavam procurando lugares aonde ir para fazer *crowd surf*, pular da frisa, se jogar do palco. Eu, com certeza, me lembro de olhar para algumas das plateias, os shows de Saint Austell, Gloucester e Newport, e pensar: 'O que diabos está acontecendo?'"

Foi no show de Newport, no dia 19 de outubro, que um acidente havia muito esperado finalmente ocorreu. Morrissey estava esticando a mão, como sempre, para tocar as pessoas na primeira fila, as quais esticavam suas mãos de volta, quando foi puxado do palco e desapareceu na plateia. Recuperado e levado para o camarim, ele aparentemente foi aconselhado pelo médico da casa de shows a não continuar com a apresentação. Grant Showbiz foi ao palco se desculpar em nome da banda e recebeu uma garrafa no rosto por isso; ele foi levado ao hospital enquanto a multidão protestava, a polícia foi chamada e seis pessoas foram presas. Newport era uma cidade galesa violenta, que rapidamente estava perdendo seus empregos nos portos e nas fundições de ferro, e os fãs dos Smiths sempre foram entusiasmáveis por natureza, mas essa reação (exagerada, possivelmente de ambos os lados) parecia representar uma brecha na antiga confiança entre o grupo e o público. O mesmo em Preston, nos arredores de Manchester, perto do fim da turnê, quando Morrissey foi atingido na cabeça por um objeto depois da primeira música e o set foi encurtado enquanto ele era levado ao hospital para receber cuidados médicos. Embora essa plateia não tenha protestado, permaneceu uma considerável confusão a respeito do que tinha realmente se passado. O grupo (e seu agente) estava certo de que Morrissey tinha sido atingido por uma moeda de 50 centavos afiada e que aquilo era obra de encrenqueiros de direita. Mas havia, na plateia, quem acreditasse ter sido a baqueta que Johnny Marr rotineiramente usava para bater nas cordas de sua guitarra no começo de "The Queen Is Dead" que, foi dito, o próprio Marr tinha jogado na plateia. De qualquer forma, o cancelamento do show — e do show da noite seguinte, na cidade próxima de Llandudno, no País de Gales, enquanto Morrissey se recuperava — significava que três dos 13 shows da curta turnê tinham sido afetados de forma negativa. Não era uma média encorajadora.

Ainda assim, a agressividade da plateia não era uma experiência totalmente negativa. Na maioria dos shows, ela servia para trazer o grupo para dentro de seu frenesi. Naquele momento em especial do Reino Unido, seria difícil imaginar qualquer banda que pudesse se comparar aos Smiths em energia ou vitalidade, ou mesmo volume: Rourke e Joyce, em particular, tinham se tornado os melhores ritmistas do rock. Craig Gannon contribuía para a presença de palco cada vez mais poderosa do grupo; fora do palco, no entanto, tinha, segundo ele mesmo admitiu, se retraído "em sua própria concha". Ele já tinha percebido que a decisão sobre seu futuro já havia sido tomada. "Comecei a me sentir um pouco deslocado", disse ele. "Eu não me sentia mais confortável." Sua vida pessoal estava em apuros, e ele via aquilo "como a coisa mais importante para mim naquela época", mas passar tempo com sua namorada "me distanciava um pouco mais da banda". Aquele foi, afirmou ele — e isso independente de ele ter o que parecia, ao menos para quem estava de fora, um dos empregos mais cobiçados do mundo musical —, "um período muito ruim da minha vida. Eu provavelmente estava um pouco deprimido na época, e aquilo tornava ainda mais difícil conversar com as pessoas". Gannon percebeu que deve ter passado dias seguidos sem nem sequer falar com ninguém, e isso tudo numa turnê com ingressos esgotados.

Para Marr, a turnê teve muitos momentos de desconforto, causados pela agressividade do público, pelos shows abandonados e cancelados, pelos problemas de personalidade com Gannon e pela exaustão contínua causada pelo abuso de seus próprios corpos: o hedonismo não parou apenas porque a banda estava agora de volta à Grã-Bretanha. O guitarrista chegara ao ponto de se acostumar a lidar com tudo aquilo como a vida (a)normal com os Smiths — até que sua reação a um momento de drama como esses o pegou de surpresa. "Antes de eu sair do hotel um dia para um show que parecia ameaçador, uma voz na minha cabeça dizia: 'Bem, não é que as coisas sejam impossíveis. Na verdade, há uma solução. Se você não consegue mais aguentar o drama e as frustrações, há, na verdade, uma solução." As palavras soavam como as de alguém que pensa em suicídio, tema tão frequentemente abordado por Morrissey nas músicas. Mas Marr não era o tipo de pessoa que pensaria em tirar sua própria vida. A ideia que tinha entrado em sua mente era o que muitos teriam considerado suicídio profissional: abandonar ou acabar com os Smiths. O problema de tal solução para seus problemas, segundos ele, era que, "quando você começa a ver coisas num emprego ou num relacionamento de que você começa a não gostar, é impossível esquecê-las". De repente — e foi realmente de repente — a questão para ele não era mais se ele abandonaria os Smiths, mas quando.

Tanto seus companheiros de banda quanto seu público permaneceram alegremente alheios a essa mudança sutil, mas crucial, em sua atitude. E, certamente, aquilo tudo se juntou (novamente) nos três shows em Londres: um no Kilburn National Ballroom, gravado pela BBC, outro na Brixton Academy e um entre os dois, no estimado London Palladium. Em nível básico, o show do Palladium satisfazia o desejo de tocar em teatros formais com lugares para público sentado, bem como em casas nas quais a plateia ficava de pé, para que os Smiths provassem que eram capazes de se sobressair nos dois formatos. E foi o London Palladium que viu o nascimento da Beatlemania, em outubro de 1963, apenas dias antes de Johnny Marr nascer. Não houve nenhuma alegação de importância similar na apropriação do local pelos Smiths, a não ser um reconhecimento não declarado de que era ali que se fazia história. Também não manchou a reputação pessoal dos Smiths o fato de eles terem começado sua apresentação numa casa de shows tão majestosa com The Queen Is Dead, com Morrissey mostrando uma placa com tais palavras escritas, como se fosse o Joey Ramone de Manchester. Curiosamente, o público naquela noite confirmou a observação de John Featherstone de que "há quase uma exigência de se comportar que algumas vezes é imposta pelo próprio prédio". Assim como no Royal Concert Hall, com seus lugares sentados, em Nottingham, no começo da turnê, onde a invasão de palco em "Bigmouth" foi tão educada que se permitiu que continuasse sem impedimentos, os fãs dos Smiths trataram os assentos de veludo do Palladium com respeito. O que não queria dizer que eles estavam contidos. Fãs dos Smiths nunca eram contidos. Apenas à força.

A turnê terminou no Free Trade Hall, em Manchester, no dia 30 de outubro. O show no G-Mex, no verão, tinha sido difícil, por todos os motivos óbvios de tamanho e ambiente. O show do Free Trade, segunda visita dos Smiths à casa historicamente importante, foi tudo o que eles haviam esperado. Uma faixa que trazia as palavras BEM-VINDOS AO LAR foi estendida aos pés de Morrissey, o reconhecimento dos fãs de como os Smiths eram agora vistos em Manchester. Morrissey, por sua vez, reconheceu a homenagem. Os Smiths abriram o show naquela noite com "Ask", fecharam com "Bigmouth Strikes Again" e, entre elas, tocaram outras 17 músicas de todos os seus quatro anos de carreira. Minutos depois de o show terminar, Johnny Marr completou 23 anos. Aquele seria seu último aniversário como integrante dos Smiths.

Os Smiths não concordaram em participar de um show beneficente contra o *apartheid* para acalmar as acusações de racismo contra Morrissey; eles tinham confirmado a participação antes de a matéria polêmica da *Melody Maker* chegar às bancas. Mas o anúncio do show, que aconteceria na Brixton Academy apenas duas semanas depois da conclusão da turnê, com o The Fall como banda de abertura, serviu, de certa forma, para relembrar tanto os críticos quanto os fãs de que esse era um grupo que normalmente mostrava seu posicionamento político de esquerda. Aquele também seria o terceiro show no ano ao lado da formação sempre mutante de Mark E. Smith, um verdadeiro gesto de respeito profissional por um grupo que tinha sido tão influente na cena musical, dentro e fora de Manchester. O fato de Si Wolstencroft ter se juntado ao The Fall no começo do ano era uma motivação importante para a crescente amizade entre os dois grupos, apesar de o baterista ser o primeiro a admitir que era "uma loucura", por causa de seus motivos para recusar o emprego com os Smiths, o fato de ele acabar, de certa forma, sobrevivendo no The Fall durante a década seguinte.

Quando os fãs chegaram à Brixton Academy, na noite de 14 de novembro, no entanto, aqueles que não havia ouvido o anúncio de última hora na rádio local ficaram chocados ao descobrir que os Smiths não se apresentariam e que, dessa vez, não havia sido Morrissey a ficar doente. Algumas noites antes do show, Johnny Marr tinha saído em Manchester com Mike Joyce e sua namorada. Marr estava dirigindo — sem carteira de motorista. Isso era ilegal, apesar de não ser incomum: embora Phil Powell fosse seu motorista oficial — e Angie a não oficial —, Marr, como já foi especulado, era frequentemente visto ao volante. Mas Marr também tinha bebido: tequila e vinho, uma combinação fatal. Depois de deixar Joyce em sua casa, na vizinha Springfield Road, Marr voltou à casa paroquial, que ficava numa estrada estreita, perto de um cruzamento complicado, rota que incluía duas curvas perigosas. Ele estava escutando uma fita cassete com suas demos caseiras mais recentes e, quando mudou o lado e uma nova faixa começou a tocar, no momento em que ele se aproximava de sua casa, decidiu dar uma volta no quarteirão para escutar mais uma vez, num volume eufórico. "Eu pisei fundo", recordou, "e simplesmente cheguei à curva muito rápido, e pulei de um lado da curva para o outro. O carro literalmente saiu do chão, me aproximei de um velho e alto muro de pedra vitoriano, bati no muro e então fui jogado de volta — e bem quando o carro estava prestes a virar, caiu sobre sua lateral e então quicou mais uma vez na estrada, caiu com o bico para baixo e a parte dianteira do carro se levantou."

Sua BMW não estava apenas destruída, tinha se transformado numa sanfona. "Era impossível acreditar que alguém sobreviveria àquilo", disse Marr. "Eu não fazia ideia de como terminei com as pernas contra o peito." Com a descarga de adrenalina causada pelo perigo, Marr foi capaz de se soltar, correr para casa com seu terno Yamamoto severamente danificado e conseguir ajuda de Phil e Angie para entender e explicar o acidente. (O comunicado de imprensa subsequente dizia que Angie estava com ele no carro; ela não estava.) Incrivelmente, seus ferimentos foram mínimos, exigindo pouco mais do que um colar cervical e um período de recuperação. No dia seguinte ao acidente, Marr foi chamado à delegacia de polícia local, onde deveria ter sido acusado de várias infrações. Acabou que o policial era fã dos Smiths e guitarrista iniciante. Ele livrou a cara de Marr.

Experiências que colocam as pessoas diante da morte têm o hábito de redirecionar vidas. Dois anos depois de o baterista do R.E.M., Bill Berry, sofrer um aneurisma no palco, em 1995, ele abandonou o que era, na época, uma das duas ou três maiores bandas do mundo, decidindo se tornar fazendeiro de feno e deixando para trás um trio que rapidamente se tornou parecido com um "cachorro com três patas". Marr não estava olhando tão adiante quando percebeu que era "muito sortudo por estar vivo". Mas, de qualquer forma, "eu mudei depois daquilo", admitiu. "Eu simplesmente mudei meu jeito de ser. E mudei minha atitude. E minha disposição. A batida de carro — não tinha apenas a ver com o comportamento atrás do volante, com a bebida e tudo mais. Foi como uma epifania." As consequências a longo prazo se tornariam lentamente evidentes. O efeito a curto prazo foi muito mais considerável: uma sensação de total clareza e propósito. "Aquilo simplesmente me reajustou de uma forma fabulosa", disse ele. Uma das primeiras coisas que ele fez foi reparar a relação deteriorada com o jornalista Nick Kent, fazendo uma ligação antes mesmo de ser anunciado que o show da Brixton Academy teria que ser cancelado.

Uma coisa que ele *não* fez foi tirar férias. "Houve um nível de exaustão do qual Johnny nunca se recuperou", disse John Featherstone. "Acho que ele, por ser o sujeito viciado em trabalho e motivado que é, nunca se permitiu de verdade se recuperar totalmente do acidente." Marr negou que isso tivesse sido um problema para ele, mas, de qualquer forma, antes de o mês acabar, e ainda usando o colar cervical, ele reservou para os Smiths o Trident Studios, em Londres, para gravar outra música nova, "Shoplifters of the World Unite", que ele agora privilegiava como uma escolha muito mais sombria de single contra a eminentemente comercial "You Just Haven't Earned It Yet, Baby". O fato de ele e Morrissey poderem, no processo, arriscar mais uma vez a série de sucessos dos Smiths não passou por sua cabeça tanto quanto tomar a decisão artística acertada. "Eu gravava um single e, então, quase patologicamente, não me importava com ele quando era lançado", disse Marr. "Nem um pouco. Apenas o fato de ele existir e de as pessoas que estão interessadas poderem ouvi-lo e julgá-lo, e gostar ou não dele, esse é o dever cumprido para mim. Pode ser negligência de minha parte, ou insolência, ou puritanismo, que é como eu sou." Stephen Street não estava à disposição com tão pouca antecedência e, então, pela primeira vez, Marr decidiu produzir por conta própria uma faixa dos Smiths — e levar o crédito sozinho. Ele ficou feliz em ser auxiliado nessa tarefa por um engenheiro de som altamente capacitado, Alan Moulder. Ficou menos satisfeito ao descobrir que o estúdio que os Smiths tinham reservado no Trident não era a famosa sala usada pelos Beatles, David Bowie e Lou Reed, mas a sala de "jingles" ao lado. Os Smiths tiveram que esperar as secretárias irem embora para poderem montar a bateria na recepção — "e não porque o espaço tinha uma ótima acústica".

Quando "Shoplifters" foi lançada, houve comentários de que ela tentava emular "How Soon Is Now?", mas Marr alegou que não era o caso. "Era apenas o que eu estava tocando na época. É rítmica, tem um andamento moderado e é arrastada, mas eu nunca teria sido tão deselegante a ponto de tentar recriar qualquer uma de nossas canções." Na opinião dele, "o vocal era a melhor parte dela". E era verdade, Morrissey ofereceu uma performance particularmente forte, compondo até harmonias consigo mesmo na ausência de Kirsty MacColl ou quaisquer efeitos digitais. Apesar de o título e o refrão parecerem mais itens da longa lista de gritos por atenção (e publicidade) de Morrissey, o vocalista explicou que ele estava se referindo a um furto puramente no sentido espiritual, e não explicou mais nada. Era uma explicação obscura para uma música obscura que apresentava a surpreendente exaltação de um solo de guitarra duplo, no estilo do Thin Lizzy, bem onde poderia ser esperado que entrasse uma terceira estrofe. Embora tivesse apenas 15 segundos de duração e fosse mais melódico do que habilidoso, o solo seria considerado por alguns um sacrilégio, o que apenas serviria para aumentar a preocupação de Marr com o fato de que ele estava sendo estereotipado nos Smiths.

Os Smiths voltaram à sua formação de quarteto nessa sessão. Em virtude da dinâmica pessoal nas semanas recentes, Craig Gannon não ficou exatamente surpreso ao descobrir que tinha sido demitido. Por conta do estado caótico da banda, pode nem ter sido um choque ninguém ter ligado para ele para lhe dar a notícia e ele ter sido informado por meio de um amigo do Easterhouse. Mas serviria como uma decepção, assim que sua partida foi finalmente divulgada na mídia, quando ele foi criticado em público. "Seu envolvimento, no que diz respeito a gravações, foi praticamente inexistente", afirma-se que Pat Bellis, da Rough Trade, tenha declarado à imprensa musical. "Ele simplesmente não parecia muito interessado, e houve vezes em que não compareceu aos ensaios." Uma simples declaração da banda confirmando sua saída e expressando agradecimento por sua contribuição teria certamente sido suficiente.

"Naquela época", disse Marr, o qual se veria num bate-boca público que deveria ter sido evitado com Gannon, "eu encarava seu comportamento como não... aproveitar a oportunidade que estávamos oferecendo tão gentilmente. Não fui capaz de ver que ele estava numa situação tão difícil. Ele estava num beco sem saída e, olhando para trás, ele lidou com aquilo muito bem. O que ele poderia fazer? Sentar-se entre mim e Morrissey e dizer: 'Acho que vocês deveriam fazer as coisas de forma diferente'? Ele tocava muito bem e de forma apropriada — que é outra forma de dizer que ele tocava muito bem." Seis meses depois de Gannon sair, Marr foi, na verdade, capaz de tomar mais responsabilidades por suas ações (ou falta delas): "Eu comecei a me tornar muito complacente na minha forma de tocar guitarra", admitiu, como justificativa para voltar à formação original.

Gannon não tinha nenhum direito expresso por contrato. Mas tinha o direito de esperar pagamento por seu trabalho até então: 30 mil libras foi a quantia que ele acreditou ter acordado, um salário anual decente no Reino Unido em 1986, mas não uma soma impressionante para alguns meses na indústria musical, levando em consideração o nível das turnês de que ele participara e o trabalho de estúdio bem-sucedido que tinha gerado sucessos, pelo qual ele não tinha recebido nenhuma outra compensação. Quando Gannon se estabeleceu novamente em Salford, rezando para que seu próximo projeto musical fosse menos estressante, começou a se perguntar quando receberia o cheque.

LOGO ANTES DO show beneficente contra o *apartheid*, remarcado na Brixton Academy, no começo de dezembro, os Smiths gravaram uma quarta sessão na Radio 1 para John Peel. Conseguiram dar um jeitinho de ter John Porter como seu produtor mais uma vez; apesar da possibilidade de Porter estar frustrado com a forma como a banda o tratou, ele gostava demais deles para recusar trabalhar com o grupo. A sessão trazia os dois novos lados B, "London" e "Half a Person", e as duas canções que haviam sido deixadas inacabadas mais cedo naquele ano, "Sweet and Tender Hooligan" e "Is It Really So Strange?". Todas as quatro versões eram uma homenagem à habilidade tanto de Porter quanto da banda de gravar com êxito em situações de pressa quando necessário. Elas eram tão boas que levaram a comentários de que a banda poderia ter trazido suas próprias gravações das duas últimas músicas numa tentativa calculada de conseguir versões acabadas; parece não ter sido nenhuma coincidência que eles tenham acabado comprando tanto "Sweet and Tender Hooligan" quanto "Is It Really So Strange?" da BBC e as tenham usado num futuro lado B. Além disso, Craig Gannon tinha certeza de que havia reconhecido suas linhas de guitarra em "Is It Really So Strange?".[1] Enquanto isso, a duradoura popularidade dos Smiths entre os ouvintes de Peel, três anos depois de eles terem despontado, foi confirmada quando "There Is a Light That Never Goes Out" liderou o Festive Fifty. Se algum dia uma música dos Smiths encantou todos os tipos, pareceria ser essa.

Foram Smiths muito rejuvenescidos que subiram ao palco para o show beneficente contra o *apartheid* numa sexta-feira, 12 de dezembro. Os motivos eram muitos, incluindo o renovado senso de clareza de Marr, o descanso forçado depois da programação pesada de viagens, as revigorantes sessões de gravação recentes, um setlist consideravelmente modificado e, é importante ser dito, o retorno do grupo à sua formação original como quarteto: sem Gannon para tocar a guitarra base, Marr foi forçado a reassumir aquele papel e quase abandonar os solos, e ele — bem como a banda — ficou melhor por isso. O setlist revelou "Shoplifters of the World Unite" como "o novo single" e tratou de também incluir "Some Girls Are Bigger Than Others", a única música de *The Queen Is Dead* a não ser tocada anteriormente ao vivo. "This Night Has Opened My Eyes" e "William, It Was Really Nothing" foram incluídas novamente no set, depois de uma longa ausência; assim como "Miserable Lie", que formava um *medley* com "London". Em "Still Ill", Johnny Marr, que tinha abandonado os ternos Yamamoto por algo mais casual, rompeu com sua tradicional posição de palco (de onde ele interagiria com Morrissey e trocaria deixas musicais com Mike Joyce) e se aproximou de seu velho amigo Andy Rourke. Morrissey se juntou a eles e, por cerca de um minuto ou dois, os três integrantes da linha de frente dos Smiths, apresentando-se num dos maiores palcos de Londres, estavam próximos como uma banda de abertura no Rock Garden. Eles nunca pareceram mais felizes. Em "The Queen Is Dead" a placa de Morrissey foi trocada para dizer DUAS CERVEJAS CLARAS, POR FAVOR. As possibilidades de futuros slogans pareciam intermináveis.

O último bis trouxe de volta ao set o primeiro single do grupo, "Hand in Glove", que tinha estado ausente na última turnê britânica. Morrissey, usando uma camiseta dos Smiths, como se tornara costume no último ano, pulava como se fosse um dos fãs que tinham, como sempre, subido ao palco pouco antes para seus 15 segundos de fama e camaradagem. Marr, com o cigarro pendurado em seus lábios como se tornara seu próprio adereço ao longo de 1986, encenou novamente aquela dança familiar de apreciação mútua com seu parceiro enquanto a música chegava a seu clímax, enquanto Joyce e Rourke martelavam o ritmo com uma intensidade que demonstrava que, para eles, pelo menos, as adversidades das complicadas turnês do ano tinham se mostrado uma espécie de recurso musical. A sensação de euforia coletiva pode explicar por que Morrissey estendeu o final com vinte segundos adicionais de excitação puramente gutural — o que tornaria apenas mais comovente que os últimos versos que ele cantaria num show como integrante dos Smiths fossem "I'll probably never see you again" [eu provavelmente nunca mais o verei].

CAPÍTULO

TRINTA E SETE

Dentro dos Smiths, a razão para ter dado tão certo foi que todos sabiam seu lugar e quais eram suas capacidades e a posição dos outros. Era uma unidade muito firme e parecia que ninguém de fora podia penetrar. O pequeno mundo secreto particular dos Smiths. Na rara ocasião em que alguém conseguiu penetrar, tudo desmoronou em 25 direções diferentes.

— Morrissey, *NME*, fevereiro de 1988

Não era preciso pressa ter mas, ainda assim, não houve uma tentativa de desacelerar. Na verdade, o acidente de carro de Johnny Marr pareceu ter aumentado sua carga de trabalho ou, pelo menos, sua determinação para fazer as coisas *agora*, como se o tempo pudesse acabar. No dia seguinte ao show da Brixton Academy, ele juntou a banda e John Porter no Solid Bond Studios, de Paul Weller, em Marble Arch, para gravar outra música nova, "Sheila Take a Bow". Morrissey não compareceu — e era compreensível; um vocalista merece um dia de folga depois de liberar tanta energia quanto ele tinha liberado na noite anterior. No entanto, Morrissey havia convidado Sandie Shaw para fazer backing vocals e, apenas por essa razão, ele deveria ter feito o esforço de comparecer ou ter ligado para se desculpar. Ele não fez nenhuma das duas coisas, e Shaw foi deixada para lidar com Marr, que, ela recordou, "tinha agora o visual abatido de um homem cansado de dar desculpas em defesa de seu amiguinho mal-educado". A sessão foi abandonada.

Johnny e Angie receberam Guy Pratt e sua namorada, Caroline, no Ano-Novo e, depois disso, ofereceram a Pratt uma viagem relâmpago de 24 horas a Roma para comemorar seu aniversário de 25 anos; lá, eles ficaram suficientemente bêbados de grappa a ponto de destruir um quarto de hotel, comportamento que Marr tinha condenado em Craig Gannon. Quase imediatamente após a volta, a banda se juntou a John Porter no Matrix Studios, onde eles haviam gravado grande parte de *The Smiths* e sua parceria inicial com Sandie Shaw, em outra tentativa de gravar a nova canção. Dessa vez, Morrissey apareceu. Assim como Shaw, apenas para descobrir que "Sheila Take a Bow" tinha ficado tão aguda que a única harmonia que ela poderia oferecer era mais grave do que a voz principal. Ela comparou o resultado a "Something Stupid", de Nancy e Frank Sinatra, que não tinha, talvez, a conotação negativa para os fãs que parecia ter para ela.[1] De qualquer forma, o grupo engavetou quase toda a sessão e agendou horário com Stephen Street, dessa vez em outro estúdio de Londres, Good Earth, do produtor de Bowie, Tony Visconti. Isso era pertinente, pois "Sheila Take a Bow" trazia de volta a batida glam que tinha sido tão bem-sucedida em "Panic" e roubava quase as palavras exatas de uma canção de Bowie no verso-chave: "throw your homework onto the fire" [jogue seu dever de casa na fogueira].[2]

Isso não era tudo o que a versão final roubava. Da sessão original com John Porter, Johnny Marr tirou um efeito de guitarra slide agudo que soava um pouco como uma buzina e o usou no refrão — mas sem a permissão ou o conhecimento de seu amigo. O próprio Porter tinha acrescentado partes de suas gravações particulares com os Smiths nas sessões da BBC e até roubado algumas partes, como os sons de tom-tom em "How Soon Is Now?". Dessa forma, ele não tinha base para reclamar — só que ele alegou (e isso foi "apenas para ganhar tempo, não havia egos envolvidos") que tinha sido *ele* quem tocara a parte de slide original. O descontentamento de Porter ao ouvir a versão final de Stephen Street, portanto, juntou-se à sua crescente lista de queixas direcionadas aos Smiths: "Vocês nem mesmo me dão crédito por tocar essas coisas, para começar. Vocês usaram o arranjo que eu montei. Então, vocês pioram tudo ao usar uma guitarra que eu toquei — e nem mencionam isso para mim, perguntando se eu gostaria de receber pelo meu trabalho no estúdio ou qualquer coisa assim." A oportunidade para trabalhar novamente com a banda nunca surgiu. "Foi um fim triste", admitiu ele.

Tais incidentes podiam ser culpados pela exuberância de jovens músicos que não compreendiam completamente o protocolo envolvido no processo de gravação. Com tantas questões cercando os Smiths, teria sido responsabilidade de um empresário garantir que, se dois produtores fossem usados, eles não se estranhassem no processo. Enquanto o novo ano se aproximava, parecia que os Smiths — ou pelo menos Morrissey e Marr, cuidando dos negócios em nome dos Smiths — tinham finalmente resolvido aquele velho problema. Eles designaram Ken Friedman como seu empresário.

Embora Friedman não estivesse presente nos shows da banda na Califórnia, fora ao show final da Brixton Academy, quando sua contratação tinha acabado de ser confirmada. Um incentivo crucial para a banda era a disposição que Friedman demonstrava de se mudar para Londres e abrir um escritório no Nomis Building, complexo da indústria musical com escritórios e estúdios de ensaio atrás do Olympia, no oeste da cidade, de onde ele cuidaria tanto dos Smiths quanto do UB40. (O grupo de reggae de Birmingham talvez não tivesse a credibilidade dos Smiths, mas vendia mais discos ao redor do mundo — e era um cliente igualmente difícil, por ser um octeto que incluía irmãos e insistia em unanimidade na tomada de decisões.) Apesar disso, "levou um longo tempo para eles dizerem que eu era o empresário", disse Friedman. "Tive que viajar algumas vezes. Eu me lembro de ter reuniões no apartamento de Morrissey, na Cadogan Square. Eu me lembro de sair dizendo a Johnny: 'Tenho que voltar, estou contratado ou não?' E de Johnny dizer: 'Eu *acho* que você está.'" Assim que a decisão foi finalmente tomada, Morrissey pareceu estar totalmente de acordo: "Pareceu, pela primeira vez em nossas vidas", o vocalista disse, alguns meses depois, "que tudo seria passado a limpo e que o futuro era muito sólido."

No entanto, Friedman imediatamente caiu na armadilha que prendeu quase todos que tiveram contato próximo com os Smiths. Como Andy Rourke observou, "as pessoas se aproximavam de Johnny primeiro e então de mim e Mike, e acho que Morrissey sempre viu aquilo como 'Isso não está funcionando, porque esse sujeito não está se comunicando comigo'". Com certeza, "Johnny e eu ficamos amigos muito rápido", disse Friedman. "Então, Morrissey falava comigo por intermédio de Johnny e vice-versa. Nunca tive um canal de comunicação com Morrissey até tempos depois, porque Johnny passava as informações, e era simples assim."

A primeira ação de Friedman foi se reunir com os parceiros de negócios dos Smiths. Geoff Travis preveniu-o de que os Smiths eram "impossíveis de empresariar" e de que ele estava "perdendo seu tempo", o que, segundo Friedman, apenas "me fez querer aquilo ainda mais". Até onde o novo empresário podia ter ideia da relação da banda com Travis, "Johnny o odiava e Morrissey tinha uma verdadeira relação de amor e ódio com ele. Geoff talvez pintasse um retrato de como eles eram próximos. Mas Geoff nunca conseguia falar ao telefone com Morrissey". (Por outro lado, quem conseguia?) Travis, o qual disse que Friedman "acabou se mostrando simpático", mas "começou a fazer exigências muito rápido", concordava em parte com isso: "Eu gostaria de ter tido mais acesso a Johnny durante aqueles anos. Mas essa não era a natureza da relação. Acho que, com o conhecimento que tenho agora, eu teria provavelmente me esforçado para dar mais atenção a Johnny. Mas achei que ele estava bastante feliz em desempenhar o papel que estava desempenhando." (Marr confirmou esse fato: "Nunca me senti negligenciado. Ou desrespeitado, de nenhuma forma.") Travis também observou que, quando Friedman entrou no barco, "a relação tinha mudado definitivamente. Tinha esfriado". O quarto — e último — disco de estúdio do grupo para o selo "foi feito basicamente sem nós".

Uma coisa, no entanto, permanecia clara: ele sairia pela Rough Trade. Como se para esfregar o fato na cara da EMI, a Rough Trade solicitou aos Smiths permissão para lançar outra coletânea, *The World Won't Listen*, abrangendo lados A e B que vinham desde "Shakespeare's Sister". Considerando-se que muitas dessas faixas tinham aparecido em álbuns (incluindo, como um reconhecimento do single que deveria ter sido, "There Is a Light That Never Goes Out"), a coletânea não era tão altruísta quanto a anterior, *Hatful of Hollow*; na verdade, das 16 faixas, espremidas num disco de vinil, apenas "You Just Haven't Earned It Yet, Baby" não estava disponível de outra forma e, na era anterior às cópias digitais, isso não pegou bem com fãs dos Smiths, que se sentiram compelidos a comprar o disco apenas por aquela canção. Ainda assim, a coletânea se tornou outro sucesso da banda, novamente alcançando o número 2 no Reino Unido. A arte de capa usava duas fotografias do começo dos anos 1960 do fotógrafo de Hamburgo e antigo estilista dos Beatles, Jürgen Vollmer. A foto da frente mostrava quatro rapazes no fim da adolescência, olhando para os lados e para trás, o que ajudava a exibir seus cortes de cabelo típicos da época; a foto da contracapa mostrava quatro moças adolescentes num parque de diversões, igualmente com penteados e franjas uniformes, olhando para o vazio, quase como que para os rapazes do outro lado. Era uma sobreposição de imagens artística que combinava com a imagem do grupo e, talvez por se afastar da tradicional figura cult solitária, tornou-se, para muitas pessoas, a capa favorita dos Smiths.

O sucesso dos singles recentes e, então, de *The World Won't Listen* certamente reforçou a popularidade dos Smiths para a EMI, que foi obrigada a esperar para se aproveitar daquilo. Friedman se sentou com Nick Gatfield ("Eu o conhecia e gostava dele") e David Munns ("Um sujeito bastante assustador") e rapidamente descobriu suas limitações. Munns, disse Friedman, "apenas queria que eu conseguisse uma coisa — uma reunião —, e eu não era capaz de conseguir aquilo. Os Smiths não queriam se reunir com ele de maneira nenhuma". Nos Estados Unidos, Friedman conversou tanto com Seymour Stein quanto com Steven Baker, que ele já conhecia e que lhe informaram, como haviam informado a Munns, de que ainda tinham direito a um álbum futuro dos Smiths. Eles pediram a Friedman para esclarecer aquela questão.

Morrissey e Marr estavam igualmente confusos com relação a esse assunto e mais frustrados por não terem ainda recebido a verba que esperavam do primeiro — e, até que estivessem totalmente livres da Rough Trade, o único — adiantamento da EMI, que parecia ter sido comido por gastos com advogados. ("Nem Morrissey nem eu vimos um centavo", disse Marr numa entrevista com Danny Kelly, da *NME*, em fevereiro, seis meses depois de assinarem o contrato.) Tudo isso fez com que Friedman precisasse se encontrar com Alexis Grower para conseguir algumas respostas. Mas os Smiths não estavam mais usando os serviços de Grower, o que pode explicar por que, quando os dois se encontraram, "Ele foi muito incontrito", disse Friedman. "Ele não se importava por ter se desentendido com a banda; ele era muito arrogante. Literalmente, ficou sentado lá, no agasalho esportivo dele, com os pés sobre a mesa, sem fazer contato visual, e então me botou para fora depois de oito minutos e terminou a reunião. Acho que ele se sentiu desrespeitado pela banda e estava descontando em mim, mas aquela realmente foi uma das reuniões mais constrangedoras da minha vida."

Havia pouca coisa, então, que Friedman pudesse fazer para mudar qualquer coisa com qualquer uma das três principais gravadoras (ou que lhe rendesse alguma comissão) — embora não tivesse passado despercebido que, pouco tempo depois que ele assumiu o papel de empresário, Pat Bellis pediu demissão na Rough Trade após o que foi relatado como um "desentendimento" com Friedman. O novo empresário considerava que tanto Bellis quanto Jo Slee — que "estava sempre na casa de Morrissey, cortando coisas, fazendo trabalhos artísticos" — eram "'marias-purpurinas', apaixonadas por ele, encantadas por ele, qualquer coisa que ele fizesse, elas amavam". (Johnny Marr tinha seus próprios problemas com Jo Slee, especialmente naquela época: "Estava muito claro para mim, para Mike e para Andy que ela estava enlouquecida por Morrissey e se esquecendo do que eram os Smiths. A única coisa que importava para ela era Morrissey.") No que dizia respeito à assessoria de imprensa, Friedman achava que "eles eram tendenciosos, nunca eram objetivos. Eles estavam do lado de Morrissey, não de Johnny. Ou do lado da gravadora, não dos Smiths". Os comentários de Bellis sobre o acordo com a EMI e a demissão de Gannon eram prova disso. Friedman contratou Mariella Frostrup, uma assessora de imprensa independente com clientes importantes. A intenção de Friedman ao mudar o cenário, explicou ele a Morrissey, era conseguir alguém que "fará o que for melhor para o grupo. Não se apaixonar por você, não trabalhar para Geoff Travis, não entrar no meio de um problema entre a EMI e a Rough Trade. Então,

Morrissey concordou. Fizemos entrevistas e ele gostou mais de Mariella Frostrup". Ela era uma assessora de imprensa independente que, mais tarde, tornou-se uma importante apresentadora de TV. "Não sei muito bem quanto aquilo durou", observou Friedman.

Em relação à publicação, não havia nenhum desejo de mudança — a Warner Bros Music era a maior editora britânica dos anos 1980, intrometida e efetiva — além de que Friedman aumentasse os adiantamentos, algo que ninguém tinha tentado fazer até aquela altura. "Não me lembro de me pedirem uma verba adicional", disse o diretor de gerenciamento Peter Reichert, que vira Scott Piering apenas como o divulgador da banda (apesar de um divulgador "excelente"). "Isso é incomum. É por isso que você precisa de um empresário. Um empresário vai dizer: 'Espere um pouco, eu sei que a Warner está guardando um quarto de um milhão de libras para vocês, deixe-me ir lá conseguir isso.' E eles poderiam ter recebido aquilo antes, não fazia nenhuma diferença para mim. Talvez eles não estivessem precisando."

Com a situação dos adiantamentos da EMI, a falta de pressão sobre a Warner Bros Music, a confusão a respeito de lucros das turnês e a distribuição de receitas da banda esclarecida, as finanças dos Smiths estavam uma bagunça. Foi com a esperança de resolver tudo que Friedman trocou a firma de contabilidade dos Smiths, contratando os contadores do U2, a O.J. (Oz) Kilkenny, localizada na Soho Square. Isso foi mais do que uma pequena reformulação: bons contadores da indústria musical não apenas cuidam de negócios diários como depositar cheques e pagar contas, mas também guardam dinheiro para impostos, que eles conseguem manter num nível mínimo graças ao planejamento de investimentos a longo prazo e a brechas na legislação a curto prazo. Marr se mostraria agradecido pela mudança, permanecendo com a Kilkenny para sempre. Mas Friedman descobriria que ele ainda não tinha resolvido o problema de conseguir que os Smiths pagassem suas contas. "Eu tinha que correr atrás deles para que assinassem cheques o tempo todo. Eu conseguia que Johnny assinasse algo, então corria atrás de Morrissey e ele simplesmente escapava. Eu estava sentado ao seu lado e, quando eu me virava, ele tinha sumido. Não era nem um pouco divertido." A conta usada para pagar esses custos, disse ele, "não era a da Smithdom".

Friedman, então, sugeriu que Morrissey e Marr reconsiderassem a distribuição de royalties. O novo empresário tinha ficado sabendo das desigualdades assim que assumiu as rédeas. "O pai de Mike ligava e dizia: 'Diga a Morrissey e Johnny que eles precisam honrar seus compromissos.' Dando sermão." Friedman, como sempre, buscou Paul McGuinnes, do U2, para se aconselhar. O que McGuinnes lhe disse foi simples: dê a eles uma participação igual. Aquilo, Friedman sabia, nunca aconteceria: "Johnny teria aceitado, ele queria que aquele fosse um grupo. Morrissey teria simplesmente contratado duas outras pessoas." A sugestão do novo empresário era garantir ao baterista e ao baixista da banda dez por cento de tudo, incluindo publicação, ou, pelo menos, conseguir que eles fossem pagos diretamente pela gravadora, para que não pudesse haver nenhuma sugestão de irregularidades. "Johnny disse: 'Sim, grande ideia!'", recordou Friedman. "E Morrissey disse: 'Com licença', e nunca mais falou sobre o assunto."

Aquilo deixava apenas uma área em que, Friedman achava, ele podia influenciar adequadamente o futuro do grupo: shows. Até onde o novo empresário sabia, os Smiths tinham explorado muito pouco de seu potencial global. E se quisesse lucrar com tal popularidade, deduziu ele, a banda precisava de uma agência mais poderosa do que a All Trade Booking. "O problema de Mike Hinc foi que ele nunca enfrentou o grupo. Nunca mesmo. Ele nunca disse: '*Vocês têm que fazer isso*.'" Da perspectiva de Friedman, os Smiths precisavam estar com a Wasted Talent, cujo fundador, Ian Flooks, tinha representado não apenas os próprios clientes de Friedman, Simple Minds, mas também o U2, The Clash, Talking Heads, R.E.M., The Pretenders e The Eurythmics. Aquele era um grupo tão significativo de bandas que moviam grandes quantidades de dinheiro que isso possibilitava a Flooks efetivamente controlar o circuito de festivais europeus, que os Smiths tinham intencionalmente ignorado por conta de experiências ruins com horários no começo da carreira. Se eles estivessem com a Wasted Talent, como agora lhes era assegurado, seriam escalados, no máximo, como a segunda banda mais importante do dia, abaixo de uma das bandas principais de Flooks. Um monte de apresentações assim nos principais festivais europeus e eles não teriam que se preocupar com os shows insignificantes que tinham sido a desgraça do começo de sua carreira. Além disso, Flooks não achava um problema eles continuarem a ser representados, nos Estados Unidos, por Ian Copeland, que estava ansioso para levar os Smiths de volta e continuar de onde eles haviam parado no verão anterior. Então, eles poderiam começar a olhar para os continentes que ainda não tinham visitado, mas onde tinham seguidores fanáticos, da Ásia à

Australásia e à América do Sul. Marr, segundos Friedman, parecia mais do que confortável com a mudança e relatou que Morrissey também concordaria com aquilo. "Então, demiti Hinc", disse Friedman. "Foi difícil, sempre é. Ele era amigo deles. Mas eu achava que precisava de pessoas fortes ao nosso redor, que fossem capazes de convencer o grupo a fazer coisas. E Flooks era o melhor agente que existia."

"Ken passou três meses me dizendo como seria bom quando ele conseguisse ser o empresário deles", disse Hinc, "e, então, quando ele conseguiu o posto, a primeira coisa que fez foi me mandar embora." Na opinião de Hinc, isso dizia tudo que ele precisava saber sobre a credibilidade de Friedman.[3] No fim, o que Hinc acharia perfeitamente irônico, a Wasted Talent apenas agendou um show para os Smiths — o Festival de San Remo, na Itália, uma apresentação em playback para a televisão nacional. Aquilo envolvia aparecer num palco giratório ao lado de muitos dos artistas pop que os Smiths diziam detestar, definitivamente com ecos da última visita desastrosa à Itália dois anos antes; dessa vez, talvez como um ato de boa vontade por Friedman, eles seguiram adiante com a "apresentação". Mas não ficaram exatamente impressionados com aquilo.

Nem, em retrospecto, ficou seu novo empresário. "Eles não deveriam ter ido a San Remo, não foi bacana", Friedman admitiu, alegando que ele foi "pressionado" a fazer aquilo, que era exatamente como o grupo tinha se sentido em tantos cenários semelhantes durante os últimos quatro anos. "Por ser americano, eu não sabia como aquilo era ruim. Era realmente uma coisa muito popular. Os Smiths eram o grupo menos provável de ir até lá." Ainda assim, ele manteve a estada de uma semana, que incluía grandiosos jantares com gravadoras e muitos compromissos com tapete vermelho. "Foi divertido, e Morrissey saiu de sua concha. Ele socializou com outros astros pop." Tais astros incluíam os Pet Shop Boys, o Style Council e o Spandau Ballet, embora, quando Friedman, sem saber o que havia ocorrido, tentou apresentar Morrissey a seu rival, Bob Geldof, ele tenha testemunhado pessoalmente o medo de confronto do vocalista. Friedman recordou que ele e Marr tentaram aproveitar ao máximo o raro momento de descontração de Morrissey para conseguir que ele se entregasse a alguns dos vícios que tendiam a agradar os astros pop, mas com um sucesso apenas limitado. O Festival de San Remo marcou a última vez que os quatro Smiths subiram num palco juntos fora do Reino Unido.

CAPÍTULO

TRINTA E OITO

P: Você consegue se ver compondo músicas com qualquer outra pessoa que não seja Johnny Marr?
R: Na verdade, não. Eu realmente não penso sobre isso; isso não parece necessário. Estou perfeitamente feliz.

— Morrissey para Mark Radcliffe, Piccadilly Radio, novembro de 1986

Morrissey é meu melhor amigo.

— Johnny Marr, *NME*, fevereiro de 1987

O ano de 1987 viu um novo visual dos Smiths. Tinham saído os ternos de grife e as jaquetas casuais New Wave, os óculos escuros e os cabelos oxigenados; também fora abandonada a Gibson Les Paul, aquele símbolo de estrelato do rock que Marr tinha usado por dois anos. Todos os quatro integrantes agora tinham um corte de cabelo parecido, cortesia de Andrew Berry — um topete curto —, para combinar, o melhor possível, com a foto de Elvis Presley na capa do single de "Shoplifters", tirada pelo cabeleireiro do próprio rei havia muito tempo, em 1955. (Num momento de marketing inspirado, a Rough Trade tinha enviado cópias do single dentro de uma sacola de plástico enfeitada com a imagem de Elvis de um lado e a palavra "shoplifter" [pessoa que furta lojas] do outro. Aquilo ajudou o single a continuar a renovada série de sucessos dos Smiths no top 20 do Reino Unido.) Foi dessa maneira que eles apareceram no *Top of the Pops* divulgando o single em fevereiro, Johnny Marr novamente com uma Gretsch, Morrissey usando calça jeans e uma jaqueta sobre uma camiseta com a imagem de Presley, sugestivamente balançando seu quadril como um Elvis do começo da carreira. Essa imagem de volta às origens foi reforçada por uma memorável foto de capa de Lawrence Watson para a *NME* algumas semanas depois, para a qual eles posaram do lado de fora da loja de apostas de Albert Finney (pai), em Salford, parecendo muito — especialmente em virtude do uso inteligente do jornal de um *duotone* sépia — parte do elenco de *Tudo começou num sábado*.

A entrevista da matéria de capa foi conduzida não com Morrissey, mas com Johnny Marr, que também ocupou o papel de porta-voz dos Smiths em entrevistas com a *Hot Press* e *The Face*. O vocalista ficou com a decidida falta de glamour da *Record Mirror*. "Eu não corro atrás de publicidade", Morrissey tinha insistido com Mark Radcliffe na Piccadilly Radio, de Manchester, em novembro, no fim de uma turnê britânica em que seus ferimentos sobre o palco tinham sido relatados nos tabloides. "Eu honestamente não me importo se as pessoas não querem me entrevistar pelos próximos vinte anos." Um exagero, talvez, mas Morrissey realmente parecia ter sido um pouco rebaixado, se não completamente silenciado, por causa de suas opiniões exageradas no verão anterior para Frank Owen. Comparar os comentários na *Record Mirror* aos de Marr na *NME* na mesma semana era uma leitura fascinante, especialmente pelo fato de que foram feitas aos dois essencialmente as mesmas perguntas. Sobre a EMI, Marr quase se desculpava no que dizia respeito ao incentivo financeiro: "Não vou ficar na defensiva nessa questão — por que deveria? Obviamente, o dinheiro é parte da razão pela qual assinamos..." Sobre esse mesmo assunto, Morrissey foi extremamente modesto: "É um assunto muito delicado e vamos dizer que eu prefiro apenas seguir com ele em vez de dissecá-lo." Sobre o vício em drogas de Rourke (que tinha acabado de se tornar um assunto público, um ano depois de ele ser demitido e depois readmitido), Marr não negou nada e explicou tudo, enquanto Morrissey disse "Não sei se é minha função falar em nome de Andy, porque isso é muito pessoal". Sobre o sucesso do Housemartins, que tinha acabado de conseguir se tornar o single número 1 de Natal, o vocalista foi positivamente caridoso: "Prefiro que eles estejam naquela posição a qualquer outro grupo." Marr não deu muita importância a eles. "Se eles realmente *são* nossos rivais mais próximos, não é nenhuma surpresa eu estar tão confiante em relação aos Smiths!"

Seria justo dizer que Marr abordou o novo álbum dos Smiths com um ponto de vista diferente dos outros. "Eu tinha uma nova clareza e uma espécie de paixão, mas uma objetividade saudável, eu acho", disse ele tempos depois, "porque eu sabia que, se as coisas saíssem errado, eu tinha decidido, dentro de mim, que eu tinha uma vida fora do grupo. Eu não fazia ideia do que era essa vida e aquilo seria abrir mão de tudo, mas existia uma resposta." Isso poderia ser interpretado como conhecimento prévio de que ele estava fazendo seu último disco dos Smiths, mas ele insistiu que não foi esse o caso; no máximo, como os outros, ele tinha todas as razões para esperar que, especialmente com o novo empresário e a iminente mudança para a EMI, e por causa da impressionante volta do grupo ao sucesso comercial, as coisas continuariam a se mover para a frente e para cima. Mas Marr estava determinado a parar de carregar o peso do mundo em seus ombros, ou de ficar doente de tanto trabalhar, como tinha sido o caso em *The Queen Is Dead*. Igualmente, ele era inflexível com o progresso musical dos Smiths. Ao recriar a pegada de "Panic", "Sheila Take a Bow" certamente *não* tinha honrado essas intenções, o que é parcialmente a razão para a música não entrar no álbum seguinte. Outra nova canção gravada na mesma sessão, "Girlfriend in a Coma", porém, honrava, e a primeira tarefa dos Smiths quando se mudaram para o Wool Hall Studios, perto de Bath, em março, longe o suficiente de Londres para evitar que eles fossem distraídos com facilidade, foi completar a canção que acabaria sendo seu próximo lado A.

Ela também acabaria sendo sua canção mais curta, mais delicada e estava certamente entre as mais sublimes. Marr falaria muito sobre o fato de ela ter sido inspirada, musicalmente, por "Young, Gifted and Black", reggae de sucesso de 1970 de Bob and Marcia, fazendo referência a como ele e Morrissey "adoravam a música" com tanta frequência que parecia estar, intencionalmente, tentando contrapor o recentemente anunciado ódio do vocalista pelo gênero. A referência ao reggae ficava bastante evidente na gravação original do Good Earth, e é uma pena que esse arranjo não pudesse ter sido mantido, pois essa era a única prova gravada da banda (ou pelo menos de Johnny Marr) mergulhando num groove jamaicano. Ainda assim, o violão base, os dedilhados de violão e os floreios highlife na guitarra davam à gravação do Wool Hall uma leveza que contrastava intencionalmente com sua letra cruelmente hilária, a qual oferecia uma versão extrema da antiga cultura pop de "músicas de morte" como "Tell Laura I Love Her" e "Leader of the Pack". A adição de cordas sintetizadas concedeu um drama adicional no que se pretendia um refrão, enquanto a confissão de Morrissey de que poderia tê-la assassinado, "there were times when I could have murdered her", oferecia uma volta consciente ao sentimento de "Bigmouth Strikes Again". Como um exercício de "leveza", em todos os sentidos da palavra, "Girlfriend in a Coma" foi um dos maiores triunfos dos Smiths.

Strangeways, Here We Come, como o novo álbum seria intitulado ("porque da forma como as coisas estão indo, eu não ficaria surpreso se estivesse na prisão daqui a 12 meses", disse Morrissey), marcaria a primeira vez na carreira dos Smiths que tanto material seria finalizado no estúdio. E também a última. Como resultado, havia aquelas pessoas próximas à banda postulando que, se os Smiths pudessem ter feito alguns shows na época da gravação, as brasas que queimavam bem no fundo deles teriam se reacendido e a futura separação poderia ter sido evitada. É uma boa teoria, mesmo que deva permanecer hipotética. Mas que precisa ser contrariada pela insistência dos integrantes da banda no fato de que o clima no Wool Hall era impressionantemente positivo. "Acho que teve a melhor atmosfera de qualquer álbum que tínhamos gravado", disse Mike Joyce, "porque, naquela época, já éramos veteranos: finalmente tínhamos afiado nossas técnicas de gravação."

"Nós gravávamos duas ou três músicas por dia, então tínhamos longas sessões em que escutávamos tudo aquilo até três ou quatro da manhã, bebendo engradados de cerveja", recordou Rourke. Na verdade, a bebida era abundante como sempre, outras substâncias continuavam muito presentes e as horas depois das gravações eram aliviadas tocando os maiores sucessos do hilário documentário falso sobre rock, *This Is Spïñal Tap*; até Stephen Street participava da farra. (Morrissey, que mantinha seu horário diurno, não.)

O argumento contra fazer mais shows também tinha que levar em consideração que nem Morrissey nem Marr, ambos desgastados com suas experiências em 1986, estavam desesperadamente ansiosos para voltar a excursionar e que, mesmo se estivessem dispostos a testar o novo material em algumas apresentações pequenas, a Wasted Talent não era tão capaz quando a All Trade para agendar rapidamente uma série de datas em pequenas casas de show ou em auditórios na Escócia. Foi, na verdade, uma política intencional que as novas canções fossem, em grande parte, formuladas no estúdio e não nas passagens de som ou nos shows — uma forma que o grupo buscou para mudar as coisas —, mas o processo era, por si só, desafiador. Assim que "Sheila Take a Bow" foi lançada, em abril, seriam completadas dez músicas que os Smiths tinham gravado e lançado desde *The Queen Is Dead*. A pressão autoimposta para lançar um álbum por ano (o que Stephen Street comparava à "coleção anual de uma grife") agora significava que eles teriam que produzir seu *segundo* novo álbum em menos de 12 meses. Isso teria sido suficientemente difícil mesmo nas melhores circunstâncias — uma parceria revigorada entre Morrissey e Marr se juntando para sessões de composição à moda antiga em Bowdon, por exemplo —, mas logo ficou evidente para todos os envolvidos que, apesar de Marr ter completado algumas demos instrumentais e apesar de ele ter passado algumas delas a Morrissey, a dupla tinha parado de compor frente a frente. "Eu estava ciente de que as canções não tinham sido escritas, eles não tinham trabalhado nelas juntos", disse Stephen Street. "Era um caso de 'Tente isso, esse tom está bom? Ótimo, essa velocidade está boa?' Dava para notar que era a primeira vez que as músicas estavam sendo criadas ali."

Em grande parte, a nova abordagem funcionou. (E ela era nova apenas para os Smiths; muitos grupos compõem no estúdio naturalmente, especialmente à medida que seus integrantes ficam mais velhos e passam mais tempo longe uns dos outros.) Era difícil imaginar "Death of a Disco Dancer", por exemplo, sendo construída em qualquer lugar que não um estúdio. Uma longa jam de um padrão de acordes repetido (levemente baseado em "Dear Prudence", dos Beatles), ela se tornava uma espécie de improviso na marca de três minutos, quando o vocal já havia dito o que pretendia (ou seja, como na intenção mal-interpretada de "Panic" de que as discotecas inglesas eram um ambiente mortal). Mike Joyce apresentou uma de suas melhores contribuições nos Smiths, fornecendo uma espécie de conclusão ao fim da música enquanto ele explodia — metodicamente, sem se exibir — na bateria. Morrissey depois voltou ao estúdio para gravar seu primeiro *overdub* instrumental, uma cascata de teclas de piano que eram suficientemente musicais para manter alguma semelhança com uma melodia, mas duras o suficiente para contribuir com a sensação de mau agouro da música. Marr cobriu tudo com um drone sintetizado. Como tinha feito com a principal declaração do último álbum, Street sabiamente cortou um minuto da música no processo de mixagem.

"A Rush and a Push and the Land Is Ours" exalava uma sensação semelhante de criatividade, principalmente por ser a primeira canção dos Smiths (além de "Asleep") a deixar a guitarra de fora e, assim sendo, sua escolha para ser a faixa de abertura de *Strangeways* serviria para, intencionalmente, confundir as expectativas. Construída em torno de um riff de piano animado, cheio de *reverse echoes* privilegiados por Street e Morrissey, complementada com flautas e marimbas sintetizadas e incluindo uma parte de piano sincopado gravada no sintetizador, semelhante aos riffs de pianos digitais dos inovadores clássicos do house e do techno (escute "Strings of Life", do Rhythm Is Rhythm, também de 1987, como prova), ela apresentava o discurso de abertura dos Smiths no envelope musical mais amplo do grupo.

O título da música foi tirado diretamente dos escritos da mãe de Oscar Wilde, que tinha escrito aquilo, sob o pseudônimo de Speranza, no jornal irlandês *The Nation,* na época da Grande Fome. "Um movimento corajoso, decisivo", escrevera ela. "Um instante para pegar fôlego e então um levante: um ímpeto, um ataque do norte, sul, leste e oeste sobre a guarnição inglesa, e *a terra é nossa...*"[1] Mas, se Morrissey estava esperando inspirar um levante unido semelhante contra a moderna guarnição inglesa, aquilo se mostraria muito tardio: Thatcher foi eleita para um terceiro mandato como primeira-ministra no período entre a gravação e o lançamento da música. (Era demais para o Red Wedge.) Além do mais, a canção não explicava muito sobre seu título; em vez disso, a letra rapidamente divergia para a primeira das muitas canções de *Strangeways* sobre amor fracassado.

A melhor delas, pelo menos no que dizia respeito a arranjos de estúdio, era "Last Night I Dreamt That Somebody Loved Me", que tanto Morrissey quanto Marr repetidamente alegariam ser sua canção favorita entre todas dos Smiths. Morrissey falara, em novembro do ano anterior, sobre querer "fazer algumas baladas muito dolorosas", e Marr tinha deixado clara sua determinação em progredir musicalmente; o que resultou de uma levada de piano pesada com uma balada em 3/4 dramática, no fim, satisfez as duas exigências, juntando, assim, basicamente todo tipo de sofisticação de estúdio no arsenal dos Smiths: discos de efeitos da BBC, grandes orquestras sintetizadas, notas de baixo sampleadas profundas e ressonantes, melodias harpejadas de teclado equilibradas às da guitarra, inflexões sincopadas da bateria e um solo de guitarra exploratório afundado na mixagem do fim da música. Não foi nenhuma surpresa descobrir que a canção foi trabalhada, regularmente, por duas semanas ou mais no Wool Hall, e que ela mal estava terminada quando Morrissey foi gravar os vocais, que, apesar de o título sugerir uma repetição de sua velha fórmula, serviam, em vez disso, como uma palavra final sobre o assunto — pelo menos nos Smiths. Simon Goddard se referiu a tal música, com muita justiça, como a "arrasadora resignação desesperada de que essa impiedosa solidão é a sentença de prisão perpétua do protagonista", e concluiu que "a voz de Morrissey está ainda mais inspiradora por sua falta de histeria, desnudando sua alma com uma sinceridade resignada quase insuportável".

Strangeways certamente não era só dramalhão. "Stop Me If You Think You've Heard This One Before", como seu título bem-humorado sugeria, trazia de volta a fórmula de guitarra melódica que servira tão bem ao Smiths no início da carreira, desde o uso de levadas de guitarra dedilhada até a técnica de deixar cair facas de cozinha sobre cordas soltas. Mas a música era arranjada de forma mais artística do que suas antecessoras, assim como "Paint a Vulgar Picture", que, embora fosse essencialmente o som de um quarteto sem enfeites, teria soado muito sofisticada em qualquer um dos álbuns anteriores — em parte porque incluía um solo de guitarra claramente definido, embora não sem um reconhecimento irônico desse fato; a bateria, inclusive, parava para destacar palmas ritmadas como acompanhamento a essa rara ruptura com a tradição.

De forma semelhante, enquanto "Unhappy Birthday" voltava a guitarras semiacústicas e performances diretas da banda, como as de muitas canções do começo da carreira dos Smiths, a adição de uma guitarra cheia de efeitos e de um harmônio a distinguia de álbuns anteriores. "Ainda é introspectiva", observou Johnny Marr, "mas há uma melancolia nela. Há um aspecto despreocupado nela." O último atributo ficava por trás da intenção original de "I Started Something I Couldn't Finish", que, não foi surpreendente descobrir, em virtude de seu ritmo glam rock quase juvenil, tinha ganhado vida como uma jam na sessão de "Sheila". Aumentada por sopros afetados do sintetizador e com uma caixa de bateria digital para dar uma sensação adicional de banda glitter (Marr disse que "Amateur Hour", do Sparks, foi sua verdadeira inspiração), ela incluía todo tipo de erupção de guitarra, quebradas na bateria e efeitos especiais, e terminava com o raro som de Morrissey na cabine: "Ok, Stephen, vamos fazer isso novamente?" (A resposta, evidentemente, foi: "Não há necessidade.") Por conta de sua exuberância, foi um pouco surpreendente descobrir que a canção tinha provocado uma das únicas discussões de estúdio em toda a carreira de gravação do grupo, quando Stephen Street levou uma fita cassete com uma mixagem prévia ao chalé de Morrissey e voltou com a notícia de que o vocalista não tinha gostado do arranjo. "Ele que se foda", gritou Marr. "Ele pode pensar em algo, então." Aquela foi, disse Street, "a única vez que vi Johnny explodir", e se ele tomou aquilo como um sinal de que tensões estavam começando a borbulhar na superfície, foi igualmente um marco da harmonia duradoura da parceria, pois havia poucas bandas cujos integrantes não explodiam ocasionalmente entre si no estúdio como parte do tradicional jogo de poder criativo.

O tempo todo, o plano era que a inegavelmente épica "Last Night I Dreamt That Somebody Loved Me" fechasse o disco — até que uma canção mais comovente surgiu do nada, quase no último segundo, quando Marr decidiu tirar a poeira de uma auto-harpa que estava jogada no Wool Hall. "Novamente, foi uma daquelas coisas em que eu estava apenas tocando o que vinha na cabeça", disse Marr. "Havia uma melancolia ali, mas ela não era oprimida por outra instrumentação." Usando um padrão familiar de acordes, como o que tinha criado "Ask", Marr conseguiu algo mágico e gravou imediatamente. Street lembrou-se de que, naquele caso particular, Morrissey estava presente no estúdio e rapidamente pediu uma fita cassete. Quando ele voltou para gravar seu vocal (que acabou aumentado por uma linha de baixo contida e pouco mais do que harmonias vocais), foi como se tivesse encontrado em sua estrutura simples o potencial para uma verdadeira canção de amor sentimental, mais uma das "baladas dolorosas" que ele gostava tanto de cantar. Ele a chamou de "I Won't Share You", e os outros se recordaram de que, enquanto ele a cantava, arrepios corriam por suas espinhas. Porque, além da beleza de sua performance, a forma com que Morrissey mais uma vez combinara a letra tão habilmente ao tema musical de seu parceiro de composição, levantava a questão: quem ele não estava disposto a compartilhar?

CAPÍTULO

TRINTA E NOVE

P: Quais são seus mecanismos de defesa?
R: Doença repentina. Isso nunca falha.

— Morrissey para Andrew Male, *Mojo*, abril de 2006

Todas as vezes em que ele não aparecia e mudava de ideia de forma repentina, particularmente nos dois últimos anos da banda, foram um fator muito significativo para minha decisão de abandonar a banda e um fator decisivo para que eu não sentisse mais a mesma amizade por Morrissey.

— Johnny Marr, março de 2011

THE SMITHS

A maioria das grandes bandas de rock exige ser deixada em paz enquanto está gravando um disco. Turnês podem ser agendadas para mais adiante, e as ocasionais reuniões de trabalho com empresários podem ser feitas, talvez, durante o jantar, mas, de forma geral, os artistas desejam paz e privacidade para focar em sua arte. Os Smiths, no entanto, eram notoriamente muito hiperativos e muito desorganizados para que isso chegasse a ser uma possibilidade. Apesar de não terem entrado no Wool Hall Studios até que tivessem acabado a divulgação de "Shoplifters of the World Unite" e de "The World Won't Listen", eles não conseguiram completar o álbum antes de começar a divulgação de "Sheila Take a Bow". (A opção de adiar o single até terem acabado *Strangeways* pareceu não ter sido levada em consideração.) Significativamente, no fim de março, bem no meio da sessão, a Sire revelou sua própria coletânea dupla, *Louder Than Bombs*, a qual abrangia tudo que os Smiths não tinham lançado num álbum de estúdio americano.[1]

Era uma quantidade surpreendente de músicas: 24, ao todo, indo tão longe quanto a versão de "Hand in Glove" do single e chegando até o momento em que estava, com "Sheila Take a Bow". O fato de a ordem das músicas parecer aleatória era parte de seu charme: o disco alternava baladas e músicas agitadas, de Peel Sessions do começo da carreira a hinos glam recentes, tudo com o ímpeto imprevisível de um futuro iPod no modo aleatório. Em virtude tanto da qualidade quanto da quantidade — e do escopo — do material, podia-se alegar que aquele era o melhor de todos os discos dos Smiths lançados durante a carreira da banda. A Sire certamente achava que era — e foi por isso que o selo mais uma vez abordou o assunto polêmico de um vídeo promocional.

"Estávamos limitados na difusão via rádio, porque havia apenas algumas estações (de rádio) que tocavam os Smiths e apenas algumas preparadas para tocar artistas como os Smiths", disse Steven Baker, da Warner Bros. Por outro lado, "a MTV estava interessada nos Smiths, então aquilo era parte de nossa frustração. Lá estava uma empresa que era parte importante do marketing de grupos, mas não podíamos lhes fornecer um vídeo, como outros grupos alternativos estavam fazendo". Durante os últimos anos, a MTV tinha colocado em sua programação artistas como Lloyd Cole, The Woodentops e Pete Shelley — todos consideravelmente menos significativos para o público do canal do que os Smiths. No fim de 1986, o New Order, outra banda de Manchester igualmente obstinada, tinha permitido que o artista Robert Largo dirigisse um vídeo para seu single "Bizarre Love Triangle", e o resultado colorido, com cortes rápidos, estourara nos Estados Unidos de uma forma que os vídeos claustrofóbicos de Derek Jarman para os Smiths simplesmente não foram capazes. Também no ano anterior, a MTV tinha lançado um programa semanal de "música alternativa" nas noites de domingo, *120 minutes*, que, especialmente para os que viviam em áreas afastadas, sem acesso a rádios alternativas, imediatamente desenvolveu um grupo de seguidores fanáticos; novamente, os Smiths eram escolhas óbvias para a divulgação em que o programa focava. "Toda vez que os Smiths tinham um vídeo mostrado no *120 minutes* ou uma música tocada na KROQ, aquilo se transformava numa reação imediata", disse Baker sobre a atração fanática dos Smiths. "Qualquer coisa que recebíamos era o equivalente a cem vezes o que alguma outra banda podia receber." Agora, com "Sheila Take a Bow", um single épico que seria posicionado como segunda música em *Louder Than Bombs*, a Sire/Warner Bros forçou a barra mais uma vez.

A gravadora recomendou a Ken Friedman que a banda trabalhasse com uma jovem diretora, Tamra Davis, que se descrevia como "a diretora que gravadoras contratavam para conseguir fazer um vídeo com gente que nunca faria um vídeo". Nesse âmbito, Davis já havia fornecido à Warner Bros vídeos do Depeche Mode e do New Order. "Eu sempre focava no fato de ser uma grande fã e de que eu trabalhava com bandas que amava. Meu trabalho não era grande e comercial, era mais inspirado nos artistas." Sobre os Smiths, ela declarou a mesma devoção impossível que centenas de milhares de outras pessoas declaravam: "Eu era a maior fã do mundo." Para a anglófila Davis, aquele era o trabalho dos sonhos.

Para Friedman, aquilo também fazia sentido. Enquanto ele tentava agendar turnês — um dos festivais de verão europeus e outro dos grandes espaços ao ar livre nos Estados Unidos — para se aproveitar do lançamento de *Louder Than Bombs*, descobriu que Morrissey, em particular, estava resistindo à ideia. "É verdade, se eu tivesse concordado, uma turnê mundial teria acontecido", admitiu o cantor, menos de um ano depois. "Mas eu não estava preparado para me tornar aquele boneco pop sem vida, simplesmente chegando e indo embora, sem saber onde eu estava ou que roupas estava usando, e parado sobre o palco cantando de forma automática." Isso era frustrante, não apenas porque sair em turnê era a maneira por meio da qual bandas de rock tipicamente promoviam seus discos, tampouco porque os Smiths eram tão incrivelmente bons ao vivo, mas porque Friedman queria mostrar que ele podia agendar uma turnê nos Estados Unidos que se mostraria lucrativa e sem o drama que tinha feito a turnê de 1986 sair dos trilhos. Ainda assim, enquanto ele voltava ao Wool Hall, com um itinerário cada vez mais reduzido e projeções de lucro crescentes, mais parecia estar irritando um de seus clientes. Stephen Street recordou-se de "Ken tentando ter reuniões com Johnny e Morrissey para planejar o que eles fariam, como qualquer empresário desejaria fazer quando terminava um disco, e simplesmente dava para perceber que Morrissey não estava interessado". O próprio Friedman se lembrou de Morrissey lhe dizer: "Estou no estúdio tentando criar arte e você está aqui tentando falar de negócios comigo. Isso está me incomodando. Não posso fazer as duas coisas. Vá embora." Com o tempo se esgotando para confirmar os shows, um vídeo ou dois se tornaram ainda mais importantes.

Davis foi mandada à Inglaterra, com a mensagem clara da Warner Bros de que, como ela recordou, "a banda realmente tem que apoiar esse disco e participar no vídeo, e se eles estragarem tudo, vão ter que pagar", o que queria dizer que todo o custo seria acrescentado à conta dos Smiths com o selo. Davis e Friedman foram até Bath e ficaram numa casa perto do Wool Hall. "O plano", disse Davis, era "passarmos alguns dias com eles, fazermos com que se acostumassem e ficassem confortáveis comigo. Essa era a razão pela qual eu adorava fazer videoclipes, porque eu sempre me colocava naquilo de coração: 'O que *vocês* querem fazer?'"

Aquela pergunta nunca seria facilmente respondida por alguém tão volátil quanto Morrissey. "Foi uma coisa muito bizarra. Passei dois, três dias com ele, sentada em seu quarto, sentada em sua cama, e tive essa sensação: 'Será que ele é realmente maluco e esquisito, ou ele está apenas tentando me convencer?' Eu não conseguia descobrir se era fingimento ou não." Isso estava se tornando uma preocupação crescente em torno do vocalista, enquanto quem o conhecia melhor do que Davis se preocupava com a possibilidade das afetações do cantor estarem dominando seus verdadeiros instintos. De qualquer forma, Davis encontrou o que ela achou ser algo em comum. "Nós compartilhamos nosso amor por Hollywood e pelo glamour." Eles chegaram a uma decisão: além de imagens que ela fizera com uma câmera na mão no estúdio, em Bath, ela filmaria a banda tocando ao vivo em Londres (sem nenhuma das medidas intermediárias de "The Boy with the Thorn in His Side") e "intercalaria com velhos filmes de Hollywood". Mas, mesmo enquanto fazia esses planos, ela permanecia confusa com relação a Morrissey. "Eu definitivamente via uma dissociação entre o que ele estava fazendo e o que a banda estava fazendo." O estilo de vida diurno do vocalista e os hábitos noturnos dos outros integrantes estavam testando os limites de seu horário de trabalho mútuo; Street observou que eles muitas vezes não começavam a gravar até a tarde, "o que Morrissey achava um pouco irritante, ter que ficar esperando que as coisas acontecessem".

Bem no começo de abril, quando começou a mixagem no Wool Hall, Johnny Marr, Mike Joyce e Andy Rourke chegaram para a gravação do vídeo num estúdio em Battersea, sul de Londres, na hora combinada. Morrissey — dá para adivinhar —, não. A princípio, os outros pensaram que ele poderia estar apenas elegantemente atrasado, mas, considerando-se o fato de Morrissey ser o integrante diurno do grupo, a possibilidade parecia improvável. Enquanto isso, a equipe de produção com cinegrafistas, operadores de som, funcionários do bufê e vários técnicos e assistentes estava parada sem propósito, contribuindo para uma conta que chegava a milhares de libras por hora.

Davis entrou em pânico, Friedman ficou furioso, ambos cientes não apenas do custo considerável da produção, mas de sua importância para o relacionamento com a gravadora americana e a indústria musical como um todo. Sem o videoclipe, as exigências de Morrissey por uma exposição maior nos Estados Unidos seriam, em grande parte, travadas, e o entusiasmo da gravadora pelo grupo em geral talvez fosse igualmente prejudicado. (E a Sire, fora agora determinado, certamente tinha mais discos dos Smiths em seu contrato; os esforços que eles estavam fazendo por *Louder Than Bombs* sugeria que ela pretendia aproveitá-los ao máximo.) Sem que Johnny Marr fosse capaz de oferecer uma explicação, os três seguiram até a Cadogan Square.

"De alguma forma, sabíamos que ele estava lá", recordou Davis. "Mas ele não abria a porta. E Johnny dizia: 'Não podemos ser uma banda se é assim que você vai agir. Venha aqui fora agora, temos que fazer isso, somos responsáveis por esse vídeo, ele está nos custando dinheiro.' Eu me lembro muito claramente de não fazer a menor ideia de se Morrissey estava parado do outro lado da porta, rindo de nós três por estarmos implorando a ele, ou chorando, também aborrecido. Porque ele estava fazendo um barulho que parecia tosse. Eu não sabia. Meu coração estava partido. Lágrimas estavam escorrendo em meu rosto. Você está acabando com a banda? Não faça isso. Ken estava tentando manter aquilo tudo sob controle. Eu estava chorando muito. Johnny estava dizendo: 'É isso. A banda acabou. Ken, acabou.' E foi embora."

Diversas vezes, ao longo dos anos, Marr tinha instintivamente protegido Morrissey quando seu parceiro deixara de comparecer, defendendo o companheiro em assuntos como o bolo a Wogan, faltas no estúdio e cancelamentos abruptos da turnê europeia. Nessa ocasião, ele não foi capaz de fazer o mesmo. "Se eu seria tratado como qualquer outra pessoa, significava que... Por que deveria apoiá-lo? Porque você está me tratando como um cinegrafista que você nunca viu antes." Os três seguiram para o Portobello Hotel, para ficar "absolutamente bêbados", como Davis descreveu, um processo que foi acelerado e intensificado pela presença do New Order no local, banda que tocaria na Brixton Academy na mesma semana.

Após a ressaca do dia seguinte, Marr não acabou com os Smiths. Mas tinha chegado ao fim de sua linha emocional. A desarmonia ajudava um pouco a explicar a apresentação um pouco contida no *The Tube* na sexta-feira seguinte, 10 de abril, em que eles revelaram "Sheila Take a Bow" junto de "Shoplifters of the World Unite". Aquela seria sua última apresentação ao vivo.

Nos dias antes ou depois do *The Tube*, Marr insistiu em ter uma reunião com Morrissey, no apartamento do vocalista, para discutir o futuro da banda. Foi Morrissey quem deu o ultimato: Ken Friedman tinha que ser demitido. O vocalista e o novo empresário haviam ficado extremamente irritados um com o outro ao longo das últimas semanas, e era impossível não concluir que a falta de Morrissey na gravação do vídeo fora sua forma de expressar seu descontentamento. O fato de existirem formas mais baratas e políticas de fazer aquilo deveria ser óbvio, mas aquilo não importava mais.

Friedman tinha, é justo dizer, agido como o notório elefante na sala desde que havia assumido os Smiths, substituindo a antiga agência de talentos e a assessora de imprensa do grupo, assim como seus contadores, tudo numa questão de poucas semanas. "Poderíamos ter nos saído melhor com alguém mais calmo", observou Marr, citando os exemplos de Scott Piering, Joe Moss e Matthew Sztumpf — mas, de qualquer forma, nenhum *deles* havia agradado a Morrissey também. E Friedman insistiu que ele não tinha feito as mudanças puramente por fazer, mas com a intenção clara de elevar os Smiths ao nível que eles mereciam. (Além disso, não havia sido ele a decidir que a banda precisava trocar a Rough Trade pela EMI, a mudança mais dramática de todas.)

A única conclusão possível era que Morrissey não queria ter um empresário. Essa foi a compreensão que Marr tirou de sua reunião de cúpula com seu parceiro: Morrissey, Marr recordou, sugeriu que "as coisas deveriam voltar à forma como eram, o que significava que eu deveria tomar conta de tudo. E eu simplesmente não estava preparado para aceitar aquela responsabilidade. Encontrar um baixista e um baterista, e um vocalista, e então o iluminador, e conseguir um contrato de gravação, e compor a música e produzir os discos, isso eu fui capaz de fazer. Mas empresariar uma das maiores bandas do mundo e lidar com agentes, lidar com advogados, renegociar grandes contratos de gravação, cuidar da banda durante turnês de oito semanas — e aquilo tendia apenas a crescer — era algo que eu não apenas não estava preparado para fazer, mas que eu não tinha capacidade de fazer, mesmo se quisesse. Nunca conheci ninguém que acha que o guitarrista de 23 anos de uma banda realmente grande deva ser o empresário".

Ainda assim, Morrissey sentia um peso semelhante de responsabilidade. "Existiam tantas ideias criativas que vinham da minha cabeça e de mais ninguém", explicou ele uma década depois. "Além de cantar, criar melodias vocais e letras, e títulos, e capas de discos, e dar entrevistas, sempre havia mais coisas em que pensar. A maior parte da pressão caía sobre meus ombros." Se Marr era absolutamente insistente em delegar algumas de suas antigas (e sofridas) responsabilidades, Morrissey se sentia igualmente inflexível em relação ao fato de que ele *não* podia delegar as suas; suas tarefas eram as exigidas do Artista.

A dupla, então, chegou a um impasse. Embora Marr aceitasse que Friedman teria que ser demitido se ele e Morrissey fossem permanecer juntos, ele se recusou a cuidar da execução do plano. "Eu não consegui me forçar àquilo... não foi minha decisão. Novamente. E era outra pessoa de quem eu gostava. E, particularmente, por causa do que tinha acontecido com o vídeo. Eu já havia sofrido com a fúria de Ken e todas as ligações de todas as pessoas, o dinheiro que aquilo ia nos custar. Eu simplesmente não estava preparado para passar por outro grande rompimento com alguém com quem eu tinha acabado de passar semanas. Era muito duro."

Marr sugeriu, em vez disso, que ele e Morrissey conseguissem uma anulação, na esperança de ver "um enorme peso sair dos ombros dele e dos meus". Ao se tornarem entidades de negócios separadas, segundo o ponto de vista de Marr, eles poderiam designar seus próprios empresários (Friedman recordou que eles já estavam procurando advogados separados), tomar suas próprias decisões financeiras, ser responsáveis por suas próprias ações e ainda fazer música juntos como os Smiths. Morrissey não conseguia pensar nesses termos ligados à noção dos Smiths como uma banda em atividade, muito menos de Morrissey e Marr como uma parceria criativa, o que poderia ser a razão de, imediatamente após a saída de Marr, enquanto divulgava o lançamento de *Strangeways, Here We Come*, o vocalista observar: "Aquilo estava sendo gestado havia muito tempo e, embora muitas pessoas não tenham percebido, eu certamente percebi. Não foi um choque tão grande, na verdade... Não foi terrivelmente surpreendente."

Andy Rourke e Mike Joyce, no entanto, permaneceram sem saber de nada. Até onde os dois sabiam, eles estavam terminando o melhor álbum de suas carreiras, e o dispendioso e mais recente bolo que Morrissey tinha dado era apenas isso: o mais recente de uma longa lista. Os Smiths se juntaram mais uma vez para gravar "Sheila Take a Bow" para o *Top of the Pops* na quinta-feira, 23 de abril, seu visual rockabilly abandonado agora por jeans casuais, com Johnny Marr usando uma boina, tocando em um palco cheio de fumaça de gelo-seco e balões decorativos, para uma plateia com chapéus de aniversário, como se fosse época de Natal. Essa apresentação ridícula foi quase um retorno à primeira aparição do grupo no programa, com "This Charming Man" apenas três anos e meio antes, e os Smiths pareciam, ao mesmo tempo, tão incongruentes e tão confortáveis quanto sempre haviam parecido naquele formato. (Na verdade, eles se mostrariam suficientemente felizes com a apresentação para incluí-la numa futura coletânea, no lugar do vídeo americano "oficial" que Tamra Davis humildemente produziu para a Warner Bros a partir de outras imagens ao vivo.) Na semana seguinte, "Sheila Take a Bow" chegou ao número 10 das paradas, uma posição que os Smiths só tinham alcançado anteriormente com "Heaven Knows I'm Miserable Now". *Louder Than Bombs* tinha acabado de entrar diretamente no top 100 americano, *The World Won't Listen* ainda estava em alta no Reino Unido e o prestigioso *South Bank Show* estava produzindo um documentário sobre eles. Embora eles não pudessem estar certos disso ainda, os Smiths haviam escolhido o que muito possivelmente era o auge de sua carreira para fazer sua última apresentação pública.

CADA VEZ MAIS amargurado, Johnny Marr convocou uma reunião de emergência com os Smiths no Geales, um restaurante caro que servia peixe com batatas fritas em Notting Hill. Lá, ele apresentou suas preocupações imediatas: fora convidado a tocar no novo álbum do Talking Heads, que estava sendo produzido por Steve Lillywhite; Bryan Ferry estava se preparando para lançar seu álbum, *Bête Noire*, que tinha "The Right Stuff" como principal single no Reino Unido, e havia proposto envolver Marr na divulgação. Marr planejava dizer sim para as duas oportunidades e outras que estavam sendo apresentadas a ele. Ele não viu necessidade nem de buscar permissão tampouco dar desculpas por sua decisão, especialmente considerando-se as barreiras que ele sentia que Morrissey estava colocando no caminho da carreira dos Smiths. Mas, antes de tudo, Marr queria tirar férias de verdade, algo que ele não tinha se permitido nos cinco agitados anos — quase exatos — desde que batera à porta de Morrissey.

Os outros ouviram tudo como o discurso de demissão de Marr. "Vamos apenas fazer mais um álbum", sugeriu Mike Joyce, numa reação automática. Aquilo foi, ele mais tarde admitiu, "provavelmente a pior coisa que eu poderia ter dito".

A reação de Morrissey foi mais prudente. "Uma noite, nós tivemos uma conversa sobre isso", disse ele, recordando tais discussões alguns meses depois, "e ele dizia: 'Eu penso nisso o tempo todo' e 'Não aguento mais', e eu dizia 'Sim, eu entendo', mas eu não entendia, na verdade. Eu não achei que ele tinha desistido completamente."

"Eu não lembro se eu disse que ia abandonar a banda ou não", disse Marr, anos depois daquela reunião de cúpula, reconhecendo as memórias conflitantes sobre ela. "Mas eu disse que precisávamos de um tempo e que precisávamos repensar o que estávamos fazendo. Porque eu queria fazer outras coisas, e uma delas era viajar por algumas semanas. Tínhamos acabado de gravar um disco que eu achava ser a melhor coisa que já havíamos feito. E não tínhamos uma turnê no futuro próximo, então parecia uma boa ideia. Eles poderiam ter ficado sentados ali e escutado enquanto eu mostrava um novo entusiasmo sobre uma reinvenção da minha vida, e de suas vidas. Ou eles poderiam ter me escutado dizer aquelas palavras como 'Isso é o fim, eu quero sair, não vou voltar'. E foi o que fizeram." O pronunciamento tipicamente cômico de Andy Rourke de que "nós na verdade nos separamos num restaurante de peixe e fritas" confirmava que eles escutaram da segunda forma.

"Os Smiths ruíam por causa da tensão", disse Morrissey, não muito depois da separação. "Acho que Johnny se cansou da pressão cada vez maior e queria tocar música... Ele só queria tocar música e seguir com isso. Foi por isso que os Smiths se separaram."

Marr não teria negado, mas, confirmando a suposição original de Morrissey sobre o encontro, ele mesmo não tinha certeza de que queria sair. "Eu amava a forma como trabalhávamos", disse, "eu e Stephen Street com as sugestões da banda, mas eu também amava a ideia de trabalhar com Steve Lillywhite e com o Talking Heads." Sua insistência em passar alguns dias em Paris para o que acabaria sendo o último álbum da banda reunida parecia apenas abrir um abismo do que ele chamava de "insegurança e paranoia", que naturalmente se realimentava nele. "Quanto mais eles insinuavam que eu estava sendo desleal, mais eu ficava aborrecido com a insinuação, e então a comunicação foi interrompida. Eu ficava realmente irritado quando falavam de mim como se eu estivesse prestes a traí-los."

Morrissey negaria que ele, pelo menos, não tivesse apoiado os empreendimentos musicais paralelos de Marr. "Eu *sempre* fui a *única* pessoa a encorajá-lo a ter atividades extracurriculares", insistiu apenas alguns meses depois, embora, àquela altura, ele tivesse alegado não saber nada sobre a sessão de gravação do Talking Heads até depois de acontecer, o que parecia altamente improvável. De qualquer forma, Marr se lembrava de que, após a reunião no Geales, os outros Smiths vieram a ele com sua própria exigência: que eles gravassem lados B para "Girlfriend in a Coma" — imediatamente, antes que Marr tirasse suas férias. O grupo sempre tinha funcionado melhor como uma unidade coesa no estúdio, ainda mais do que nas turnês, e poderia haver esperanças de que uma sessão relaxada para gravar lados B renovasse o espírito de equipe. Poderia também haver uma suposição de que Marr, que estava normalmente tão ansioso para gravar a ponto de recentemente tê-lo feito com um colar cervical, aproveitaria a oportunidade para se assegurar de que tudo estava preparado para o álbum. Mas, embora a necessidade de lados B fosse genuína (diferente de como aconteceu com *The Queen Is Dead*, não havia sobrado nenhuma faixa), a urgência era forçada: o lançamento do single ainda demoraria meses. Além do mais, o poço de Marr estava seco; ele não tinha nenhum material novo para oferecer. Ainda por cima, exatamente como no último álbum, o processo de gravar e mixar *Strangeways, Here We Come* deixara-o exausto, principal razão para ele querer férias. O único motivo que ele podia ver para que a banda insistisse em gravar os lados B naquele momento era medo de ele não voltar para eles — o que ele tomou como provocação. E ao irem até ele como uma frente unida, estava claro que algo que anteriormente nunca poderia ser imaginado tinha acontecido: um conluio entre Morrissey e os demais instrumentistas.

Andy Rourke e Johnny Marr eram melhores amigos havia, então, uma década, passando por momentos bons e ruins, pela fama (para os dois) e a fortuna (para um deles), por doença, vício em drogas e com boa vontade, mesmo que nem sempre com saúde. Ainda assim, de certa forma, tinham parado de se comunicar. "Parte disso foi minha culpa", disse Marr, "porque eu me afastei muito dele. E meu relacionamento com Morrissey ficou ainda mais exclusivo. Mas Andy criou parte daquilo ao se tornar muito, muito distante por causa de seu problema com drogas. Anos depois, eu percebi que seu papel na banda, minha amizade com ele, por ser parte das minhas raízes e, de certa forma, meu refúgio, não estava mais ali." Ele foi deixado se perguntando: "Se eu e Andy não tivéssemos nos afastado tanto, teriam as coisas chegado a um ponto de ebulição?"

Rourke concordava. O baixista observou que a futura separação "foi o resultado de muitas coisas: a pressão de não termos um empresário, a direção musical que Morrissey queria tomar era diferente da que Johnny queria tomar". Em particular, no entanto, ele disse: "A solidariedade que tínhamos em 1983, 1984, gradualmente fora abalada por pressões externas, e acredito que, se ainda tivéssemos aquilo, a banda teria continuado, mas não estávamos nos comunicando tão bem quanto deveríamos."

Rourke não era um instigador. Sua personalidade era seguir o fluxo. E se o fluxo contínuo de sua carreira musical dependesse de ele se aliar a seu novo melhor amigo, Mike Joyce, ao lado de Morrissey — e não a seu melhor amigo original, agora talvez ex-melhor amigo, Johnny Marr —, então aquele teria sido seu caminho natural de menor resistência. Mais curiosa, especialmente considerando-se o que aconteceria mais adiante, foi a decisão de Mike Joyce de se aliar a Morrissey, ocupando, de fato, o papel de Marr na banda, mesmo enquanto Marr ainda fazia parte da banda. Essa mudança se tornaria clara quando o guitarrista sucumbiu à pressão — mas sem realmente querer, o que não ajudaria muito no processo — e concordou em passar uma semana em maio gravando lados B no estúdio de seu amigo Fred Hood, The Cathouse, em Streatham, sul de Londres, com Grant Showbiz como produtor. No primeiro dia, Marr recordou, Mike Joyce se aproximou dele e anunciou que eles gravariam "Work Is a Four-Letter Word", de Cilla Black, do filme de sucesso de 1968 de mesmo nome que recebera duras críticas.

"Isso não existe", disse Marr. "Sem querer desmerecer Mike. Tenho certeza de que ele estava apenas fazendo o que achava certo. Ele recebeu a flecha e estava atirando." Na opinião de Marr, a única pessoa que podia aconselhá-lo sobre o que gravar seria Morrissey, "que teria sugerido a coisa certa". Aquela, disse Marr, "era a primeira parte do problema. A segunda parte era a própria música". A própria ideia de gravar o cover de "uma música boba de Cilla Black" era oposta ao interesse de Marr de olhar para a frente (especialmente depois do desastroso cover de Twinkle). Além disso, ele levava "Work Is a Four-Letter Word" ao pé da letra e a entendia "como uma escolha muito intencional".

A letra era sua preocupação. Ela podia, naquele momento, ter saído diretamente da mão de Morrissey para os ouvidos de Marr, acima de tudo nos versos "if you stay I'll stay right beside you, and my love may help to remind you to forget that work is a four-letter word" [se você ficar, ficarei bem ao seu lado, e meu amor pode ajudar a lembrá-lo de esquecer que trabalho é apenas uma palavra] Mas, se Morrissey tinha pensado naquilo como um sinal de sua devoção, Marr entendeu, por outro lado, como um insulto. "Desafio qualquer um a achar que minha dedicação e meu esforço alguma vez estiveram em questão. De forma alguma. Então você espera que eu siga com aquilo, não apenas toque e produza, mas que, na verdade, aceite aquela merda? Que eu não estava motivado, num nível insano? Eu simplesmente fiquei furioso."

Grant Showbiz estava entusiasmado por finalmente poder gravar seus principais empregadores. De seu ponto de vista, na mesa de mixagem na turnê, ele presenciara a criação de muitas músicas dos Smiths nas passagens de som e as imaginara soando diferentes no disco. "Com aquele ego de produtor, pensei: 'Conheço essa banda muito bem, se eu pudesse apenas ter a chance de entrar ali e mostrar meu entusiasmo, poderíamos criar coisas belas e maravilhosas.'" Em vez disso, ele se viu lutando para tentar finalizar algumas mixagens de cinco canções diferentes (incluindo um cover de "A Fool Such As I", de Elvis Presley, e duas instrumentais incompletas e sem graça) gravadas ao longo de uma sessão de uma semana que pareceu muito mais longa. Apesar de ele ter insistido que "não foram dias *tão* ruins", foi, de qualquer forma, a primeira vez que ele tinha visto Morrissey e Marr se desentenderem: "De repente, ver aquela entidade numa briga interna foi muito peculiar." Em certo momento, Morrissey ficou bêbado, cambaleando pelo estúdio com uma garrafa, insistindo: "Vamos lá gravar essa música." Marr gritou de volta com ele: "Que música? Não temos porra de música nenhuma." Showbiz tinha, muitas vezes, acompanhado os Smiths no estúdio; era a primeira vez que ele os via de forma desequilibrada. Apesar disso, como Street antes dele, o fato de ele não saber nada mais do que o que era tornado público sobre o estado da relação entre os dois mostrava como o grupo permanecia fechado — mesmo na frente de seus confidentes mais próximos.

Em retrospecto, Showbiz compreendeu que "a natureza e a motivação de Johnny para manter os Smiths juntos e fazer a banda funcionar estavam lutando contra uma completa desilusão em relação à coisa toda. Ele estava afundando, não flutuando". O próprio Marr pensou, sobre a sessão de gravação, que "ela basicamente se transformou num embate em que eram três contra um. Eu estava dormindo debaixo da mesa de mixagem, tentando terminar as coisas, músicas de que eu não gostava. E então eles três se juntavam e entravam em grupo. Aquela foi a primeira vez que aquilo aconteceu, e era uma declaração — e se somou para que eu me sentisse realmente afastado. Eu estava me sentindo muito rejeitado".

Para os que não sabiam nem da determinação de Marr em se afastar daquele tipo de música, tampouco da mensagem de Morrissey para ele por meio da letra, "Work Is a Four-Letter Word" acabou sendo a versão fiel de uma obra típica do melodrama cinematográfico dos anos 1960; salva dos truques supérfluos de "Golden Lights", ela era, talvez, uma versão light dos Smiths, bem como uma volta ao som inocente do passado, mas tinha o ar do cover descartável e despreocupado que adornava o lado B de muitas grandes bandas. A única composição original sobrevivente da sessão, "I Keep Mine Hidden", acabou sendo a última parceria de composição entre Morrissey e Marr e, nesse sentido, era uma sucessora adequada para "I Won't Share You", embora fosse acabar chegando antes às lojas do que a faixa do álbum. Dois minutos dançantes, uma mistura de Madness com Kinks, piano de armário, guitarra, baixo e bateria, com Morrissey fazendo o papel do leiteiro que assobia em primeiro plano, ela foi, com justiça, considerada a declaração musical teatral definitiva dos Smiths. Poderia ter sido uma canção para todos cantarem juntos no pub, talvez servisse como um bis no Palladium, em Londres. Mas nunca teria essa chance. Na letra, de certa forma enterrada numa mixagem que acabou sendo entregue a Stephen Street, Morrissey confessava sua personalidade reprimida: "Hate love and war, force emotions to the fore, but not for me of course, of course, I keep mine hidden" [Odeie o amor e a guerra, mostre as emoções, mas não para mim, é claro, é claro, eu mantenho as minhas escondidas]. O objeto de suas afeições, no entanto, ou era elogiado ou acusado (ou pelo menos informado) sobre a característica do outro.

Era verdade que Marr demonstrava muito suas emoções e que aquilo nem sempre fazia dele uma pessoa fácil de conviver. "Não estou dizendo, de maneira alguma, que, durante os tempos da banda, eu nunca fui um pé no saco", admitiu ele. "Tenho certeza de que fui. Tenho certeza de que eles tiveram que me suportar." Mas, no Cathouse, ele sentiu que estava sendo sujeitado a um ressentimento que não o ajudou nem um pouco a se convencer a permanecer com os Smiths depois de suas férias.

De qualquer forma, Showbiz saiu da sessão de gravação relativamente otimista. "Houve momentos maravilhosos e incríveis nela, e não foi um trabalho tão pesado. Havia aquela espécie de antagonismo, e, então, todos voltavam ao normal." Na sua opinião, "você podia facilmente ter esperado que a banda fosse embora e se juntasse algumas semanas depois".

Num cenário normal, ele estaria certo. Mas Marr enxergava a situação de forma diferente. "A última noite em que fiz parte da banda", que foi a última noite no Cathouse, "eu me virei para Andy e disse: 'Você sabe como isso vai acabar?', e ele olhou para mim e disse: 'Sim, eu sei.' E eu tomei aquilo como aprovação. E aquilo não tinha a ver com nós sermos integrantes dos Smiths. Eram apenas duas pessoas que se conheciam muito bem."

Morrissey não estava presente no estúdio naquele dia, 22 de maio, seu aniversário de 28 anos — e seu último, como ele poderia ter suspeitado naquela época, como integrante dos Smiths. Na semana seguinte, Marr e sua esposa pegaram um avião para Los Angeles, onde *Louder Than Bombs* tinha acabado de chegar à sua posição mais alta, no número 62, melhor posição dos Smiths nas paradas até então, a caminho de receber um disco de ouro pelas vendas de 500 mil cópias — sem o benefício de um vídeo de verdade, muito menos um único show. Na falta de qualquer outra atividade necessária, Morrissey passou férias no mesmo local. Os parceiros e melhores amigos dos últimos cinco anos não se viram enquanto estavam na Cidade dos Anjos. Eles não se veriam por muitos anos.

Se alguém na Rough Trade suspeitava de que algo estava errado, certamente ninguém estava disposto a tornar aquilo público. O selo seguiu adiante e programou o lançamento de "Girlfriend in a Coma" para o começo de agosto, e o de *Strangeways, Here We Come* para o fim de setembro, o primeiro disco dos Smiths a ser lançado na movimentada temporada de fim de ano. Morrissey, como sempre, foi o responsável pela arte da capa: o ator de *East of Eden*, Richard Davalos, no álbum e, para o single, Shelagh Delaney, que também tinha aparecido em *Louder Than Bombs* e que, segundo muitas especulações, era a inspiração para "Sheila Take a Bow" (não que a letra de Morrissey fosse direta a tal ponto). Notavelmente, a capa de "Girlfriend in a Coma" continha o crédito adicional "Amor e agradecimentos a Angie Marr". Esse foi o primeiro reconhecimento impresso de seu papel integral — com Johnny, com Morrissey, com a banda como um todo — e sugeria que alguém sabia que eles estavam ficando sem oportunidades. Ainda assim, enquanto estava em Los Angeles, Johnny Marr parou na KROQ, onde os Smiths eram nada menos do que deuses, e não ofereceu nenhuma pista de um conflito. "Não o vejo há uma semana e realmente sinto falta dele", disse sobre Morrissey, o que, se não era uma mentira deslavada, merecia alguma espécie de ação em sua volta para demonstrar que era verdade. De sua própria parte, Morrissey deu uma grande entrevista para a nova revista musical mensal, *Q*, em que ele parecia perfeitamente relaxado e confiante, embora sua confissão de que o entusiasmo da apresentação tinha "desaparecido totalmente, completamente... e realmente não sei o que fazer sobre isso" tenha sido uma surpresa para os que sabiam que ele dissera apenas tornar-se verdadeiramente ele mesmo no palco. Talvez esse comentário, como o de Johnny Marr, demonstrasse um desejo de esconder uma separação.

Enquanto grande parte da entrevista da *Q* tivesse sido ocupada com suas declarações habituais sobre o dia a dia, Morrissey parecia inflamado em relação aos problemas com Ken Friedman. "Ele durou cinco semanas e meia", disse o vocalista. "E não quer sair sem uma grande e horrível luta. É muito deprimente, por exemplo, pensar que ele vai lutar por 15 por cento de tudo que ganharmos nos próximos 12 meses. Ele não vai conseguir, mas lutar contra ele vai nos custar uma quantidade enorme de dinheiro e esforço físico." Friedman tinha pouca chance de conseguir comissão de um grupo que, conscientemente, assinara seu contrato com uma grande gravadora quando estava sem um empresário (e pagara um preço por isso, literalmente, em termos de contas de advogados) e não fizera nenhum show no tempo em que ele o empresariou. Mas Friedman teria direito à comissão sobre os royalties de *Strangeways*, o qual fora gravado durante seu curto tempo com a banda. Ele acabou entrando em acordo por um pagamento único, em grande parte por causa da insistência de Johnny Marr de que Morrissey, como ele se lembra, vai "tornar sua vida um inferno, desista".

Os dias de Friedman com o UB40 já tinham chegado a um fim igualmente caótico e prematuro quando o baixista do grupo, Earl Falconer, fora acusado da morte de seu irmão, engenheiro de som e produtor da banda, num acidente de carro, um problema que colocou a prisão de Andy Rourke por porte de drogas em perspectiva. Como o UB40 tirou um ano sabático, Friedman fechou seu escritório e voltou à Califórnia. Os outros Smiths estavam preocupados com a possibilidade de Marr ter caído no encanto de Friedman e de a escolha de Los Angeles como destino de férias ser um primeiro passo na direção de se mudar para a capital do rock. Sobre o segundo receio, eles estavam certos: ele realmente se mudou para lá por um tempo, no ano seguinte. Sobre o primeiro, no entanto, eles estavam errados: enquanto Marr estava na Califórnia, Friedman estava no Nepal, tentando limpar sua cabeça na altitude. Quando voltou e Marr lhe explicou o que acontecera aos Smiths, Friedman ofereceu-lhe bons conselhos baseados em como ele tinha visto o The Police lidar com sua própria separação: "Não faça um anúncio. Não há uma vantagem nisso. A imprensa não vai deixar a verdade atrapalhar uma boa história. Eles vão escrever a história que quiserem. Se você disser qualquer coisa, de que adianta? Apenas para tirar isso do seu peito. Nesse caso, escreva tudo e depois jogue fora." Enquanto isso, Friedman agendou uma reunião com o presidente da Capitol, a futura gravadora de Marr nos Estados Unidos. Marr, estranhamente, não compareceu: é provável que não houvesse nada que ele mesmo pudesse dizer que a gravadora gostaria de ouvir.

Quando ele e Morrissey voltaram à Grã-Bretanha, os dois deixaram julho passar sem nenhuma tentativa de formular uma estratégia de saída ou um plano de jogo para o futuro. Andy Rourke e Mike Joyce se encontravam o tempo todo, como sempre, mas quase não havia nenhuma outra comunicação. E ninguém estava em posição de se comunicar por eles. Todos haviam tomado partidos, incluindo a equipe, os agentes, os empresários, as gravadoras. Não demorou muito até correr por Manchester a notícia de que Morrissey e Marr não estavam se falando.

De forma bizarra — e isso tem que servir de confirmação da divisão norte-sul, mesmo dentro do meio politicamente correto da indústria musical — a notícia não chegou aos escritórios dos jornais musicais. Foi só quando o correspondente da *NME*, Dave Haslam, fã de longa data dos Smiths, jornalista, DJ de festas na Haçienda, amigo íntimo de Andrew Berry e, por tabela, parte do círculo de amigos de Johnny Marr, estava num telefonema apresentando ideias de matérias para o editor Danny Kelly, em fins de julho, que a notícia finalmente chegou à capital. "Não sou um jornalista desumano", disse Haslam, que apenas dois anos antes tinha sido um dos editores de fanzine "moderados" pelo editor da *Melody Maker* em sua entrevista coletiva com Morrissey. "Não sou o tipo de pessoa que vai ligar para a *NME* e dizer: 'Tenho um furo.' Apenas me lembro de uma conversa em que eu disse: 'Você sabe que Johnny Marr não está mais trabalhando com Morrissey e que a suposição geral é de que eles não vão trabalhar juntos novamente no futuro próximo, não sabe?' E ele disse: 'Eu não sabia.'"

Isso foi ainda mais surpreendente pelo fato de a *NME* ter recentemente publicado uma entrevista com o Cradle, nova banda de Manchester, formada pelo antigo guitarrista do Easterhouse, Ivor Perry, que ficara frustrado com o tom politizado demais que seu irmão tinha dado à banda, junto de ninguém menos do que Craig Gannon. Uma discussão sobre o tempo de Gannon com os Smiths rapidamente se voltou à falta de pagamento para sua função, e o empresário John Barratt foi forçado a interromper antes que alguém dissesse qualquer coisa legalmente prejudicial, acidentalmente deixando passar no processo que "os Smiths estão passando por uma grande agitação pessoal". Ninguém pareceu ter entendido a atitude.

De sua parte, Danny Kelly tinha conduzido as duas últimas matérias de capa sobre os Smiths, uma com Morrissey e a mais recente com Marr, e pode ter achado que os conhecia melhor do que ninguém na imprensa. Pode-se querer acreditar que ele era tão fã da banda que não queria que ela se separasse. Mas sua lealdade parecia não ser tão direcionada ao seu gosto musical ou mesmo aos leitores do jornal tanto quanto à sua própria busca por uma grande pauta. Em sua edição de 1º de agosto, a *NME* ventilou o rumor "Os Smiths vão se separar?" na capa. Do lado de dentro, na página 3, as mesmas palavras foram utilizadas, mas sem o ponto de interrogação, como se fosse a declaração de um fato. A matéria de Kelly, que não apresentava um responsável pela notícia, não era uma grande obra de jornalismo, mas também não era uma completa mentira. Podia ser verdade que Marr estivesse de saco cheio "do vocalista agindo como a estrela egoísta", embora o guitarrista não fosse do tipo que falava daquela forma em público. E podia também ser correto declarar que Morrissey não estava "satisfeito com as companhias de Marr", mas o vocalista também não teria falado isso de forma tão direta. A afirmação de que Marr tinha "interrompido sessões de gravação dos Smiths para ir aos Estados Unidos gravar com o Talking Heads e usado o dinheiro da Rough Trade para pagar a viagem" era uma invenção prejudicial. E a revelação de que Marr estava "agindo como um gênio da guitarra" ao "tocar em álbuns de Keith Richard, Bobby Womack e Bryan Ferry" [*sic*] era o tipo de histeria de tabloides digna apenas do *Sun*: as duas primeiras colaborações nunca vieram a público (Marr tinha se juntado a Womack para tocar com Ron Wood em particular) e a terceira já devia ser notícia antiga, considerando-se que os Smiths tinham terminado uma turnê mundial e gravado um álbum e três singles adicionais no tempo desde que Marr gravava com Ferry. Mas, vistas juntas, elas eram o suficiente para alimentar as chamas da polêmica. Incapaz de contatar qualquer integrante da banda, Kelly publicou uma declaração da namorada de Mike Joyce ("Ele não quer falar sobre isso", teria dito ela à *NME* por telefone, inadvertidamente entregando o jogo). E eles acabaram recebendo uma contestação oficial de Morrissey, por meio da Rough Trade, que, todavia, tinha um ar de desespero: "Quem quer que diga que os Smiths se separaram deve ser severamente espancado por mim com um tênis molhado."

Quando a *NME* chegou às bancas, Johnny Marr, sua paranoia agora descontrolada, concluiu que a história tinha sido plantada como provocação e "eu simplesmente não consegui pensar em alguma forma de aquilo ter chegado ao jornal sem que tivesse vindo de um dos outros três". O fato de aquilo poder, mesmo que inadvertidamente, ter saído de alguém em seu *próprio* lado nunca passou por sua cabeça. Em vez de ligar para Morrissey e perguntar sobre o fato, ou de espairecer, ou mesmo de confirmar sua partida antes de torná-la pública; não conseguindo seguir o conselho de Ken Friedman; impetuoso demais para ligar para outra pessoa a fim de se convencer de que não devia fazer aquilo, Johnny Marr pegou o telefone, discou o número da *NME* e confirmou os rumores.

Fez isso calmamente, negando as alegações hiperbólicas de Kelly uma a uma e, então, de forma concisa, oferecendo uma explicação para sua partida. "Há coisas que quero fazer, musicalmente, que não têm lugar nos Smiths." As infames "diferenças musicais"?, perguntou Kelly. "Não tenho absolutamente *nenhum* problema com o que os Smiths estão fazendo", respondeu Marr. "As coisas que acabamos de fazer para o novo álbum são incríveis, as melhores que já fizemos. Estou realmente orgulhoso disso. Mas há coisas que eu quero fazer que só podem acontecer fora dos Smiths." Qualquer fã, com qualquer tipo de cérebro, lendo isso, teria se sentido compelido a perguntar: por que não é possível fazer as duas coisas?

Na mesma noite em que o jornal foi publicado, Janice Long teve a honra de tocar "Girlfriend in a Coma" pela primeira vez na Radio 1. Ela seguiu a canção exclusiva com o anúncio de que os Smiths tinham se separado.

CAPÍTULO

QUARENTA

Foi uma relação musical especial. E não se vê muitas dessas. Para mim e Johnny, isso não acontecerá novamente. Acho que ele sabe disso e eu também sei. Os Smiths receberam o melhor de mim e de Johnny. Aqueles foram definitivamente os melhores dias.

— Morrissey, *Select*, julho de 1991

Acho que minha vida acabou sendo como deveria ser. E posso afirmar que a de Morrissey também. Com certeza. Posso afirmar.

— Johnny Marr, março de 2011

Depois de gravar sete álbuns em menos de quatro anos, lançando, no espaço de tempo entre eles, incontáveis singles que não faziam parte dos álbuns e quase se despedaçando depois de uma caótica turnê mundial, a maior banda da Grã-Bretanha anunciou que seus integrantes tirariam três meses de férias uns dos outros. Era setembro de 1966 e a banda se chamava Beatles. John Lennon atuou num filme; Paul McCartney fez música para um filme; George Harrisson foi à Índia estudar com Ravi Shankar; e Ringo Starr ficou em casa. A imprensa adorou especular sobre sua possível separação e observou que os Monkees estavam vendendo mais discos, de qualquer forma. Mas quando a "separação experimental" acabou, os Beatles rapidamente se reuniram. "Não conheci ninguém mais de quem gostei", disse Paul McCartney. Eles passaram os próximos três anos fazendo alguns dos melhores discos da história da música popular.

Poderiam os Smiths ter também se beneficiado de um período sabático decidido oficialmente? Os mais próximos à banda certamente achavam que sim. "Se eles apenas tivessem deixado Johnny sair de férias por três meses, ainda estariam tocando", disse Geoff Travis quase 25 anos depois. Olhando de uma distância temporal igualmente grande, Grant Showbiz foi capaz de observar, sobre sua fatídica sessão de produção com a banda: "Há que se dizer que cancelar aquelas sessões e dar [a Johnny Marr] um descanso teria sido a resposta." John Featherstone viu o problema da seguinte maneira: "Não havia ninguém dizendo: 'Ei, não é nada de mais dar um tempo. Não é nada de mais ir mais devagar.' Tudo o que a banda tinha feito era gravar, fazer shows, gravar, fazer shows... Ninguém tinha se tocado de que era possível fazer algo diferente."

Outras bandas *tinham* se tocado, não apenas os Beatles vinte anos antes. Correspondentes americanos dos Smiths, o R.E.M. tinha reconhecido desde o início que, por mais duro que desse (um álbum por ano durante seis anos seguidos, além de turnês muito mais consistentes do que as dos Smiths), cada um tinha uma vida fora da banda. Para seu guitarrista hiperativo, Peter Buck, isso significava tocar com outros músicos sempre que tivesse oportunidade; não no nível dos convites de primeiro escalão de Johnny Marr, talvez, mas fazendo bicos, de qualquer forma. Ele tinha direito a essa liberdade crucial, em grande parte, porque o resto do grupo, mas especialmente o vocalista, letrista, ídolo da geração das rádios universitárias e cofundador da banda, Michael Stipe, tinha autoconfiança suficiente para saber que seu guitarrista retornaria mais feliz e mais saudável. É uma tragédia para os Smiths o fato de Morrissey parecer não ter essa autoconfiança para permitir a seu parceiro uma liberdade semelhante. Mas também é uma tragédia — pelo menos para fãs que queriam vê-los juntos — que Marr não conseguisse fazer o papel de Peter Buck tão bem. Como Ken Friedman, que, mais tarde, atrairia o U2 e Michael Stipe como investidores em seu restaurante de Nova York, observou: "Johnny é um guitarrista tão bom. Johnny é melhor do que The Edge [do U2], ele é melhor do que qualquer um, mas o ego de Johnny é grande demais para aceitar um papel secundário em relação a qualquer vocalista. Culpo Morrissey por 98 por cento da separação dos Smiths, mas Johnny deveria ter sabido como deixar Morrissey ser o vocalista. Como ser apenas o guitarrista. Johnny queria ser igual, e essas coisas nunca são assim. Michael Stipe e Peter Buck não são realmente iguais."

Talvez não; talvez o ponto de referência devesse ser Keith Richards e Mick Jagger. Embora essa dupla, no fim, fosse vista dividindo igualmente o poder, a responsabilidade e a credibilidade nos Rolling Stones, aquela não era uma observação imediata da parte dos fãs, ou mesmo dentro do grupo. Foi apenas numa briga por poder nos anos 1980, mais de 25 anos depois de a banda ter se formado, que Richards foi capaz de demonstrar sua importância inequívoca, e só depois de entrar numa guerra verbal na imprensa com seu amigo de infância e de lançar um disco solo mais bem-recebido do que o de Jagger. Marr, evidentemente, não tinha a paciência para um casamento tão longo.

Morrissey parecia entender aquilo. "Quando ele saiu", falou o vocalista sobre Marr não muito depois da ocasião, "queria fazer um nome para si mesmo, e conseguiu. Ele queria ser reconhecido como Johnny Marr. Ele não estava mais satisfeito com um papel secundário de viver à minha sombra. Ele sabia que, se ficasse no grupo, ele sempre seria o guitarrista. Aquilo não era mais suficiente para ele."

Obviamente, é fácil apontar o dedo para o problema real nesse fracasso de comunicação e empatia, a incapacidade de um acreditar no outro para passarem um tempo afastados: a falta de um empresário. Tanto o U2 quanto o R.E.M. tinham empresários desde o começo, indivíduos confiáveis, que não apenas mantinham relações profissionais com gravadoras e garantiam viagens tranquilas nas turnês, mas eram capazes de interferir entre os integrantes quando as relações azedavam e podiam juntar as tropas quando a ocasião exigia. Johnny Marr acabou sendo capaz de admitir que ligar para a *NME* a fim de confirmar sua saída dos Smiths "foi uma das muitas coisas que teriam sido feitas de forma melhor se tivéssemos uma cabeça objetiva, orientadora e mais inteligente por perto. Como Joe [Moss]". (Um dos primeiros atos de Marr depois de sair foi acertar a dívida dos Smiths com Moss.) Mas Morrissey nunca depositaria confiança o bastante em nenhum empresário qualificado por tempo suficiente para que ele pudesse oferecer essa orientação. Assim sendo, ele tinha apenas a si mesmo para culpar quando não havia ninguém por perto para convencer Marr a ficar.

Marr tinha pouco tempo para todas as coisas que podiam ter sido feitas de forma diferente ou que podiam ter sido evitadas. "Acho que a banda precisava se separar quando se separou", disse; o máximo que ele estava disposto a explicar era: "Se tivéssemos continuado, teríamos nos separado no ano seguinte, de qualquer forma." Suas razões eram não apenas a natureza da direção musical dos Smiths, que claramente estava gerando conflito, mas a própria essência do que tinha tornado os Smiths únicos: as personalidades. "Como pessoas, somos simplesmente diferentes demais. Tenho minha forma de fazer as coisas e ele tem a dele." Marr se considerava "um músico de estúdio arrastado para o palco". Morrissey, disse ele, "sabe que é um show man".[1]

Se é verdade, o vocalista demorou algum tempo para perceber: mais de dois anos se passaram entre o último show dos Smiths e o primeiro show solo de Morrissey. Logo após a separação dos Smiths, Morrissey não era capaz de concordar com seu antigo parceiro em que eles haviam acabado no momento certo. "Os Smiths eram quase como uma pintura", explicou ele, eloquentemente, a Len Brown na *NME*, enquanto a poeira baixava. "Todo mês você adicionava um pouquinho aqui e um pouquinho ali... mas ela não estava totalmente completa e foi tomada à força. E acho muito difícil me adaptar a isso." O tempo curou apenas parcialmente a ferida: "Sinto uma sensação de completa impotência com relação à separação dos Smiths", disse Morrissey em 1991. Em 2004, conversando com a *Mojo* depois de sete anos sem lançar um disco, ele ainda insistia em que "ficou absolutamente aterrorizado" quando os Smiths acabaram, mas pelo menos agora era capaz de rir daquilo. "Tive tempo para lidar com esse fato", continuou, "e tive muito aconselhamento, e juntei os pedaços da minha vida, e estou marchando na direção... do abismo."

O arrependimento, no entanto, permaneceu (especialmente para o baixista e o baterista malpagos) de que os Smiths não ficaram juntos tempo suficiente para capitalizar adequadamente com sua credibilidade. Eles ainda estavam em ascensão na época em que se separaram, como é provado pelo fato de *Strangeways, Here We Come* ter vendido tão bem no Reino Unido quanto seus antecessores, e muito melhor do que eles nos Estados Unidos, onde se tornaria o disco da banda que alcançou a posição mais alta nas paradas (e seu segundo álbum de ouro) apesar da ausência de quase qualquer ferramenta de promoção válida. Em termos de aceitação nos Estados Unidos, os Smiths vinham logo atrás do Depeche Mode e do The Cure (que chegaram a álbuns de platina múltiplos e shows em estádios), tendo já passado a frente do Echo & the Bunnymen e do New Order; estavam quase no mesmo patamar do U2 e do R.E.M. em pontos semelhantes de suas carreiras americanas. Se tivessem sido capazes de acalmar as tempestades que parecem desafiar a estabilidade de todos os grupos de rock depois de cinco anos de constante trabalho árduo e a inquietação que caracteristicamente grita para suas forças criativas, eles certamente teriam colhido os frutos.

"Eles poderiam ter sido uma das maiores bandas do mundo", disse Ken Friedman, que não estava sozinho ao expressar essa opinião e, como último empresário da banda, foi capaz de oferecer uma perspectiva de dentro sobre o fracasso do grupo em alcançar tal posição. "Não estou convencido de que Morrissey não queria isso. Acho que ele tinha medo. Morrissey é preguiçoso. Morrissey não lida com a realidade. Ele não lida com o fato de que você deve pagar as pessoas ou de que, se você diz que vai fazer algo, tem que fazer. Morrissey ama dinheiro tanto quanto qualquer pessoa que eu conheço, mas ele apenas não está disposto a fazer o trabalho."

Outros achavam que os Smiths já haviam alcançado tudo que seria possível. "Eles fracassaram?", perguntou Billy Bragg. "Ou se mantiveram fiéis às coisas em que acreditavam? Eu acho que eles fizeram o que se propuseram a fazer — que era tocar fogo no mundo. O que eles não se propuseram a fazer foi se tornar o novo Pink Floyd."

"O sucesso teria sido estarrecedor e a trajetória teria sido brilhante de uma forma muito clichê se eles *tivessem* um ótimo empresário", disse Grant Showbiz. "Mas o fato de eles não terem e, ainda assim, terem chegado aonde chegaram... O fato de a agência de talentos não ser tão maravilhosa e de a gravadora não ser tão brilhante e de Mozzer e Johnny *não* saberem tanto quanto achavam que sabiam — e graças a Deus não sabiam, e graças a Deus eles achavam que sabiam, porque eles nos levaram àquele lugar brilhante. Gosto sempre de lembrar do quanto o sucesso deles foi construído completamente no brilhantismo da música. E talvez de algumas das entrevistas. Os Smiths são um milagre do início ao fim. O fato de Johnny ter encontrado Morrissey e de Morrissey ter aquele lado solitário, mas, de alguma forma, ser atraído para aquilo por Johnny e seguir adiante. E então permanecer o suficiente para fazer tudo aquilo. É a história perfeita, porque eles fizeram esses discos incríveis. Talvez cinco anos sejam o suficiente para uma banda."

Talvez sejam. Na verdade, para cada R.E.M. e cada U2, que, com a organização certa por trás deles, podem desacelerar o suficiente para garantir sua longevidade, há bandas (tipicamente britânicas) como The Jam e The Clash, que lançam uma enchente de trabalho brilhante numa corrente flamejante de glória exaustiva e se despedaçam depois de cinco ou seis anos como resultado. Os Smiths se juntaram à lista muito curta de grupos verdadeiramente maravilhosos que nunca passaram vergonha, seja por persistir em se manterem juntos apesar da mediocridade, seja por se reunirem no futuro. Dessa forma, sua reputação musical permaneceria intacta.

QUASE NÃO FOI assim. A matéria da *NME* do dia 8 de agosto, que imprimiu as palavras "Por que saí" de Johnny Marr em sua capa, também trazia uma declaração apressada "dos Smiths" por intermédio da Rough Trade, declaração essa que não foi aprovada pelo integrante fundador da banda. "Os Smiths anunciam que Johnny Marr deixou o grupo. No entanto, eles gostariam de confirmar que outros guitarristas estão sendo considerados para substituí-lo."

Mesmo tantos anos depois, é difícil compreender o que podia estar passando pela cabeça dos Smiths remanescentes quando eles fizeram esse anúncio — ainda por cima por terem levado a ideia adiante. Deixando de lado, por enquanto, as questões altamente complexas de criatividade e credibilidade em risco ao continuar sem Marr, a questão essencial permanece: por que a pressa? Não apenas *Strangeways* estava prestes a chegar às lojas e, provavelmente, cuidar da demanda do público pela maior parte do ano seguinte, mas tinha sido precedido por um número tão grande de singles que tanto a Rough Trade quanto a Sire tinham lançado coletâneas bem-sucedidas com o material durante a primavera. O mercado estava, mais uma vez, saturado; não havia simplesmente nenhuma necessidade de inundá-lo ainda mais com músicas novas. A única razão lógica para os Smiths — liderados por Morrissey e sem Marr — continuarem seguindo naquele exato momento teria sido para entrar em turnê e divulgar o novo álbum, mas aquilo nunca foi mencionado aos possíveis guitarristas; além disso, Morrissey tinha quase anunciado sua aposentadoria dos palcos em sua matéria de capa para a *Q* naquele mês, quando declarou: "Não sinto mais que é algo que eu quero continuar a fazer."

A desculpa oferecida na época, pelo menos ao "substituto" que chegou a ir até o estúdio de gravação, era que havia um desejo de gravar lados B para futuros singles de *Strangeways*, mas, mesmo que fosse essa a razão, ainda não existia uma *necessidade*: os Smiths em geral lançavam apenas dois singles de cada álbum no máximo, e havia suficientes versões alternativas guardadas para satisfazer qualquer demanda que pudesse existir para preencher até o último single de 12 polegadas. Por que arriscar tudo e mudar a formação para uma última faixa "bônus"?

O guitarrista que foi até o estúdio era, talvez não surpreendentemente, Ivor Perry. Depois de um grande número de telefonemas de Jo Slee, agindo como encarregada de Morrissey na ausência de um empresário oficial, Perry foi se encontrar com o cantor na Cadogan Square. Lá, ele se recordou de Morrissey lhe dizer: "Não acho que os Smiths deveriam acabar", ao que Perry se lembrou de ter respondido: "Acho que deveriam acabar. Não há nenhuma forma de você ter um grupo de rock em que eu substitua Johnny Marr. Não será autêntico. Não sou idiota e não toco como ele." Morrissey, disse ele, respondeu: "Não está confirmado, mas, se você gravar alguns lados B que tenho, você será muito bem-recompensado." Perry disse que recebeu pressão adicional de Geoff Travis; se isso era uma busca genuína por lados B potenciais para os Smiths, ou se Travis (e Slee) estavam agindo com a ilusão de que a Rough Trade continuaria a gravar e lançar os Smiths ou um grupo pós-Smiths, nunca foi explicado. No fim, Perry concordou. "Fiquei intrigado com o modo como aquilo soaria", disse ele, justificando para si mesmo como "artisticamente desafiador e interessante". Depois de investigar sua reserva considerável de material, ele compareceu a uma sessão em agosto, bem na época em que a saída de Marr dos Smiths tinha chegado à imprensa musical, no Power Plant.

O produtor da sessão foi Stephen Street. Como os próprios Smiths, Street via *Strangeways* como seu álbum "favorito". ("Eu tinha evoluído em meu trabalho, eles tinham evoluído no deles, e eu achava que tínhamos feito um disco que soava muito bem.") Ele estava também entre várias pessoas dos círculos próximos aos Smiths a expressar espanto com o anúncio da separação da banda: "Eu realmente achei que era apenas uma pequena desavença e que eles estariam juntos dentro de um ano." Ao saber, no entanto, que a sessão no Power Plant era "uma tentativa de manter os Smiths na ativa com um novo guitarrista", as razões para Street participar como produtor eram tão difíceis de compreender quanto as dos três Smiths remanescentes. "Eu falei: 'Obviamente, quero ajudar, mas espero que Johnny não me odeie por fazer isso.'" Ele deveria saber a resposta de Marr e deveria saber que tal fato serviria para estabelecer a suposição anteriormente não confirmada de que Street sempre fora aliado de Morrissey.[2]

Morrissey, Rourke e Joyce deveriam saber, também, que, ao seguirem adiante com um novo guitarrista, eles estavam garantindo que qualquer vestígio possível de boa vontade ainda existente entre eles e Johnny Marr e qualquer esperança de que algum tempo afastado da banda viesse a convencer seu guitarrista a repensar o futuro estavam prestes a ser erradicados por completo. A situação era, para falar de maneira simples, uma questão de vingança impensada — e teve o mesmo efeito que tais ações muitas vezes têm num romance problemático. "Eu fiquei muito, muito magoado", disse Marr. "Ser substituído tão rapidamente por seus amigos, antes mesmo de você ter a chance de mudar de ideia, foi o fim de tudo."

Acabou sendo o fim de tudo de qualquer forma. Para começar, Johnny Marr não tinha nenhuma intenção de deixar os outros usarem o nome dos Smiths, do qual ele também era dono. Além disso, a sessão foi um desastre. Apesar de Perry ficar impressionado com a habilidade de Morrissey para rearranjar sua música — "Ele falou: 'A estrofe é o refrão, o refrão é a estrofe e a ponte é o começo'" —, não havia química ali. Street e Perry já sabiam que não gostavam um do outro desde uma tentativa fracassada de Street produzir o Easterhouse para a Rough Trade; aquela estava longe de ser a relação produtiva que Street tivera com Johnny Marr. Depois de dois dias, Morrissey abandonou a sessão e voltou a Manchester. Ele deixou a cargo de Mike Joyce informar Perry. Como um dos maiores fãs dos Smiths, Joyce assumira a possível posição de diretor musical, em grande parte porque não tinha intenção de deixar seu grupo favorito (e, com isso, sua carreira) chegar ao fim da linha sem dar tudo de si. Mas ele não gostou de dizer a um dos amigos do próprio Morrissey que o cantor o havia demitido. Perry, como era de se esperar, sentiu-se insultado por não ser informado pessoalmente. "Eu estava ciente de seus relacionamentos com outras pessoas, e de que ele não gosta de conflito, ele simplesmente afasta as pessoas. E éramos bons amigos. Então, escrevi uma carta dura para ele. Ele realmente estava tentando fazer os Smiths continuarem e não tinha sido honesto comigo."

Eles nunca se falaram novamente. (Tampouco Perry foi pago.) Mas Morrissey respondeu. Perry resumiu sua carta da seguinte forma: "Suas canções eram boas demais para serem lados B. Era apenas o momento de seguir em frente." Morrissey vinha dando uma série de entrevistas para divulgar *Strangeways, Here We Come* em que ele vinha sendo pressionado pela imprensa a justificar a continuação da banda mesmo sem Marr, e ele tentara fazer o melhor que podia. "Há algumas coisas sobre as quais eu não tenho nenhum controle e realmente não posso impedir que elas aconteçam, como a saída de Johnny", disse a Chris Heath, da *Smash Hits*, garantindo que "as poucas pessoas que se apresentaram para o trabalho foram muito boas, muito interessantes e certamente possíveis, então é apenas uma questão de fazer um pequeno cálculo matemático". Quando um incrédulo Dylan Jones, da *i-D* (revista que tinha feito a primeira entrevista com os Smiths), insistiu em que Johnny Marr era "metade da equipe criativa", Morrissey tentou confortá-lo: "Sei que isso é angustiante, mas não é o funeral dos Smiths, de forma alguma."

Mas era. Na sexta-feira, dia 4 de setembro, Mike Joyce publicou uma declaração dizendo que havia "cumprido seu papel" com os Smiths. No dia seguinte, Pat Bellis, tendo retomado sua função como porta-voz de Morrissey (apesar do fato de isso entrar em conflito com seu emprego como assessora de imprensa tanto dos Smiths quanto da própria Rough Trade), anunciou que o vocalista confirmava o que os advogados de Marr já haviam garantido de qualquer forma: o fim dos Smiths. Quando a notícia chegou, na semana seguinte, à imprensa musical, deveria ter dado um fim aos rumores e às contestações do mês anterior, mas, ainda assim, foi acompanhada por todos os tipos de novas imprecisões: que Joyce e Rourke tinham pendido para o lado musical de Marr e que "os testes para substituir Johnny nunca tinham sido realmente levados a sério". Um elemento central, no entanto, mostrou-se totalmente correto: Stephen Street havia começado a compor músicas com Morrissey, que gravaria com seu próprio nome para a EMI. Fora a velocidade disso tudo (novamente, por que a pressa de Morrissey para gravar o que era, para ele, o equivalente a um terceiro disco de material em apenas 18 meses?), aquilo fazia sentido; era, talvez, como as coisas deveriam acabar. Com Street no baixo, o vocalista buscaria, para a guitarra — segundo sugestão de Geoff Travis, que se mostrou incapaz de não se envolver —, Vini Reilly, rapaz de Wythenshawe e músico de estúdio do Durutti Column que chamara atenção, pela primeira vez, na capa daquele single de 1977 de Ed Banger and the Nosebleeds, usando um blazer da escola de ensino médio de Johnny Marr. Era estranho como o mundo dava voltas. Mas ele dava. O álbum de estreia de Morrissey estaria pronto antes do Natal.

Marr, enquanto isso, aceitou quase todas as oportunidades que lhe foram oferecidas. Depois de participar da sessão de gravação do Talking Heads (ele participou de em quatro músicas do álbum *Naked*), tinha o single de Bryan Ferry para divulgar. Chrissie Hynde, então, convidou-o para se juntar aos Pretenders e Matt Johnson, percebendo que aquele era "o momento perfeito", convidou-o a se juntar ao The The; ele concordou com os dois, apesar de, durante algum tempo, isso significar literalmente ir da sessão de gravação de uma banda para a outra no mesmo dia. (Ele pode ter resistido à responsabilidade de liderar outra banda, mas não conseguia resistir à tentação de trabalhar tão duro.)[3] Em setembro de 1987, no entanto, antes de começar essas novas empreitadas, Marr voltou aos Estados Unidos e seguiu a turnê conjunta do Echo & the Bunnymen com o New Order. As duas bandas do norte da Inglaterra estavam passando por suas próprias dificuldades, com as quais lidaram de forma completamente diferente dos Smiths. Ian McCulloch deixaria o Echo & the Bunnymen em 1998; no caso desse grupo, uma distribuição igualitária da receita não salvou a banda dos conflitos de personalidade. Assim que ficou claro que ele não voltaria imediatamente, os Bunnymen remanescentes permitiram que sua gravadora, a WEA, os convencessem a fazer testes para um vocalista substituto; o álbum seguinte não foi levado a sério e acabou encalhado. McCulloch acabaria voltando ao grupo depois de dois álbuns solo que não foram bem-recebidos, mas a banda nunca mais seria a mesma; o legado tinha sido irreversivelmente prejudicado.

O New Order decidiu *não* anunciar uma separação quando seus membros deram um tempo uns dos outros em 1989, 13 anos depois de os integrantes originais tocarem juntos pela primeira vez. Em vez disso, sem uma data marcada (ou mesmo um acordo firme) sobre quando voltar à banda, eles começaram projetos paralelos, o mais proeminente dos quais tinha Bernard Summer se juntando a Johnny Marr para formar o Electronic. No curto período desde que os Smiths tinham se separado, o riff de guitarra indie tinha se encontrado com a batida dançante da rave na pista de dança da Haçienda, e produziu o que o Happy Mondays, da Factory Records, rotulou como "Madchester" — um estado de espírito de bacanal, hedonista e alterado por drogas, que fez surgir um grupo formado pelos velhos amigos de faculdade de Si Wolstencroft, John Squire e Ian Brown, os Stone Roses. Enquanto o Madchester se tornou a moda na nova geração de jovens da cena indie que saíam à noite e tomavam ecstasy, a música dos Smiths, supostamente taciturna e baseada em guitarras, repentinamente soou muito antiquada. O Electronic, no entanto, não, e "Getting Away with It", cantada por Neil Tennant, do Pet Shop Boys, assegurou a Marr seu primeiro sucesso no top 40 americano.[4]

Mas tudo isso estava no futuro. Nos meses de outono de 1987, tanto Morrissey quanto Marr estavam passando por períodos de muita infelicidade e incerteza. "Ele sabe que, no fim dos Smiths, eu estava num estado muitíssimo deprimido — e que possivelmente o fato de ele ter separado os Smiths poderia ter me matado", Morrissey contou ao *Observer*, 15 anos depois, ainda magoado. Ele tinha razão, e foi por isso que Marr tinha pedido a Grant Showbiz para visitar Morrissey na Cadogan Square. "Havia uma preocupação genuína com o que se passava na cabeça de Morrissey", disse Showbiz. "Eu não consigo me recordar de nenhuma conversa sobre o que acontecera, só de uma série de encantadores aforismos e chá. A lógica diz que, se ele estava deprimido, então Johnny estava mostrando alguma preocupação. Mas também era algo como 'Estou me afastando disso, não vou fazer isso.'"

Sandie Shaw, em suas memórias, também falou sobre visitar Morrissey na época da separação, quando "ele parecia desgrenhado e cheio de preocupações". Determinada a "não tomar partido, pois não queria me afastar de Johnny", ela, no entanto, encontrou seu antigo galanteador "amargurado". "Na minha opinião, todos os problemas de Morrissey começaram com ele mesmo — suas inseguranças e a forma com que elas o faziam se comportar. Ele parecia nunca ter aprendido a arte da amizade, e eu me sentia desesperadamente triste por ele, aprisionado à solidão que criara para si mesmo"

De sua parte, Johnny Marr insistia que, ao longo do processo de separação, que levou um ano para ser concluído, "eu sempre me senti incrivelmente lúcido. E focado e relaxado". Grant Showbiz confirmou que, "quando falei com Johnny diretamente depois do acontecido, ele estava feliz. Dava para sentir que um peso tinha sido tirado de suas costas. Não havia absolutamente nenhuma tristeza naquilo. Na época, eu provavelmente me sentia mais triste a respeito da separação do que ele". De qualquer forma, Marr ficou desolado, porque os Smiths tinham tentado seguir em frente tão rápido sem ele, e igualmente incomodado por ser retratado como o vilão da história, como o homem que tinha separado a melhor banda da Grã-Bretanha. Essa percepção da mídia duraria anos; uma das razões pelas quais Marr participou de tantos trabalhos paralelos (em vez de começar seu próprio projeto) foi uma tentativa de evitar a atenção da imprensa.[5] "Muitas pessoas viraram as costas para Johnny na época", observou John Featherstone, que permaneceu com Marr em Bowdon depois da separação, em grande parte para apoiar seu amigo enquanto guardava esperanças de um final poético para os Smiths. "Morrissey poderia, com a ironia perfeita de um roteiro de cinema, ter batido à porta de Johnny trazendo a resposta do que tinha acontecido no início, e ter dito, apenas: 'Ei, obrigado por tudo.' Ou: 'Podemos conversar sobre isso?' Ou: 'O que podemos fazer para isso andar para a frente?' Eu me lembro de ficar sentado lá, falando: 'Ele vai aparecer. Ele vai bater à sua porta.'"

Não bateu. Mas no meio daquele período de relações amargamente congeladas, foi, todavia, Morrissey quem buscou quebrar o gelo. Ele ligou para Johnny Marr e sugeriu que os Smiths fizessem um show de despedida, no Royal Albert Hall. Marr recusou.

Morrissey continuou a levantar a bandeira branca — ou a possibilidade de uma — enquanto conduzia as entrevistas para seu primeiro álbum pela EMI, provocativamente intitulado *Viva Hate* [Viva o ódio], lançado na primavera de 1988 e que alcançou o top 10 de singles que ele sempre tinha suspeitado ser o lugar de direito dos Smiths se eles tivessem assinado com uma grande gravadora. "Eu seria totalmente a favor de uma reunião", disse ele a Len Brown, da *NME*, em fevereiro. "Assim que qualquer um quiser voltar à congregação para fazer discos, estarei lá!" Os ritmistas, que estavam ocupados, na época, com Sinéad O'Connor, atenderiam a seu chamado mais tarde naquele ano, assim como Craig Gannon, os três se juntando a Morrissey e Stephen Street para gravar várias músicas, duas das quais chegariam ao top 10 britânico. Quando, no dia 22 de dezembro de 1988, Morrissey finalmente subiu num palco novamente, fazendo um show em Wolverhampton que garantia entrada grátis aos que estivessem usando camisetas dos Smiths ou de Morrissey, os músicos que apareceram ao seu lado foram Mike Joyce, Andy Rourke e Craig Gannon. O próprio Morrissey vestiu uma camiseta dos Smiths e entrou no palco ao som de Prokofiev. Além do material solo de Morrissey, o grupo tocou três canções do fim da carreira dos Smiths, cuidadosamente escolhendo as que sua antiga banda nunca tinha tocado ao vivo.[6] Com invasões de palco acontecendo ao longo do show, parecia uma reunião feliz dos Smiths, a não ser pela falta de Marr e do nome. Mas não era para ser. Mike Joyce, Andy Rourke e Craig Gannon estavam, naquela época, no processo de levar tanto Morrissey quanto Johnny Marr ao tribunal por royalties contestados ou não pagos.

DUAS GRANDES TRAGÉDIAS envolvem o lançamento de *Strangeways, Here We Come*. (Além do fato de esse ser o último disco dos Smiths, obviamente.) Uma é que nenhuma das canções teve a oportunidade de se desenvolver no palco, pelo menos não tocada pelos Smiths. A outra é que ninguém fora dos círculos centrais do grupo teve o luxo de escutar o álbum sem saber que aquele era o último disco dos Smiths. Saber disso arruinou a experiência para muitos. A não ser num experimento científico controlado, com uma nova geração de fãs dos Smiths historicamente desinformados, ninguém nunca será capaz de oferecer uma perspectiva completamente neutra.

A insistência eterna de cada membro da banda de que aquela era sua melhor obra parecia, ocasionalmente, uma defesa retroativa contra a inclinação óbvia de escutá-la como o trabalho de uma banda à beira da separação. Mas a decisão ainda não havia sido tomada quando Morrissey contou à *Melody Maker*, no verão de 1987, que "*Strangeways* aperfeiçoa cada noção poética e musical que os Smiths já tiveram... É, de longe, o melhor disco que já fizemos". Quanto à sonoridade, pelo menos, ele não estava errado. O progresso, em termos de produção, que se dera desde *The Smiths* — e até de *The Queen Is Dead* — era grande. "Death of a Disco Dancer" e "Last Night I Dreamt That Somebody Loved Me" eram obras-primas de estúdio. A delicadeza de "Girlfriend in a Coma" e "Unhappy Birthday" refletia a afirmação de Marr de que "há ar nesse disco". Os arranjos ambiciosos de "Stop Me If You Think You've Heard This One Before", "Paint a Vulgar Picture" e "I Started Something I Couldn't Finish" fracassaram em enfatizar seu senso de propósito divertidamente direto. E poucos podiam discordar de que "I Won't Share You" captava um belo senso de melancolia mútua, tanto na letra quanto na música. A banda tinha todo direito de se sentir orgulhosa de si mesma.

Mas isso não quer dizer que o disco era o que os fãs queriam ouvir. *Strangeways* soava *demais* como um grupo que estava experimentando no estúdio e não o suficiente como um grupo que anteriormente gravara como se cada respiração de seus integrantes dependesse daquilo. Não havia nada em seus grooves com a urgência de *The Queen Is Dead*, bem como não havia nada com uma melodia como a de "There Is a Light That Never Goes Out". Nada que se comparasse ao funk de "Barbarism Begins at Home" — ou à fúria de "What She Said". O problema geral de *Strangeways* — problema esse que raramente foi notado na época — era que o álbum não se formava *como* um álbum. *The Smiths*, apesar de toda a sua história de gravação complicada, era ainda uma série de canções agrupadas por seu tema central de desespero e isolamento social e sexual. *Meat Is Murder* era um álbum sobre violência — doméstica, institucional, social, genocida. *The Queen Is Dead* era, em partes suficientes para torná-lo conceitual, um tributo extravagantemente espirituoso a um império que desmoronava. *Strangeways* não tinha um tema que o unisse dessa forma. Até a capa do disco — e seu título — pareciam desconectados da música. *Strangeways* era, no fim, uma série de canções distintas agrupadas num único vinil. E não era nem tão longo: mal tinha 37 minutos numa época em que o compact disc estava, cada vez mais, levando os discos à marca de uma hora. Isso poderia explicar por que, na falta de uma música acabada para tomar seu lugar, o grupo incluiu "Death at One's Elbow", uma levada rockabilly convencional e sem inspiração escondida na penúltima posição, como se com a esperança de que ninguém fosse notar que ela estava ali. Os Smiths tinham, muitas vezes, lançado músicas de que alguns de seus fãs não gostavam; isso, de certa forma, era uma marca de sua ambição e de seu encanto. Até então, no entanto, pelo menos num álbum, os Smiths nunca tinham sido culpados de lançar nada *inconsequente*.

Em relação à falta de um tema aglutinador, aquilo podia não ser tão forte a ponto de sugerir que as letras de Morrissey em *Strangeways* não diziam nada a seus fãs sobre suas vidas. Nesse sentido, o vocalista estava tentando escrever mais por meio de narrativas, e canções como "Stop Me If You Think You've Heard This One Before" e "I Started Something I Couldn't Finish" eram positivamente intrigantes. (Era totalmente possível ler a última como um resumo da sedução de Oscar Wilde ao jovem lorde Douglas, o que explicaria seu posicionamento imediatamente após a canção que tirou seu nome dos escritos de Lady Wilde.) Mas, apesar de todo o humor maldoso de "Girlfriend in a Coma" e da confissão pessoal elaborada que era "Last Night I Dreamt That Somebody Loved Me", *Strangeways* via Morrissey se entregando, de forma incomum, à negatividade absoluta. "Paint a Vulgar Picture", por exemplo, pedia aos fãs que se juntassem a ele na condenação da ganância voraz da indústria musical, o que era um pouco forte vindo de alguém que tinha acabado de abandonar o setor independente e cuja avareza pessoal era agora um segredo muito malguardado; seu uso das palavras "sycophantic slags" [vadias bajuladoras], mesmo que tivesse uma intenção irônica, via-o se aproximando de um sexismo a que ele sempre tinha se oposto muito enfaticamente. Já em "Unhappy Birthday", pela primeira vez no que sempre tinha sido uma corda bamba poética e amargamente cômica, ele parecia ter cruzado a linha da pura maldade.

"Death of a Disco Dancer", por sua vez, embora fosse um dos genuínos saltos musicais do álbum, logo se mostraria desatualizada. O grito de Morrissey "If you think peace is a common goal, that goes to show how little you know" [Se você acha que a paz é um objetivo comum, isso mostra como você sabe pouco] podia ser verdade sobre as velhas discotecas-abatedouros de antigamente, mas quando a geração das raves começou a inundar as casas noturnas da nação com camisetas do Smiley, tomando drogas que faziam as pessoas abraçarem completos desconhecidos, aquilo passou a parecer estranhamente antiquado.

Inevitavelmente, foi "I Won't Share You" que acabou sendo assunto das maiores críticas póstumas. Morrissey raramente era deselegante a ponto de dar nome aos bois em suas letras (e essa é a razão de seus ataques às figuras da indústria musical serem tão deselegantes), e a presença de um personagem feminino na letra ajudou a dispersar a sugestão óbvia de que ela era destinada a Johnny Marr. Mas, com o título [Não vou compartilhá-lo] e versos como "With the drive, the ambition, and the zeal I feel this is my time" [Com o ímpeto, a ambição e o zelo, acho que é minha vez], era difícil não ouvi-la como uma declaração final a seu parceiro de cinco anos. Questionado sobre isso em público, Marr respondeu, na defensiva: "Não sou de ninguém para poderem me compartilhar", mas, forçado a reconhecer que a letra poderia não ter precisado de uma resposta tanto quanto de reconhecimento, ele foi mais generoso: "Essa é a intriga sobre essa música, não é mesmo? Apenas uma pessoa sabe. Mas eu realmente acho... Obrigado. Obrigado por isso. Se é verdade, obrigado."

No fim, a forma mais sincera de elogiar *Strangeways, Here We Come* era reconhecê-lo como um álbum de transição. Era o som de um grupo fugindo da fórmula que o tornara bem-sucedido, apresentando lampejos ocasionais de brilhantismo e inspiração em seu caminho para um destino não determinado. O próximo álbum dos Smiths teria colocado *Strangeways* num contexto completo e adequado — mas é claro que aquele próximo álbum nunca chegou.

STRANGEWAYS, HERE WE Come chegou ao número 2 das paradas britânicas, o quarto dos seis álbuns da Rough Trade a conseguir isso. (Seriam cinco de sete um ano depois, quando Morrissey compilou o disco ao vivo *Rank* das fitas da BBC do show no Kilburn National.) Para divulgar "Girlfriend in a Coma", um vídeo foi preparado de forma apressada por Tim Broad, que apresentava Morrissey, e apenas Morrissey, cantando em close sobre um fundo de cenas de *The Leather Boys*, de 1963, um de seus filmes favoritos. Era como se, depois de o grupo ter desmoronado à sua volta, Morrissey — o homem que havia menosprezado videoclipes por quatro anos inteiros, que tinha encontrado formas de não ser obrigado a fazê-los, que os criticara aqueles que tinham sido feitos sem ele, que havia custado a si mesmo dezenas de milhares de dólares em royalties e que tinha contribuído para a separação de sua banda ao se recusar a comparecer na mais recente filmagem — pudesse dar as costas aos princípios de sua carreira agora que ele era Morrissey, o artista solo. O disco, vale a pena lembrar, era dos Smiths.

O mesmo aconteceu com o single seguinte. A intenção tinha sido lançar "Stop Me If You Think You've Heard This One Before", provavelmente a música mais comercial de *Strangeways* depois de "Girlfriend", mas um tiroteio fatal numa Inglaterra que não estava acostumada a esse tipo de coisa fez com que ela fosse deixada de lado no último instante por causa do uso da expressão "mass murder" [assassinato em massa]. A música foi substituída por "I Started Something I Couldn't Finish" — e o mesmo vídeo.[7] Tim Broad o filmou no domingo, dia 18 de outubro, juntando uma dúzia de "apóstolos" e sósias de Morrissey (topetes, camisetas dos Smiths, óculos do NHS), ao lado de seu ídolo, num passeio de bicicleta por vários pontos de referência de Manchester relacionados aos Smiths (na chuva, obviamente): apartamentos de conjuntos habitacionais caindo aos pedaços em Hulme, o Salford Lords Club, a Coronation Street interditada, a estação Victoria e a casa de apostas de Albert Finney, também em Salford. Novamente, os Smiths foram ouvidos, mas não foram vistos.

"Girlfriend in a Coma" se mostrou um sucesso significativo; ela era a canção mais doce (musicalmente, se não em sua letra) que os Smiths já haviam apresentado a uma rádio comercial. "I Started Something I Coundn't Finish" lutou para ter uma aceitação semelhante; ela não tinha o mesmo balanço da desejada "Stop Me If You Think You've Heard This One Before", embora a revelação da produção de Troy Tate para "Pretty Girls Make Graves", completa com violoncelo, servisse como um incentivo modesto para os fãs mais ardorosos. Com o apoio de Morrissey, que disse que, "se houvesse mais uma oportunidade para infestar as ondas do rádio, acho que devia ser feito", a Rough Trade então fugiu da tradição dos Smiths e lançou um terceiro single do álbum logo em seguida. O que eles esperavam provar, além de que os Smiths eram capazes de lançar cinco singles no mesmo ano, ou que Morrissey podia finalmente colocar Billy Furry na capa de um disco dos Smiths, nunca foi esclarecido. Assim como a escolha de canção. "Last Night I Dreamt That Somebody Loved Me" podia ter sido seu maior épico de estúdio, mas não era exatamente o som do ânimo natalino, e nenhum vídeo foi produzido para oferecer qualquer outra mensagem. A introdução instrumental de piano foi cortada; os lados B vinham de velhas sessões de John Peel. Em tais circunstâncias, o fato de a música ter chegado ao top 30 tinha que ser entendido como um sucesso. Aquele era o décimo sétimo single dos Smiths em quatro anos e meio. Aquele seria o último a ser lançado com o nome da banda por outros quatro anos e meio.

Enquanto Morrissey e seus 12 apóstolos guardavam suas bicicletas na noite de domingo, 18 de outubro, uma espécie de última ceia acontecia em forma de *South Bank Show*, da ITV, sobre os Smiths. Aquela era uma forma apropriada de reconhecimento intelectual à banda, levando em consideração que tinha sido a transmissão do episódio de Leiber e Stoller no programa, em fevereiro de 1982, o que levou Marr à porta de Morrissey antes de mais nada. Nesse sentido, o tratamento reverente deveria ser considerado um triunfo; infelizmente, ele teve que ser visto, como uma despedida. Não havia nenhuma referência à separação a não ser no preâmbulo do apresentador e nos cinco minutos finais editados de forma apressada; fora isso, o grupo era percebido e apresentado como uma unidade em pleno funcionamento. Vários dos amigos mais próximos ou aliados dos Smiths foram levados para fornecer uma perspectiva, incluindo John Peel, Nick Kent, Sandie Shaw e Jon Savage. O próprio vocalista, apesar de não ter nenhuma participação na edição, dominava as ações; entrevistado em grande parte numa escrivaninha coberta de livros (e também numa poltrona, usando uma camisa de rúgbi), ele parecia a personificação do astro pop intelectual. Em seu modo de falar e sua confiança, em sua apresentação e sua sagacidade, aquele era um homem no auge, dedicado ao seu ofício, apaixonado por sua carreira e claramente não abrigando a ideia do que estava prestes a acontecer ao seu redor. (Johnny Marr, usando o topete curto do começo do novo ano, parecia, de certa forma, mais animado, e mesmo antagônico, em sua própria entrevista; Mike Joyce providenciou o tipo de provocação bem-humorada que, como sempre, soava melhor do que quando escrita; Andy Rourke não estava em lugar nenhum.) Era como se toda a vida de Morrissey estivesse levando àquele momento, quando, como dizia o verso de "Paint a Vulgar Picture", uma "child from the ugly new houses" [criança daquelas novas casas horríveis], esse filho de imigrantes irlandeses da classe trabalhadora, esse católico relapso, que tinha abandonado os estudos no ensino médio, esse recluso social celibatário/assexuado/gay e antigo candidato a tendências suicidas pudesse finalmente demonstrar sua grandeza num palco digno de sua aclamação.

A escolha de declaração final dos produtores, depois de ficarem sabendo da separação dos Smiths, viu Morrissey voltar a um tema e a uma teoria que ele testara frequentemente ao longo dos anos: "Vejo todo o espectro da música pop como se ela estivesse sendo morta, de todas as maneiras concebíveis... Então, com os Smiths, eu realmente acho que isso é verdade, acho que é o fim da história. No fim, a música popular vai morrer. Isso deve ser óbvio para quase todos. E acho que as cinzas estão à nossa volta, se simplesmente pudéssemos notá-las." Então, ele deu aquele seu sorriso encantador. Até em sua despedida ele era capaz de fornecer inspiração, mesmo que não tivesse sido exatamente pelo motivo que tinha desejado; alguns melhores amigos adolescentes de Colchester, Damon Albarn e Graham Coxon, ambos fãs dos Smiths, sentaram-se para assistir ao programa com muita expectativa, mas se viram ofendidos pela insistência de Morrissey de que "os Smiths eram o último grupo a ter qualquer importância", como Albarn interpretou aquilo. Ele caminhou até sua casa naquela noite, bolando planos, insistindo que "ninguém vai me dizer que a música pop está acabada". Albarn e Coxon logo formariam a banda Blur, assinando com uma gravadora independente que, por sua vez, tinha assinado com a EMI, e, com Stephen Street como seu produtor, acabaram liderando um movimento de "britpop" que, ao longo da década de 1990, levou a estética "indie" dos Smiths (menos sua feminilidade, tragicamente) ao topo das paradas; ali, contrapostos ao grupo de Manchester Oasis, que Johnny Marr indicou a seu empresário pós-Smiths em primeiro lugar, eles inclusive chegaram ao noticiário nacional.

Além do próprio Morrissey, a estrela do *South Bank Show* foi Linder, mentora de Morrissey, sua musa e sua eterna camarada no feminismo e na arte. Ela pintou perfeitamente um quadro da amizade agradável que já durava uma década com Morrissey, de caminhadas vespertinas com ele pelo Southern Cemitery, noites nas pistas de dança da periferia de Manchester e dias passados com seus narizes pressionados contra vitrines de lojas chiques, "olhando através do vidro da loja para alguém".

"Ele falava: 'Você acha que eles estão realmente felizes?', e eu respondia: 'Acho que sim, espero que sim.' E ele dizia: 'Será que um dia eu poderia ser assim?' Mas não, claro que não, ele nunca poderia ser feliz." E então Linder riu. "Eu rezo para que um dia ele seja feliz — mas está demorando muito para acontecer."

NOTAS

INTRODUÇÃO

1 – Como comparação, durante o mesmo período, no início de sua carreira de gravação, os Beatles gravaram 86 composições originais de Lennon e McCartney, e embora seu repertório fosse aumentado significativamente por covers e composições de George Harrison, é válido lembrar o quão mais rápido era o processo de gravação nos anos 1960 — e quantos anos os Beatles tinham ficado juntos antes de assinar um contrato de gravação.

2 – Entre astros do pop e do rock britânicos, apenas Sir Cliff Richard teve uma popularidade semelhante com qualquer alegação de celibato, embora, no caso de Cliff, isso não tenha sido declarado publicamente ao longo de grande parte de sua carreira.

3 – Johnny Marr, no entanto, não se mostrou tão reticente. Indagado, numa grande premiação, em março de 2012, mais uma vez, sobre uma reunião dos Smiths, ele respondeu: "Se esse governo renunciar, então eu reunirei a banda."

4 – Não deixa de ter alguma conexão com o conhecimento da existência de minha iminente biografia que Rogan e seus editores tenham decidido atualizar *Morrissey and Marr: The Severed Aliance* com uma "Edição comemorativa de vinte anos" em 2012, acrescentando quase duzentas páginas de conteúdo ao original e publicando-a logo antes desta biografia. No momento em que este livro está indo para a gráfica, ainda não tinha lido o livro de Rogan em sua nova versão, mas meu objetivo inicial, em relação à minha motivação e à minha intenção com minha biografia, ainda se mantém.

Capítulo Um

1 – De acordo com o livro de Roger Swift, *The Irish in the Victorian City*, os imigrantes de Manchester nascidos na Irlanda já representavam um quinto da população no ano de 1834.

Capítulo Dois

1 – MacColl, um folclorista cujas inclinações comunistas o colocaram sob a observação do MI5 por algum tempo e que, mais tarde, seria o pai da cantora Kirsty MacColl, compôs a canção para uma peça local de sua autoria, *Landscape with Chimneys*, e, portanto, também achou natural especificar Salford na letra; mas protestos do conselho municipal, por a canção ser associada a uma "Dirty Old Town" [Cidade velha e suja], resultaram no verdadeiro nome ser substituído pelo adjetivo "smoky" [enfumaçada].

Capítulo Três

1 – Da Harper Street à Queen's Square e, depois, na Kings Road, Steven Morrissey cresceu no que era conhecido à época como o distrito municipal de Stretford, que fazia fronteira com o lado oeste de Manchester e a parte sul de Salford. Old Trafford era um de muitos bairros dentro de Stretford; Moss Side existia oficialmente apenas dentro da própria Manchester, embora a família Morrissey alegasse morar lá por causa da distância muito pequena que os separava da divisa entre Stretford e Manchester. Como resultado do Ato Governamental Local de 1972, a relação entre Trafford e Stretford foi revertida: O distrito municipal de Stretford foi abolido e, então, engolido pelo novo distrito metropolitando de Trafford, um de 16 distritos como ele (entre eles as cidades de Salford e Manchester), que formavam o igualmente novo município metropolitano da Grande Manchester. O novo distrito metropolitano de Trafford adicionalmente absorveu, do condado de Cheshire, os distritos municipais de Sale e Altrincham e os distritos urbanos de Bowdon e Hale — nomes que se tornam familiares mais adiante na história dos Smiths. O futuro lar da família Marr, em Wythenshawe, ficava fora do município metropolitano da Grande Manchester, mas dentro da cidade de Manchester.

2 – Em 1978, os seis médicos do consultório médico de Hulme estavam receitando cerca de 250 mil tranquilizantes por semana.

Capítulo Quatro

1 – Oficialmente, o Sistema Tripartido, que funcionava desde 1944, abrigava três formatos: escolas de ensino médio, escolas técnicas e escolas secundárias modernas. Na realidade, poucas escolas técnicas foram construídas, e, então, o sistema passou a ser um simples processo de eliminação (não intencional).

2 - Margaret Clitherow foi presa por abrigar padres, um crime capital, mas foi executada por se recusar a apelar contra essa acusação, também um crime capital. (Ela alegou que não via nenhum crime contra o qual apelar.) A rainha Elizabeth, tempos depois, escreveu uma carta para o povo de York a fim de se desculpar por uma mulher ter sido executada.

3 - Em 1984, Morrissey disse à *Smash Hits* que "raramente passo um dia sem escutar *A importância de ser honesto*. Tenho em fita". Um importante documentário feito para a TV, em 2002, ao qual o cantor forneceu um acesso estranhamente próximo, foi intitulado *The Importance of Being Morrissey* [A importância de ser Morrissey].

4 - Foi pura coincidência que, na semana em que acabei de escrever este capítulo, um ensaio sobre Wilde ("Deceptive Picture", supostamente sobre as variações nos manuscritos de Dorian Gray) tenha sido publicado na *New Yorker*, no dia 8 de agosto de 2011, escrito por Alex Ross, crítico de música moderna da revista. A descoberta de Ross confirmava meus próprios escritos. Mais interessante foi sua observação, como um homem gay assumido (na verdade, casado) do século XXI, de que, "desde o final dos anos 1980, era possível ver jovens intelectuais aceitando sua sexualidade ao ler Wilde". Ele estava falando sobre si mesmo, mas poderia estar se referindo a Morrissey uma década antes.

Capítulo Cinco

1 - Graham Pink tornou-se famoso, tempos depois, como um "informante" perseguido após revelar os padrões escandalosos de tratamento do sistema de saúde pública em seu hospital local.

Capítulo Seis

1 - O que pode ser apenas descrito como um filme de propaganda, produzido por Manchester em 1946 a fim de vender as atrações de Wythenshawe em comparação às dificuldades de Hulme, deu muita atenção ao fato de que 270 toneladas de fuligem sólida e poeira tinham sido registradas em Hulme em um ano (e 200 quilos em Ancoats); em contraste, Wythenshawe tinha "apenas" 120 toneladas. O filme, *A City Speaks*, disponível no Museu de Ciências e Indústria de Manchester, é fascinante por seu estereótipo: enquanto uma voz bem-gravada da BBC vende as virtudes das novas propriedades e um homem natural de Hulme, em Manchester, quase indecifrável, expressa inicialmente suas dúvidas, mas rapidamente é convencido do contrário, o filme projeta a atenção na caricatura de uma velha senhora pobre, encolhida em seu cortiço em Hulme, com uma xícara de chá, sobreposta a uma bela e jovem esposa desfrutando de seu jardim externo em Wythenshawe. Certamente, havia aspectos positivos por trás do processo de eliminação de cortiços e realocações forçadas, e a família Maher pareceu se beneficiar deles. De qualquer forma, é válido relatar as lembranças de Jack Kirwan em *Annals of Ardwick*, um panfleto publicado de forma independente e descoberto na Manchester City Library. Kirwan teve o trabalho de remover fisicamente uma dessas

velhas senhoras de seu lar em Hulme durante o que ele chamou de "a grande destrui-ção", período em que tanto os Morrissey quanto os Maher foram realocados. "Quando cheguei pela manhã, no horário combinado, ela estava lá, esperando, com todas as suas posses bem-empacotadas e prontas. A casa e os quartos estavam impecáveis. Eu soube instantaneamente que, apesar da pobreza, ela mantivera os padrões tão essenciais aos valores da classe trabalhadora. Ela estava constantemente chorando, e a situação me fez sentir desamparado. Ela havia nascido naquela casa e nunca morara em nenhum outro lugar, tinha criado uma família ali, toda a sua vida e as suas lembranças estavam naque-le lugar. Tentei consolá-la da única forma que podia e lhe disse que ela teria instalações melhores no lugar para onde estava indo, embora eu soubesse que era tarde demais para que ela recomeçasse a vida, numa nova redondeza, entre desconhecidos... Eu a levei para o prédio alto na Bagnall Court, em Northenden, e fui informado, posterior-mente, de que ela morreu em menos de 15 dias."

2 – Tanto Fletcher quanto Duffy se recordam de uma carta de Morrissey num jornal musical, com seu endereço completo, procurando signatários para fazer com que a aparição dos New York Dolls no *Whistle Test* fosse retransmitida na BBC, e de que eles lhe escreveram oferecendo seu apoio. Eu não vi essa carta.

3 – Marr recordou que o primeiro show a que assistiu foi de Rod Stewart, no Belle Vue, perto de seu velho lar em Ardwick Green, durante a turnê de *Tonight is the Night*. No show, ele viu Britt Ekland na mesa de som. "Achei que, em todo show a que eu fosse a partir de então, eu ia encontrar uma atriz famosa." Aquele show foi em novembro de 1976; o show do Slaughter & the Dogs, no Wythenshawe Forum, acredita-se, de forma geral, ocorreu em agosto.

4 – Também foi contada a história de que era Rourke quem estava usando o bottom de Neil Young; a essa altura, nenhum dos dois tem mais certeza absoluta.

Capítulo Sete

1 – "No primeiro ano, não tivemos tanto contato, na verdade", disse Rourke sobre a partida abrupta de sua mãe. "E, então, ela nos convidou para passar um feriado com ela. Porque o sujeito para quem ela trabalhava, Joe, que se tornou seu parceiro por 25 anos depois disso, tinha viajado a trabalho e ela possuía uma enorme mansão em Son Vida, Majorca, com piscina. Ela convidou a nós quatro para passarmos a semana. Nós con-versamos muito sobre as coisas, e ela explicou seus motivos, o porquê de ter ido embo-ra. E as coisas ficaram bem desde então." O irmão mais novo de Andy, John, mais tarde se mudou para Majorca, onde morreu, aos 24 anos, depois de os Smiths já haverem se separado, por causa de "drogas e alcoolismo". Andy estava ao lado da cama junto de seu pai, Michael, quando o irmão morreu.

2 – Durkin introduziu essa observação dizendo: "Andy não vai se importar de eu lhe contar isso."

3 – Não há nenhuma prova de que ele tenha conseguido entrar na casa; a idade mínima para beber era de 18 anos na época, em Nova York, e era aplicada seriamente.

4 – Nos anos 2000, a imagem foi comprada pela Tate.

5 – As observações tipicamente cruéis, mas hilárias, de Morrissey merecem uma discussão mais completa. Apesar do fato de o punk ser considerado uma revolta da classe trabalhadora, tal estilo, mesmo assim, era frequentemente atacado pelos que estavam nas camadas mais baixas da sociedade britânica, sociedade essa de classes claramente definidas. "Toda a ideia de o punk ser uma música das ruas era baboseira", disse o jornalista Frank Owen, que foi criado em Manchester e tocou na banda Manicured Noise na época. "Os jovens da rua eram os Perry Boys, os *hooligans* torcedores de futebol, os garotos com as calças de veludo e as facas Stanley, eles eram os jovens encrenqueiros que moravam nos conjuntos habitacionais. Os jovens punks, normalmente, estavam na camada mais elevada da classe trabalhadora, seus pais tinham bons empregos nas fábricas, eles tinham um pouco de dinheiro... Toda a ideia de que eles eram o proletariado dos conjuntos habitacionais, isso era baboseira. Quem realmente o era odiava os punks." É por esse motivo que o Slaughter & the Dogs, geralmente deixado de fora da história do punk por ser um grupo de jovens toscos como aqueles a que Owen se refere, é tão importante: seu segundo single, "Where Have All the Bootboys Gone", glorificava a cultura a que a maioria dos punks, teoricamente, se opunha.

6 – Na capa do single dos Nosebleeds, Vini Reilly vestia um blazer emprestado de um aluno de St. Augustine, uniforme obrigatório na época de Johnny Marr e Andy Rourke.

7 – Foi relatado que Morrissey também cantou com os Nosebleeds em abril, na noite da Rabid Records, a qual incluiu o Slaughter & the Dogs, Jilted John e John Cooper Clarke. Se ele cantou, os Nosebleeds não foram creditados. Eles não deixaram de ser anunciados no Ritz, onde o nome da banda apareceu num pôster, contradizendo a afirmação futura de Morrissey, em *The North Will Rise Again*, de que aquela era uma empreitada de Duffy, com um nome diferente e apenas resenhada de forma errada na *NME* como The Nosebleeds.

8 – Isso foi muito mais gentil do que uma futura observação de Morley, impressa na *Mojo*, em junho de 2004, e reproduzida em muitas outras publicações, de que "Morrissey sempre foi motivo de chacota em Manchester... Ele era o idiota do vilarejo".

Capítulo Oito

1 – Morrissey repetidamente tentou subestimar seu envolvimento com a cena punk de Wythenshawe. "A história local me coloca como um ex-integrante do Slaughter & the Dogs ou dos Nosebleeds, o que é ridículo", contou ele a John Robb para o *The North Will Rise Again*. Os integrantes de tais bandas não sofrem de nenhuma ilusão no tocante à participação dele, por mais curta que tenha sido.

Capítulo Nove

1 – O casal ainda estava junto, casado e com filhos, mais de 32 anos depois.

2 – Robertson teve uma morte prematura relacionada ao álcool.

Capítulo Dez

1 – "Eu sofri imensamente de depressão", disse Morrissey no documentário *The Importance of Being Morrissey*. "Era algo muito sério quando eu era adolescente, e quando eu estava nos Smiths, tomei remédios controlados durante muito tempo."

2 – Garanto aos leitores que fui frequentemente culpado da mesma coisa ao longo dos anos 1980.

3 – Quando os Nosebleeds acabaram de vez, o baterista, Phillip "Toby" Tomanov, imediatamente se juntou ao Ludus. Morrissey se assegurou de fazer uma menção particular a ele em sua primeira resenha sobre a banda.

4 – Na época da publicação de *Exit Smiling*, com base no manuscrito datilografado original de Morrissey, completo com correções feitas à mão, o vocalista pediu aos fãs que não comprassem o livro, dando a clara impressão de que ele nunca havia desejado a publicação de *nenhum* dos três, em nenhum momento, e situando a escritura dos originais na década de 1970, o que parece improvável. Sua rejeição aos livros levanta a questão dos motivos pelos quais ele enviou os manuscritos a um editor, para início de conversa; suas cartas para Tony Wilson sugerem que ele estava, na verdade, desesperado por alguma forma de reconhecimento literário.

5 – Boon se mantém inflexível quanto ao cassete, e Johnny Marr declarou acreditar que ele exista, embora não pareça haver uma música com o título "Wake Up, Johnny" no catálogo de Bessie Smith.

Capítulo Onze

1 – "Papa's Got a Brand New Pigbag" passou cerca de setenta semanas no top 50 indie e acabou, um ano após seu lançamento, alcançando o top 3 das paradas nacionais, uma grande façanha para seu principal distribuidor, a Rough Trade.

2 – Entre as pessoas que apareceram na casa de Wolstencroft havia alguém vestido exatamente como Malcolm McDowell em *Laranja mecânica* (fitas pirata do filme estavam circulando graças à comercialização dos aparelhos domésticos de VHS), com "os cílios, o taco de beisebol, o suporte atlético", como recordou Rourke. O nome do amigo era Ian Brown e ele havia sido vocalista de uma banda no South Trafford College, chamada The Patrol, junto de Wolstencroft e do guitarrista John Squire.

3 – Geralmente escrito na literatura dos Smiths como "Decibel", ele, na verdade, tinha ortografia francesa, por causa de seu dono, Philippe Delcloque. O antigo moinho acabou se tornando o local de uma das casas noturnas mais importantes do pós-rave de Manchester, Sankeys Soap.

4 – Marr sempre falou sobre essa sessão como se houvesse ocorrido na noite de Ano-Novo, sabendo que o estúdio estaria vazio. Dale Hibbert frequentemente gravava bandas na madrugada, sem o conhecimento do dono, como uma forma de aprimorar suas habilidades como engenheiro de som. Embora a sessão possa ter acontecido no inverno, é quase certo que não foi na última noite do ano.

5 – Qualquer um que tenha escutado o sucesso do The Jam, que estava no topo das paradas no começo de 1982, "Precious", sabe que isso não é um aparte frívolo.

6 – As manifestações não surpreenderam Morrissey nem um pouco. "Manchester está destruída", escreveu ele para sua amiga Lindsay Hutton. "Mas, ainda assim, não é bom saber que o casamento real está quase chegando? Se Charles está tão preocupado, deixe que ele se case em Moss Side ou Toxteth."

7 – A Eighth Day transformou-se numa ainda próspera loja de produtos naturais na Oxford Road. A expressão também mudou, no fim da década de 1980, para "E no oitavo dia, Deus criou Manchester".

8 – Para qualquer contestação de que o encontro de Morrissey e Marr não foi tão mágico quanto diz a lenda, pelo fato de eles terem sido formalmente apresentados quatro anos antes, no show de Patti Smith, deve ser levado em consideração que Leiber e Stoller tinham conversado ao telefone antes do *seu* primeiro encontro, e que a aparição de Leiber na porta de Stoller não era nem um pouco inesperada.

9 – O papel de Steve Pomfret foi certamente subestimado ao longo dos anos. Em geral, Marr dava a impressão de que tinha seguido todo o caminho até a Kings Road sozinho. Para este autor, Marr falou sobre como "Steve e eu batemos à porta, e Steve Pomfret literalmente recuou vários passos na direção do portão e se despediu. Ele não entrou na casa comigo". Em raras entrevistas, especificamente com Johnny Rogan, Pomfret não deu nenhum motivo para dúvida de que ele foi, na verdade, parte da conversa no andar de cima, no quarto de Morrissey, bem como fez parte dos ensaios iniciais dos Smiths.

Capítulo Doze

1 – Na verdade, ele tinha dito "I schtip to funk", significando que fazia sexo enquanto ouvia aquela música, o que pode ser visto como uma referência positiva. No entanto, numa edição muito posterior da *The Face*, em que o jornalista de Manchester da revista, David Johnson, falou bem do Swing, em particular, e, num momento em que os Smiths estavam em alta, Johnson estava disposto a reescrever a intenção como "se quisesse dizer que a música só servia para foder".

2 – Um clipe de um minuto e sem som do fim pode ser encontrado na internet.

Capítulo Treze

1 – Uma versão editada de "Suffer Little Children" que há muito tempo circula na internet infelizmente não tem esses elementos; o autor ouviu a mixagem completa e também os canais individuais.

2 – Com o benefício da revelação, o autor, que estava envolvido, nessa época, com o lançamento de discos da banda de Belfast, Rudi, dormiu no chão da casa de Mike Joyce em março de 1982, depois que o Rudi abriu para o The Jam no Manchester Apollo naquela noite. Curiosamente, tanto Morrissey quanto Mike Joyce eram convidados da

THE SMITHS

banda irlandesa; se eles se conheceram e conversaram naquela noite, isso nunca foi mencionado publicamente.

3 – Embora seja tentador pensar que os Smiths talvez tenham esperado para gravar a fita da EMI antes de mostrar qualquer coisa à Factory, Hibbert é inflexível ao recordar que Morrissey e Marr marcaram uma reunião com Tony Wilson e deixaram claro que ele não estava convidado.

4 – Explicação adicional: eu era integrante de minha própria banda na época, Apocalypse, que foi cortejada pela EMI durante exatamente o mesmo período. Foram oferecidas à banda, igualmente, horas de estúdio para a gravação de uma demo no início de 1983 e, depois de muita procrastinação, ela acabou assinando com o selo, por um gerente de A&R que trabalhava sob a supervisão de Hugh Stanley-Clarke. O adiantamento não foi maior que o que os Smiths receberam por assinar com a Rough Trade, embora o grupo do autor tivesse um sucesso indie, exposição no rádio e na TV e já houvesse excursionado pelo país. No entanto, naquela época, os caminhos certamente se separaram: foi só no final de 1983, muitos meses depois, que o grupo do autor foi finalmente levado ao estúdio de gravação para fazer um single. Ironicamente, o estúdio acabou sendo o extravagante e residencial Jacob's, onde os Smiths gravaram *The Queen Is Dead*, embora o estúdio caro não tenha contribuído para um disco melhor e, com o ímpeto contido em seu interior, o grupo se separou logo depois que ele foi lançado. Durante aquele mesmo período de 12 meses, os Smiths assinaram com a Rough Trade, lançaram dois singles, um dos quais foi um sucesso, gravaram seu álbum de estreia (duas vezes), gravaram quatro sessões para a BBC, apareceram na televisão e nas capas dos jornais musicais e chegaram a Nova York como a banda mais descolada do Reino Unido. A questão eterna — O que teria acontecido aos Smiths se eles tivessem assinado com a EMI em 1983? — pode talvez ser respondida pela experiência de súbita inércia do próprio autor. E a questão igualmente eterna — Terão os Smiths feito a coisa certa ao avançar em seu caminho numa gravadora independente? — parece ser puramente retórica.

CAPÍTULO CATORZE

1 – A capa do single observava que ele foi gravado em março, mas, segundo todos os relatos, a data de gravação era, na verdade, 27 de fevereiro. Outros livros de história declaram que "Hand in Glove" foi tocada ao vivo pela primeira vez na Haçienda. Mas, considerando-se que o show do Manhattan Sound, na semana anterior, tinha a intenção de ser um aquecimento, e de que nenhum setlist sobreviveu, parece ser uma suposição razoável que ela tenha, na verdade, sido revelada no show anterior.

CAPÍTULO QUINZE

1 – Para confundir ainda mais tudo isso, embora admitisse que Rourke estava acompanhando Marr durante a conversa, Travis se recordou de Joe Moss também estar presen-

te — e Moss tinha tanta certeza do fato de ele estar na Rough Trade naquele dia quanto Rourke e Marr tinham de que ele não estava. "Ele teve que ser forçado a escutar a fita e a escutou ali mesmo, enquanto estávamos lá", recordou Moss sobre Geoff Travis. "Ele gostou. Nós dissemos, de forma bastante insolente, que, se ele não lançasse a fita, nós a lançaríamos."

Em 1988, numa entrevista com Richard Boon para a revista de distribuição independente *The Catalogue*, Morrissey deu uma descrição bem-humorada do primeiro encontro, em que ele incluiu *ele mesmo* na aventura em Londres: "Nós esperamos por horas para que nos dissessem que Geoff não poderia nos ver, então Johnny disse: 'Quem é Geoff Travis?' e alguém apontou para uma figura que se aproximava entre outras num corredor, e Johnny correu em sua direção e o forçou a escutar a fita." Talvez a história toda devesse ser mais bem-esclarecida.

Essa, então, é a maldição do biógrafo — não existir algo como um fato quando tratamos de lembranças individuais. É por isso que, como Tony Wilson (interpretado por Steve Coogan) disse no filme *A festa nunca termina*, quando estiver entre a lenda e a verdade, sempre publique a lenda.

2 – O crítico, Jim Shelley, recebeu mais adiante o agradecimento nos créditos do álbum de estreia.

Capítulo Dezessete

1 – A citação original da Rough Trade Distribution, citação essa que, na verdade, não foi rasurada, seria sustentada legalmente em 1989, quando a empresa entrou em falência, causando um caos a respeito da posse do catálogo dos Smiths, o qual, como acabou sendo descoberto, não pertencia realmente à gravadora.

2 – Em "Childhood, Sexuality and the Smiths", ensaio que faz parte de *Why Pamper Life's Complexities?*, Sheila Whiteley, fã confessa da banda, dedica milhares de palavras a analisar essas canções, refletir sobre esse incidente e tentar desesperadamente chegar a uma conclusão positiva, mas ainda admite: "Claramente, não há nenhuma prova empírica para ajudar na interpretação."

3 – O primeiro deles foi a reescritura de um verso da banda anarco-punk Crass: "Do they owe us a living? Of course they fucking do" [Eles nos devem um sustento? É claro que sim].O segundo era uma das respostas favoritas de Morrissey e formaria a espinha dorsal de um futuro single dos Smiths. Juntos, eles eram bastante majestosos. A "ponte de ferro" mencionada na canção, como outros versos, parece ter vindo de "Spend, Spend, Spend", de Viv Nicholson, mas muitos fãs dos Smiths acreditaram fazer menção à passarela que cruzava os trilhos do trem da King's Road a St. Mary's.

4 – Oscar Wilde, em correspondência com seu amigo próximo André Gide, tinha se referido ao diretor da sua prisão como "quite a charming man" [um homem bastante encantador], embora a influência em Morrissey possa ter sido completamente subliminar.

Capítulo Dezoito

1 – Em *The Smiths: Songs That Saved Your Life*, Simon Goddard assinala que as mixagens alternativas de Troy Tate, disponíveis on-line, são consideravelmente inferiores às mixagens finais, que este autor não escutou.

2 – Isso certamente faz mais sentido do que a história que tipicamente foi relatada — que Porter tinha recebido um telefonema inesperado de Geoff Travis, menos de uma semana antes de conhecer a banda na sessão da BBC, com a ideia de remixar o álbum dos Smiths. Não apenas isso teria esticado a coincidência a limites impossíveis, mas teria negado a necessidade de os Smiths abordarem Porter na cantina da BBC e se apresentarem para que ele trocasse de sessão.

3 – Sempre otimista em relação aos Smiths, Morrissey garantiu aos ouvintes que sairia em um mês, "porque acho que é a hora certa".

4 – Em algum momento, Porter teve seu desejo realizado. Um "Single Remix" — da sessão de Londres — foi, no fim, preparado, depois que a banda se separou. Ele soava mais abafado do que a mixagem original.

5 – Enquanto completava este capítulo, o autor ouviu os canais separados de "This Charming Man". As múltiplas partes de guitarra de Marr representam, não surpreendentemente, uma verdadeira *tour de force*, ainda mais espantosa por conta da juventude do guitarrista; além dos vários riffs e de solos dedilhados em diferentes canais, há violões e vários *reverbs* de trás para a frente, que acrescentam volumes (escondidos) à mixagem geral. Os vocais de Morrissey, por mais envolvidos em *reverb* que estivessem, são igualmente impressionantes. A linha de baixo de Rourke revela uma melodia e uma destreza ainda mais impressionantes do que é audível na mixagem final, enquanto o vazamento do resto da finalizada canção nos canais isolados de bateria confirma que Joyce gravou sua linha no fim da sessão.

Capítulo Dezenove

1 – Em virtude da relação de trabalho de Travis com Stein, é inteiramente possível que o contrato tenha sido acertado e que a papelada tenha sido preparada durante o verão, contrato esse baseado no burburinho que cercava os Smiths e, então, assinado e selado depois que Stein viu a banda ao vivo.

2 – Na Grã-Bretanha da época, pouco mais de seis por cento de todas as vendas de disco iam, por lei, diretamente para a Sociedade de Proteção ao Copyright Mecânico; esses royalties eram, então, distribuídos para os compositores por meio de suas gravadoras.

3 – Marr estava se esforçando para ressaltar ao autor que o dinheiro não foi exclusivamente para seu próprio bolso. "A primeira coisa que fiz quando recebi o dinheiro da prensagem foi comprar uma bateria para Mike, o amplificador de Andy e um anel para Angie. E comprei uma Rickenbacker para mim. Morrissey tinha assinado o contrato também, então ele não precisava que eu lhe comprasse nada!"

Capítulo Vinte

1 – Essa mudança de prioridades causou enorme agitação na Rough Trade. Richard Scott recordou que Geoff Travis lhe contara, quando assinou com os Smiths, que ele via Morrissey como "o próximo Boy George", o que Scott encarou como uma ambição comercial em vez de, talvez, uma observação cultural. "Aquilo colocou tudo numa perspectiva clara", disse Scott. "De que o que eu achava que estávamos tentando alcançar não era, na verdade, nem um pouco o caso. De que ele tinha interesses completamente diferentes. De que, repentinamente, era tudo uma questão de dinheiro e sucesso nas paradas." O grau de dissidência que tal fato havia criado na empresa ficou evidente um dia, naquele verão, quando cheguei aos escritórios da Rough Trade, na Blenheim Crescent, a fim de entrevistar Geoff Travis para um segmento do programa *The Tube* sobre a empresa e o encontrei numa gritaria com várias das outras principais figuras do selo. Travis estava suficientemente abalado a ponto de inicialmente insistir que outra pessoa fosse entrevistada para o programa de TV em seu lugar; ele acabou se acalmando e se sentou para a entrevista, colocando para fora exatamente o tipo de comentário que estava causando a briga interna. "A Rough Trade quer ser bem-sucedida no sentido mais *mainstream* possível", disse ele para a câmera, acrescentando: "Estou muito irritado por termos perdido grupos que são tão bons quanto o Scritti e o Aztec para gravadoras grandes... Mas sempre tivemos um problema moral, porque nunca achei que poderia assinar um contrato de seis discos com um grupo sem saber que tinha os recursos para competir no mercado adequadamente." Sua conclusão? Uma muito presciente: "Acho que o que realmente foi provado é que, no caso da maioria dos artistas, eles sempre escolherão o dinheiro."

2 – Em maio de 1983, exatamente quando os Smiths lançavam "Hand in Glove", a Rough Trade assegurara seu primeiro sucesso do top 40 na improvável forma de "Shipbuiling", de Robert Wyatt, uma canção composta por Elvis Costello para coincidir com a eleição geral que levara o governo de Thatcher de volta ao poder, em grande parte apoiado na vitória militar nas Falklands.

3 – Foi no The Venue, em 15 de setembro, que vi pela primeira vez os Smiths ao vivo, graças, em parte, ao estímulo insistente de Scott Piering. Ficou imediatamente óbvio que algo especial estava se desenrolando, acima de tudo, pela presença de um número substancial de fãs, muitos dos quais estavam carregando flores. Sugiro que os leitores procurem o livro de Len Brown, *Meetings with Morrissey*, para um relato em primeira pessoa verdadeiramente evocativo daquele show, a primeira exposição do autor aos Smiths e como aquilo o afetou profundamente.

Capítulo Vinte e Um

1 – Embora, muitas vezes, aleguem que Morrissey escolheu o hotel baseado em sua popularidade, no passado, com seu ídolo, James Dean, o Iroquois era, na verdade, *o* hotel rock 'n' roll favorito de promoters numa cidade onde faltavam quartos com bons preços. Seus hóspedes que não pagavam, as baratas, eram um aspecto familiar da vida doméstica de Nova York na época.

Capítulo Vinte e Dois

1 – O tempo não foi capaz de curar a percepção de Morrissey sobre a produção de Porter. *The Sound of the Smiths*, uma coletânea de 2008 dos singles da banda, com alguns clássicos a mais incluídos para encher o CD, trocava a versão do single de 7 polegadas pela versão da Peel Session, supostamente por insistência de Morrissey.

2 – A entrevista na Haçienda foi conduzida pelo autor, e vídeos do YouTube confirmam os perigos de um programa de televisão conduzir uma transmissão externa de uma casa noturna em tempo real. O som da plateia deveria ter sido silenciado no Factory All-Stars, que estava tocando no palco quando nossa entrevista começou, na frisa. Por alguma razão, aquilo não aconteceu, o que resultou em Morrissey e eu gritando um para o outro por cima do barulho, numa tentativa de nos escutarmos. Os telespectadores em suas casas não tiveram tais problemas, em virtude da posição de nossos microfones, a não ser, talvez, que tenham tentado imaginar por que o entrevistador se mantivera estático por dez segundos antes de começar a entrevista. Agora, eles devem saber. Infelizmente, não posso oferecer nenhuma desculpa semelhante para a entrevista igualmente exaustiva com Tony Wilson, Peter Hook e Paul Morley, a não ser sugerir que, como um editor de fanzine de 19 anos jogado no mundo da televisão ao vivo, eu estava evidentemente fora do meu ambiente. Foi divertido enquanto durou, no entanto.

3 – Quando os Smiths foram seduzidos a voltar à Europa, para um importante programa de TV alemão, os três instrumentistas e Sandie Shaw apresentaram uma maravilhosa versão dublada de "Hand in Glove" para o programa *Formal Eins*, que replicava os sets dos anos 1960 de programas como *Ready Steady Go!* e o próprio *Beat Club* alemão.

Capítulo Vinte e Três

1 – Marr alegou que ela tinha sido composta por ele e Morrissey no verão de 1983. Rourke não recebeu crédito de composição pelo que foi considerada por muitos sua melhor linha de baixo.

2 – Em entrevistas para este livro, Geoff Travis disse que foi a primeira vez que ele ouviu falar sobre aquilo.

3 – John Porter, cuja habilidade para criar truques de estúdio sutis parecia ser infinita, recordou que uma das faixas tiradas do AMS pode ter adicionado um harmônico tanto de uma terça maior quanto de uma oitava acima, a outra faixa causando uma terça maior abaixo e uma oitava acima.

Capítulo Vinte e Quatro

1 – Um ano depois, Morrissey ainda estava sofrendo com o aparente erro de Henke. Aquilo era "novidade para mim", contou ele a Dave DiMartino, da *Creem*, acrescentando, imediatamente, que "aquilo teve um efeito absolutamente adverso nas nossas chances nos Estados Unidos... E, obviamente, a Sire recuou de imediato". Nenhuma de suas

afirmações partira de provas e, de todos os selos americanos que poderiam ter um
problema com artistas gays, podia se esperar que a Sire teria sido o menos preocupado.
2 – Ao contrário de relatos publicados em outros lugares, nenhuma turnê americana
dos Smiths foi anunciada ou promovida em 1984. Certamente, a banda não abandonou
uma turnê americana no aeroporto de Londres, o que teria tido repercussões muito
sérias; algo assim apenas aconteceu com a turnê europeia, que se dera mais cedo naquele ano de 1984.

Capítulo Vinte e Cinco

1 – Um dos muitos indicadores do quanto a estrutura de negócios dos Smiths era irre-
gular foi que vários empregados da Rough Trade e da All Trade se juntaram na
Campden Hill Road para ajudar Morrissey a empacotar suas coisas e se mudar.
2 – Sem um produtor para receber um ou dois "pontos" percentuais, como John Porter
fizera, haveria também mais lucro para a Rough Trade dividir com a banda.
3 – Apesar de ser empregado estritamente como engenheiro de som, Street levou para
o estúdio um ponto de referência musical: o álbum de estreia de Lloyd Cole & the
Commotions, *Rattlesnakes*, produzido por Paul Hardiman, álbum esse que chegou às
lojas no mesmo momento em que os Smiths entravam no estúdio. "Eu via aquilo como
o padrão que tinha que ser alcançado", disse Street. "Do ponto de vista do som. E também porque estava no mesmo tipo de terreno: guitarras realmente boas e delicadas."
4 – Ao contrário de outros relatos, "Rusholme Ruffians" e "Nowhere Fast" não foram
gravadas na mesma sessão do estúdio Jam em que se gravou o single "William, It Was
Really Nothing". Quanto à Peel Session, que seria a última sessão de Porter com os
Smiths por enquanto, o grupo também tocou "William" e "How Soon Is Now?". Para replicar com sucesso a última com as restrições de uma sessão de oito horas na BBC, Porter
trapaceou, levando os canais separados e transferindo a parte de guitarra com tremolo (e
talvez algumas outras) para as fitas da BBC. Os Smiths tiveram sorte de ter um produtor
que também trabalhava para a BBC e poderia fazer isso sem ser descoberto.
5 – Simon Goddard ligou esse verso, como muitos outros na canção, a letras da come-
diante/cantora/atriz britânica Victoria Wood, em particular suas canções "Fourteen
Again" e "Funny How Things Turn Out".
6 – Em 1984, a Rough Trade distribuiu um álbum do Flux of Pink Indians intitulado
The Fucking Cunts Treat Us Like Pricks. Ele chegou ao número 2 das paradas independentes. Em comparação, distribuir e promover *Meat Is Murder* era moleza.

Capítulo Vinte e Seis

1 – Estava programado para subir de 0,5 para dois por cento, a ponto de, se o álbum
vendesse 250 mil cópias no Reino Unido, Piering receberia um bônus de 22.600 libras.
2 – Como os leitores podem ter especulado, eu me conto entre essas pessoas. Embora
eu não possa dizer que *Meat Is Murder* é a única razão para eu me tornar vegetariano,

ou mesmo que é o ímpeto final (essa parte envolveu um bombeiro numa viagem para esquiar), o álbum é, possivelmente, a influência mais significativa numa mudança de estilo de vida que, no meu caso, mostrou-se permanente. Coloquemos nestes termos: eu não teria me tornado vegetariano (e, subsequentemente, vegano) naquela época se os Smiths não tivessem lançado *Meat Is Murder*. Eu sei que sou apenas uma de milhares de pessoas cujas vidas foram igualmente transformadas e, muito além da música, agradeço aos Smiths, tanto por se posicionarem daquela forma, ajudando a instigar o debate, quanto por criarem um impacto positivo na minha vida.

Capítulo Vinte e Sete

1 – A versão lançada nos Estados Unidos, mais tarde naquele ano, trazia letras diferentes da britânica — substituindo o verso inicial "on the high-rise estates" [nos prédios altos] por "all the lies that you make up" [todas as mentiras que você inventa].
2 – Digo isso, em parte, por experiência. Fui ao show no Oxford Apollo — um dos shows mais animados que já testemunhei. Eu conhecia muitos dos jovens representantes de A&R daquela época, e uma jovem levara seu chefe para ver o James; minha memória se recorda de que foi a gravadora que quase assinou com o grupo. O chefe de A&R nos chamou de lado depois do show deles e, com toda seriedade, pediu-nos para explicar o apelo das duas bandas, porque ele não conseguia entender sozinho.
3 – "Well I Wonder" foi, na verdade, a única música dos três primeiros álbuns dos Smiths a nunca ser tocada ao vivo.

Capítulo Vinte e Oito

1 – Piering, no entanto, filmou o grupo em Super 8, na Irlanda, em novembro de 1984, bem na época em que a Sire estava preparando o vídeo. Não pode ser descontado que essas imagens não serviram e ele acabou enviando as imagens de Showbiz.
2 – Marr foi cuidadoso para nunca usar o nome de Grower na mesma frase que o advogado que ele descreveu como "tubarão". Ele também não foi capaz de explicar como Grower veio a representar os Smiths em primeiro lugar: "Alexis Grower não veio do meu lado das coisas", contou-me ele em 2011. "Eu nunca tinha ouvido falar dele antes."

Capítulo Vinte e Nove

1 – Morrissey, adicionalmente, tentou usar essa entrevista para se vingar de Jim Henke, da *Rolling Stone*, ao revelar Henke. "O jornalista que escreveu isso... ele mesmo está mergulhado até a cabeça, é uma voz muito forte no movimento gay de Nova York, acho que era apenas um desejo da parte dele", disse Morrissey, talvez não sabendo que jornalistas musicais de revistas rivais poderiam, na verdade, ser amigos. DiMartino se sentiu obrigado a sair em defesa de Henke, terminando seu artigo com a observação de que "deve ser dito que o jornalista da *Rolling Stone* que escreveu aquela declaração *não* está

mergulhado até a cabeça, *não* é uma voz forte no movimento gay de Nova York e *não* foi apenas um desejo da parte dele".

2 – Ao voltar dos Estados Unidos, o papel de Gosling continuou. "Com Andy e Mike, a coisa começou a ficar um pouco mais séria. Eles estavam tentando se reunir comigo, conversar comigo, para que eu continuasse a resolver coisas para eles." E então, repentinamente, todo o contato acabou. "Há forças dentro de qualquer banda. Quem sabe o que Moz achou de tudo aquilo? Quem sabe se Johnny pode ter decidido, no fim, que era tudo um pouco demais?" Gosling não foi contratado para a turnê seguinte. "Essa é uma daquelas lições que você aprende na vida e, na próxima vez que alguém tenta colocá-lo naquele papel, você diz: 'Não, obrigado.'"

Capítulo Trinta

1 – A versão ao vivo de "Meat Is Murder" tornou-se o lado B do single de 7 polegadas, marcando esse como o primeiro single dos Smiths a usar o andamento raro de balada em 3/4 (ou 6/8) nos dois lados. "Nowhere Fast", "Stretch Out and Wait" e "Shakespeare's Sister" foram incluídas em seu lugar no single de 12 polegadas. Prensagens de teste originais do single de 12 polegadas que incluíam "Miserable Lie", a qual mudara significativamente ao vivo com o passar dos anos, e "William, It Was Really Nothing" tornaram-se alguns dos itens de colecionador mais valiosos dos Smiths.

2 – A capa do single dizia que o disco foi "Gravado em Manchester". Não havia menção ao RAK.

3 – Esse não era o único ponto de referência. Em "Kimberly", de Patti Smith, a música que influenciou "The Hand That Rocks the Cradle", a cantora mencionava uma "chama" e se comparava a Joana D'Arc.

4 – "Rubber Ring" era o termo específico de Morrissey para a música dos Smiths, como ela se aplicava a seus fãs.

5 – Quando um DVD de coletânea dos Smiths foi lançado, em 1992, foi a apresentação do *Top of the Pops* de "The Boy with the Thorn in His Side" que foi incluída, não o videoclipe.

6 – "Asleep" foi tocada em Inverness, mas apenas porque a pequena casa de shows não tinha sido capaz de remover um piano do palco e Marr decidiu se aproveitar disso; Rourke e Joyce forneceram baixo e bateria rudimentares.

Capítulo Trinta e Um

1 – *Margaret on the Guillotine* foi mais tarde ressuscitado por Morrissey como título de uma música de seu primeiro LP solo.

2 – Perguntado se a canção "There Is a Light That Never Goes Out" foi "composta sobre seu relacionamento" com Johnny Marr, por Adrian Deevoy, da revista *GQ*, em 2005, Morrissey respondeu explicitamente: "Não foi e não é." Em sua própria entrevista com o autor, Marr, no entanto, cantou o verso "driving in your car" [andando no seu

carro] quando explicava que, apesar de não ter habilitação, "eu costumava nos levar para todo lado".

3 – Como "Bigmouth Strikes Again", "Cemetry Gates" usava uma afinação não convencional para ajudar a alcançar essa ressonância particular.

4 – Entre críticos britânicos respeitados, Simon Goddard chamou-a de "a maior gravação particular" em seu livro *The Smiths: Songs That Saved Your Life*; John Harris, na *Mojo*, em abril de 2011, referiu-se a ela como sua "maior realização"; e John Savage a rotulou "a obra-prima madura dos Smiths" no *Guardian*, em dezembro de 2010.

5 – O segmento de filme e a própria música foram unidos pela repetição de um rufar dos tom-tons de Mike Joyce num sampler primitivo da época (o Window).

6 – No dia 9 de julho de 1982, numa falha de segurança extremamente vergonhosa, Michael Fagan, de 31 anos, invadiu o Palácio de Buckingham e entrou no quarto da rainha, onde ela estava dormindo, sozinha. Ele passou seis meses num manicômio.

7 – O surgimento de uma gravação rudimentar dessa música, completa com o trompete, mas poucos outros *overdubs*, não deveria ser entendido como uma inverdade da parte de Street, meramente como prova de que a música certamente existiu, em certo momento, num formato inseparável.

Capítulo Trinta e Dois

1 – Eu fui a esse show. Não me lembro bem do que eu estava fazendo em Newcastle, a não ser pelo fato de que tinha ligações com muitas das pessoas envolvidas no Red Wedge e uma afinidade com aquela cidade, afinidade essa que era baseada em meu trabalho anterior para o *The Tube*. Dessa forma, eu estava totalmente ciente de que os Smiths tocariam (sem ser anunciados); se isso influenciou minha decisão de fazer a viagem, ou apenas se tornou evidente quando eu estava no local do show, não sei dizer.

2 – Derek Hatton foi expulso do Partido Trabalhista mais tarde, em 1986, por sua filiação à Tendência Militante Marxista-trotskista, que o partido tinha declarado ilegal em 1982, numa tentativa visível de se aproximar ainda mais do centro.

3 – O Aztec Camera já não era nenhum tipo de ameaça musical aos Smiths. Depois de trocar a Rough Trade pela WEA, Frame gravou o álbum de produção exagerada *Knife*, com o guitarrista do Dire Straits, Mark Knopfler, como produtor, e partiu numa turnê britânica de teatros; a posição de abertura para Elvis Costello, nos Estados Unidos, igualmente indicava uma tentativa de posicionar Frame como "rock para adultos". É o caso clássico dos perigos de trocar um selo independente de boa reputação pela atração de uma grande gravadora.

4 – Gannon não tinha feito teste para entrar para nenhuma banda desde que se juntara ao Aztec Camera, com 16 anos. Assim sendo, ainda era surpreendente ele ter sido contratado com tão pouca discussão.

5 – Morrissey negou ter escrito o bilhete que foi deixado no carro de Rourke. Rourke permanece absolutamente certo de que o recebeu.

6 – É fascinante, até reconfortante, observar que Hughes originalmente pretendia que Duckie ganhasse o coração de Andie no baile de formatura, mas plateias-teste — talvez evidenciando as expectativas da maioria em Hollywood — rejeitaram a ideia. Outro fim foi futuramente filmado, contra a vontade de Hughes. O ator Andrew McCarthy, tendo raspado a cabeça nesse intervalo para aparecer numa peça, foi forçado a usar uma peruca na cena.

Capítulo Trinta e Três

1 – A noção de que os Smiths não viram "nenhum dinheiro" das vendas de seus discos é, francamente, disparatada. Se fosse o caso, eles poderiam ter saído da Rough Trade depois do primeiro disco, por falta de pagamento de royalties. Geoff Travis, notando "casas e carros" variados adquiridos por vários Smiths, disse, sobre os cheques de royalties que saíram da Rough Trade: "Não acho que eram sete dígitos, mas eram significativos." Até Sandie Shaw observou, em sua autobiografia, "a grande fatia de royalties que recebia da Rough Trade" — e isso apenas por cantar num single de sucesso moderado, "Hand in Glove".

2 – A matéria da *The Face* começava com o "empresário" Scott Piering pedindo para ver o que seria publicado antes de ir para a gráfica, perturbado por Kent ter entrevistado vários antigos conhecidos de Morrissey, incluindo "pelo menos um inimigo confesso". Apesar de o teste ter realmente sido enviado a Piering, a matéria ainda estava cheia de imprecisões imperdoáveis: o nome do vocalista estava escrito de forma errada, em todo o artigo, como Morrisey. Ainda assim, a matéria foi mais bem-lembrada pela citação final de Johnny Marr sobre seu amigo: "Acho que ele precisa de uma boa trepada."

3 – Graças à chegada de Leslie Holmes, que vinha de Yorkshire e tinha uma atitude mais aberta, o Lads Club passou a receber muitos shows de grupos famosos e foi usado como local para palestras, seminários e programas de rádio. Uma enorme campanha de arrecadação de fundos ocorreu já no século XXI e viu Morrissey dar o exemplo com uma doação generosa. Apesar de a Coronation Street estar, em grande parte, coberta de tapumes, e de a área ao redor, com suas novas propriedades, ter pouca relação com a da Salford industrial do final da época vitoriana, das salas superiores do Lads Club ainda é possível ver as usinas de gás da "Dirty Old Town" de Ewan MacColl.

4 – Enquanto gravava "Panic", no Livingston Studios, norte de Londres, John Porter tinha recrutado o coro da escola primária local para dar ao single uma autenticidade juvenil que combinasse com sua natureza rebelde; isso também serviu como uma volta nostálgica aos dias do glam da época do T. Rex, quando alunos de escolas primárias, como Marr, Rourke e Joyce, formavam parte significativa do público.

5 – Apesar de seus comentários póstumos rudes, o single de 1987 "Shoplifters of the World Unite" foi "dedicado a Ruth Polsky".

6 – A dedicação de Tony Wilson, acima de tudo, à causa da música de Manchester ficou evidente numa carta que ele escreveu aos coordenadores do G-Mex antes do show do Tenth Summer, reclamando sobre sua contribuição mínima para melhorar a acústica

do evento. "Sei agora que o som no sábado, dia 19 de julho, não será tão bom quanto deveria ser; quão desastroso ainda não se sabe. Manchester, uma cidade com excelente música pop, DEVERIA ter uma boa casa de shows pop de grande escala. Sua insistência, nesse, o primeiro show pop na boa e velha estação, de embolsar tudo menos mil libras de toda a sua taxa de uso, e não investir no futuro do prédio ao apoiar nossos esforços para um tratamento acústico, presta um desserviço ao espaço e presta um desserviço a Manchester."

Capítulo Trinta e Quatro

1 – A única reunião de Jarman com a banda a respeito do filme limitou-se à apresentação dele aos integrantes no camarim no show do G-Mex, onde Marr estava ocupado vomitando, por causa do nervosismo anterior ao show.

2 – Pratt recordou sua surpresa pelo fato de os Smiths tomarem coquetéis de champanhe — e de Rourke, apesar de estar largando a heroína, estar "tomando muitos remédios controlados".

3 – Seu caso tinha sido adiado até novembro, então ele ainda não havia sido declarado culpado de um crime concernente a drogas. No fim, ele recebeu uma sentença suspensa de dois anos por posse de heroína.

4 – O Dream Academy tinha, inicialmente, lançado sua versão da música dos Smiths como um lado B pela Blanco y Negro, o outro selo de Geoff Travis.

5 – Simon Goddard merece o crédito por postular a ideia de usar os filmes de Jarman como o fundo dos shows.

6 – Gravações do show de Irvine Meadows, em 28 de agosto, no qual os Smiths tocaram para 15 mil fãs, mostram-no gritando com os seguranças: "Meu Deus, não seja tão estúpido!", enquanto Johnny Marr os chama de "malditos idiotas neandertais". Outros relatos daquela noite sugeriram que os jovens na plateia estavam chapados de pó de anjo e, por isso, atacaram os seguranças sem medo. No Greek Theater, em São Francisco, enquanto isso, a histeria da plateia viu fãs escalando o ônibus da banda, e helicópteros foram chamados.

7 – Craig Gannon recordou que Morrissey não estava com eles no Concorde, sugerindo que ele poderia ter voltado ao Colorado.

Capítulo Trinta e Cinco

1 – A reação do Parlamento contra a permissividade homossexual começou de verdade em 1986, com "um ato para impedir que as autoridades locais promovessem o homossexualismo" apresentado pela Câmara dos Lordes. No ano seguinte, a Cláusula 28 foi incluída com sucesso no projeto de lei do governo local, declarando que uma autoridade local "não deveria promover intencionalmente o homossexualismo ou publicar material com a intenção de o promover" ou "promover o ensino, em qualquer escola mantida, da aceitação do homossexualismo como uma relação familiar pretendida".

Capítulo Trinta e Seis

1 – A demo original de "Is It Really So Strange?" tornou-se, posteriormente, disponível, e pode ser confirmado que as duas versões têm exatamente o mesmo andamento. Quanto a "Sweet and Tender Hooligan", a gravação original de Porter não veio à tona para permitir tal comparação.

Capítulo Trinta e Sete

1 – A gravação completada com Porter acabou surgindo, muitos anos depois, sem os vocais de Shaw e com uma introdução que soava como cítara, tocada por Porter no emulador.

2 – A canção de David Bowie, "Kooks", de *Hunky Dory*, inclui o verso "if the homework brings you down, then we'll throw it on the fire" [se o dever de casa o desanima, então vamos jogá-lo no fogo].

3 – Morrissey, por outro lado, demonstraria sua própria lealdade a Hinc ao retornar ao agente como artista solo.

Capítulo Trinta e Oito

1 – Por publicar as palavras de Esperanza, o editor do *The Nation*, Gavan Duffy, foi acusado de rebelião. Em seu julgamento, Lady Wilde se apresentou e assumiu a responsabilidade. "Sou a culpada. Eu escrevi o artigo ofensivo." Talvez por causa de seu status, ela não foi acusada.

Capítulo Trinta e Nove

1 – A única exceção foi "The Draize Train", que também ficou ausente de *The World Won't Listen*. A razão nunca foi esclarecida.

Capítulo Quarenta

1 – "Eu não me apresento", Morrissey insistiu, anos depois, durante uma entrevista, corrigindo Russel Brand, então apresentador de um programa de rádio, fã confesso dos Smiths e amigo de Morrissey, mas que ainda não era um ator famoso mundialmente. "Focas se apresentam, infelizmente." Morrissey disse que preferia a expressão "aparecer ao vivo".

2 – Na próxima vez que se encontraram — "muito tempo depois", disse Street —, Marr "foi um pouco frio comigo, para ser honesto. Apenas pensei: 'Bem, ele obviamente achou que passei para o outro lado do muro.'" A dupla acabaria reconstruindo o muro e trabalharia em conjunto para remasterizar o catálogo dos Smiths nos anos 2000.

3 – Marr tocou no álbum *Mindbomb*, do The The, e no single "Windows of the World", do Pretenders, nenhum dos dois lançados até 1989. Ele também excursionou com o The The como integrante da banda e depois tocou no álbum de 1993 da banda, *Dusk*.

4 – O riff de guitarra de "How Soon Is Now?", sampleado pela banda britânica Soho para seu single indie-dance "Hippy Chick", chegou às paradas americanas tempos depois, em 1990. Como coautores legais da música, ela deu a Morrissey e Marr, como compositores, e aos Smiths, como grupo, apesar de o único a ser realmente sampleado ter sido Marr, seu único crédito no top 20 americano.

5 – Ela seguia Marr de qualquer forma. Matt Johnson observou para o autor que, "de certa forma, imagino que o The The se tornou uma espécie de porto seguro onde ele podia se abrigar naquela época, quando estava tão magoado com certos elementos na imprensa musical, especialmente da *NME*, que realmente se ressentia do fato de ele ter acabado de matar a galinha que estava botando seus ovos de ouro". Johnson recordou que Danny Kelly "fez o possível para sabotar a mudança de Johnny, tanto nos Smiths quanto no The The, em todas as oportunidades... Essa atmosfera pós-Smiths se tornou realmente malévola, e eu me lembro de Johnny, inclusive, se desculpar comigo por trazer toda aquela negatividade até ele. Não foi culpa dele, claro, embora ele costumasse ficar muito triste com isso. Eu apenas aconselhei que ele parasse de ler os jornais musicais".

6 – As três músicas: "Stop Me If You Think You've Heard This One Before", "Death at One's Elbow" e "Sweet and Tender Hooligan".

7 – Os instintos dos Smiths em relação ao apelo comercial de "Stop Me If You Think You've Heard This One Before" foram confirmados vinte anos depois, quando o DJ de casas noturnas e produtor Mark Ronson levou uma versão dela ao número 2 das paradas britânicas, cantada por Daniel Merriweather. Intitulada simplesmente "Stop Me" e incluindo um breve refrão do clássico que as Supremes gravaram pela Motown, "You Keep Me Hanging On" no final, essa seria a composição de Morrissey e Marr que viria a chegar à posição mais alta nas paradas do Reino Unido.

BIBLIOGRAFIA

Livros

AXON, William E. A. e HEYWOOD, John (eds.). *Annals of Manchester, A Chronological Record from the Earliest of Times to 1885*. Manchester: Deansgate and Ridgefield, 1887.

BELFORD, Barbara. *Oscar Wilde: A Certain Genius*. Nova York: Random House, 2000.

BENSON, Richard (ed.). *Nightfever: Club Writing in The Face 1980-1997*. Londres: Boxtree, 1997.

BRACEWELL, Michael. *England Is Mine: Pop Life in Albion from Wilde to Goldie*. Londres: Flamingo, 1998.

BROWN, Len. *Meetings with Morrissey*. Londres: Omnibus Press, 2009.

CAMPBELL, Sean e COULTER, Colin (eds.). *Why Pamper Life's Complexities? Essays on the Smiths*. Manchester: Manchester University Press, 2010.

CARMAN, Richard. *Johnny Marr: The Smiths & the Art of Gun-Slinging*. Church Stretton: Independent Music Press, 2006.

COVINGTON, Peter. *Success in Sociology*. Oxford: OUP, 2008.

CRONIN, Jill e RHODES, Frank. *Ardwick*. Stroud: Tempus Publishing, 2002.

CUMMINS, Kevin; MARTIN, Gavin (colaborador). *Manchester: Looking for the Light Through the Pouring Rain*. Londres: Faber and Faber, 2009.

DEAKIN, Derrick (ed.). *Wythenshawe: The Story of a Garden City*. Chichester: Phillimore, 1989.

DELANEY, Shelagh. *A Taste of Honey: A Play.* Nova York: Grove Press, 1959.

DE TOCQUEVILLE, Alexis. *Journeys to England and Ireland.* New Haven: Yale University Press, 1958.

DOUGLAS, Lorde Alfred Bruce. *Oscar Wilde and Myself.* Nova York: Duffield, 1914.

DUNPHY, Eamon. *U2: The Unforgettable Fire.* Nova York: Warner Books, 1987.

ELLMAN, Richard. *Four Dubliners.* Nova York: George Brazilier, 1988.

_____. *Oscar Wilde.* NovaYork: Alfred A. Knopf, 1988.

GALLAGHER, Tom; CAMPBELL, Michael e GILLIES, Murdo. *The Smiths: All Men Have Secrets.* Londres: Virgin, 1995.

GATENBY, Phil. *Morrissey's Manchester: The Essential Smiths Tour.* Manchester: Empire, 2009.

GIDE, André. *Oscar Wilde: A Study from the French.* Oxford: The Holywell Press, 1905.

GODDARD, Simon. *Mozipedia: The Encyclopedia of Morrissey and the Smiths.* Nova York: Penguin, 2010.

_____. *The Smiths: Songs That Saved Your Life.* Londres: Reynolds & Hearn, 2006.

GOULD, Jonathan. *Can't Buy Me Love: The Beatles, Britain, and America.* Nova York: Harmony, 2007.

HARRIS, Frank. *Oscar Wilde: His Life and Confessions.* Nova York: Horizon Press, 1974.

HASLAM, Dave. *Manchester, England: The Story of the Pop Cult City.* Londres: Fourth Estate, 1999.

HOLLAND, Merlin. "Introdução". *The Real Trial of Oscar Wilde.* Nova York: Harper-Collins, 2003.

HOPPS, Gavin. *Morrissey: The Pageant of His Bleeding Heart.* Londres: Continuum, 2009.

HUNT, Tristram. *Marx's General: The Revolutionary Life of Friedrich Engels.* Nova York: Metropolitan, 2009.

KUREISHI, Hanif e SAVAGE, Jon. *The Faber Book of Pop.* Londres: Faber and Faber, 1996.

MAKER, James. *Autofellatio.* Edição para Kindle, 2010.

MANCHESTER CITY COUNCIL. *Manchester: 50 Years of Change.* Reino Unido: Bernan Assoc., 1995.

McKENNA, Neil. *The Secret Life of Oscar Wilde.* Nova York: Basic Books, 2005.

MORRISSEY. *New York Dolls.* Manchester: Babylon, 1981.

_____. *James Dean Is Not Dead.* Manchester: Babylon, 1983.

_____. *Exit Smiling.* Manchester: Babylon, 1998.

NOLAN, David. *I Swear I Was There: The Gig That Changed the World.* Manchester: Independent Music Press, 2006.

O'TUATHAIGH, M. A. G. "The Irish in Nineteenth Century Britain: Problems of Integration". *The Irish in the Victorian City.* Londres: Croom Helm, 1985.

PARKINSON-BAILEY, John J. *Manchester: An Architectural History.* Manchester: Manchester University Press, 2000.

PEARSON, Hesketh. *Oscar Wilde: His Life and Wit*. Nova York: Harper, 1946.

PEVSNER, Nikolaus. *Lancashire, The Industrial and Commercial South*. Londres: Penguin, 1969.

PRATT, Guy. *My Bass and Other Animals*. Londres: Orion, 2007.

RANSOME, Arthur. *Oscar Wilde: A Critical Study*. Nova York: Haskell House, 1971.

REYNOLDS, Simon e PRESS, Joy. *The Sex Revolts: Gender, Rebellion And Rock' n' Roll*. Cambridge: Harvard University Press, 1996.

ROACH, Martin. *The Right to Imagination & Madness: An Essential Collection of Candid Interviews with Top UK Alternative Songwriters*. Londres: Independent Music Press, 1994.

ROBB, John. *The North Will Rise Again. Manchester Music City 1976-1996*. Londres: Aurum, 2009.

ROBERTSON, John. *Morrissey: In His Own Words*. Londres: Omnibus, 1988.

ROGAN, Johnny. *Morrissey & Marr: The Severed Alliance*. Londres: Omnibus, 1992.

_____. *The Smiths: The Visual Documentary*. Londres: Omnibus, 1994.

SHAW, George Bernard. *Memories of Wilde*. Nova York: Horizon Press, 1974.

SHAW, Sandie. *The World at My Feet: A Personal Adventure*. Londres: HarperCollins, 1991.

SIMPSON, Mark. *Saint Morrissey*. Reino Unido: SAF, 2004.

SLEE, Jo. *Peepholism. Into the Art of Morrissey*. Londres: Sidgwick and Jackson, 1994.

SOUTHEY, Robert. *Colloquies on the Progress and Prospects of Society*. Londres: John Murray, 1829.

SPITZ, Bob. *The Beatles: The Biography*. Nova York: Little, Brown, 2005.

STERLING, Linder; MORRISSEY (colaborador). *Linder Works 1976-2006*. Zurique: JRP Ringler, 2006.

SWIFT, Roger. *The Irish in the Victorian City*. Londres: Croom Helm, 1985.

TAYLOR, Neil. *Document and Eyewitness: An Intimate History of Rough Trade*. Londres: Orion, 2010.

WILD, Peter (ed.). *Paint a Vulgar Picture: Fiction Inspired by the Smiths*. Londres: Serpent's Tail, 2009.

WILLIAMS, Emlyn. *Beyond Belief*. Londres: Pan, 1968.

WOODCOCK, George. *Oscar Wilde: The Double Image*. Montreal: Black Rose Books, 1989.

YOUNG, Rob. *Rough Trade*. Londres: Black Dog, 2006.

Periódicos

ALBERT, Billy. "The Smiths on Tour 1982-86". *Record Collector* (Reino Unido), janeiro de 2011.

ASTON, Martin. *Oor* (Holanda), novembro de 1986, republicada em *Q Special Edition: The Inside Story of the Smiths & Morrissey* (Reino Unido), maio de 2004.

_____. "Northern Alliance". *Mojo* (Reino Unido), abril de 2011.

THE SMITHS

BAILIE, Stuart. "The Boy in the Bubble". *Record Mirror* (Reino Unido), 14 de fevereiro de 1987.

BARBER, Lynn. "The Man with the Thorn in His Side". *The Observer* (Reino Unido), 15 de setembro de 2002.

BELL, Max. "Bigmouth Strikes Again". *No. 1* (Reino Unido), 28 de junho de 1986.

BERENS, Jessica. "Spirit in the dark". *Spin* (EUA), setembro de 1986.

BIRCH, Ian. "The Morrissey Collection." *Smash Hits* (Reino Unido), 21 de junho–4 de julho de 1984.

BLACK, Bill. "Keep Young and Beautiful". *Sounds* (Reino Unido), 19 de novembro de 1983.

BLACK, Johnny. "No Time Like the First Time". *Mojo*, junho de 2004.

BOON, Richard. "Morrissey". *The Catalogue* (Reino Unido), setembro de 1998.

BOYD, Brian. "Paddy English Man". *Irish Times* (Irlanda), 20 de novembro de 1999.

BRACEWELL, Michael. "One Man Melodrama". *ES* (Reino Unido), junho de 1992.

BROWN, James. "It's That Man Again". *NME* (Reino Unido), 11 de fevereiro de 1989.

BROWN, Len. "Born to Be Wilde" e "Stop Me If You Think You've Heard This One Before". *NME*, 13 e 20 de fevereiro de 1988.

CAMERON, Keith. "Who's the Daddy?" *Mojo*, maio de 2004

CARROLL, Cath. "Crisp Tunes and Salted Lyrics". *NME*, 14 de maio de 1983.

CAVANAGH, David, "We're Home". *Select* (Reino Unido), julho de 1991.

————. "The Good Lieutenants". *Select*, abril de 1993.

————. "Nothing to Declare But Their Genius". *Q*, janeiro de 1994.

COOPER, Mark. "Flowers of Romance". *No. 1*, fevereiro de 1984.

CRANNA, Ian. "A Friendship Made IN Heaven". *Smash Hits,* 22 de outubro de 1985.

DEEVOY, Adrian. "Flower Power". *International Musician* (Reino Unido), outubro de 1983.

————. "Morrissey: Solo Artist of the Year". *GQ* (Reino Unido), outubro de 2005.

DE MARTINO, Dave. "We'll meat again". *Creem* (EUA), maio de 1985.

DESCONHECIDO. Matéria na página 1 sobre Whit Walks. *Manchester Evening News* (Reino Unido). 22 de maio de 1959;

DESCONHECIDO. "Dogs Join in a Massive Comb-out for Boy". *Manchester Evening News*, p. 8, 25 de novembro de 1963.

DESCONHECIDO. Matéria na página 10 sobre busca à menina desaparecida. *Manchester Evening News*. 31 de dezembro de 1964.

DESCONHECIDO. "Item 38 – The Smiths". *i-D*, fevereiro de 1983.

DESCONHECIDO. "The Smiths". *The Underground* (Reino Unido), volume 2, 1983.

DESCONHECIDO. "The Smiths: Manhattan Sound". *City Fun* (Reino Unido), volume 13, primavera de 1983.

DESCONHECIDO. "'Ban child-sex pop song plea to Beeb'". *The Sun* (Reino Unido), 5 de setembro de 1983.

DESCONHECIDO. CD de entrevista. *Ask Me, Ask Me, Ask Me,* janeiro de 1984.

DESCONHECIDO. "Blind date". *No. 1*, 28 de abril de 1984.

DESCONHECIDO. "Morrissey". *Square Peg* (Reino Unido), 1984.

DESCONHECIDO. "20 Questions". *Star Hits* (EUA), 1985.

DESCONHECIDO. "Smiths Sign to EMI". *NME*, 27 de setembro de 1986.

DESCONHECIDO. Notícia da página 3. *Melody Maker*, 4 de outubro de 1986.

DESCONHECIDO. *Hot Press,* março de 1987.

DESCONHECIDO. "Smiths to Split". *NME*, 1º de agosto de 1987.

DESCONHECIDO. "Marr Speaks". *NME*, 8 de agosto de 1987.

DESCONHECIDO. "Marr Quits". *Melody Maker*, 8 de agosto de 1987.

DESCONHECIDO. "Goodbye, Smiths". *NME*, 12 de setembro de 1987.

DESCONHECIDO. "Smiths Split!" *Melody Maker*, 12 de setembro de 1987.

DESCONHECIDO. Entrevista de Billy Duffy. *Spin*, setembro de 1989.

DESCONHECIDO. "Morrissey Misery Over Court Verdict". *BBC News*, 6 de novembro de 1998. Arquivado em: http://news.bbc.co.uk/2/hi/ uk_news/209224.stm

DESCONHECIDO. "Choirmaster Jailed for Indecent Assault". *BBC News*, 27 de março de 2002. Arquivado em: http://news.bbc.co.uk/2/hi/uk_news/england/1896961.stm

DESSAU, Bruce. *Oor*, fevereiro de 1987.

DORRELL, David. "The Smiths Hunt". *NME*, 24 de setembro de 1983.

DU NOYER, Paul. "Goons and Philistines". *The Hit* (EUA), outubro de 1985.

———. "Oh, Such Drama!" *Q* (Reino Unido), agosto de 1987.

FIELDER, Hugh. "Scratch'N'Smiths". *Sounds*, fevereiro de 1984.

FRICKE, David. "Keeping Up with the Smiths". *Rolling Stone* (EUA), 9 de outubro de 1986.

GARFIELD, Simon. "This Charming Man". *Time Out* (Reino Unido), 7–13 de março de 1985.

GODDARD, Simon. "Crowning Glory". *Uncut* (Reino Unido), janeiro de 2006.

GRAHAM, Ron. "These Charming Men". *City Life* (Reino Unido), abril de 1984.

HARRIS, John. "Trouble at Mill". *Mojo*, abril de 2001.

HARRISON, Andrew. "The Band That Dreams It Never Broke Up". *Word* (Reino Unido), junho de 2004.

———. "Home Thoughts from Abroad". *Word*, maio de 2003.

HAUPTFUHRER, Frank. "Roll Over Bob Dylan and Tell Madonna the News". *People* (EUA), 24 de junho de 1985.

HEATH, Chris. "Morrissey". *Smash Hits*, 26 de agosto de 1987.

HENKE, James. "Oscar! Oscar! Great Britain goes Wilde for the 'fourth gender' Smiths". *Rolling Stone*, 7 de junho de 1984

HIBBERT, Tom. "Meat Is Murder!" *Smash Hits*, 31 de janeiro de 1985.

HOSKYNS, Barney. "These Disarming Men". *NME*, 4 de fevereiro de 1984.

HUGHES, Andy. "The Smiths Strange Ways Have Found Us". *Creem*, julho de 1987.

JOHNSON, David. "Haircuts". *The Face* (Reino Unido), p. 6, início de 1984.

JONES, Allan. "The Blue Romantics". *Melody Maker*, 3 de março de 1984.

———. "Johnny Guitar". *Melody Maker*, 14 de abril de 1984.

_____ et al. "Trial by Jury". *Melody Maker*, 16 de março de 1985.
JONES, Dylan. "Mr Smith: 'All Mouth and Trousers?'" *i-D* (Reino Unido), outubro de 1987.
K., Graham. "Strictly Shrubwise". *Record Mirror* (Reino Unido), novembro de 1983.
KELLY, Danny. "The Further Thoughts of Chairman Mo". *NME*, 8 de junho de 1985.
_____. "Exile on Mainstream". *NME*, 14 de fevereiro de 1987.
KEMP, Mark. "Wake Me When It's Over". *Select*, julho de 1991.
_____. "Morrissey and the Art of Self-Obsession". *Option* (EUA), maio/junho de 1991.
KENT, Nick. "Dreamer in the Real World". *The Face*, maio de 1985.
_____. "The Band with the Thorn in Its Side". *The Face*, abril de 1987.
KING, Emily. "Fuck Morrissey, Here's Linder". *032c* (Alemanha), edição 11, verão de 2006.
KOPF, Biba. "A Suitable Case for Treatment". *NME*, 22-29 de dezembro de 1984.
LEBOFF, Gary. "Goodbye Cruel World". *Melody Maker*, 26 de setembro de 1987.
LEVY, Eleanor. "Fake". *Record Mirror*, 3 de agosto de 1985.
_____. "Johnny Marr". *Record Mirror*, 14 de junho de 1986.
LODER, Kurt. "The Smiths". *Rolling Stone*, 7 de junho de 1984.
MacKENZIE, Suzie. "After the Affair". *The Guardian*, 2 de agosto de 1997.
McCORMICK, Neil. "All Men Have Secrets". *Hot Press* (Irlanda), 8 de maio de 1984.
McCULLOCH, Dave. "Out to Crunch". *Sounds*, 14 de maio de 1983.
_____. "Handsome Devils". *Sounds*, 4 de junho de 1983.
McILHENNY, Barry. "Strumming for the Smiths". *Melody Maker*, 3 de agosto de 1985.
MILES, Catherine. "Morrissey of the Smiths". *'HIM'* e *'Gay Reporter'* (Reino Unido), agosto de 1983.
MORLEY, Paul. Crítica de show. *NME*, 3 de junho de 1978.
_____. "Wilde Child". *Blitz*, abril de 1988.
MORRISSEY, Steve. "A Fabulous Adventure... A True Story". *Kids Stuff* (Reino Unido), volume 7, janeiro de 1978.
_____. "Whatever Happened to the New York Dolls". *Kids Stuff*, c. 1978.
MORRISSEY, Steven. "New York Dolls". *The Next Big Thing*, volume 8, 1978.
_____. "Manchester Slips Under", "Re-Introducing Sparks", "James Dean Is Not Dead". *The Next Big Thing*, volume 9/10, final de 1979.
_____. Críticas de shows. *Record Mirror*, 29 de março, 5 de abril, 10 de maio de 1980, 18 de julho, 22 de agosto de 1981.
_____. "Portrait of the Artist as a Consumer". *NME*, setembro de 1983.
_____. "Sandie Shaw". *Sounds*, 24 de dezembro de 1983.
_____. "Linder". *Interview* (EUA), abril de 2010.
_____. "Singles". *Melody Maker*, agosto de 1984.
MORTON, Roger. "Far from the Madding Crowd". *Debut* (Reino Unido), sem data, 1984.
NINE, Jennifer. "The Importance of Being Morrissey". *Melody Maker*, 9 de agosto de 1997.

NOLAN, Paul. "I've Got Something to Get off my Chest". *Hot Press*, 30 de junho de 2008.
O'BRIEN, Lucy. "Youth Suicide". *NME*, 8 de novembro de 1986.
OLDFIELD, Jim. "Moors Mum Raps Murder Song". *The Sun*, 4 de setembro de 1984.
OWEN, Frank. "Home Thoughts from Abroad". *Melody Maker*, 27 de setembro de 1986.
PYE, Ian. "Magnificent Obsessions". *Melody Maker*, 26 de novembro de 1983.
_____. "A Hard Day's Misery". *Melody Maker*, 3 de novembro de 1984.
_____. "Some Mothers Do 'Ave 'Em". *NME*, 7 de junho de 1986.
REYNOLDS, Simon. "Songs of Love and Hate". *Melody Maker*, 12 e 19 de março de 1988.
RIMMER, Dave. "Hits and Myths". *Smash Hits*, 16 de fevereiro de 1984.
SAMUELS, Tim e GELLATLEY Juliet. "Meat Is Murder". *Greenscene* (Reino Unido), volume 6, 1989.
SAVAGE, Jon. "The Enemy Within". *Mojo*, abril de 2011.
SHAW, William. "Glad All Over". *Zigzag* (Reino Unido), fevereiro de 1984.
SHELLEY, Jim. "The Smiths: Manchester Haçienda". *NME*, 26 de março de 1983.
_____. "Soul on Fire". *Blitz*, maio de 1984.
SIMPSON, Dave. "Manchester's Answer to the A-Bomb". *Uncut*, agosto de 1998.
STRIKES, Andy. "Morrissey Dancing". *Record Mirror*, 11 de fevereiro de 1984.
SWAYNE, Karen. "If I Ruled the World". *No. 1*, 7 de janeiro de 1984.
THRILLS, Adrian. "Onto a Shaw thing". *NME*, abril de 1984.
TRAKIN, Roy. "The Smiths". *Musician* (EUA), junho de 1984.
VAN POZNACK, Elissa. "Morrissey". *The Face*, julho de 1984.
VÁRIOS. "The Smiths: Q Special Edition: The inside story of The Smiths & Morrissey". *Q*, maio de 2004.
VÁRIOS. "Q/ Mojo Special Edition: Morrissey and the Story of Manchester". *Q/ Mojo*, abril de 2006.
VÁRIOS. "The Queen is Dead Anniversary Issue". *Mojo*, abril de 2011.
WILDE, Jonh. "The Smiths". *Jamming!* (Reino Unido), janeiro de 1984.
_____. "Morrissey's Year". *Jamming!*, dezembro de 1984.
WORRALL, Frank. "The Cradle Snatchers". *Melody Maker*, 3 de setembro de 1983.

Rádio

BBC Radio 1, entrevista de David Jensen com Morrissey, 4 de julho de 1983.
BBC Radio 1, Roundtable, Morrissey resenha singles com Paul Weller, 9 de dezembro de 1983.
BBC Radio 1, Roundtable, Morrissey resenha singles com Sandie Shaw, sem data, início de 1984.
BBC Radio 2, entrevista de Russell Brand com Morrissey, 2 de dezembro de 2006.
BBC Radio London, entrevista com Morrissey, 17 de setembro de 1983.
Piccadilly Radio, entrevista de Morrissey com Mark Radcliffe, 30 de novembro de 1986.

Televisão/DVD/Filmes

Brit Girls. Entrevista de Morrissey com Len Brown, Channel 4, 13 de dezembro de 1997.

Culture Show, The. Entrevista com Morrissey, BBC 2, dezembro de 2006.

Datarun. Entrevista com Morrissey e Marr, ITV, 7 de abril de 1984.

Do It Yourself: The Story of Rough Trade. BBC 4, março de 2009.

Granada Reports. Granada Television, 21 de fevereiro de 1985.

Importance of Being Morrissey, The. Dirigido por Tina Flintoff, Ricky Kelehar, Channel 4, junho de 2003.

Inside The Smiths. Entrevistas com Rourke e Joyce. Dirigido e produzido por Stephen Petricco/Mark Standley, MVD Visual, 2007.

Les Enfants du Rock. Entrevista com Morrissey e Marr, 18 de maio de 1984.

MTV. Entrevista com Morrissey (fitas sem edição), conduzida em 5 de abril de 1985.

Oxford Road Show. Entrevista com Morrissey, BBC 2, 22 de março de 1985

Pebble Mill At One. Entrevista com Morrissey, BBC 1, 21 de fevereiro de 1985.

Pop Quiz. BBC 1, início de 1984.

South Bank Show, The. The Smiths: From start to finish. Produzido e dirigido por Tony Knox, ITV, 18 de outubro de 1987.

Splat. Entrevista com Morrissey e Marr, Charlie's Bus, TV-AM, 16 de junho de 1984.

The Rise and Fall of the Smiths. Documentário sobre os Smiths, BBC, 1999.

These Things Take Time. Documentário sobre os Smiths, ITV, 2002.

The Tube. Entrevista com Geoff Travis, apresentação dos Smiths, 4 de novembro de 1983.

The Tube. Entrevista de Morrissey com Tony Fletcher, 27 de janeiro de 1984.

The Tube. Entrevista de Morrissey com Margi Clarke, 25 de outubro de 1985.

TV-am. Entrevista de Morrissey com Paul Gambaccini, início de 1984.

Whistle Test, Entrevista de Morrissey e Marr com Mark Ellen, BBC 2, 12 de fevereiro de 1985.

World In Action. Hulme Crescents, 1978. Retirado de: http:// youtu.be/S1qpf9hogI0

Wrestle with Russell. Entrevista de Morrissey com Russell Brand, DVD extra com *Years of Refusal*, fevereiro de 2009.

Zane Lowe Meets Morrissey. MTV, fevereiro de 2009.

FONTES DE ENTREVISTAS

Todas as citações de entrevistas são das entrevistas do próprio autor, exceto as seguintes. As fontes estão listadas na ordem em que foram mencionadas. Citações completas da fonte podem ser encontradas na seção de bibliografia.

Introdução

Brown, *Melody Maker*, fevereiro de 1988; Pye, *Melody Maker*, novembro de 1984; Savage, *Mojo*, abril de 2011; *BBC News*, novembro de 1998.

Capítulo Dois

Kopf, *NME*, dezembro de 1984; Hoskyns, *NME*, fevereiro de 1984.

Capítulo Três

Oxford Road Show, março de 1985; Rogan, *The Severed Alliance*, p. 43; McCormick, *Hot Press*, maio de 1984; McKenzie, *The Guardian*, agosto de 1997; Black, *Sounds*, novembro de 1983; *Morrissey: in His Own Words*, p. 33; *Brit Girls*, dezembro de 1997; Graham, *City*

THE SMITHS

Life, primavera de 1984; Morrissey, *Sounds*, dezembro de 1983; Lowe, *MTV*, fevereiro de 2009; Barber, *Observer*, setembro de 2002; Roach, *The Right to Imagination & Madness*, p. 311; Boyd, *Irish Times*, novembro de 1999; *South Bank Show*, outubro de 1987.

Capítulo Quatro

Oxford Road Show, março de 1985; Bracewell, *ES*, junho de 1992; Birch, *Smash Hits*, julho de 1984; Rogan, *The Severed Alliance*, pp. 58 e 71; *Greenscene*, 1989; Goddard, *Mozipedia*, pp. 482-3; K, *Record Mirror*, novembro de 1983.

Capítulo Cinco

Nolan, *Hot Press*, julho de 2008; Rogan, *The Severed Alliance*, p. 65; Kemp, *Select*, julho de 1991; Goddard, *Mozipedia*, pp. 287-88; Brown, *Meetings with Morrissey*, p. 54; Morley, *Blitz*, abril de 1988; Boyd, *Irish Times*, novembro de 1999.

Capítulo Seis

Staugs.org/reaction.htm; Cummins, *Looking for the Light*, p. 149; Robb, *The North Will Rise Again*, p. 53.

Capítulo Sete

Morley, *Blitz*, abril de 1988; Robb, *The North Will Rise Again*, pp. 58–59; King, *032c*, 2006; Rogan, *A Visual Documentary*, pp. 21, 22, 24 e 25; Boyd, *Irish Times*, 1999; Jones, *i-D*, 1987; Jones, *Melody Maker*, março de 1984; Brown, *Meetings With Morrissey*, p. 63.

Capítulo Oito

Spin, setembro de 1989, p. 66; Cummins, *Looking for the Light*, p. 150; Brown, *NME*, fevereiro de 1988.

Capítulo Nove

Rogan, *The Severed Alliance*, p. 69.

Capítulo Dez

Morley, *Blitz*, 1988; Jensen, Radio 1, julho de 1983; Sterling, *Works*, 2006; *South Bank Show*, outubro de 1987; Morrissey, *Interview*, abril de 2010; Rogan, *The Severed Alliance*, p. 107; Pye, *Melody Maker*, novembro de 1984; Van Poznack, *The Face*, julho de 1984; Rimmer, *Smash Hits*, 1984.

Capítulo Onze

Robb, *The North Will Rise Again*, p. 193.

Capítulo Doze

Jensen, Radio 1, julho de 1983; Robb, *The North Will Rise Again*, p. 195; Morrissey, *In His Own Words*, p. 48; Entrevista para a MTV, abril de 1985; Black, *Sounds*, novembro de, 1983; Deevoy, *GQ*, outubro de 2005.

Capítulo Treze

Rogan, *The Visual Documentary*, pp. 36-38; *The Rise and Fall of the Smiths*, BBC, 2001; Rogan, *The Severed Alliance*. p. 147; *The Underground*, volume 2, 1983; Black, *Mojo*, junho de 2004.

Capítulo Catorze

Black, *Mojo*, junho de 2004; Goddard, *Mozipedia*, p. 154.

Capítulo Dezessete

Goddard, *Songs That Saved Your Life*, p. 58; Campbell (ed.), *Why Pamper Life's Complexities?*, p. 119.

Capítulo Dezoito

Inside The Smiths, 2007; Deevoy, *International Musician*, outubro de 1983.

Capítulo Dezenove

The Rise and Fall of the Smiths, BBC, 2001.

Capítulo Vinte

Harrison, *The Word*, 2004.

Capítulo Vinte e Dois

Wilde, *Jamming!*, dezembro de 1984; Pye, *Melody Maker*, novembro de 1983; Strikes, *Record Mirror*, fevereiro de 1984.

Capítulo Vinte e Três

Heath, *Smash Hits*, agosto de 1987; Rogan, *The Visual Documentary*, p. 74.

Capítulo Vinte e Quatro

Wilde, *Jamming!*, janeiro de 1984; Pop Quiz, BBC, 1984; *TV-am*, 1984; Datarun, abril de 1984; Desconhecido, "Blind Date", *No. 1*, 28 de abril, 1984; Morton, *Debut*, 1984; Shelley, *Blitz*, maio de 1984; Desconhecido, *Square Peg*, 1984; Shaw, *Zigzag*, fevereiro de 1984; Wilde, *Jamming!*, dezembro de 1984; Hoskyns, *NME*, fevereiro de 1984; Henke, *Rolling Stone*, junho de 1984; Trakin, *Musician*, junho de 1984.

Capítulo Vinte e Cinco

Jones et al., *Melody Maker*, março de 1985; Knopf, *NME*, dezembro de 1984.

Capítulo Vinte e Sete

Kelly, *NME*, junho de 1985; Levy, *Record Mirror*, agosto de 1985; Jones, *Melody Maker*, março de 1985; Wilde, *Jamming!*, dezembro de 1984; Garfield, *Time Out*, março de 1985.

Capítulo Vinte e Oito

http://stereogum.com/113481/meat_is_murder_turns_25/top-stories/; Taylor, *Document & Eyewitness*, p. 285; Rogan, *The Severed Alliance*, pp. 235 e 232; Kent, *The Face*, maio de 1985; Hauptfuhrer, *People*, junho de 1985.

Capítulo Vinte e Nove

De Martino, *Creem*, maio de 1985; Levy, *Record Mirror*, agosto de 1985.

Capítulo Trinta

Jones, *Melody Maker*, março de 1985; Rogan, *The Severed Alliance*, p. 239; Clarke, Margi. *The Tube*, 25 de outubro de 1985; Leboff, *Melody Maker*, setembro de 1987; Pye, *NME*, junho de 1986; Aston, *Oor*, novembro de 1986; Fletcher, *The Tube*, janeiro de 1984; Pye, *Melody Maker*, novembro de 1984; Rogan, *The Visual Documentary*, p. 122.

Capítulo Trinta e Um

Bailie, *Record Mirror*, fevereiro de 1987; Rogan, *The Severed Alliance*, p. 242; Goddard, *Uncut*, janeiro de 2007; Desconhecido, *Melody Maker*, agosto de 1985; Dessau, *Oor*, fevereiro de 1987.

Capítulo Trinta e Dois

Goddard, *Mozipedia* p. 345; Pye, *NME*, junho de 1986; Aston, *Mojo*, abril de 2011; *Inside The Smiths*, 2007; Taylor, *Document & Eyewitness*, pp. 288-289; Bell, *No. 1*, junho de 1986.

Capítulo Trinta e Três

Vários, *Mojo*, abril de 2011; Brown, *NME*, fevereiro de 1988.

Capítulo Trinta e Quatro

Kent, *The Face*, abril de 1987; desconhecido, *Hot Press*, março de 1987.

Capítulo Trinta e Cinco

Owen, *Melody Maker*, setembro de 1986.

Capítulo Trinta e Oito

Kelly, *NME*, fevereiro de 1987; Bailie, *Record Mirror*, fevereiro de 1987; Radcliffe, Piccadilly Radio, novembro de 1986; Leboff, *Melody Maker*, setembro de 1987; *Inside the Smiths*, 2007.

Capítulo Trinta e Nove

Nine, *Melody Maker*, agosto de 1997; Jones, *i-D*, outubro de 1987; *Inside the Smiths*, 2007; *The Importance of Being Morrissey*, 2002; Rogan, *The Severed Alliance*, p. 286; Reynolds, *Melody Maker*, março de 1988; Goddard, *Mozipedia*, p. 296; Du Noyer, *Q*, setembro de 1987; desconhecido, *NME*, 1, 8 de agosto de 1987.

Capítulo Quarenta

Gould, *Can't Buy Me Love*, p. 371; Brown, *NME*, fevereiro de 1988; Kemp, *Select*, julho de 1991; Cameron, *Mojo*, maio de 2004; Heath, *Smash Hits*, agosto de 1987; Jones, *i-D*, outubro de 1987; *South Bank Show*, outubro de 1987; Cavanagh, *Select*, julho de 1991.

CRÉDITOS DAS IMAGENS

"A Manchester dos Smiths", por John Gilkes (www.johngilkesmapart.co.uk)

"Queen's Square, em Hulme" e "Brierly Avenue, em Ardwick", cortesia das Bibliotecas, Informações e Arquivos de Manchester, prefeitura de Manchester

"Kings Road, em Stretford" e "Churchstoke Walk, em Wythenshawe" © Tony Fletcher

"The Smiths no Manhattan Sound" © Rick Stonell

"Morrissey e Johnny Marr" © Paul Cox (www.paulcoxphotos.com)

"The Smiths na Manchester Central Railway Station" © Paul Slattery

"Andy Rourke e Mike Joyce" © Paul Cox

"Sem dúvida somos fãs incondicionais de Sandie Shaw" e "The Smiths ao vivo, no início de 1984" © Paul Slattery

"The Smiths em 1984" © Barry Plummer

"Johnny Marr e Billy Bragg" © Stephen Wright (www.smithsphotos.com)

"No show beneficente From Manchester With Love" © Steve Double (www.double-whammy.com)

"Morrissey como ídolo" © Barry Plummer

"Os Smiths com cinco integrantes no G-Mex Centre" © Ian Tilton (www.iantilton.net)

"Geoff Travis" © Getty images, cortesia do acervo de Keith Morris (www.keithmorrisphoto.co.uk)

"A equipe dos shows dos Smiths" © John Featherstone

"John Porter" © John Porter

"Angie Brown" e "Johnny Marr, Andy Rourke e Stuart James" © Stuart 'Jammer' James
"The Smiths como um quarteto novamente" © Lawrence Watson. Cortesia da Retna, Ltd.
"A ponte de ferro sobre a linha do trem" © Tony Fletcher

AGRADECIMENTOS

Foi só quando comecei o verdadeiro processo de escrever este livro que percebi o quanto eu estava esperando do assunto do meu livro. Quando escrevi minhas duas primeiras biografias, sobre o Echo & the Bunnymen e sobre o R.E.M., no fim dos anos 1980, o processo pareceu relativamente fácil. Na época, eu não entendi que isso se devia, em parte, ao fato de os dois grupos serem entidades em total funcionamento, com integrantes seguros na companhia uns dos outros a ponto de apenas me contarem sobre os demais o que gostariam de ouvir sobre si mesmos, e suficientemente jovens para não serem especialmente protetores com seus legados ou terem deixado para trás qualquer lembrança ruim. Quando, mais tarde, escrevi uma enorme biografia sobre Keith Moon, personagem complicado e polêmico, eu estava mais determinado a escrever um relato o mais fiel possível de sua vida e tinha o ponto de vista histórico ao meu dispor. Mas eu também tinha a meu favor o (triste) fato de meu personagem estar morto havia vinte anos — e pessoas que poderiam não ter falado livremente sobre ele logo após sua partida sentiram que podiam fazê-lo tanto tempo depois, com o conhecimento acertado de que ele não voltaria a este mundo para puni-los.

Com os Smiths, o processo foi muito mais complicado. (Para começar, felizmente, ninguém da banda morreu.) Embora o olhar para o passado tenha suas vantagens e o passar do tempo apenas aumentado o legado musical dos Smiths, ele não foi gentil com as relações pessoais entre os ex-membros da banda. Na verdade, os 25 anos que separam o fim do grupo dos dias em que escrevi este livro foram palco de todos os tipos de acusações infelizes — chegando ao ponto de muitas histórias sobre a banda se concentrarem no lado negativo primeiro, principalmente no processo judicial que tornou difícil, talvez mesmo impossível, que quatro ou cinco indivíduos um dia retomassem suas antigas amizades. Tais indivíduos têm todo o direito de ser contidos em relação à sua história pessoal e desconfiados de qualquer pessoa que esteja disposta a contá-la (mais uma vez), em especial num formato em que eles não têm nenhum controle editorial.

Então, embora eu ofereça meu agradecimento a *todos* que me permitiram entrevistá-los, e a todos que o fizeram com a compreensão total de que não teriam direito a opinar em absolutamente nada sobre as palavras finais, devo oferecer meus agradecimentos especiais a Johnny Marr e Andy Rourke, por permitirem que eu conversasse com eles em diversas ocasiões, ao longo de um período de dois anos ou mais, sem nunca colocar limites ou condições para nossas conversas. Não faço pouco caso da cooperação deles e espero que o livro terminado compense parte de sua confiança. Também espero que eles, como todas as pessoas que entrevistei, compreendam que o autor de uma biografia como esta fica inevitavelmente dividido entre tentar contar a história como verdadeiramente aconteceu e contá-la sob o ponto de vista de seus personagens. Nesse sentido, a personalidade de Johnny Marr se agiganta de forma especial. Embora ela tenha mantido sua intensidade e seu entusiasmo, e embora sua ética de trabalho continue a inspirar e, ocasionalmente, espantar, ele é agora um budista vegano que corre maratonas e não consome álcool. Sua perspectiva sobre a história da banda, depois de 25 a trinta anos, compreensivelmente se mostrou diferente de como ele a viveu na época, e ele parecia ciente dessa dicotomia. Ao citá-lo ao longo deste livro, tentei conceder-lhe a ocasional oportunidade de sugerir como as coisas poderiam ou deveriam ter sido encaradas enquanto garantia que, em nenhum momento, os acontecimentos fossem reescritos como se houvessem acontecido de maneira diferente do modo como se deram. Acredito que consegui o equilíbrio certo.

Uma das grandes alegrias de realizar este projeto, em particular, foi a oportunidade de voltar a ter contato com antigos conhecidos e amigos. Como um adolescente editor de fanzine em Londres, eu entrava e saía da Rough Trade toda semana, muitas vezes todos os dias, de 1978 em diante; como aspirante a músico, bem no começo da década de 1980, conheci muitos dos produtores, músicos e representantes de A&R que aparecem nesta história muito antes de eles mesmos conhecerem os Smiths; como jornalista musical e editor de revista no começo da minha vida adulta, conheci muitos dos personagens da mídia e da indústria, e estive a par da maior parte dos fatos que narrei aqui, mesmo que apenas muito ocasionalmente tenha feito parte deles; como morador dos Estados Unidos desde o final dos anos 1980, conheci muitos dos personagens americanos importantes e, adicional e crucialmente, espero, desenvolvi uma compreensão da cena musical americana. Tudo isso pode, de certa forma, ter se somado para que eu assegurasse a cooperação de meus entrevistados, mas também aumentou a expectativa em relação a perspectivas contraditórias ou lembranças não muito agradáveis. Minha lealdade, nesses casos, foi, acima de tudo, à biografia terminada, sua precisão e sua justiça. Ousei assumir que aqueles cujos nomes aparecem nesta história, seja como personagens passageiros ou como figuras principais, desenvolveram resistência ao longo do caminho e reconhecerão que nenhum de nós, como o autor admite livremente de sua própria parte, viveu a vida de forma perfeita — especialmente no ambiente furioso, imprevisível e muitas vezes hedonista da indústria musical. Obrigado pela cooperação e pela confiança.

Com apenas uma exceção, as próprias entrevistas foram completamente agradáveis. A maioria foi conduzida pessoalmente e num grande número de locais, que variavam de casas particulares a pubs, de clubes exclusivos para sócios a cafés públicos, de restaurantes a escritórios de gravadoras. Também foram conduzidas pelo telefone, pelo Skype e, quando absolutamente necessário, por e-mail. A pesquisa em geral é a parte "divertida" do processo de produção de uma biografia e pode facilmente ser estendida infinitamente se não houver cuidado. Em algum momento, o autor tem que começar o processo de escritura, independente de se ele juntou todas as migalhas de informação ou conseguiu contatar todas as pessoas possíveis. Por isso, voltei a muitos de meus personagens por e-mail diversas vezes ao longo do período em que escrevi este livro, perturbando vários deles, sem dúvida. Embora eu não me desculpe por forçar tanto quanto forcei em busca de precisão, reconheço que, ocasionalmente, testei os limites da paciência de meus personagens.

Obrigado por seu tempo, suas lembranças, sua percepção e sua perspectiva: Amanda Malone, Andrew Berry, Andy Rourke, Barry Finnegan, Bill Anstee, Billy Bragg, Bobby Durkin, Cath Carroll, Chris Nagle, Craig Gannon, Dale Hibbert, Dave Harper, Dave Haslam, David Jensen, David Munns, David Pringle, Frank Owen, Geoff Travis, Grant Showbiz, Guy Ainsworth, Guy Pratt, Hugh Stanley-Clarke, Ivor Perry, James Maker, Joe Moss, John Featherstone, John Porter, Johnny Marr, Ken Friedman, Kevin Kennedy, Liz Naylor, Marc Wallis, Mark Gosling, Matt Johnson, Matt Pinfield, Mayo Thompson, Mike Hinc, Mike Pickering, Mike Williams, Nick Gatfield, Nick Hobbs, Paul Whiting, Paul Whittall, Peter Reichert, Peter Wright, Phil Fletcher, Phil Gatenby, Richard Boon, Richard Scott, Seymour Stein, Simon Edwards, Simon Wolstencroft, Stephen Adshead, Stephen Duffy, Stephen Street, Stephen Wright, Steve Diggle, Steve Ferguson, Steve Lillywhite, Steven Baker, Stuart James, Tamra Davis, Tim Booth, Wayne Barrett.

Como observado na introdução, os nomes de Morrissey e Mike Joyce estão faltando na lista acima. Por diversos motivos eu não esperava especialmente a cooperação de Morrissey, embora a tenha pedido várias vezes; gostaria de agradecer àqueles entre seus assistentes e empresários que garantiram que minha correspondência chegasse a ele. A recusa de Mike Joyce a participar foi uma surpresa maior, considerando-se que ele era o único integrante dos Smiths, ao começar este livro, com quem eu achava que tinha uma amizade. Eu talvez tenha contado muito com isso e peço perdão se ele achou que não dei valor à sua cooperação. Tivemos a oportunidade de conversar, e respeito suas razões para não participar. Gostaria de oferecer tanto a ele quanto a Morrissey minha gratidão por sua contribuição à cultura popular; acredito que isso esteja claro no texto.

Sou grato a Howard Devoto, Jo Slee, Martha DeFoe, James Henke, Gordon Charlton, Alexis Grower, Martin Haxby, Phil Cowie, Ian Chambers, Brian Grantham e Damian Morgan por participarem de correspondência ou por retornarem telefonemas.

Obrigado a Lindsay Hutton, Moz Murray, Oliver Wilson, Hilary Piering, John Cooper, Michael Knowles, David Whitehead, Robin Hurley, Eric Zohn, Tom Ferrie, Michael Pagnotta e Robert Cochrane por vários graus de assistência de pesquisa. Há outras dúzias que eu poderia acrescentar a esta lista, incluindo vários empresários, assistentes e assessores de imprensa de diversos artistas profissionais. Começar nessa linha seria arriscar ofender aos que eu inevitavelmente deixaria de fora. Sou grato ao trabalho de todos vocês.

Sou eternamente grato a Jeni de Haart por me fornecer uma base residencial sem data de término no sul de Londres, bem como por ser uma amiga tão maravilhosa. Um enorme agradecimento para Tom Hingley e Kelly Wood-Hingley por me abrigarem em Manchester — e para Tom pelas horas adicionais de conversa política estimulante tarde da noite *e* na piscina local às sete da manhã! Obrigado a John e Jamie por fazerem o mesmo numa visita anterior. Obrigado à minha mãe, Ruth Fletcher, por me deixar usar sua casa em Beverley como escritório quando eu chegava anunciando uma visita familiar e por me levar e me buscar muitas vezes na estação de trem local para minhas viagens a Londres e Manchester.

Ajuda e assistência, afeição e amizade foram oferecidas por Matthew Norman no Manchester District Music Archive (mdmarchive.co.uk), por Leslie Holmes no Salford Lads Club e por Simon Parker em vários locais e em várias ocasiões ao longo dos anos em Manchester e além. Agradecimentos adicionais a David Groves, pelo uso de sua propriedade e dos seus recursos em Londres. Um crédito adicional a Andrew Berry por me providenciar um "escritório" no centro de Londres, debaixo de seu salão de cabelereiro, Viva, enquanto eu estava correndo pela cidade em minhas viagens tipicamente exaustivas na minha terra natal — e isso sem nenhum contato anterior entre nós. Ele continua sendo, até o fim, o cabeleireiro em chamas [hairdresser on fire].

Obrigado ao mosteiro Zen Mountain, localizado em meu povoado natal, de Mount Tremper, por proporcionar um ambiente compassivo, e aos vários fãs dos Smiths entre os monásticos e outros moradores, por suas conversas encorajadoras e entusiasmadas.

Embora ninguém devesse ficar surpreso com o número de websites sobre os Smiths, deveríamos ficar extraordinariamente impressionados com a profundidade de alguns deles. Este livro teria sido muito mais difícil de completar com precisão sem ter tais recursos na ponta dos meus dedos: vulgarpicture.com, plunderingdesire.com, morrissey-scans. tumblr.com, smithsrecycle.blogspot.com, motorcycleaupairboy.com, foreverill.com, e o finado passionsjustlikemine.com. Meus agradecimentos a Jason, do Plundering Desire, a Stephane, do Passions Just Like Mine, e a Flavio, do Vulgar Picture, por sua ajuda incondicional nas pesquisas adicionais por e-mail.

Eu estaria perdido sem a existência de bibliotecas de verdade. Como Morrissey presumivelmente concordaria, não há nada que se compare à sensação de pegar a edição centenária e limitada, tipografada, da biografia de Oscar Wilde, escrita por André Gide, na biblioteca local (Woodstock, no caso), sem ter que pagar, apesar do fato de esse livro ter um grande valor de revenda. Da mesma forma, passei vários dias gloriosos na Manchester City Library, em Deansgate, perdido em velhos panfletos políticos e estudos de caso da Manchester da era industrial. Como sempre, fiz visitas frequentes à New York Public Library for the Performing Arts, no Lincoln Center, em Manhattan: embora seja possível encontrar a maioria dos artigos publicados sobre os Smiths on-line hoje em dia, não há forma melhor de se colocar no contexto do que ler nos próprios jornais musicais da época. Novamente, fiz uso da minha local Mid-Hudson Libraries, e sou especificamente grato a todos na Phoenicia Library por serem um grupo de pessoas tão bacanas. Infelizmente, no meio da pesquisa deste livro, tal biblioteca foi destruída por um incêndio; felizmente, ela encontrou um novo local para alugar de imediato, e uma série de eventos beneficentes da comunidade ajudou a levantar dinheiro para completar os pagamentos do seguro e garantir uma reconstrução (e uma reposição do estoque) no futuro próximo. Nossas bibliotecas públicas participam de tanto mais do que o mero empréstimo de livros; elas são parte essencial de nosso comprometimento em educar, informar e deixar um legado para as futuras gerações; por favor, apoiem-nas da forma que puderem.

Sou especialmente grato a meu agente, Mike Harriot, na Folio Literary Agency, por sua consideração calma e profissionalismo durante todo esse processo; ajudou o fato de ele ser um grande fã dos Smiths. Obrigado também a Caspian Dennis, na Abner Stein. Com este livro desenvolvi novas relações profissionais e pessoais com meus editores, Jason Arthur e Tom Avery, na William Heineman, de Londres, e Suzanne O'Neill, na Crown, de Nova York. Gostaria de lhes agradecer por seu encorajamento e sua paciência, e acredito que essa relação vá crescer e prosperar, assim como no caso de outros funcionários, nas duas editoras, os quais estou acabando de conhecer.

Um reconhecimento especial para Chris Charlesworth e Johnny Rogan por sua compreensão e seu apoio. E sua amizade.

Finalmente, a família. Meus prazos nunca facilitaram a vida de minha esposa e de meus filhos; eu gostaria de acreditar que este se mostrou um pouco menos angustiante. O passar do tempo faz com que eu não vire mais as noites — embora eu algumas vezes saia da cama no *meio* da noite, quando a ideia de como começar um novo capítulo repentinamente surge e não quer ir embora. Então, meu amor a Posie, por me aturar, como sempre (e por transcrever algumas das primeiras entrevistas); já passamos por muita coisa desde a pista de dança da Melody. Meu respeito a Campbell, por ser um verdadeiro adolescente emotivo. E quanto ao pequeno Noel, o processo de pesquisar e escrever este livro se tornou tão mais agradável por ter um guitarrista principiante na família. Ver um rapaz de 6 anos aprender a usar várias afinações, posicionamentos de pestana, estilos de dedilhado e troca de acordes tornou escrever sobre a música dos Smiths ainda mais divertido. E por falar nisso, o receio de Johnny Marr — de que, no fim do processo, eu nunca mais quisesse escutar uma música dos Smiths novamente — se mostrou desnecessário. O que aconteceu foi que ganhei uma nova admiração pelas múltiplas camadas de complexidade e sutileza que estavam presentes em suas palavras e sua música. Obrigado a todos que tornaram isso possível.

Este livro foi composto na tipologia Minion Pro,
em corpo 11,5/14,7, e impresso em papel off-white
no Sistema Cameron da Divisão Gráfica
da Distribuidora Record.